Soziologie: Entdeckungen im Alltäglichen

Martin Baethge, Wolfgang Eßbach (Hg.)

Soziologie: Entdeckungen im Alltäglichen

Hans Paul Bahrdt
Festschrift zu seinem 65. Geburtstag

Campus Verlag
Frankfurt/New York

CIP-Kurztitelaufnahme der Deutschen Bibliothek

Soziologie: Entdeckungen im Alltäglichen : Hans Paul Bahrdt, Festschr. zu seinem 65. Geburtstag / Martin Baethge ; Wolfgang Essbach (Hg.). – Frankfurt/Main ; New York : Campus Verlag, 1983.
ISBN 3-593-33229-9

NE: Baethge, Martin [Hrsg.]; Bahrdt, Hans Paul: Festschrift

Umschlaggestaltung: Eckard Warminski, Frankfurt/Main
Druck und Bindung: Fuldaer Verlagsanstalt, Fulda
Printed in Germany

Inhalt

II
UNSICHERHEITEN IM ALLTAG

III
STÄDTE UND STRASSEN: ANSCHAUUNGEN, LEBENSFORMEN

IV
SOZIOLOGISCHES ARBEITEN: NEUGIER, ZWEIFEL, ZEITDRUCK

VII
WISSENSCHAFT: FORSCHUNG UND LEHRE UNTER DER SCHWERKRAFT DER INSTITUTIONEN

Zum Geleit

Festschriften passen nicht mehr in unsere Zeit. Oft genug ist uns das gesagt worden. Die verführerischen Bewegungen der Rationalisierung von Buchproduktion und -vermarktung machen nicht halt vor den traditionellen Formen, mit denen Wissenschaftler geehrt werden, die Jahrzehnte hindurch zu den bewegenden Kräften in Forschung und Lehre ihres Faches gehören. Was aber tun, wenn sich jemand so ungemein gut für eine Festschrift eignet wie Hans Paul Bahrdt und der akademische Zeremonienbestand zudem nur wenige Formen der öffentlichen Bekundung von Dank und Verbundenheit bereithält? - Also doch eine Festschrift! Das freilich erfordert ein paar einleitende Bemerkungen über das Vergnügen, aber auch über die Schwierigkeiten, heutzutage etwas derartig Unzeitgemäßes zu tun.

Hans Paul Bahrdt mit einer Festschrift zu seinem 65. Geburtstag zu ehren, dieser Gedanke fand spontane Zustimmung bei denen, die in den letzten drei Jahrzehnten an verschiedenen Themen in Hochschule und Forschung, in den Medien und in der Politik mit ihm zusammengearbeitet haben. Nur, welches konnte ein Rahmen sein, um der Zufälligkeit je individueller Gedankenproduktion - oder gar dem von jedem Verleger gefürchteten akademischen Restpostensortiment - zu entgehen und Beiträge aus so unterschiedlichen Arbeitsgebieten zu integrieren? Hätte Bahrdt eine soziologische Schule gestiftet, hätte er seinen Namen mit einer Richtung verbunden, die einfach zu etikettieren wäre, oder hätte er sich wenigstens an die Grenzen einer Disziplin gehalten, so wäre ein Rahmen vorgegeben gewesen. Aber so leicht macht es einem dieser - wie er selbst sagt - in vieler Hinsicht mehr aus Zufall denn mit Zielstrebigkeit zur Soziologie gekommene Exponent der ersten Generation von Nachkriegssoziologen nicht. Aus unserer Sicht haben wir daher versucht, ein integrierendes Moment in Bahrdt's Werk herauszufinden und so zu thematisieren, daß die hier versammelten Beiträge von Schülern, Freunden und Kollegen mit ihren spezifischen Zugängen sich zu einem Buch zusammenfügen konnten.

Wenn wir im folgenden auf einige Aspekte bahrdtscher Soziologie eingehen, so hat das etwas mit dem Charakter des vorliegenden Buches zu tun, spiegelt jenes erste Vergnügen unserer Herausgeberarbeit, uns selbst noch einmal vor Augen zu führen, was für uns die langjährige Zusammenarbeit mit Bahrdt eigentlich bedeutet; es zielt nicht auf akademische Würdigung eines Lebenswerks, die - gottlob und hoffentlich noch lange - viel zu früh käme und deren fast immer unvermeidliches Pathos zu kaum jemandem weniger paßt als zu ihm, der selbst geradezu genuin unpathetisch ist und gegenüber allen pathetischen Gesten - vor allem solchen von Institutionen oder Traditionen verordneten -, gegenüber allen großen Worten und Theorien ein gerüttelt Maß an Skepsis hat.

Bei der Suche nach einem integrierenden Moment in Bahrdt's Werk haben wir immer wieder das Bemühen um eine soziologische Interpretation sozialer Situationen gefunden. Im Zentrum stehen dabei weniger die extremen Situationen, die großen Pathologien und Krisen der Gesellschaft, als vielmehr das äußerst komplizierte Geflecht von Zielen, Erwartungen, Handlungen, Kompromissen, Unstimmigkeiten und Improvisationen, das Menschen in ihrem alltäglichen Bezug aufeinander jederzeit bilden. Aus Bahrdt's Schriften kann man lernen, welch hohes Maß von Einfühlung, Beobachtung und Reflexion schon der Normalfall sozialer Situationen dem Soziologen abverlangt. Insofern geht von der bahrdtschen Soziologie die Aufforderung aus, Entdeckungen im Alltäglichen zu machen, sich den Problemen der eigenen Zeit zu stellen.

Wie dies zu geschehen hat, darüber gibt es in einem - leider bisher nicht veröffentlichten - autobiographischen Text von Bahrdt aus dem Jahr 1978 eine aufschlußreiche Passage, die auch den Bezug dieser Soziologie auf situationsübergreifende Zusammenhänge deutlich macht: „Erwartet man nicht von der Soziologie, daß sie sich in ihrer Entwicklung - hoffentlich nicht bewußtlos und vergeßlich - jeweils den neuen sozialen Problemen zuwendet, welche die Gesellschaft hervorbringt; Problemen, die zu praktischer Lösung herausfordern, was dann allerdings auch theoretische Bemühung und sich vom Gegenstand distanzierende empirische Methoden verlangt. Entspricht es nicht dem Wesen soziologischer Arbeit, daß sie stets in mehrfachem Sinn unter Zeitdruck steht; unter dem Druck von Zeit-Knappheit: Es bleibt wenig zum gemächlichen Ausreifen der Forschungsergebnisse; unter dem Druck des Zeitgeistes: Der Soziologe kann sich immer nur partiell von den Zwängen der Sprache, der Selbstwahrnehmung und Selbstinterpretation der Gesellschaft frei machen, der er selbst angehört und aus der er sich in aller Regel auch nicht ausgliedern will."

Diese knappen, in der vorsichtigen Frageform gehaltenen Sätze drücken prägnant aus, wie Bahrdt selbst Soziologie betrieben und uns soziologisch zu arbeiten gelehrt hat: sich einlassen auf seine Zeit, ihre Probleme entdecken, genau beobachten, soziale Situationen erfahren, aber auch immer wieder reflektierte Distanz zu ihnen gewinnen, eine Distanz, die immer zugleich anerkennt, daß der Soziologe selbst auch zur sozialen Situation gehört. Natürlich gehört zu dieser Art soziologischen Arbeitens auch Methode und Begrifflichkeit, aber nicht im Sinne von Wissenschaftssystemen. Am ehesten kann man an phänomenologisches Vorgehen, auf das Bahrdt immer wieder selbst zurückkommt, denken: bei den Phänomenen, die in der Situation gegeben sind, ansetzen, sich auf sie einlassen und den verwundenen Pfaden nachspüren, die sie untereinander und mit übergreifenden Gesellschaftsstrukturen verbinden, das kann Bahrdt tun, auch ohne die theoretische Grundsatzfrage zu entscheiden, ob die gegebenen Phänomene nun jeweils alles geben, was ist, oder ob dahinter, darüber oder darunter noch anderes ist. Die Tücken einer dialektischen Spekulation von Wesen und Erscheinung hat er ebenso sorgsam gemieden wie die Gefahr einer radikalen phänomenologischen Einebnung der Differenz von wahr und falsch. Pragmatische Mäßigung in methodologischen Grundsatzfragen -, sie ist für ihn unverzichtbar. Phänomenologie, wie Bahrdt sie verwendet, hat andererseits nichts mit „Unmittelbarkeit" zu tun. Nicht von der „Unmittelbarkeit", sondern von Distanzformen soll sich der Soziologe leiten lassen. Distanz ist ein Begriff, der die soziale Situation und die Reflexion über sie vereinigt.

Einem solchen Verständnis soziologischer Situations-Analyse bietet die begriffliche Entgegensetzung von Institution und Individuum, von Anpassung und Kreativität kein hinreichendes Raster zur Erklärung menschlichen Verhaltens. Auch wer ganz rollenkonform sich verhalten will, muß etwas erfinden, wenn er handelt, denn: „er möchte wie eine Marionette reagieren, aber leider sind die Fäden, an denen er hängt, unvollständig". Dies schrieb Bahrdt 1961 („Zur Frage des Menschenbildes in der Soziologie"). Was Jahre später unter dem griffigen Etikett „Symbolischer Interaktionismus" in der Soziologie sich ausbreitete, war für Bahrdt nichts Sensationelles. Der Sache nach fand sich die Kritik der symbolischen Interaktionisten an der traditionellen Rollentheorie bei Bahrdt schon früh subtil entwickelt. Bahrdt hatte nur vergessen, seine Entdeckungen mit einem entsprechenden Plakat zu annoncieren. Wer viel mit Entdecken beschäftigt ist, vernachlässigt leicht sein wissenschaftliches Status-Marketing; ein freilich fruchtbarerer Habitus als die heute so häufig anzutreffende entgegengesetzte Haltung.

Zu Bahrdt's Weise wissenschaftlichen Arbeitens paßt keine disziplinäre Einengung, sofern sie nicht vom Gegenstand selbst gefordert wird. Bahrdt besteht seit langem darauf, daß „in fremden Gärten ein bißchen gewildert" werden darf. Dabei ist nichts von einer Sehnsucht nach soziologischem Imperialismus anzutreffen, und, schlicht von einem interdisziplinären Credo zu sprechen, wäre zu ungenau. Vielmehr hat die bahrdtsche Soziologie einen eigentümlichen nomadischen Zug, der immer dann aufblitzt, wenn die Gefahr besteht, daß über aller notwendigen Etablierung und Routinisierung, wie sie der Wissenschaftsbetrieb mit sich bringt, vergessen wird, daß zuerst die Eigenart der Gegenstände, die untersucht werden sollen, das Maß dafür abgibt, was alles herangezogen werden muß, um zu Erklärungen zu kommen. Disziplinäre Hoheitsgebiete haben dagegen nur ein relatives Recht. Der disziplinären Offenheit mag auch ein biographisches Moment zu Grunde liegen. In dem bereits zitierten autobiographischen Entwurf überdenkt der Verfasser seinen Weg zur Soziologie und kommt zu dem Schluß, daß seine Entwicklung doch recht offen gewesen sei und er genauso gut Philosoph, Historiker oder Journalist hätte werden können. Wieviel von diesen Möglichkeiten in seine Soziologie hinein gerettet ist, kann jeder an seinen Schriften selbst nachprüfen.

Seine journalistische Seite - um nur auf einen Punkt einzugehen - setzt sich in einem untrüglichen Gespür dafür, welche gesellschaftlichen Probleme gleichsam in der Luft liegen, und in dem Talent, Eingriffsmöglichkeiten für soziologische Aufklärung zu schaffen, durch. Soziologie ist Teil der Gesellschaft, und der Gesellschaft tut soziologische Reflexion not. Aber der Soziologe, der sich mitverantwortlich für die Gestaltung alltäglicher Sozialverhältnisse fühlt, muß sich verständlich machen können, sonst hat seine Einrede keine Chance. Soziologische Reflexion in der Gesellschaft zur Sprache bringen -, erst wenn dies gelingt, hat die Soziologie ihr Klassenziel erreicht, die öffentlichen Diskussionschancen soziologischer Argumente zu erhöhen. Dementsprechend ist Politik auch kein Fremdkörper, der von außen in die Soziologie eindringt, Soziologie ist vielmehr als selbstbewußter Bestandteil demokratischer Kultur zwanglos und spontan politisch.

Wie Soziologie zu betreiben ist, hat Bahrdt nicht in einem großen soziologischen Regelwerk niedergelegt. Zu lernen ist es in der Zusammenarbeit mit ihm, noch besser vielleicht im Nachvollzug seiner soziologischen Arbeiten. Und hier läßt sich für viele Gebiete etwas holen. Denn die Wirkungsbreite des bahrdtschen Denkens bezieht sich auf Arbeits- und Industriesoziologie, Städte- und Wohnungsbauprobleme, wissenschaftssoziologische Fragestellungen, Familienstrukturen, Sozialgeschichte und Kultursoziologie. In den Kapitelüberschriften dieses Buches taucht diese Vielfalt wieder auf.

Mit den Schwierigkeiten der Produktion der Beiträge beginnt jene andere, weniger vergnügliche Seite unserer Herausgeberarbeit, über die wir berichten wollen, weil sie uns symptomatisch für die gegenwärtige Publikationssituation in den Sozialwissenschaften erscheint. Ohne hohe Druckkostenzuschüsse seien Festschriften nicht zu publizieren, beschieden uns alle Verlage, mit denen wir Kontakt aufgenommen hatten. Denn das geschäftliche Risiko, das Büchern - zumal sozialwissenschaftlichen, die nach einem Boom Anfang der 70er Jahre deutlich in den Abwind der Publikumsgunst geraten seien - allgemein anhafte, verstärke sich bei Festschriften noch einmal erheblich: die Verbilligung des Fotokopierens ermöglichte den potentiellen Käufern eine Selektion und Ablichtung der sie interessierenden Aufsätze. Das klang plausibel.

Druckkostenzuschüsse bei Festschriften gäbe es - nach einem Grundsatzbeschluß - erst frühestens für solche zum 70. Geburtstag, belehrte uns die angefragte Deutsche Forschungsgemeinschaft, - und die VW-Stiftung zog aus Systemzwängen nach. Auch plausibel? Verständlich vielleicht für eine fiskalische Notsituation, zugleich aber von einer bedenklichen Logik:

nicht die wissenschaftlichen Verdienste eines Gelehrten, nicht die Qualität des ihm zugeeigneten Werkes legitimieren die Unterstützung aus öffentlichen oder privaten Mitteln, nein, das - mit einem einfachen administrativen Akt leicht heraufsetzbare - Alter. Vielleicht sollten die Väter dieser Regelung noch einmal überdenken, ob hier nicht der Hang zu bürokratisch leicht handhabbaren Kriterien ein wenig zu nah an jene (un)fromme Denkungsart herangeführt hat, die damit spekuliert, daß „natürliche Fluktuation", zu deutsch: vorzeitiges Ableben, den Fiskus von finanziellen Verpflichtungen entbinden möge.

Daß trotzdem ein 'richtiges' Buch, kein photomechanisch vervielfältigtes Typoskript entstand, verdanken wir neben dem Kooperationsverständnis der Autoren vor allem der Hilfe des Soziologischen Seminars und des Soziologischen Forschungsinstituts (SOFI) und besonders der Einsatzbereitschaft und Arbeit von Ilse-Marie Rasche, die mit großer Sorgfalt und Umsicht die redaktionelle Bearbeitung und die Fahnenkorrektur der Beiträge besorgt hat, sowie von Bärbel Fromm und Mona Knauer-Meinshausen, die mit Ausdauer und unter Bewältigung vieler technischer Probleme den Satz hergestellt haben.

Festschriften sind Schritte in zwei Richtungen: sie sind persönliche Ehrung und öffentliche Kundgebung, Geburtstagsgeschenk und Demonstration in der Sache. Sie haben einen Leser und viele Leser. Wir hatten als Konzept für die Festschrift zwar nicht die Vorstellung eines „bunten Straußes", wie es in gleichem Zusammenhang auf Klappentexten und in Rezensionen oft blumig heißt. Wenn dennoch - wie wir hoffen - Buntheit im Sinne sowohl von thematischer Vielfalt als auch von origineller Farbigkeit der einzelnen Beiträge im Endeffekt dabei herausgekommen ist, so hat dies etwas mit dem inneren Bezug der Beiträge auf den Jubilar zu tun, um den wir die Autoren gebeten hatten und der in fast allen Beiträgen aufscheint. Als Herausgeber haben wir die Beiträge dieses Buches, unter Mißachtung sowohl der Schranken der Disziplinen als auch derjenigen, die Wissenschaftler von Praktikern trennen, so zusammengestellt, gruppiert und betitelt, daß zugleich die gesellschaftlichen Kontexte und Problemfelder deutlich werden, in die Bahrdt's soziologisches Denken eingegriffen hat.

Hans Paul Bahrdt herzliche Glückwünsche und den Lesern die Einladung, sich weiter zu Entdeckungen im Alltäglichen anregen zu lassen.

Martin Baethge
Wolfgang Eßbach

Göttingen, im August 1983

I
Familienszenen, Familienbande

Die Erfahrung der ersten sozialen Negation. Zur Ontogenese des Selbstbewußtseins

Heinrich Popitz

Urteilendes Denken, im weitesten Sinne verstanden, lediglich Kontemplation in ihrer reinsten Form ausschließend, setzt die Fähigkeit zur Negation voraus. Ebenso ist eine Autonomie des Subjekts ohne den Horizont der Negativität nicht vorstellbar. Wenn man nichts mehr tun oder sagen kann, kann man immer noch Nein denken.

Die Frage, über die ich hier nachdenken will, ist bestimmt durch den Verdacht, etwas von diesen grundlegenden Zusammenhängen müsse in der ersten Begegnung des Kindes mit dem sozialen Nein auftauchen. Was erfährt das Kind, wenn es zum ersten Mal erfährt, daß es etwas nicht tun darf? Was wird in Gang gesetzt durch diese Begegnung mit einer verbotenen Wirklichkeit?

Die Frage ist also beschränkt auf Negation im Sinne eines Handlungsverbots - gegen andere wie gegen sich selbst - und auf ein Lebensalter, in dem das Kind einige der Fähigkeiten, die wir für spezifisch menschlich halten, noch nicht entwickelt hat.

Konsequenzen der Nein-Erfahrung, die ontogenetisch wohl bedeutendsten Konsequenzen, sind die Übernahme der Aktionen und Perspektive eines anderen Aktionstypus durch das Kind (role taking) und die dadurch ausgelöste Wahrnehmung seiner selbst (Selbst-Struktur). Diese Behauptung soll zunächst möglichst knapp und kompakt entwickelt werden. Ich wähle dazu die Form einer Darstellung in vier Entwicklungsetappen oder „Akten" eines Entwicklungs-„Dramas", (was auf den etwas melodramatisch stilisierten Charakter des Modells hinweisen soll). In einem zweiten Teil wird das, was das Kind vermutlich als unmittelbare Reaktion auf die ersten Verbote erlebt, etwas geduldiger beschrieben, - in der Hoffnung, durch die gewonnene Übersicht die Begründung der Grundthesen, die im 3. Teil wieder aufgenommen wird, zu verbessern.

I.

Um die Wende vom 1. zum 2. Lebensjahr kommt es zu einem starken Entwicklungsschub motorischer Fähigkeiten.[1] Das Kind beginnt laufen zu lernen, es kann kletternd, sich hochziehend, gezielt greifend seinen Aktionsbereich in wenigen Monaten erheblich erweitern. Das ist verbunden mit mächtigem Tatendrang, Neugier, „exploratives Verhalten". Zugleich sucht es offenkundig Unabhängigkeit, entzieht sich der Blickkontrolle der Mutter, probiert etwas unbeobachtet aus, versucht, etwas ohne Hilfe der Erwachsenen zustande zu bringen. Mit zunehmender Beweglichkeit und Aktionslust entdeckt es Autonomiechancen. (Man kann sich auch selbst holen, was einem nicht gegeben wird.)

1. Akt: Frustration. - Die neue Autonomie bedeutet auch, daß das Kind sich in dieser Periode besonders stark selbst gefährden kann. Es stößt sich den Kopf an, fällt herunter, verschluckt alles mögliche, kommt an gefährliche Gegenstände heran. Was immer die Mutter tut, um das Kind vor dieser Selbstgefährdung zu schützen, sie kann schwerlich die Umwelt so auspolstern oder so permanent eingriffsbereit sein, daß sich nicht auch die Notwendigkeit ergäbe, dem Kind beizubringen, gewisse Dinge nicht zu tun. Natürlich ist dieser Schutz des Kindes nicht unbedingt Anlaß und Motiv aller sozialen Verbote. Was man einem Kind verbieten kann und soll, darüber gibt es abenteuerliche Vorstellungen jeglicher Art. Aber die Gefahr der Selbstgefährdung gerade in diesem Alter dürfte die Erwachsenen stets in einen Zugzwang bringen. Es muß versucht werden, eine neue Art von Fernsteuerung des Kindes durchzusetzen.

Die Mutter steht damit unter einer Art „Kommunikationsdruck". Sie muß eine neue kommunikative Verbindung zum Kind herstellen, ein neues Niveau von Verständnis im Kind heranbilden: das Verständnis der verbalen, gestischen, mimischen Symbole der sozialen Negation, also des Wortes „Nein", des Kopfschüttelns, der mimischen Mißbilligung. Das gelingt in unserer Gesellschaft in der Regel im letzten Viertel des ersten Lebensjahres. Zunächst entsteht ein passives Verständnis mit kurzen Unterbrechungen eines Handlungsablaufs, solange der Erwachsene hinschaut. In den ersten Monaten des zweiten Lebensjahres gelingt dann auch eine Verhaltenshemmung von einiger Dauer.[2]

Wie geschickt oder ungeschickt, einfühlend oder rücksichtlos die Verbote auch immer ausgesprochen werden mögen, die Zumutung für das Kind ist in jedem Fall außerordentlich. Das Verbot hemmt die eigene Aktivität, bremst die Eigenbewegung, stellt sich dem Tatendrang entgegen. Das Kind wird zurückgehalten, zurückgezogen und soll sich schließlich selbst zurückhalten, zurückziehen. Aktiv zu sein, etwas Neues zu probieren, das war bisher wohl meist verbunden mit einer Aussicht auf Hilfe, auf sozialen Erfolg. Jetzt plötzlich stoßen bestimmte Aktivitäten auf einen Widerstand, und dieser Widerstand soll sogar noch selbst übernommen werden.

Verschärft wird die Zumutung wohl noch dadurch, daß der Widerstand von der Mutter ausgeht. Das ist etwas anderes als die Versagungserlebnisse, die das Kind bisher im Verhältnis zur Mutter erlebt hat: sie ist nicht da, sie kommt nicht, wenn man schreit, sie kann den Schmerz nicht wegtun. Jetzt *produziert* die Mutter Versagung, sie *macht* sie, sie ist der Autor des Nein.

Das Erlebnis des Gehemmtwerdens, des Abblockens der Aktionslust, das Erlebnis einer gewissen, schwer verständlichen Gegnerschaft der Mutter muß eine starke, aggressiv gestimmte Irritation im Kind auslösen. Es macht die Erfahrung einer Frustration neuer Art.

2. Akt: Identifizierung. - Die aggressiv gestimmte Irritation, die Frustration neuer Art, führt das Kind zu einer höchst produktiven Gegenreaktion: es übernimmt die Nein-Symbole von der Mutter, verwendet sie selbst und kehrt so den Spieß gegen die Mutter um. („Nein, ich will dies nicht tun" - „nein, ich will dies doch tun" - und vor allem: „ nein, *du* sollst dies nicht tun.")

Diese Gegenreaktion ist, so glaubt Spitz, Produkt einer Identifizierung des Kindes mit der Nein-sagenden Mutter.

Mit „Identifizierung" soll nicht lediglich die imitierende Wiederholung einzelner Verhaltensweisen eines anderen gemeint sein, sondern der versuchte Nachvollzug von Verhaltensmustern, von Rollen, ein ganzheitliches Nachahmen, das auch die innere Gestimmtheit, Emotionen und Urteile des anderen - soweit sie verstanden werden - zum Vorbild nimmt. Das Kind möchte *so sein* wie sein Vorbild, es „strebt danach, das eigene Ich so ähnlich zu gestalten wie das andere, zum Vorbild genommene".[3] Das andere Ich wird zum Modell.

Nun setzt Spitz mit Freud zwar voraus, daß Identifizierung eine natürliche Beziehungsform des Kindes ist, daß es also bereits über Beziehungserfahrungen dieser Art, zumindest in Vorform, verfügt. Zugleich aber ist für Spitz wie Freud Identifizierung eine Methode der Konfliktbewältigung, eine Beziehungsfigur, die es dem Kind ermöglicht, mit Realitäten fertig zu werden, die es zu überwältigen drohen. Man kann das verdeutlichen, indem man von einem besonderen „Identifizierungsschub" spricht, in den sich das Kind in besonders emotional gespannten Situationen hineinrettet. Ein solcher Identifizierungsschub wird ausgelöst durch die Erfahrung der sozialen Negation.

Aber wieso „bewältigt" das Kind hier etwas? Das wird wohl am besten klar, wenn man zwei verschiedene Identifizierungsimpulse gegenüberstellt.

Identifizierung kann in dieser Situation ein Akt des Zuflucht-Suchens sein, - der Versuch, affektive Sicherheit wiederzugewinnen, indem man gleichsam in denjenigen hineinflüchtet, sich in ihn hineinversetzt, der erfahrungsgemäß affektive Sicherheit zu bieten hat. Das Kind übernimmt so das Nein der Mutter als Teil dessen, was ihm Schutz gewähren kann.

Identifizierung kann in dieser Situation aber auch ein Akt des Strebens nach Macht sein. Das Kind flüchtet in den Überlegenen hinein, um so überlegen zu werden wie der andere. Es eignet sich dessen Macht wie eine magische Kraft an, eine Zauberformel, die es verwandeln wird. Es übernimmt das Nein der Mutter als Waffe.

Keiner dieser beiden Impulse tritt wahrscheinlich rein in Erscheinung.[4] Wie die Mutter Schutzbietende und Machtausübende zugleich ist, so wird auch das Kind Schutz und Macht zugleich suchen, in Mischformen aller Art. (Welche Komponente dominiert, könnte freilich ebenso folgenreich sein wie im späteren großen Identifizierungsschub der Gewissensbildung.)

In jedem Fall leistet die Aneignung des Neins - ob eher als Schutz oder eher als Waffe - etwas Wesentliches: Das Kind befreit sich aus der Hilflosigkeit des bloßen Verbots-Adressaten, es kann seine aggressive Irritation ausdrücken, es wird mit einer neuen sozialen Realität fertig, indem es von ihr lernt, zu ihr Nein zu sagen.

3. Akt: Perspektivenwechsel. - Die Identifizierung führt zu Leistungen besonderer Art, die man seit George Herbert Mead im Begriff des role taking zusammenfaßt (Rollenübernahme, Perspektivenübernahme oder - in diesem Kontext wohl am besten - Perspektivenwechsel). Das Kind lernt, die Welt aus der Perspektive eines anderen zu sehen, „mit anderen Augen". Es wird fähig, Interaktionsmuster gleichsam vom anderen Ende her nachzuspielen und zu erleben. Es tritt damit aus sich heraus und begegnet als der Andere der Welt.

Das zeigt sich vor allem im Rollenspiel. Das Kind spielt mit der Puppe „Mutter und Kind" und übernimmt dabei den Part der Mutter, bringt als Mutter das Kind zu Bett, ist zornig, ungeduldig, zärtlich, es tröstet und - es verbietet wie die Mutter. So übt es das Hineinschlüpfen in die Haut einer anderen „Rolle".[5]

Nun ist die Fähigkeit des Kindes zur Einfühlung im zweiten Lebensjahr noch ganz rudimentär. Es kann natürlich die Emotionen der Mutter nicht wirklich verstehen, begreift höchstens ihre globale affektive Qualität als Für- und Gegen-Affekte.[6]

Man wird die tatsächliche Leistung des Kindes in diesem Alter nur verstehen, wenn man das Konzept des role taking im Sinne Meads und nicht - wie das heute meist geschieht - im Sinne Piagets verwendet. Für Piaget ist das Begreifen der Andersartigkeit fremder Perspektiven, Informationen, Emotionen entscheidend. Wie weit kann das Kind Probleme lösen, die ein Fremdverstehen voraussetzen? Wie weit ist es sich der Unterschiedlichkeit eigener und fremder Perspektiven bewußt? Für Mead dagegen heißt die „Rolle" eines anderen zu übernehmen - so jedenfalls würde ich vorschlagen, in diesem Zusammenhang zu interpretieren -, einen anderen *Aktionstypus* zu übernehmen.[7] Die Andersartigkeit besteht primär im andersartigen Agieren, einschließlich der mit typischen Aktionen verbundenen typischen Gefühlsäußerungen. Andersartig ist jemand, der etwas anderes dem Kind gegenüber *tut* (als Mutter, Vater, Geschwister, Kaufmann, Schaffner) als das Kind ihm gegenüber. Die „Rollen", die hier übernommen werden, sind fremde Aktionstypen innerhalb eines Aktionskreises, in den das Kind selbst als besonderer Aktionstypus eingebunden ist. Es kommt zunächst nicht darauf an, wie weitgehend das Kind im Agieren der Fremdrolle die Andersartigkeit der „wirklichen" Perspektiven der Mutter versteht. (Entsprechend könnte man zwischen „Perspektivenübernahme" und „Perspektivenwechsel" unterscheiden.) Für den Perspektivenwechsel ist entscheidend, daß das Kind diesen ersten Schritt tut: es wird ein anderer, indem es wie ein anderer *handelt*. Es beginnt, die Welt aus einer anderen Perspektive zu sehen, indem es einen anderen Typus von Aktion darstellt. Die Unterschiedlichkeit, die hier erfahren wird, ist nicht Unterschiedlichkeit der eigenen Erlebnisweise und derjenigen der Mutter, sondern der Unterschied zwischen den Perspektiven des eigenen (bisher ausschließlichen) Aktionstypus und des fremden, den es sich neu zu eigen macht. Die Differenz, die hier wichtig wird, ist eine „Differenz zwischen sich und sich".

4. Akt: Selbststruktur. - Der Perspektivenwechsel führt zur Selbstwahrnehmung des Kindes.

Wenn das Kind lernt und übt, die Perspektive eines anderen zu übernehmen, sieht es nicht nur die „Welt" mit den Augen des anderen, sondern auch - sich selbst als Teil dieser Welt. In der Perspektive „Mutter" begegnet es sich als Kind. Diese Selbstbegegnung wird zu einer inneren Gewißheit, zu etwas, das man immer wieder als inneres Sich-Selbst-Gegenübersein erfahren kann. Damit beginnt die eigentümliche Verdoppelung des Ichs, die Spaltung in Akteur und Publikum und zugleich die Einheit des Sich-Zusehens, Sich-Zuhörens.

Es ist naturgemäß schwer, eindeutige Indizien für die erste Phase des Umsetzens des Perspektivenwechsels in Selbstwahrnehmung zu finden. Spitz erwähnt das Sprechen von sich selbst in der 3. Person (etwa mit 18 Monaten).[8] Ein Hinweis könnte auch das Nein-Sagen des Kindes zu sich selbst sein, und die eigene (mehr oder minder gehorsame) Reaktion darauf.[9] Weiter ist an das symbolische Spiel zu denken, wie es Piaget beschreibt: Das Kind wiederholt z.B. bestimmte Erlebnisse, die es bedrücken, in einer vereinfachten und verschönerten Form und spielt dabei die eigene Rolle in einer korrigierten Fassung noch einmal nach, - also sich selbst noch einmal vor.[10]

Der Zugang zur neuen kindlichen Erfahrung wird zweifellos erleichtert, wenn man sich klar macht, daß das Kind, wenn es real oder in Gedanken die Rolle eines anderen spielt, notwendigerweise sich selbst *als* Kind gegenübertritt. Interaktionen, in denen es selbst nicht vorkommt, kennt es wohl in diesem Alter noch kaum. Im Rollenspiel muß es also Gegenstand seiner eigenen Aktionen werden. Es wird zwangsläufig gleichsam sich selbst zur Bezugsperson. Empirisch kann dies nur durch genauere Beobachtungen präzisiert werden. Es wäre zum Beispiel aufschlußreich, zu wissen, wann und wie das Kind beginnt, Rollenspiele als Dialog mit zwei Sprechrollen darzustellen. Nur wenn das Kind hörbar spricht, wenn es mit verschiedenen Stimmen Lautdialoge führt, läßt sich mit einiger Sicherheit ausmachen, wie weit es im Spiel die Perspektive zwischen zwei Aktionstypen - als Kind und als Nicht-Kind - wechselt. Gerade die Übernahme des Nein legt einen raschen Perspektivenwechsel nahe, von der Mutter als Absender und dem Kind als

Adressaten zum Kind als Absender und der Mutter als Adressaten. Die Grenze zwischen Dialogfähigkeiten dieser Art und dem inneren Dialog des Ichs mit dem Ich ist sicherlich fließend.

Innere Dialogfähigkeit beginnt, um die Grundthese noch einmal zu formulieren, als Verinnerlichung der Selbstwahrnehmung von außen. Das Ich, das dem Ich gegenübertritt, ist ursprünglich der vom Kind dargestellte Andere - der „signifikante Andere" im Sinne Meads - , dessen Aktionsperspektive das Kind zu übernehmen, sich wachzurufen lernt. „We must be others, if we are to be ourselves." „It is only by taking the roles of the others that we have been able to come back to ourselves."[11]

Dies ist nicht nur eine genetische Idee. Die Repräsentanz des Anderen im Ich (bei Mead das „Me", das dem „I" gegenübertritt) ist eine bleibende psychische Struktur. Der Andere oder die Anderen (die soziale Gruppe, der „verallgemeinerte Andere"), ihre Kriterien und Perspektiven bleiben präsent. Selbstwahrnehmung ist stets auch ein Gewahrwerden mit den Augen des Anderen. „Alle Selbst-Erkenntnis vereinigt das Gewahrwerden der eigenen Person durch das Ich mit dem Wissen darum, wie andere darauf reagieren."[12]

Damit ist die produktive Gegenreaktion des Kindes auf die frustrierende Erfahrung des sozialen Neins in großen Zügen beschrieben: Das Kind versucht, der Andere, wie der Andere zu sein, der Schutzbietende und der Mächtige; es wird fähig, aus der Perspektive des Anderen Ereignisse zu sehen und zu spielen; es beginnt, die Perspektive des Anderen zu sich innerlich zu repräsentieren, und gewinnt dadurch die Dialogfähigkeit der Selbstwahrnehmung. Oder, in kürzester Form: Das Kind zieht sich am Anderen aus sich heraus (Identifizierung), dreht sich um (Perspektivenwechsel) und erblickt sich selbst.

II.

Diese Rekonstruktion der Folgen der Nein-Erfahrung sieht einigermaßen abenteuerlich aus. Die Verknüpfung verschiedener Entwicklungsstufen, deren volle Ausbildung doch ziemlich weit auseinanderliegt, beschränkt sich auf eine einzige Argumentationslinie. Im folgenden soll nun die Nein-Erfahrung des Kindes noch einmal und etwas genauer untersucht werden: Was passiert alles, was alles erfährt das Kind in dieser Situation? Ich werde die möglichen (und mehr oder minder wahrscheinlichen) Erfahrungen der Kinder in einzelne Erfahrungselemente aufgliedern. Wie sie sich im Einzelfall zusammensetzen, bleibt natürlich offen.

Gewiß entstehen die entsprechenden Erlebnisfähigkeiten des Kindes nicht abrupt in dieser neuen Situation. Vorläufer kann man immer finden. Auch liegt es auf der Hand, daß es von der ersten Begegnung mit dem Nein einige Zeit braucht, bis sich alles herausgewickelt hat, was in ihr steckt. Schließlich sei noch an eine weitere Selbstverständlichkeit erinnert: Was mit dem Kind passiert, hängt weitgehend von den Absendern der sozialen Negation ab und damit von zahlreichen kulturellen und subkulturellen Variablen. Wenn im Extremfall der Gehorsam übergangslos und perfekt andressiert wird, kann das Kind nie begreifen lernen, was hier als begreifbar dargestellt wird.

1. Das Nein der Mutter - oder sonst eines der befreundeten Riesen - konfrontiert das Kind mit einem *Imperativ*. Das Kind stößt auf einen Anspruch von außen. Du sollst etwas nicht tun. Dieser Anspruch wird in Geste und Sprache fordernd, appellierend mitgeteilt, in einem Duktus der Dringlichkeit. Man verlangt gleichzeitig ein Verstehen - begreif das doch! - und ein Handeln.

Was das Kind hier zu lernen beginnt, ist der imperative (oder etwas weniger apodiktisch, der desiderative) Charakter von Verhaltenserwartungen.

2. Der Imperativ steht in bestimmten Verhaltenssequenzen. Wenn das Kind auf das Nein nicht „hört", wird in der Regel eine mehr oder weniger unwillige, mehr oder weniger abrupte Eingriffshandlung erfolgen. Das Kind wird zurückgezogen - der Gegenstand wird ihm weggenommen - etwas wird außer Reichweite gebracht - eine Tür wird versperrt. Das Kind lernt, diese Eingriffshandlungen zu antizipieren, (wie es schon vorher mit einfachen Sequenzen zu rechnen gelernt hat). Das „Nein" bedeutet Gefahr, kündigt zumindestens etwas Lästiges an.

Die antizipierte Situation kann aber auch anders aussehen. Das Kind läuft zur steilen Kellertreppe, die Mutter ruft Nein, das Kind bleibt stehen, sieht zurück, läuft zur Mutter und wird zärtlich umarmt. Das läßt sich wiederholen. Kaum steht es wieder auf eigenen Füßen, läuft es wieder zur Treppe, wartet auf das Nein und rennt rasch in die Arme der Mutter zurück. Nun entdeckt es, daß sich die Prozedur auch verkürzen läßt. Es läuft Richtung Kellertür, bleibt von allein stehen, guckt zurück - die Mutter ist noch da - und rennt, ohne das Nein abzuwarten, zurück, um sich die Anerkennung zu holen. Dann klappt es auch, wenn man gar nicht so weit vorläuft: nur ein paar Schritte Richtung Treppe, umdrehen und zurück zur Mutter.

Das geübte Nein, das gekonnte Nein kann also auch zu Belohnungen führen und läßt sich entsprechend ausbeuten. Die möglichen Antizipationen können folglich recht komplex werden. In jedem Fall aber lernt das Kind, daß das, was der Andere tun wird, eine Antwort sein wird auf das, was es selbst tut. Es lernt also, mit Verhaltenserwartungen konfrontiert, *antizipatorisch zu handeln.*

Damit beginnt die Erfahrung von sozialer Verhaltensorientierung als Orientierung am zukünftig erwarteten Verhalten anderer.

Zugleich erhält die Wirklichkeit eine konditionale Struktur; sie stellt sich als das dar, was vermutlich passiert, *wenn* ich dies tue, als Wenn-Wirklichkeit.

3. Die Antizipation des Kindes hat zunächst den Charakter einer einfachen,

gleichsam einspurigen Wenn-Dann-Erwartung. Aber da es nicht immer gehorcht und nicht immer nicht gehorcht, macht es zwei verschiedene Erfahrungen. Diese Erfahrungen - verschiedene Reaktionen der Mutter - sind in erwartbarer Weise verknüpft mit zwei verschiedenen eigenen Verhaltensweisen. Indem es sich zwei verschiedene Aktions-Reaktions-Sequenzen vorzustellen vermag, wird es fähig, *Alternativen zu antizipieren* (als Wahlmöglichkeiten zwischen zwei verschiedenen Wenn-Wirklichkeiten). Damit „kann" es etwas unendlich Wichtiges: Es bringt es zuwege, das eigene Verhalten an vorhergesehenen alternativen Reaktionen anderer - an alternativen Eventualreaktionen - zu orientieren.

Sowohl das Begreifen der Bedeutung des Kopfschüttelns und der verbalen Negation wie das Befolgen-Können hängen zweifellos ab von dieser Fähigkeit, alternative Reaktionen, unwillige und belohnende, auf das eigene Verhalten im voraus zu „bedenken". Der Sinn der Symbole wird verständlich, wenn ihre Folgen verständlich werden. Ihr Auftrag wird ausführbar, wenn ihre Folgen dringlich werden.

4. Besonders wichtig für Schutz und Sicherheit des Kindes ist die Umwandlung des Nein in ein Nie. Der Imperativ soll nicht nur jetzt gelten, er soll auch nicht gebunden bleiben an das Aussprechen einer aktuellen Forderung, er soll unter bestimmten Umständen immer gelten, (immer, wenn du so etwas erblickst wie Streichhölzer - immer, wenn du Lust hast, auf den Tisch zu klettern). Hier wird dem Kind zugemutet, das Verbot mit bestimmten Situationsmerkmalen zu verbinden und damit in ersten Ansätzen die *Regelhaftigkeit* des zugemuteten Verhaltens zu verstehen. In einfachen Formen kann das sehr rasch gelingen.

Die vier aufgezählten Lernschritte sind nicht unbedingt die ersten - eine strikte Sequenz zu unterstellen, wäre angesichts der zahlreichen Wechselwirkungen wenig sinnvoll -, aber sie können offenkundig recht rasch aufeinanderfolgen. Als Erfahrungen, Erfahrbarkeiten haben sie gemeinsam, daß sie das Kind einführen in den *normativen Charakter sozialer Interaktionen*. Dem Kind wird begreiflich gemacht, daß es dringliche Erwartungen an sein Verhalten gibt - daß diese Erwartungen mit Eventualreaktionen verbunden sind - daß es selbst sein Verhalten zukunftsorientiert, voraussehend abwägen muß - daß diese Zumutung nicht allein an aktuelle Aufforderungen gebunden ist, sondern sein Tun und Lassen in einer gewissen Regelhaftigkeit bestimmen soll. Das sind die konstitutiven Kennzeichen von Verhaltensnormierung, und es sind zugleich die Kompetenzen sozialen Handelns, die das Kind lernen muß, um als Akteur in Distanz zu anderen sein eigenes Verhalten *für andere* orientierungsfähig *machen* zu können. Gewiß hat das Kind von Geburt an gelernt, sich mit der Mutter abzustimmen, gemeinsame Verhaltensmuster einzuspielen. Aber erst die Begegnung mit dem Normativen drückt das Kind in Erfahrungen hinein, die es zu artifiziell-regelhaften - und insofern berechenbarem - Verhalten fähig machen.

Die Begegnung mit dem Normativen ist verbunden mit Konflikterfahrungen, die das Kind erheblich belasten müssen. Es gerät in Spannungen neuer Art, produziert Spannungen, provoziert sie, weicht ihnen aus und entwickelt schließlich Strategien der Verhandlung und Verständigung.

5. Das Nein wird besonders häufig als Appell erlebt, eine Aktion zu unterbrechen. Das Kind soll, was es begonnen hat, nicht fortführen. Es soll eine Handlung hemmen, abbremsen, einen Antrieb „innebehalten", etwas in sich unterdrücken. Der ursprüngliche Impuls soll blockiert werden durch einen Gegenimpuls. Im Konflikt der widerstrebenden Impulse soll es gelingen, dem „richtigen" zu folgen. Das mag durch Lernhilfen, vor allem Belohnungen, erleichtert werden. Aber zweifellos löst der neue Anspruch Spannungen im Kind aus, Widersprüche, Ambivalenzen. Damit erfährt es, daß Verhaltenserwartungen *konfliktauslösend* sein können. Was uns von außen abverlangt wird, erzeugt „in uns selbst" Dissonanzen.

6. Zunehmend schafft es, einen Impuls zu unterdrücken. Es tut also, was andere sagen, - und wichtiger: es tut etwas *nicht*, weil andere es nicht wollen. Das Kind beginnt zu gehorchen. Damit erfährt es die *Fremdbestimmtheit* der eigenen Verhaltensorientierung. Es merkt, daß es möglich ist, sich den Erwartungen anderer anzupassen. Harmonie, Übereinstimmung läßt sich auch dadurch erreichen, daß man sich umstimmen läßt.

7. Die Konfrontation mit dem Fremdwillen führt zur Entdeckung des Eigenwillens. Ich kann auch *anders* - ich kann anders *wollen*. Es ist möglich, sich zu widersetzen. Das Kind entdeckt die *Enttäuschungsmacht seines eigenen Verhaltens*. Es kann Konflikte erzeugen. Das läßt sich auch neugierig ausspielen und so ausreizen, daß sich aufregende Effekte ergeben. Die Verblüffung der Mutter, ihre Verlegenheit vielleicht, die verschiedensten Arten von Erregung, - ein unübersehbares Feld von Sensationen, die zu explorieren sind. Nicht nur der Gehorsam, auch das Widerstreben kann reizvolle Reaktionen auslösen. Wenn das Kind beides ausprobiert, ist es auf dem Wege, den prekären Charakter sozialen Handelns zu begreifen, die permanente Möglichkeit, Korrespondenzen von Erwartungen und Verhalten zu begründen, zu bestätigen und zusammenbrechen zu lassen.

8. Der Eigenwille wird vor allem dadurch manifest und bewußt, daß das Kind ihn mit dem Erwerb des Nein-Symbols artikulieren kann. Es kann sein Widersetzen jetzt gleichsam beim Namen nennen. Es kann das Nein gegen andere wenden und damit etwas ausdrücken, was über das bloße „Ich tue das nicht" hinausgeht, nämlich: Ich *will* das nicht tun. „Auch ich kann nein sagen" meint jetzt unmißverständlich: „Auch ich kann Nein wollen".

Natürlich hängt hier vieles vom Ausmaß und von der Art von Erfolgserfahrungen ab. Aber in jedem ausdrücklichen Nein und in jedem Trotz meldet sich zumindest der Versuch des Kindes an, ein neues Selbstwertgefühl aufzubauen; das Bewußtsein der Fähigkeit zur *Selbstdurchsetzung*.

Die Entwicklung eines Selbstwertgefühls im Kinde beginnt, wie mir scheint, mit dem Empfinden, etwas selbst bewirken zu können (Greifen,

Aufrichten, Kriechen, Heranziehen, Herbeirufen, Wiederholen). Ich kann etwas selbst zustande bringen. Dieses Selbstbewirkungsempfinden wird mit der Artikulation und Erprobung des Eigenwillens, des eigenen Neins, ergänzt durch die Entdeckung, sich in einem sozialen Kontext durchsetzen zu können. Auch wenn das nicht besonders häufig und nicht besonders glorreich gelingt, besteht doch die Wahrscheinlichkeit, daß sich dem Kind eine weitere Tür zur Erfahrung des Reichtums sozialer Interaktionen öffnet: Am Eigenwillen läßt sich auch im Widerstreit, *durch Konflikte hindurch*, festhalten.

9. In der Regel wird das Kind bald Gelegenheit haben, zu merken, daß weder das Nein der Mutter noch das eigene Nein unwandelbar sind. Das Nein kann Thema von Verhandlungen werden. Dafür bieten sich vielfältige Methoden an, vom bloßen Bitten über allerlei Listen bis zum schieren Durchhaltetrotz mit zermürbendem Effekt. Auch wenn es stets oder meist das Kind ist, das zurückstecken muß, eine gewisse Erfahrung der Relativität des Neins wird sich doch bilden können. Damit erfährt das Kind am besonders eindrücklichen Beispiel einer imperativ ausgesprochenen Erwartung, daß Verhaltenserwartungen flexibel, anpassungsfähig, aushandelbar sind. Was der eine vom andern fordert, läßt sich beeinflussen. Das Kind mag auch zu spüren bekommen, daß es ein apodiktisches Nein gibt, an dem sich nicht drehen läßt. Aber gerade die Erfahrungen, die es diesseits und jenseits der „scharfen Grenze“ macht, können sein Verständnis dafür fördern, daß soziale Erwartungen durch *Verständigung verändert* werden können. Was man gegenseitig voneinander will, ist zumindest in Grenzen modifizierbar.

In enger Verbindung mit diesen Konflikterfahrungen stehen nun zwei kognitive Entwicklungschancen.

10. Das Nein, das das Kind ausspricht, ist ein *Urteil*. Es nennt nicht einfach die Eigenschaft einer Sache, sondern es übermittelt eine Stellungnahme des Kindes. Diese Stellungnahme des Kindes soll andere informieren über eine Absicht (daß es etwas nicht tun, nicht lassen will, daß der andere etwas nicht tun soll). Die Absicht ist zwar unmittelbar handlungsbezogen, aber in ihr kommt doch auch zum Ausdruck, daß das Kind in der Lage ist, eine bewertende, eine beurteilende Distanz zu den Ereignissen herzustellen, ihnen gleichsam den Stempel eines Urteils aufzudrücken. Das Nein ist ein Mittel, Abstand zu schaffen, Abstand auszudrücken.

Damit hat das Kind ein Instrument erworben, mit dem es sich in das besondere Weltverhältnis der Urteilsfunktion einüben kann. Es kann schrittweise lernen, daß das Neinsagen und Jasagen als Bewertung von etwas nicht nur in einem unmittelbaren Handlungskontext Bedeutung hat, sondern eine eigene Dimension von Realität erschließt.

11. Das Kopfschütteln hat noch die Funktion eines Zeichens, einer Darstellung des Gemeinten. Die Ablehnung wird pantomimisch vorgespielt. (Vielleicht schließt diese Bewegung wirklich, wie Spitz glaubt, an das phylogene-

tisch vererbte Kopfabwenden des Säuglings an, der sich sattgesaugt hat.) Das Wort Nein hat dagegen rein *symbolischen* Charakter, auch wenn es durch die Suggestivität des Aussprechens wie ein klangliches Abbild, wie ein Vorbild einer Bewegungshemmung klingen mag. Aber das Aussprechen des Neins bleibt nicht an eine bestimmte Absicht dieser Art gebunden. Es kann für unerhört vieles stehen, für eine Fülle von Emotionen, von Urteilen, von Intentionen. Nun haben natürlich alle Einwortsätze einen weiten Bedeutungsgehalt. Aber der Bedeutungsgehalt der ersten Worte schrumpft zusammen mit jedem neuen Wort, das das Kind dazulernt. Nur das Nein scheint eine Sonderstellung zu behalten. Es kann zwar auch nach Bedarf sprachlich differenziert werden - aus einem Wort lassen sich viele machen -, aber der umfassende Bedeutungsgehalt dieses einen Wortes bleibt erhalten. Wir gebrauchen es mit zwei Jahren gleich bedeutungsweit wie mit 80 Jahren (im Gegensatz etwa zu „Auto" oder selbst zu „Mama"). Nun ließe sich weiter überlegen, daß Nein und Ja aufgrund ihrer disjunktiven Funktion auf höchster Abstraktionsebene überhaupt die bedeutungsumfassendsten Symbole der menschlichen Sprache sind. Aber darauf kommt es hier nicht an, hier interessiert die Erfahrung des Kindes, das einen bodenlosen Sack von Emotionen und Intentionen in dieses eine Wort hineinschütten kann. Diese Erfahrung geht in zunehmendem Alter nicht verloren - der Sack wird nicht kleiner. Es liegt demnach nahe, anzunehmen, daß das Kind vor allem an diesem Wort Nein den Charakter von Symbolen begreifen kann. Zumindest begreift es bald die Vielfalt der Verwendungsmöglichkeiten bei schönster Einfalt des Verständigungsmittels.

Halten wir das Gesagte noch einmal zusammen. Das Begreifen- und Befolgen-Lernen der sozialen Negation bringt das Kind in eine erste Begegnung mit der normativen Struktur sozialer Interaktion: Im Nein wird es konfrontiert mit einer desiderativen Verhaltenserwartung und entsprechend mit der Wahrscheinlichkeit von Eventualreaktionen, an denen es sich antizipatorisch zu orientieren lernt, und zwar sukzessive in einer Regelhaftigkeit, die nicht mehr an die aktuelle Aufforderung gebunden ist. (1 - 4)

Unvermeidlich ist diese Erfahrung des Normativen mit Spannungen verbunden. Das Kind gerät in eine Klemme. Es erfährt, daß Verhaltenserwartungen anderer häufig innere Konflikte auslösen können. Sie „richtig" zu bestehen, bedeutet, die Fremdbestimmtheit eigener Entschlüsse zu erlernen. Zugleich entdeckt es, daß es auch anders kann: Es entdeckt die vielfachen Sensationen der Enttäuschungsmacht des eigenen Verhaltens. Das führt in mehr oder minder schmerzlichen Brechungen zur Erfahrung einer neuen Dimension des Selbstwertgefühls, zum Bewußtsein, zur Selbstdurchsetzung fähig zu sein. In dem Grade schließlich, in dem sich zwischen Fremdbestimmtheit und Selbstdurchsetzung ein Handlungsspielraum für das Kind öffnet, kann es begreifen lernen, daß soziale Erwartungen durch Verständigung verändert werden können. (5 - 9)

Dies alles sind Handlungserfahrungen, die sich unmittelbar aus den Interaktionen der Nein-Situation ergeben. Das Kind wird durch solche Handlungserfahrungen zumindest auf den Weg gebracht, die Eigenbedeutung der

Urteilsfunktion und die spezifische Abstraktionsebene der symbolischen Verständigung erlebend begreifen zu lernen. (9, 10)

In der Nein-Situation steckt offenbar so etwas wie eine fundamentale Grammatik sozialer Verhaltensorientierung.

III.

Soweit der Versuch, eine gewisse Übersicht über die Vielfalt der Erfahrungen zu gewinnen, die sich aus der Konfrontation mit dem ersten Verbot, dem ersten Nicht-Dürfen ergeben. Ausgespart blieben die im ersten Teil behaupteten Konsequenzen: der Impuls zum Perspektivenwechsel und die Verinnerlichung der Außensicht auf sich selbst zum inneren Dialog. Dieser Zusammenhang soll abschließend noch einmal überlegt werden.

Zunächst sei erinnert an die altersbedingten Autonomie-Impulse des Kindes, die sich - mehr oder minder virulent - umsetzen in Bestrebungen zur sozialen Selbstdurchsetzung. Das Kind *will* in dieser Periode offenkundig etwas Neues erreichen, es will Selbständigkeit.

Der prekäre Gehorsam gegenüber dem Nein kann in dieser Situation nur durch einen starken und raschen Ausbau der Vorstellungsfähigkeit des Kindes erlernt werden. Es muß die Eventualreaktionen der Mutter, die mit dem Nein angekündigt werden, erinnernd voraussehen können. Es muß die Wenn-Wirklichkeiten sich so vorhalten können, daß sie handlungsrelevant werden. Vorstellungsgeleitete Handlungen hat das Kind zwar schon früher leisten können, (etwa in der Benutzung eines Stockes als Mittel zum Heranziehen eines gewünschten Gegenstandes). Hier aber wird der Druck, sich etwas Nicht-Präsentes zu vergegenwärtigen, enorm gesteigert. Das Nicht-Präsente ist eine Szenenfolge, die vom Kind nicht nur ausgelöst, sondern in ihrem Ablauf durch eigenes Zutun vielfach variiert werden kann. Das Vorzustellende bleibt also in gewisser Hinsicht offen, variabel. Das wiederum muß die Phantasietätigkeit des Kindes kräftig anregen. Es erlebt die Fremdbestimmtheit, aber auch die Enttäuschungsmacht des eigenen Verhaltens. Es entdeckt die Möglichkeit von Kompromissen. Diese Strategie-Erfahrungen wird es in Phantasiespiele umsetzen, in vorgestellte Interaktionen, in denen es Erfahrungen wiederholt und kommensurabel macht. Dabei wird es in dem von Piaget beschriebenen Sinne durch Korrekturen Mißerfolge kompensieren, aber auch Ängste ausleben, Wünsche sich erfüllen lassen. Die gesteigerte Vorstellungsleistung und die gereizte Phantasietätigkeit werden sich vor allem in erste Rollenspiele umsetzen, in nachgespielte Interaktionen, in denen die neuen Erlebnisse handelnd verarbeitet werden. Diese Rollenspiele drehen sich natürlich nicht allein um die Erfahrung der ersten Verbote. Aber es fällt auf, wie häufig sich etwa beim Nachspielen der Mutter-Rolle eifrige Fürsorge mit der Attitüde des Macht-Wortes verbindet. Hier wie in anderen Szenen liefern die vielfältigen Verbots-Konflikte das dramaturgische Material zur Ausgestaltung des Spiels.

Es liegt nun sehr nahe, in diesem Spiel zum erfolgreichen mächtigen Part hinüberzuwechseln.[14] Das kann in einem durch starke Emotionenen ausgelösten Identifizierungsschub geschehen, wie ihn Spitz annimmt. Das Hinüberwechseln ist aber auch denkbar als ein Prozeß, der sich aus einfachsten Imitationen in kleinen Entwicklungsschritten aufbaut. Ein sinnfälliger Beginn ist wieder die Nein-Geste. Das Kind ahmt das Nein der Mutter im Rollenspiel nach. (Wenn es das Nein tatsächlich ausspricht, wird sich in der Regel am Tonfall erkennen lassen, ob es als Kind in eigener Sache spricht: trotzig oder klagend-defensiv, oder als Mutter: dezidiert fordernd oder fürsorglich-zuredend.) An das Übernehmen des Neins der Mutter knüpft sich der weitere Kontext erlebter Nein-Situationen, aber nun ebenfalls aus der Perspektive des mächtigeren Akteurs. Das Kind merkt, wie gut die Nein-Attitüde in die verschiedensten Interaktionen hineinpaßt und wie befriedigend solche Interaktionen von der anderen Seite her durchlebt werden können. So kann das Nein-Spielen als Lernschablone ihm dazu dienen, sich sukzessive intensiver und umfassender in das fremde Aktionszentrum hineinzuversetzen. Das Kind übernimmt den Part desjenigen, der erfolgreicher Nein sagt.

Wie weit es versteht, was die Personen, die es spielt, wirklich bewegt, ist in diesem Zusammenhang nicht wichtig zu wissen. Aber es ist wichtig, daß es die Handlungen und Perspektiven des fremden Aktionstypus als etwas Neues, Andersartiges erfährt. Begreift man das role taking im wesentlichen als einen Stellenwechsel innerhalb von Interaktionsmustern, so wird auch besonders gut einsichtig, daß das Kind durch diesen Stellenwechsel auf sich selbst stoßen, sich selbst begegnen muß.

Wie kommt es aber zur Verinnerlichung dieser Selbstbegegnung? Wie kommt es dazu, daß das Kind diese Selbstbegegnung umsetzt in ein inneres Sich-Selbst-Gegenübersein, in die Möglichkeit eines Gesprächs mit sich selbst? Auch hier ist die Nein-Erfahrung als Impuls besonders plausibel. Um die „Verdoppelung" des Ichs zu bewirken, bedarf es eines starken Kontrastes. Dieser Kontrast entsteht, wenn das Kind selbst als etwas Hemmendes, Verbietendes einem zu Hemmenden, zu Verbietenden in sich selbst gegenübertritt. Es macht gleichsam als ein Nein-Ich das Ja-Ich zum Objekt. So kann der Beginn des inneren Dialogs die schärfste Kontur gewinnen, die denkbar ist. Das Kind beginnt, *mit sich* zu sprechen als jemand, der *gegen sich* spricht. Die verinnerlichte Negativität einer anderen Perspektive steht Pate am Beginn der Selbstwahrnehmung. Die äußere Negation - die Erfahrung der ersten Norm - wird zum Anstoß für eine innere Bewegung, die zu ersten Dialogen mit sich selbst führt, zu einer ersten Selbstberührung des Bewußtseins.

Wie die Negation, das Privileg des Menschen, Nein zu sagen, die Bedingung der Möglichkeit urteilenden Denkens über die Außenwelt ist, so ist sie auch die Bedingung urteilenden Denkens über und mit sich selbst. Wir können überhaupt erst etwas zu uns sagen, wenn wir Nein sagen können.

Anmerkungen

1 Dieser erste Teil ist in den Grundzügen die sehr freie Wiedergabe eines Gedankengangs, den René Spitz in seinem Buch „Nein und Ja, Die Ursprünge der menschlichen Kommunikation“ entwickelt hat. Spitz argumentiert hier über weite Strecken eher interaktionistisch als psychoanalytisch. Freilich scheint er George Herbert Mead, den er am Rande erwähnt, kaum zu kennen. Dem entspricht, daß er die Selbststruktur (in der folgenden Darstellung: der „4. Akt“) ziemlich unvermittelt aus der Identifizierungserfahrung des Kindes hervorgehen läßt. Ich habe seinen Gedankengang entsprechend ergänzt und auch sonst im einzelnen manches modifiziert.

2 Vgl. R. Spitz, 1970, S. 41. Ferner Th. Hellbrügge, J. Pechstein, 1968.

3 S. Freud, Massenpsychologie und Ich-Analyse (zuerst 1921), in: Freud-Studienausgabe, Bd. IX, Frankfurt 1974, S. 61 - 134.

4 Solche dualistischen Typologien der Identifizierung finden sich häufig freilich in inhaltlich stark variierenden Fassungen: etwa „anaklytische Identifikation“ versus „defensive Identifikation“ (Miller, Swanson 1960) oder „developmental identification“ vs. „identification“ (Sanford 1965), „emotional identification“ vs. „behavioural identification“ (Stoke 1954). Freud hat keinen entsprechenden Vorschlag gemacht. Seine pathologischen Identifizierungsformen wie „Identifizierung mit dem verlorenen Objekt“, „Identifizierung mit dem Neidobjekt“, Identifizierung des Einzelnen mit der Masse, stehen in einem anderen Zusammenhang. Freilich hat Freud stark aggressiv bestimmte Identifizierungen mehrfach monographisch dargestellt, etwa in der Dostojewski-Abhandlung. Die dualistischen Typologien knüpfen im allgemeinen an Anna Freuds „Identifizierung mit dem Angreifer“ an (Das Ich und die Abwehrmechanismen, zuerst 1922). Bei Anna Freud findet sich jedoch kein dualistisches Konzept der Identifizierung, weder im Rahmen der Theorie der allgemeinen Abwehrmechanismen noch in der genetischen Einordnung der Identifizierung mit dem Angreifer als Zwischenstufe der normalen Über-Ich-Entwicklung - „Vorstufe der Moral“ -, einer Zwischenstufe, auf der das Kind eventuell steckenbleiben kann. - Irreführend werden dualistische Typologien, wenn sie die Ambivalenz des Prozesses durch simple Alternativen verdecken, wie etwa Identifizierung mit einem „geliebten“ oder mit einem „gehaßten“ Objekt. Soweit man überhaupt noch an Freud anknüpfen will, muß Identifizierung als eine Beziehung verstanden werden, der stets - auch in den aggressiv-ängstlichen Formen - eine emotional starke Bindung, Gebundenheit eigen ist. Die Person, mit der man sich identifiziert, kann nie bloß der schiere Feind sein. Psycholanalytiker, die unmittelbar an Anna Freud anknüpfen (Bettelheim 1943, Sarnoff 1951), haben das auch beachtet und das Moment der Bewunderung, ja Ergebenheit auch in den schrecklichsten Identifizierungen mit dem Angreifer hervorgehoben. - Spitz spricht im vorliegenden Zusammenhang ebenfalls in Anlehnung an Anna Freud von einer „Identifizierung mit dem Versager“, aber auch er erwähnt neben den dominanten aggressiven anaklytische Impulse (S. 43 ff.). 5

5 Zur Bedeutung der Spielformen (Phantasie-Spiel, nachahmendes oder Rollenspiel, Wettspiel) s. G. H. Mead 1968, S. 192 ff.

6 Vgl. R. Spitz, a.a.O., S. 46 ff. - Das Niveau der in Tests gemessenen role taking-Fähigkeiten ist natürlich abhängig von den jeweiligen Versuchsanordnungen. Zweijährige werden selten einbezogen und können dann mit den gestellten Fragen auch nichts anfangen. (D. G. Mossle u. a. in Geulen 1982) Für Dreijährige liegen etwas mehr, inhaltlich freilich magere Resultate vor (Borke ebd., Urberg, ebd., Devries 1970, Flavell 1975). R. Valtiv stellt wohl mit Recht fest, daß die aufgabenspezifische Schwierigkeit der Test zur Unterstützung der sozialen Kompetenz sehr kleiner Kinder führe (in Geulen, S. 271). Was Zwei- und Dreijährige wirklich können, wird man nur durch Beobachtungen von Rollenspielen und Mutter-Kind-Interaktionen herausfinden. Hier kann das Kind auch die Art von *agierendem* Perspektiven-

wechsel einüben, die es sich zuallererst aneignet.

7 Edelstein u. a. weisen darauf hin, daß role taking im Sinne Meads und Dezentrierung im Sinne Piagets von vornherein in zwei verschiedenen Problemzusammenhängen stehen (in Geulen 1982). Man kann die Fragestellungen geradezu kontrastieren: Mead will letztlich wissen, wie *Gleichartigkeit* der Sinndeutungen und Wertmaßstäbe entsteht - in *diesem* Zusammenhang steht auch die Bedeutung, die er der „vokalen Geste" zumißt -, Piaget fragt nach der Überwindung des kindlichen Egozentrismus durch das Begreifen der *Ungleichartigkeit* eigner und fremder Perspektiven.

8 Vgl. R. Spitz, a.a.O., S. 112.

9 Ebd., S. 45.

10 Vgl. J. Piaget, B. Inhelder, 1973, S. 66 ff.

11 G. H. Mead 1924/25, S. 276 und 268. Dt. in G. H. Mead, Gesammelte Aufsätze 1980, S. 299 ff.

12 R. Spitz, a.a.O., S. 105.

13 s. H. P. Bahrdt, Großvaterbriefe; über das Leben mit Kindern in der Familie, München 1982, bes. Großvaterbrief Nr. 2: Was und wieviel darf man Kindern verbieten?

14 Dazu u.a. Kagan 1958, Whiting 1960, Bandura 1963.

Literatur

BANDURA, A. u.a., A comparative test of status envy: Social power, and secondary reinforcement theories of identification learning, in: Journal of Abnormal and Social Psycology, 1963, 67, 527 - 534. BETTELHEIM, B., Individual and mass behaviour in extreme situations. Journal of Abnormal and Social Behaviour, 1943, 38, 417 - 452. BORKE, H., Interpersonelle Wahrnehmung bei kleinen Kindern: Egozentrismus oder Empatie? in: D. Geulen a.a.O. BRONFENBRENNER, U., Freudian theory of identification and their derivates. in: Child Development, 1960, 31, 15 - 40. DEVRIES, R., The development of role-taking as reflected of bright, average, and retarded children in a social guessing game. in: Child Development 1970, 760 - 770. EDELSTEIN, W. u. a., Entwicklung sozial-kognitiver Prozesse: Eine theoretische und empirische Rekonstruktion. in: D. Geulen a. a. O. FLAVELL, J. H. u. a., Rollenübernahme und Kommunikation bei Kindern, Weinheim und Basel 1975. FREUD, A., Das Ich und die Abwehrmechanismen (zuerst 1922), Schriften Bd. 1, München 1980. FREUD, S., Massenpsychologie und Ich-Analyse (zuerst 1921), in: Freud-Studienausgabe Bd. IX, Frankfurt 1974. FREUD, S., Dostojewski und die Vatertötung (zuerst 1928), Studienausgabe Bd. X, Frankfurt 1969. GEULEN, D. (Hrsg.), Perspektivenübernahme und soziales Handeln, Frankfurt 1982. GROSSMANN, K., Frühe Einflüsse auf die soziale und intellektuelle Entwicklung des Kleinkinds. Zeitschrift für Pädagogik 1977, 6, 840 - 880. HELLBRÜGGE, Th., PECHSTEIN, J., Entwicklungspsychologische Tabellen im Säuglingsalter. in: Fortschritte der Medizin, FDM-Tabellen für die Praxis 1980, 14. KAGAN, J., The Concept of Identification. in: Psychological Revue, 1958, 65, 296 ff. KELLER, M., Kognitive Entwicklung und soziale Kompetenz, Stuttgart 1976. LEAHY, R.L. u. HUARD, C., Perspektivenübernahme und Disparität des Selbstbildes bei Kindern. in: D. Geulen, a.a.O. MEAD, G. H., The genesis of self and social control. in: The international Journal of Ethics, 1924/25, 251 ff. DERS., Gesammelte Aufsätze, Bd. 1, Frankfurt a.M. 1920. DERS., Geist, Identität und Gesellschaft, Frankfurt 1968. MILLER, D. R. u. SWANSON, G. E., Inner conflict and defense, New York 1960. MOSSLER, D. G. u.a., Informationsbezogene Perspektivenübernahme bei 2- bis 6-jährigen Kindern. in: D. Geulen, a.a.O. MOWRER, O.H., Identification: A link between leaning theory and personality psychotherapy, New York 1950, 573 - 616. PIAGET, J. u. Inhelder, B., Die Psychologie des Kindes, Olten und Freiburg 2/1973. SANFORD, R. N., The Dynamics of Identification. Psychological Revue, 1955, 62, 106 - 117. SARNOFF, I., Identification with the aggressor: Some personality correlates of anti-semitism among Jews. J.Pers. 1951, 20, 199 - 218. SEARS, R. R., The growth of conscience. in: I. Iscoe, H. W. Stevenson (Hrsg.), Personality Development in Children, Austin, Univ. of Texas 1960, 93 - 110. DERS., Identification as a form of behavioral development. in: D. B. Harris, Hrsg., The concept of development, Univ. of Minn. Press, 1967, 149 ff. SPITZ, R., Nein und Ja. Die Ursprünge der menschlichen Kommunikation, Stuttgart 2/1970 (engl. zuerst 1957). STOKE, S. M., An inquiry into the concept of identification. in: W. E. Martin, C. B. Streuden (Hrsg.), Readings in Child development, New York 1954. URBERG, K. A. u. DOCHERTY, E. M., Die Entwicklung zur Perspektivenübernahme bei 3- bis 5-jährigen Kindern. in: D. Geulen, a.a.O. VALTIN, R., Probleme der Erfassung sozial-kognitiver Fähigkeiten - analysiert am Beispiel der Perspektivenübernahme und der verbalen Kommunikation. in: D. Geulen, a.a.O. WHITING, J. W. M., Response mediation and learning ba identification. in: I. Iscoe, H. W. Stevenson (Hrsg.), Personality development in children, Austin, Univ. of Texas, 1960, S. 112 - 125.

Die Tante. Idee und Gestalt in der Geschichte

Wiebke von Thadden, Rudolf von Thadden

I.

Jedermann weiß, was eine Tante ist, denn jedermann hat eine Tante. Mindestens eine. Vielleicht auch zwei oder sogar drei.

Es hängt davon ab, wen man dazu rechnet. Natürlich die Schwestern von Vater und Mutter. Aber auch die Cousinen der Eltern? Und auch die zweite Frau des verwitweten Onkels, die jedermann in der Familie lange akzeptiert hat? Wie ist es mit der sehr viel älteren Halbschwester des Onkels, die niemand mehr gekannt hat? Da stehen die eigenen Patentanten vielleicht näher.

Das Lexikon erklärt, daß 'Tante' ein französisches Wort sei, dem deutschen 'Muhme' entspreche und die Schwestern beider Elternteile, auch deren Cousinen(!), und jedenfalls die Frauen der Onkel bezeichne. Wie es mit den Frauen der elterlichen Vettern steht, läßt das Lexikon offen. Das französische Lexikon weiß zusätzlich, daß 'Tante' eine kindliche Form für 'ante', englisch 'aunt' ist, abgeleitet aus dem lateinischen Wort 'amita'. Zu 'amita' erläutert das lateinische Wörterbuch, daß es sich um eine Erweiterung der Lallform 'ama' für 'Mutter' handelt. Der Wortstamm ist 'am(are)'. Das Oxford Dictionary schließlich steuert eine scheinbar nebensächliche Information bei: bis ins 18. Jahrhundert hat es eine Form 'naunt', kontrahiert aus 'mine aunt', 'meine Tante', gegeben.

An diesen Informationen ist zweierlei von Interesse: Die Tante ist offensichtlich ein Urphänomen, aber ihrer Position kommt keinerlei rechtliche Relevanz zu - im Gegensatz etwa zu der des 'patruus' des väterlichen Oheims, dessen sich wenigstens das römische Recht annimmt. Die Gründe liegen auf der Hand: keiner Frau kommt in den frühen Gesellschaften eine Fixierung ihrer rechtlichen Position zu.

Zweitens: Wiewohl rechtlich ohne Interesse, ist die Tante gewissermaßen gesellschaftsimmanent. Nur als 'mine aunt' existiert sie: ohne Neffen oder Nichten keine Tante. Das gilt natürlich für jede Familienbeziehung, aber (fast) jede andere ist auch rechtlich, nicht nur gesellschaftlich greifbar.

Rechtsneutral, aber gesellschaftsimmanent: die Kategorien der Zugehörigkeit zur Gruppe der Tante sind entsprechend schwer zu objektivieren.

Sie hängen offenbar vom Zustand und Bewußtsein der Gesellschaft, aber auch von Zugehörigkeitsempfindungen der Jüngeren ab, wie wohl es nächst dem Wetter wohl kaum etwas gibt, dem man sich schwerer entziehen kann als dem Zustand des Neffe- oder Nichte-Seins.

Unter günstigen Voraussetzungen zeichnet sich für den Historiker bei der Suche nach der Tante der Umriß einer Großmacht ab, die mühelos die biblischen zehn Legionen mustert. Sie umfaßt, ganz gleich was das Lexikon sagt, im Zweifelsfalle alles: Voll-, Halb- und Stiefschwestern und -cousinen beider Eltern und zwar ersten, zweiten, dritten... Grades, dazu Patentanten, denen die Kirche ja immerhin Rudimente eines Rechtsstatus' zubilligt, und schließlich Nenntanten.

Die Definition der Tante wäre unvollständig ohne die Bemerkung, daß eine Tante natürlich nicht eine Tante sein muß. Sie kann auch eine Cousine, eine Base sein, insofern sie alt genug ist. Denn welcher jugendliche Neffe würde eine würdige Greisin nur einer zufälligen Generationsverschiebung halber als seinesgleichen betrachten? Natürlich kann umgekehrt eine Tante so jung sein, daß man sie bestenfalls als Base durchgehen lassen darf. Zur Beschreibung der Tante gehört deshalb die Feststellung, daß sie nicht nur überhaupt eine (Stief)verwandte eines der beiden Elternteile ist, sondern vor allem eine Verwandte, die der nächsthöheren Generation angehört. Einer Generation, die an Alter, Einfluß, Besitz und Wissen in hoffnungslos überlegener Position ist und das auch weiß. Auch der Neffe weiß es; warum würde er sonst so viel Mühe auf die Karikatur der Tante in Gesellschaftssatiren jeden Genres verwenden?

II.

Die Umstände waren der Tante lange Zeit sehr günstig. Die Feudalisierung Europas vom frühen Mittelalter, ja von der ausgehenden Antike an, schuf eine Gesellschaft, deren Macht ungebrochen bis in die frühe Neuzeit reichte und deren Denkmodelle teilweise an das aufsteigende Bürgertum weitergegeben wurden.

Unterhalb dieser Schicht freilich konnte man sich - selbst im durchfeudalisierten Mittelalter - eine Tante kaum leisten. Ein Kätner oder Köhler hatte keinen Platz für sie. Bei Hänsel und Gretel sind schon die Kinder zuviel. Nur in einer Rolle kennt der Arme die Tante: als Pflegerin der kranken und als Ersatz für die verstorbene Mutter, als Arbeitskraft, die der Einfachheit halber meist bald geheiratet wird. Bekanntlich findet sich dieses Familienmodell häufig in den Bürgerfamilien des 18. und 19. Jahrhunderts, nicht zu deren Schaden. Als Schwester, Vertreterin und Nachfolgerin der Mutter, als 'amita', ist die Tante offenbar primär. So kamen - nacheinander - zwei Frauen auf einen Ehemann; der jeweils andere potentielle Ehemann fiel dem Krieg und der Jagd mit der gleichen statistischen Wahrscheinlichkeit zum Opfer wie die erste Ehefrau dem Kindbett. Unter anderem deshalb blieb die Bevölkerungszahl konstant.

Die andere Tante, die Schwester des Vaters, gehört in einen anderen Kontext. In der Kleinfamilie, in der sie natürlich beim Fehlen einer anderen weiblichen Verwandten in der Praxis ebenso häufig verwendet wurde wie diese, war sie fehl am Platze und wurde meist rasch durch eine neue Ehefrau ersetzt. Das, was sie einbringen konnte: der Stolz auf die Familie, das Interesse an der Vermögenswahrung, die kritische Prüfung der Kinder - das alles kam erst in höheren Gesellschaftsformen, bei großbäuerlichem oder stadtbürgerlichem Besitz, im Adel, zur Geltung. Und erst die Frau des Onkels, die Hüterin der Rechte ihrer eigenen Kinder und potentielle Neiderin der Neffen und Nichten, verweist schon in die politische Dimension des gesellschaftlichen Machtkampfes.

III.

Der Historiker hat es mehr, als ihm lieb ist, mit Machtkämpfen zu tun. Die Untersuchung ihrer Hintergründe und Strukturen führt unter anderem unweigerlich auf die Spur der Tante.

Die Rolle bedeutender Frauen in der Geschichte ist bekannt. Sie ist unvergleichlich größer, als die Rechtsverhältnisse es eigentlich erlaubten. Das liegt unter anderem daran, daß immer wieder einmal der rechtsgebotene Hüterkreis von Vater, Bruder, Onkel und Gatten durch die vereinigte Wirkung von Kindersterblichkeit, Krieg und Pestilenz ganz oder überwiegend fortfiel. War dann ein Familieninteresse wahrzunehmen, so ließen sich energische Töchter von Kriegern, Fürsten und Kaufleuten nicht einfach abdrängen.

Ergab sich dann noch die Konstellation, daß aus dem einen oder anderen Grunde keine eigenen Erben der Dame eintrafen, wohl aber ein unmündiger Neffe ersten, zweiten oder dritten Grades existierte, so war die Tante geboren, gewissermaßen die Tante an sich.

Nun liegt es auf der Hand, daß dieser Archetypus der Tante in so reiner Ausprägung selten vorkam; Mischformen und Varianten bestimmten das Bild. Und es hieße auch, der Tante als solcher Unrecht zu tun, wenn man meinte, sie brauche das Dunkel, um leuchten zu können. Sie war in aller Regel durchaus in der Lage, sich in einer Männergesellschaft durchzusetzen, und das umso mehr, als in einer offenen Gesellschaft wie der des feudalen Mittelalters nur ein Ziel galt, dem sich Väter und Söhne, Mütter und Töchter, Onkel und Tanten unterzuordnen hatten: das Ziel, die Ehre und den Wohlstand des Hauses zu mehren. Dieses Ziel war keineswegs eine aggressive Marotte müßiger Feudalherren, sondern das Ergebnis eines unaufhörlichen Kampfes ums Dasein. Die Realeinkommen selbst der Fürsten waren niedrig, und wer sich nicht dazuhielt, konnte sich leicht als 'miles pauper', als Armer Ritter, wiederfinden.

Da jedes Haus, jedes Geschlecht deshalb das gleiche Ziel vor Augen hatte, ergaben sich notwendigerweise sowohl Anknüpfungspunkte wie auch Reibungsflächen. An diesen Nahtstellen der Gesellschaft wurden die Töchter der Familien eingesetzt - nicht direkt mit dem Ziel, eine Tante zu werden, aber doch mit dem Auftrag, eine Speerspitze im anderen Lager zu bilden. Das Nahziel, das im Interesse beider Familien lag, war die Geburt des Erben in der erheirateten Familie, der zugleich ein Neffe der eigenen war; der Vetternkonflikt war programmiert und konnte politisch eingesetzt werden. Bekanntlich war die Mutter Friedrich Barbarossas eine Tante Heinrichs des Löwen; andere Beispiele bieten sich an. Nicht jede junge Frau überlebte die Geburt des künftigen Kaisers, Königs, Herzogs, Fürsten oder Grafen. Tat sie es aber, so war ein phönixgleicher Aufstieg jedenfalls möglich. Als Tante - denn inzwischen war in aller Regel im eigenen Hause der Erbe geboren - stand sie nun nicht mehr nur zwischen den Familien, sondern oft über ihnen und nahm jedenfalls eine Schlüsselposition ein. Regentschaften und Vormundschaften entschädigten manche diplomatisch begabte Fürstentochter für entgangenes privates Glück.

Diese Verzahnung der Familien untereinander ist das Grundmodell der europäischen Verflechtungen geworden, das Strickmuster der Gesellschaft, nicht nur im Adel. Einer der möglichen Typen der Tante, die Frau an den Verschmelzungsstellen der Familien, hat sich hier ausgeprägt.

Werfen wir einen Blick auf einen anderen Typus dem vor allem im frühen Mittelalter das Feld gehörte und von dem nur ein blasser Abglanz, der gleichwohl einen zweiten Grundtypus darstellt, in die Neuzeit gelangt ist: auf die großen Äbtissinnen der Kanonissenstifte, aus denen die 'dominae' der adligen Damenstifte geworden sind. Fast jeder deutsche Kaiser des frühen Mittelalters hatte eine Tante, die Äbtissin von Quedlinburg war und damit eine wirtschaftliche, kulturelle und auch politische Macht darstellte. Wohl die bekannteste von ihnen war Mathilde, die Tochter Ottos des Großen, Schwester Ottos II. und Tante Ottos III. Dieser übertrug ihr die Stellvertreterschaft in Sachsen, vielleicht auch im Reich, als er nach Italien zog, um sich zum Kaiser krönen zu lassen, eine Aufgabe, die noch sein Vater lieber dem Herzog von Sachsen und dem Erzbischof von Mainz anvertraut hatte. Zur 'matricia' machte er sie, bis ihr Tod im damals ansehnlichen Alter von 44 Jahren sie hinraffte - nach nur dreijähriger Regentschaft.

Otto III. hatte gute Erfahrungen mit Frauen gemacht: seine Mutter Teophanu war sein Vormund gewesen und nach ihr seine Großmutter Adelheid. Auch diese war eine Tante von Rang: über ihren Neffen, den König von Burgund, brachte sie dem ottonischen Hause eine Vormachtstellung in Burgund ein.

Ein letztes Mal taucht der Name einer Äbtissin von Quedlinburg im 18. Jahrhundert auf: Anna Amalia, die unglückliche Schwester Friedrichs des Großen, war die Tante von elf blassen Hohenzollern, darunter immerhin ein König.

Schon im hohen Mittelalter verlor die Äbtissin als politischer Typus an Bedeutung. Nicht mehr in den Klöstern, sondern in den territorialen Kleinfürstentümern wurde um die Macht gekämpft. Nach wie vor gab man Töchter ins Kloster, aber ihre eigentliche Aufgabe wurde es, Erbansprüche zu kumulieren, oft, indem sie zwei oder auch drei Throne nacheinander bestiegen. Das dynastische Erbe, das sie ihren Neffen und Nichten hinterließen, war entsprechend chaotisch und nicht immer ungefährlich für diese. Um hingerichtet oder ermordet zu werden, brauchte man nur zu viele Tanten, das hieß: für argwöhnische Onkel zu viele Erbansprüche zu haben. Die Vielfalt der Verwandtschaftsbeziehungen ist kaum nachvollziehbar. Was für eine Tante mag zum Beispiel jene russische Eupraxia, die Tochter des Großfürsten Wsewolod von Kiew, Kaiser Heinrichs IV. zweite Gemahlin, im salischen Kaiserhause abgegeben haben, in dem sich schon die dänische und poitevinische Verwandtschaft aus den beiden Ehen Heinrichs III. sowie die polnischen und ungarischen Schwäger Heinrichs IV. die Hand gaben. Und wie hielt es Gottfried von Bouillon, der Kreuzfahrer und spätere König von Jerusalem, mit der Stiefschwester seines Onkels, Gottfrieds des Buckligen, der Markgräfin Mathilde von Tuszien? Daß der Onkel sie später ehelichte, mag die Frage vereinfacht haben. Auch kennen wir einen Fall, in dem eine Tante gezielt zur Blockierung eines Neffen eingesetzt wurde: Als Heinrich I. von England seinen einzigen Sohn Wilhelm Etheling bei einem Schiffsunglück im Ärmelkanal verlor, rief er seine Tochter Mathilde aus Deutschland zurück, wo sie soeben ihren ersten Gemahl, den Kaiser Heinrich V., begraben hatte, ohne ihm einen Erben geschenkt zu haben. König Heinrich von England wollte die Thronfolge seines Neffen Stephan von Blois verhindern; Mathilde wurde deshalb mit dem Grafen von Anjou vermählt und gebar so statt eines deutschen Kaisers einen englischen König, den späteren Heinrich II. aus dem Hause Anjou-Plantagenet. Freilich hatte sich ein Thron-Intermezzo des ungeliebten Neffen nicht verhindern lassen.

Eine gewisse Beruhigung trat ein, als sich die europäischen Nationalstaaten herausbildeten und die Throne knapper wurden. Nicht, daß das Leben damit weniger anstrengend geworden wäre: das Regieren des habsburgischen Großreiches fraß die Kräfte der an ihm beteiligten Dynastien von innen her auf. Wo die Zahl oder die Vitalität der Söhne nicht ausreichte, mußten die Töchter aushelfen: Maximilian I. machte seine Tochter Margarete zur Generalstatthalterin der Niederlande. Sie erfüllte ihre Aufgabe so gut, daß ihr Neffe Karl V. das Experiment wiederholte und seiner Tochter Margarete von Parma die gleiche Stellung übertrug. Beide Margareten, jede von ihnen Tante zweier Kaiser, stellten einen neuen Typus dar: sie waren große Damen, von burgundischer Kultur geprägt, die unter Verzicht auf eigenes Glück ihre Kräfte in den Dienst ihres Hauses stellten, Vorläuferinnen großer Fürstinnen des absolutistischen Zeitalters, Tanten nur noch im Nebenberuf.

IV.

Es würde ein zu ernsthaftes und weitläufiges Geschäft sein, die europäische Geschichte unter dem Gesichtspunkt der Tante neu zu schreiben: das läßt sich auch mit Hilfe einiger genealogischer Tabellen mühelos als Gesellschaftsspiel betreiben. Wenden wir uns lieber der Vollständigkeit halber noch einigen bisher vernachlässigten Erscheinungsformen zu.

Da ist zunächst der sehr häufig anzutreffende Typ der Unbekannten Tante. Sie ist nicht nur uns ein Schatten, kaum greifbar, sondern sie dürfte dasselbe schon für ihre zahlreichen (angeheirateten) Neffen und Nichten gewesen sein. Als Beispiel bietet sich eine Dame namens Aethelgive an, im 10. Jahrhundert Äbtissin von Shaftesbury. Zu ihren Neffen gehörten nicht weniger als drei Könige von England, der König von Bernicien, der König von Frankreich, der Graf von Troyes, der Herzog von Franzien, der römische Kaiser Otto I. und der Herzog von Aquitanien, nicht zu nennen einen Neffen mit dem erstaunlichen Namen Turketul, der Abt von Croyland war. Kein Wunder, daß die Dame unbemerkt blieb; die Neffen hatten ausreichend untereinander zu tun.

Umgekehrt gibt es aber auch den Fall der Dame, die eine vorzügliche Tante geworden wäre, wenn sie nur Gelegenheit dazu bekommen hätte. Ihr Typ, der der Verhinderten Tante, erscheint in drei Variationen.

Da ist einmal die Fürstin, der das Mißgeschick widerfahren ist, keine Geschwister zu haben, insbesondere keinen Bruder. Eine mögliche Folge dieses Mißgeschicks kann darin bestehen, daß diese einzige Tochter sich genötigt sieht, einen Thron zu besteigen, für den es keinen anderen Erben gibt. Ihr Schicksal ist besiegelt: sie kann, ja sie muß nur noch Großmutter werden, am besten von halb Europa. Dieses Mißgeschick widerfuhr einer Reihe potentiell vorzüglicher Tanten, so der Königin Eleonore von Aquitanien, der Gemahlin Heinrichs II. von England, so auch der Kaiserin Maria Theresia und der Königin Victoria von England. Ansätze zu kompensierter Tantenschaft sind allerdings bei allen drei Fürstinnen unverkennbar.

Ein weiterer Grund für verhinderte Tantenschaft ist die ähnlich mißliche Situation, daß ein Bruder zwar vorhanden war, aber ohne Kinder starb. Was wären die drei Schwestern Ottos III., die ihren kaiserlichen Bruder zum Teil um 40 Jahre überlebten, für Tanten geworden, Äbtissinnen von Quedlinburg, Gandersheim und Essen, die sie waren!

Ein letzter Grund, warum eine Dame nicht Tante werden konnte, ist eher peinlich zu nennen, kam aber sehr häufig vor: Wenn nämlich der dazugehörige Onkel seine Neffen umgebracht hatte, ehe er seine Frau ehelichte, waren ihre Chancen dahin. Keine der Gemahlinnen Karls des Großen konnte sich mehr liebevoll um die Kinder seines verstorbenen (älteren!) Bruders Karlmann kümmern, denn Karl der Große hatte sie aus der Geschichte verschwinden lassen, wahrscheinlich, indem er sie in ein Kloster schickte.

Dieser kurze historische Überblick hat uns vor allem den Hintergrund erkennen lassen, vor dem die Tante gesehen werden muß: ein dichtes, soziales Netz, das mit dem unserer Tage wenig gemeinsam hat, das aber den, der sich in ihm zu behaupten wußte, nicht schlecht auffing, solange seine Voraussetzungen intakt waren. Ein Netz freilich, das in den politischen und wirtschaftlichen Belastungen der Zeitläufe ebenso harten Proben ausgesetzt war wie das unsere.

Es wäre vielleicht boshaft, die Tante als die Spinne in diesem Netz zu bezeichnen, aber es wäre nicht ganz falsch. Es wäre aber auch nicht ganz

richtig, weil es eben - mindestens - zwei Typen von Tanten gab, deren Netze sehr verschieden gesponnen waren:
Die Tante, die selbst eine eigene Familie hatte, eine große Familie womöglich, war zweifellos lebenslang mit dem Weben, Ausbessern und Bewachen eines Netzes beschäftigt, das aus seidenfeinen, aber äußerst haltbaren Fäden bestand. Die Verwandtschaft mußte in ein überschaubares, möglichst harmonisches Muster gebracht werden. Offene Feindschaften waren für den ganzen Clan gefährlich, Rivalitäten wurden, wenn auch kaum weniger erbittert, insgeheim ausgetragen, die unvermeidlichen Männerfehden beschwichtigt, Kontakte unter der Hand auch im Kriege weitergepflegt. Kaum eine große europäische Familie, die nicht den modernen Nationalstaat als lästige Erschwerung des ohnehin mühsamen Loses der Tante beseufzt hätte.

Soweit die Tante, die zugleich Mutter war: zum Ausgleichen der Gegensätze verdammt, zum Verzicht auf private Entfaltung verpflichtet. Ausnahmen bestätigen die Regel.

Daneben steht der Typus der ledigen Tante, der 'domina'. Nicht zur Rücksicht auf 'in-laws' gezwungen, gab es für sie nur eine Familie, die eigene, der sie entstammte, und die sich in den Kindern der Brüder fortsetzte. Zu dieser Familie stand die Tante, sie nach innen erbarmungslos kritisierend, nach außen aber mit Zähnen und Klauen verteidigend. Was an Ausgleich nötig war, ging sie wenig an; dafür war die duldende Schwägerin da, deren Dasein nicht immer beneidenswert war. Die Domina wußte, was die eigene Familie wert war, auch wenn es außer ihr niemand wußte. Geliebt und gehaßt, gefürchtet und bewundert, belacht, gelästert und schließlich dankbar beerbt, kurz beweint und lange zitiert - wer kennt sie nicht? Ihre Spuren in den zarten Strukturen junger Familien, den empfindlichen Seelen hoffnungsvoller Neffen waren so untilgbar wie Metallkratzer in japanischem Lack. Hat auch diese Tante in einem Netz gesessen? Eher führte sie seine Fäden als Zügel, ohne allzuviel Rücksicht auf empfindliche Zerrungen im Gewebe zu nehmen. Und doch liebte sie ihre Familie. Eine solche Tante zu sein, war übrigens nicht jedermann gegeben; es gehörte Vitalität dazu, und der Ledigen- oder Witwenstand kam nicht ganz von ungefähr.

Es würde noch lohnen, einen Blick auf die Verbreiterungsgebiete der beiden Tanten-Typen zu werfen, die eine Entsprechung zu manchen anderen europäischen Strukturen aufweisen. Mit gebotener Vorsicht läßt sich sagen, daß der Typus der verheirateten, familienschonenden Tante eher im katholischen Europa der alten Familien zu finden ist, wiewohl er selbstverständlich Varianten im evangelischen Lager gehabt hat - die Welfen sind das beste Beispiel dafür. Die 'domina' hingegen verweist eher in Gesellschaftsformen mit größeren Freiräumen für individuelle Entfaltung: in den Protestantismus, in die wirtschaftlich ärmeren Regionen und in das Bürgertum. Wir finden ihn besonders häufig in der preußischen und in der angelsächsischen Welt.

V.

Haben wir bisher die Tante aktiv und passiv als dominierende Figur an den Nahtstellen der Gesellschaft gesehen, so lohnt sich nunmehr auch ein Blick auf ihren jeweiligen Stellenwert, ihren indikatorischen Wert in den Wandlungsprozessen der Gesellschaft. In gewisser Weise ist die Tante nämlich nicht nur das Zentrum der Geschichte, sondern auch ihre Flügelmacht.

Leider ist auch die Darstellung von Flügelmächten wieder eine Beschreibung von Machtkämpfen, denn die Flügel einer Schlachtreihe werden am Ende in deren Zusammenstoß, Auflösung und Verknäulung hineingezogen. Es sei deshalb - gewissermaßen als retardierendes Moment - ein Blick auf vorgegebene und deshalb friedlichere Flügelpositionen vergönnt, die in die Fragestellung einführen.

Ehe die Gesellschaftsschichten im ausgehenden Mittelalter und in der frühen Neuzeit auf Grund einer Reihe von Faktoren begannen, sich einander anzugleichen, gab es im wesentlichen zwei standesübergreifende Berufsgruppen: die Geistlichkeit und die Räuberzunft. Beide haben gar nicht so wenig Gemeinsames, wie es auf den ersten Blick scheinen könnte. Beiden eignet eine hierarchische Struktur mit breiter, verarmter und weitgehend einflußloser Basis bei guten Aufstiegschancen und Entfaltungsmöglichkeiten für die Eliten. Dazu kommen in der sozialen Struktur weitgehende Parallelen: die Spannweite reicht vom einfachen Mann bis zum Fürstensohn. Ansätze zur Dynastiebildung sind nur unter bestimmten, seltenen Voraussetzungen gegeben und bleiben auch dann rudimentär. Daran ändert es nichts, daß im Falle der Geistlichkeit eine Berufung *zu* etwas - und sei es nur zu der Teilhabe an der heilen Ordnung dieser Welt mit ihren Besitzgarantien geistlicher und weltlicher Art - die Zusammensetzung ihrer Mitglieder bestimmt, während sich im Falle der Deklassierten und Depossedierten, der Geächteten und Vogelfreien die wilde Auflehnung *gegen* die Ordnungen dieser als faul und unheilig empfundenen Welt zu verzweifelter Solidarität zusammenraufte. Wer im Mittelalter gleichgültig gegen Gott und die Welt war, der saß an Brücken, bettelte und starb dort. Kein Geistlicher und kein Geächteter war gleichgültig gegen Gott und die Welt; wenn er dennoch an Brücken saß und bettelte, so war er entweder ein echter Bettelmönch oder ein verkleideter Räuber.

Es liegt auf der Hand, daß beide Stände unter dem Gesichtspunkt der Überprüfung ihrer Tanten lohnen. Lohnen würden, muß man leider sagen, denn unsere Quellen lassen uns für so gut wie alle Räubertanten im Stich. Daß Robin Hood eine Tante im Kloster gehabt haben soll, ist so unscharf überliefert, daß es wahrscheinlich stimmt. Es muß schon deshalb stimmen, weil nach mittelalterlichem Verständnis jeder Mensch mindestens einen anderen brauchte, der für sein Seelenheil betete. Wieviele dann erst ein Räuber! Freilich wird man für Räuberbräute und Räubermütter einigen Spielraum lassen müssen, aber da angesichts des hohen Berufsrisikos längst nicht jeder Räuber eine Braut gehabt haben dürfte, da außerdem erwiesenermaßen viele Räubermütter sich über ihren Sohn frühzeitig zu Tode grämten, steigt die Chance für Räubertanten im Kloster wieder. Eine grobe Schätzung dürfte für etwas mehr als jeden zweiten Räuber eine geistliche Tante ergeben.

Mit größerer Sicherheit lassen sich Räubertanten in jedem anderen Milieu deduzieren, von leibeigenen Mägden über Angehörige mehrerer nicht gesellschaftsfähiger Berufe bis hinauf zu Fürstinnen. Denn was war Johann Parricida, der Flüchtige, nach landläufiger Meinung anders als eine Art Räuber? Seine Tante Elisabeth, die Gemahlin Kaiser Albrechts I., seines Onkels, den er ermordete, weil dieser ihm sein Erbteil vorenthielt, dürfte ihn jedenfalls dafür gehalten haben.

Wenn wir es für diese Randgruppen der Gesellschaft bei allgemeinen Überlegungen belassen müssen, so sind wir über ihre Säulen weit besser informiert. Die überwiegende Mehrheit der Geistlichen gehörte vom frühen Mittelalter an zu solchen Schichten, die sich schriftlich zu artikulieren vermochten. Für den hohen Adel kennen wir schon im Mittelalter die meisten Tanten mit Namen: für die übrigen Gruppen läßt sich bis zum Einsetzen schriftlicher Quellen wie Kirchenbücher und Gerichtsprotokolle wenigstens der soziale Typ erschließen.

Die Tante des Willigis von Mainz etwa, der - wenn die Legende recht hat - aus einfachen Verhältnissen zum Erzbischof von Mainz und zum Kanzler der Ottonen aufstieg, dürfte eine ländliche Handwerkersfrau gewesen sein. Neben den zeitgleichen Tanten etwa des ersten deutschen Papstes, Gregors V., eines Reichsfürsten, wäre sie außer in der Kirche unvorstellbar gewesen. Die Gegensätze wurden geringer, als sich im Hintergrund der Geistlichkeit ein stadbürgerliches Patriziat verdichtete, aber sie blieben groß genug. Die Tante des Philosophen Nikolaus von Cues etwa, der es zu Macht und Reichtum brachte, indem er zum Kardinalerzbischof von Brixen aufstieg, war gewiß von bürgerlichem Zuschnitt: eine Winzers- oder Fischersfrau von der Mosel. Aber neben den Tanten der gleichzeitigen Renaissance-Kardinäle aus italienischen Patrizier- und Honoratiorenfamilien wäre auch sie als aus einer anderen Welt kommend erschienen.

Diese beiden Beispiele, die sich natürlich beliebig vermehren lassen, zeigen die Tanten gewissermaßen als gesellschaftliche Flügelmächte, als Indikatoren zur sozialen Ortung. Sie lassen ahnen, welche Konflikte entstehen mußten, wenn es sich nun seit dem Beginn der Neuzeit nicht mehr nur um rein zufällige und äußerliche Berührungen von verschiedenem sozialem Milieu handelte, wie der vereinzelte Aufstieg von Geistlichen sie mit sich brachte, sondern wenn Familien aus unterschiedlichem Milieu sich zu verschwägern begannen.

Die Formierung der modernen Gesellschaft hat Opfer gekostet - kaum eine der an ihr beteiligten sozialen Gruppen, die nicht ihre Gefallenen beklagt. Wer aber hat je des Loses der Tanten gedacht, die in den jeweiligen Familienkonflikten, von den Flügeln her eingreifend und zum Zentrum drängend, ihre Kräfte verschlissen und den Prozeß der Neubildung zugleich vorantrieben und markierten? Innerhalb der neu entstehenden sozialen Schichten entschied sich in der Einzelfamilie von Fall zu Fall, wer die Verschmelzung überlebte. Wer zurückblieb, wer mit aufstieg, wer eingeladen wurde und wer nicht - das sind Feinheiten, die sich dem Raster der Forschung entziehen, obwohl sie den Entstehungsprozeß neuer Schichten deutlicher kennzeichnen als viele andere Merkmale. Nicht nur bei Dornröschen wurde vermutlich das Fehlen von Tafelsilber zum Vorwand für Selektion in der Verwandtschaft benutzt; manche dreizehnte Tante dürfte zur bösen Familienfee geworden sein. Dabei konnte die Komplikation durchaus auch so aussehen, daß eine robuste Jenny Treibel die verarmte Gegentante aus älterem Hause auszumanöverieren suchte; nicht immer ging der Druck von oben nach unten. Niemand genierte sich übrigens in diesen Konflikten, denn jeder hatte ein genaues Bewußtsein seines sozialen Status und ging davon aus, daß auch der andere es hatte. Daran änderten auch Aufklärung und Romantik nichts.

VI.

Die Neuzeit ist mit den Tanten nicht glimpflich umgegangen, vor allem nicht mit der 'domina'. Zwar gab es im großbürgerlichen Milieu hoffnungsvolle Ansätze; es schien, als sollte in Gründerzeitvillen und Stadtetagen das feudale Muster ins Bürgerliche übersetzt werden. Ein neuer Tantenstand erwachte zu kurzer Blüte, wirtschaftlich getragen von den Vermögen des industriellen Zeitalters. Aber es war eine Scheinblüte; der Verfall kam aus den gleichen Wurzeln wie der neue Reichtum selbst: geistige und kulturelle Emanzipation gingen Hand in Hand mit der sozialen und wirtschaftlichen; die Gesellschaftsstrukturen glichen sich rascher als bisher aneinander an; die Tante verlor ihre Funktion.

Das heißt freilich nicht, daß sie sang- und klanglos untergegangen wäre! Die Familienkonflikte des 19. Jahrhunderts füllen bekanntlich die Werke der Dichter von Balzac bis Thomas Mann; der Historiker fühlt sich erstmals von ihnen entlastet. Zwar wird der Sensibilisierte die Tante dort nur zwischen den Zeilen finden, aber er wird sie antreffen, unübersehbar. Noch einmal erwacht sie zu indikatorischem Leben, Seismograph der Strukturen, die sie einstmals beherrschte. Man verfolge nur die Darstellung des relativen Aufstiegs der Damen Friederike, Henriette und Pfiffi Buddenbroock, der Tanten des resignierenden Hanno.

Heute ist sie ernsthaft vom Aussterben bedroht, die Tante, und die 'domina' ist praktisch ausgestorben. Die zum Modell gewordene, einst den Armen zugeordnete Kleinfamilie hätte bisweilen vielleicht wieder Verwendung für den Urtyp der 'amita'. Aber auch diese gibt es nicht mehr: von Ignaz Semmelweis im wesentlichen funktionslos gemacht, ist sie selbst verheiratet, berufstätig, sozial engagiert; sie steht nicht mehr zur Verfügung.

Es ist gut, daß wir ein literarisches Denkmal wenigstens der 'domina' besitzen; jeder möge selbst entscheiden, ob es Wehmut oder Schauder in ihm auslöst. Theodor Fontane hat in seinem „Stechlin“ mit der Tante Adelheid, der Domina vom Kloster Wutz in der Mark Brandenburg, einen Schatten beschworen, hat die Tante als Idee und Gestalt noch einmal umrissen: „Ich nehme an, mein lieber Woldemar," so schreibt sie an den Neffen, „daß Du meine letzten Worte noch in Erinnerung hast. Sie liefen auf den Rat und die Bitte hinaus: gib auch in dieser Frage (der Heirat) die Heimat nicht auf, halte dich, wenn es sein kann, an das Nächste. Schon unsere Provinzen sind so sehr verschieden. Ich sehe Dich über solche Worte lächeln, aber ich bleibe doch dabei. Was ich Adel nenne, das gibt es nur noch in unserer Mark(...) Und nun wirst Du fragen, warum ich gegen andre so streng und so sehr für unsre Mark bin, ja speziell für unsre Mittelmark. Deshalb, mein lieber Woldemar, weil wir in unserer Mittelmark nicht so bloß äußerlich in der Mitte liegen, sondern weil wir auch in allem die rechte Mitte haben und halten(...) und das ist das, worauf es ankommt - Mittelzustand, darauf baut sich das Glück auf. (...) Einige meinen freilich, das, was sie das 'Geistige' nennen, das litte darunter. Das ist aber alles Torheit. Und wenn es litte (es leidet aber nicht), so schadet das gar nichts. Wenn das Herz gesund ist, ist der Kopf nie ganz schlecht. (...) Und so schließe ich denn mit der Bitte: heirate heimisch und heirate lutherisch. Und nicht nach Geld (Geld erniedrigt), und halte Dich dabei versichert der Liebe Deiner Dich herzlich liebenden Tante und Patin Adelheid v. St."

Und der Neffe - weist seine Reaktion in erfahrunggesättigte Vergangenheit oder kündigt sie die Schnödheit der Moderne an?

„(...) heirate nicht nach Geld, Geld erniedrigt! Wie gut ich das kenne", sagte Woldemar. „Aber wenn es nur recht viel ist, kann es am Ende auch eine Chinesin sein."

Die Geschwisterbeziehung im Sozialisationsprozeß. Ein historischer Überblick

Yvonne Schütze

Seit Aries das Kind für die historische Forschung entdeckte und seit die historische Forschung sich zum Ziel gesetzt hat, nicht nur die Geschichte der 'großen' Ereignisse, der einschneidenden Daten, der Taten berühmter Männer zu schreiben, sondern das Alltagsleben der Menschen, der Familien und der Kinder zu rekonstruieren, ist eine unübersehbare Flut von Literatur entstanden, die aufgrund unterschiedlicher theoretischer Konzeptionen und Materialien Auskunft über Familien und kindliche Sozialisationsprozesse der Vergangenheit erteilt. Allerdings ist in der gesamten Literatur - und das gilt bis in die Gegenwart auch für Familiensoziologie und Sozialisationsforschung[1] - eine Dimension der kindlichen Lebenswelt bisher systematisch nicht berücksichtigt worden, nämlich Bedeutung und Funktion der Geschwisterbeziehung für das familiale System und den Sozialisationsprozeß des Kindes. Wenn überhaupt, so wird das Thema Geschwister immer nur am Rande abgehandelt, dies trifft sowohl auf Rekonstruktionen von Familienstrukturen zu[2] als auch auf autobiographisches Material.[3]

Im Rahmen dieses Artikels ist es nun nicht möglich, die Versäumnisse verschiedener Disziplinen nachzuholen und etwa die Sozialgeschichte der Geschwisterbeziehung bis zur Gegenwart zu rekonstruieren. Stattdessen möchte ich einige Thesen zur Funktion und Bedeutung von Geschwisterbeziehungen innerhalb der Familie ausführen. Dabei stütze ich mich auf Literatur über Familienstrukturen der Vergangenheit, auf Ergebnisse der Sozialisationsforschung (einschließlich der eigenen), auf Autobiographien und auf Märchen. Ich werde zunächst kurz den Argumentationsgang skizzieren, um sodann auf einzelne Punkte ausführlicher zurückzukommen.

Nach einhelliger Erkenntnis der historischen Familienforschung war der Status des Kindes in der Vergangenheit ein geringer und ist die Emotionalisierung der Eltern-Kind-Beziehung in der Geschichte der Menschheit eine relative Neuerwerbung. Unterschiedlich sind allerdings die Kriterien dafür, wann und wie denn der Status des Kindes sich veränderte. Bezieht sich die Forschung auf Literatur und Malerei, auf Traktate der Moralisten, auf Beichtspiegel und ähnliches, dann setzt eine neue Wahrnehmung des Kindes bereits im 15., spätestens im 16. Jahrhundert ein.[4] Ist aber der Bezugspunkt ein Vergleich des alltäglichen Sozialisationsprozesses der Vergangenheit mit dem der Gegenwart, dann finden die Historiker erst sehr viel später, nämlich gegen Ende des 18. Jahrhunderts Anzeichen für veränderte Umgangsweisen mit Kindern.[5] Außerdem gibt es zeitliche Verschiebungen in den einzelnen Ländern Europas (Deutschland scheint immer etwas im Verzug gewesen zu sein), und schließlich wurden die verschiedenen sozialen Schichten zu jeweils unterschiedlichen Zeitpunkten von neuen Sichtweisen und Einstellungen ergriffen.

Geteilter Meinung sind die Forscher auch darüber, wie Vergangenheit und Gegenwart der Kindheit zu beurteilen seien. Während Aries beklagt, daß die Kinder in der neueren Zeit nach und nach aus dem gesellschaftlichen Leben ausgeschlossen und als Gegenstände der Erziehung traktiert werden, konstruiert de Mause ein progressives Modell, gemäß dem es eine lineare Entwicklung vom Stadium der Grausamkeit und Gewalt zu dem der Empathie gegenüber Kindern geben soll. Eine dritte Position nimmt Stone ein, der der Auffassung ist, daß man keinen eindeutigen Fortschritt, aber auch nicht das Gegenteil behaupten könne („No gains, no losses").[6] Welcher Interpretation man auch den Vorzug geben mag - ich neige der Stones zu -, so bleibt doch unbestritten, daß Kinder nicht *den* emotional hochbesetzten Stellenwert für ihre Eltern hatten, wie dies heute zu sein scheint. „Liebe" wurde nicht nur normativ nicht gefordert - weder für die Ehe noch für die Eltern-Kind-Beziehung -, sondern war eher Gegenstand des Mißtrauens und eine potentielle Gefahr. Allerdings hatte man wohl auch einen anderen Begriff von Liebe. Einerseits wurde „Liebe" mit dem gleichgesetzt, was wir heute vielleicht mit dem Begriff „Affenliebe" bezeichnen. So wurden Väter, die ihren Kindern nicht genügend Strenge bewiesen, mit Affen verglichen, „die ihre Kleinen dadurch töten, daß sie sie zu sehr umarmen und liebkosen".[7] Andererseits bedeutete „Liebe", wenn man nicht haßte. „In jener Zeit beschränkte sich Liebe auf das Nichtvorhandensein von Haß und die Erfüllung dessen, was man ihnen schuldete (in diesem Fall die Kinder den Eltern)."[8] Und Barbara Beuys schreibt über das sogenannte finstere Mittelalter: „Mit äußerster Strenge vorzugehen und seine Kinder zu lieben, bedeutete für den mittelalterlichen Menschen keinen Gegensatz."[9] Es wäre demgemäß unsinnig, wollte man an dem heutigen Begriff von „Liebe" die Gefühlswelt der Vergangenheit messen. Auf einer anderen Ebene, nämlich der Intensität von Interaktionsbeziehungen, scheint mir ein Vergleich eher möglich. Weder wurde der äußeren Versorgung des kleinen Kindes soviel Aufmerksamkeit und Sorge zugewandt wie heute, noch kann man davon ausgehen, daß die Eltern sich mit ihren Kleinkindern von Anfang an derart intensiv beschäftigten, wie wir dies etwa aus den ausführlichen Interaktionsbeschreibungen der Sozialisationsforschung und unserem Alltagsleben kennen.[10]

Geht man nun mit den Sozialisationsforschern, gleichgültig welcher theoretischen Orientierung auch immer, davon aus, daß Kinder für ihre soziale, psychische und sogar körperliche Entwicklung ein gewisses Ausmaß an Haut- und Blickkontakt, Wärme, Ansprache, Stimulation, kurz wechselseitiger Interaktion und Kommunikation brauchen, dann kann man aus der historischen Familienforschung sehr wohl entnehmen, daß in der Eltern-Kind-Beziehung diese Dimension des Sozialisationsprozesses in der Vergangenheit vernachlässigt worden ist. Und geht man weiterhin davon aus, daß Kinder nicht nur passive Rezipienten von Umwelteinflüssen sind, sondern über Handlungspotentiale verfügen, auch ihrerseits aktiv Interaktion zu gestalten und die Umwelt zu beeinflussen, dann taucht die Frage auf: Gab es möglicherweise alternative Interaktionsformen zu den Eltern-Kind-Beziehungen, in denen Kinder jenes Minimum an Interaktion und Kommunikation erlangten beziehungsweise sich verschafften? Da in der historischen Familienforschung mit einem gewissen Gegenwartszentrismus - dies betrifft vor allem die Psychohistoriker - meistens nur die Qualität der Eltern-Kind-Beziehung rekonstruiert wird, nicht aber explizit die sonstigen Interaktionsbeziehungen, in denen Kinder lebten, ins Blickfeld gerückt werden, wissen wir wenig darüber, welche emotionale und interaktive Bedeutung andere Erwachsene, Geschwister und Peers für den Sozialisationsprozeß des Kindes gehabt haben mögen.

Aries vermutet, daß in der Zeit des Ancien Regime die Straßen- und Nachbarschaftskontakte ein sozial warmes Klima boten, das die relative Gleichgültigkeit der Eltern-Kind-Beziehung aufwog. Andererseits aber ist es höchst unwahrscheinlich, daß die Erwachsenen, die das Alltagsleben des Kindes mannigfaltiger und zahlreicher bevölkerten, als dies heute der Fall ist, qualitativ andere Umgangsweisen mit Kindern gehabt haben beziehungsweise daß ihre Einstellungen zu Kindern sich von denen der Eltern unterschieden. Man machte sich entweder keine besonderen Gedanken darüber, wie mit Kindern umzugehen sei, oder man sah in ihnen kleine Wilde, die nur durch Zucht und Disziplinierung zu Menschen gebändigt werden konnten, oder man betrachtete sie - in der Oberschicht - als eine Art reizender Schoßhündchen, die man zur eigenen Ergötzung verhätschelte.[11]

Wie die Erziehungsvorstellungen der Erwachsenen auch immer ideologisch ausgerichtet oder auch gleichgültig waren, insgesamt kann man davon ausgehen, daß die Kinder untereinander von diesen Vorstellungen weniger berührt waren. Ich nehme an, daß die historischen Veränderungen der Beziehungen zwischen Erwachsenen, Erwachsenen und Kindern ungleich größer sind als die zwischen Kindern untereinander, wobei ich an Kinder bis etwa zum siebten Lebensjahr denke.

Mit der Sozialisationsforschung, der Ethnologie und der Humanethologie können wir annehmen, daß Kinder zu allen Zeiten und in allen Kulturen das Bedürfnis haben, miteinander zu spielen, einander körperlich nahe zu sein, sei es in zärtlicher oder kämpferischer Weise, sich aneinander zu messen, sich freundschaftlich zu verbinden oder sich in Streitigkeiten voneinander abzusetzen, sich gegenseitig nachzuahmen und sich zu belehren und belehren zu lassen. Unter dieser Voraussetzung können wir weiterhin vermuten, daß die Kinder und auch die Geschwister der Vergangenheit trotz aller Widerständigkeiten, die im folgenden kurz aufgeführt werden, bestrebt gewesen sind, diese ihre Interaktionsbedürfnisse zu realisieren und im Rahmen der jeweiligen sozio-kulturellen Grenzen auch realisiert haben.

Aus den Annahmen, daß erstens die Eltern-Kind-Beziehung in der Vergangenheit die kindlichen Interaktions- und Kommunikationsbedürfnisse nicht befriedigte und daß zweitens das kindliche Interaktionspotential sich in der Kind-Kind-Beziehung noch am ehesten entfalten konnte, läßt sich die These konstruieren, daß die Geschwistergruppe geradezu prädestiniert war, diese interaktiv unzureichende Eltern-Kind-Beziehung zu kompensieren. Die Peer-Beziehung erscheint mir deshalb nicht geeignet, weil so junge Kinder mit anderen Kindern wohl weder in ständiger räumlicher Nähe lebten noch soviel Zeit miteinander verbrachten, wie dies Geschwister taten. Außerdem hatte sich seit dem 16. Jahrhundert so etwas wie „Familiensinn" entwickelt, ein Gefühl von Zusammengehörigkeit in Absetzung von entfernteren Verwandten (kinship), Nachbarn und Freunden, so daß über die Mitgliedschaft in einer Familie beziehungsweise die Zugehörigkeit zu einem „Haus", in dem alle unter einem Dach lebten, sich vermutlich auch eine größere emotionale Nähe zu den Geschwistern als zu anderen fremden Kindern herstellte.

Die Geschwistergruppe in der Vergangenheit: Größe und Zusammensetzung

Es sind mehrere Faktoren, die die Struktur der Geschwistergruppe in der Vergangenheit von der gegenwärtigen unterscheiden.

Bis zum Beginn des 19. Jahrhunderts war die Säuglings- und Kindersterblichkeit mit 30 bis 50 Prozent so hoch, daß es wohl nur relativ wenige Familien gab, in denen nicht mindestens ein Kind, noch bevor es das Erwachsenenalter erreichte, gestorben ist. Liest man Autobiographien aus dem 17. bis 19. Jahrhundert, so gibt es kaum eine, in der nicht der Tod eines Geschwisters erwähnt wird, wobei die Reaktionen auf diese Todesfälle durchaus unterschiedlich sind. Manche Autoren stellen lediglich fest, wie viele Geschwister gestorben sind, andere haben den Tod eines Geschwisters als einschneidendes Erlebnis in Erinnerung behalten, so zum Beispiel der Müllersohn Friedrich Oetker (geb. 1809):

„Meine frühesten Erinnerungen knüpfen sich an das Summen einer Fliege, an den Duft einer Blume. So oft ich den Ton einer großen Fliegenart vernehme, meine ich, ein blasses Kindergesicht im Sarge zu sehen, zu dem mich die weinende Mutter emporhob; so oft mich der Hauch eines blühenden Goldlacks trifft, liegt ein sonniges Frühlingsgärtchen vor meinem Blick, in der Stille eines ländlichen Sonntagsmorgens, von Hasel- und Hainbuschenhecken umfriedigt, von summenden Bienen durchflogen, voll Kräuter und Gesträuch, voll Duft und Frische, und die Mutter am Blumenbeet stehen, ein Sträußchen zum Kirchgang pflückend und ein blondes Kinderhaupt streichelnd und mich ermahnend, ja recht aufmerksam auf das Schwesterchen zu sein, daß es nicht an das Bienenhaus laufe oder an den Mühlteich, wo der böse Wassermann lauere.

Es hätte der Mahnung wohl kaum bedurft; denn das Kind war mein Liebling. Sein Tod wurde mein erster bitterer Schmerz, während ich frühere Verluste noch kaum empfunden hatte."[12]

Friedrich Knapp (geb. 1842), Sohn eines Naturwissenschaftlers, schreibt:

„Im Jahre 1847 wurde mein Bruder Karl geboren; etwas später erschien ein Schwesterchen Agnes, ein ganz ungemein schönes und liebenswürdiges Kind, das aber etwa dreijährig an Typhus starb. Ich hatte gerade mein Blasrohr ergriffen, als mein Vetter Georg von Liebig aus dem Krankenzimmer herauskam, mich still bei der Hand faßte und mich an das Bettchen führte, wo man eben dem Kinde etwas Äther einflößte; nach wenigen Augenblicken trat der Tod ein. Ich habe diesen Verlust furchtbar hart empfunden, es war der 10. März, ein Tag, vor dem sich meine Mutter seitdem förmlich fürchtete."[13]

Und in dem berühmten autobiographischen Roman „Anton Reiser" von Karl Philipp Moritz (geb. 1756) heißt es:

„Die erste Vorstellung über seinen kindischen Geschwisterkreis hinaus bekam er ohngefähr im fünften Jahre, als seine Mutter noch mit ihm in dem Dorfe wohnte und eines Abends mit einer alten Nachbarin, ihm und seinen Stiefbrüdern allein in der Stube saß. Das Gespräch fiel auf Antons kleine Schwester, die vor kurzem in ihrem zweiten Jahre gestorben war, und worüber seine Mutter beinahe ein Jahr lang untröstlich blieb. Wo wohl jetzt Julchen sein mag? sagte sie nach einer langen Pause und schwieg wieder. Anton blickte nach dem Fenster hin, wo durch die düstere Nacht kein Lichtstrahl schimmerte, und fühlte zum ersten Male die wunderbare Einschränkung, die seine damalige Existenz von der gegenwärtigen beinahe so verschieden macht wie das Dasein vom Nichtsein. Wo mag jetzt wohl Julchen sein? dachte er seiner Mutter nach, und Nähe und Ferne, Enge und Weite, Gegenwart und Zukunft blitzte durch seine Seele. Seine Empfindung dabei malt kein Federzug; tausendmal ist sie wieder in seiner Seele, aber nie mit der ersten Stärke, erwacht."[14]

Wenn nicht durch den Tod, so wurde eine Geschwistergruppe auch häufig dadurch auseinandergerissen, daß die Eltern eines oder auch mehrere ihrer Kinder weggaben, entweder zu kinderlosen Verwandten, die sich ein Kind wünschten, oder weil die Aufstiegs- und Bildungschancen außerhalb des Elternhauses für günstiger gehalten wurden. Dies war im aufstrebenden Bürgertum der Fall, wo Karrierechancen sich vielfach auf Bildung gründeten. Für die armen Bevölkerungsschichten war die Weggabe des Kindes oft eine ökonomische Notwendigkeit. Und wenn ein Elternteil oder gar beide Eltern starben, wurden die Geschwister ebenfalls auseinandergerissen und jeweils verschiedenen Verwandten oder Freunden der Eltern zugeteilt, manchmal konnten aber wenigstens zwei Geschwister beisammen bleiben, was allemal einen großen Trost bedeutete. Über „Weggabe" wird auch in den Autobiographien berichtet. Karl Ernst von Baer (geb. 1792) berichtet:

„Ungeachtet ich auf dem Gut Piep das Licht der Welt erblickt hatte, sind meine ersten Erinnerungen doch nicht von diesem Landgute, sondern es war ein anderes, Lassila in Wierland, wo mein Bewusstseyn erwachte. Der Besitzer desselben, ein älterer Bruder meines Vaters, mit Vornamen Karl, war schon längere Zeit verheirathet mit einer Baronesse Kanne aus Koburg, aber kinderlos geblieben. Da nun der ehelige Segen so reichlich über das Haus meines Vaters sich zu ergiessen angefangen hatte und ein Aufhören noch lange nicht vorauszusehen war, mein Onkel aber sowohl als meine Tante an der Lebendigkeit der Kinder sich erfreuten, so machte jener meinem Vater den Vorschlag, mit ihm brüderlich zu theilen. In Folge dieser Vereinbarung wurde ich, gleich nachdem ich entwöhnt war, nebst meinem etwas älteren Bruder, Friedrich, nach Lassila abgegeben, wo wir ganz als Kinder des Hauses erzogen werden sollten. Mein Bruder starb sehr bald nach der Versetzung, so daß ich nur durch Tradition von ihm weiss. Um so sorgsamer hütete mich meine gutmüthige und sehr wohlwollende Tante, die so fond of children war, dass jedes Kindergesicht sie erfreute und ein fröhliches ihr Freudenthränen entlocken konnte."[15]

Und die Tochter eines Grafen Baudissin (geb. 1817) schreibt:

„Tante Julchen, meines Vaters Schwester, hatte in ihrer Ehe mit Wolf Baudissin keine Kinder, sie bat die Eltern, ihr eine Tochter, und zwar mich zu übergeben. Papa wollte sich nicht von mir trennen und so ging Belle, die Aelteste, die ihrem Namen Ehre machte, nach Dresden. Einige Jahre darauf wiederholte Tante Julchen ihre Bitte: 'Bella entbehre eine Schulgefährtin.' Dies Mal wurde mir die Entscheidung überlassen, doch nicht ganz, denn Papa sagte mir jetzt: 'Ich möchte lieber, daß Du bei uns bliebest.' Was ich geantwortet habe, weiß ich nicht, aber Clotilde, jünger als ich, wurde nach Dresden gebracht. Thekla, die älteste Schwester, kam nach Knop zu der Großmutter."[16]

In Anbetracht des reichlichen Kindersegens der Familie wurden später noch andere Kinder weggegeben.

„Die Eltern trennten sich wohl noch schwerer von den zärtlich geliebten Zwillingen, sie konnten aber bei dem reichen Kindersegen nicht hinreichend für die Erziehung und die Zukunft des einzelnen sorgen, durften daher die verwandtschaftliche Hülfe nicht ablehnen. In Oesterreich auf dem schönen Besitz Wasserburg lebte ein Vetter Heinrich Baudissin mit seiner Frau und drei Knaben. Die Tante war in jeder Beziehung geeignet, unsere Lieblinge zum Guten zu leiten. Die Wünsche des Ehepaares entschieden also, und mein Vater brachte Rosa und Blanca nach Wasserburg."[17]

Hermann Boyen (geb. 1771), Sohn eines Offiziers, hat seine Eltern praktisch nicht gekannt:

„Die glücklichen Verhältnisse, in denen meine Eltern wechselseitig lebten, ließen bei meiner Mutter nicht den Gedanken an eine Trennung von ihrem Gatten aufkommen, von der anderen Seite aber erregte meine große Jugend begründete Bedenken gegen eine in rauher Jahreszeit unternommene Reise und einen dauernden Aufenthalt in Polen. Meine Eltern entschlossen sich daher, mich zu einer unverehelichten Schwester meines Vaters, die in Königsberg lebte, zu bringen. ... Meine Mutter wurde, als ich zwei Jahre alt war, von einer Tochter entbunden, und dieselben Gründe, welche in Hinsicht meiner obwalteten, bestimmten meinen Vater, mit einem kurzen Urlaub seine Schwester zu besuchen und ihr ebenfalls die Pflege der ungefähr ein Jahr alten Tochter anzuvertrauen. Dies ist das einzigmal, daß es mir vergönnt war, meine lieben Eltern zu sehen, und meine Phantasie hat mir noch immer die Umrisse derselben frisch erhalten, besonders in dem Augenblick, in dem mir mein Vater bleierne Soldaten und einen eben solchen Säbel schenkte."[18]

Eine besondere Form der „Weggabe" bestand darin, daß viele Kinder, besonders die von alleinstehenden Müttern, als „Einlogierer" ab ihrem 11. Lebensjahr in fremden Haushalten untergebracht wurden, wo sie gegen ein geringes Entgelt das Leben eines richtiggehenden erwachsenen Untermieters führten.[19] Dazu kommt noch das Ammenwesen, das in Deutschland bis zum Beginn des 20. Jahrhunderts praktiziert wurde. Für die Geschwisterbeziehung bedeutete dies, daß eine Geschwisterbeziehung sich nur verzögert und unter anderen Vorzeichen etablieren konnte.

Doch variierte - im Gegensatz zu heute - nicht nur ständig die Größe einer Geschwistergruppe, sondern auch ihre Zusammensetzung. Bedingt durch das niedrige Sterblichkeitsalter, insbesondere der Frauen, die häufig im Wochenbett starben, gab es viele zusammengesetzte Familien und damit verschiedene Variationen von Geschwistergruppen, die aus leiblichen Geschwistern, Stief- und Halbgeschwistern gebildet wurden. Der Altersabstand war oftmals so groß, daß die Kinder aus der ersten Ehe bereits das Haus verlassen hatten, als weitere Kinder in einer zweiten Ehe geboren wurden. Wie sehr das Thema der zusammengesetzten Familie, der Stiefmutter und der Stiefgeschwister die Menschen beschäftigte, läßt sich aus den zahllosen Märchen ablesen, in denen eine böse Stiefmutter die eigenen Kinder bevorzugt und die ihres Mannes meist in mörderischer Weise traktiert. Inwiefern die Stiefmütter ihren Stiefkindern wirklich eine schlechtere Behandlung zukommen ließen als ihren eigenen Kindern, ist schwer zu entscheiden. Hardach-Pinke zieht aus den von ihr ausgewerteten Autobiographien den Schluß:

„Die Stiefmütter, Stiefväter und Stiefgeschwister werden meist positiv geschildert. Böse Stiefeltern treten in den ausgewerteten Biographien nicht öfter auf als böse leibliche Eltern. Stiefmütter waren auch häufig Blutsverwandte der Kinder, nämlich Tanten, Kusinen u.ä., oder andere Personen, die die Kinder schon vor dem Tod ihrer Mutter kannten.“[20]

Und Flandrin befindet, daß es zwar „eine Reihe von Zeugnissen von Waisen, die wirklich unter den Verfolgungen einer Stiefmutter gelitten haben“ gibt, daß aber andererseits die Situation der Stiefmutter auch nicht gerade einfach war, da sich vor allem bereits ältere Kinder gegen die neue Frau des Vaters verbündeten und ihr das Leben zur Hölle machen konnten.[21] Das Schicksal eines einzelnen Waisen- oder Stiefkindes mag daher beklagenswerter gewesen sein, als wenn Geschwister zusammenbleiben oder sich gegen wen auch immer, gerechtfertigt oder nicht, zusammenschließen konnten. Auf dem Zusammenhalt der Geschwistergruppe baut auch eine in Süd-Frankreich übliche und weitverbreitete Institution auf, die sogenannte „frereche“. Die „frereche“ scheint es in zwei Formen gegeben zu haben. Einmal - in Korsika - als Wohngemeinschaft verwaister Geschwister, die von den Nachbarn betreut wurden und solange zusammenlebten, bis sie heirateten.[22] Zum anderen existierte die „frereche“ als eine Lebensgemeinschaft erwachsener Geschwister, die auch andere Personen einbeziehen konnte.

„Sie (die frereche, Y. S.) hatte natürlich ein Oberhaupt, das die juristischen Urkunden *gubernator* nennen. Doch war dieses Oberhaupt für die anderen Vertragspartner nur ein 'Bruder', das heißt, ein Gleicher. Das gemeinsame Geld wurde in einem Kasten aufbewahrt, zu dem jeder der Brüder den Schlüssel hatte, und ein jeder verpflichtete sich dazu, nicht über mehr als einige Sous Taschengeld ohne die Einwilligung des anderen zu verfügen. Im XV. Jahrhundert vermehrten sich die Kontrakte der 'affrairement' in der ganzen Südhälfte des Zentralmassivs: in den Cevennes. in Gevaudan. in Valay, in Rouergue etc. Sie konnten Brüder, Schwäger oder andere Verwandte, Freunde, ja sogar einen Ehemann und seine Frau oder selbst einen Sohn und seinen Vater verbinden. Gleichgültig wie das Verwandtschaftsverhältnis zwischen den Vertragspartnern aussah, begründeten sie untereinander eine egalitäre Gemeinschaft wie in den Nordprovinzen des Zentralmassivs."[23]

Die Geschwistergruppe in verschiedenen sozial-kulturellen Milieus

Während Größe und Zusammensetzung der Geschwistergruppen quer durch die sozialen Schichten ähnlichen Eingriffen durch Tod, Weggabe und anderen Familienereignissen ausgesetzt gewesen sein mögen - die oberen Schichten hatten freilich durchschnittlich mehr Kinder -, sind die sozio-kulturellen Bedingungen, unter denen sich jene von mir vermutete „interaktive Gemeinschaft" der Geschwister etablieren konnte, von sehr unterschiedlicher Art. Wenn in der historischen Familienforschung von Geschwistern überhaupt die Rede ist, so werden unweigerlich die Erbgesetze angeführt, um zu beweisen, wie schwierig sich die Beziehungen der Geschwister untereinander gestaltet haben müssen. Daß sowohl die Gesetze der Primogenitur, Ultimogenitur oder Unigenitur als auch die der Realteilung ihre jeweiligen Probleme mit sich brachten, und dies nicht nur für die Geschwisterbeziehung, ist unbestreitbar. Allerdings wurden durch das jeweilige Erbrecht nur die Kreise betroffen, in denen es auch etwas zu vererben gab und wo das „Erbe", nämlich das Land, der Hof, das Vieh, die gesamte Lebensperspektive bestimmt, also in erster Linie Adel und Bauernschaft.

Stone, der in seinem Buch „The Family, Sex and Marriage in England 1500 - 1800", das über 700 Seiten umfaßt, ganze anderthalb Seiten der Geschwisterbeziehung widmet, ist der Auffassung, daß die emotional engsten Beziehungen im England des 17. und 18. Jahrhunderts die zwischen Bruder und Schwester waren.

„But there can be little doubt that there was something very special about brother-sister relationships among the landed classes at this period. They were far closer than brother-brother ties which were always threatened by the gulf of primogeniture, and closer than child-parent relations even at the most affectionate stage in the late eighteenth century, since parents and children were inevitably physically separated from each other for a good part of every day, even in the most devoted of families, as well as being psychologically separated by the generation gap."[24]

Stones Argumentation ist in einzelnen Teilen zuzustimmen. In Adelskreisen (und später auch in denen des gehobenen Bürgertums) war die Zeit, die die Eltern mit ihren Kindern verbrachten, auf ein Minimum beschränkt. Für die kleinen Kinder gab es Ammen, Kinderfrauen, Hausmädchen und so weiter, die später von Gouvernanten, Erziehern oder Hauslehrern abgelöst wurden, wenn die Kinder nicht in Internaten außerhalb des Hauses untergebracht wurden. Die Kinder bewohnten gemeinsam ein Zimmer und je nachdem schlief dort auch noch die Kinderfrau oder sie hatte einen eigenen Raum in unmittelbarer Nähe des Kinderzimmers, während die Räume der Eltern relativ weit entfernt lagen. Die räumliche Distanz symbolisierte auch die psychische der Eltern. Die Geschwister waren in ihren ersten Lebensjahren einander räumlich am nächsten und verbrachten mehr Zeit miteinander als mit allen anderen Menschen ihrer Umgebung. Und schon allein diese über Raum und Zeit hergestellte Nähe hat ein gewisses Ausmaß an Interaktion und Kommunikation sichergestellt, gleichgültig wie sehr die Kinder einander liebten. Wir wissen nicht, was in diesen Kinderzimmern geschah, die wenigsten Autobiographien enthalten detaillierte Berichte über die ersten Kinderjahre und wenn, wird eher über das Verhältnis zu den Eltern geschrieben. Gerade weil die Beziehung zu den Geschwistern so selbstverständlich war, wird sie vielleicht von vielen Autoren nicht weiter erwähnt. Es gibt aber auch Beispiele wie Fanny Lewald (geb. 1811), sie berichtet geradezu empathisch über die Beziehung zu den Brüdern, deren Lebensschicksale sie im weiteren Verlauf ihrer Autobiographie bis ins Alter verfolgt.

„Seit ich mich zu erinnern weiß, hatte ich zwei Brüder. Der mir im Alter am nächsten stehende, war am zweiten Mai achtzehnhundert und dreizehn, am Tage der Schlacht von Lützen, und der jüngere am ein und dreißigsten März achtzehnhundert und fünfzehn, am Tage des Einzuges der verbündeten Heere in Paris geboren. (...) Diese beiden Brüder waren meine eigentlichen Lebensgenossen durch meine ganze Jugend. Mit ihnen habe ich gespielt, mit ihnen gelernt, mit und an ihnen die ersten Erfahrungen des Lebens gemacht. All unsere Leiden und Freuden haben wir getheilt, die Entwicklung des Einen von uns ist immer auch eine Entwicklungsstufe in dem Leben des Andern geworden, und meine Erinnerungen aufzeichnen, heißt ihrer im Geiste fortdauernd gedenken."[25]

Manchmal waren es auch nur einzelne Kinder einer Geschwistergruppe, die eine besonders intensive Beziehung unterhielten. Über die Vor- und Nachteile einer großen Kinderschar berichtet Marie von Bunsen (geb. 1860):

„So bin ich inmitten von großen Familien aufgewachsen, kann mitreden, wo jetzt diese Gewohnheit ausgestorben ist. Außenstehende besticht wohl eine laute fröhliche Kinderschar, die sich um den Weihnachtsbaum versammelt, doch ist das manchmal ein etwas trügerischer Schein, wenn auch, wie bei uns, die Familienbeziehungen durchaus erfreuliche waren und es noch heute sind. Innigste Geschwisterliebe findet sich jedoch eher in den kleinen als in den größeren Familien. In den großen Familien steht auch sehr leicht ein Kind allein da. Die allzeit gute und liebe Berta hat mir später ihre Vereinsamung gestanden, weil Ida und ich so zusammenhielten; sie war die dritte, die übrigbleibende, denn zu den 'Kleinen' gehörte sie noch viel weniger. Waldemar wurde der Nachzügler, als Nesthäkchen gewissermaßen verwöhnt, hat sich aber doch, wie er mir mal später sagte, als 'alleinstehend' empfunden. Der Zusammenschluß, die Verwachsung ist im kleinen Kreis bedeutend leichter als im großen. Auch der elterliche Einfluß reicht nicht überall hin. Hätte ich Kinder gehabt, hätte es mir nicht genügt, eine so geringfügige Rolle während ihrer Kindheit zu spielen. Da immer neue Geschwister ankamen, wußte die Erzieherin von uns mehr als die in Anspruch genommenen Eltern. Dazu kam dann später das Gefühl des Sich-gegenseitig-im-Wege-Stehens, des Überflüssigseins. Trotz durchaus glücklichen Familienkreises und günstiger Lebenslage haben dies damals auch viele, denen es ebenso erging, empfunden."[26]

Und Adolf Ermann (geb. 1854), als neuntes von zehn Kindern, erwähnt gleichfalls eine Aufteilung der Geschwistergruppe:

„Mein Bruder Henri und ich bildeten ein zusammengehöriges Gespann, das die 'kleinen Jungen' hieß, im Gegensatz zu dem ähnlichen Gespann der 'großen Jungen', meinen Brüdern Georg und Wilhelm. Wir kleinen Jungen waren unzertrennlich, und ich erinnere mich noch, wie seltsam es mir vorkam, daß dieses Zusammensein ein Ende hatte, als ich 1860 zur Schule kam. Ich sehe noch, wie ich nach Hause komme, von dem verlassenen Bruder, der auf der Erde hockte, freudig begrüßt. (...) Da ich vier ältere Schwestern besaß, fehlte es mir nicht an Erziehung, und insbesondere Elise, die dritte und begabteste von ihnen, suchte mich zum Wunderkinde auszubilden. Wenn sie mich morgens wusch und anzog, lernte ich von ihr allerlei Gedichte, die ich freilich nicht immer verstand. So habe ich z. B. lange Zeit mit Eifer und gutem Glauben aufgesagt: 'da will ich liegen und schlafen still wie eine Schildkröt' im Grabe', trotzdem mir doch die Schildwache von der benachbarten Kaserne eigentlich bekannter war als die Schildkröte. Diesem Erlernen aller möglichen Gedichte werde ich es wohl verdanken, daß ich von Kindheit an ein lebhaftes Gefühl für Rhythmus und Verse gehabt habe.

Während das gemeinsame Spiel mit Bruder Henri betrieben wird, nimmt sich die ältere Schwester Elise mit zweifelhaftem Erfolg der geistigen Bildung des kleinen Bruders an.

Auch Lesen und Schreiben brachte mir Elise bei, viel früher als es wohl gut war, denn mit vier Jahren konnte ich bereits beide Künste. Ich habe oft gedacht, ob mein klägliches Versagen in der Schule nicht die Folge dieses Experiments gewesen ist."[27]

Andererseits kann ich Stone insofern nicht zustimmen, wenn er behauptet, daß in den Kreisen, in denen das Primogeniturgesetz galt - und das war in England ziemlich durchgängig der Fall -, die Beziehung der Brüder bereits in den Kinderjahren über den Einfluß der Erbfolgegesetze gesteuert wurde. Die Beispiele, die Stone für die innige Bruder-Schwester-Beziehung anführt, stammen von Erwachsenen und sind keine Kindheitserinnerungen. Und selbst wenn man davon ausgeht, daß der älteste Sohn bevorzugt wurde, was sich möglicherweise an dem Faktum ablesen läßt, daß, *wenn* die Mütter stillten, diese Gunst oftmals nur dem erstgeborenen Sohn gewährt wurde, während die anderen Kinder sich mit einer Amme begnügen mußten, so weiß man dennoch nicht, ob diese „Bevorzugung" auf eine emotionale Beziehung sich gründete oder nicht vielmehr dem zukünftigen Erben, dem Garanten der Familienkontinuität galt und somit institutionalisiert war. In einer Studie über den westfälischen Stiftsadel im 18. Jahrhundert konstatiert Reif gleichfalls die Bevorzugung des Erstgeborenen, allerdings ohne nähere Hinweise darauf, wie denn diese Bevorzugung beschaffen war.[28] Und an anderer Stelle des gleichen Textes heißt es, daß die Lebensphasen der erstgeborenen und der nachgeborenen Söhne identisch verliefen bis etwa zum Alter von 22 bis 35 Jahren und dann erst eine Differenzierung des Karriereverlaufs eintrat. Daher fällt es schwer, einzusehen, daß sich das Primogeniturgesetz bereits auf die Beziehungen der Brüder in der Kinderstube auswirkte. Und wenn dies im Fall des ältesten dennoch zutraf, so blieb den nachgeborenen immer noch die Möglichkeit, sich einander zuzuwenden, denn ihre Zukunftsaussichten waren gleichermaßen nicht besonders rosig, und hier zumindest entfällt Stones Argument von der Wirksamkeit des Primogeniturgesetzes.

Wenn aber, wie zum Beispiel im Falle Francois de Chateaubriands, der ältere Sohn nicht aufgrund institutionalisierter Regeln, sondern aufgrund persönlicher Vorlieben favorisiert wurde, mochte sich dies auf die Geschwisterbeziehung negativer auswirken als die Erbgesetze, die von den Eltern ja nicht willkürlich gehandhabt werden konnten:

„Es gibt keinen Tag, an dem ich - über die Vergangenheit nachsinnend - nicht in Gedanken den Felsen wiedersehe, auf dem ich geboren bin, das Zimmer, in dem meine Mutter mir das Leben schenkte, den Sturm höre, dessen Brausen mich in meinen ersten Schlaf wiegte, den unglückseligen Bruder sehe, der mein Taufpate war. (...) Alle Zuneigung meiner Mutter war auf den ältesten Sohn gerichtet; nicht daß sie ihre anderen Kinder nicht gern gehabt hätte; aber sie hegte für den jungen Comte de Combourg eine blinde Vorliebe. Ich hatte zwar, es ist wahr, als Knabe und als jüngster, als der Chevalier - so nannte man mich - einige Privilegien gegenüber meinen Schwestern. Meine übrigens sehr geistreiche und tugendsame Mutter war durch gesellschaftliche Anforderungen und religiöse Pflichten vollkommen in Anspruch genommen. (...) Mein Vater sagte, die Chevaliers de Chateaubriand seien allesamt Tagediebe, Trunkenbolde und Streithammel gewesen. Meine Mutter seufzte und grollte beim Anblick meiner liederlichen Kleidung. So klein ich noch war, die Behauptung meines Vaters empörte mich; wenn meine Mutter dann ihre Vorwürfe mit dem Lob meines Bruders krönte, den sie einen Cato, einen Helden nannte, war ich sehr geneigt, tatsächlich alles Böse zu tun, was man von mir zu erwarten schien."[29]

Wenn man also die Erbgesetze im Hinblick auf die Geschwisterbeziehung der frühen Kindheit für nicht so gravierend hält, so darf man dennoch nicht verleugnen, daß Geschwisterposition und Geschlechtszugehörigkeit wichtige Einflußgrößen für die Wertschätzung eines Kindes in der Familie darstellten. Die Vorrangstellung des ältesten Sohnes scheint für das Bürgertum, das die Erbmasse eher in Form von Bildung und damit verbundenen Aufstiegschancen weitergab, nicht so dominant gewesen zu sein wie in Kreisen des Adels und der Bauernschaft.[30] So heißt es bei Hardach-Pinke zum Beispiel, daß oft das jüngste Kind der Liebling der Mutter war. Und Fontane schreibt in seinen Kindheitserinnerungen:

„Am 27. März 1819 waren meine Eltern in Ruppin eingetroffen. Es war für meine Mutter auf Leben und Sterben, weshalb sie, wenn man ihr vorwarf, sie bevorzuge mich, einfach antwortete: 'Er ist mir auch am schwersten geworden.' In dieser bevorzugten Stellung blieb ich lange, bis nach achtzehn Jahren ein Spätling, meine jüngste Schwester, geboren wurde, bei der ich Pate war und sie sogar über die Taufe hielt. Das war eine große Ehre für mich, ging aber mit meiner Dethronisierung durch eben diese Schwester Hand in Hand. Als jüngstes Kind rückte sie *selbstverständlich* sehr bald in die Lieblingsstellung ein."[31]

Geringe Wertschätzung genossen bekanntlich die Töchter, und nicht nur deshalb, weil Frauen in der Gesellschaft generell geringer geachtet wurden (und werden!), sondern auch weil man den Mädchen eine Mitgift geben mußte, was die Erbmasse des Sohnes oder der Söhne schmälerte. Viele Mädchen wurden deshalb noch vor dem heiratsfähigen Alter von ihren Eltern ins Kloster geschickt, weil man so die Mitgift sparen konnte. Die berühmten „Großmutter"-Briefe der Madame de Sevigny über ihre kleine Enkeltochter konnten nur deshalb zustande kommen, weil die Eltern so enttäuscht waren über die Geburt eines Mädchens, daß die Großmutter sich seiner annahm. Doch schon im Alter von 11 Jahren wurde die kleine Adhemar zu den Karmeliterinnen ins Kloster „verbannt". Auffällig ist auch, daß die Sterblichkeitsziffer weiblicher Säuglinge höher war als die der männlichen.[32] Je nach ökonomischer Lage der Familie, und das betrifft zum Teil auch Adel und Bürgertum, waren aber auch oft alle die Kinder unerwünscht, die auf das zweite und dritte folgten. In den materiell schlecht gestellten Bevölkerungsgruppen war die Ankunft eines weiteren Kindes oft ein Anlaß zu Trauer und Verzweiflung, wovon auch schon die älteren Kinder betroffen waren, nicht nur weil meistens sie diejenigen waren, die die jüngeren Kinder hüten mußten, sondern auch weil sie bereits ermessen konnten, daß die Notlage der Familie durch neue Kinder ständig vergrößert wurde. Paul Löbe (geb. 1875) schreibt:

„Wie früh sich dabei die Sorge ums tägliche Brot von den Eltern auf uns Kinder übertrug, das zeigte sich in einer kleinen Szene bei der Geburt unseres einzigen Schwesterleins. Als der sechsjährige Bruder bei diesem Ereignis ein paar Tränen vergoß, beantwortete er die mütterlich-besorgte Frage nach dem Grund mit kindlicher Offenheit: Jetzt würden ihre Klagen, daß es nicht reicht, ja noch häufiger werden. Meine Bedenken wurden beschwichtigt, daß solch ein kleines Wesen ja nicht viel brauche, und damit habe ich mich dann trösten lassen. Im übrigen galt die Parole: Salz und Brot macht Wangen rot." [33]

Bedingt durch die Armut waren die Mütter - sei es nun in den Familien der Tagelöhner, sei es bei Heim- oder Industriearbeitern - zur Berufstätigkeit gezwungen. Und die älteren Kinder, die manchmal selbst - nach heutigen Kriterien - noch der mütterlichen Aufsicht bedurften, versorgten unter Tage ein oder mehrere jüngere Geschwister. Vermutlich haben diese älteren Kinder ihr Amt nicht immer ausgesprochen gerne oder gar liebevoll verwaltet, war es doch oftmals so, daß sie selbst lieber gespielt hätten, als ein Kind zu versorgen. Gleichwohl ist anzunehmen, daß diese Konstellation sowohl für das ältere als auch für das jüngere Kind ein gewisses Ausmaß an Zuwendung, Interaktion und Kommunikation sicherte.[34] Was wäre zum Beispiel aus dem kleinen August geworden, wenn sein Bruder Hermann (Hermann Enters, geb. 1846, Schlosser) sich nicht um ihn gekümmert hätte:

„Im Mai waren wir dazu gezogen, und im Februar im Bendahl hatte ich auch ein Brüderchen bekommen, August hieß er. Sonderbar, von meinem Schwesterchen Emma weiß ich bis dahin nichts zu berichten. Es muß wohl Mutter ihr Liebling gewesen sein und ihr immer an der Schürze gehangen haben, während ich den kleinen August betreuen mußte, der wenig oder gar keine Pflege hatte. Denn unsere Mutter hatte einen schweren Stand, da sie neben dem Haushalt für die zwei Webstühle spulen mußte. Auf einem Webstuhl arbeitete sein Bruder Karl, auf dem andern mein Vater selbst. Ich erinnere mich, daß ich da auch schon auf das Spulrad gesetzt wurde und es lernen mußte. (...)

Durch die viele Arbeit, die unsere Mutter zu verrichten hatte, blieb der kleine Bruder August sehr zurück, war kränklich und bekam O-Beine. Er konnte nicht laufen lernen, war zu schwach und war immer unterleibskrank. Er war zwei Jahre alt und konnte noch nicht laufen, da machte mein Vater von Brettern einen Wagen, da wurde er drin gelegt, und ich mußte ihn jeden Tag fahren. Den Wagen nannten wir Bollerwagen."[35]

Karl-Friedrich Klöden (geb. 1786) erhält zwar einen Platz in der Armenschule, kann sie aber nicht regelmäßig besuchen, weil er die Geschwister hüten muß, während die Mutter Strickarbeiten anfertigt.

„Obgleich ich jetzt schon sieben Jahre alt war, konnte ich doch noch nicht lesen. Meine Mutter erhielt für mich den Eintritt in eine Armenschule; ich konnte sie aber nicht regelmäßig besuchen, weil ich meine Geschwister abwarten mußte."[36]

Die Geschwisterbeziehung im Märchen

Geschwisterbeziehungen nehmen im Märchen einen dominanten Platz ein und werden häufiger und ausführlicher thematisiert als zum Beispiel die Eltern-Kind-Beziehung. Märchen sind keine Protokolle historischer Realität, gleichwohl aber können sie Auskunft geben über die Themen, die die Menschen der damaligen Zeit bewegt haben mögen. Darüber hinaus hat vieles von dem, was uns heute „märchenhaft" im Märchen anmutet, Korrespondenzen in der Realität gehabt. So finden sich etliche Details, die keineswegs nur die reinen Phantasiegebilde sind, wofür man sie halten könnte. So ist beispielsweise die Heftigkeit der Affekte, wie sie in ungeheurer Habgier, Geiz, Neid und Rachsucht, aber auch Opferbereitschaft und Gutherzigkeit zum Ausdruck kommen, für das Lebensgefühl der heutigen Menschen phantastisch übertrieben und dennoch, vergleicht man die Beschreibung der Affekte und mangelnden Affektkontrolle in Untersuchungen wie zum Beispiel Huisingas „Herbst des Mittelalters" (1965) oder Elias' „Über den Prozeß der Zivilisation" (1979) mit denen, die selbst noch in den gereinigten und modifizierten Märchenfassungen der Gebrüder Grimm ausagiert werden, zeigen sich keine wesentlichen Unterschiede. Doch ist es nicht nur die Gefühlswelt des mittelalterlichen Menschen, die das Märchen wiedergibt, sondern gleichermaßen werden bestimmte Zustände, bestimmte Kategorien von Menschen beschrieben, die in der Realität ein Vorbild hatten. Beispielsweise schwirrt es in den Märchen nur so von unerkannt umherziehenden Königssöhnen, die aufgrund irgendwelcher Schicksalsschläge ihre Krone verloren haben. Ebenfalls der Realität entsprechend sind Kindestötung und Kindesaussetzung wie im Märchen von Hänsel und Gretel berichtet. Ferner sind noch jene wahnwitzigen Gelübde zu nennen, die im Rittertum üblich waren und gleichermaßen im Märchen auftauchen, wie daß zum Beispiel jemand sieben Jahre lang nicht sprechen, nicht in einem Bett liegen oder sich nicht waschen darf. Und schließlich ist selbst das Kochen menschlicher Körper im Märchen nur insofern übertrieben, als es sich da um lebendige

Menschen handelt, während in der Realität „nur" Leichname gekocht und zerlegt wurden. „Allgemein üblich war, die Leiche von fern in ihrer Heimat verstorbenen Vornehmen zu zerschneiden und so lange zu kochen, bis sich das Fleisch von den Knochen löste, worauf die Knochen gereinigt und in einem Koffer zur feierlichen Beisetzung versandt wurden, während die Eingeweide und andere Überreste an Ort und Stelle begraben wurden."[37]

In der mir zur Verfügung stehenden Literatur über das Mittelalter habe ich nur ganz wenige Hinweise auf Geschwisterbeziehungen gefunden. Wenn man aber davon ausgehen kann, daß Rudimente des Alltagslebens generell in den Märchen erhalten geblieben sind, so ist es sicher nicht völlig illegitim, die Struktur und Bedeutung von Geschwisterbeziehungen im Mittelalter aus den Märchen abzulesen. Die Struktur dieser Märchen ist schlicht, es gibt einige wenige Grundmuster, die immer wieder variiert werden, möglicherweise handelt es sich um verschiedene spätere Ausarbeitungen eines Märchens, jedenfalls mag dies ein Hinweis darauf sein, daß das jeweilige Thema Erzähler und Hörer intensiv beschäftigte. Im wesentlichen sind es folgende Grundmuster, denen die fünfunddreißig Geschwistermärchen aus der Grimmschen Sammlung subsumierbar sind. Das erste Muster läßt sich folgendermaßen beschreiben: Es gibt (meistens) drei Brüder, die sich eine bestimme Aufgabe vornehmen, sei es, entweder die Gunst und damit das Erbe des Vaters zu erringen, sei es die Erlösung einer Prinzessin. Ebenso wie auch in der Bibel ist also das Erstgeburtsrecht im Märchen nicht selbstverständlich, doch im Unterschied zur Bibel ist die Wahl Gott-Vaters weder unbegründet wie im Falle Abels und auch Jakobs, der sogar ein Betrüger ist, noch beruht sie auf irgendwelchen persönlichen Neigungen, wie etwa bei Joseph. Vielmehr gilt es im Märchen, besondere Leistungen zu erbringen, und wer die gestellte Aufgabe am besten löst, soll das Reich oder was sonst zu vererben ist, bekommen. Der Konflikt ist also hier wie da - es geht um die Nachfolge - gleich gelagert, die Lösung allerdings ist unterschiedlich: in der Bibel eine Art Gnadenwahl, im Märchen ein Prüfungsverfahren, wenn auch nicht im Sinne der bürgerlichen Leistungsgesellschaft. Die Verbindung zur Weberschen These von der protestantischen Ethik liegt nahe: Da die Menschen die Calvinistische Auslegung der Bibel, gemäß der Gottes Ratschluß über die Erwähltheit eines Menschen weder antizipier- noch nachvollziehbar ist, psychisch nicht ertragen konnten, suchten sie nach möglichen Anzeichen des Gnadenstandes, und diese möglichen Anzeichen werden in bestimmten beruflichen Leistungen und Erfolgen gesehen. In diesem Sinne könnte man in Analogie zu Weber die Lösung des Nachfolgekonflikts im Märchen als eine modifizierte Form der alttestamentarischen Lösung interpretieren. Gleichzeitig wird mit dieser Umdeutung der Gnadenwahl in ein auf Leistung beruhendes Auswahlverfahren die unumschränkte Macht des Vaters begrenzt. So paradox dies auch klingen mag, das Märchen ist auf dem Wege zur Rationalität, denn immerhin gibt es nun eine *Begründung* für die Wahl des Nachfolgers, die in einer allgemein anzuerkennenden Leistung liegt.[38] Auch wenn man diese Interpretation der Märchen als eine Art, das Unerträgliche beziehungsweise Unbegründete begründbar zu machen, nicht teilen mag, so scheint es mindestens plausibel, die 'märchenhafte' Lösung des Nachfolgekonflikts als eine Gegenkonstruktion zu deuten.

Im Märchen favorisiert der Vater zunächst den älteren oder die älteren Brüder, die allgemein als klug und verständig gelten. Der jüngste dagegen ist der „Dummling", ausgestattet mit einem einfältigen, aber kreuzbraven Gemüt. Seine Hilfsbereitschaft gegenüber Mensch und Tier führt denn auch dazu, daß er das Rennen macht. Und insofern gibt es eine Art „Chancengleichheit" unter den Brüdern, als die ursprünglichen Neigungen des Vaters durch Leistung überwunden werden können. In den „Dummlingsmärchen" neiden die Brüder dem jüngsten seinen Erfolg, trachten ihm auch nach dem Leben und werden am Ende bestraft. Wie stark der Streit um das Erbe beziehungsweise die Angst, selbst nicht genug zu bekommen, die Geschwisterbeziehung beeinflußt haben mag; geht aus der 1080 verfaßten Lebensbeschreibung des heiligen Petrus Damiani von Johannes von Lodi hervor:

„Als ihn seine Mutter als Letzten geboren hatte, war sie der Söhne bereits überdrüssig, denn das Haus schien mit Erben wohlgefüllt. Dazu stimmte eines der Kinder, das schon im Jünglingsalter stand, die Wehklage an: 'Welche Schande! Nun sind wir schon so viele, daß wir im Hause kaum Platz finden. Und wie schlecht stimmt die große Erbenschar mit dem kärglichen Erbe zusammen?' Auf diese Worte hin verfiel die Mutter in einen heftigen und typisch weiblichen Zornesausbruch, beklagte händeringend ihr Unglück und verkündete lauthals, nicht länger leben zu wollen. Als Folge davon wurde das Neugeborene, bevor es noch die Mutterbrust erhalten hatte, sozusagen gleich abgestillt und niemals wollte die Mutter es in ihre Arme nehmen; sie bezeichnete sich selbst als Unglückliche und verbannte daher das Kind aus ihrer Gegenwart; auf diese Weise entwöhnte sie den Sohn, bevor dieser lebensfähig war und entzog sein einzig mögliches Besitztum, die Mutterbrust."[39]

Es gibt aber noch eine Variation dieses Musters: Im Märchen „Die drei Brüder" hat der Vater alle drei Söhne gleich lieb, und weil jeder gern das Haus des Vaters erben will, schickt der Vater sie in die Welt hinaus, ein Handwerk zu erlernen. Wer das beste Meisterstück macht, soll der Erbe sein. Der erste wird ein Schmied, der zweite ein Barbier und der dritte wird Fechtmeister. Als sie nach der verabredeten Zeit wieder nach Hause kommen, soll jeder seine Kunstfertigkeit unter Beweis stellen. Es stellt sich heraus, daß jeder ein Meister seines Fachs ist, der Fechtmeister aber ist noch um ein weniges geschickter und der Vater spricht ihm das Haus zu. Und nun sind nicht etwa die beiden anderen ärgerlich, sondern es heißt: „Die beiden anderen Brüder waren damit zufrieden, wie sie vorher gelobt hatten, und weil sie sich einander so lieb hatten, blieben sie alle drei zusammen im Haus und trieben ihr Handwerk."[40] Hier wird gleichsam das Idealbild einer Geschwisterbeziehung vorgeführt: der Vater hat alle gleich lieb, jeder hat eine Chance, das Erbe zu bekommen, dem, der es am meisten verdient, wird es zugesagt, was von den beiden anderen anerkannt wird, und auf der Basis von Geschwisterliebe wird die Erbteilung wieder rückgängig gemacht, so daß alle gleichermaßen am Erbe partizipieren. Diese glückliche Lösung kann allerdings meines Erachtens nur deshalb zustande kommen, weil der Vater alle Söhne gleich lieb hat. Das heißt, die Auseinandersetzungen um das Erbe können erst unter dieser Prämisse einen versöhnlicheren Charakter annehmen. Man kann vermuten, daß der gesetzlichen Gleichstellung der Kinder die Emotionalisierung der Eltern-Kind-Beziehung vorausgehen mußte und daß es eines neuen Bewußtseins im Verhältnis zu den Kindern bedurfte, gemäß dem die Bevorzugung eines Kindes als Ungerechtigkeit galt. Das Märchen von den drei Brüdern hätte aus dieser Perspektive gleichsam transistorischen Charakter, die emotionale Wertschätzung aller Kinder ist bereits eingeführt, noch nicht aber deren rechtliche Gleichstellung. Einer solchen Interpretation fügt sich auch Aries Aussage, der gleichfalls davon ausgeht, daß der Institutionalisierung der Gleichstellung ein neues Verhältnis zum Kind vorausgeht.

„Das Privileg des durch die Erstgeburt oder die Vorliebe der Eltern begünstigten Kindes findet sich vom Ende des Mittelalters bis zum 17. Jahrhundert an der Basis des Familienverbandes. Erst das 18. Jahrhundert macht dem ein Ende. Seit der zweiten Hälfte des 17. Jahrhunderts bestreiten die moralistischen Erzieher nämlich die Legitimität dieser Praxis, weil sie der Gleichheit abträglich ist, weil sie gegen die neue Überzeugung verstößt, daß alle Kinder den gleichen Anspruch auf die Zuneigung der Familie haben."[40]

Eine dritte Märchenversion der Beziehung zwischen Brüdern verzichtet auf jeden Nachfolge- und Erbkonflikt, stattdessen wird nur die eine Seite der Geschwisterbeziehung thematisiert: unverbrüchliche Solidarität. Im Märchen „Die Goldkinder" zieht der eine Sohn in die Welt und sein Bruder bleibt zu Hause. Eine goldene Lilie im Garten zeigt den jeweiligen Zustand des fernen Bruders an und als sie eines Tages dahinwelkt, will sich der Bruder sofort auf den Weg machen, den Bedrohten zu retten. Der Vater aber fleht ihn an: „Bleib hier, wenn ich auch dich verliere, was soll ich anfangen?" Der Sohn aber antwortet: „Ich soll und muß fort" und stellt damit die Liebe zum Bruder über die zum Vater.[42]

Die Beziehung der Schwestern im Märchen hat einen anderen Focus als die zwischen Brüdern: Schwestern rivalisieren in erster Linie um einen Mann. Auch hier spiegeln die Märchen die Realität, denn der Fall, daß ein Mädchen Nachfolge und Erbe des Vaters antrat, war nur unter sehr spezifischen Bedingungen möglich, zum Beispiel wenn kein männlicher Erbe vorhanden war, und selbst für diesen Fall gab es häufig andere Regelungen, daß beispielsweise das Erbe an einen der Brüder des Vaters oder an dessen Söhne fiel. Erbschafts- und Nachfolgekonflikte konnten also im allgemeinen für die Beziehung der Schwestern gar kein Thema sein. Ein weiterer Unterschied zu der Beziehung zwischen Brüdern besteht darin, daß Brüder im Märchen immer leibliche Brüder sind, während es sich bei rivalisierenden Schwestern um Stiefgeschwister handelt. Leibliche Schwestern kommen selten vor und wenn, haben sie einander herzlich lieb (zum Beispiel Schneeweißchen und Rosenrot). Daß die Beziehungen zwischen leiblichen Schwestern eher solidarisch waren, wird indirekt durch die Tatsache bestätigt, daß Witwer oftmals die Schwester der verstorbenen Frau heirateten, um sicher zu sein, daß seine Kinder keine böse Stiefmutter bekamen.

Einen breiten Raum nehmen im Märchen die Bruder-Schwester-Beziehungen ein, die stets einem ähnlichen Schema folgen: Der Bruder oder auch mehrere Brüder geraten in mißliche Situationen, entweder ist das Leben des Bruders bedroht (Hänsel und Gretel) oder es ist ein böser Zauber im Spiel, der die Verwandlung in ein Tier nach sich zieht (Brüderlein und Schwesterlein, Die sechs Schwäne, Die weißen Raben). Aussicht auf Erlösung besteht nur, wenn jemand sich für die Verzauberten besonders schwerer Prüfungen unterzieht. Daß solcherlei selbst auferlegte Kasteiungen im Mittelalter an der Tagesordnung waren, wurde bereits erwähnt, allerdings dreht sich im Märchen das Gelübdewesen um: in der Realität waren es Männer, meistens Ritter, die solcherlei Prüfungen auf sich nahmen, sei es, um die Gunst einer Dame zu erwerben, sei es, daß sie innerhalb des Prüfungszeitraums eine besondere Tat vollbringen wollten. Im Märchen sind es nun aber Mädchen, die im Dienst an den verzauberten Brüdern nicht nur bestimmte Formen der Askese üben, sondern sogar in quasi ritterlicher Manier ihr Leben riskieren. Man könnte vermuten, daß diese Aufwertung der Mädchen im Märchen quasi 'emanzipatorische' Wurzeln hat, man könnte aber die Opferbereitschaft der Schwestern für ihre Brüder auch insofern als der Realität entsprechend deuten, als ja in der Tat die Schwestern im Hinblick auf das Erbe chronisch benachteiligt waren und viele Schwestern ihr eigenes Lebensglück für das des Bruders opferten beziehungsweise opfern mußten. In einer tiefenpsychologischen Deutung des Bruder-Schwester-Verhältnisses liegt es natürlich nahe, diese Beziehung als eine zwischen Mann und Frau zu interpretieren. Versagt man sich allerdings solcherlei Interpretationen und bleibt bei der Geschwisterbeziehung, so wird im Märchen eindeutig das Verhältnis zwischen Bruder und Schwester am positivsten behandelt, was bezüglich der Beziehung zwischen erwachsenen Geschwistern vermutlich auch der Realität entsprach.

Die Geschwisterbeziehung in der Gegenwart

Die These von der in unterschiedlichen sozial-kulturellen Milieus geltenden „interaktiven Gemeinschaft" der Geschwister konnte hier leider nur skizzenhaft ausgeführt werden. Noch flüchtiger müssen die Erörterungen über die Gegenwart ausfallen. Hatte die Geschwisterbeziehung für die Vergangenheit möglicherweise die Funktion, eine interaktiv mangelhafte Eltern-Kind-Beziehung zu kompensieren, so vermute ich für die Gegenwart eine gleichfalls kompensatorische, aber gegenläufige Funktion der „interaktiven Gemeinschaft". Die Eltern-Kind-Beziehungen der Gegenwart sind hoch emotionalisiert, in Extremfällen bis ins Erwachsenenalter symbiotisch. Kinder haben teilweise die Funktion, die narzißtischen Bedürfnisse der Eltern zu befriedigen, indem sie durch Verhalten und Eigenschaften den Eltern bestätigen sollen, wie ausgezeichnete, verständnisvolle, kindzentrierte Eltern sie sind, die vollauf den Postulaten eines pädagogisierten Sozialisationsprozesses genügen. Kinder haben heute auch oft die Funktion, affektive Bedürfnisse der Eltern oder eines Elternteils zu befriedigen, die in der Ehebeziehung nicht befriedigt werden, und schließlich werden Kinder auch mit emotionalen Anforderungen konfrontiert, die eigentlich den Eltern der Eltern gelten, ein Phänomen, das unter dem Stichwort „Parentifizierung“ bekannt wurde.

Mögen solche Extremfälle auch relativ selten vorkommen, so verweisen sie doch auf eine Tendenz, die meines Erachtens allgemeiner ist: Die von de Mause so gepriesene Empathie, die Kindern heute entgegengebracht wird, hat auch ihren Preis, nämlich den, daß Eltern Distanz und Abgrenzung von den Kindern schwerer fällt als Nähe. In dieser Konstellation nun stellt die Geschwistergruppe eine Möglichkeit dar, sich eher von den Eltern abzugrenzen, als dies etwa ein Einzelkind kann, auf das sich die emotionalen Ansprüche der Eltern zentrieren. Und umgekehrt können auch die Eltern ihre Ehebeziehung innerhalb des Familiensystems vor den kindlichen Ansprüchen retten, indem sie die Kinder aufeinander verweisen. Die Generationendifferenzierung wird durch die Existenz einer Geschwistergruppe erleichtert, beide Seiten, Eltern und Kinder, können untereinander Koalitionen eingehen, während in der Ein-Kind-Familie Koalitionen jeweils nur als Generationsgrenzen überschreitende möglich sind oder im Falle einer Elternkoalition das Kind gleichsam ohne Koalitionspartner in die Isolation geraten kann. Bestätigung für diese These finde ich in unserem Forschungsprojekt „Frühkindliche Sozialisation“,[43] das sich mit der Frage nach der Integration des zweiten Kindes in die Familie beschäftigt. Sämtliche Eltern befinden, daß sie sich mit dem ersten Kind viel intensiver beschäftigt haben, daß sie eher unsicher und ängstlich waren und aus dieser Unsicherheit heraus auch oftmals des Guten zuviel getan haben. Und vielfach wird als Motiv, ein zweites Kind haben zu wollen, angegeben, daß das Einzelkind zu sehr im Zentrum der Aufmerksamkeit stünde, daß die Existenz eines Geschwisters einen auf Dauer von Elternpflichten entlaste, auch wenn zunächst Ansprüche und Anforderungen sich vermehren würden.

Und in der Tat haben sich diese Hoffnungen der Eltern während des Beobachtungszeitraums von zwei Jahren sukzessive realisiert. 1. Notwendigerweise kann das ältere Kind nicht mehr wie bisher alle Aufmerksamkeit und Zuwendung auf sich konzentrieren und dem jüngeren Kind kann man sich von vornherein nicht mit gleicher Intensität widmen wie zuvor dem älteren. Selbst die Eltern, die gleichsam bereit waren, sich selbst und ihre Interessen als Erwachsene völlig zurückzustellen, um dem älteren Kind jedweden Vorwand zur Eifersucht zu nehmen, mußten erkennen, daß man sich zwei Kindern unmöglich wie Einzelkindern zuwenden kann. 2. Die vermehrte Arbeitsbelastung der Eltern, die die Geburt des zweiten Kindes mit sich bringt, läßt nicht nur in dem Maße nach, wie die Kinder individuell selbständiger werden, sondern wie sich eine Interaktionsbeziehung zwischen den Geschwistern etabliert. Allerdings ebenso wie sich für die Vergangenheit bestimmte Tendenzen aufzeigen ließen, die der Geschwisterbeziehung strukturell hinderlich sein konnten, so gibt es solche Tendenzen auch in der Gegenwart. Aus den bereits erwähnten dringlichen Ermahnungen an die Eltern, kein Kind dem anderen vorzuziehen, ebenso wie aus zahlreichen Autobiographien, können wir entnehmen, daß die Eltern der Vergangenheit nicht sehr zimperlich waren hinsichtlich der Gleichbehandlung ihrer Kinder. Gleichbehandlung wurde zwar normativ gefordert, war aber keineswegs als Anspruch verinnerlicht. Diese Situation hat sich insofern verändert, als Eltern heute kaum sich selbst eingestehen mögen, daß ihnen ein Kind näher steht als das andere. Und wenn dies so ist, sind sie beflissen bemüht, diesen „Makel" wenigstens vor den Kindern und der Umwelt zu verbergen. Eifersucht und Geschwisterrivalität lasten Eltern sich als Konsequenzen eigenen Fehlverhaltens an.

Doch nicht nur Gleichbehandlung ist Prinzip, die Eltern stehen heute auf dem Standpunkt, daß jedes Kind ein Recht auf individuelle Entfaltung hat, daß man die Einzigartigkeit jedes Kindes erkennen und fördern soll. Gleichbehandlung soll nicht heißen, daß man an jedes Kind die gleichen Erwartungen und Forderungen stellt, sondern daß jedes Kind entsprechend seinem Entwicklungsniveau und seinen persönlichen Eigenarten behandelt werden soll. Diese auf die Autonomie des Individuums konzentrierte Haltung hat beispielsweise zur Folge, daß Eltern kaum noch von ihren älteren Kindern erwarten oder gar fordern, auf die jüngeren aufzupassen. So sind die Eltern unseres Samples sehr darum bemüht, für jedes Kind altersgemäße Aktivitäten anzubieten. Das fünfjährige Kind - so wird gesagt - langweilt sich mit dem dreijährigen Geschwister und braucht daher den Umgang mit Altersgenossen. Wenn dann das ältere Kind sich mit seinen peers trifft, müssen für das jüngere Kind gleichfalls altersgemäße Distraktionen bereitgestellt werden. Die gemeinsamen Interaktionen der Geschwister werden zwar begrüßt, gelten aber letzten Endes als Notbehelf. Diese Attitude ist relativ neu. In Berichten über ihren Kindheitsverlauf berichten beispielsweise Angehörige des Jahrgangs 1940 von altersheterogenen Kindergruppen, die sich aus *allen* Kindern einer Nachbarschaft zusammensetzten, in Erzählungen von Jugendlichen des Jahrgangs 1960 werden immer wieder die Geschwister als Spielgefährten der Kinderjahre erwähnt, und niemand befindet, daß diese Interaktionen langweilig waren. Im Kindergarten wird die Tendenz, nach Jahrgangsklassen zu trennen, verschärft. Bereits ein Altersabstand von zwei bis drei Jahren trennt die Geschwister, der eine geht in die Gruppe der „Kleinen", der andere gehört zu den „Großen". Früher wurden Geschwistergruppen durch Tod, Weggabe, große Altersabstände auseinandergerissen und heute, da die strukturellen Möglichkeiten einer interaktiven Gemeinschaft zwischen den Geschwistern sehr viel günstiger wären, wird die Geschwistergruppe aus pädagogischen Gründen getrennt.

Der Aries-These, die aufgrund der Pädagogisierung des Sozialisationsprozesses eine immer stärkere Ausdifferenzierung der Kinder aus der Erwachsenenwelt beklagt, könnte man heute also hinzufügen, daß die Einbindung der Kinder in altershomogene Gruppen eine weitere Ausdifferenzierung bedeutet, daß selbst in der Familie, die gleichsam der letzte Ort ist, an dem noch heterogene Altersklassen versammelt sind, einer „interaktiven Gemeinschaft" entgegengearbeitet wird. Gleichwohl ist es noch nicht gelungen, den Umgang der Kinder untereinander vollends in den pädagogischen Griff zu zwingen. Noch spielen und streiten die Geschwister, rivalisieren miteinander oder solidarisieren sich auch gegen die Eltern, lernen voneinander in pädagogisch unstrukturiertem Kontext. Und vielleicht bietet die „interaktive Gemeinschaft" der Geschwister eine der wenigen, wenn auch nicht die einzige Möglichkeit, sich dem „Gehäuse" der Pädagogisierung zu entziehen.

Anmerkungen

1 Zwar gibt es seit über hundert Jahren die breit angelegte Geschwisterpositionsforschung, die sich mit mäßigem Erfolg darum bemüht hat, alle möglichen Persönlichkeitsmerkmale, Verhaltensweisen, Krankheiten, Berufswahlentscheidungen und so weiter in einen Zusammenhang mit der Position in der Geschwisterreihe zu bringen (vgl. ausführlich hierzu Fröhlich 1981). Darüber hinaus aber beschäftigt sich die Sozialisationsforschung erst seit wenigen Jahren mit dem Einfluß, den die Geschwister*beziehung* als Subsystem des Familiensystems für den Aufbau der kindlichen Persönlichkeitsstruktur haben könnte. (Dunn/Kendrick 1982, Bank/Kahn 1982)

2 Vgl. u. a. Th. Aries, Geschichte der Kindheit, München 1975, L. de Mause, Hört ihr die Kinder weinen?, Frankfurt 1977, M. Mitterauer, R. Siedler, Vom Patriarchat zur Partnerschaft. Zum Strukturwandel der Familie, München 1977, E. Shorter, Die Geburt der modernen Familie, Reinbek 1977, H. Rosenbaum, Formen der Familie, München 1982.

3 Vgl. J. Hardach-Pinke, G. Hardach (Hrsg.), Deutsche Kindheiten, Kronberg 1978.

4 Vgl. Th. Aries, a.a.O., S. Stone, The family, sex and marriage in England 1500 - 1800, New York 1977.

5 Vgl. L. de Mause, a.a.O., J. - L. Flandrin, Familien, Frankfurt 1978, E. Badinter, L'amour en plus, Paris 1980.

6 s. L. Stone, a.a.O.

7 Benedicti zitiert nach J. - L. Flandrin, a.a.O., S. 187.

8 J. - L. Flandrin, a.a.O., S. 185

9 B. Beuys, Familienleben in Deutschland, Reinbek 1980, S. 235

10 Vgl. zum Beispiel C. Trevarthen, Insticts for human understanding and cultural cooperation: Their development in infancy (unveröffentlichtes Manuskript, Symposium on Human Ethology, Werner-Reimers-Stiftung), Bad Homburg 1977.

11 Vgl. Th. Aries, a.a.O.

12 J. Hardach-Pinke, Kinderalltag, Frankfurt 1981, S. 60

13 Ebd., S. 60

14 K. Ph. Moritz, Anton Reiser, Frankfurt 1980, S. 34

15 J. Hardach-Pinke, a.a.O., S. 185

16 Ebd., S. 186

17 Ebd., S. 186

18 Ebd., S. 188

19 Vgl. H. Ludwig, Die häusliche Erziehung für das gesamte Familienleben unserer Zeit, in: Die Frau, Monatszeitschrift für das gesamte Familienleben unserer Zeit, 4/1897, Heft 9, 10, 11.

20 J. Hardach-Pinke, a.a.O., S. 56

21 J. - L. Flandrin, a.a.O., S. 57

22 Vgl. P. Laslett (Hrsg.), Household and family in past time, Cambridge 1972.

23 J. - L. Flandrin, a.a.O., S. 100 f.

24 L. Stone, a.a.O., S. 116

25 F. Lewald, Meine Lebensgeschichte, Bd. I - III, Berlin 1871, S. 53

26 J. Hardach-Pinke, a.a.O., S. 67

27 J. Hardach-Pinke, G. Hardach, a.a.O., S. 307

28 Vgl. H. Reif, Zum Zusammenhang von Sozialstruktur, Familien- und Lebenszyklus im westfälischen Adel in der Mitte des 18. Jahrhunderts, in: M. Mitterauer, R. Siedler (Hrsg.), Historische Familienforschung, Frankfurt 1982.

29 R. F. de Chateaubriand, in: Kindheiten, Köln 1974, S. 54 ff.

30 Auf die sehr interessanten verschiedenen Formen der Erbteilung, die nicht nur in Europa, sondern auch in Deutschland herrschten, kann im Rahmen dieses Artikels nicht näher eingegangen werden.

31 Th. Fontane, Meine Kinderjahre, Wiesbaden, S. 709

32 Vgl. J. Goody, Erbschaft, Eigentum und Frauen. Einige vergleichende Betrachtungen, in: M. Mitterauer, R. Siedler (Hrsg.), Historische Familienforschung, Frankfurt 1982.

33 J. Hardach-Pinke, G. Hardach, a.a.O., S. 198

34 s. A. Freud, S. Dann, An experiment in group upbringing, in: Y. Brackhill, G. Thompson (Hrsg.), Behavior in infancy and early childhood, New York 1967.

35 J. Hardach-Pinke, G. Hardach, a.a.O., S. 192 f.

36 Ebd., S. 127

37 Huisinga I, Herbst des Mittelalters, Stuttgart 1965, S. 198

38 Wie unerträglich für unser Gerechtigkeitskonzept die nicht nachvollziehbare Bevorzugung eines Kindes ist, geht aus der Umschreibung der Geschichte von Kain und Abel hervor, wie sie heute in den Bibelausgaben für Kinder existiert. Um keinen Zweifel an der Gerechtigkeit Gottes aufkommen zu lassen, heißt es nun, daß Abel stets opferte, Kain aber nicht.

39 K. Arnold, Kind und Gesellschaft in Mittelalter und Renaissance, Paderborn/München 1980, S. 101

40 Grimms Märchen, Bayreuth 1978, S. 427 f.

41 Th. Aries, a.a.O., S. 512

42 Grimms Märchen, a.a.O., S. 247

43 Das Projekt „Frühkindliche Sozialisation“ wird am Max-Planck-Institut für Bildungsforschung durchgeführt. Mitarbeiter: Kurt Kreppner, Sibylle Paulsen, Yvonne Schütze. Zwei Jahre lang wurden mit Hilfe von Videoaufnahmen 16 Familien aus verschiedenen sozial-kulturellen Milieus in ihrer häuslichen Umgebung beobachtet. Zu Beginn der Untersuchung wurde das zweite Kind geboren, das erste Kind war zu diesem Zeitpunkt nicht älter als vier Jahre. Vgl. hierzu: Kreppner, Paulsen, Schütze 1981, 1982.

Neue Haushaltstypen – Alternativen zu Ehe und Familie?

Erika Spiegel

Zum Thema[1]

Wer um das Jahr 1970 einen der Assistenten an einer deutschen Universität, etwa 30 Jahre alt, zu Hause zu erreichen versuchte, traf im allgemeinen auf die Frau, die freundlich und kompetent Auskunft gab, wann und wo ihr Mann am besten zu erreichen sei. Gelegentlich meldete sich auch eine jugendliche Stimme, die verkündete, daß „der Martin" (schon nicht mehr „der Papi") nicht zu Hause sei und „die Ursel" noch „in der Schule" - das familieninterne Kürzel für einen Kurs am Abendgymnasium oder ein Seminar an der Pädagogischen Hochschule.

Wer das gleiche um das Jahr 1983 versucht, hat zunächst Schwierigkeiten, zu erkennen, ob er die richtige Nummer gewählt hat. Entweder es kommt überhaupt keine Antwort, oder es meldet sich eine weibliche Stimme anderen Namens, die dann allerdings ebenso freundlich und kompetent Auskunft und damit zu erkennen gibt, daß sie nicht nur zufällig gerade den Hörer abgenommen hat. Auf weniger Auskunftsbereitschaft kann man hoffen, wenn sich nur ein „Axel" meldet. Auch wenn man, nur kurz etwas verwirrt, die eigene Identität bereitwillig zur Kenntnis gibt, ist Axel keineswegs immer geneigt, mitzuteilen, wo sich Martin gerade befindet. Vielleicht weiß er es in der Tat nicht, vielleicht ist er aber nur der Meinung, daß, wer schon nicht weiß, wer Axel ist, auch kein Recht darauf hat, zu erfahren, wo Martin zu finden ist.

Wer jetzt ein sozialwissenschaftliches Nachschlagewerk zur Hand nimmt, um sich zu informieren, ob das, was er nun vielleicht schon wiederholt erlebt hat, Zufall oder die Regel ist, hat zunächst Mühe, das passende Stichwort zu finden. Wo sind Hinweise auf häusliche Verhältnisse zu erwarten, vielleicht bei „Familie"? Eine Familie hat der Assistent ja aber offenbar nicht. Bei „Haushalt"? Haushalt gibt es nicht, allenfalls den wenig tröstlichen Hinweis, daß der Haushalt eine von der Soziologie „gröblichst vernachlässigte" Kategorie sei.[2]

Nur wer über genügend Spürsinn verfügt, um sich jetzt der Bevölkerungsstatistik zuzuwenden, wird nicht enttäuscht. (Tabelle 1)

Tabelle 1

Demographische Strukturdaten 1960 - 1980

	1960		1970	1980	
Lebendgeborene je 1000 Einwohner	17,4		13,4	10,1	
Nichtehelich Lebendgeborene je 1000 Einwohner	63,3		54,6	75,6	
Eheschließungen je 1000 Einwohner	9,4		7,3	5,9	
Eheschließungen je 1000 ledige Männer im Alter von					
25 Jahren	212		181	107	
30 Jahren	187	1)	123	79	
34 Jahren	133		68	44	
Eheschließungen je 1000 ledige Frauen im Alter von					
25 Jahren	238		217	126	
30 Jahren	107	1)	105	75	
34 Jahren	55		57	38	
Ehescheidungen je 1000 bestehende Ehen	35,7		50,9	61,3	
Privathaushalte nach Zahl der Personen (in %)					
1 Person	20,6		25,1	30,8	
2 Personen	26,5		27,1	28,7	
3 Personen	22,6	1)	19,6	17,5	2)
4 und mehr Personen	30,3		28,1	23,0	

1) 1961
2) 1981

Quelle: Statistisches Jahrbuch 1982 für die Bundesrepublik Deutschland

Der Nachdruck, mit dem in den entsprechenden Fachzeitschriften und Kongreßberichten nicht nur auf den Rückgang der Geburtenziffern, sondern mehr und mehr auch auf den Rückgang der Eheschließungen, die Zunahme der Scheidungsraten, die Zunahme der unvollständigen Familien, die Änderungen in Zahl und Struktur der Haushalte, insbesondere die Zunahme der Einpersonenhaushalte, hingewiesen wird, entspricht noch am ehesten den elementaren und keineswegs nur auf die Bundesrepublik beschränkten Änderungen der Einstellungen und Verhaltensweisen gegenüber Ehe und Familie, die sich hinter der kühlen Distanz der Zahlen und Zeitreihen verbergen.

So zahlreich inzwischen die Veröffentlichungen sind, die sich mit dem

Strukturwandel der Haushalte, insbesondere mit den sich abzeichnenden neuen Haushaltstypen befassen - sie kommen selten über den Versuch einer Bestandsaufnahme und sozialstatistischen Analyse hinaus. Dies nicht zuletzt deswegen, weil selbst der amtlichen Statistik vorerst noch das Begriffs- und Kategoriensystem und erst recht die entsprechende Datenbasis fehlt, die genauere und detailliertere Aussagen ermöglichen würde. Ebenso sehr fehlt es an theoretischen Ansätzen, mit deren Hilfe die neuen Haushaltstypen auf einen Nenner gebracht und ihre Entstehung und Entwicklung erklärt werden könnte. Insofern kann sich auch der im folgenden gemachte Versuch, einige der quantitativ und qualitativ bedeutsamsten neuen Haushaltstypen zu beschreiben, zu analysieren und in einen gemeinsamen theoretischen Bezugsrahmen zu spannen, nur auf sehr unzulängliche empirische Grundlagen stützen. Der weitgehend hypothetische Charakter vieler Aussagen scheint jedoch dadurch gerechtfertigt, daß es immer noch besser erscheint, das „kulturelle Erdbeben", von dem in diesem Zusammenhang gesprochen worden ist,[3] jedenfalls mit groben Meßgeräten zu registrieren, als auf die Entwicklung und Aufstellung empfindlicherer Seismographen zu warten.

Der Single

In der amerikanischen und englischen Statistik ist „single" gleichbedeutend mit „ledig". Als neuer Haushaltstyp, besser: als neuer Lebensstil, der vor allem in den Vereinigten Staaten die Form einer Bewegung angenommen hat, sind die Singles aber keineswegs mit allen Ledigen identisch, auch nicht mit denen, die allein leben. Auch Geschiedene oder Verwitwete können Singles sein. Außerdem schwingt in dem Begriff ein Bedeutungsgehalt mit, der nur auf dem Hintergrund der amerikanischen Gesellschaft zu verstehen ist, für die, bis der Single seine Daseinsberechtigung anmeldete, alle Abweichungen von der glücklichen amerikanischen Durchschnittsfamilie mit einem Makel versehen waren. Wer als gesunder erwachsener Mensch allein lebte und nicht versuchte, diesem Zustand so bald als möglich ein Ende zu bereiten, der war zu bedauern oder mit dem war etwas falsch. Insofern mußte sich der Single als ein Mensch, der freiwillig und bewußt allein lebte, und dies gar auf Dauer, erst gegen ein gestrichenes Maß an Mitleid, Mißtrauen und Vorurteilen durchsetzen.

Derart tiefsitzender Skepsis begegnet bei uns der Alleinlebende nicht. Bevor gegen Ende des neunzehnten Jahrhunderts die Heiratsziffern zu steigen begannen und gegen Mitte des zwanzigsten 95 % aller jungen Leute damit rechnen konnten, früher oder später zu heiraten, waren Männer und Frauen, die nicht geheiratet hatten, eine geläufige Erscheinung. Auch wenn es keine offiziellen Heiratsbeschränkungen mehr gab: wer keinen Hof oder Handwerksbetrieb geerbt oder erheiratet hatte und auf den Lohn des Gesellen, Kommis oder Fabrikarbeiters angewiesen blieb, hatte es schwer genug, eine Familie zu ernähren. Der „alten Jungfer" oder dem „alten Mädchen" allerdings wurde die Tatsache, daß sie „sitzengeblieben" waren, nicht als unverschuldetes Schicksal, sondern als persönliches Versagen angerechnet und damit eine negative Sozialfigur geschaffen, deren abschreckendes Beispiel auf lange Zeit die Heirat als solche zum obersten Ziel aller jungen Mädchen - und ihrer Familien - machte.

Daß Personen, die nicht geheiratet hatten, allein lebten, gehörte jedoch zu den Ausnahmen. Wenn sie nicht in Stiften und Klöstern untergebracht wurden, fanden sie entweder Unterkunft bei Geschwistern, wo sie als billige Arbeitskräfte willkommen waren, oder sie fristeten zeitlebens ein kümmerliches Dasein als Kostgänger oder Schlafburschen, die mit ihren Hausleuten wenig mehr als das Elend teilten.

Es gab allerdings eine Ausnahme, die jedoch erst in der wilhelminischen Ära deutlicher in Erscheinung tritt: den Junggesellen. Der Junggeselle hat zwar in mancherlei Gestalt in die Literatur Eingang gefunden, die Wissenschaft, auch die Sozialwissenschaft, hat jedoch kaum Kenntnis von ihm genommen. Der Junggeselle ist ausschließlich männlichen Geschlechts. Er ist weder unansehnlich noch sonst mit irgendwelchen Mängeln behaftet, die ihm das Heiraten erschwert hätten. Er ist nicht sitzengelassen worden, sondern er wollte sitzenbleiben. Er mag vielleicht an einer unglücklichen Liebe kranken, er mag gelegentlich auch mehr oder weniger geheimnisumwitterte Beziehungen zum anderen Geschlecht unterhalten. In der Regel ist er aber „eingefleischt", und daher froh, bei der Heimkehr in seine „garconniere" nicht von Frau und Kindern, sondern von seiner Wirtschafterin empfangen zu werden. Der Junggeselle hat also Geld. Der Arbeiter braucht eine Frau, weil er sich eine Wirtschafterin nicht leisten kann, der Junggeselle kann sich eine Wirtschafterin leisten, daher braucht er keine Frau. Der Junggeselle ist auch keineswegs ungesellig. Er hat seinen Club, seine Freunde, und er ist ein beliebter Gast bei Gesellschaften, denn wen hätte man sonst als Tischherren für unverheiratete Töchter, Schwestern und Schwägerinnen, und im Prinzip ist er ja auch noch verfügbar, also vielleicht auch noch einzufangen.

Als eigenständiger Typ ist der Junggeselle zwei Weltkriegen, einer Inflation und einer Währungsreform, die auch der Gesellschaft, in und von der er lebte, die Grundlage entzogen, zum Opfer gefallen. Im Single erfährt er jedoch eine Art Auferstehung. „Ein Single ist ein Mann oder eine Frau im Erwachsenenalter (...), der/die selbständig lebt, einen eigenen Haushalt allein führt, sich selbst zu unterhalten vermag und auch in anderer Hinsicht selbständig ist"[4] - würde man das „oder eine Frau" und das „einen eigenen Haushalt allein führt" fortlassen, so hätte eine solche Definition auch für den traditionellen Junggesellen zutreffen können.

Versucht man den Single auf eine solide statistische Basis zu stellen, so gerät man allerdings in Schwierigkeiten. Anhaltspunkte liefert lediglich die Statistik der Einpersonenhaushalte, die jedoch ein wesentlich breiteres Spektrum von Alleinlebenden umfaßt, außerdem nicht einmal diese eindeutig abgrenzt. Als Einpersonenhaushalt kann auch der Student gelten, der mit dem Freund oder der Freundin eine Wohnung teilt, aber nicht das Wirtschaftsgeld, oder jedenfalls angibt, es nicht zu tun. Trotzdem ist ein Blick auf die Statistik hilfreich.

Die Zahl der Einpersonenhaushalte in der Bundesrepublik ist zwischen 1950 und 1980 von 3,2 auf 7,5 Millionen gestiegen, ihr Anteil an der Gesamtheit aller Haushalte von 19 % auf 30 %, in den Großstädten auf etwa 40 %. Auf die Gesamtheit der Bevölkerung bezogen, bedeutet dies, daß 1950 7 %, 1980 12 % aller Einwohner der Bundesrepublik in Einpersonenhaushalten lebten. Ein Teil dieses Zuwachses ist auf den Einfluß demographischer Faktoren zurückzuführen, das heißt: auf Veränderungen der Bevölkerungsstruktur nach Alter und Geschlecht. Der Einfluß demographischer Faktoren geht jedoch zurück. Waren von der Zunahme der Einpersonenhaushalte im Deutschen Reich und später in der Bundesrepublik zwischen 1910 und 1979 noch 46 % auf demographische Faktoren zurückzuführen,[5] so waren es in der Freien und Hansestadt Hamburg zwischen 1961 und 1977 nur noch 5 %.[6] Man kann also davon ausgehen, daß zumindest in den letzten zwanzig Jahren der weitaus größere Teil der Zunahme der Einpersonenhaushalte auf Änderungen des Verhaltens zurückzuführen ist, das heißt darauf, daß Personen eines bestimmten Alters und Geschlechts heute anders wohnen und wirtschaften als es Personen des gleichen Alters und Geschlechts vor zwanzig Jahren getan hätten. Dabei bleibt zunächst offen, ob und inwiefern diese Änderungen des Verhaltens strukturell, das heißt: durch Änderungen der politischen, wirtschaftlichen und sozialen Rahmenbedingungen, oder individuell, das heißt: durch Änderungen von persönlichen Einstellungen, Bewertungen und Fähigkeiten, bedingt sind.

Weitere Hinweise auf Art und Gründe der Zunahme der Alleinlebenden ergeben sich aus einem Vergleich der Altersstruktur und der altersgruppenspezifischen Zuwachsraten der Einpersonenhaushalte zwischen 1957 und 1980.

Tabelle 2

Zunahme der Einpersonenhaushalte zwischen 1957 und 1980 nach dem Alter des Haushaltsvorstandes

	in Mio.	in % 1957 = 100
unter 25 Jahre	0,52	308
25 bis unter 45 Jahre	1,00	292
45 bis unter 65 Jahre	0,32	125
65 Jahre und älter	2,29	274
Insgesamt	4,13	224

Quelle: Statistisches Bundesamt 1982, Fachserie 1, Reihe 3, Haushalte und Familien 1981, Wiesbaden, Stuttgart und Mainz.

Ergänzt man die Daten der amtlichen Statistik durch die Ergebnisse sozialwissenschaftlicher Untersuchungen - die sich allerdings meist auf einzelne Gruppen von Alleinlebenden beschränken -, so zeichnen sich drei Lebensphasen ab, in denen häufiger als früher allein gewohnt und gewirtschaftet wird:

1. Die Jugend, auch noch die Nach-Jugend (beziehungsweise Postadoleszenz). Die statistisch ermittelte Zahl der Einpersonenhaushalte mag in den entsprechenden Altersgruppen stärker überhöht sein als in anderen, sicher ist jedoch, daß junge Leute, die früher - von auswärts studierenden Söhnen oder Töchtern abgesehen - solange im Elternhaus blieben, bis sie ihre Ausbildung abgeschlossen oder geheiratet hatten, heute eine eigene Wohnung beziehen, sobald es ihre finanziellen Möglichkeiten irgend zulassen. Persönliche Unabhängigkeit und die Hoffnung, einen eigenen Lebensstil entwickeln zu können, genießen so hohe Priorität, daß deswegen notfalls auf jeden, im Elternhaus selbstverständlichen Komfort verzichtet wird. Nicht umsonst gehen von dieser Gruppe, neben den Ausländern, der stärkste Druck auf den Markt an innerstädtischen Altbauwohnungen aus und die heftigsten Proteste gegen jede Art von „Luxusmodernisierung", die die Mieten erhöhen und die eigene Wohnung wieder gefährden würde. Trotzdem stellt für die meisten das Alleinleben nur eine Übergangsphase dar. Sie werden heiraten oder eine andere feste Verbindung eingehen. Wieviel potentielle Singles darunter sind, läßt sich heute noch nicht absehen. In den Vereinigten Staaten rechnet man zur Zeit mit 8 - 10 %.

2. Eine schwer abzugrenzende Phase des Erwachsenenalters, die nach der einen Seite noch in die Postadoleszenz hineinreicht - vor allem, wenn sich diese durch Verlängerung der Ausbildungszeiten oder Aufnahme einer zweiten Ausbildung bis zum dreißigsten oder fünfunddreißigsten Lebensjahr erstreckt -, nach der anderen schon deswegen nur scheinbar mit vierzig oder fünfundvierzig Jahren endet, weil der Single als eigenständiger Lebensstil eine Erscheinung der letzten Jahre ist und damit als Alternative am ehesten für die gegeben war, die entweder noch nicht verheiratet oder bereits geschieden waren. Insofern sind die alleinlebenden Erwachsenen eine demographisch wie sozialpsychologisch außerordentlich heterogene Gruppe. Auf der einen Seite umfaßt sie sowohl die, die bald heiraten würden, wenn sie den oder die „Richtigen" gefunden hätten, wie die, die fest damit rechnen, zu heiraten, sich damit aber noch etwas Zeit lassen wollen, auf der anderen die „echten" Singles, die aber sicher noch einmal zu unterscheiden sind nach denen, die von vornherein nicht heiraten wollen, und denen, die sich erst im Laufe der Jahre mehr oder weniger bewußt dafür entschieden haben, allein zu bleiben. Sie stellen vorerst sicher eine Minderheit dar. Zu denken gibt aber, daß zwar auch noch in dieser Altersgruppe die meisten, die man nach ihrer Einstellung zu einer Heirat fragt, betonen, daß sie keineswegs grundsätzlich gegen eine Ehe seien, nur eben den Richtigen oder die Richtige noch nicht gefunden hätten, gleichzeitig sich aber auch hier die Zahl der Alleinlebenden nahezu verdreifacht hat. Das würde bedeuten, daß die Ansprüche an die „Richtigen" ständig gestiegen sind und daß, wenn das Risiko besteht, daß sie nicht befriedigt werden, das Alleinleben zu einer durchaus akzeptablen Alternative geworden ist.

3. Das Alter. Wenn die Zahl der alleinlebenden Witwer und Witwen - darunter nahezu 90 % Frauen - sich ebenfalls in den letzten beiden Jahrzehnten fast verdreifacht hat, so dürfte dies weniger auf die gestiegene Lebenserwartung zurückzuführen sein - diese hat seit 1960 bei den Männern nur noch um 2,5 Jahre, bei den Frauen um 3,4 Jahre zugenommen - als auf die finanzielle Besserstellung durch die Rentenreform. So häufig die Isolierung der Alten beklagt und das Glück der in häuslicher Gemeinschaft lebenden Dreigenerationenfamilie beschworen wird - zur Zeit gibt es keinerlei Anzeichen dafür, daß die Alten selbst ihre Unabhängigkeit aufgeben und nach dem Tod des Mannes oder der Frau mit den Kindern zusammenziehen wollen. Im Gegenteil. Auch dort, wo, aus ökonomischen Gründen, sich die Dreigenerationenfamilie am längsten gehalten hat, auf dem Lande, werden die ersten Altersrenten aus der landwirtschaftlichen Alterskasse zunehmend dazu benutzt, den Altenteil zu verlassen und sich am gleichen Ort, aber getrennt von den Kindern, eine eigene Wohnung zu nehmen.

Alleinleben ist teuer, teurer jedenfalls als das Leben im Familienverband. Ein gewisses Mindesteinkommen ist also Voraussetzung dafür, daß überhaupt ein eigener Haushalt begründet oder beibehalten werden kann. Insofern gehören zweifellos die gestiegene Zahlungsfähigkeit der Elternhäuser, die Einführung staatlicher Ausbildungsbeihilfen und die Möglichkeit, durch allerlei „odd jobs" noch etwas dazuzuverdienen, zu den wichtigsten Gründen dafür, daß auch die Jüngeren, die noch in der Ausbildung sind, sich vermehrt selbständig machen können. Ähnliches gilt für viele Rentner, vor allem aber Rentnerinnen, die erst durch die Rentenreform in die Lage versetzt wurden, die eigene Wohnung zu halten. Es gilt aber offenbar auch für Erwerbstätige. In den Vereinigten Staaten hat sich gezeigt, daß auch bei den 25 - 34jährigen die Zunahme des Alleinlebens zwischen 1950 und 1976 zu 75 % durch die Zunahme der Einkommen zu erklären war.[7] Dort wird auch darauf hingewiesen, daß - besonders für Männer - die eigene Haushaltsführung relativ einfacher und billiger geworden ist. Für Dienstleistungen, die früher nur durch die Frau erbracht oder teuer gekauft werden konnten, stehen heute Haushaltsmaschinen, Waschsalons und Fertigprodukte zur Verfügung. Anders als die deutsche glaubt inzwischen die amerikanische Lebensmittelindustrie, ihr Geschäft in Zukunft weniger mit Familienpackungen als mit handlichen Single-Portionen machen zu können.

Trotzdem wird man kaum davon ausgehen können, daß allein gestiegene Einkommen und gesunkene Kosten die Neigung, allein zu leben, hervorgerufen haben. Sie können allenfalls einer schon länger vorhandenen Tendenz zum Durchbruch verholfen haben. Daß und aus welchen Gründen junge Leute aus dem Elternhaus streben und alte Leute nicht mit den Kindern zusammenziehen wollen, ist inzwischen ausführlich genug erörtert worden. Auch hat nicht erst der Feminismus dafür gesorgt, daß die mannigfachen Nachteile und Belastungen bekannt geworden sind, die sich für Frauen, die arbeiten und gleichzeitig eine Familie zu versorgen haben, aus der „Doppelrolle in Familie und Beruf" ergeben und die manche dazu veranlassen könnten, sich allein für den Beruf zu entscheiden. Daß dies im allgemeinen die sind, die eine bessere Ausbildung und die besseren Berufschancen haben, bestätigen alle empirischen Untersuchungen: alleinlebende Frauen haben regelmäßig häufiger eine weiterführende Schule besucht und eine qualifizierte Ausbildung genossen als verheiratete Frauen, aber auch als alleinlebende Männer.[8] Insofern erhöht zweifellos das gestiegene Bildungs- und Ausbildungsniveau der Frauen deren Chancen, auch ohne Heirat sozialen Status und einen angemessenen Platz innerhalb der Gesellschaft zu erlangen. Dabei sollte jedoch nicht vergessen werden, daß ihnen der Weg dorthin auch durch die Frauen geebnet worden ist, deren Generation ohne die fast vier Millionen Männer auskommen mußte, die im Krieg geblieben sind, und deren Leistung man kaum die Achtung versagen konnte. Die „alte Jungfer" ist nicht erst in den letzten Jahren in Vergessenheit geraten.

Die Militanz der feministischen Bewegung - und mancher Reaktionen aus dem männlichen Lager, in dem man sich plötzlich fragte, ob es denn mit der eigenen Unabhängigkeit und Freizügigkeit in der Tat so weit her war, wie von dieser behauptet wurde - hat jedoch eher darüber hinweggetäuscht, daß hier sehr viel breitere und tiefergehende Strömungen an die Oberfläche kamen, die nur deswegen bei den Frauen mehr kämpferischen Elan auslösten, weil sie sich weiter von traditionellen Rollenvorstellungen entfernen mußten, die aber inzwischen Männer und Frauen gleichermaßen in ihren Sog gezogen haben. Wo auch immer die Alleinlebenden selbst nach den Gründen gefragt werden, die sie veranlassen, auf eine Ehe oder dauernde Partnerschaft zu verzichten, ergeben sich kaum Differenzen zwischen den Geschlechtern: überall steht der Wunsch nach individueller Freiheit und Unabhängigkeit, nach ungestörter persönlicher und beruflicher Entfaltung, nach sexueller Freizügigkeit, aber auch das Bedürfnis, mehr Freunde und Kontakt mit einer größeren Zahl von Menschen zu haben, im Vordergrund - und die Erfahrung oder Befürchtung, daß dies alles bei einer festen und dauerhaften Bindung nicht oder nicht ausreichend zu verwirklichen sei.[9]

Daß das Alleinleben trotzdem sowohl subjektiv wie objektiv noch Probleme aufwirft, beweisen die zahlreichen, teils mehr psychologisch, teils mehr praktisch ausgerichteten Ratgeber, die dem Single Orientierungshilfen geben wollen.[10] Bezeichnend für sie ist, daß niemandem, auch denen nicht, die sich öfter einsam fühlen - was fast nur bei Geschiedenen der Fall ist -, empfohlen wird, nach einem Mann oder einer Frau Ausschau zu halten. Eher wird gezeigt, wie man der äußeren Selbständigkeit auch innerlich gewachsen werden kann, wie „Partnerprobleme" zu lösen sind, wie man Anschluß an Gleichgesinnte findet, wenn man Urlaub und Freizeit nicht allein verbringen möchte.

Dem wachsenden Selbstbewußtsein der Singles kommt zu Hilfe, daß auch die Gesellschaft, allem voran die Konsumwirtschaft, sich vermehrt auf die Bedürfnisse der Alleinlebenden - und nicht nur der Alten und Jungen - einstellt. Wenn sich dies hier auch kaum zu einer so breiten und öffentlichkeitswirksamen Bewegung entwickeln dürfte wie in den Vereinigten Staaten, wo eine Zeitschrift für Singles sehr schnell eine Auflage von

750 000 Stück erreichte, wo schon 1976 in New York 40 Single-Clubs entstanden waren, wo spezielle Freizeit- und Reiseangebote für Singles üblich geworden sind, wo besondere Wohnanlagen mit entsprechenden Service- und Infrastruktureinrichtungen für Singles gebaut und ganze Stadtviertel von ihnen unterwandert worden sind - Reiseunternehmen, Zeitschriftenverlage, die Wohnungswirtschaft beginnen auch in der Bundesrepublik, einen neuen (zahlungskräftigen) Kundenkreis zu entdecken. Das Einzimmerappartement mit Schlafnische, das ihnen lange Zeit zugedacht worden ist, ist kaum als lebenslanger Aufenthalt geeignet. Schon 1978 verfügten 34 % aller männlichen und 40 % aller weiblichen Einpersonenhaushalte über drei und mehr Zimmer (ohne Küche) - und genau dies entspricht auch den Wünschen der meisten übrigen.

Selbst wenn „echte" Singles auch auf Dauer eine Minderheit bleiben werden, allein die Tatsache, daß diese Minderheit mit einigem Selbstbewußtsein einen eigenen Lebensstil entwickelt und auch nach außen darstellt, dürfte einem großen Teil der Verlegenheiten und Peinlichkeiten, denen vor allem alleinlebende Frauen immer noch ausgesetzt sind, ein Ende bereiten - allerdings auch die Ansprüche, die an Ehe und Partnerschaft gestellt werden, weiter erhöhen.

Das POSSLQ

Das POSSLQ ist keine Abart des Opossums, sondern ein Indiz für die Hilflosigkeit, mit der die Sprache gesellschaftlichen Erscheinungen gegenübersteht, die die Gesellschaft selbst noch nicht (wieder) in ihr Kategoriensystem aufgenommen hat. Es ist ein noch nicht legitimiertes Kind der amerikanischen Statistik und stellt einen der Versuche dar, das Phänomen der „Persons of Opposite Sex Sharing Living Quarters" auf den statistischen Begriff zu bringen. Diese Hilflosigkeit hat immerhin den Vorteil, daß sie das Phänomen selbst - die Tatsache nämlich, daß zunehmend zwei erwachsene Personen unterschiedlichen Geschlechts auf längere Zeit als Mann und Frau zusammenleben, ohne miteinander verheiratet zu sein - nicht mit den mancherlei positiven oder negativen Assoziationen belastet, mit denen herkömmliche Begriffe wie „Wilde Ehe", „Freie Lebensgemeinschaft", auch der „Konkubinat" der Juristen verbunden und die fast alle dadurch gekennzeichnet sind, daß sie diese Form des Zusammenlebens an der Norm eines einzigen, allgemeine Gültigkeit beanspruchenden Ehebegriffs messen.

Die Reduktion mehrerer Formen ehelicher und eheähnlicher Verbindungen auf einen einzigen, allgemeine Gültigkeit beanspruchenden Ehebegriff ist eine Erscheinung des späten Mittelalters und der beginnenden Neuzeit. Sowohl nach römischem als auch nach germanischem Recht gab es mehrere Formen rechtlich oder durch Brauch und Sitte geregelter Verbindungen zwischen Mann und Frau - im römischen Recht neben dem Matrimonium den Konkubinat, im germanischen neben der Vertrags- oder Muntehe die Friedelehe und die Kebsehe -, die im allgemeinen dazu dienten, dauerhaften und monogamen Verbindungen zwischen Personen ungleichen Standes oder zwischen Freien und Unfreien, die eigentlich verboten waren, sowie den daraus hervorgegangenen Kindern einen gewissen gesellschaftlichen Status zu verleihen. Die Kirche hat diese Verbindungen zunächst toleriert, dann zunehmend bekämpft, schließlich entschieden auf ein Verbot auch auf weltlicher Seite hingewirkt. Spätestens seit dem Konzil von Trient 1563 haben „uneheliche Verhältnisse" im Zwielicht kirchlicher, staatlicher und gesellschaftlicher Ächtung gestanden, aus dem sie allenfalls dann in das Licht der Öffentlichkeit traten, wenn Fürstlichkeiten und hoher Adel „morganatische Ehen" oder „Ehen zur linken Hand" eingingen, wiederum meist mit nicht standesgemäßen Frauen und um den Kindern aus diesen Ehen gewisse Erb-, wenn nicht Erbfolgerechte zu sichern. Die altenglischer Tradition entstammende „common law marriage", die noch heute in einigen der Vereinigten Staaten Gültigkeit besitzt, und die „consensual unions", die in der amerikanischen Unterschicht, vor allem aber - wenn auch mit anderem kulturellen Hintergrund - in Lateinamerika weit verbreitet sind, haben auf dem europäischen Kontinent keine Parallelen gehabt.

Was seit Ende des 19. Jahrhunderts als „Freie Lebensgemeinschaften" in Erscheinung trat, hat mit solchen Vorläufern zunächst wenig gemein. Zum einen handelt es sich meist um Verbindungen zwischen Personen, die der gleichen, oft der oberen Mittelschicht angehörten, zum anderen bestanden in der Regel keine formalen oder faktischen Ehehindernisse, sondern es wurde bewußt und freiwillig auf die kirchliche und staatliche Anerkennung verzichtet, sei es, daß man sich damit einander umso unbedingter und tiefer verpflichten wollte, sei es, daß von vornherein die Unauflöslichkeit der Verbindung in Frage gestellt werden sollte. Auch wo die Ehe als Institution noch nicht grundsätzlich in Zweifel gezogen wurde, war die Leugnung des Rechts der Gesellschaft auf Regelung als Privatangelegenheit angesehener Beziehungen nur die logische Konsequenz der zunehmenden Individualisierung und Privatisierung der Ehe, wie sie sich mit der Herausbildung der bürgerlichen Gesellschaft allmählich entwickelt hatte, aber erst seit 1945 von Burgess und Locke mit der berühmt gewordenen Formel „From Institution to Companionship" auf den Begriff gebracht worden ist. Trotzdem sind die „Freien Lebensgemeinschaften" noch lange Zeit seltene Ausnahmen geblieben. Die Dämme, die gesellschaftliche Konventionen und staatliches Interesse gegen jeden Angriff auf Ehe und Familie als „Keimzellen des Staates" errichtet hatten, erwiesen sich als außerordentlich haltbar.

Seit den sechziger Jahren unseres Jahrhunderts scheinen jedoch alle diese Dämme gebrochen. Zwischen 1960 und 1980 ist in der Bundesrepublik die Zahl der Eheschließungen in manchen Altersjahrgängen auf weniger als die Hälfte zurückgegangen. Gleichzeitig hat sich die Zahl der unverheiratet zusammenlebenden Paare vervielfacht. Für das Jahr 1980 wird sie auf 500 000 geschätzt, davon rund 400 000 ohne Kinder und 100 000 mit Kindern, wobei nicht gesagt werden kann, ob die Kinder aus dieser oder aus früheren Verbindungen hervorgegangen sind. Damit beläuft sich die Zahl der Personen, die unverheiratet mit einem Partner des anderen Geschlechts zusammenleben, auf etwa eine Million, davon 600 000 Ledige und 400 000 Geschiedene, verheiratet Getrenntlebende und Verwitwete. Dies würde bedeuten, daß rund 2 % der erwachsenen Bevölkerung in solchen Verbindungen leben.

Im internationalen Vergleich ist dies nicht viel. In Schweden und Dänemark, wo vor allem in abgelegenen ländlichen Gegenden nichteheliche Verbindungen eine längere Tradition haben und die Bevölkerung daher gewohnt ist, diese mit Nachsicht zu betrachten, wurde schon Mitte der siebziger Jahre der Anteil der Personen zwischen 18 und 45 Jahren, die unverheiratet mit einem Partner oder einer Partnerin zusammenlebten, an der Gesamtbevölkerung des gleichen Alters auf 12 - 13 % geschätzt (bei den 20 - 24jährigen sogar auf nahezu 30 %), in Frankreich und Österreich auf 5 %, in Großbritannien und den USA auf 3 %. Überall wird mit einem weiteren Anstieg gerechnet.

Genauere Hinweise auf die demographische Zusammensetzung der unverheiratet zusammenlebenden Paare lassen sich für die Bundesrepublik vorerst nur aus einer Analyse der Zweipersonenhaushalte gewinnen.

Tabelle 3

Männer und Frauen in Zweipersonenhaushalten, die mit einer familienfremden Person des anderen Geschlechts zusammenleben, nach Alter und Familienstand (April 1980)

	Männer %	Frauen %
15 bis unter 30 Jahre	51,4	61,4
30 bis unter 49 Jahre	26,1	15,3
50 Jahre und älter	22,5	23,3
ledig	69,4	69,5
verheiratet getrenntlebend	5,8	2,5
geschieden	15,8	10,9
verwitwet	9,0	17,1

(N = 407 000)

Quelle: K. Schwarz, Bericht 1982 über die demographische Lage in der Bundesrepublik Deutschland, S. 150

Dabei zeigt sich eine sehr ungleiche Verteilung auf die einzelnen Alters- und Familienstandsgruppen, die vermuten läßt, daß es sich bei den unverheiratet zusammenlebenden Paaren keineswegs um ein in sich homogenes Phänomen handelt. Dies wird durch die Ergebnisse der wenigen empirischen Untersuchungen, die sich mit diesem Thema befassen, bestätigt. Danach zeichnen sich drei Typen von unverheiratet zusammenlebenden Paaren ab:

1. Jüngere Paare, meist beide noch ledig, häufig auch noch in der Ausbildung, die bereits vor einer - mehr oder weniger fest geplanten - späteren Ehe

zusammenleben. Dabei ist es relativ gleichgültig, ob diese oder eine andere, ähnlich geartete Verbindung zu der späteren Ehe führt. Entscheidend ist nur, daß eine Ehe nicht grundsätzlich abgelehnt, sondern nur auf einen späteren Zeitpunkt, „wenn man sich besser kennt", verschoben wird. Kinder sind in solchen Verbindungen die Ausnahme. Kündigen sie sich an, so wird in der Regel geheiratet. In Schweden hatten von den Ehepaaren, die Ende der siebziger Jahre heirateten, bereits 99 %, in Frankreich 50 %, in Österreich 20 % vor der Heirat auf diese Weise zusammengelebt, meist ein bis zwei, maximal drei Jahre. Nicht zu Unrecht hat man daher diesen Typ des unverheiratet Zusammenlebens als moderne Variante des früheren Verlöbnisses oder verlöbnisähnlicher Beziehungen, etwa des „going steady", angesehen und als „Ehe auf Probe" bezeichnet. Ob und wieviele der Beteiligten soviel Gefallen daran finden, daß sie auch später - vor allem, wenn sie ohnehin keine Kinder haben möchten - auf eine Heirat verzichten, läßt sich heute noch nicht absehen.

2. Paare, bei denen die Partner etwa zwischen 30 und 50 Jahre alt sind und entweder noch nie verheiratet waren oder bereits eine Ehe hinter sich haben und von ihrem Ehepartner getrennt leben oder geschieden sind. Nähme man frühere Heirats- und Wiederverheiratungsziffern zum Maßstab, so wäre der größte Teil dieser Paare heute verheiratet. Wenn sie es nicht sind, so aus vielfältigen Gründen. Das Spektrum reicht von denen, die keineswegs grundsätzlich gegen eine Ehe sind, nur (noch) nicht „den Richtigen" oder „die Richtige" gefunden haben - wobei die Ansprüche an die „Richtigen" auch hier ständig, und erst recht mit den Jahren, steigen -, über die, die eine gescheiterte Ehe hinter sich haben und an den psychischen oder finanziellen Folgen kranken, bis zu denen, die eine Ehe aus prinzipiellen Gründen ablehnen. Gemeinsam ist ihnen, daß „Verheiratetsein" für sie keinen Wert an sich darstellt, für den man im Zweifelsfall auch Risiken und Opfer auf sich nimmt, sondern nur eine von mehreren Möglichkeiten, auch auf Dauer mit einem Mann oder einer Frau zusammenzuleben. Kinder aus solchen Verbindungen sind in der Bundesrepublik noch die Ausnahme. Die Tatsache, daß dies in anderen Ländern zunehmend nicht mehr der Fall ist - in Dänemark leben heute schon in 30 % der, wie man dort sagt, „papierlosen Ehen" Kinder - und daß auch bei uns die Unehelichenraten wieder steigen, läßt darauf schließen, daß die Zahl und das Selbstbewußtsein derer, die aus prinzipiellen Gründen eine Ehe ablehnen, zunimmt und daß auch die, die eine „normale" Familie gründen wollen, hierfür nicht mehr unbedingt der institutionellen Absicherung durch eine formelle Eheschließung zu bedürfen glauben. Für sie bedeutet diese Form des Zusammenlebens daher auch nicht nur eine „Ehe auf Probe", sondern eine echte „Alternative zur Ehe".

3. Ältere Paare, bei denen die Partner meist über 50 Jahre alt sind, verheiratet waren und nun verwitwet oder geschieden sind. Wenn sie nicht wieder geheiratet haben, so häufig deswegen, weil sie Renten- oder Unterhaltsansprüche zu verlieren haben und sich als Ehepaar finanziell entsprechend schlechter stellen würden. Diese Art von Verbindungen sind bereits seit der Nachkriegszeit als „Onkelehen" bekannt und gesellschaftlich akzeptiert.

Sieht man von den „Onkelehen" ab, so handelt es sich sowohl bei der „Ehe auf Probe" als auch bei der „Alternative zur Ehe" zumindest in der Bundesrepublik vorerst noch um ein Mittelschichtphänomen. Unter den jüngeren, noch in der Ausbildung befindlichen Paaren überwiegen Studenten, unter denen mittleren Alters Angestellte und Beamte, oft mit Hochschul- oder Fachhochschulbildung. Die finanzielle Situation ist bei den Jüngeren so gut oder so schlecht, wie es die Addition von zwei Wechseln oder Ausbildungsbeihilfen zuläßt, bei den Älteren schon deswegen meist überdurchschnittlich gut, weil in der Regel beide berufstätig sind. Ob es, wenn Kinder geboren werden, wieder häufiger zu einer traditionellen Rollenverteilung kommt - die unverheiratete „Hausfrau" ist zur Zeit noch die Ausnahme -, ist vorerst noch nicht abzusehen. In den skandinavischen Ländern scheinen sich auch in dieser Beziehung die Unterschiede zwischen verheirateten und unverheirateten Paaren zu verwischen.

Auch sonst verlangt der Entschluß, unverheiratet zusammenzuleben, inzwischen offenbar weniger tiefgreifende Umstellungen als eine neue Rollenverteilung im Alltäglichen. Selbst dort, wo eindringlich und immer wieder beteuert wird, daß erst der Verzicht auf gesellschaftliche Konventionen die volle Gleichberechtigung in den emotionalen und sexuellen Beziehungen ermögliche, scheint es außerordentlich schwer zu sein, sich von früh internalisierten Vorbildern zu lösen. Die amerikanische Studentin, die eben noch mit voller Überzeugung erklärt hat, daß sie ihren Freund deswegen nicht heiraten wolle, weil sie nicht als Zubehör eines Mannes, sondern als Mensch aus eigenem Recht angesehen werden wolle, setzt gleichzeitig ihren ganzen Ehrgeiz daran, Küche und Haushalt nicht schlechter zu versorgen als dies ihre Mutter getan hat - während der Freund allenfalls den Müll fortträgt und die Küchenmaschine repariert. Gleichberechtigung in der Liebe und in der Küche sind auch heute noch zweierlei.

In der Tat bedarf es inzwischen auch kaum noch des revolutionären Elans, um unverheiratet zusammenzuleben. Mit der gleichen Geschwindigkeit, mit der sich das unverheiratet Zusammenleben verbreitet hat, hat sich die Gesellschaft daran gewöhnt, daß Herr X und Frau Y eine Wohnung teilen. Wenn 1962 noch graduierte Studenten von amerikanischen Universitäten verwiesen wurden, auch wenn sie nur außerhalb des Campus mit ihrer Freundin zusammenlebten, ist „cohabitating" inzwischen allgemein üblich geworden. Und nicht nur in Amerika wird auch in „besseren Kreisen" ungeniert berichtet, daß „die Kinder" jetzt endlich eine passende Wohnung gefunden hätten und allenfalls hinzugefügt, daß der Freund der Tochter „ein reizender Junge" und die Freundin des Sohnes „aus guter Familie" sei. Einer subkulturellen Boheme, wie sie den „Freien Lebensgemeinschaften" der wilhelminischen Ära eine versteckte Heimstatt bot, bedarf es kaum noch. Allerdings gibt es Nuancen. Wenn von Schwierigkeiten berichtet wird, so bestehen sie am häufigsten mit den Nachbarn, die offenbar um den guten Ruf ihrer Adresse fürchten, weniger häufig - und eher bei kleinbürgerlicher Herkunft - mit der Familie, sehr selten mit Berufskollegen und Vorgesetzten, ebenso selten mit Behörden.[11] Auch Sozialwohnungen werden in vielen Bundesländern nur noch nach der Bedürftigkeit, nicht mehr nach dem Familienstand vergeben.

Daß man sich dennoch auf ungesichertem Boden befindet, wird im allgemeinen erst dann deutlich, wenn es um das Sorgerecht für die Kinder geht oder wenn eine Trennung bevorsteht und finanzielle Ansprüche nicht gütlich geregelt werden können. Gesetzliche Regelungen fehlen, und die höchstrichterliche Rechtsprechung ist keineswegs eindeutig. Die Gerichte bemühen sich zwar, Nachteile für die Kinder zu vermeiden, gehen im allgemeinen aber davon aus, daß nichteheliche Lebensgemeinschaften nicht den gleichen Schutz genießen wie die Ehe und daß, von Ausnahmen abgesehen, ungleiche Investitionen in den Hausstand oder die Lebensführung keinen Anspruch auf Entschädigung oder Rückerstattung begründen.

Hier wird ein Dilemma deutlich, das bislang weder den Betroffenen selbst noch den zuständigen staatlichen und gesellschaftlichen Instanzen ausreichend bewußt geworden ist. Der wachsenden Tendenz zu einer Entinstitutionalisierung der Ehe würde entsprechen, bei Beginn einer nicht ehelichen Lebensgemeinschaft die wechselseitigen Rechte und Pflichten vertraglich zu regeln. Die jeweilige Form des Zusammenlebens würde damit auch rechtlich zu dem, was sie im Selbstverständnis der Partner und im Verständnis weiter Teile der Gesellschaft heute schon ist: zu einer reinen Privatangelegenheit. Will man auf staatlichen Schutz aber nicht verzichten - vor allem um etwaiger Kinder willen -, so bleibt nur, solche Verbindungen rechtlich der Ehe gleichzustellen, was sie als eigenständige Form des Zusammenlebens obsolet machen würde, oder aber, wie dies bereits unter amerikanischen Juristen diskutiert wurde, wieder mehrere, rechtlich unterschiedlich ausgestattete Formen der Ehe zu institutionalisieren - und den Betroffenen die Wahl zu lassen.[1 2]

Wohngemeinschaften

Wohngemeinschaften haben zweifellos mehr Aufmerksamkeit auf sich gezogen, als sie es ihrer rein zahlenmäßigen Bedeutung nach verdient hätten. Für die Jahre nach 1968, als sie zuerst von sich reden machten, damals noch meist als „Kommunen", wird ihre Zahl auf knapp 1 000, mit 4 500 Mitgliedern geschätzt. Indes: hier war die Gesellschaft an einem empfindlichen Nerv getroffen. Kommune lag nahe bei Kommunismus, Assoziationen mit Abschaffung des Privateigentums, allgemeiner Promiskuität, kollektiver Kindererziehung waren schnell bei der Hand. Die Selbstdarstellungen der ersten Kommunen, allen voran die der legendären Kommune 2, die den provozierenden Titel trug „Versuch der Revolutionierung des bürgerlichen Individuums", waren nicht eben dazu angetan, derartige Ängste zu zerstreuen.

Inzwischen spricht man nicht mehr von Kommunen, sondern von Wohngemeinschaften, und auch um diese ist es stiller geworden, so still, daß, wer auf die Schwierigkeiten der Wohngemeinschaften, außerhalb des innerstädtischen Altbaubestandes eine Wohnung zu finden, hinweist, regelmäßig zur Antwort erhält, daß sie zahlenmäßig ohne Bedeutung seien, eine vorübergehende Lebensform, wenn nicht eine Mode, die keine Zukunft habe, daß außerdem die Mitglieder so häufig wechselten, daß sie schon deswegen keine ernstzunehmenden Partner für Vermieter oder Bauherren sein könnten. Dabei müßte zumindest stutzig machen, daß, einer Erhebung des Deutschen Studentenwerkes zufolge, inzwischen knapp 10 % aller Studenten in Wohngemeinschaften wohnen, und daß es wesentlich mehr wären, wenn mehr geeignete Wohnungen zur Verfügung ständen. Wurde die Bedeutung der Kommunen über-, so wird die Bedeutung der Wohngemeinschaften also zweifellos unterschätzt.

Auch kann man wohl dann kaum von einer Mode sprechen, wenn mit einer Wohnform an eine historisch und geographisch sehr weit verbreitete Tradition angeknüpft wird. Es gibt kaum eine Gesellschaft, in der nicht für diejenigen ihrer Mitglieder, die eine längere Ausbildung an einer „Hohen Schule" absolvierten, besondere Wohnform bestanden hätten, die immer auch besondere Gemeinschaftsformen und ein pädagogisches Konzept einschlossen. Dabei sind die englischen und amerikanischen Colleges hier und heute besser bekannt als die spätmittelalterlichen Bursen und Kollegien, an deren Tradition jedoch gerade die ersten studentischen Gemeinschaftshäuser der Nachkriegszeit - die Göttinger Burse, das Collegium Academicum in Heidelberg, das Leibniz-Kolleg in Tübingen - anzuknüpfen versuchten, in bewußtem Gegensatz zum Stil der Verbindungshäuser der Burschenschaften und Corps, von denen viele ebenfalls Wohnmöglichkeiten geboten hatten.

Auch wenn für die Mehrzahl der Studenten inzwischen das private Einzelzimmer, die „Bude", die häufigste Wohnform geworden war, so stellt die studentische Wohn-Gemeinschaft also keineswegs eine grundsätzlich neue Erscheinung dar. Neu ist allerdings, daß

- weit mehr jüngere Leute als früher eine längerdauernde Ausbildung außerhalb ihres Heimatortes erhalten, ohne daß sich das für sie geeignete Wohnungsangebot entsprechend erhöht hätte,
- auch die, die am Wohnort ihrer Eltern bleiben, nicht mehr im Elternhaus wohnen wollen,
- die strenge Zucht der Verbindungshäuser, Kollegien oder anderer pädagogisch orientierter Gemeinschaftshäuser mit ihren hierarchischen Strukturen nicht mehr dem Verständnis der meisten Jüngeren von „Gemeinschaft" entspricht. Für sie bedeutet Gemeinschaft Gemeinschaft von Gleichen und Gleichberechtigten, und dies vor allem in einer kleinen Gruppe,
- das gemeinschaftliche Wohnen von Studenten seinen institutionellen Charakter verloren hat, das heißt: von einer gesellschaftlich geregelten, mit gesellschaftlich festgelegten Funktionen ausgestatteten Institution zu einer in das Belieben der Mitglieder gestellten Privatangelegenheit geworden ist.

Sind schon unverheiratete zusammenlebende Paare zahlenmäßig außerordentlich schwer zu erfassen, so gilt dies für Wohngemeinschaften in verstärktem Maße. Schon die Definition des Begriffs „Wohngemeinschaft" bereitet Schwierigkeiten. Gelegentlich wird bereits der Student, der zu zweit mit einem Freund oder einer Freundin zusammenwohnt, als Wohngemeinschaft gezählt. Dies kann allerdings kaum dem besonderen Charakter der Wohngemeinschaft als einer Gruppe, die sich nach Struktur und Beziehungsgefüge deutlich von einer Paarbeziehung abhebt, gerecht werden. Insofern scheint es erforderlich, als Wohngemeinschaft nur den gemeinsamen Haushalt von mindestens drei nicht miteinander verwandten Personen zu bezeichnen.

Auch mit dieser Konkretisierung und Eingrenzung bleibt man jedoch auf Schätzungen angewiesen, die erhebliche Unsicherheiten enthalten. Selbst sehr sorgfältige Berechnungen kommen noch auf eine Spielbreite von (um 1980) 40 000 bis 50 000 Wohngemeinschaften mit, bei im Durchschnitt knapp fünf Mitgliedern, 190 000 bis 230 000 Personen.[13] Der Studentenanteil wird auf 50 - 60 % geschätzt, der der Erwerbstätigen auf 30 - 40 %. Das Bildungs- und Ausbildungsniveau ist hoch, Volksschüler und Kinder aus Arbeiterfamilien gehören zu den Ausnahmen. Das Alter der Mitglieder liegt am häufigsten zwischen 20 und 25 Jahren, der Anteil der Frauen bei knapp 50 %. Die Mehrzahl der Wohngemeinschaften ist gemischt, doch gibt es auch Gemeinschaften, die sich nur aus Frauen oder nur aus Männern zusammensetzen. Die Fluktuation der Mitglieder ist in der Tat hoch, auch wenn die Wohngemeinschaft als solche meist eine längere Lebensdauer hat. Die mittlere Wohndauer wird mit 18 - 20 Monaten angegeben, in vielen Wohngemeinschaften wechselt im Jahr mindestens ein Mitglied. Dies ist jedoch weniger auf Streit oder Überdruß zurückzuführen als auf die Instabilität der Lebenssituation, die auf ein hohes Maß an räumlicher und sozialer Mobilität angelegt ist.

Die innere Struktur und das Beziehungsgefüge innerhalb der Wohngemeinschaften sind vielfältig. Am häufigsten sind, mit je 20 bis 30 %, Gemeinschaften von

- Einzelpersonen, die keinen festen Partner innerhalb der Wohngemeinschaft haben, wobei es sich meist um Studenten handeln dürfte,
- Einzelpersonen und verheirateten oder unverheirateten Paaren, die ebenfalls meist noch studieren oder sich in einer anderen Ausbildung befinden,
- verheirateten und unverheirateten Paaren mit Kindern, die zu einem größeren Teil ganz- oder halbtägig erwerbstätig sind.[14]

Wohngemeinschaften aus oder mit alleinstehenden Müttern und Vätern mit Kindern fallen demgegenüber zahlenmäßig weniger ins Gewicht. Gerade für diese ist jedoch das Wohnen in Gemeinschaft mit anderen oft die einzige Möglichkeit, Entlastung von vielfältigen Lebens- und Erziehungsproblemen zu finden, vor allem auch: sich in die Kinderaufsicht zu teilen und einem Beruf nachzugehen. So sind denn auch in dieser Beziehung die leidenschaftlichen Diskussionen um die Vor- und Nachteile einer kollektiven Kindererziehung, die die ersten Kommunen bewegten, eher praktisch-pragmatischen Überlegungen gewichen.

Unter den Motiven, die Einzelne oder Gruppen dazu veranlassen, eine Wohngemeinschaft zu bilden oder sich einer bestehenden Wohngemeinschaft anzuschließen, haben politisch-ideologische Gründe erheblich an Bedeutung verloren. Die „Verbindung von kollektivem Leben mit politischer Arbeit", die die ersten Kommunen zum Programm erhoben hatten, ist in den Hintergrund getreten. Wenn und wo gesellschaftskritische und gesellschaftsverändernde Tendenzen vorhanden sind, so richten sie sich eher auf die Umgestaltung des Alltags, auf die Entwicklung und Praktizierung alternativer Lebensentwürfe, die Realisierung postmaterialistischer Werte und Normen. Allerdings ist es zweifellos so, daß in der sogenannten „Szene", jener eigentümlichen Mischung von radikal-individualistischen, kollektiv-anarchistischen und alternativ-kulturellen Elemente mit politischem Engagement, Mitglieder von Wohngemeinschaften überdurchschnittlich häufig vertreten sind. Auf der anderen Seite gehören aber keineswegs alle Mitglieder von Wohngemeinschaften zur „Szene". Das bedeutet nicht, daß nicht in Sprache, Lebens- und Umgangsformen spezifisch jugendkulturelle Stilelemente gepflegt würden, die der Außenwelt die kalte Schulter zeigen, und sei es dadurch, daß man sich ihr allenfalls als „Axel" zu erkennen gibt.

Für die Mehrzahl der Mitglieder geben heute jedoch wirtschaftlich-organisatorische und emotionale Gründe den Ausschlag, wenn sie sich einer Wohngemeinschaft anschließen. Für viele, die sich noch in der Ausbildung befinden, ist die gemeinsame Miete einer Wohnung oft die einzige Möglichkeit, relativ selbständig zu wohnen. Die Wohn- und Heizkosten liegen mit 200 - 250 DM im Monat (1977/1978) zwar etwas über den Kosten für ein Privatzimmer oder ein Zimmer im Studentenheim, aber doch erheblich unter den Kosten für eine eigene Wohnung. Auch die gemeinsame Haushaltsführung ist in der Regel rationeller und billiger. Dies gilt nicht nur für den Großeinkauf von Lebensmitteln, sondern auch für die Anschaffung und Auslastung von Haushaltsmaschinen, mit denen vor allem ältere und langlebigere Wohngemeinschaften oft erstaunlich gut ausgestattet sind.

Mindestens ebenso hoch eingeschätzt wird der emotionale Rückhalt, den die Gemeinschaft mit Gleichaltrigen, Gleichgesinnten und in gleicher Lebenssituation befindlichen bietet. Dies gilt zunächst für die Jüngeren, die - nach mehr oder weniger gelungener „Abnabelung" vom Elternhaus - leicht in ein emotionales Vakuum geraten, wenn sie zum ersten Mal der Massenhaftigkeit und Anonymität des heutigen Universitätsbetriebes ausgesetzt sind, der ihnen auch kaum noch die Chance bietet, in einem Seminar oder Institut einen überschaubaren und persönlich geprägten Lebens- und Arbeitsbereich kennenzulernen. Es gilt aber auch für die Älteren, die vorher in unbefriedigenden anderen Beziehungen gelebt haben und die nach Anlage oder Neigung dazu tendieren, neue innere Stabilität und günstigere Voraussetzungen für ihre persönliche Entwicklung eher in der Gemeinschaft mit anderen als in „Einsamkeit und Freiheit" zu finden.

Wenn auch schon Oberschüler sich Wohngemeinschaften anschließen - was (noch?) relativ selten geschieht, dann aber entsprechendes Aufsehen erregt -, so ist nicht zu vergessen, daß die Zahl der Familien, in denen Kinder ohne Geschwister aufwachsen, wächst. Die Geschwistergruppe als eigenständige Sozialisationsinstanz, die gegenüber den Eltern Rückhalt bietet, ohne den Familienzusammenhang als solchen zu gefährden, gibt es kaum noch. Vettern und Cousinen am gleichen Ort, die in die Bresche springen können, hat ohnehin schon längst kaum ein Kind mehr. ,,Peers", die bei der Bewußtmachung und Lösung jugendspezifischer Probleme helfen und die Gewinnung einer eigenen Identität erleichtern könnten, gibt es nur noch außerhalb der Familie. Dort gewinnen sie an Bedeutung, nicht zuletzt deswegen, weil die Schnelligkeit des sozialen Wandels und die wachsende Diskontinuität - mehr als ein echter Gegensatz - der Werte und Interessen zwischen den Generationen die Jugendlichen mehr als je auf die Gemeinschaft mit Gleichaltrigen verweist. Insofern nimmt es kaum wunder, wenn mancher Jugendliche lieber mit seinen Freunden wohnen und die Eltern besuchen als bei den Eltern wohnen und seine Freunde besuchen möchte - wie es sich ein fünfzehnjähriger französischer Oberschüler erträumte: ,,Mit einem Kumpel möchte ich ein Zimmer mieten, am liebsten eine Mansarde, weil das poetischer ist. (...) Ich will jedoch den Samstagabend bei meinen Eltern verbringen."[15] Auch von daher ist kaum zu erwarten, daß sich die Zahl der Wohngemeinschaften Jugendlicher vermindern wird.

Dagegen gibt es zur Zeit nur wenig Anzeichen, daß die Wohngemeinschaften von erwerbstätigen Erwachsenen wesentlich an Zahl und Gewicht zunehmen werden. Bei aller Bedeutung, die das gemeinsame Wohnen für belastete oder gefährdete Einzelpersonen, für unvollständige Familien und auch für die Entwicklung alternativer Lebensformen haben und behalten dürfte - eine breite Bewegung, die etwa Alleinstehende, Eltern von Einzelkindern oder gar alte Leute in größerer Zahl zusammenführen würde, ist zur Zeit nicht zu erkennen. Ob und in welchem Ausmaß angesichts struktureller und technologischer Wandlungen im wirtschaftlichen Bereich, die dem Kleinbetrieb und der Heimarbeit wieder größere Chancen einräumen, auch der Haushalt als Produktionsgemeinschaft wieder an Bedeutung gewinnt und sich von daher Anreize zum Zusammenwohnen einer größeren Zahl von Erwerbstätigen ergeben, läßt sich zur Zeit noch nicht absehen. Vorerst sieht es nicht so aus, zumal maschinengebundene handwerkliche oder kleinindustrielle Produktion, auch wenn sie genossenschaftlich organisiert ist, nach wie vor entsprechend ausgestatteter Werkstätten bedarf, die nur selten mit einem Wohnbereich verbunden werden können, und der Heimcomputer oder das integrierte Schreibsystem auch von einer Einzelperson von der individuellen Familienwohnung aus bedient werden können.

Was hat der alleinlebende Computerfachmann mit dem unverheiratet zusammenlebenden Lehrerpaar, was hat dieses mit einer studentischen oder „alternativen" Wohngemeinschaft zu tun - abgesehen davon, daß sie jeweils eine Wohn- und Wirtschaftseinheit bilden? Auf den ersten Blick scheint es fast unmöglich, einen gemeinsamen Bezugsrahmen zu finden, der die Entstehung, die innere Struktur und das Beziehungsgefüge der neuen Haushaltstypen erklären könnte. Sucht man in erster Linie nach theoretischen Modellen, mit deren Hilfe die innere Struktur und das Beziehungsgefüge der neuen Haushaltstypen auf einen gemeinsamen Nenner gebracht und auf Gesetzmäßigkeiten hin überprüft werden könnte, so böten sich vermutlich am ehesten interaktionstheoretische Ansätze an. Und in der Tat haben sich die Mehrzahl der Arbeiten, die überhaupt über eine Bestandsaufnahme und sozialstatistische Analyse der neuen Haushaltstypen hinausgegangen sind, in erster Linie auf die sozialen und sozialpsychologischen Beziehungen zwischen den Haushaltsmitgliedern konzentriert, diese auch gelegentlich mit den entsprechenden Beziehungen in traditionellen Haushaltstypen verglichen. Ein Vergleich der neuen Haushaltstypen untereinander mit dem Ziel einer Herausarbeitung von Gemeinsam- oder Gesetzmäßigkeiten ist jedoch nicht erfolgt.

Selbst wenn sie häufiger und systematischer angewandt worden wären - mit interaktionstheoretischen Ansätzen allein dürfte auch kaum zu erklären sein, weshalb bestimmte Haushaltstypen ausgerechnet in den letzten beiden Jahrzehnten eine derartige Zunahme erfahren haben, in welchen strukturellen und funktionalen Beziehungen sie zu den traditionellen Haushaltstypen stehen, und ob und welche Zusammenhänge mit anderen gesellschaftlichen Entwicklungstendenzen vorhanden sind. Hierzu werden allenfalls sehr globale Hypothesen angeboten, ob es nun die Industrialisierung und Verstädterung, der gestiegene Lebensstandard, der wachsende Individualismus, die Abnahme religiöser Bindungen, die Emanzipation der Frau oder die Zunahme der Scheidungsraten sein sollen, die die Menschen veranlassen, überlieferte Formen von Ehe und Familie zu meiden. Von wenigen Ausnahmen abgesehen, wird auch kaum der Versuch gemacht, diese globalen Hypothesen im Hinblick auf spezifische Fragestellungen zu präzisieren und zu operationalisieren, geschweige denn über statistische Korrelationen hinausgehende Kausalzusammenhänge herzustellen. Es scheint daher sinnvoll, hier zunächst von einem spezifischeren historischen Ansatz auszugehen, das heißt: zu fragen, aus welchen bestehenden sich die neuen Haushaltstypen entwickelt haben und ob diese Entwicklung mit bestimmten gesamtgesellschaftlichen Differenzierungsprozessen in Zusammenhang steht.

Dabei zeigt sich sehr schnell, daß die hier beschriebenen wie auch die nicht beschriebenen neuen Haushaltstypen zunächst „Spaltprodukte" des Familienhaushalts sind. Nicht nur in dem Sinne, daß es historisch, von den Anstaltshaushalten der Klöster, Stifte, Kollegien, auch der fürstlichen Großhaushalte abgesehen, ohnehin nur engere oder erweiterte Familienhaushalte gab, daß sich also jeder neue Haushaltstyp nur aus ehemaligen Mitgliedern dieser Familienhaushalte rekrutieren konnte, sondern auch in dem Sinne, daß sich neue Haushaltstypen nur als Ergänzung oder in bewußtem Gegensatz zum Familienhaushalt entwickelt haben. Dabei blieb die Mehrzahl der früheren nichtfamilialen Haushalte strukturell und funktional auf den Familienhaushalt bezogen, das heißt: vor allem zur Aufnahme der Familienmitglieder bestimmt, die aus irgendeinem Grunde vorübergehend oder auf Dauer nicht im Familienhaushalt bleiben konnten. Erst der Junggeselle und die Freien Lebensgemeinschaften setzten sich bewußt vom Familienhaushalt ab, verstanden sich nicht als Ergänzung, sondern als Alternative zum Familienhaushalt.

Trotzdem ist mit dem Entstehen der neuen, nicht mehr unmittelbar auf den Familienhaushalt bezogenen Haushaltstypen kein logischer Bruch mit der Entwicklung der Familie in der industriellen Gesellschaft verbunden. Im Gegenteil. Sie stellen nur die konsequente Fortsetzung einer Entwicklung dar, die als Funktionswandel der Familie bezeichnet und von Burgess und Locke als Übergang „from institution to companionship“[16] bezeichnet worden war.

Dieser Wandel wäre nicht möglich gewesen, wenn nicht im Verlauf langfristiger gesellschaftlicher Differenzierungsprozesse eine vollständige oder teilweise Verlagerung früher von der Familie oder dem Familienhaushalt wahrgenommener Funktionen auf andere gesellschaftliche Funktionsbereiche, auf Staat und Kommunen, Kirchen und Verbände, auf das Wirtschafts-, Bildungs- und Wohlfahrtssystem stattgefunden hätte. Nur durch diese Verlagerung war eine Entlastung der Familie von mannigfachen institutionellen Funktionen und eine Konzentration auf „mutual affection“, „sympathetic understanding“, „comradeship of its members“,[17] überhaupt möglich. Sie hatte aber auch zur Folge, daß die Familie nicht mehr qua Familie, sondern nur noch über die einzelnen Familienmitglieder, die Positionen und Rollen in den ausdifferenzierten Funktionsbereichen wahrnehmen, mit der Gesamtheit der Gesellschaft verbunden ist. Ob und in welchem Ausmaß damit zentrifugale Tendenzen für die Familie verbunden sind, ist selten zum Thema gemacht worden. Im allgemeinen haben sowohl die Theorie des Funktionswandels als auch die Theorie der gesellschaftlichen Differenzierung gewissermaßen vor den Toren der Familie haltgemacht. Nur Simmel hatte schon darauf hingewiesen, daß mit der Übernahme von Rollen außerhalb der Familie die einzelnen Familienmitglieder Beziehungen zu Personen unterhalten, die ihnen „durch sachliche Gleichheit der Anlagen, Neigungen, Tätigkeiten“ unter Umständen näher sind als die Mitglieder der eigenen Familie.[18]

Und in der Tat ist die Familie in sich ein außerordentlich heterogenes Gebilde, zunächst biologisch, in bezug auf Alter und Geschlecht, dann aber auch durch ihre traditionelle Rollenverteilung zwischen Mann und Frau, Eltern und Kindern, die ein starkes Gefälle in der Autoritätsstruktur, in der Verfügung über materielle Ressourcen, in Zahl und Art der Außenkontakte, in der Arbeitsverteilung vorsieht. Diese Heterogenität war funktional und in ihrer Funktionalität für alle Familienmitglieder einsehbar, solange und soweit die Familie auf physisches Überleben in einer feindlichen Umwelt und auf Zeugung, Geburt und Aufzucht von Kindern konzentriert war. Ist sie dies nicht mehr oder nur noch für eine kurze Zeitspanne ihres (potentiellen) gemeinsamen Lebens, so fällt eine der stärksten Klammern hinweg, die die Heterogenität der Familienmitglieder zum Ausgleich brachte. Dann ist auch keineswegs mehr auszuschließen, daß „mutual affection", „sympathetic understanding" und „comradeship" nicht eher und leichter zwischen Personen entstehen, die nicht durch ihre familialen Rollen, sondern durch „sachliche Gleicheit der Anlagen, Neigungen, Tätigkeiten" miteinander verbunden sind.

Damit erhebt sich die Frage, ob nicht die neuen Haushaltstypen sich deswegen so allgemein und schnell verbreitet haben, weil sie bessere Voraussetzungen bieten, einander nach Alter, Interessen, Lebenssituationen und -erfahrungen ähnliche Personen zusammenzubringen als es die Familie zumindest in ihrer traditionellen Rollenverteilung tun konnte. Mit Sicherheit gilt dies für die Wohngemeinschaften, die in der Regel ein hohes Maß an Homogenität ihrer Mitglieder aufweisen, sei es nach Alter und Lebenssituation, sei es nach gemeinsamen Problemen, etwa der Kindererziehung, sei es in der Suche nach alternativen Lebensentwürfen. Es kann aber durchaus auch für die unverheiratet zusammenlebenden Paare gelten - zumindest solange sie auf Kinder verzichten wollen -, wo die Partner beide erwerbstätig sind, beide über eigene finanzielle Ressourcen verfügen, beide nach Art und Zahl ähnliche Außenkontakte haben und - last not least - einen ähnlichen Tagesablauf, und die sich auch beide die Chance offenhalten, bei Abnahme der Gemeinsamkeiten relativ leicht wieder auseinanderzugehen. Es gilt schließlich aber vermutlich auch für die Alleinlebenden, deren Ansprüche an die „Richtigkeit" des Partners besonders hoch und die daher auch besonders geneigt sind, auf ständige Bindungen, die immer auch Kompromisse einschließen, zu verzichten und ihre sozialen Kontakte auf jeweilige Ähnlichkeiten der Freizeit-, Urlaubs- und sonstiger Interessen hin zu funktionalisieren.

Nun ist es zweifellos so, daß die dem Funktionswandel der Familie zugrundeliegenden Differenzierungsprozesse schon lange vorhanden waren, bevor sie zur Entwicklung und Verbreitung neuer Haushaltstypen geführt haben. Skolnick[19] führt dies auf einen „cultural lag" zurück, der lange Zeit zwischen den sozialen und ökonomischen Realitäten entwickelter Industriegesellschaften einerseits und den Familie und Sexualität umgebenden Normen und Wertvorstellungen andererseits bestanden habe. Ein ähnlicher „cultural lag" bestünde immer noch zwischen der Bereitschaft zur Bildung pluralistischer Wertvorstellungen im politischen, religiösen und ethnischen Bereich einerseits und der diesbezüglichen Skepsis und Zurückhaltung im familiären Bereich andererseits.[20]

Wenn das Ende dieser „cultural lags", die Anpassung der familiären an die sozialen und ökonomischen Realitäten und Normen in den letzten beiden Jahrzehnten so schnell und so universal erfolgt ist, daß dies mit einem

„kulturellen Erdbeben" verglichen worden war,[21] so hat sicher dazu beigetragen, daß durch wirksamere Methoden der Empfängnisverhütung die Geburt von Kindern und damit auch die Wahl der Art des Zusammenlebens endgültig in die freie Entscheidung der Partner, nicht zuletzt der Frauen, gestellt worden ist. Sie sind nicht Ursache dieser Entwicklung - auch die wirkungsvollsten Methoden der Empfängnisverhütung hindern niemanden daran, sechs Kinder zu haben -, aber sie haben die Entscheidungsspielräume in dieser Hinsicht wesentlich erweitert, auch wenn man auf Sexualität und Partnerschaft nicht verzichten möchte. In welchem Ausmaß diese Entscheidungsspielräume zu einer noch weiteren Verbreitung der neuen Haushaltstypen führen werden, ist heute umso weniger abzusehen, als auch die Familie ihre Heterogenität zumindest teilweise abgebaut hat. Das Autoritätsgefälle zwischen Mann und Frau, Eltern und Kindern hat sich vermindert, die zunehmende Erwerbstätigkeit der Frau und das frühe Geldverdienen der Kinder hat das finanzielle Gefälle gemildert, Zahl und Art der Außenkontakte verteilen sich gleichmäßiger auf alle Familienmitglieder. Änderungen der rechtlichen und politischen Rahmenbedingungen, die ebenfalls auf eine stärkere Gleichstellung der Familienmitglieder hingewirkt haben, sind hinzugekommen. Es ist also durchaus möglich, daß sich ein nach unterschiedlichen Lebensphasen, Lebenssituationen und Lebensentwürfen differenziertes System von Familien- und Haushaltstypen entwickelt, in dem sowohl die traditionelle Familie als auch die hier geschilderten und durchaus denkbare weitere Haushaltstypen ihren Platz haben.

Anmerkungen

1 Der größte Teil des in diesem Beitrag verarbeiteten Materials ist im Zusammenhang mit der Konzeption und Vorbereitung eines Forschungsvorhabens gesammelt und ausgewertet worden, das zur Zeit im Arbeitsbereich „Sozialwissenschaftliche Grundlagen des Städtebaus" an der Technischen Universität Hamburg-Harburg durchgeführt wird. Mitglieder der Projektgruppe sind Jens Dangschat, Wolfram Droth und Michael Wagner, die auch als Verfasser des als Manuskript vervielfältigten Literaturberichts, der weitere Quellenhinweise enthält, zeichnen. Ihnen allen bin ich zu großem Dank verpflichtet. Für die aus dem Material abgeleiteten theoretischen Hypothesen tragen sie jedoch keine Verantwortung.

2 Vgl. R. König, Soziologie der Familie, in: Handbuch zur empirischen Sozialforschung, Bd. 7, 1976, S. 43.

3 Vgl. A. Skolnick, The Social Contexts of Cohabitation, in: American Journal of Comparative Law, vol. 29, 1981, S. 347.

4 J. v. Scheidt, Singles. Alleinsein als Chance des Lebens, München 1980, S. 32

5 Vgl. K. Schwarz, Bericht 1982 über die demographische Lage in der Bundesrepublik Deutschland, in: Zeitschrift für Bevölkerungswissenschaft, Jg. 8, S. 194 f.

6 Vgl. H.-J. Bach, Haushalts- und Familienstrukturen in Hamburg, in: Hamburg in Zahlen 1979, Heft 6, S. 214.

7 Vgl. R.T. Michael, V.R. Fuchs and S.R. Scott, Changes in the Propensity to Live Alone: 1950 - 1976, in: Demography 17, S. 43.

8 Vgl. K. Pohl, Results of an Enquiry with 18-28 Year Old Women Conducted in

1978 by Order of the Federal Institute for Population Research, in: Materialien zur Bevölkerungswissenschaft, Bd. 15, Institut für Bevölkerungswissenschaft (Hg.), Wiesbaden 1980, S. 90 und P.J. Stein, Single, Englewood Cliffs, New York 1976, S. 18.

9 Vgl. ebd., S. 532.

10 Vgl. J. v. Scheidt, a.a.O.

11 Vgl. K. Pohl, a.a.O., S. 99.

12 Vgl. A. Skolnick, a.a.O., S. 356.

13 Vgl. M. Wagner, W. Droth, J. Dangschat, Räumliche Konsequenzen der Entwicklung neuer Haushaltstypen. Eine Literaturstudie, Unveröffentlichtes Manuskript, Hamburg 1983, S. 145.

14 Vgl. E. Haider, Kollektive Wohn- und Lebensform als eine Institution der Gegenkultur in Österreich, (Dissertation) Wien 1981, S. 128 und 131.

15 E. Shorter, Die Geburt der modernen Familie, Reinbeck 1983, S. 307

16 Vgl. E.W. Burgess and H.J. Locke, The Family: From Institution to Companionship, New York 1945.

17 Vgl. ebd., S. VII.

18 Vgl. G. Simmel, Soziologie, Berlin 1968, S. 305.

19 Vgl. A. Skolnick, a.a.O., S. 347.

20 Vgl. ebd., S. 356.

21 Vgl. ebd., S. 347.

Literatur

BACH, H.-J., Haushalts- und Familienstrukturen in Hamburg, in: Hamburg in Zahlen, Heft 6, 1979, S. 211-216. BURGESS, E.W., and LOCKE, H.J., The Family: From Institution to Companionship, New York 1945. HAIDER, E., Kollektive Wohn- und Lebensform als eine Institution der Gegenkultur in Österreich, Dissertation, Wien 1981. KÖNIG, R., Soziologie der Familie, in: Handbuch zur empirischen Sozialforschung, Band 7, 1976. LANDWEHR, G. (Hrsg.), Die nichteheliche Lebensgemeinschaft, Göttingen 1978. MICHAEL, R.T., FUCHS, V.R. and SCOTT, S.R., Changes in the Propensity of Live Alone: 1950 - 1976, in: Demography 17, 1980, S. 39-56. POHL, K., Results of an Enquiry with 18-28 Year Old Women Conducted in 1978 by Order of the Federal Institute for Population Research, in: Materialien zur Bevölkerungswissenschaft, Bd. 15, Institut für Bevölkerungswissenschaft (Hrsg.), Wiesbaden 1980. SCHEIDT, J., Singles. Alleinsein als Chance des Lebens, 4. Auflage, München 1980. SCHWARZ, K., Die Haushalte der Unverheirateten und der verheiratet Getrenntlebenden, in: Zeitschrift für Bevölkerungswissenschaft, Jg. 7, 1981, S. 447-473. DERS., Bericht 1982 über die demographische Lage in der Bundesrepublik Deutschland, in: Zeitschrift für Bevölkerungswissenschaft, Jg. 8, 1982, S. 121-223. SHORTER, E., Die Geburt der modernen Familie, Reinbek 1983. SIMMEL, G., Soziologie, 5. Auflage, Berlin 1968. SKOLNICK, A., The Social Contexts of Cohabitation, in: American Journal of Comparative Law, vol. 29, 1981, S. 339358. STATISTISCHES BUNDESAMT (Hrsg.), Fachserie 1, Reihe 3, Haushalte und Familien 1981, Wiesbaden, Stuttgart und Mainz 1982. STEIN, P.J., Single, Englewood Cliffs, New York 1976. DERS., (Hrsg.), Singlehood: An Alternative to Marriage, in: Skolnick and Skolnick (Hrsg.), Family in Transition, 3. Auflage, Boston, Toronto 1980. TYRELL, H., Probleme einer Theorie der gesellschaftlichen Ausdifferenzierung der privatisierten modernen Kleinfamilie, in: Zeitschrift für Soziologie, Jg. 5, 1976, S. 393-417. WAGNER, M., DROTH, W., DANGSCHAT, J., Räumliche Konsequenzen der Entwicklung neuer Haushaltstypen. Eine Literaturstudie, Unveröffentlichtes Manuskript, Hamburg 1983. WOLFRAM-SEIFERT, U., Die Wohn- und Lebensverhältnisse Hamburger Studenten, Hamburg 1982.

Ist die Familie bei der Bewältigung von Krankheit überfordert?

Hannes Friedrich

Krankheit ist nicht nur ein individuelles Geschehen, dessen Bewältigung zwischen Arzt und Patient stattfindet, sondern Krankheit betrifft auch die unmittelbare familiale und berufliche Umwelt des Kranken. Ein solches Verständnis von Krankheit bedeutet, daß medizinische Handlungsmöglichkeiten von psychologischen und sozialen Maßnahmen ergänzt werden müssen. Das setzt voraus, daß man neben den medizinischen Fakten auch weiß, wie Therapieanweisungen, Symptomkontrolle und die Ursachen der jeweiligen Krankheit das Leben des Patienten und das Leben seiner Familie und seiner Umwelt beeinflussen und belasten. Jede Krankheit, die über eine durchschnittliche Dauer einer Akutkrankheit hinausgeht, stellt den Patienten und seine Familienangehörigen vor Probleme im Alltagsleben. Es sind zentrale Probleme, die sich tagtäglich bemerkbar machen:

- Hat ein berufstätiger Mann einen Herzinfarkt erlitten und ist er zur Nachsorge wieder an den ambulanten Arzt zurücküberwiesen, dann stellt sich die Frage, in welcher Weise vom Arzt Auflagen gemacht werden können, die eine Veränderung des Lebensstils des Herzinfarkt-Patienten betreffen. Wie wird zum Beispiel die Auflage, der Patient solle weniger Alkohol trinken, das Rauchen aufgeben, Diät einhalten und in seiner Sexualität maßvoll sein, vom Patienten verstanden und wie werden diese Auflagen im Familienkreis aufgenommen?

- Wird nach der Geburt eines Kindes in der Klinik oder nach einigen Monaten von den Eltern entdeckt, daß das Kind an einer Erbkrankheit oder einen perinatalen Schaden leidet, dann wird ein langfristiger Prozeß des Suchens nach einer richtigen Diagnose, des Lernens und Verstehens der Diagnose und der Krankheit und des Umgehens mit der Krankheit und ihren Folgen einsetzen, der mit der Veränderung der Selbstbilder der Eltern, der Familienziele und der Familienthemen eng gekoppelt ist.

Solche Veränderungen im Lebensstil können zu großen Belastungen führen und den Kranken und seine Familie täglich vor Probleme der Lebensbewältigung stellen, die in der Arztpraxis oder Klinik nur andeutungsweise sichtbar werden.

Die Rolle der Familie bei der Bewältigung und dem Umgang mit Krankheiten ihrer Mitglieder wird freilich in der Diskussion und in der sozial- und gesundheitspolitischen Praxis kontrovers behandelt:

1. Von bedeutenden Soziologen wird die These vertreten, daß die moderne Familie zur Bewältigung von längerfristigen und schweren Krankheiten weniger geeignet sei und daher selbst an der Ausgliederung der Krankenpflege aus dem familiären Aufgabenbereich mitwirke.[1] Krankheit gilt deswegen als prekär, weil die moderne Kleinfamilie auf jedes einzelne Mitglied angewiesen ist, da jede Aufgabe im Rollengefüge der Familie nur einmal besetzt ist und kaum durch andere Familienmitglieder dauerhaft mitvertreten werden kann. Dies macht die Kernfamilie in ihrer Struktur durch Krankheit verwundbar und unfähig, einschneidende Krankheitsphasen ihrer Mitglieder unbeschadet zu überstehen. Aus diesem Grunde wird gefordert, daß der Kranke aus der Familie herausgelöst und medizinischen Einrichtungen anvertraut wird, die auf Genesungsleistungen spezialisiert sind.[2] Diese Einschätzung der Familie ist einer der Faktoren, die zu dem erheblichen Ausbau des stationären Sektors im Gesundheitssystem beigetragen haben. Gerade der stationäre Sektor, insbesondere die Einrichtungen der Nachsorge (Rehabilitationskrankenhäuser und so weiter), zeichnet sich durch seine Ferne zum sozialen und familialen Alltag der Patienten aus. Kennzeichnend ist auch die bisherige Einstellung der meisten Kinderkrankenhäuser, die bis vor wenigen Jahren ihre Besuchszeiten für Eltern vorwiegend von den eigenen organisatorischen Bedürfnissen her bestimmten, die häufig wenig Rücksicht auf Arbeitssituationen und Familienalltag nahmen. Auch die gegenwärtige Diskussion der „Mitaufnahme von Müttern" bei der Hospitalisierung ihrer Kinder verkürzt dieses Thema, da die meisten Familien von ihren Aufgaben und ihrer Struktur her kaum in der Lage sind, dieses Angebot wahrzunehmen, dafür jedoch an anderen familienfreundlichen Maßnahmen interessiert sind, wie etwa der Mitversorgung der Kinder, auf die das Krankenhaus wenig vorbereitet ist.[3]

2. Demgegenüber steht die Beobachtung, daß Familien ein hohes Maß an Zähigkeit und Kompetenz entfalten, mit der sie ihre kranken Mitglieder unterstützen, um sie gerade nicht der Isolation fachmedizinischer Krankenhauspflege zu überlassen. Es hat sich gezeigt, daß beispielsweise die Genesung nach einem akuten Herzinfarkt weitgehend heute auch zu Hause stattfinden kann, und nur die Initialphase der Therapie im Krankenhaus verbracht werden muß.[4] Immer deutlicher ist auch geworden, daß ein funktionierendes Netzwerk von Unterstützungsleistungen in der Familie und Verwandtschaft zu höheren Überlebens und besseren Rehabilitationserfolgen bei schweren Erkrankungen beigetragen hat. Vor allem können wir konsta-

tieren, daß mit der Verminderung der Verweildauer in den Krankenhäusern immer mehr Nachsorge und Rehabilitation in die Familie verlegt wird, die in Zusammenarbeit mit der ambulanten Arztpraxis betrieben wird.

3. Die Familie wird in der öffentlichen Diskussion ständig mit dem Attribut „Krise“ belegt. Häufig wird gesagt, daß sie in ihrer Form und Organisation bedroht und überfordert sei, ihren Aufgaben in bezug auf Erziehung, Wertevermittlung, Herstellung emotionaler Geborgenheit, Stabilisierung der Persönlichkeit und Schutz der Privatheit nachzukommen. Inzwischen wird sie sogar als Produzent von Krankheiten betrachtet, als ursächlich beteiligt bei der Entstehung von seelischen und organischen Störungen sowie abweichenden Verhaltens.[5]

Die These von der Krise der Familie hängt mit der Frage zusammen, in welchem Wechselverhältnis die Familie mit gesellschaftlichen Veränderungen steht, vor allem auch Veränderungen und Anforderungen durch das medizinische System. Dabei sollten wir freilich nicht übersehen, daß es sich um einen langfristigen Veränderungsprozeß handelt, in dem die Familie vor allem drei Formen im Wandel durchgemacht hat: Sie ist von der Einheit der Produktion als wirtschaftlicher Großfamilie über die erweiterte Kleinfamilie zur heutigen symmetrischen Kernfamilie fortentwickelt worden,[6] in der neue Belastungen und Spannungen auftreten. Betrachten wir die wesentlichen Merkmale der Veränderung der Familie, die auch bedeutsam sind für den Arzt im Umgang mit den Mitgliedern der Familie, so sind es vor allem folgende Merkmale:

1. Die Lebenserwartung ist in den letzten hundert Jahren um über zwanzig Jahre gestiegen, von 48 auf 68 für Männer, von 52 auf 74 für Frauen.

2. Der Rückzug vom Arbeitsleben geschieht heute früher. So ist der Zeitabstand zwischen Pensionierung und Tod erheblich gewachsen.

3. Mit wachsender Länge der formalen Ausbildungszeiten treten immer mehr Menschen im späteren Lebensalter in feste Arbeitsverhältnisse ein.

4. Die Zahl der Kinder, die in eine durchschnittliche Ehe hineingeboren werden, hat sich dramatisch verringert. Im Durchschnitt ist die regenerative Phase der Frauen auf das dreißigste Lebensjahr reduziert worden, und ihre abhängigen Kinder verlassen die Familien, während sie in ihren Vierzigern sind. Das heißt, daß noch 30 Jahre Leben ohne Kinder vor ihnen liegen. Mütter können demzufolge drei bis vier Jahrzehnte erwarten, in denen sie keine unmittelbaren Pflichten mehr als Mütter haben.

5. Zugleich ist mit relativ früher Heirat und längerer Lebenserwartung die Dauer der Ehe verdoppelt worden, von etwa 27 Jahren auf 40 bis 50 Jahre. Mit der Abnahme der Kinderzahl ist somit die Ehe eine sehr viel persön-

lichere Beziehung zwischen Mann und Frau geworden und weniger eine Einheit, in der Vater und Mutter überwiegend mit den Bedürfnissen ihres Nachwuchses befaßt sind. Die Aussicht auf 40 bis 50 Jahre gemeinsamen Ehelebens mit derselben Person könnte ein Anhaltspunkt für verstärkte Spannungen in der Ehe bilden. Zumindest scheinen hier Neuorientierungen notwendig zu werden, da das Eheleben nicht notwendig mit dem Zyklus der erweiterten Familie verbunden ist.

6. Die meisten Frauen betreten zeitweilig den Arbeitsmarkt, viele beabsichtigen, zu einer Berufstätigkeit zurückzukehren, wenn ihre Kinder die Ausbildung beendet haben.

7. Die Eheschließung ist allgemein verbreitet, wenige Leute bleiben unverheiratet. Andererseits ist die Zahl der Scheidungen durch die erweiterten Möglichkeiten der Scheidung gestiegen, was erhebliche Desorientierung zur Folge hat.

8. Der räumliche Wohnkreis ist verbessert und erweitert worden, so daß die Attraktivität des Familienlebens neben der Verbesserung der Haushalts- und Freizeittechnologie in den Familien auch für den früher häufiger aushäusigen oder flüchtigen Ehemann an Wert gewonnen hat. Immer mehr Männer verbringen immer mehr Zeit in der Familie, wenn man als Vergleichsmaßstab die Zeit vor dem Ersten Weltkrieg nimmt.

Diese epochalen Veränderungen haben auch das Bild der Familie erheblich gewandelt: Wir können heute nicht mehr von einem normativen Bild der Kernfamilie ausgehen, sondern müssen einen Pluralismus von Familienstrukturen annehmen, der in der empirischen Vielfalt zunehmend deutlicher wird. Folgende Übersicht soll einen Eindruck von dieser empirischen Vielfalt geben:[7]

Hauptformen gegenwärtiger Familienstrukturen

I. Symmetrische Familienstrukturen

1. Kernfamilie: Ehe-, Eltern-, Geschwistersysteme
2. Ehepaarfamilie ohne Kinder
3. Ein-Elternteil-Familie mit Kindern

II. Erweiterte Verwandtschaftsfamilie

1. Drei-Generationen-Familie in einem Haushalt
2. Mehrgenerationen-Familie in örtlicher Nähe
3. Kernfamilie in Verbindung mit Verwandtschaftsgruppen in gegenseitigem sozialen Netzwerk

III. Familie der zweiten Lebenshälfte

1. Ehepaarfamilie mit erwachsenen unabhängigen Kindern
2. Familie der „zweiten Karriere" der Ehefrau

IV. Experimentelle Familienstrukturen

1. Wohngemeinschaftsfamilien
2. Unverheiratetes Elternpaar mit Kindern
3. Unverheirateter alleinstehender Elternteil mit Kind

V. Ein-Personen-Haushalt

Die Vielfalt der Familienformen verdeutlicht, daß die Mitglieder dieser unterschiedlichen Familien auch unterschiedliche Probleme zu lösen haben und vor unterschiedliche Aufgaben gestellt werden. Ferner wird deutlich, daß wenige Individuen über ihr gesamtes Leben in einem einzigen Typ von Familienstruktur bleiben, obwohl noch immer die Mehrheit Erfahrungen in der überlieferten Kernfamilie besitzt.

Familienstrukturen ändern sich mit dem Lebenszyklus ihrer Mitglieder, der von biologischen, psychischen und sozialen Faktoren und ihren vielfältigen Verbindungen bestimmt wird. Mit dem daran gebundenen Familienzyklus wechseln die zentralen Themen, Ziele, Bedürfnisse und Aufgaben, die zum Teil unmerklich auch auf eine Veränderung im Alltag hinwirken. Das Modell der Abb. 1 verbindet nur einige biologische und soziale Faktoren und soll ein Bild von der Vielfalt an Bedürfnis-, Gefühls- und Problemkonstellationen vermitteln.[8]

Bewältigung von Krankheiten erhält ihre Bedeutung im Rahmen der jeweiligen Phase des Familien- und Lebenszyklus des Kranken und seiner Familie: Eine Familie wird von einer chronischen Krankheit, etwa durch eine angeborene Erkrankung eines ersten neugeborenen Kindes betroffen. Andere Familien werden konfrontiert mit der Erkrankung eines Kindes im Vorschul- oder Schulalter oder in der Adoleszenz oder in der Phase des jungen Erwachsenseins, wie etwa durch die Multiple Sklerose. Das Auftreten von Krankheiten in verschiedenen Phasen des Familienzyklus kann unterschiedliche Auswirkungen und Bewältigungsstrategien nach sich ziehen. Andere Probleme ergeben sich, wenn eine Familie in einem späteren Lebenszyklus von einer chronischen Krankheit betroffen wird, wie etwa von Diabetes, Herzinfarkt oder Krebs in der zweiten Hälfte des Lebens, wenn bereits stabile Ehe- und Familienstrukturen mit einer gemeinsamen Familiengeschichte vorhanden sind. Familien in ihrer Gründungsphase werden sicherlich härter betroffen und schwierigeren, weil unbekannteren Krisen ausgesetzt, da sie nicht über die Geschichte einer Krisenbewältigung verfügen, wie etwa eine Familie mit längerer Geschichte, die notwendigerweise über einen Bestand an Konfliktlösungsstrategien verfügt.

Bereits die Betrachtung der Bewältigung von Gesundheitskrisen und Krankheitsepisoden zeigt an, daß die gängige These vom Funktionsverlust der Familie[9] problematisch ist. Gemäß der Auffassung vom Funktionsverlust soll die Familie so viele Funktionen verloren haben, daß sie heute vorwiegend eine reine Konsumentengemeinschaft sei, deren Hauptaufgabe vornehmlich in der Aufgabe der Sozialisation des Nachwuchses und seelischen Stabilisierung ihrer Mitglieder liege. Richtig an dieser These ist, daß das

Abb. 1

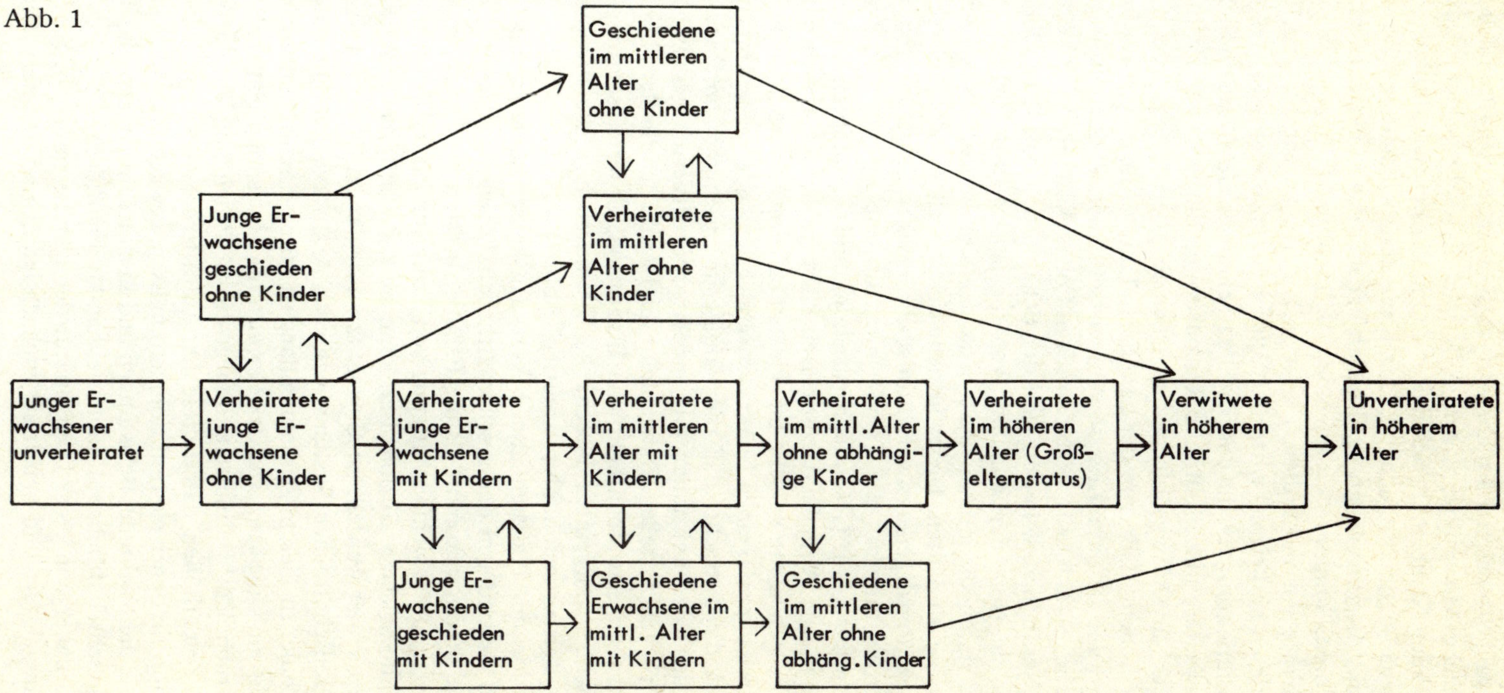

Gegenwärtige Hauptformen des Familienzyklus

System der Familie zunehmend mehr Aufgaben an andere gesellschaftliche Einrichtungen abgeben mußte, wie zum Beispiel die Aufgabe der Produktion, der Erziehungsfunktion im Schulalter und in der Berufsausbildung, die Funktion der Gesundheitserziehung, der Krankheitsbehandlung und der Krankheits- und Altersversicherung. Freilich hat sie diese Funktionen nicht endgültig verloren, sondern bei genauerer Betrachtung fällt auf, daß die Familien nach wie vor in all diese Funktionsbereiche verwickelt sind. Betrachten wir dieses am Beispiel wirtschaftlicher Krisen, so zeigt sich, daß die Familie eine Einrichtung ist, die über die staatlichen sozialpolitischen Sicherungen hinaus weitere sozialpolitische Ressourcen mobilisieren kann. Untersuchungen über die Auswirkungen der Arbeitslosigkeit haben gezeigt,[10] daß es in sehr hohem Maße von der Familie und ihren Anpassungsmöglichkeiten abhängt, wie sie diese Krise sowohl wirtschaftlich als auch psychologisch durchsteht, ob es hier zu desintegrativen Folgen kommt. Auch bei der Aufgabe der Gesundheitssicherung und der Bekämpfung von Gesundheitsstörungen hat sie trotz der Zunahme von spezialisierten außerfamilialen Einrichtungen im medizinischen System in der Krankenversorgung einen Bedeutungszuwachs erhalten. Dieser bezieht sich vor allem auf den Bereich der psychischen, der degenerativen und der chronischen Erkrankungen, wo die Rehabilitationsfunktion der Familie nicht unterschätzt werden kann. Gleiches gilt in bezug auf Gesundheitserziehung und Gesundheitsvorsorge, also der wesentlichen Aufgabe der primären Prävention. Wir müssen daher folgern, daß es sich nicht so sehr um einen Funktionsverlust der Familie handelt, sondern eher um einen Funktionswandel. Besonderes Merkmal dieses Wandels ist die Tatsache, daß die Familie in zunehmendem Maße gezwungen worden ist, Funktionen mit anderen spezialisierten gesellschaftlichen Einrichtungen zu teilen. Dabei bleibt die Familie für die Bewältigung all dieser Aufgaben eine unentbehrliche Institution. Unter diesem Aspekt ist sie vergleichbar mit einem Flaschenhals,[11] durch den alle Probleme, Konflikte und Belastungen hindurch müssen (Abb. 2).

Die Funktion des Flaschenhalses besagt, daß keine andere Gruppe die Probleme und Belastungen des gesellschaftlichen Lebens schärfer und unmittelbarer zu spüren bekommt als die Familie. Insofern kann man sagen, daß Aufgaben- und Problembewältigung von Anbeginn bis zu ihrer Auflösung die Familie belasten. Soziologisch kann sie daher als eine *Vielzweckinstitution* bezeichnet werden, im Gegensatz zu den spezialisierten Institutionen des gesellschaftlichen Systems, wie etwa Arztpraxis, Krankenkasse, Bank oder Schule. In diesem Zusammenhang ist ihr eine neue Funktion zugewachsen: sie muß die *Aufgabe der Vermittlung* zu den übrigen sozialen Systemen übernehmen.[12] Einerseits obliegt ihr die Pflicht, die Kompetenz ihrer Mitglieder zu erhöhen, damit diese den Anforderungen der spezialisierten Organisation, in denen sie funktionieren müssen, gewachsen sind. Andererseits muß sie die Nachteile, Belastungen und Beeinträchtigungen, die ihre Mitglieder in gesellschaftlichem Raum erleiden, kompensieren.

Man kann daher von einer Doppelnatur der Familie sprechen: Sie hat Funktionen ausgelagert und behält sie zugleich latent und manifest. Diese

Abb. 2 Die Vermittlungsfunktion der Familie als Allzweckinstitution

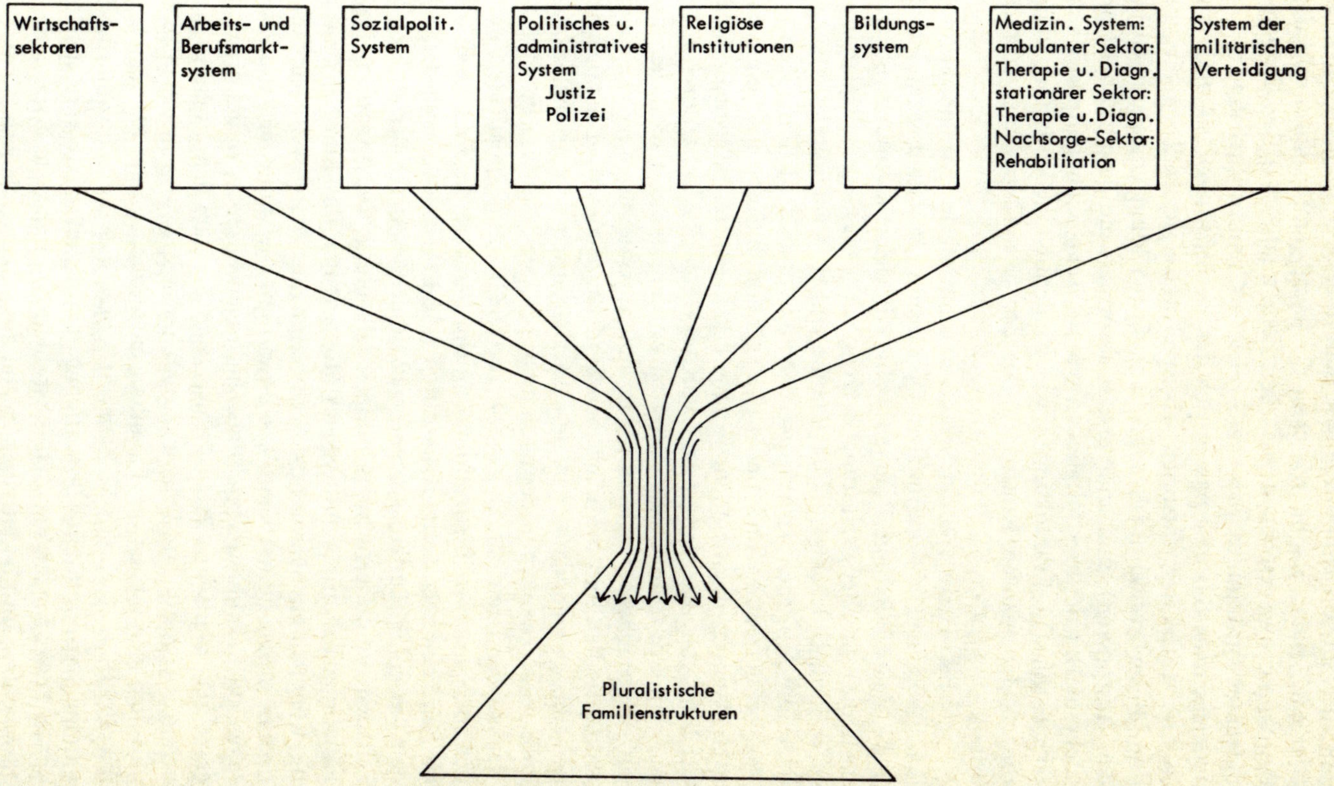

Doppelnatur ist mit der Metapher der *Schwammfunktion*[13] der Familie umschrieben worden: Die Familie entwickelt eine solche Anpassungsfähigkeit, daß sie so viel von den gesellschaftlichen Systemen in sich aufnimmt oder nach außen abgibt, wie es in der jeweiligen Situation erforderlich ist. Das Anpassungsgeschehen zwischen der Familie und den übrigen sozialen Systemen funktioniert innerhalb gewisser Grenzen wechselseitig. Das heißt außerfamiliale Systeme passen sich den Bedürfnissen der Familie an, soweit es ihren Interessen entspricht (beispielsweise gleitende Arbeitszeit, veränderte Besuchszeiten im Krankenhaus, Entwicklung von Familientherapie in den Arztpraxen), und andererseits absorbiert die Familie sozial problematische Merkmale ihrer Mitglieder, wie seelische Krankheiten, Alkoholismus oder chronische Erkrankungen, was wiederum eine Entlastung von Einrichtungen der sozialen Kontrolle oder der Gesundheitsversorgung mit sich bringt.

Mit der These von der Schwammfunktion der Familie dürfen wir freilich nicht einem vorschnellen Optimismus verfallen, gemeint ist damit nicht, daß die Familie als eine flexible Allzweckeinrichtung gedacht werden darf, die mit allen Belastungen fertig wird. Im Gegenteil, damit geht eine merkwürdige Brüchigkeit der Familie einher. So tendiert sie beispielsweise dazu, die Aufgaben der emotionalen Sicherung, der langfristigen häuslichen Krankenbetreuung und der Rehabilitation bei chronischen Krankheiten auch dann zu übernehmen, wenn sie keine ausreichenden Energiereserven zur Verfügung hat. Sie ist dann von der Gefahr bedroht, durch Anforderungen und Erwartungen überlastet zu werden, die sie nach innen und außen auf sich nehmen muß, weil ihr im Fall auftretender Krankheit von den sozialpolitischen und medizinischen Einrichtungen Aufgaben zugewiesen werden, die entweder nicht in dem spezialisierten professionellen Funktionskreis vorgesehen sind oder noch nicht genügend Gewinn, Prestige, Machtzuwachs oder Legitimation einbringen. Die Familie substituiert die Defizite der spezialisierten Institutionen. Mithin steigert die Familie ihre Leistung im Falle einer schweren Krise durch eine Erkrankung auch dann bis zu einem äußersten Punkt, wenn sie nicht die Ressourcen besitzt, um dies ohne Schaden tun zu können. In diesem Fall schlägt die Anpassungsleistung der Familie selbst in ein pathogenes Moment um, das zum Erkrankungsrisiko für weitere Familienmitglieder beitragen beziehungsweise zum Zerfall der Familie selbst führen kann. Die Bewältigungsleistung der Familie gegenüber schweren Krankheiten reicht also bis an jene Grenze, an der die Situation in einen zerstörerischen Prozeß umschlägt. Die Familienmitglieder haben keinen Ausweg aus dem Dilemma zwischen Anpassung an die neue Situation und dem Zerbrechen des Familiengleichgewichts beim Festhalten an der alten Situation. Insofern können wir sagen, daß die Schwammfunktion der Familie dazu tendiert, Bewältigung von Krankheit bis an den letztmöglichen Punkt fortzusetzen. Sie absorbiert dadurch viele Formen der sozialen Abweichung und bildet einen Puffer zwischen Krankheit, Kriminalität, Alkoholismus, schwerer körperlicher Behinderung auf der einen Seite und der sozialen Öffentlichkeit auf der anderen Seite, die diese Erscheinungsweisen stigmatisiert.[14]

Das Versagen der Pufferfunktion der Familie tritt dann ein, wenn man sich dem Bereich des Sterbens und des Todes nähert: Gerade hier wird die Toleranzschwelle aller sozialen Systeme überschritten. Insofern kann die soziale Realität des Todes auch als ein Phänomen der Ausgrenzung begriffen werden. Mehr als die Hälfte[15] unserer Bevölkerung stirbt im Krankenhaus, das heißt also in der unpersönlichsten Einrichtung unseres sozialen Lebens.

Wie weit wird die Leistung der Familie in bezug auf Umgang und Bewältigung von Krankheiten in der Medizin, insbesondere in der Praxis des niedergelassenen Arztes, wahrgenommen? Sie tritt in der Regel dann in das professionelle Bewußtsein, wenn die selbstverständliche Leistungserwartung nicht erfüllt wird, das heißt wenn diese nur unzureichend oder im Sinne der Schädigung realisiert wird. Unter dem Gesichtspunkt des Leistungsversagens ist es daher nicht überraschend, daß sich in der Medizin hauptsächlich Psychiatrie und Psychotherapie mit der Familie befaßt haben, und zwar vorwiegend unter den Vorzeichen der Produktion von Störungen und Krankheiten, der Verstärkung von abweichendem Verhalten und der Förderung von Rückfällen oder Verschlechterung von Heilungs- oder Besserungserfolgen. Es besteht kein Zweifel, daß das Studium der Familie unter einer ätiologischen Zielsetzung wertvolle und weitreichende Erkenntnisse in bezug auf die Entwicklung einer psychologischen Medizin, der Diagnostik, Therapie und Prävention von schweren psychischen und psychosomatischen Störungen und Krankheiten gebracht hat, und die Geschichte der Psychoanalyse dokumentiert dies in beeindruckender Weise.

Auf der anderen Seite hat diese ätiologische Orientierung in Psychotherapie und Psychiatrie problematische Folgen gezeitigt, weil sie auch auf die Betrachtung der Familie bei der Bewältigung von Krankheiten in der Rehabilitation und Nachsorge angewandt wurde, und die Rolle der Familie entweder negativ beurteilt oder völlig ausgeblendet wurde. M. Angermeyer[16] konnte bei der Untersuchung von psychiatrischen Diagnosen zeigen, in welch verheerender Weise die Zahl von „schizophrenogenen Müttern oder Familien" bei der Beurteilung von psychiatrischen Patienten hochschnellte, nachdem solche Hypothesen in Psychiatrie und Psychotherapie Eingang und Verbreitung gefunden hatten, während die Untersuchung des Kindes, der Belastungen und der Lösungsversuche beim Umgang mit chronisch kranken Psychotikern, Borderline- oder Neurose-Patienten keine Beachtung fand. Entsprechend sind Ansätze einer familienbezogenen Rehabilitation von psychisch Kranken in der Forschung und Praxis kaum vorhanden - die italienische Anti-Psychiatrie-Bewegung stieß auf dieses Problem, weil es keine Konzepte für den Umgang mit psychisch Kranken in ihrer familialen Umwelt gab, als man sie aus den zu Recht inhuman bezeichneten psychiatrischen Anstalten entließ.[17]

Auch die in den letzten Jahren sich rasch entwickelnde Familientherapie weist diese Problematik auf: Ihre Stärke liegt bei ätiologisch orientierten Therapien bei familial bedingten Ursachen beziehungsweise mitbeteiligten Ursachen von psychischen oder psychosomatischen Störungen; ihre Gefahr entfaltet sich dann, wenn sie ihren ätiologischen Ansatz auf Krankheiten und auf den Umgang mit Krankheiten ausweitet, ohne Ursachen und Folgen zu unterscheiden. Exemplarisch dafür ist die gegenwärtig vorherrschende „Familienpsychosomatik", wie sie von den die Diskussion beherrschenden Familientherapeuten der ‚Heidelberger Schule' vertreten wird. So wird von ihnen eine ätiologisch orientierte Familientherapie auf Krebserkrankungen angewandt und ein „idealtypisches Krebsfamilienprofil" entwickelt, das folgendermaßen beschrieben wird:

„Die Bindungen, insbesondere von Loyalitätsforderungen (Über-Ich-Bindung) zwischen den Familienmitgliedern sind stark. Das System erscheint verklammert, die Individuation schwach. Während sich die Mitglieder gegeneinander nicht oder nur schwer abgrenzen können (intrafamiliäre Fusion), grenzen sie sich dagegen der Umwelt gegenüber meist stark ab (Isolation). Fast läßt sich daher von einem geschlossenen System sprechen. Möglichkeiten zur Konfliktlösung sind durch die harmonisierende Konfliktvermeidung eingeschränkt. Die Mitglieder vermeiden, einander zu kritisieren oder abzuwerten und lassen nur positive Bestätigungen zu. Oft zeigen sie sich überbesorgt bis zur Aufopferung. Schuld- und Verdienstkonten scheinen unausgeglichen. Das bewußte Geben überwiegt das Nehmen. Viele Bereiche und Probleme werden ängstlich vermieden und bleiben tabuisiert. Daher die relativ hohe familiäre Konfliktspannung, die sich Außenstehenden als explosives Klima vermittelt."[18]

Man fragt sich, ob es sich um eine Familiendynamik nach Ausbruch einer Krebserkrankung eines Familienmitgliedes handelt, oder ob es um ein ätiologisches Profil geht, demzufolge ein Mensch aufgrund „harmonierender Konfliktvermeidung" in seiner Familie und in seinem Erleben an Krebs erkrankt.

Der Verdacht entsteht, daß hier latent eine neue Version der Erbsündentheorie entfaltet wird, die „falsche" psychische Lebensweisen für die Entstehung von Krebs verantwortlich macht. Ein solcher Ansatz ist theoretisch und methodisch äußerst fragwürdig. In bezug auf die therapeutische Praxis würde durch eine derartige Deutung von Erscheinung und Ursache zudem eine Chance vertan, weil gerade die Familien(-therapie) einen fruchtbaren Beitrag leisten könnten, den betroffenen Kranken, ihren Familien und den betreuenden Ärzten zu helfen, solche Potentiale zu mobilisieren, die den Umgang mit unheilbaren und oft tödlich endenden Krankheiten ermöglichen, stützen und verbessern könnten.

In der somatischen Medizin tritt die Familie aufgrund des Vorherrschens der krankheits- und patientenzentrierten Orientierung in den Hintergrund. Um Mißverständnissen vorzubeugen, sei gesagt, daß eine biologisch fundierte krankheitsorientierte Medizin die notwendige Basis medizinischen Erkennens und Handelns darstellt; ohne ihre gesicherten, theoretischen, klinischen und technischen Kenntnisse und Erfahrungen wären die Erfolge der modernen Medizin nicht möglich gewesen. Die Frage ist nur, in welcher Weise die Arzt-Patient-Beziehung beim Umgang mit der Krankheit und ihrer Bewältigung organisiert werden soll, wenn es sich nicht um eine über die Diagnostik und Therapie, also kausaltherapeutisch zu behandelnde, relativ kurz befristete Krankheit handelt, wenn es also um Krankheiten geht, die über eine kurzfristige Identitätsverunsicherung hinausreichen und zu wirklichen Krisen führen. Die gegenwärtige Situation[19] kann dahingehend gekennzeichnet werden, daß in der Arzt-Patient-Beziehung die somatische Seite von Krankheit beachtet wird, während die psychischen Seiten der Krankheit *vor* und *nach* dem Praxisbesuch ‚stattfinden'. Der Arzt unternimmt wichtige diagnostische und therapeutische Schritte, er interveniert in diesem Sinne, er verschafft dem Patienten in einigen Punkten Klarheiten, er trifft vor allem auch folgenreiche Entscheidungen für das Leben des Patienten. Da er sich aber in der Regel in einer Zeit von 5 bis 20 Minuten vorwiegend dem medizinischen Objekt widmet und seine Aufgabe nicht darin sieht, sich dem Individuum als psychosozialem Wesen zu widmen, klammert er notwendigerweise das Leben des Kranken mit seiner Krankheit, mit den Folgen der Krankheit aus und bringt häufig genug nicht einmal mehr in Erfahrung, wie beispielsweise der Patient und seine Familie die bereits erhaltenen Informationen verstehen, umsetzen und bewältigen. Hierbei wird ein weiterer Faktor bedeutsam: die Tatsache, daß in unserem Gesundheitssystem das Prinzip der freien Arztwahl besteht, führt bei uns - im Gegensatz etwa zum englischen Gesundheitssystem - zu einer Erscheinung, die man mit dem unschönen Begriff der multilateralen Arzt-Patient-Beziehung umschreiben kann. Damit ist gemeint, daß jede Familie beziehungsweise die einzelnen Angehörigen der Familie verschiedene Ärzte für sich wählen, so daß eine Familienmedizin im eigentlichen Sinne kaum möglich ist,[20] da der jeweilige behandelnde Arzt nur noch in Ausnahmefällen die ganze Familie und ihre Struktur kennt. Insofern kann man sagen, daß der Arzt nur einen minimalen Ausschnitt von sozialer Realität sieht, während die Familie weitgehend draußen bleibt. Besonders problematisch erweist sich dieser Zustand im Falle chronischer Krankheit, wenn die Kranken und ihre Familien verschiedenen Ärzten begegnen, die unterschiedliche Auffassungen über das Leben mit der Krankheit haben. Das führt dazu, daß die Patienten sich allein gelassen fühlen, und die Interpretation einander widerstreitender ‚Expertenmeinungen' der Familie als weitere Aufgabe überlassen wird. Obwohl bereits vor über 30 Jahren ein Buch von Richardson erschien, das den einfachen und zugleich folgenreichen Titel trägt "Patients have families",[21] ist in dieser Richtung noch immer zu wenig geschehen: In unseren Untersuchungen bei Erwachsenen mit chronischen Erkrankungen wie Herzinfarkt, Diabetes, Multipler Sklerose oder von Patienten mit Spina bifida oder Hydrocephalus stießen wir immer wieder auf die Haltung von behandelnden Ärzten, daß die Familienangehörigen wenig in die Therapie oder in die Rehabilitation bei den Patienten einbezogen wurden. Bei unseren Interviews mit den Ärzten mußten wir feststellen, daß relativ geringe Kenntnisse über die Familienverhältnisse bestanden, obwohl alle Ärzte zugestanden, daß ein solches Wissen für den therapeutischen und rehabilitativen Prozeß sehr wichtig sei.[22]

Schwere akute und chronische Krankheiten bedeuten für die Betroffenen wie für ihre Familien ein Leben am Rande der Krise. Es geht um die

Frage, ob die Krankheit zum alles beherrschenden Thema in der Familie wird oder ob es gelingt, diese in das Leben der Familie so zu integrieren, daß diese nicht vollständig davon dominiert wird.[23] Verläßt der Patient die ärztliche Praxis, dann kehrt er in seine heimische familiäre Umgebung zurück, die vor die Aufgabe gestellt ist, Arrangements zu entwickeln im Umgang mit den verschiedenen Aspekten von Erkrankungen. Die Familie muß vor allem vier Grundfunktionen wahrnehmen, die ihr mehr oder weniger auch vom medizinischen System übertragen werden:[24]

1. die Funktion der Rettung und Krisenintervention bei Krankheiten, insbesondere bei plötzlichen Verschlechterungen,

2. die Aufgabe des Schutzes des Kranken, wie zum Beispiel die Begleitung eines an Epilepsie leidenden Kindes,

3. die Aufgabe der Assistenz bei der Anwendung der vom Arzt oder von der Krankengymnastik oder anderen medizinischen Spezialitäten verordneten therapeutischen und pflegerischen Verfahren,

4. die Aufgabe der Kontrolle beim Umgang mit den Symptomen und den verordneten Veränderungen im Leben des Kranken.

Die Wahrnehmung solcher Grundfunktionen setzt eine kontinuierliche Zusammenarbeit mit den behandelnden Ärzten voraus, um eine adäquate Interpretation der Krankheit und ihrer Folgen für das Leben des Kranken und für das Leben der Familie zu ermöglichen. Optimal wäre ein solches Zusammenwirken von professioneller - und Laienkompetenz; möglich ist eine solche Kooperation, wenn medizinsiche und andere gesellschaftliche Einrichtungen die Familie nicht allein als ‚Patient Familie‘ und als ‚Produzent’ zahlreicher abweichender Verhaltensweisen ansähen, sondern die erstaunlichen Fähigkeiten, die Potentiale, die Ressourcen, die verborgenen und verschütteten Kräfte sehen und anerkennen lernten, die im täglichen Leben bei kleinen und großen Krisen, gegenüber merkbaren und unmerklichen Veränderungen und angesichts des Lebens- und Familienzyklus mit unterschiedlichem Erfolg zur Bewältigung und Anpassung an die inneren und äußeren Wirklichkeiten entwickelt werden.

Anmerkungen

1 Diese These wurde vor allem von T. Parsons und R. Fox, Illness, Therapy and the Modern American Family, Journal of Social Issues 8, 1952, S. 31-44, vertreten.
2 Vgl. T. Parsons, R. Fox, a.a.O.
3 Siehe H. Friedrich, E. Mönkeberg-Tun, B. Rachel, Familie und Kinderkrankenhaus (im Druck).
4 Siehe H.G. Mather u.a., Acute Myocardiac Infarction: Home and Hospital Treatment,

in: British Medical Journal, 1971, 3, S. 334-338.

5 Das Krisentheorem wird gegenwärtig vor allem von der Familientherapie postuliert. Vgl. dazu, H. Stierlin, Von der Psychoanalyse zur Familientherapie, Stuttgart 1975; H.E. Richter u.a., Familie und seelische Krankheit, Hamburg 1976.

6 Vgl. M. Young, P. Willmott, The Symmetrical Family, London 1975, S. 27-33.

7 Die Typologie folgt weitgehend der von M. Sussman entwickelten. Vgl. M. Sussman, Family Systems in the 1970's: Analysis, Policies, and Programs, in: A. Skolnick, J. Skolnick (Hrsg.), Intimacy, Family and Society, Boston 1974, S. 581-582.

8 P.E. Murphy, W.A. Staples, A Modernized Family Life Cycle, in: Journal of Consumer Research, 6, 1979, S. 12

9 Vgl. W. Goode, Soziologie der Familie, München 1967.

10 Vgl. S. Gore, The Effect of Social Support in Moderating the Health Consequences in Unemployment, in: Journal of Health and Social Behavior, 19, 1978, S. 379-386.

11 D. Hansen, R. Hill, Families Under Stress, in: Handbook of Marriage and the Family, hrsg. von H. Christensen, Chicago 1964

12 Vgl. U. Gerhardt, H. Friedrich, Familie und chronische Krankheit - Versuch einer soziologischen Standortbestimmung, in: M. Angermeyer, H. Freyberger (Hrsg.), Chronisch kranke Erwachsene in der Familie, Stuttgart 1982, S. 7-8.

13 Dieser Begriff wurde von C. Vincent, Familia Spongia, in: Journal of Marriage and the Family, 28, 1966, S. 29-36, geprägt.

14 Vgl. C. Vincent, a.a.O., und U. Gerhardt, H. Friedrich, a.a.O., S. 15.

15 Vgl. J.J. Rohde, C. Rohde-Dachser, Soziologie und Sozialpsychologie des klinischen Bereichs, in: W. Schraml und U. Baumann (Hrsg.), Klinische Psychologie I, Bern 1975, S. 57.

16 Vgl. M. Angermeyer, Der theorie-graue Star im Auge des Psychiaters. Zur Rezeption der Wissensbestände der Familienforschung in der Psychiatrie, in: Mensch, Medizin, Gesellschaft, Band 7, H. 1, Stuttgart 1982, S. 55-60.

17 Vgl. A. Uchtenhagen, Psychiatrie-Reform in Italien - geht es auch ohne Krankenhäuser? in: Psychosozial 1, 1980, S. 148-149.

18 M. Wirsching u.a., Familientherapie bei Krebsleiden, in: Familiendynamik, 6, 1981, S. 11

19 Die Situation wird von M. Pflanz anhand der Lage der Versorgung durch die Ärzte „der ersten Linie" sehr klar analysiert, siehe M. Pflanz, Überlegungen zur primärärztlichen Betreuung der Bevölkerung, in: O. Döhner (Hrsg.), Arzt und Patient in der Industriegesellschaft, Frankfurt 1973, S. 36-48.

20 Vgl. M. Pflanz, a.a.O.

21 R. Richardson, Patients Have Families, New York 1948

22 Vgl. H. Friedrich, G. Ziegeler, T. Kleinspehn, Verläufe von chronischen Krankheiten, Göttingen 1980 (Forschungsbericht).

23 Vgl. G. Ziegeler, Individuelle und familiale Bewältigungsstrategien am Beispiel von Herzinfarkt und Diabetes, in: M. Angermeyer, H. Freyberger (Hrsg.), Chronisch kranke Erwachsene in der Familie, Stuttgart 1982, S. 44-53.

24 Vgl. A. Strauss, B. Glaser, Chronic Illness and the Quality of Life, St. Louis 1975.

Zum Mehrgenerationen-Ansatz in der Familientherapie

Ursula Kreuzer

Eine der ersten soziologischen Wortschöpfungen, die sich mir zu Beginn meines Studiums nachhaltig einprägten, war die der „ambulanten Großmutter" von H. P. Bahrdt. Die „Großvaterbriefe", 15 Jahre später von ihm erschienen, zeigen, daß beide, Großvater und Großmutter, für die mittlere und junge Generation „ambulante" Aufgaben im weitesten Sinn zu erfüllen vermögen: im lebendigen Kontakt mit Kindern und Enkelkindern können sie die mittlere Generation entlasten, Sorge teilen, Familiengeschichte tradieren und damit für die jeweils nachfolgenden Generationen ein Gefühl von Kontinuität und Kohärenz stiften.

Die Beziehung zwischen Großeltern und Enkelkindern birgt die Möglichkeit in sich, unbelasteter zu sein, als die zwischen den angrenzenden Generationen. Die Großeltern stehen nicht wie die Eltern unter dem Druck der Erziehungsverantwortung. Dieser Druck ist für manche (bevorzugt intellektuelle) Eltern - so Bahrdt - mit der Vorstellung verbunden, „ihr Kind so originell (zu) erziehen, daß ein originelles Kind entsteht"[1] - eine für beide Seiten anstrengende Prozedur. Die Großeltern dagegen haben bereits den „Beweis" erbracht, daß sie Kinder erziehen können. Die Frage, ob sie es richtig oder falsch machen, stellt sich kaum mehr. Wenn sie einspringen, die Enkelkinder hüten, mit ihnen Unternehmungen machen, tun sie das meist freiwillig und weil es ihnen Freude macht. Sie schulden ihren Enkelkindern nichts, allenfalls liegt in ihrer besonderen Liebe der bewußte oder unbewußte Versuch, Versäumtes nachzuholen, allzuviel Strenge, mit der sie ihre eigenen Kinder erzogen haben, wiedergutzumachen.

So ist in der Beziehung zwischen Großeltern und Enkeln eine Gelassenheit angelegt, die in einer Gemeinsamkeit begründet sein könnte; im Unterschied zur Generation der Eltern befinden sich Großeltern und Enkel in einer bevorzugten gesellschaftlichen Lage: die Großeltern sind nicht mehr, die Enkelkinder noch nicht mit der Verantwortung von Reproduktion und Kindererziehung belastet. Sie haben das Privileg, mehr Zeit für das zur Verfügung zu haben, was ihnen zu tun gerade in den Sinn kommt (wobei dieses Privileg bei den gegenwärtigen Schulverhältnissen sicherlich auf Kleinkinder einzuschränken ist). All das ermöglicht eine Beziehung, in der Kinder das finden, was sie brauchen: Präsenz, Aufmerksamkeit und die Gelassenheit für eine, wie Bahrdt schreibt, „regelmäßige Wiederkehr des Gewohnten".[2] Denn Kleinkinder brauchen keine Originalität, sie „(...) schwärmen für Normalität. Sie baden sich geradezu in Normalität (...). Kleinkinder sind konservativ bis auf die Knochen".[3] Diese Möglichkeiten zur Gelassenheit haben immer wieder zu Klischeebildern verführt, in denen die Großmutter mit einem Buch oder Strickzeug im Schoß gütig über den Rand ihrer Brille auf ihre Enkel schaut. Ein interessantes Ergebnis in einer familientherapeutischen Ausbildungsgruppe war, daß zu dem Begriff „Großeltern" fast nur positive, idealisierende Assoziationen genannt wurden, während der Begriff „alte Leute" ganz andere Zuschreibungen erhielt: böse, starr, verbittert, Angst machend. Es tauchten Bilder auf von der bösen alten Hexe und dem alten Mann, der verbittert und laut schimpfend den Kindern mit seinem Stock droht.

Die Kategorie der Generationenfolge - „Großeltern" -, in der die Beziehung zu den Enkeln mitgedacht ist, verführt also im Gegensatz zur sozialen Alterskategorie der „alten Leute" deutlich zu Idealisierungen. Doch auch Großeltern sind „alte Leute". Ihre Beziehung zu den Enkeln kann von Härte und Bevormundung gekennzeichnet sein. Gelassenheit und Freundlichkeit können sich nur dann entwickeln, wenn die Beziehung zwischen den Großeltern und den Eltern „stimmt", d. h., annähernd frei ist von unerledigten Spannungen in Form gegenseitiger Vorwürfe, Schuldzuschreibungen oder Verachtung. Ist das nicht der Fall, so kann die Beziehung der Großeltern zu den Enkeln zu Feindseligkeiten führen, weil die Großeltern in ihnen die bis heute nicht akzeptierten oder geduldeten Seiten ihrer Kinder bekämpfen. Der Satz: „Du bist wie Dein Vater" kann vernichtend sein, entsprechend reagiert der Enkel mit Angst und Abweisung. Doch auch in einer äußerlich freundlichen Beziehung zwischen Großeltern und Enkeln können sich solche Hintergründe verbergen. In diesem Fall hat die besondere Liebe der Großeltern eine kompensatorische Seite: aus der Enttäuschung an den Kindern wird eine Idealisierung der Enkelkinder. Der Genuß dieser Situation, das „bessere" Kind zu sein, ist für das Enkelkind doppelt getrübt: es spürt die Überfrachtung an Erwartungen von Seiten der Großeltern, und ihre besondere Liebe weckt in ihm Triumph und damit Schuldgefühle: die Großeltern lieben *mich*, aber den Vater (die Mutter) nicht.

Ein weiterer Aspekt in der Beziehung zwischen Großeltern und Enkeln liegt darin, daß die Großeltern Repräsentanten einer vergangenen gesellschaftlichen Wirklichkeit sind. Sie haben die Zeit *erlebt*, deren emotionale Auswirkungen die Enkelkinder in ihrer Familie nur noch *spüren*. Die Großeltern können von der Zeit, in der sie aufgewachsen und geprägt worden sind, erzählen und darüber, wie sie aus diesen Prägungen heraus ihre Kinder erzogen haben. Wenn diese Weitergabe erzählerisch gelingt, wenn die Großeltern eine Sprache finden, die ihre Enkel verstehen, dann ermöglichen sie ihnen, besser zu begreifen, warum ihre Eltern so und nicht anders sind, warum diese oder jene Wertorientierung, diese oder jene Alltagsgewohnheit in der Familie eine besondere Rolle spielt. So können Großeltern Enkelkindern dazu verhelfen, Zeitgeschichte lebendig zu verstehen und ihre ganz spezielle Familiengeschichte zu rekonstruieren und sich ihr zugehörig zu fühlen. Doch auch das gelingt nicht selbstverständlich. Voraussetzung ist, daß die Großeltern innerlich nicht an „ihrer Zeit" haften und das, was sie erlebt und erfahren haben, zur einzigen Richtschnur ihrer Bewertungen werden lassen. Ist das jedoch der Fall, so können sie die oben beschriebenen Eigenschaften der Starre und Strenge entwickeln, die sich zu tyrannischen Zügen ausweiten, wenn sie ihren Kindern und Enkelkindern ihr Lebenskonzept aufzwingen wollen.

Wenn Großeltern jedoch ihre eigene Lebensgeschichte bewußt erlebt und verarbeitet, sich mit ihren Versäumnissen und Begrenzungen versöhnt haben, vermögen sie ihre Erfahrungen zu relativieren und offen zu sein für gesellschaftliche Veränderungen. Nur dann verfügen sie über die emotionale Bereitschaft, die notwendig ist, um die Anstrengung auf sich zu nehmen, sich nach der Generation ihrer Kinder auf eine weitere, wiederum andere Generation einzustellen. Denn auch die Seele ist „konservativ bis auf die Knochen".

Die gegenwärtige Generation der Großeltern ist dabei vor das besondere Problem gestellt, daß ihre frühe und mittlere Lebensgeschichte in die Zeit des Nationalsozialismus fällt. Sie sollen von einer Zeit erzählen, die sie kaum verarbeitet haben. Auch Bahrdt verweist darauf, daß seine Generation mit diesem Problem nicht fertiggeworden ist.[4] Viele seien nach dem Krieg in einen „'postnazistischen' Konservatismus hinübergeglitten", [5] der das Fortbestehen unverarbeiteter Ideologien begünstigt habe - eine schlechte Voraussetzung dafür, auf neugierige Fragen der Kinder über konkrete Erfahrungen im Nationalsozialismus zu antworten. Überdies neigten Eltern in seiner Generation dazu, Kriegs- und Nachkriegserfahrungen für schlechte pädagogische Zwecke zu verwenden, nämlich immer dann die Entbehrungen des Krieges und die Wiederaufbauleistungen herauszustellen, wenn die Kinder Wohlstands-Verwöhnungen zeigen. Kinder jedoch, denen vorgeworfen wird, daß sie nie Hunger leiden mußten, schalten ab. Andererseits haben Eltern bzw. Großeltern ein Recht darauf, daß ihnen zugehört wird. Doch das gelingt nur dann, wenn das Erzählen ihrer eigenen Lebensgeschichte aus der Absicht geschieht, sich Kindern und Enkeln verständlich zu machen und nicht, um ihnen ihre 'anderen ' Lebenserfahrungen vorzuwerfen.

In der kleinen Arbeit „Das Problem der Generationen"[6] beschreibt Karl Mannheim, wie jede Generation bestimmte Traditionen übernimmt und dabei besonders von den frühen Lebenserfahrungen geprägt ist. Ohne Freud ausdrücklich zu nennen, spricht er von der „historisch ältesten Schicht im Bewußtsein, die als solche die Tendenz hat, sich als natürliches Weltbild festzulegen und zu stabilisieren".[7] In jeder Generation gebe es „Gehalte und Einstellungen, (...) die den Fond des Lebens ausmachen (und die) unbewußt, ungewollt vererbt, übertragen (werden)". [8] Die historisch-gesell--schaftliche Wirklichkeit einer Generation sei prägend für ihre besondere „Erlebnisschichtung",[9] die sie mit Angehörigen der gleichen Generation verbindet und durch die sie sich von den anderen Generationen unterscheidet. Auch er nimmt eine größere „Elastizität“[10] der älteren Generation an. Sie sei aufgrund ihrer langen Lebenserfahrung umstellungsfähiger als die mittlere Generation und könne von daher den frühen Erfahrungsfond wieder in Frage stellen. Sie lasse sich auch von der jungen Generation beeinflussen und verändern, so daß man nicht von einer linearen Traditionskette ausgehen könne, sondern von einem „Zurückstrahlen der Problematik der jüngeren Generation auf die Älteren“ sprechen müsse, die umso dominierender sei, als die Dynamik der Gesellschaft sich steigere.[11]

Was Karl Mannheim in dieser Arbeit 1928 formulierte, hätte 15 Jahre später Pate gestanden haben können für eine besondere Richtung in der Familientherapie: der in den USA von Boszormenyi-Nagy konzipierten und im deutschen Sprachraum im wesentlichen von Sperling entwickelten Familientherapie mit mehreren Generationen. In dieser Form familientherapeutischer Arbeit geht es um die Bedeutung der historisch geprägten, unbewußt, ungewollt vererbten Lebenseinstellungen, die als Tradition von Generation zu Generation weiterwirken, sowie um die besonderen Möglichkeiten der Verständigung zwischen Großeltern und Enkeln. Im Mittelpunkt der Arbeit steht das Bemühen, die Delegationen, d.h. die Erwartungen und Aufträge der Familie an das einzelne Kind zu verstehen sowie die „unsichtbaren Loyalitäten“[12] herauszuarbeiten, d. h. die Wertorientierungen und Treueverpflichtungen, an die sich die einzelne Familie gebunden fühlt. Oftmals haben diese Loyalitäten ihre gesellschaftlichen und familiaren Wurzeln in der Zeit der Großeltern und Urgroßeltern. Die Vergangenheit ist atmosphärisch in der gegenwärtigen Familie spürbar und kann zu einer Erstarrung der Familie führen, an der die Generation der Eltern und besonders die der Enkel leidet. Sie erschwert die Bewältigung von Familienkonflikten und kann die Erkrankung eines der Familienmitglieder zur Folge haben. Um die Delegationen und Loyalitäten einer Familie zu verstehen, wird der Dialog zwischen den drei Generationen notwendig und sinnvoll. Die Großeltern werden zu „Experten der Vergangenheit“.[13] Bevor ich anhand der Geschichte zweier Familien zwei Ausdrucksformen von Loyalitätsbindungen beschreiben will, möchte ich das Familienmodell beschreiben, das der familientherapeutischen Arbeit mit mehreren Generationen zugrunde liegt.

Das Familienmodell in der Familientherapie mit mehreren Generationen

Das Delegationskonzept ist ein wesentlicher Bestandteil des Familienmodells in der Familientherapie. Es geht auf Stierlin zurück, der die Bedeutung von Delegationen für den Sozialisationsprozeß herausstellt.[14] Es handelt sich um Erwartungen der Eltern an ihre Kinder, die oftmals das erfüllen sollen, „was ihre Eltern geträumt und selbst nicht geschafft haben.“[15] Delegationen erhält ein Kind meist schon vor seiner Geburt: es soll ein Junge oder ein Mädchen werden, künstlerisch, handwerklich oder wissenschaftlich begabt sein, die Familientradition des Lehrers oder Arbeiters fortsetzen oder den unerfüllt gebliebenen Berufswunsch des Vaters oder der Mutter verwirklichen. In ländlichen und industriellen Familien ist die Geburt des ersten Sohnes meist mit der Erwartung verknüpft, den Hof oder die Firma zu übernehmen. Die entsprechenden Familiendramen sind bekannt, die dann entstehen, wenn der Sohn seine eigenen Wege geht. Auch ist nicht selten, daß über mehrere Generationen alle erstgeborenen Söhne den gleichen Vornamen bekommen, damit der Firmenname nicht geändert zu werden braucht. Oftmals knüpfen sich auch ganz bestimmte Erwartungen an den ausgewählten Namen. Das Kind soll so unkompliziert und heiter sein wie jener Onkel, so eigenwillig wie jene Tante oder so nett wie die Großmutter.

Delegationsprozesse sind in vielen Fällen unbewußt. Sie führen dann zu Familienkonflikten, wenn das Kind überfordert ist, in seinen Entwicklungsschritten und Neigungen stark eingeschränkt wird, oder wenn die Aufträge im Sinne einer verwirrenden Doppelbindung existieren: bleib bei deinen Leisten, aber werde doch ein Genie.

Im Loyalitätskonzept von Boszormenyi-Nagy und Spark geht es vornehmlich um Werte und Einstellungen, an die sich eine Familie gebunden fühlt. Sie prägen die Beziehungsdynamik und den gesamten Alltag der Familie und sind ebenfalls auf einer bewußten und unbewußten Ebene wirksam. Loyalitäten einer Familie sind z. T. gesellschaftlich geregelt: die Eltern schulden ihren Kindern Loyalität, ebenso die Geschwister untereinander.[16] „Unsichtbare Loyalitäten" existieren in Form von „ungeschriebenen gemeinsamen Erwartungen",[17] die sich familiengeschichtlich weit zurückverfolgen lassen. In jeder Familie gebe es „Schuld- und Verdienstkonten", die in der Tiefenschicht das Handeln der einzelnen Familienmitglieder bestimmen.

Delegationen und Loyalitäten führen dann zu Störungen in der Familie, wenn ein Familienmitglied unbewußt mit einem Ballast an Erwartungen und Wiedergutmachungen beladen wird, denen es sich schwer entziehen kann. So erhielt z. B. ein Junge den Namen eines inzwischen verstorbenen Großonkels, der während des Faschismus als verantwortliches SS-Mitglied Schuld auf sich geladen hatte. Der Enkel wurde von der Familie mit dem unbewußten Auftrag versehen, diese Familienschuld wiedergutzumachen und sich zu „opfern". Er wurde suizidal und machte einen Suizidversuch, in dessen Folge eine therapeutische Klärung der Familiengeschichte stattfinden konnte. Dabei waren die Großeltern unerläßlich, weil sie über die Erfahrungen im Nationalsozialismus Auskunft geben konnten. Es begann ein schmerzhafter Dialog über die Schuld der Familie im Nationalsozialismus. Die unbewußte, über drei Generationen weitergegebene Loyalitätsbindung: 'wir müssen unsere Schuld wiedergutmachen' konnte bewußt werden, der Enkel wurde von seiner Delegation „freigesprochen".

Das Beispiel macht deutlich, daß *das Leid, die Krankheit des einzelnen Ausdruck unbewußter Loyalitätsbindungen und -konflikte des gesamten Familiensystems sein kann, die sich auf gesellschaftliche Erfahrungen der Großelterngeneration gründen und im Sinne eines familiären Wiederho-*

lungszwangs über mehrere Generationen wirksam sind. Diese verschiedenen Aspekte machen ein Familienmodell erforderlich, in dem Ansätze aus verschiedenen Disziplinen miteinander verbunden sind: systemtheoretische, psychoanalytische und familiengeschichtliche.

Die Familie als System: „Das Tun des Einen ist das Tun des Anderen" (Stierlin)

Im systemischen Verständnis von Familie ist die Familie vorwiegend ein Beziehungsnetz, in dem *alle* Familienmitglieder an *allem*, was in der Familie geschieht, mitwirken. Veränderungen an einer Stelle des Familiensystems - z. B. die Geburt eines ersten oder weiteren Kindes, Beginn der Pubertät der Tochter oder des Sohnes - haben Veränderungen des gesamten Familiensystems zur Folge: die Beziehungen der Eltern untereinander und die zu den Kindern verändern sich und müssen neu definiert werden.

Stierlin hat dieses systemische Familienmodell ein neues Paradigma genannt, das „die Realität neu erkennen und mit einer neuen dazugehörigen Sprache beschreiben"[18] könne. Er bezieht sich dabei auf Haley, für den die Familientherapie nicht einfach eine neue Behandlungsmethode ist, sondern von einer Grundannahme ausgehe: „Soll sich das Individuum ändern, muß sich das Umfeld, in dem es sich bewegt, ändern. Die Behandlungseinheit ist nicht mehr die Einzelperson, (...) sondern das Beziehungsnetz, in das dieses Individuum eingebettet ist".[19] Ein solches Modell ermöglicht, die psychische Erkrankung eines Familienmitglieds als Ausdruck einer Störung des ganzen Familiensystems zu begreifen. Dieses Verständnis von psychischer Krankheit ist Ergebnis der familientherapeutischen Erfahrung, daß die Auffälligkeit eines Kindes oder eines Jugendlichen den Sinn haben kann, ein Auseinanderbrechen der Familie zu verhindern. Kinder entwikkeln z. B. häufig ihre Symptomatik, wenn die Eltern an Trennung denken. Sie sorgen auf diese Weise zwar für den Fortbestand des Familienlebens, drängen gleichzeitig aber auch auf Veränderung. Auf der einen Seite „zwingen" sie die Eltern, zusammenzubleiben und ermöglichen ihnen, sich immer wieder über die Sorge für das „Problemkind" zusammenzuschließen. Damit können die Eltern eine Gemeinsamkeit herstellen, die möglicherweise in anderen Bereichen nicht oder nicht mehr existiert. Die Leere in der Beziehung der Eltern, ihre Konflikte miteinander bleiben unausgesprochen. Auf der anderen Seite bringt das Kind die Eltern, hält es über längere Zeit an seiner Symptomatik fest, in eine Ratlosigkeit, aus der heraus der Entschluß erwachsen kann, fremde Hilfe aufzusuchen und Veränderungen einzuleiten. Der sogenannte Indexpatient, das Familienmitglied mit der augenfälligen, offenen Symptomatik, zeigt tatsächlich etwas auf, nämlich, daß mit der ganzen Familie etwas nicht stimmt. Er ist insofern das schwächste der Familienmitglieder, als er krank ist und leidet, insofern das stärkste, als er den Mut zur Veränderung hat.[20]

Ein Kind kriecht z. B. jeden Abend zu später Stunde weinend zu den Eltern ins Bett, weil es Angst hat oder verbannt sogar den Vater - wie in einem Fall zu beobachten war - ganz auf das Küchensofa, weil dieser die Störung nicht mehr erträgt. Es arrangiert damit eine Situation, die den Sinn haben kann, die Leere in der Beziehung der Eltern, vor allem im Bereich ihrer Sexualität zu kaschieren. Das Kind liefert den Eltern die vordergründig plausible Erklärung: Sexualität findet nicht statt, weil das Kind sie nicht ermöglicht.

Die systemtheoretische Betrachtungsweise erlaubt also, Zusammenhänge zwischen Symptomatik eines einzelnen Familienmitglieds und der gesamten Familiendynamik zu erschließen. Für dieses Beispiel bedeutet das, die Aufmerksamkeit nicht auf die Frage zu lenken, warum das Kind Angst hat und nach einem Ursache-Wirkung-Zusammenhang zu fragen. Vielmehr ist es von Interesse, warum die gesamte Familie die Angst des Kindes und die immer wiederkehrende nächtliche Szene braucht und wie sie diese Szene arrangiert. Es wird die Annahme gemacht, daß die Angst des Kindes bereits eine Antwort auf die Beziehungsdynamik der Eltern ist. Es ist immer wieder verblüffend, zu beobachten, wie bereits Kleinkinder in Familiensitzungen ein feines Gespür für die Atmosphäre in der Familie haben, wenn sie das Gespräch der Eltern genau an der brisantesten Stelle ihres Konfliktes stören oder über das Spiel symbolhaft den Konflikt der Eltern darstellen.

Unbewußte Beziehungskonflikte und familiärer Wiederholungszwang

So sind für das Verständnis von Familienkonflikten weitere Dimensionen von Bedeutung: die des Unbewußten und des Wiederholungszwanges. Das Kind nimmt subtile, meist averbale Signale von Seiten der Eltern und zwischen beiden wahr, die ihm auf einer unbewußten Ebene nahelegen, so und nicht anders zu handeln. Die Eltern wiederum bestätigen das Handeln des Kindes, indem sie zwar über die nächtliche Störung klagen, unbewußt jedoch die Beibehaltung des Zustandes wünschen. Der Familie ist der Sinn der nächtlichen, immer wiederkehrenden Szene nicht bekannt. Sie arrangiert und wiederholt diese Szene, um unbewußte Konflikte zu glätten, und zwar Konflikte zwischen den Eltern und in jedem einzelnen Elternteil.

So wird die Annahme gemacht, daß in jedem Familiensystem unbewußte intrapsychische und interpersonelle Konflikte existieren.[21]

Loyalitätsbindungen: historische Erfahrungen von drei Generationen

Diese Konflikte sind oftmals Ausdruck davon, daß die Eltern wiederum, wie oben skizziert, mit der Erfüllung von meist unbewußten Aufträgen aus ihren eigenen jeweiligen Primärfamilien beschäftigt sind und sich an familiengeschichtlich bedeutsame Loyalitäten gebunden fühlen. Sie sind von ihren eigenen Eltern mit Erwartungen und Hoffnungen versehen, mit Loyalitäten verpflichtet worden, die nur aus den historischen Erfahrungen ihrer Eltern begreiflich sind. Ihre Eltern, die jetzt Großeltern sind, haben aus dem frühen „Fond des Lebens", wie Mannheim schreibt, ein Weltbild hervorgebracht, das prägend war für die Erziehung ihrer Kinder, die jetzt selber Eltern sind.

Somit wird für das Verständnis von Loyalitätsbindungen eine weitere, nämlich sozial- und familiengeschichtliche Dimension erforderlich. Es geht um gesellschaftlich unterschiedliche Erfahrungen mehrerer Generationen, die zu einer bestimmten „Erlebnis- und Bewußtseinsschichtung"[22] jeder Generation führen und auch unterschiedliche Loyalitäten hervorbringen. Ein Jugendlicher von 1920 machte andere gesellschaftliche Erfahrungen und wurde mit anderen Loyalitäten konfrontiert als ein Jugendlicher von 1950 oder 1980. Die besonderen, familieneigenen Loyalitätsbindungen, die die Familie über mehrere Generationen entwickelt, sind aus der Auseinandersetzung der Familie mit gesamtgesellschaftlichen Strukturveränderungen, den jeweiligen sozialen Entwicklungen und politischen Ereignissen entstanden. Jede Familie ist vor das Problem gestellt, ihre Loyalitäten, die ihr Alltagsleben prägen, zu modifizieren oder in Frage zu stellen. Familien, die an Loyalitäten ihrer Groß- und Urgroßeltern festhalten, können in eine Krise geraten, in deren Folge ein Familienmitglied erkranken kann. In diesem Fall wird man von Familienideologie sprechen, die auf Kosten eines Familienmitglieds aufrechterhalten werden soll. Familienideologien schützen Familien, wie in den folgenden Beispielen deutlich wird, sich mit vergangenen unliebsamen und schmerzhaften gesellschaftlichen Erfahrungen auseinanderzusetzen. Diese Auseinandersetzung gelingt nur dann, wenn die Großeltern als „Experten der Vergangenheit" daran teilnehmen. Die folgenden zwei Beispiele aus der familientherapeutischen Arbeit sollen zwei verschiedene Ausdrucksformen von rückwärtsgewandten Loyalitätsbindungen einer Familie verdeutlichen.

1. Die Familie ist Loyalitäten verpflichtet, die gesamtgesellschaftlich nicht mehr das Ausmaß an Bedeutung haben wie für die jeweilige Familie. Diese Loyalitäten sind nur aus der historischen Situation heraus verständlich, in der die Großeltern aufgewachsen und geprägt worden sind. Sie hatten damals ihren gesellschaftlichen Sinn, während die Familie heute an ihnen festhält, obwohl die gesellschaftliche Wirklichkeit sich stark verändert hat.

Eine solche Diskrepanz zwischen gesellschaftlichen und familiaren Wertorientierungen zeigt sich in der Weise, daß die Familie sich stark gegen gesellschaftliche Öffentlichkeit und Veränderungsprozesse abdichtet, um ihrer schon über mehrere Generationen wirksamen Familienideologie treu bleiben zu können. Die Familientypologien von H.E. Richter: „Familie als Festung" und „Familie als Sanatorium" sind Beispiele für solche Abschirmungen. In beiden Familienformen herrscht eine Atmosphäre, die es allen Mitgliedern ratsam erscheinen läßt, den gesicherten Raum der Familie oder ihr schonendes Klima nicht zu verlassen, da die gesellschaftliche Wirklichkeit als gefährlich, böse oder voller Versuchung erscheint. Eine solche Abschirmung gelingt selbstverständlich nur partiell, da alle Familienmitglieder täglich über ihre Arbeit, die Schule usw. mit außerfamiliären gesellschaftlichen Bereichen in Kontakt treten müssen.

Familienbeispiel 1

Familie A bewirtschaftet einen Hof in Niedersachsen. Die Familie besteht aus den Großeltern väterlicherseits, den Eltern und zwei Kindern. Die Tochter ist 21 Jahre alt und Bürokaufmann, der Sohn 25 Jahre und Physik-Student. Bis auf den Sohn leben alle in einem Haus mit zwei Etagen und einer gemeinsamen Küche zusammen. Außer den beiden Kindern verläßt die Familie seit Jahrzehnten ihren Hof und ihr Dorf nur selten.

Die Großeltern haben im Ersten Weltkrieg ihr Gut im damaligen Litauen verloren. Nach der Flucht gelang es der Familie, sich in Westdeutschland nach und nach eine neue Existenz aufzubauen. Das war nur möglich, indem der Großvater zusätzlich mehrere Gelegenheitsarbeiten, z. B. auf dem Bau, übernahm und täglich 14 Stunden hart arbeitete. Voller Stolz erzählt er davon, daß er mit zwei Kühen und ein paar Hühnern angefangen hat. Auch seine Frau mußte bis heute unter harten Bedingungen in der Landwirtschaft mitarbeiten und konnte ihre Kinder nicht versorgen. Diese wurden gleich nach der Geburt einem Mädchen übergeben, das mit auf dem Hof lebte. Noch zwei Stunden vor der Geburt ihres ersten Kindes habe die Großmutter, so erzählt ihr Mann voller Anerkennung, bei 35 Grad Hitze im Stall gearbeitet.

Der Sohn ist seit einigen Jahren tabletten- und alkoholabhängig und depressiv. Die Tochter leidet an Magersucht. Beide haben verschiedene Behandlungsversuche unternommen.

Das erste Familiengespräch beginnt damit, daß der Sohn davon erzählt, in der vergangenen Nacht einen Suizidversuch mit Schlaftabletten gemacht zu haben. Er wurde vor ein paar Stunden aus der Klinik entlassen, wo ihm der Magen ausgepumpt wurde. Keines der anderen Familienmitglieder wußte davon. Auch jetzt interessiert sich die Familie außer der Tochter nicht dafür. Es ist keine Betroffenheit zu spüren, der Suizidversuch wird verleugnet. Auf Fragen der Therapeuten erzählt der Sohn, daß er Angst habe, das Examen nicht zu schaffen und insgesamt schwer zurechtkomme. Der Großvater, ein äußerst bestimmter Mann, vertritt vehement und mit lauter Stimme sein Lebenskonzept des Verzichts und der Härte. Er ist der stärkste Repräsentant der Verleugnung von Leid und Krankheit in der Familie. Seinem Enkel begegnet er mit der stereotypen Aufforderung: „Mach doch endlich mal Examen, Junge, sonst wird doch nichts aus Dir.“ Großmutter und Mutter schweigen, als trauten sie sich nicht zu sprechen. Auch der Vater ist zögernd und ausweichend und scheint sich damit abgefunden zu haben, daß sein Vater der Herr im Haus ist. Nur die Tochter vermag auszudrücken, was in der Familie vorgeht: „Hier kann einer versuchen, sich umzubringen, und es heißt wie immer: Zähne zusammenbeißen."

In einer langen Familientherapie von etwa 1 1/2 Jahren wird deutlicher werden, was diese erste Sitzung bereits an Vermutungen über den zentralen Familienkonflikt zuläßt: die Familie leidet daran, daß sie sich nach wie vor an Werten von Verzicht und Härte orientiert, die für die Generation der Großeltern Überlebenshilfe waren, die Generation der Enkel jedoch am Leben hindern. Beide Enkel drücken auf ihre Weise aus, daß sie so nicht weiterleben wollen. Die Großeltern jedoch hätten den Krieg, den Verlust ihres Besitzes, die Flucht nicht überlebt, eine neue Lebensgrundlage nicht erarbeiten können, wenn sie nicht über dieses Lebenskonzept verfügt hätten. Härte und Strenge sind Erfahrungen, die sie schon als Kinder gemacht haben: beide wuchsen in eher armen, bäuerlichen Familien mit vielen Kindern auf, die Mutter der Großmutter war früh gestorben.

Diese frühen Erfahrungen, die „historisch älteste Schicht im Bewußtsein", setzt sich im Laufe des weiteren Lebens als „natürliches Weltbild"[22] fest, ohne daß die Großeltern sie in Frage gestellt haben. Obwohl sie im späteren Leben, das heißt in den letzten 20 Jahren, reichere wirtschaftliche Verhältnisse erlebt haben, vermochten sie sich innerlich nicht darauf einzustellen. Besonders der Großvater beharrt darauf, daß auch seine Kinder und Enkelkinder spärlich leben: zu essen gibt es nur das nötigste, Kleidung wird nur gekauft, wenn sie unbedingt notwendig ist, Sexualität wird mit Tabus belegt. Während die nächste Generation dieses Prinzip zwar leidend, doch eher lautlos übernimmt - die Mutter nimmt seit vielen Jahren Medikamente gegen Depressionen und Angstzustände -, kommt es in der dritten Generation zum offenen Konflikt. Sohn und Tochter rebellieren mit ihrer Krankheit gegen die „ungewollt vererbten Lebenseinstellungen".[23] Der Sohn, indem er direkt ausdrückt, nicht mehr leben zu wollen und damit gegen das Loyalitätsgesetz verstößt, jeder Lebenslage gewachsen zu sein. Die Tochter, indem sie über die Magersucht zwar einerseits das asketische Prinzip der Familie körperlich zum Ausdruck bringt, gleichzeitig jedoch die Familie zwingt, sich mit ihrer bedrohlichen Krankheit zu befassen. Sie durchbricht die Traditionskette vor allem der Frauen in der Familie, still duldend alle Zumutungen des Großvaters zu ertragen. Ihre Krankheit ist Ausdruck der Weigerung, ein Frauen-Leben wie das ihrer Mutter und Großmutter zu leben. Damit ermöglicht sie gleichzeitig ihrer Mutter und Großmutter, damit zu beginnen, von ihren Entbehrungen und Demütigungen zu erzählen. Über mehrere Sitzungen steht die Frage im Vordergrund: „Wie haben Sie gelebt, als Sie so alt waren wie ihre Tochter bzw. Enkelin?" Die Großmutter erzählt unter Tränen, wie schwer es für sie war, nie Zeit für ihre Kinder gehabt zu haben, obwohl sie gerne Mutter gewesen wäre. Die Mutter erzählt mit Bitterkeit, daß sie wie ein Stück Vieh von ihrem Vater an ihren Schwiegervater verkauft wurde und ihr ganzes Leben nur geschuftet habe, um sich eine Existenzberechtigung zu erwerben.

Auf ähnliche Weise durchbricht der Sohn die Traditionskette von Leistung, Unterdrückung und Pflichterfüllung in der Familie. Der Vater beginnt damit, sich gegen die tyrannischen Ansprüche seines Vaters zu wehren, dieser kann sehr vorsichtig sein Lebenskonzept in Frage stellen.

Indem die Enkel der Familie ihre Loyalität aufzukündigen versuchen, wird das möglich, was Mannheim ein „Zurückstrahlen der jungen Generation auf die Älteren“ nennt. Vor allem die Großeltern können Trauer und Enttäuschung über die zahlreichen Entbehrungen und Zumutungen ihres Lebens deutlicher erleben. Sie können mehr als bisher den gesellschaftlichen Hintergrund - „die schweren Zeiten“ - verantwortlich machen, statt daran festzuhalten, daß das Leben des Menschen per naturam hart und entbehrungsreich sei. Die gesellschaftlichen Erfahrungen werden relativiert und ermöglichen, die damit verbundenen Gefühle zu erleben und somit auch Angst und Traurigkeit ihrer Enkel und Kinder wahrzunehmen. Die Großeltern beginnen damit, ihnen das Recht zuzugestehen, ihre eigenen, anderen Erfahrungen in einer veränderten Wirklichkeit zu machen.

2. Eine weitere Ausdrucksform rückwärtsgewandter Loyalitätsbindungen ist die *tendenzielle Umkehrung der Generationsgrenzen und -aufgaben: die Eltern sind unbewußt so stark an die Delegationen ihrer Eltern gebunden, daß sie nicht in der Lage sind, Partner- und Elternteil zu sein. Die Kinder wiederum „sorgen“ unbewußt für den Fortbestand der Beziehung der Eltern, so daß man in diesen Fällen von einer „Parentifizierung“ der Kinder spricht. Sie dürfen nicht Kinder, sondern müssen tendenziell Erwachsene sein.*

Diese Umkehrung entsteht dadurch, daß die schrittweise Ablösung der Eltern von ihren Eltern nicht gelungen ist. Sie haben den unbewußten Auftrag angenommen, innerlich ihrer Primärfamilie treu zu bleiben. Die Gründung einer eigenen Familie bleibt äußerlich. Die eigenen Kinder wiederum dürfen nicht Kinder sein, sondern müssen unbewußt für den Fortbestand ihres Familienlebens sorgen.

Familienbeispiel 2

Familie B besteht aus dem Vater (Architekt), der Mutter (Inspektorin), der 15-jährigen Tochter, die ein Gymnasium besucht, und der kranken, pflegebedürftigen Großmutter mütterlicherseits, die seit 10 Jahren in der Familie lebt. Der Vater ist vor 5 Jahren in eine 100 km entfernte Stadt gezogen und kommt nur noch am Wochenende nach Hause. Als Gründe gibt er bessere berufliche Möglichkeiten sowie eine unerträgliche Spannung zwischem ihm und der Schwiegermutter an. Die Tochter folgte ihm 4 Jahre später, ebenfalls wegen besserer Schulmöglichkeiten und ständigen Feindseligkeiten zwischen ihr und ihrer Mutter und Großmutter.

Die Mutter meldet die Familie in der familientherapeutsichen Abteilung an, weil sie sich um ihre Tochter sorgt: Eßstörungen, häufiges Erbrechen werden angegeben, die Mutter vermutet außerdem Drogenkonsum. Sie berichtet, die Beziehung zwischen ihr und der Tochter sei unerträglich gespannt und feindselig.

Die ersten Familiensitzungen, die ohne die Großmutter stattfinden, sind durch ständige Streitereien und Haßausbrüche zwischen Mutter und Tochter gekennzeichnet. Die Tochter beklagt sich darüber, daß die Mutter unnahbar sei und sie nur bevormunde, die Mutter darüber, daß ihre Tochter mache, was sie wolle. Der Vater ist zurückhaltend und zeigt am wenigsten Interesse an der Familiensituation.

In den folgenden Gesprächen wird deutlich, daß das Erbrechen der Tochter deutlich aggressiven Charakter hat, der sich gegen die Mutter richtet. „Ich finde es zum Kotzen, wie Du mich kontrollierst und Dich aber nie richtig um mich kümmerst." Sie erzählt, daß sie immer dann erbreche, wenn sie Wut auf ihre Mutter habe. In einigen Fällen „versteckt" sie einen Eimer mit Erbrochenem in der Wohnung, damit die Mutter ihn findet.

Der jetzigen Symptomatik sind zahlreiche körperliche Krankheiten und Unfälle der Tochter vorausgegangen. Seit ihrer Kindheit hat sie ihre Eltern in Atem gehalten. Die Beziehung der Eltern ist deutlich durch die ständige Sorge um die Tochter geprägt, sonst sind wenig Gemeinsamkeiten vorhanden. Die Symptomatik hat also den Sinn, wie oben beschrieben, die Fortsetzung der Elternbeziehung zu ermöglichen.

Nach weiteren Gesprächen zeigt sich ein weiterer Hintergrund für die „laute" Symptomatik der Tochter, die in der Latenzzeit begann und sich in der Pubertät verstärkte. Mit ihren aggressiven Feindseligkeiten durchbricht sie die unausgesprochene, aber selbstverständliche Loyalitätsverpflichtung, die in der Familie von Mutter und Großmutter herrscht: die Beziehungen zwischen den Frauen sind wichtiger und bindender als die zwischen Mann und Frau. Die Töchter schulden jeweils ihren Müttern mehr Loyalität als ihren Partnern und haben für sie zu sorgen.

In einer interessanten Frauensitzung, an der nur die Großmutter, Mutter und Tochter teilnehmen, wird deutlich, daß die Männer familiengeschichtlich real eine unwesentliche Rolle gespielt haben oder früh gestorben sind. Der Vater der Großmutter war im Ersten Weltkrieg verschollen, der Mann der Großmutter im Zweiten Weltkrieg gefallen, und der Mann der Mutter - und hier liegt die Fortsetzung dieser Traditionskette - war, wie erwähnt, vor ein paar Jahren in eine andere Stadt gezogen. Eindrucksvoll schildern Großmutter und Mutter, wie ihnen zusammen mit den beiden Schwestern der Mutter - also insgesamt 5 Frauen - die Flucht von Ostpreußen nach Westdeutschland gelang. Sie war von zahlreichen gefährlichen Situationen begleitet, u.a. von einem Vergewaltigungsversuch russischer Soldaten. Diese Fluchterfahrungen waren deutlich durch das Gefühl geprägt: die Männer sind nicht da oder bedrohen uns nur, aber auf die Frauen ist Verlaß.

Diese Frauenbindung läßt sich bis zur Urgroßelterngeneration verfolgen: die Großmutter schlief bis zu ihrer Verheiratung im Ehebett der Mutter und nahm die Stelle des verschollenen Vaters ein. Die Mutter setzte diese Tradition fort, als ihr Vater im Zweiten Weltkrieg fiel. Sie sorgt sich bis heute um die jetzt kranke Mutter, die ihr jedoch auch schon vor ihrer Erkrankung zart und hilfsbedürftig erschien. Die Loyalitätsbindung der Töchter ihren Müttern gegenüber ist mit starker Kontrolle verbunden. Die Großmutter erzählt, wie sie im Tagebuch ihrer Tochter geschnüffelt habe, weil sie alles über sie wissen wollte. Auch die Mutter versucht, vollständige Kontrolle über ihre Tochter zu gewinnen, wenn auch von Gefühlen des Widerwillens begleitet. Die Pubertät als Zeit der Ablösung von den Eltern ist eine für das Loyalitätsgesetz dieser Familie besonders bedrohliche Hürde. Die Tochter bricht in dieser Zeit ihrer Entwicklung über ihre Symptomatik aus der Traditionskette der Frauenbindung aus. Es wird deutlich, daß sie Haß und Feindseligkeit gegen die Mutter entwickelt, weil sie spürt, daß die Nähe zu ihr, die sie auf der anderen Seite ersehnt, mit der Gefahr verbunden ist, ihr eigenes Leben, vor allem die Beziehung zu Freunden und Männern nicht leben zu können. Sie befürchtet, daß es ihr ähnlich ergehen könnte wie ihrer eigenen Mutter, die unbewußt ihren Mann aus dem Haus gejagt hatte und nun mit ihrer Mutter übriggeblieben war. Mutter und Tochter beginnen wahrzunehmen, in welcher Traditionskette sie sich befinden. Die Mutter spürt, wie sehr sie sich innerlich an ihre eigene Mutter gebunden fühlt. Die Tochter beginnt zu verstehen, daß ihre Mutter aus dieser Bindung heraus ihr gegenüber wenig Wärme und Zuwendung entwickeln konnte und bisher in einer rückwärtsgewandten Verkehrung der Generationsaufgaben für ihre Mutter und nicht für sie, ihre Tochter, gesorgt hat. Die Begründungen für den Auszug des Vaters erweisen sich als Scheinbegründungen. Der wirkliche Sinn liegt darin, daß die ganze Familie an diesem Wochenendfamilienleben mitwirkt, um das Loyalitätsgesetz der Frauenbindung zu erfüllen. Dieses Loyalitätsgesetz ist wie im ersten Beispiel Resultat vergangener gesellschaftlicher Erfahrungen - Verlust der Männer in der Familie in den beiden Weltkriegen -, deren emotionale Bedeutung jedoch verdrängt wurde: aus der Trauer um die verschollenen und gefallenen Männer wurde das Loyalitätsgesetz: die Männer haben in unserer Familie keinen Platz, weil die Beziehung zu ihnen nicht so wertvoll und verläßlich ist wie die zu Frauen. Auch der Vater fühlte sich in dieser Familie immer wie ein Eindringling; als er seine Frau heiratete, sei das beinah wie ein „Raub“ gewesen.

In einer sehr bewegten Szene, an der nur Großmutter und Mutter teilnehmen, erzählt die Großmutter eine seit ihrer Kindheit immer wiederkehrende Phantasie: ein großer, stattlicher Mann in einem schönen Anzug kommt auf einer Wolke durch das Fenster zu ihr hereingeflogen. Dieses Bild, das sie bis heute sehr anrührt, erhält im Zusammenhang ihrer Familiengeschichte einen neuen Sinn: „ Das könnte ja mein Vater sein, der plötzlich verschwunden ist und auf den ich immer gewartet habe.“

Damit ist ein Prozeß möglich geworden, in dem Großmutter und Mutter über Verlust und Abwesenheit von Männern in ihrer Familie trauern können. Die Loyalitätsbindung zwischen Müttern und Töchtern kann in Frage gestellt werden.

Die beiden Familienbeispiele verdeutlichen den Sinn rückwärtsgewandter Loyalitätsbindungen: die Familie schützt sich davor, Gefühle der Trauer, Wut und Enttäuschung zu erleben, die mit historisch weit zurückliegenden

Erfahrungen vor allem der Großeltern verbunden sind. Diese emotionalen Seiten gesellschaftlicher Erfahrungen sind in der Familienideologie eingefroren: die Großeltern beharren auf bestimmten Loyalitäten und versuchen, auch ihre Kinder und Enkelkinder darauf zu verpflichten. Dieser Prozeß ist nicht im Sinne eines eher mechanistischen „cultural lag" zu verstehen. Die Familie ist in ihrer Entwicklung nicht „langsamer" als die gesellschaftliche Wirklichkeit, sondern produziert durch ihre erstarrten Loyalitätsbindungen eine äußerst konflikthafte Dynamik, die familiengeschichtlich in der Generation der Enkel zu einer Zuspitzung führen kann: in ihrer Symptomatik einer psychischen Krankheit ist die unbewußte Absicht erkennbar, den Widerspruch sichtbar zu machen, den die Enkel nicht mehr aushalten wollen: auf historisch zurückliegende Loyalitäten verpflichtet zu werden, obwohl sie, die Enkel, von einer veränderten gesellschaftlichen Wirklichkeit in ihrer Bedürfnisstruktur und in ihren Handlungsmodi geprägt sind. Denn eine Familie ist niemals nur „Innenraum", mag sie sich gesellschaftlich noch so abschirmen. Die Enkel finden in der Familie einen tendenziell anderen Alltag vor als außerhalb von ihr.

Schlüsselfiguren in diesem Prozeß sind die Großeltern. Die Rekonstruktion ihrer gesellschaftlichen Erfahrungen, das ausführliche Erzählen ihrer Lebensgeschichte ermöglicht der ganzen Familie einen Zugang zu den verschütteten Emotionen. Die Familienideologie kann in Frage gestellt werden, weil die Familie ihren Schutz nicht in dem Maße braucht wie bisher.

Ein solcher, hier ideal beschriebener Prozeß ist im therapeutischen Alltag von zahlreichen Schwierigkeiten begleitet. Eine liegt darin, daß der Familientherapeut über genaue sozialgeschichtliche Kenntnisse verfügen müßte, um die unterschiedliche soziale Wirklichkeit von drei Generationen zu verstehen. Sein Versuch, den Dialog zwischen drei Generationen zu ermöglichen, bringt die Notwendigkeit mit sich, die Rolle des Übersetzers einzunehmen, da die unterschiedlichen Erfahrungen nur noch in Schablonen mitgeteilt werden. Großeltern, die wie im ersten Familienbeispiel aus Entbehrungen heraus ihrem Enkel, der sich umbringen will, raten, die Zähne zusammenzubeißen, können sich nicht mehr verständlich machen und wirken zynisch. Umgekehrt verstehen Großeltern ihre Enkel nicht, wenn diese z. B. davon reden, „keinen Bock zu irgendwas" zu haben.

Ein weiteres Problem liegt darin, daß das Familienmodell in der Familientherapie bisher nur unzureichend entwickelt ist. Die Familientherapie ist eine verhältnismäßig junge Disziplin. Die theoretischen Vorstellungen von Familie lassen sich nur vereinzelt und verstreut finden und sind nicht, wie ich es in dieser Arbeit zu skizzieren versucht habe, als einheitliche Theorie zu finden, in der systemtheoretische, psychoanalytische und familiengeschichtliche Ansätze integriert sind. In das Loyalitätskonzept von Boszormenyi-Nagy gehen vage, existenzialistische Tendenzen ein, die die gesellschaftlichen Prägungen familiengeschichtlich bedeutsamer Loyalitäten vernachlässigen. Der Kritik von Rupp[24] ist zuzustimmen, daß Begriffe wie „Tausch", „Schuld- und Verdienstkonten" nicht auf ihre ökonomische und gesellschaftliche Herkunft befragt werden, sondern als existenziell-moralische Kategorien gesetzt werden und damit unveränderbar erscheinen.[25]

Dennoch liegen in dem dargestellten Ansatz Möglichkeiten, zu genaueren Aussagen über die Verarbeitung und Tradierung gesellschaftlicher Erfahrungen in einer Familie zu kommen, einschließlich ihrer unbewußten Dimension. Die Berührungspunkte von Familiensoziologie und Familientherapie liegen an der Nahtstelle von sozialen Strukturen und Veränderungsprozessen und der Einzigartigkeit jeder Familie und ihrer Geschichte. Eine sozialgeschichtlich orientierte Familiensoziologie ist vor das Problem gestellt, auf der einen Seite die Abhängigkeit der Familie von den ökonomischen, sozialen, politischen und kulturellen Strukturen zu beschreiben, sie auf der anderen Seite jedoch nicht auf ein bloßes Abbild gesellschaftlicher Verhältnisse zu reduzieren. In diesem Zusammenhang kann die Familientherapie von Interesse sein, weil sie danach fragt, wie jede Familie ihre jeweils besonderen Mechanismen entwickelt, mit denen sie den Transfer gesellschaftlicher Wirklichkeit in ihr Familienleben vollzieht. Die Familientherapie zentriert auf Einzelheiten des familiären Alltagslebens. Die Arbeit mit drei Generationen ist vor allem daran interessiert, die Struktur und Dynamik einer Familie aus tradierten gesellschaftlichen Erfahrungen von drei bis vier Generationen zu verstehen. Im Mittelpunkt der Aufmerksamkeit steht die gesellschaftliche Prägung von Emotionen und Einstellungen einer Familie einschließlich ihrer unbewußten Dynamik.

Anmerkungen

1 H. P. Bahrdt, Großvaterbriefe. Über das Leben mit Kindern in der Familie, 1982, S.15
2 Ebd.
3 Ebd.
4 Vgl. ebd., S. 137 - 143.
5 Ebd., S. 138
6 Vgl. K. Mannheim, Das Problem der Generationen, 1928, in: M. Kohli (Hrsg.), Soziologie des Lebenslaufs, 1978, S. 38 - 53.
7 Ebd., S. 48
8 Ebd.
9 Ebd., S. 47
10 Ebd., S. 50
11 Vgl. ebd., S. 49 f.
12 Vgl. J. Boszormenyi-Nagy, G. M. Spark, Invisible Loyalities, 1973, deutsche Übersetzung: „Unsichtbare Bindungen. Die Dynamik familiärer Systeme", 1981.
13 E. Sperling, A. Massing, H. Georgi, G. Reich, E. Wöbbe-Mönks, Die Mehrgenerationen-Familientherapie, 1982, S. 93
14 Vgl. H. Stierlin, Delegation und Familie, 1978
15 Sperling u. a., a.a.O., S. 40
16 Vgl. Boszormenyi-Nagi und Spark, a.a.O., S. 83.
17 Ebd., S. 73
18 Stierlin, Von der Psychoanalyse zur Familientherapie, 1975, S. 10
19 Ebd., S. 10
20 Vgl. A. Massing, Ziele und Ansätze der Familientherapie, 1982, S. 79.
21 Das erkenntnistheoretische Problem sei in diesem Zusammenhang nur angedeutet.

Es besteht darin, die Theorie des Unbewußten und des Wiederholungszwangs, die Freud ausdrücklich zur Erklärung neurotischer Symptome und alltäglicher Handlungen von *Individuen* entwickelte, auf *Familiensysteme* zu erweitern. Vereinzelte Diskussionen über die Legitimität dieses Vorgehens, wie sie gegenwärtig in der Familientherapie und Psychoanalyse geführt werden, laufen Gefahr, sich in unergiebige ideologische Grabenkämpfe zu verstricken, wenn in der Argumentation nicht deutlich zwei verschiedene Ebenen unterschieden werden: 1. die theoretische und erkenntnismethodische Ebene, die nach Gemeinsamkeiten und Unterschieden von Psychoanalyse und Systemtheorie fragt und 2. die therapeutisch-technische Ebene, die sich mit den Unterschieden der Wahrnehmungseinstellung und Technik des Therapeuten in den beiden verschiedenen Settings befaßt.
Was die erste Ebene betrifft, so hat Ciompi in seiner Arbeit „Psychoanalyse und Systemtheorie - Ein Widerspruch" - sorgfältig herausgearbeitet, daß das Freud'sche Strukturmodell (Ich - Es - Über-Ich) insofern selbst systemtheoretische Züge aufweist, als in ihm die Beziehungen zwischen allen drei Strukturanteilen beschrieben werden, deren Dynamik durch ständige Prozesse von Spannung und Spannungsausgleich geprägt ist und sich als zirkuläres Geschehen beschreiben läßt. Darüber hinaus ist die psychoanalytische Entwicklungstheorie immer auch eine Theorie der Objektbeziehungen, indem sie davon ausgeht, daß die frühkindliche Trieb- und Ich-Entwicklung mit ihren typischen Phasen (orale, anale, ödipale Phase) auch durch die Beziehungen geprägt ist, die sich zwischen Mutter und Kind, Vater und Kind sowie allen dreien entwickelt. J. L. Framo (1975, S. 185) beschreibt, daß nicht nur eine einzelne Person, sondern das ganze Familiensystem mit seinen Emotionen und seinem Familienstil introjiziert werden kann. Hier befindet sich die Familientherapie theoretisch zwar in Abgrenzung zur Psychoanalyse, greift jedoch - allerdings mit deutlicher Akzentuierung und Erweiterung - das wieder auf, was Freud vor allem in seinen kulturkritischen Arbeiten formulierte, dann aber aus z. T. gesellschaftlichen, z. T. persönlichen Gründen nicht weiterzuführen wagte: es geht nicht nur um die vom einzelnen Kind erfahrene Triebunterdrückung, sondern um konkrete Menschen - Eltern und Erzieher -, die diese Unterdrückung als Angehörige einer bestimmten Kultur praktizieren. Es geht nicht um die inneren Bilder (Objektrepräsentanzen), die das Individuum von seinen Eltern, Großeltern und Geschwistern hat, sondern um die realen Beziehungen zwischen allen. Wenngleich diese Unterschiede im Einzelfall zu konträren Aussagen führen, lassen sich dennoch auf der theoretischen Ebene der Trieb- und Ich-Entwicklung zahlreiche Verbindungen und Übereinstimmungen zwischen Psychoanalyse und Familientherapie formulieren, deren Aussagen nur unterschiedlich gewichtet werden.
Auf der therapeutischen Ebene jedoch sind die Unterschiede deutlich hervorzuheben, weil die Familientherapie eine andere Wahrnehmungseinstellung als die Psychoanalyse erforderlich macht. Wenn „aus den 'Objekten' der Psychoanalyse (...) wieder lebendige Menschen gemacht werden" (Massing, 1982, S. 76), dann ist die Aufmerksamkeit des Familientherapeuten auf die Beziehung zwischen den Individuen gerichtet, einschließlich ihrer unbewußten Konfliktdynamik. Nicht die innere Wiederbelebung frühkindlicher Erfahrungen und Beziehungen steht (wie in der Psychoanalyse) im Vordergrund, sondern die Auseinandersetzung mit den realen Figuren der Kindheit.

Auf dieser Ebene der Wahrnehmungseinstellung ist die gesamte Familientherapie an einem systemischen Familienmodell orientiert, das die Krankheit des einzelnen als Ausdruck einer Familienstörung zu begreifen erlaubt. Weitreichende Unterschiede existieren jedoch zwischen einer strukturalistisch oder interaktionell zu nennenden Familientherapie (Haley, Minuchin, Selvini-Palazzoli, in der BRD Guntern), die ausschließlich auf die gegenwärtigen Beziehungsstrukturen und Interaktionen in der Familie zentriert, unabhängig von deren Geschichte und Tiefendimension sowie einer Familientherapie, die sich um eine Integration von Strukturen, Geschichte und unbewußter Dynamik in den Familienbeziehungen bemüht - wie Sperling, Massing, Richter und weitgehend auch Stierlin. Es wäre bedauerlich, wenn diese beiden Richtungen zu einer Spaltung führten, indem sie sich in ideologische Auseinandersetzungen begäben, wie sie zwischen Verhaltenstherapie und Psychoanalyse bekannt sind. Für das Verständnis von Familienkonflikten ist meines Erachtens eine Integration unverzichtbar - wie oben weiter zu zeigen sein wird. (vgl. Ciompi (1979), Framo (1975), Massing (1982), Sperling u. a. (1982) S. 25 - 36)

22 Vgl. Mannheim, a.a.O., S. 48.

23 Vgl. ebd.

24 Vgl. K. J. Rupp, Familiensoziologie und Familientherapie, 1981, S. 97 - 99.

25 Vgl. auch R. Schlieffer, Familienhistorische Anmerkungen zur Familientherapie, 1982, der das Konzept von Boszormenyi-Nagy mit dem Begriff der „moralischen Ökonomie" von Thompson in Verbindung bringt.

Literatur

BAHRDT, H. P., Großvaterbriefe. Über das Leben mit Kindern in der Familie, München 1982; BOSZORMENYI-NAGY, I. und SPARK, G., Unsichtbare Bindungen. Die Dynamik familiärer Systeme, Stuttgart 1981; BOSZORMENYI-NAGY, I., Loyalität und Übertragung, in: Familiendynamik 1:2, S. 153 - 171, Stuttgart 1976; CIOMPI, L., Psychoanalyse und Systemtheorie - ein Widerspruch? Ein Ansatz zu einer „Psychoanalytischen Systemtheorie", in: Psyche 35:1, S. 67 - 86, Stuttgart 1981; FRAMO, J. L., Beweggründe und Techniken der intensiven Familientherapie, in: Boszormenyi-Nagy und Framo, J. L. (Hrsg.), Familientherapie, Theorie und Praxis, Bd. 1, S. 169 - 243, Reinbek 1975; GUNTERN, G., Die Kopernikanische Revolution in der Psychotherapie: Der Wandel vom psychoanalytischen zum systemischen Paradigma, in: Familiendynamik 5:1, S. 2 - 41, Stuttgart 1980; HALEY, J., Direktive Familientherapie, Strategien für die Lösung von Problemen, München 1977; MANNHEIM, K., Das Problem der Generationen (Auszug), in: Kohli, M. (Hrsg.), Soziologie des Lebenslaufs, Darmstadt u. Neuwied 1978, ursprünglich vollständig in: Kölner Vierteljahreshefte für Soziologie 7, 1928, S. 157 - 185, 309 - 330; MASSING, A., Ziele und Ansätze der Familientherapie, in: Ärztliche Fortbildung 32:21, S. 75 - 85, Köln 1982; MINUCHIN, S., Familien und Familientherapie. Theorie und Praxis struktureller Familientherapie, Freiburg 1977; RICHTER, H.-E., Eltern, Kind und Neurose. Die Rolle des Kindes in der Familie, Reinbek 1963; DERS., Patient Familie, Reinbek 1970; RUPP, K. J., Familiensoziologie und Familientherapie. Möglichkeiten einer Integration der psychoanalytisch orientierten Familientherapie in eine kritische Familien-Soziologie, Frankfurt 1981; SCHLIEFFER, R., Familienhistorische Anmerkungen zur Familientherapie, in: Familiendynamik 7:1, S. 18 - 30, Stuttgart 1982; SELVINI-PALAZZOLI, M., BOSCOLO, L., CECCHIN, G., PRATA, G., Paradoxon und Gegenparadoxon. Ein neues Therapiemodell für die Familie mit schizophrener Störung, Stuttgart 1977; SPERLING, E. u. U. SPERLING, Die Einbeziehung der Großeltern in die Familientherapie, in: Richter, H. E., Strotzka, H. u. J. Willi (Hrsg.), Familie und seelische Krankheit, Reinbek 1976; SPERLING, Eckhard u. A. MASSING, G. REICH, H. GEORGI z. E. WÖBBE-MÖNKS, Die Mehrgenerationen-Familientherapie, Göttingen 1982; STIERLIN, H., Von der Psychoanalyse zur Familientherapie, Stuttgart 1975; DERS., Delegation und Familie, Frankfurt 1978; DERS., Der Dialog zwischen den Generationen über die Nazizeit, in: Familiendynamik 7:1, S. 31 - 48, Stuttgart 1982.

Überlegungen zur Wirksamkeit staatlicher Eingriffe in die Familie

Heidi Rosenbaum, Wolf Rosenbaum

Fragestellung

Das Zivilrecht aller modernen bürgerlichen Gesellschaften ist, was das darin enthaltene Verhältnis des Staates zu den alltäglichen Lebensverhältnissen der Bürger anbelangt, zwiespältig. Im Vermögensrecht dominiert, liberalen Grundsätzen entsprechend, die Privatautonomie: die Bürger können und sollen ihre Beziehungen untereinander gemäß ihren eigenen Vorstellungen, Bedürfnissen und Interessen selbst ausgestalten. Mit seinen vermögensrechtlichen Normen will der Staat lediglich erreichen, daß Konflikte zwischen Bürgern geklärt und aufgelöst werden können - sei es dadurch, daß das ursprünglich Vereinbarte beziehungsweise Gewollte authentisch festgestellt und auch gegen den davon Abrückenden durchgesetzt wird; sei es, daß der Staat ergänzende Normen für solche Konfliktfälle errichtet, für die die Beteiligten nicht durch eigene Vereinbarungen Vorkehrungen getroffen haben. Daneben gibt es im Vermögensrecht auch zwingende Normen, die nicht zur Disposition der Bürger stehen. Sie dienen dem Schutz und der Berechenbarkeit des Wirtschaftsverkehrs der Bürger. Der Staat will damit nicht seine Zielvorstellungen den Bürgern aufzwingen, sondern lediglich dazu beitragen, daß sich die selbstgesetzten Vorstellungen und Vereinbarungen der Bürger dauerhaft und geregelt verwirklichen können.

Vielfach wird dieses Modell des Verhältnisses von Staat und Bürger, das dem Vermögensrecht und weitgehend auch dem Erbrecht zugrunde liegt, als Grundlage des gesamten Zivilrechts angesehen. Damit wird jedoch übersehen, daß in einem wichtigen Teil des Zivilrechts, nämlich dem Familienrecht, durch staatliche Gesetzgebung verbindliche Normen für die Ausgestaltung der Beziehungen der Bürger untereinander - für die Beziehungen der Ehegatten wie für das Verhältnis der Eltern zu den Kindern - gesetzt wurden. Lediglich im ehelichen Güterrecht läßt der Staat den Beteiligten die Auswahl zwischen mehreren Modellen. Im übrigen aber schreiben die klassischen Zivilgesetzbücher bis weit in unser Jahrhundert hinein die innerfamiliären Strukturen verbindlich vor: die Frau ist vorrangig oder ausschließlich Hausfrau, dem Mann steht in allen ehelichen und familiären Angelegenheiten das dominierende Entscheidungsrecht zu. Die Ehe wird zwar in Form einer Vereinbarung der Partner geschlossen, aber über die Gestaltung des Ehe- und Familienlebens können sie nicht privat-autonom - jedenfalls nicht rechtlich wirksam - verfügen. Das gilt insbesondere auch für die Scheidung. Die staatliche Gesetzgebung läßt eine Auflösung eines Eheverhältnisses, die lediglich auf dem übereinstimmenden Wunsch beider Partner beruht, sich zu trennen, nicht zu. Der Gesetzgeber erlaubt eine Scheidung - im „wohlverstandenen" Interesse der Eheleute oder im Interesse einer überindividuellen Gesamtordnung - nur unter bestimmten Voraussetzungen. Mit den rechtlichen Restriktionen für eine Scheidung will der Staat einen „heilsamen moralischen Druck" (F.-C. v. Savigny) auf das Alltagsverhalten der Eheleute ausüben.

Die Quellen solcher obrigkeitlichen Konzepte, die familiären Verhältnisse der Bürger rechtlich verbindlich zu ordnen, sie deren freier Verfügung in wichtigen Grundfragen zu entziehen, sind vielfältig. Da sind zum einen die christlich-kirchlichen Vorstellungen von Ehe und Familie als überindividueller, religiös begründeter Ordnung, die nicht zur Disposition der Eheleute steht. Der Absolutismus beseitigte zwar die rechtliche Herrschaft der Kirche über Ehe und Familie, doch dem Inhalt nach stimmte er weitgehend mit den kirchlichen Vorstellungen überein. Teilweise verbanden sie sich mit autoritär-wohlfahrtsstaatlichen Zielen. Wenn die bürgerlichen Gesetzgebungen - mit der kurzlebigen Ausnahme der französischen Revolutionsgesetzgebung zur Scheidung von 1792 - auf der gleichen Linie blieben, so hat das durchaus originäre Grundlagen in bürgerlichen Sozialmodellen: im besitzbürgerlichen Denken erstreckt sich die Privatautonomie allein auf über Eigentum verfügende Männer. Voraussetzung für die Fähigkeit zu privat-autonomer Gestaltung der wirtschaftlichen Lebensverhältnisse in diesem „besitz-individualistischen" Modell (Macpherson) sind die gleichsam vorpolitischen Herrschaftspositionen des besitzenden Mannes über „seine" Arbeiter im Betrieb und über „seine" Familie. Diese Voraussetzungen bürgerlicher Ordnung sind der Privatautonomie entzogen.

Erst in den jüngsten Reformen des Ehe- und Familienrechts wurde in der Bundesrepublik dieser Anspruch des Staates, die Form des innerfamiliären Lebens verbindlich vorzugeben, wenigstens teilweise aufgegeben. Die Entscheidung, wie Hausarbeit und Erwerbstätigkeit auf die Ehepartner verteilt werden soll, wird diesen selbst überlassen; das Scheidungsrecht orientiert sich weitgehend am Willen der Beteiligten beziehungsweise am Zustand der Ehe (Zerrüttungsprinzip).

Mit dem Anspruch des staatlichen Gesetzgebers, Familienverhältnisse nach bestimmten Leitbildern gestalten zu müssen, geht die Annahme einher - und dies ist der Gegenstand unserer folgenden Erörterung -, daß er sie auch wirksam beeinflussen *könne*. Dieser Glaube an die Möglichkeiten staatlichen Rechts ist nach wie vor äußerst lebendig. In den neueren Diskussionen um das Ehescheidungsrecht spielte der Gedanke, man könne den Zusammenhalt und die Dauer von Ehen durch ein restriktives Scheidungsrecht begünstigen, immer noch eine große Rolle. In den jüngsten Auseinandersetzungen in der Bundesrepublik über das „Recht der elterlichen Sorge", das heißt über Rechte und Pflichten der Eltern gegenüber ihren Kindern, waren alle Seiten von der hochgradigen Wirksamkeit derartiger Rechtsnormen überzeugt. Noch heute glauben - nicht nur in der Bundesrepublik - Politiker, der Staat könne mit Hilfe des Ehe- und Familienrechts sowie der Familiensozialpolitik Bevölkerungspolitik betreiben und damit das generative Verhalten der Bevölkerung wirksam beeinflussen.

Nicht nur Konservative unterstellen dem Ehe- und Familienrecht große Wirkungen. Liberale und progressive Politiker versprachen sich von der im Familienrecht erreichten Gleichberechtigung der Frau gegenüber dem Mann, vom neuen Scheidungsrecht oder auch vom neuen Recht der elterlichen Sorge erhebliche praktische Auswirkungen. Manche „progressive" Kritiker des neuen Ehe- und Familienrechts bemängeln geradezu die beim Gesetzgeber sichtbar werdenden Ansätze zu Selbstzweifeln über Legitimation und insbesondere Wirksamkeit staatlicher Gestaltung des Ehe- und Familienlebens. „Das Leitbild der Hausfrauenehe ist aufgegeben worden. (...) Doch ist kein neues Leitbild an die Stelle der Hausfrauenehe getreten; das wird vom Gesetzgeber sogar ausdrücklich abgelehnt. Dabei wäre es konsequent gewesen und wird durch Bestimmungen wie den Zugewinn- und den Versorgungsausgleich nahegelegt, das Leitbild der „Erwerbstätigen-Ehe" (...) an seine Stelle zu setzen. Viele Probleme der Situation der Frauen heute, wie die fehlende eigenständige soziale Sicherung, die Diskriminierung der Frauen auf dem Arbeitsmarkt, die Tatsache, daß sie praktisch für Haushalt und Kindererziehung allein zuständig und als Erwerbstätige daher doppelt belastet sind, oder auch ihre Isolierung als „Nur-Hausfrauen", nicht zuletzt ihr mangelnder politischer Einfluß werden sich nur lösen lassen, wenn man konsequent von einer eigenen „Erwerbs-Biographie" der Frau ausgeht. (...) Ein solches neues gesetzliches Eheleitbild hätte auch den Mann stärker verpflichten können, seine Aufgaben in Haushalt und Familie zu übernehmen."[1]

In den folgenden Überlegungen wollen wir belegen, daß Familienrecht und Familienpolitik geringen Einfluß auf die Familienstrukturen und auf das Familienverhalten haben. Wir glauben zeigen zu können, daß alle bisherigen Versuche des Staates, Familienstrukturen nach politisch bestimmten Leitbildern wirksam zu beeinflussen, fehlgeschlagen sind und auch fehlschlagen mußten. Unsere These beinhaltet übrigens nicht - wir werden darauf eingehen -, daß Familienrecht als solches überflüssig sei.

In den folgenden Ausführungen beschäftigen wir uns überwiegend mit der deutschen Gesetzgebung. Wir nehmen allerdings an, daß die Schlußfolgerungen verallgemeinert werden können, also nicht nur für die deutschen Verhältnisse gelten. Zunächst eine begriffliche Klarstellung: Von „Wirksamkeit" des Rechts sprechen wir dann, wenn sich die *Intentionen* der jeweiligen Rechtsnormen in der sozialen Praxis durchgesetzt haben *und* dies eine Folge des Rechts ist. Recht ist also nicht nur dann unwirksam, wenn die soziale Realität von dem vom Recht Gewollten abweicht; Recht ist vielmehr auch dann unwirksam, wenn der vom Recht gewollte Zustand ganz unabhängig von rechtlichen Wirkungsmechanismen zustandegekommen ist, zum Beispiel durch soziale Sanktionen und soziale Normen (die mit den rechtlichen inhaltlich übereinstimmen). Wenn Recht unwirksam ist, so kann es dennoch „Wirkungen" haben: ein Scheidungsrecht, das Scheidungen erschweren will, zwingt den Scheidungswilligen möglicherweise komplizierte Umwege auf, um die beabsichtigte Scheidung zu erreichen.

Erhebliche Teile des Ehe- und Familienrechts beziehen sich auf den *ehelichen und familiären Alltag*. Der Gesetzgeber geht offenbar stillschweigend davon aus, daß er bestimmte Grundstrukturen von Ehe und Familie vorschreiben kann und muß, die nicht der freien Gestaltung und Verfügung der jeweils Beteiligten offenstehen. Hierher gehören die persönlichen Ehewirkungen: Verpflichtung zur ehelichen Lebensgemeinschaft, zur ehelichen Treue, die Rechte und Pflichten der Eheleute zur Erwerbstätigkeit und Haushaltsführung, das Namensrecht. Abgesehen vom Namensrecht dürften diese Rechtsnormen völlig unwirksam sein, nicht nur, weil sie kaum jemand kennt, sondern auch, weil ein Einklagen vor Gericht das Ende der Ehe bedeuten würde. Im übrigen sind diese Rechte und Pflichten rechtlich auch nicht vollstreckbar.

Für den Ehealltag dürfte auch das eheliche Güterrecht kaum eine Rolle spielen. Wie in der Ehe über das eingebrachte und das während der Ehe erworbene Vermögen verfügt wird, ergibt sich aus sozialen Normen und aus individuellen Regeln und Praktiken. Sofern abweichend vom gesetzlichen Güterstand vertragliche Güterstände vereinbart werden, haben diese vermutlich größere Bedeutung für das Verhältnis gegenüber außenstehenden Dritten (Haftungsbegrenzungen) als nach innen.

Das Bürgerliche Gesetzbuch hat in seiner ursprünglichen Fassung dem Ehemann eine dominierende Rechtsposition gegenüber der Ehefrau zugesprochen. Ihm stand in allen Ehe- und Familienangelegenheiten das letzte Entscheidungsrecht zu. Er hatte die Verwaltung und die Nutznießung am Vermögen beider Eheleute, er entschied über die Kindererziehung; die Ehefrau war zur Haushaltsführung verpflichtet, der Ehemann konnte Arbeitsverträge der Ehefrau unter bestimmten Voraussetzungen kündigen. Diese Rechtsnormen blieben weitgehend ohne Wirkung. Nußbaum hat Ende der

1920er Jahre Berliner Vormundschaftsrichter befragt und die Auskunft erhalten, daß sie in ihrer teilweise langjährigen Praxis keine diesbezüglichen Anträge und Klagen erlebt hätten.[2] Damit wir nicht mißverstanden werden: Höchstwahrscheinlich entsprach die Stellung der Frau in den meisten Ehen den vom Recht formulierten Normen, nur war das keine Wirkung des Rechts; dort, wo die Position der Frau stärker war, ging der Mann, auch wenn er damit unzufrieden war, nicht zum Gericht. Heute genießen viele Frauen in der Praxis ihrer Ehe nicht die volle Gleichberechtigung, die ihnen gesetzlich zusteht. Selbst wenn sie ihre Rechte genau kennen, werden sie sie nicht gegen den Ehemann einklagen - dies würde mit Sicherheit die Ehe zerstören.

Der Einfluß des Rechts der elterlichen Sorge auf die Praxis in den Familien dürfte ebenfalls sehr gering sein. Zwar kann das Vormundschaftsgericht in Fällen, in denen das Wohl der Kinder in extremer Weise von den Eltern übergangen wird, eingreifen, ebenso bei grober Mißhandlung und Vernachlässigung. Doch setzt das eine Klage beziehungsweise eine Anzeige voraus. Solche Anzeigen, etwa aus der Nachbarschaft, kommen nur dann, wenn *soziale* Normen über Kindererziehung flagrant verletzt werden - und auch dann nur selten, weil man die gute Nachbarschaft nicht gefährden will.

In der Praxis immer bedeutsamer werden allerdings die gesetzlichen Unterhaltsansprüche volljähriger Kinder (insbesondere nachdem die Volljährigkeit auf 18 Jahre festgelegt wurde) bei außerhäuslicher, teurer und langer Ausbildung.[3] Die Zahl derartiger Unterhaltsprozesse von Kindern gegen die Eltern hat zugenommen; sie werden überwiegend von Trägern öffentlicher Ausbildungsförderung im Namen der Kinder geführt. Zunehmend werden auch Konflikte zwischen Eltern und Kindern über Ausbildungs- und Berufsentscheidungen, über den Umgang mit unerwünschten Freunden oder Freundinnen sowie über den Auszug aus der elterlichen Wohnung gerichtlich ausgetragen. Das Recht fördert hier zweifellos Emanzipationsprozesse von Kindern. Dabei beschränkt sich die Wirksamkeit des Rechts natürlich nicht nur auf die Fälle, in denen es zur gerichtlichen Klage kommt. Vielmehr werden Kinder den Eltern ihre rechtlichen Ansprüche in Auseinandersetzungen entgegenhalten. Da die Kinder sich aus der familiären Bindung befreien wollen, müssen die Eltern, wenn sie Konflikte auf die Spitze treiben, mit einer Klage rechnen. Wenn tatsächlich geklagt wird, ist die Gemeinschaft zwischen Eltern und Kindern faktisch schon aufgelöst. Das Recht beinhaltet hierbei eine Verfahrensweise, wie Folgeprobleme gelöst werden, die sich aus einer fast vollständig zerstörten sozialen Beziehung ergeben. Wir haben es also mit einer zur Scheidung analogen Situation zu tun.

Familienrecht hat also, das sollte mit den bisherigen Überlegungen gezeigt werden, keinen Einfluß auf den Ehe- und Familien*alltag*. Nur in *extremen Konfliktfällen*, in denen die soziale Beziehung faktisch schon weitgehend zerstört und aufgelöst ist, wird es wirksam. Das gilt besonders für das Scheidungsrecht, das die Modalitäten der formellen Auflösung einer tatsächlich längst zerstörten Ehe sowie die Abwicklung und die Lösung von Folgeproblemen bestimmt. Im Scheidungsprozeß könnte dann allerdings auch das für den familiären Alltag formulierte Recht bedeutsam werden: es kann als Maßstab, als „Normalfall" der Ehe dienen, an dem der Grad der Zerrüttung gemessen und die Schuld dafür verteilt wird. Tatsächlich hat die Rechtsprechung immer nur ausgewählte ehelichen Pflichten im Scheidungsprozeß herangezogen. Ursprünglich wurde fast ausschließlich der Ehebruch als Scheidungsgrund anerkannt, später kamen auch andere Zerrüttungsgründe hinzu. Nach dem neuen deutschen Scheidungsrecht spielt das rechtliche Normalbild der Ehe kaum noch eine Rolle als Maßstab für den Grad der Zerrüttung, da nach ein- beziehungsweise dreijähriger Trennung der Eheleute die Zerrüttung unwiderleglich vermutet wird.

Auch die Wirksamkeit des Scheidungsrechts ist begrenzt. 1961 kehrte man in der Bundesrepublik, um Scheidungen zu erschweren, zum ursprünglichen Konzept des BGB zurück: eine Ehe konnte nur geschieden werden, wenn sie schuldhaft zerrüttet war und der an der Zerrüttung der Ehe schuldlose Ehepartner der Scheidung nicht widersprach. Tatsächlich hat das revidierte Recht nur in ganz wenigen Fällen Scheidungen verhindert, in der großen Mehrzahl wurden Konventionalscheidungen praktiziert, die man gerade ausschließen wollte.[4] Die dem Gericht vorgelegten Beweismittel über Zerrüttung und Schuld wurden von den Eheleuten fingiert. Das Recht war nicht wirksam, es verhinderte kaum eine Scheidung, allerdings hatte es (vom Gesetzgeber sicher nicht beabsichtigte) Nebenwirkungen: der „schuldlose" Ehepartner ließ sich sein Widerspruchsrecht gegen die Scheidung abkaufen durch für ihn günstige vorgerichtliche Vereinbarungen über Unterhaltsansprüche und über das Sorgerecht für die Kinder. Wie wenig das Scheidungsrecht die Scheidungshäufigkeit beeinflußt, zeigte sich, als 1976 das neue Scheidungsrecht eingeführt wurde, das das Schuldprinzip aufgab und auch dem Scheidungsunwilligen kein wirksames Widerspruchsrecht mehr ließ: zunächst ging die Zahl der Scheidungen zurück, vermutlich infolge der Ungewißheiten, insbesondere über das neue Unterhalts- und Versorgungsrecht (die Gegner des neuen Gesetzes hatten ein sprunghaftes Ansteigen der Scheidungszahlen vorausgesagt); dann pendelte sich die Scheidungshäufigkeit wieder auf den alten Trend ein.[5]

Nicht unerhebliche Wirksamkeit entfaltet allerdings das Recht bei den Scheidungsfolgen. Es bestimmt die Höhe der Unterhaltsansprüche sowohl des anderen Ehepartners als auch der Kinder. Selbstverständlich ist es äußerst folgenreich, wenn beispielsweise die Unterhaltsansprüche der geschiedenen Ehefrau von der Frage eines Verschuldens an der zur Scheidung führenden Zerrüttung der Ehe unabhängig sind. Das Recht der Scheidungsfolgen wirkt auch auf den zukünftigen Ehe- und Familienalltag der Geschiedenen erheblich ein: dadurch, daß die geschiedene Ehefrau, die das Sorgerecht für die Kinder hat, einen Unterhaltsanspruch hat, der sie nicht zur Erwerbstätigkeit zwingt; dadurch, daß der Ehemann unter Umständen keine zweite Ehe eingehen kann, in der die Ehefrau nicht erwerbstätig ist; dadurch, daß einem Elternteil das Sorgerecht für die Kinder, dem anderen bestimmte Umgangsrechte mit den Kindern zugesprochen werden. Die Grenzen des Rechts werden aber auch hier sichtbar, besonders beim Unterhaltsanspruch. In den meisten Fällen setzen die Einkommensverhältnisse der Beteiligten der Höhe der Unterhaltsansprüche ganz enge Grenzen. Auch die Zuteilung des Sorgerechts für die Kinder ist stark außerrechtlich determiniert: ein durchschnittlich verdienender Mann kann, wenn er in der Ehe der Hauptverdiener war, das Sorgerecht für die Kinder kaum übernehmen, ohne seine Berufstätigkeit und seine berufliche Karriere aufs Spiel zu setzen.

Faßt man die vorstehenden Überlegungen zusammen, so hat das Recht auf den *Familienalltag* keine Auswirkungen. Es wird erst in *extremen Konfliktfällen* bedeutsam, in denen die Ehe- und Familienbeziehungen faktisch schon weitgehend aufgelöst sind und das Recht beziehungsweise die gerichtliche Entscheidung die Modalitäten der Auflösung festlegen. Das gilt sowohl für von starken Konflikten begleitete Ablösungen von Kindern aus dem Elternhaus als auch für Scheidungen. Jedoch, das zeigt sich am Beispiel des Scheidungsrechts und des Rechts der Scheidungsfolgen, setzen sich auch in diesen Situationen *außerrechtliche* Normen und Bedingungen gegen ihnen entgegenstehende Rechtsnormen weitgehend durch.

Wirksamkeit von Familiensozialpolitik

In den folgenden Überlegungen zur Wirksamkeit staatlicher Einflußnahme auf die Familie mit Hilfe der Familiensozialpolitik wollen wir den Kinderarbeitsschutz und den Mutterschutz ausklammern. Es bleiben dann die Einkommenshilfen für Familien mit Kindern in Form von Steuervergünstigungen, Kindergeld, Ehestandsdarlehen. Im weiteren Sinne könnte auch die staatliche Förderung des Wohnungsbaus hierher gehören, die wir aber auch ausklammern wollen. Hier wäre eine gesonderte Untersuchung darüber notwendig, ob die staatliche Wohnungsbauförderung in der Bundesrepublik überhaupt ernsthaft familienpolitische Absichten verfolgt hat oder nicht vielmehr vorrangig Eigentumsbildung.

Die Familiensozialpolitik, die in den meisten Ländern im ersten Drittel dieses Jahrhunderts begonnen wurde, war zumeist *bevölkerungspolitisch* motiviert. Vielen Politikern schienen die mehr oder weniger stark fallenden Geburtenraten bedrohlich. Mit materiellen Unterstützungen kinderreicher Familien hoffte man, die wirtschaftlichen Belastungen, von denen man annahm, daß sie wesentlich zum Geburtenrückgang beitrügen, zu verringern.

Alle ernsthaften Untersuchungen zur Geburtenhäufigkeit ergaben, daß deren - stark schwankende - Entwicklung nicht wesentlich durch staatliche Familienpolitik beeinflußt wurde beziehungsweise - wenn man vorsichtig formuliert - ein solcher Zusammenhang bisher nicht nachgewiesen werden kann.[6] Das gilt auch für den starken Anstieg der Geburtenhäufigkeit im nationalsozialistischen Deutschland am Ende der 1930er Jahre.[7] Es ist auch wenig plausibel, hier einen wesentlichen Zusammenhang zu sehen. Das würde voraussetzen, daß zum einen die Bereitschaft, Kinder zu haben, wesentlich von der individuellen wirtschaftlichen Lage der Familie abhängt, und zum anderen, daß die staatlichen Hilfen die zusätzlichen Kosten eines Kindes in einem beachtlichen Umfang ausgleichen können. Beides ist nicht der Fall.

Auch wenn man die Familiensozialpolitik nicht unter bevölkerungspolitischen Zielsetzungen, sondern unter denen eines *Lastenausgleichs* zugunsten der Kinderreichen sieht, ist sie weitgehend ohne Einfluß auf die Familien.[8] Für die Besserverdienenden sind Kindergeld und steuerliche Kinderfreibeträge für die Haushaltseinkommen unerheblich. Würden die eingesetzten staatlichen Mittel auf die Kinderreichen mit niedrigem Einkommen konzentriert, könnten sie dort wirksame Entlastungen bringen. Doch würde das ein grundlegendes Dogma unserer „Leistungsgesellschaft" berühren: das verfügbare Einkommen des einzelnen soll sich im wesentlichen aus seiner Leistung im Arbeitsleben ergeben; führen sozialpolitische Umverteilungen zu starken Abweichungen, verstößt das gegen diese fundamentalste „Gerechtigkeit" unserer Gesellschaft. Ins „gesunde Volksempfinden" übersetzt: womöglich könnte dann jemand vom Kindergeld für seine vielen Kinder leben, ohne zu arbeiten.

Bei Niedrigverdienenden ist im übrigen das Wohnungsproblem - ausreichend große Wohnung zu erschwinglicher Miete - eine viel entscheidendere Barriere für mehr Kinder als die zusätzlichen Unterhaltskosten.[9] Hier ist jedoch gezielte staatliche Förderung ausgeblieben. Die staatlichen Förderungsmittel für den sozialen Wohnungsbau und das Wohngeld machen nur einen Bruchteil der Ausgaben für die Förderung des Eigenheimbaus der Besserverdienenden aus.

Gründe für die Unwirksamkeit staatlicher Eingriffe in das Familienleben

Die Gründe dafür, daß es dem Staat nicht gelingt, die Familien wirksam und gezielt zu beeinflussen, liegen zum einen in der *Struktur der Familien* selbst, zum anderen in der *Art der Instrumente*, über die der Staat verfügt. Die Strukturen der Familie und das Verhalten der Familienmitglieder sowie der Wandel des Familienlebens werden von vielfältigen sozialen Faktoren beeinflußt. Zentral sind generelle und subkulturell differenzierte soziale Normen, die durch Sozialisation und Erziehung, durch Erwartungshaltungen und Sanktionsmöglichkeiten der jeweiligen sozialen Umwelt - Verwandte, Freunde, Nachbarn - stabil verankert sind. Dazu kommen materielle Bedingungen und Zwänge, die sich aus der Einkommenssituation, aus dem Arbeitsleben, aus den Wohnungsbedingungen, aus den Anforderungen des Schulalltags der Kinder ergeben. Der Familienalltag, aber auch die Art, wie auftretende Familienkonflikte gelöst werden, sind dadurch geprägt. Familienrechtsnormen sind als Orientierungsmarke im Normalfall nicht bekannt. Erst in unauflösbaren Konfliktfällen geraten sie überhaupt in den Horizont der Familien.

Dem Staat fehlen alle Möglichkeiten, von sich aus in den Familienalltag einzugreifen. Es handelt sich beim Familienrecht um Zivilrecht, das nur durch Klage eines unmittelbar Beteiligten mobilisiert werden kann. Aber auch wenn der Staat von Amtswegen (wie beim Strafrecht) vorgehen könnte, so würden ihm die Informationen und Kontrollmöglichkeiten über die Familienverhältnisse fehlen.

Auch sind die Instrumente des Staates viel zu grob und eindimensional. Sie werden der Komplexität des Familienlebens und der Komplexität der Motive, die die Praxis der Familie und ihrer Mitglieder bestimmen, nicht gerecht. Ganz besonders auffällig wird das, wenn der Staat mit Hilfe materieller Anreize das generative Verhalten der Bürger beeinflussen will. Um wirksam zu sein, würden solche Maßnahmen zum einen voraussetzen, daß der Kinderwunsch auf *rationalen* Erwägungen beruht und infolgedessen diese durch staatliche Veränderungen der „Randbedingungen" beeinflußt werden können. Zum anderen müßte ein solch rationaler Kalkül - wenn man ihn einmal unterstellt - sich wesentlich auf die *Kosten* beziehen, die ein Kind mittel- und langfristig (für einen Zeitraum von 15 - 20 Jahren) mit sich bringt. Familiäres Verhalten wird jedoch keineswegs in entscheidender Weise von derartigen rationalen Kalkülen und auch nicht von materiellen Aufwandsüberlegungen bestimmt.

Die Möglichkeit des Staates, mit Hilfe von Rechtsnormen und materiellen Anreizen gewünschte Verhaltensänderungen zu bewirken, sind auf rationale und zweckorientierte Sozialgebilde beschränkt. So ist in einem privatwirtschaftlichen Unternehmen, dessen Entscheidungen staatliche Politik beeinflussen will, die Gewinnmaximierung ein zentrales Motiv der Geschäftspolitik. Das Unternehmen ist bestrebt, möglichst alle Handlungen auf dieses Ziel hin wirksam zu orientieren, und es ist in der Lage, Aufwand und Ertrag aller Maßnahmen und Verhaltensweisen zu kalkulieren und zu kontrollieren. In abgeschwächter Weise gilt dies auch für andere Zweckgebilde wie Verbände oder Vereine, die einen eindeutig definierten Hauptzweck haben, an dem sich das Verhalten der Beteiligten orientiert. Gerade dies ist aber bei den Familien nicht der Fall. Sie haben keinen „Zweck", schon gar keinen für alle Familienmitglieder einheitlichen. Auch verändern sich im Laufe der Zeit - des Familienzyklus - die Motive, Bedürfnisse und Interessen, die sich für den einzelnen mit seiner Familie verbinden.

Mit den dem Staat zur Verfügung stehenden Instrumenten ist eine weitere ganz wesentliche Einschränkung seines Einflusses auf die Familienstrukturen gegeben. Mit Hilfe des Rechts (aber auch mit Hilfe materieller Leistungen) kann immer nur äußeres Verhalten beeinflußt oder erzwungen werden. Die Stabilität der Familie oder eine gute Erziehung der Kinder sind aber nicht von einzelnen äußeren Verhaltensweisen abhängig, sondern von den inneren Motiven und Überzeugungen, und diese kann der Staat nicht schaffen oder durch Recht beeinflussen. Das hier liegende Problem ist im Scheidungsrecht von Anfang an sichtbar gewesen: an welchen äußeren Tatbeständen macht man die unheilbare Zerrüttung der Ehe fest? Analoge Probleme stellen sich im Recht der elterlichen Sorge: lediglich körperliche Mißhandlungen lassen sich relativ eindeutig als äußere Tatbestände feststellen, deren - entscheidende - seelische Auswirkungen sowie insbesondere seelische Mißhandlungen nur sehr schwer.

Wir fassen zusammen: familiäres Verhalten ist stark in soziale Normen und materielle Umweltbedingungen eingebunden; es ist durch eine Vielzahl rationaler und irrationaler, bewußter und unbewußter, miteinander teilweise in Widerspruch stehender, sich ständig wandelnder Motive bestimmt; die inneren Motive sind häufig wichtiger als die äußeren Verhaltensweisen - dies alles verhindert, daß der Staat gezielt familiäre Verhaltensweisen beeinflussen, also in bezug auf die Familie sozialen Wandel bewußt lenken kann.

Dazu kommen Widersprüche zwischen den verschiedenen Teilen staatlicher Politik. Familienpolitik spielte und spielt nirgends die zentrale Rolle. Absichten der Familienpolitiker wurden und werden vielfältig durchkreuzt durch Auswirkungen der Politik anderer Ressorts. Arbeitsmarktpolitische Interessen, die mit der Rüstungsproduktion zusammenhingen, haben zum Beispiel dazu geführt, daß die nationalsozialistische Regierung ab Mitte der 1930er Jahre begann, ihre familienpolitisch motivierte Förderung der „Nur-Hausfrauen" aufzugeben. In der Bundesrepublik haben die am Leistungsprinzip orientierte Einkommens- und Steuerpolitik einen bedarfsorientierten gezielten Familienlastenausgleich für Niedrigverdienende verhindert.

Warum beeindruckt den Gesetzgeber die fehlende Wirksamkeit von Familienrecht und Familiensozialpolitik nicht?

Auf die Unwirksamkeit des Ehe- und Familienrechts, besonders eines Scheidungsrechts, das Scheidungen verhindern wollte, ist immer wieder hingewiesen worden. Nun ist die Analyse und Kontrolle der Wirkungen seiner eigenen Werke generell nicht gerade eine Stärke des Gesetzgebers. Aber immerhin gibt es für unseren Bereich doch vom Gesetzgeber selbst initiierte Enqueten, wie etwa regelmäßige Familienberichte oder Frauen-Enqueten.

Dennoch halten große Teil der gesetzgebenden Körperschaften an familienrechtlichen und familienpolitischen Konzeptionen fest, deren Unwirksamkeit längst erwiesen und auch ihnen bekannt sein dürfte oder zumindest könnte. Es wäre vorschnell, schlichte Ignoranz zu unterstellen. Vielmehr spielen hier, wenn auch vielfach gar nicht ganz bewußt, religiöse und moralische Vorstellungen von Ehe und Familie eine zentrale Rolle. Für Protestanten wie Katholiken ist die Ehe eine religiös fundierte Institution, über die weder die jeweiligen Eheleute noch der irdische Gesetzgeber einfach verfügen können.[10] Wenn die Ehe ihren Sinn aus dem jenseitigen Bereich des Glaubens und der Religion empfängt, dann ist sie im Recht zu verankern, ganz abhängig davon, ob diese Rechtsnormen befolgt werden oder nicht. Man unterstellt dabei vielleicht ganz selbstverständlich die Wirksamkeit des Rechts. Aber auch wenn man um dessen relative Unwirksamkeit weiß, kommt eine Anpassung der für absolut gehaltenen Normen an eine davon abweichende, schlechte Realität nicht in Frage. Es geht hier „um's Prinzip", nicht primär um Wirksamkeit der konkreten Maßnahmen. Infolgedessen ließen sich die Gegner der Reform des Scheidungsrechts überhaupt nicht beeindrucken durch die offensichtliche Wirkungslosigkeit des auf Scheidungsverhinderung angelegten alten Scheidungsrechts. Deutlich wird das auch an dem von Einkommensgrenzen unabhängig gezahlten Kindergeld: wenn der Ministerpräsident eines Bundeslandes 50 DM Kindergeld pro Monat bezieht, so wird damit nur noch betont, daß man der Familie einen hohen Wert beimißt. Eine konkrete Wirkung ist damit nicht zu erzielen, soll vermutlich auch nicht erzielt werden. Hier zeigen sich Parallelen der Familienpolitik zu anderen, ebenfalls stark von religiösen und moralischen Normen geprägten Politik-Bereichen: zum Sexualstrafrecht oder zur strafrechtlichen Verfolgung der Abtreibung. Die nachgewiesene Unwirksamkeit derartiger Strafgesetze hat deren Befürworter nicht beeindrucken können, weil es ihnen nicht primär um eine funktionale staatliche Gestaltung der Gesellschaft ging, sondern um die Bestätigung für absolut gehaltener Normen. Wir haben es dabei mit einer Art von „symbolischer Politik" zu tun. Oft wird es sich allerdings um eine eher vordergründige Variante symbolischer Politik handeln: Politiker und Parteien wollen ihrer konservativen oder progressiven Anhängerschaft zeigen, daß sie bereit und in der Lage sind, etwas - für den Erhalt der Institution Familie, für die Emanzipation der Frau - zu tun, auch wenn ihnen klar ist, daß die Gesetzgebung keine praktischen Konsequenzen haben wird.

Wenn weite Teile der Ehe- und Familiengesetzgebung der Neuzeit ganz erheblich durch religiöse Vorstellungen vom Wesen der Ehe und Familie bestimmt wurden, dann sind einige neuerdings in der wissenschaftlichen Literatur unternommene Versuche, den konkreten Gang der Familienrechtsentwicklung aus dem sich wandelnden Bedarf der Gesellschaft an einer ihr angemessenen Familienstruktur zu erklären, höchst problematisch.[11] Es wurden zum Beispiel bevölkerungspolitische Bedürfnisse, ein in der Familie zu befriedigender Bedarf an Unterdrückung der Frau, an autoritärer Erziehung für bestimmte Veränderungen des Familienrechts am Ende des 19. Jahrhundert veranwortlich gemacht. Selbst wenn man einmal unterstellt, daß man aus gesellschaftlichen, insbesondere wirtschaftlichen Bedingungen einen eindeutig definierbaren Bedarf an bestimmten Familienrechtsregelungen ableiten könnte, wäre immer noch die Frage zu beantworten, wie sich dieser Bedarf in die Gesetzgebung umsetzt. Man müßte relevante gesellschaftliche Gruppen und Parteien nennen können, die diesen Bedarf aufgrund bestimmter Interessen artikulieren und entsprechende Gesetzgebung durchsetzen können. Das unterstellt ein rationales, interessenorientiertes Verhalten, das gerade im Bereich des Familien- und Eherechts als eines stark religiös beeinflußten Gebietes nicht ohne weiteres angenommen werden kann.

Die eher „liberalen" Eherechtskodifikationen der Wende vom 18. zum 19. Jahrhundert (das preußische Allgemeine Landrecht und der Code Civil) wird man wohl - vorsichtig formuliert - zumindest *auch* als Ausdruck symbolischer Politik und nicht nur als Artikulation konkreter gesellschaftlicher Interessen an veränderten Familienstrukturen begreifen müssen: als symbolische Bekräftigung des Anspruchs des weltlichen Staates gegenüber kirchlichen Ansprüchen, die Rechtsnormen in Ehe- und Familienangelegenheiten zu bestimmen.

Sind staatliches Familienrecht und Familienpolitik überflüssig, wenn sich feststellen läßt, daß sie weitgehend unwirksam sind?

Wenn wir uns kritisch gegenüber jenen Analysen äußerten, die aus bestimmten gesellschaftlichen und wirtschaftlichen Strukturen einen Bedarf an ihnen entsprechenden familienrechtlichen Normen ableiten wollen, und wenn wir gleichzeitig die weitgehende Unwirksamkeit staatlichen Familienrechts behaupten, dann soll das nicht heißen, daß es keinen gesellschaftlichen Bedarf an Familienrecht gibt. Uns scheint jedoch die *Existenz einer staatlichen Gerichtsbarkeit*, die für bestimmte extreme Konfliktfälle und Auflösungsfälle von Ehe und Familie zuständig ist, entscheidender zu sein als das jeweilige *materielle Familienrecht*, auf dem formell die Gerichtsentscheidungen beruhen. Es gibt bestimmte regelungsbedürftige Konstellationen, die die Beteiligten kaum selbst auflösen können: besonders in Fällen der Scheidung bedarf es einer äußeren, neutralen und mit Autorität versehenen Institution, die die Lösung der Ehe verbindlich feststellt und die Art der Abwicklung der Trennung und die Lösung der Folgeprobleme bestimmt. Damit ist es für beide Seiten möglich, den „Fall" endgültig und verbindlich abzuschließen. Dies gilt besonders für Vermögensfragen, für das Sorgerecht über die Kinder, für Unterhaltsansprüche.

Eine zwingende Notwendigkeit für eine behördlich registrierte rechtlich geregelte Eheschließung und damit auch für die formelle Ehescheidung besteht nicht. Jedoch ergeben sich aus einer „faktischen Ehe" im Prinzip die gleichen, in zugespitzen Konfliktfällen auch gerichtlich zu entscheidenden Probleme: was geschieht bei einer Trennung mit dem eingebrachten und dem während der „Ehe" erworbenen Vermögen, wer bekommt das Sorgerecht (Sorgepflicht) für die Kinder, welche Unterhaltsansprüche haben die Kinder und der für die Kinder nach der „Ehe" sorgende Elternteil, welche Kinder sind in bezug auf welches Vermögen erbberechtigt? Dazu kommen Entscheidungen über Vermögensansprüche Dritter an die Familie während und nach der „Ehe".

Der entscheidende gesellschaftliche Bedarf an Ehe- und Familienrecht bezieht sich also - das ist unsere These - auf die Existenz eines staatlichen Gerichts, das in den genannten typischen, für die Beteiligten nicht mehr auflösbaren *Konflikten* verbindlich entscheidet. Versucht nun der Gesetzgeber durch materielle Familienrechtsnormen den Inhalt und das Ergebnis derartiger Konfliktlösungen abweichend vom Willen der Beteiligten beziehungsweise abweichend von den gängigen sozialen Normen zu bestimmen, dann kommt es zumeist zu jenen Unterlaufens- und Umgehungsstrategien, wie sie am Beispiel des Scheidungsrechts besonders deutlich gezeigt werden können. Im Zivilrecht ist das deswegen so leicht möglich, weil es die Parteien in der Hand haben, welche Sachverhalte sie dem Gericht präsentieren und weil sie generell große Verfügungsmöglichkeiten über den Prozeßverlauf haben. Das Recht kann es für die Parteien komplizierter machen, das Gewollte beziehungsweise das sozial Übliche durchzusetzen; es wird es aber kaum dauerhaft verhindern können.

Im Recht der Scheidungsfolgen hat der Gesetzgeber versucht - etwa bei der Frage, welcher Elternteil das Sorgerecht für die Kinder bekommen soll -, den Gerichten Möglichkeiten zu geben, unabhängig von den Parteien Sachverhalte zu erheben. Doch auch hier dürfte es im allgemeinen den Parteien möglich sein, sich mit Hilfe ihrer Anwälte vorgerichtlich so zu einigen, daß die Familienrichter zu den gewünschten Ergebnissen kommen müssen.

Ob es einen gesellschaftlichen Bedarf an Familiensozialpolitik gibt, ist schwer zu sagen. Die meisten Gesellschaften sind bisher ohne wirksame Familiensozialpolitik ausgekommen. Wie immer man zu der Frage stehen mag, ob der Geburtenrückgang für die Gesellschaften existenziell bedrohlich werden kann oder nicht: auch wenn es einen Bedarf an höheren Geburtenraten gibt, der Staat kann dessen Befriedigung offensichtlich nicht wirksam beeinflussen.

Hingegen haben einzelne Familien in bestimmten Krisensituationen einen offensichtlichen Bedarf an äußerer Unterstützung. Für die Fälle der Krankheit, Arbeitslosigkeit, Erwerbsunfähigkeit des Hauptverdieners wird er durch das staatliche Sozialleistungssystem wenigstens teilweise befriedigt. Dagegen gibt es kaum wirksame staatliche Hilfen für bestimmte Phasen im Familienzyklus einkommensschwacher Familien, in denen diese auf äußere Hilfen angewiesen sind: wenn die Frau wegen mehrerer Kinder die Erwerbsarbeit aufgeben muß, wenn die notwendige größere Wohnung unerschwinglich teuer ist. Wenn nicht Verwandte oder Nachbarn helfen, geraten viele dieser Familien in existenzielle Krisen.[12] Hier besteht ein gesellschaftlicher Bedarf an wirksamer Familienpolitik, der bisher jedoch nicht befriedigt wurde.

Wenn wir die weitgehende Unwirksamkeit von Familienpolitik feststellten, so ziehen wir daraus, wie die letzten Bemerkungen zeigen, nicht den Schluß, daß es sinnlos wäre, sich an den politischen Auseinandersetzungen auf diesem Feld zu beteiligen. Ein wirkungsvoller Familienlastenausgleich wäre beispielsweise durchaus möglich. Aber auch Auseinandersetzungen um die Gleichberechtigung der Frau in der Ehe, um die Reform des Ehescheidungsrechts, des Rechts des unehelichen Kindes, des Rechts der elterlichen Sorge waren nicht sinnlos, auch wenn die konkrete Wirksamkeit der neuen Gesetze eher gering sein dürfte. Die mit der Gesetzgebung verbundenen politischen und gesellschaftlichen Auseinandersetzungen können Aufklärungsfunktion haben. Wenn sich in den Gesetzen liberale und die Position der Schwächeren - Ehefrau, Kinder, nichteheliche Kinder - stützende Vorstellungen wenigstens teilweise durchgesetzt haben, so stärkt das *sozial* und *politisch* - weniger unmittelbar rechtlich - entsprechende gesellschaftliche Tendenzen und schwächt traditionelle autoritäre Ehe- und Familienvorstellungen in der Gesellschaft.

Anmerkungen

1 J. Langer-El Sayed, Familienpolitik: Tendenzen, Chancen, Notwendigkeiten, Frankfurt/Main 1980, S. 214

2 Vgl. A. Nußbaum, Über die Anwendung gewisser familien- und erbrechtlicher Vorschriften des BGB. Ein Beitrag zur Rechtstatsachenforschung, in: Archiv für civilistische Praxis, Bd. 128 (1928), S. 40 ff.; Bd. 130 (1929), S. 332 ff.

3 Vgl. P. Finger, Familienrecht - mit familiensoziologischen und familienpolitischen Schwerpunkten, Königstein/Ts. 1979, S. 293 ff.

4 Ebd., S. 172 f.

5 B. Willenbacher-Zahlmann, Divorce Procedures and Strategies. Discussant Paper. XIXth International Seminar on Divorce and Remarriage, Leuven 1981 (vervielfältigtes Manuskript)

6 Vgl. H. Schubnell, Gesetzgebung und Fruchtbarkeit, Stuttgart 1975.

7 Vgl. T. Mason, Zur Lage der Frauen in Deutschland 1930 bis 1940: Wohlfahrt, Arbeit und Familie, in: Gesellschaft. Beiträge zur Marxschen Theorie 6, Frankfurt/M. 1976, S. 118 ff. (S. 149 ff.).

8 Vgl. F.X. Kaufmann u.a., Sozialpolitik und familiale Sozialisation. Zur Wirkungsweise öffentlicher Sozialleistungen, Stuttgart 1980.

9 Vgl. K. Wahl u.a., Familien sind anders!, Reinbek 1980.

10 Vgl. D. Schwab, Grundlagen und Gestalt der staatlichen Ehegesetzgebung in der Neuzeit, Bielefeld 1967.

11 Vgl. auch G. Heinsohn, R. Knieper, Theorie des Familienrechts, Frankfurt/Main 1974, W. Voegeli, Funktionswandel des Scheidungsrechts, in: Kritische Justiz, 15. Jg. 1982, S. 132 ff.

12 Vgl. K. Wahl u.a., a.a.O.

II
Unsicherheiten im Alltag

Über einige Bedingungen alltäglichen Verhaltens in archaischen Gesellschaften

Klaus Zimmermann

Das Prinzip der Gegenseitigkeit, das dem Austausch von Gütern in archaischen Gesellschaften zu Grunde liegt, hat in der soziologischen und anthropologischen Literatur unseres Jahrhunderts zunehmend Aufmerksamkeit gefunden.[1] Man unterscheidet hierbei den ökonomischen vom rituellen Tausch. Beim ersteren werden Güter getauscht, die einen Nützlichkeitswert haben, also der Befriedigung menschlicher Bedürfnisse dienen, seien diese physiologischer oder geistiger, zum Beispiel ästhetischer Art. Die Güter, die beim rituellen Tausch den Besitzer wechseln, sind in keiner Hinsicht nützlich oder zu irgendetwas dienlich. Dennoch genießen sie die höchste Wertschätzung, die man sich vorstellen kann, und der Gabentausch selbst ist die wichtigste Transaktion im Leben dieser Gesellschaften.[2]

Die folgende Untersuchung geht der Frage nach, was für einen Wert die Gaben des rituellen Tausches eigentlich haben, worin ihr Wertcharakter besteht. Die These ist, daß der auf dem Prinzip der Gegenseitigkeit basierende und zur Äquivalenz tendierende Gabentausch eine konstitutive Funktion hat: er ermöglicht 1. die archaische Welt, 2. die Verfassung des archaischen Anthropos und 3. das besondere In-der-Welt-sein archaischer Menschen.

Der Ausdruck „archaisch“ meint eine bestimmte Weise des Umgehens und Zu-tun-habens der Menschen mit sensorischen Gegebenheiten, - und zwar meint er diejenige Weise des Verhaltens, die „älter“ ist als jene, die die Griechen im ersten vorchristlichen Jahrtausend - zwischen Thales und Aristoteles - entwickelten und die als „rationales“, auf einsehbaren Gründen beruhendes, begründbares und erklärbares Verhalten bezeichnet werden kann. Archaisches Verhalten ist, grob gesagt, magisches, rituell-kultisches und mythisches Verhalten. Ein solches Verhalten findet sich sowohl bei den steinzeitlichen Menschen, als auch bei denen der frühen Hochkulturen (Sumerer, Babylonier, Ägypter, Inder, Chinesen, Perser). Man kann auch das sogenannte „primitive“ Verhalten der heute noch lebenden Naturmenschen archaisch nennen, und es ist auch erlaubt, bestimmte Formen des Verhaltens unserer Kinder bis zum 7. oder 11. Lebensjahr als archaisch zu bezeichnen.[3] Es gibt Verschiedenheiten und Entwicklungsstufen des archaischen Verhaltens. Da es in der vorliegenden Betrachtung bloß um den Unterschied von archaischem und rationalem Verhalten geht, können diese Unterschiede weitgehend unberücksichtigt bleiben.

Der Gabentausch vollzieht sich in zwei Formen: als Austausch zwischen Menschen und Menschen und als Austausch zwischen den Menschen und der Natur. Die archaischen Menschen selbst machen allerdings diese Unterscheidung nicht. Was für heutige Menschen bloße Naturerscheinungen sind, sind für archaische Menschen gesellschaftliche Erscheinungen und umgekehrt werden sozio-kulturelle Gegebenheiten als Naturerscheinungen erlebt. Natur und Gesellschaft sind noch nicht voneinander geschieden. Es ist also nicht so, daß sie „an sich" voneinander geschieden sind und die archaischen Menschen - wegen ihrer „primitiven Mentalität" - das nur nicht bemerken. Die Theorie der Gesellschaft muß damit rechnen, daß das Kategorienpaar „Natur" - „Gesellschaft" keine anthropologische Konstante bezeichnet. Um also das archaische Verhalten - und damit den Gabentausch - zu verstehen, muß man eine methodische Einstellung beziehen, die diesseits der Unterscheidung von „Natur" und „Gesellschaft" liegt. Wenn man aber diese Unterscheidung macht, sei es bewußt oder unabsichtlich, verfehlt man das Verhalten, das die Form archaischen Gebens und Nehmens hat und imputiert den archaischen Menschen eine Handlungsstruktur, die sie nicht haben, nämlich die des rational-intentionalen Verhaltens.

Archaische Menschen erleben alles Sein und Geschehen als ein „Geben": Der Acker gibt das Korn, die Sonne schenkt Wärme, der Tag bringt das Licht, der Himmel schickt den Sturm, das Meer gibt den Hering und den Lachs, und der Wald gibt den Hirsch und das Reh. Das Sein von etwas, also sein Vorhandensein, Auftreten und Bestehen wird von vornherein als Gabe aufgefaßt. „Es gibt Weizen" bedeutet ganz direkt: der Acker gibt den Menschen das Korn, so, wie ein Mensch einem anderen etwas überreicht, darbringt und schenkt. Und ebenso gibt die Sonne Wärme oder Dürre und gibt der Himmel Licht oder Sturm.

Solches Reden verstehen wir auch heute noch. Aber wir verstehen es metaphorisch. Was das Geben dagegen für archaische Menschen bedeutet, wird nur verständlich, wenn man sich klar macht, was wir heute eigentlich meinen, wenn wir sagen „Der Acker gibt Weizen". Der archaische Sinn von „Gegen" und „Gabe" wird nur deutlich, wenn man die moderne Bedeutung dieser Ausdrücke bewußt und explizit ausschaltet; denn die archaische Bedeutung der alltäglichen Rede „Es gibt Regen" oder „Es gibt Fremde im Ort" ist das gerade Gegenteil der Bedeutung, die wir mit der Rede verbinden „Es gibt Touristen in der Stadt" oder auch „Der Acker gibt Korn".

Unser Verstehen und Verwenden der genannten Ausdrücke setzt die seit Platon und Aristoteles entwickelte abendländische Ontologie und deren Kategorien voraus. Einige der Kategorien, die für den hier behandelten Fall wichtig sind, sind die folgenden:

1. Acker und Korn, Sonne und Mond, Wagen und Schwert sind für uns „Dinge". Dinge sind Träger - „Substanzen" - von Eigenschaften und Vor-

gängen. Die Eigenschaften sind entweder wesentliche oder unwesentliche. Wesentliche Eigenschaften sind z. B. die, die ein Stück Land haben muß, damit es ein Acker ist. Während die wesentlichen Eigenschaften mit Notwendigkeit einem Ding zukommen, wenn es ein Ding dieser besonderen Art sein soll, können ihm die unwesentlichen Eigenschaften fehlen oder auch zukommen. In beiden Fällen ändert dies nichts am Wesen der betreffenden Sache.

2. Alle Dinge wirken aufeinander. Sie sind Ursachen anderer Dinge oder Vorgänge, wie sie auch selbst von anderen verursacht worden sind. Als Ursachen gelten nur reale, d. h. im Kontext der Erfahrung auftauchende Gegebenheiten. Es gibt Regen oder Korn, weil es Ursachen dafür gibt.[4] Unser Konzept von Sein (von „es gibt") beruht neben der Dingkategorie auf der Kausalkategorie.

3. Wir setzen voraus, daß alles Wirken nach Regeln geschieht. Diese machen es notwendig, daß das Geschehen geschieht und daß es so geschieht, wie es geschieht. Das Dasein oder Eintreten von etwas hat nicht nur Ursachen, sondern auch Gründe (rationes). Gründe sind Gesetze und Gesetze sind Regeln, die die Notwendigkeit des Daseins und Soseins von etwas ausdrücken. Es gehört zum Wesen der Gesetze, daß sie begreifbar, also der menschlichen Einsicht (ratio) zugänglich sind. Die Einsicht ihrerseits ist nichts als das Erfassen der Gründe, die ein Geschehen notwendig machen.

4. Weil das, was es gibt, aufgrund von Ursachen und Gesetzen notwendig ist, hat jedes Geschehen und Bestehen ein Ansichsein, d. h. es geschieht und existiert ganz unabhängig vom Wünschen, Fürchten, Wollen und Meinen der Menschen. Was wir das Sein der Dinge nennen und von den subjektiven Akten des Denkens, Meinens, Wollens und Fürchtens auf das genaueste unterscheiden, besteht wesentlich in diesem Ansichsein.

5. Der Kausalzusammenhang umfaßt alle Dinge, Geschehnisse und Prozesse, die vorkommen. Es gibt daher nur einen einzigen Seinszusammenhang, nur *eine* Welt. Welt ist ein Singular.

Die Anordnung der Erscheinungen nach diesen - und noch einigen anderen - Kategorien nannten die Griechen „physis", was die Römer mit „natura" übersetzten. Dieses physis-natura-Konzept ist identisch mit der klassischen Ontologie, also mit der Lehre, die die Fragen zu beantworten sucht, welches die Prinzipien dafür sind, daß es etwas gibt oder nicht gibt. Dieses Konzept liegt, wenn auch mit bestimmten Abwandlungen - die insbesondere den Gesetzesbegriff betreffen -, dem neuzeitlichen Naturbegriff zugrunde, aber auch unserer vorwissenschaftlichen Weltauffassung. Auf ihm beruht unser gesamtes alltägliches Verhalten.

Die Griechen haben diesem Konzept nicht nur den Namen gegeben, sondern haben es überhaupt erfunden. Vorher und außerhalb ihres Bannkreises ist es nicht vorhanden. Es ist auch nicht nur ein Konzept des Auffassens und Verstehens, sondern eine Verfassung des menschlichen Verhaltens in allen seinen Momenten. Dieses, mit Recht als „rational" bezeichnete, Verhalten ist es, das die sensorischen Gegebenheiten *als* „Natur" begegnen läßt. Die Natur „als Natur" gibt es nur da, wo es dieses bestimmte Verhalten gibt. Aber auch das umgekehrte gilt: dieses Verhalten gibt es nur da, wo die sinnlichen Erscheinungen die Form der „Natur" haben. Die Natur „als Natur" ist die Bedingung der Möglichkeit rational-vernünftigen Verhaltens - und das rational-vernünftige Verhalten ist die Bedingung der Möglichkeit der Natur als solcher.[5] Wenn das so ist, dann besteht das erste methodische Postulat der Untersuchung archaischen Verhaltens darin, das physis-natura-Konzept auf das strikteste auszuklammern und sich seiner bei der Analyse des Verhaltens und der Erscheinungen, mit denen es dieses Verhalten zu tun hat, ganz entschieden zu enthalten. Für *uns* mögen die archaischen Menschen in der „Natur" leben. Wenn man jedoch streng phänomenologisch auf ihr Verhalten blickt und auf das, was diesem Verhalten gegeben ist, dann kann von „Natur" im eigentlichen Sinn des Wortes keine Rede sein und die Verwendung dieses Wortes ohne einschränkenden und erläuternden Zusatz ist zumindest fahrlässig.

Nun ist dieses methodische Postulat seit langem bekannt. Schon Hegel sagt, daß für das archaische Verhalten „noch nicht die prosaischen Kategorien wie Ursache und Wirkung" gelten,[6] daß der archaische Mensch in den Erscheinungen „noch nicht ein an sich vollendetes System von Gesetzen" zu erblicken vermag.[7] Nach Nietzsche wissen die Menschen in den frühen Zeiten „noch nichts von Naturgesetzen; weder für die Erde noch für den Himmel gibt es ein Müssen; eine Jahreszeit, der Sonnenschein, der Regen kann kommen oder auch ausbleiben. Es fehlt überhaupt der Begriff der natürlichen Kausalität (...); die ganze Vorstellung vom 'natürlichen Hergang' fehlt - sie dämmert erst bei den älteren Griechen, das heißt in einer sehr späten Phase der Menschheit".[8] Der nach unserer Überzeugung alle Völker und Zeiten „umfassende Raum der Natur relativiert sich (somit) auf unser abendländisches Menschentum und gibt die Möglichkeit anderer Naturen frei".[9] Die „Natur" als ein „dem Menschen und seinem Tun entgegengesetztes Reich" gibt es für die primitiven Menschen nicht.[10]

Es ist aber eines, die Abwesenheit des Naturkonzeptes bloß zu konstatieren, und ein anderes positiv, also inhaltlich zu zeigen, wie denn die Gegebenheiten und die Zusammenhänge beschaffen sind, mit denen es das archaische Verhalten zu tun hat. Wenn das Milieu, in dem die archaischen Menschen leben, nicht die Grundstruktur der Physis-natura hat, welche Struktur hat es dann?

Nietzsche hat angenommen, daß die archaischen Menschen wegen der fehlenden Kategorien von Dingen, Kausalbeziehungen und Gesetzen, in einem „ungeheuren Komplex von Willkürlichkeiten" leben, in einem Milieu, das durch „Regellosigkeit" gekennzeichnet ist. Diese Annahme liegt nahe, ja sie ist unvermeidlich, wenn man das physis-natura-Konzept absolut setzt. Daß man das physis-natura-Konzept absolut setzt, ist seinerseits fast unvermeidlich. Das hängt mit dem Gesetzes- und Wahrheitsbegriff zusammen. Dennoch ist Nietzsches Annahme falsch. Die archaischen Menschen verstehen sich auf Regelmäßigkeiten im Geschehen, auf Gleichförmigkeiten, Gleichheiten und Ähnlichkeiten in den Erscheinungen. Sie stellen sich in ihrem Wahrnehmen und Tun darauf ein, daß die Sonne jeden Morgen aufgeht, daß das Korn jedes Jahr reift, daß die Jahreszeiten ihren gleichförmigen Ablauf haben, daß das Wild immer denselben Wechsel nimmt und die Lachse immer wieder flußaufwärts ziehen.

So war der frühe Mensch des Zweistromlandes ,,den großen kosmischen Rhythmen gegenüber durchaus nicht blind, er sah das All als Ordnung, nicht als Anarchie".[11] Für die Germanen ist ,,Midgard", die von den Menschen bebaute Erde, eine geordnete, verläßliche und liebliche Welt, ,,die Burg, die die Götter zum Schutz gegen die Riesen", also gegen das Chaos erbaut haben.[12] Ähnliches kann man auch aus allen Berichten von Malinowski, Radcliffe-Brown, Evans-Pritchard oder Lévi-Strauss herauslesen.

Die archaischen Menschen setzen aber nicht voraus - und eben darin unterscheiden sie sich von uns -, daß die Regelmäßigkeit im Geschehen und die Ordnungen in den Erscheinungen auf notwendigen und allgemeinen Regeln, auf Gesetzen beruhen. Sie machen nicht jene für uns selbstverständliche Annahme, daß die Ernte sich mit Notwendigkeit einstellen muß, wenn alle Bedingungen beisammen sind und daß, wenn sie sich nicht einstellt, auch dieses durch Gesetze begründet und von realen Vorgängen bewirkt worden ist. Das sensomotorische Sich-verstehen auf *Regelmäßigkeiten* ist nicht schon ein Sich-verstehen auf *Regeln*, geschweige denn ein Begreifen von *Gesetzen* und ein Handeln aufgrund solchen Begreifens. Die Regelmäßigkeit des Geschehens beruht für die archaischen Menschen nicht auf der Modalkategorie der Notwendigkeit.

Worauf beruht für die archaischen Menschen die Regelmäßigkeit des Geschehens und die Ordnung der Erscheinungen? Sie beruht darauf, daß alle Erscheinungen ständig Gaben austauschen. Das auf Gegenseitigkeit beruhende Geben und Nehmen ist der Grund der Ordnung der Welt. Der Gabentausch ist der ununterbrochene Vorgang der Weltschöpfung, ist die creatio continua der archaischen, der vor-ontologischen Welt.

Wie ist das zu verstehen?

Daß für die archaischen Menschen die Regelmäßigkeiten des Geschehens und die Ordnungen der Erscheinungen nicht auf objektiven Notwendigkeiten und an sich seienden Gesetzen beruhen, bedeutet, daß die Erscheinungen regellos werden, daß sie die Ordnung ihres Verhaltens je und je vergessen oder verlieren können: Die Ordnung als solche ist ständig gefährdet. Nicht daß die einzelnen Erscheinungen vergehen können, also die Sterblichkeit der irdischen Wesen ist die grundlegende archaische Überzeugung, sondern der stets drohende Untergang jeglicher geordneter Beziehung überhaupt, also der ständig mögliche Untergang des Kosmos im Ganzen, die Götterdämmerung selbst. Die vertrauten Erscheinungen enthalten von daher ein sehr tiefgreifendes Moment der Fremdheit, einen fundamentalen Zug von Unvertrautheit und Unheimlichkeit. Von den Germanen sagt Grönbech, daß im Grund ihres Gemüts das Gefühl lebendig sei, daß die Wesen, inmitten derer sie leben, „Keime der Feindschaft in sich tragen; sie können sich verirren, sie können 'ungeheuer' werden": „da wird der feucht-kalte Boden unfruchtbar, da verliert das Vieh die Gabe, Nutzen zu spenden, und die Bäume werden Träger des Unheils; die Fische wandern in geschlossenen Zügen nach dem Meer aus, während die See zerstörend das Land überflutet".[13] Da „verlieren die Himmelskörper ihren Weg", die Sonne kennt „ihre Säle" nicht mehr, der Mond nicht seine „Macht" und die Sterne nicht „ihre Stätte".[14]

In allen alten Kulturen gibt es diese Scheidelinie, die das Bekannte vom Fremden, das „Geheure" vom „Nicht-Geheuren" trennt.[15] Das Bekannte ist das Vertraute, das Gewohnte, dasjenige, worin man sich auskennt, wo man sich verhalten und mit den begegnenden Erscheinungen in eindeutiger Weise umgehen kann. Das Vertraute ist der immerwährende Aufgang der Sonne, das Schwärmen der Heringe, das Wandern der Lachse stromaufwärts, das Fallen des Regens, wenn der Weizen keimt. Aber auch das Ausbleiben des Regens ist vertraut, das Bersten der Holzschalen des Zandeschnitzers, das Eitern der Wunde, die gewöhnlich schnell und komplikationslos heilt: man weiß, daß Hexerei im Spiel ist und was man dagegen zu tun hat. Die Sache wird erst unheimlich, wenn die Gegenmagie nicht wirkt und die Orakel keine Auskunft geben.[16]

Die Ausführungen Grönbechs und anderer zeigen, daß die Germanen das Bewußtsein zweier ganz verschiedener Weltzustände haben, oder, um es in archaischer Sprechweise auszudrücken: daß es zwei Welten gibt: Midgard und Utgard. Midgard ist die freundliche, geordnete, liebliche, die holde und günstige, die schöne und geschmückte Welt. Sie entspricht dem, was die Griechen Kosmos nannten. Diese Welt ist geheuer. Das Geheure ist ursprünglich der Bereich des Hauses, der Sippe, ist der umfriedete und eingehegte Bezirk. Hier ist alles vertraut, bekannt und verstanden. Dieser Bereich des Hauses wird nicht primär ökonomisch verstanden, also als nützlich und dienlich zur Befriedigung der leiblichen Bedürfnisse. Das Geheure hat - wie das Ungeheure - primär affektiv-orektische Qualitäten: Es macht, daß dem Menschen geheuer zu Mute ist, daß er also voller Lebensmut und Unternehmungslust ist. Das Geheure wie das Ungeheure sind Weisen, wie die Erscheinungen das Individuum anmuten. Anmutungscharaktere aber sind keine Eigenschaften von Dingen, haben also kein gegenständliches oder objektives Sein. Das besagt dann aber, daß es - immer schon - Weisen sind, wie dem Individuum zu Mute ist. Im Bereich des Zu-Mute-seins gibt es (noch) nicht die Trennung von Subjektivem und Objektivem. Das Gemüt ist nicht - wie die Psyche - etwas Inneres, für das die Umwelterscheinungen den Charakter des Draußen-seins, der Gegenständlichkeit haben.[17] Daß dem Individuum unheimlich zu Mute ist, meint also nicht, daß es hier einen subjektiven, psychischen Zustand gibt, der einer bestimmten Dingeigenschaft, z. B. der Unheimlichkeit einer Landschaft korrespondiert, sondern die Unheimlichkeit der Landschaft ist selbst eine bestimmte Gemütsverfassung der Menschen: ihm ist unheimlich zu Mute. Und daß ihm unheimlich zu Mute ist, ist kein bloß inneres Erlebnis, sondern ist der Seinsmodus der jeweiligen Umwelt.[18]

Die Gemütsaufwallungen sind auch insofern keine bloß inneren und psychischen Befindlichkeiten, als sie vielmehr Weisen des menschlichen Existierens sind. In der überschäumenden Freude, der alles vergessenden Sorglosigkeit, dem aufbrausenden Zorn, der lähmenden Furcht und beklemmenden Angst ereignet sich das archaische Dasein; denn das Gemüt, verstanden als das Ganze des Zu-Mute-seins, ist jene Seinsverfassung des Anthropos, die sich noch nicht verinnerlicht und damit den lebendigen Leib als Körper veräußerlicht hat.[19] Gemütserregungen, archaische Affekte sind psychophysisch indifferent und das heißt, daß sie überhaupt nur als leibliche Vorgänge existent sind:[20] Wenn Roland „behende" und Achill „fußflink" genannt werden, dann sind das keine mythisch-epischen Beschreibungen der leiblichen Verfassung mutiger Männer, sondern es ist gemeint, daß ihr Mut mit ihrer Behendigkeit und Gelenkigkeit identisch ist.[21] „Psyche" und „Leben" sind zwei sich unterscheidende Größen. Das Gemüt ist mit dem Leben - mit dem Dasein, mit der Existenz - eins.

Das Fremde und Ungeheure, gleich stark und intensiv in der archaischen Welt wie das Befreundete und Geheure, ist das Unfaßbare. Es macht den Menschen in dreierlei Hinsicht fassungslos: Es ist zunächst das, was mit den vorhandenen Wahrnehmungs- und Vorstellungsschemata des Individuums nicht mehr faßbar ist.[22] Es übersteigt alle sensorischen und imaginativen Auffassungsmuster. Zwar sind diese Muster noch da und auch sinnlich Gegebenes bedrängt das Individuum, aber beide stimmen nicht mehr, d. h. sie passen nicht zusammen. Das Gegebene ist in jeder Hinsicht unverstehbar.

Und so, wie das sensorische Verstehen nicht mehr greifen kann, so auch nicht das motorische: Die Umgehensgewohnheiten, Tätigkeitsformen und Aktionsmuster können das Begegnende nicht fassen und verarbeiten. Jede Art von Bewegungskoordination droht zu zerfallen, die Motorik wird desorganisiert und das Individuum gerät an die Grenze von Verhalten überhaupt; denn alles normale, alltägliche Verhalten ist koordinierte Aktion im Hinblick auf sinnlich Gegebenes. Angreifend und fliehend, liebend und schützend „versteht" das Individuum das sinnlich Gegebene, bewältigt es mit seinem Tun die Sinneserscheinungen. Das Fremde aber ist das, was durch kein Tätigkeitsschema mehr gefaßt werden kann.

Die sensomotorische Fassungs- und Ratlosigkeit hat ihre affektiv-orektische Komponente in der Angst. Diese ist nicht ein die sensomotorische Fassungslosigkeit nur erschließendes Gefühl, sondern die drohende Desorganisation des gesamten Verhaltens selbst;[23] denn das Unfaßbare steht dem Individuum nicht „gegenüber", ist also kein bloß kognitiv Fremdes im neuzeitlichen Sinne, sondern ist eine fundamentale Möglichkeit menschlichen, d. h. nicht angeborenen Verhaltens: dieses kann all seine Fassung und damit sich selbst ständig verlieren. In der Angst findet das Individuum sein Nicht-mehr-agieren-können unmittelbar und distanzlos vor.

Zur vertrauten und verstandenen Welt gehört auch die Feindschaft der Sippen, gehören Kampf, Krieg und vor allem Rache und Totschlag. Und in dieser Welt braucht der Mensch Mut und empfindet er auch Furcht. Aber all das ist geheuer. Die Burgunden in der Entscheidungsschlacht in Etzels Hof, die Trojaner bei der letzten Schlacht um Ilion mögen Furcht empfinden, aber sie verstehen diese Welt. Es ist nichts Unheimliches am Geschehen des Untergangs einer Stadt oder einer Gefolgschaft. Immer sind es Menschen und Götter, mit denen man kämpft, aber stets versteht man, was vorgeht. Es ist nichts Befremdliches daran, einem Gott in der Schlacht zu begegnen. Das Nicht-Geheure, das Unheimliche liegt jenseits dieser Sphäre von Mut und Furcht, jenseits der Sphäre der Götter. Die Götter haben Midgard geschaffen und erhalten es. Sie sind keine Ungeheuer. Das Ungeheure lähmt das Verhalten und wendet es in seine Unmöglichkeit. Es ist die Umkehrung des Lebens überhaupt: die „Katastrophe". Die Angst vor dem Unbekannten erstreckt sich daher „weit über das Gefühl hinaus, daß eine Gefahr Leib und Leben bedroht, sie führt zu der qualvollen Vorahnung, wo die Verzweiflung jeden Augenblick ausbrechen möchte"; denn wo die Wesen nicht durch Geben und Nehmen, durch Austausch ihres Heils zusammengeschweißt sind, steht der Mensch vor der drohenden Gefahr, „katastrophalen Ereignissen ausgesetzt zu werden".[24] Das Fremde - oder der Fremde - ist für archaische Menschen nichts Innerweltliches. Es ist vielmehr das, was außerhalb aller Regeln und Ordnungen steht, es ist das Aufhören aller Ordnungen und Regelmäßigkeiten. Die Naturordnung selbst, die Weltordnung gerät aus den Fugen, der vertraute Gang der Dinge verkehrt sich in sein Gegenteil: in das Chaos. In der Tat bezeichnet der griechische Ausdruck „Chaos" das Gemeinte: das Chaos ist der prä-kosmische Zustand, der absolute Widerpart der schönen Erde.

Weil das Fremde und Ungeheure stets präsent sind, ist das archaische Verhalten neben Freude und Freundschaft durch die Begierde zur Vernichtung des Fremden charakterisiert, durch die stets wache Bereitschaft zur Gewalt. Die „am meisten hervorstechende Eigenschaft" der natürlichen und gesellschaftlichen Umwelt ist für den Nordländer ihre „Feindseligkeit", - es sei denn, daß sie von den Menschen „bebaut und bewohnt" ist, und „selbst unter solchen schönen Gefilden begegnet ihm nur sein Heimatgau, sein 'Erbland' ganz und gar mit freundlichen Gefühlen".[25] Auch für den Trobriand-Insulaner ist die Welt „voller Gefahr und Ungewißheit". Er fühlt sich „in einem fremden Land niemals sicher und wohl".[26] Es handelt sich hierbei nicht bloß um ein subjektives Gefühl, um eine „Welt-Anschauung", sondern um die natürliche und gesellschaftliche Realität. Das zeigt noch die Odyssee sehr deutlich: Als die von Odysseus erschlagenen Freier den Hades betreten, kann sich der Schatten von Agamemnon nur zwei Gründe für die Massenankunft der besten Männer von Ithaka denken: entweder regte „Poseidon schwere Winde und hohe Wellen auf und überwältigte euch in euren Schiffen" oder fremde Männer erschlugen euch, „als ihr schöne Herden von Rindern raubtet und Schafen oder auch kämpftet um eine Stadt und ihre Weiber".[27] Die Welt der Odyssee ist in viele kleine Gemeinschaften geteilt und „zwischen all diesen Gemeinschaften war die normale Beziehung feindlich, manchmal passiv, eine Art von bewaffnetem Frieden, manchmal aktiv und kriegerisch".[28] In den archaischen Zeiten waren die Menschen - abgesehen von relativ kleinen Gemeinschaften einander vertrauter Individuen - in einer uns heute kaum nachvollziehbaren Weise einander fundamental fremd. Und der Fremde ist der Feind, und zwar jener Feind, der außerhalb aller Regeln steht, derjenige, „den keine Verpflichtung an Schaden und Zerstörung hindern kann".[29] Daher löst er sofort Argwohn, Mißtrauen und Feindseligkeit aus.[30].

Die Fremdheit des Fremden besteht nicht in einem kognitiven Unbekanntsein, sondern in seiner chaotischen Gewalttätigkeit. Dem kann das Individuum auch nur mit ungeregelter Gewalttätigkeit begegnen. Die abgrundtiefe Fremdheit, die der Anthropos dem Anthropos gegenüber zu empfinden und auszudrücken vermag, läßt sich nur erahnen, wenn man bedenkt, daß der Begriff des Menschen als „Menschen" nicht älter ist als der der „Natur": er ist eine Entdeckung der Griechen. Erst zu Platons Zeiten begann man bekanntlich zu begreifen, daß die Athener, Phönizier, Perser und Babylonier nicht nur dieses sind, sondern daß sie darüber hinaus ein ihnen allen gemeinsames, identisches Wesen haben, das darin besteht, „Mensch" zu sein.

Das setzt jene Fähigkeit der Bildung von Allgemeinbegriffen („Ideen") voraus, die sich - unter dem Namen der „Vernunft" - in jenen Zeiten auszubilden begann und zweitens die Fähigkeit, sich aufgrund solcher Begriffe praktisch zu den anderen Menschen zu verhalten, also moralisch zu handeln. Sokrates ist nach einem Diktum Hegels nicht als großer Lehrmeister der Moral anzusehen, sondern als deren „Erfinder".[31] Und nur wo es Moral gibt, gibt es Unmoral. Das archaische Verhalten ist in seinen Gewalttätigkeiten nicht als unmoralisch zu qualifizieren. Es befindet sich diesseits moralischer Qualifizierungen. Seine Regeln haben nicht die Form von moralischen Geboten, sondern von Sitten und Riten. Der Verstoß gegen eine solche Art von Regeln hat nicht den Charakter von Schuld und Schuldbewußtsein („Gewissen"), sondern er erscheint als Chaos und lähmendes Entsetzen.

Fremdheit in diesem praktisch-existenziellen Sinn ist ein Grundcharakter der archaischen Welt. Aber sie ist auch eine fundamentale, alles Verhalten durchdringende Möglichkeit des menschlichen Lebens. In der Möglichkeit der Fremdheit stimmen die Verfassung der Welt und die des Menschen überein.

Damit ist nun der Ausgangspunkt für ein angemessenes Verständnis des Gabentauschs gegeben. Allein vom Fremden und Ungeheuren her, ist das Geben und Nehmen in seiner genuinen Bedeutung zu erfassen. Der Gabentausch hat seinen Grund im ständig möglichen Untergang von Himmel, Erde, Mensch und allem, was es gibt. Der Sinn des Gabentauschs liegt in der Verhinderung dieses Untergangs, in der ständigen Ermöglichung der „Welt", d. h. des Zusammenstimmens aller Dinge, die es „gibt" und die es eben nur aufgrund dieser Zusammenstimmung gibt, die also ihr Sein - ihr Dasein und Sosein - dieser Zusammenstimmung verdanken. Regen und Ernte, Haus und Hof, Geburt und Sieg „gibt" es nicht auf Grund des Gabentausches: der Himmel und die Erde „geben" den Menschen Regen und Ernte, weil sie gütig und freundlich gestimmt sind. Die Stimmungen aber, in denen alles Geben und Verweigern gegründet ist, hängen ganz und gar von den Gaben ab, die die Menschen dem Himmel und der Erde, dem Fluß und dem Wald, den Ahnen und den Verwandten darbringen. Wenn also der Himmel Regen „gibt", dann ist das eine Gegengabe für ein empfangenes Geschenk. Durch ständiges gegenseitiges Geben und Nehmen wird die Fremdheit aufgehoben und die Zusammenstimmung aller Wesen geschaffen, wird also die Welt - archaisch gesprochen: der Frieden - je und je hervorgebracht.

Der Frieden ist zunächst Frieden der Menschen untereinander. Wenn die fremden, gewalttätigen Wesen, die dem Individuum begegnen, „Keime zur Feindschaft" in sich tragen, muß man mit ihnen Freundschaft schließen und ihren Grimm in Freundlichkeit verwandeln. Das geschieht allein durch den Austausch von heilspendenden Gaben, also durch gegenseitiges Teilgeben am eigenen Heil und Teilnehmen am Heil des anderen. Man gibt dem Fremden etwas vom eigenen Heil, vom überschäumenden Glück der eigenen Sippe oder Stadt und nimmt dafür etwas von dessen Heil in sich auf. „Das einzige Mittel, die Bosheit der Fremden zu überwinden, ist, eine Verbindung mit ihrem Heil und ihrer Ehre einzugehen und mit ihnen die Seelen zu tauschen; dadurch werden Wille und Gefühl in den beiden Parteien gleichgerichtet, und von da an greifen ihre Taten ineinander, anstatt sich zu durchkreuzen".[32] Durch den Gabentausch schließt man mit dem Fremden Gastfreundschaft, Blutsbrüderschaft und Frieden. Der Austausch von Heil - von Daseinsmut und Lebenskraft - schafft „Verwandtschaft" und stiftet einen Bund. Im Gabentausch ist der Fremde ein Wesen, das mir gleich ist und ich bin ein Wesen, das ihm gleich ist. Die Gabe ist hierbei nicht ein Zeichen oder Symbol dieser Gleichheit und der darauf beruhenden gesellschaftlichen Verbundenheit der Menschen, sondern sie enthält diese Gleichheit und Verbundenheit: diese ist außer der Gabe und unabhängig von den reziproken Akten des Schenkens und Nehmens nicht vorhanden. Der Gabentausch ist die Verwirklichung einer zwar nicht erklärbaren, aber doch philosophisch-anthropologisch aufklärbaren Tendenz der Menschen zur Herstellung von Gleichheit, d. h. von Möglichkeiten alltäglicher Kommunikation und Kooperation mit allen Gegebenheiten, - seien diese menschlicher oder nichtmenschlicher Art. Das Schenken ist daher in der archaischen Welt kein alltägliches Verhalten, sondern die kultisch-festliche Bedingung der Möglichkeit von alltäglichem Verhalten überhaupt. Der rituelle Austausch von Ketten und Armreifen bei den Massim, von dem Malinowski berichtet, ist die Bedingung dafür, daß alltägliches Verhalten, z. B. der Handel mit nützlichen Gütern, zwischen den Bewohnern dieser weit verstreuten und sehr entlegenen Inseln möglich ist.

Der Austausch von Gaben macht den Fremden, dieses zu Unbestimmtheit, Regellosigkeit und damit zu chaotischer Gewalt neigende Wesen tatsächlich - und nicht nur in der Vorstellung, die die archaischen Menschen davon haben - zum „Freund", zum „Verwandten". Der Gabentausch schafft eine anthropologische Realität, nämlich eine bestimmte Gemütsverfassung, eine stabile, die unbeständigen Begierden überdauernde Weise gewaltlosen Zu-Mute-seins, die kommunikativ und kooperativ, also sozial ist,

z. B. Freundschaftlichkeit, Hochherzigkeit, Großmut, rückhaltlose Hilfsbereitschaft, Rücksichtnahme. Das Schenken beruht in archaischen Gesellschaften - anders als das heute der Fall ist - nicht auf bestimmten seelischen Einstellungen und Gesinnungen, sondern schafft diese allererst und hält sie am Leben. Das geschenkte Kleinod „erzeugt (...) Freude und gegenseitiges Wohlgefallen". Man wußte bei der Eheschließung, „daß die Liebe sicher kommen würde, wenn alle Formalitäten richtig und ordnungsgemäß ausgeführt wurden". So sind bei den Germanen die Umarmung und die Gabe „der Ursprung der Liebe",[33] aber nicht deren Ausdruck. Die Ausdruckskategorie ist, wie die Zeichen- und Bedeutungskategorie, weitgehend ungeeignet für eine angemessene Beschreibung archaischen Verhaltens und archaischer Riten.

Der ständige Gabentausch erhält den Frieden unter den einander zunächst fremden Menschen. „Frieden" ist das archaische Wort für das, was wir „Gesellschaft" nennen. Frieden ist nicht ein Zustand der Gesellschaft neben anderen möglichen Zuständen, z. B. dem Kriegszustand. Das Gegenteil von Frieden im archaischen Sinne ist nicht Krieg, sondern Chaos und Weltuntergang. Der Gabentausch als Friedensstiftung ist daher die Bedingung der Möglichkeit von Gesellschaft. Der Wert, den die konkret-dingliche Gabe - ein Armreif, eine Kette, ein Ring - im rituellen Tausch hat, lieg daher nicht in dem Nutzen, den sie innerhalb der Gesellschaft besitzt, sondern in ihrer die Existenz ermöglichenden Funktion.

Aber „Frieden" ist in der archaischen Welt nicht nur eine gesellschaftliche Kategorie, sondern eine solche, die auch jene Wesen, Dinge und Vorgänge betrifft, die wir „natürliche" nennen. Wenn man philosophische Begriffe auf das Leben archaischer Menschen anwenden will - was, wenn überhaupt, nur mit größter Vorsicht geschehen darf -, kann man sagen, daß „Frieden" eine fundamentale „ontologische" Kategorie ist.

Durch Geben und Nehmen schließen die Menschen nicht nur einen Bund mit den Menschen, sondern auch mit den sogenannten Naturdingen und Naturvorgängen: mit der Sonne, mit dem Mond, mit den Gestirnen überhaupt, mit den Fischen im Wasser, dem Wild in den Wäldern und auf den Steppen, den Bäumen, dem Ackerboden . „Der Grundton der alten Kultur ist nicht Streit und auch nicht Herrschaft, sondern Versöhnung und Freundschaft. Der Mensch bemüht sich, mit den Tieren, den Bäumen und den Mächten ringsum Frieden zu schließen. (...) Sein Freundeskreis reicht vom hohen Licht des Himmels bis zu dem Wurme, der in der Erde wühlt. Er umfaßt nicht nur den Käfer, der sich vielleicht gut essen läßt, sondern auch harmlose Insekten, die nie in seine Liste von Leckerbissen aufgenommen wurden; er umfaßt nicht nur die Giftschlange, sondern auch unschädliche kriechende Dinger, die nur von der Tatsache, daß sie zu seinem Lande gehören, einen Anspruch auf seine Aufmerksamkeit erheben können".[34] Jede Erscheinung, die dem Menschen begegnet, braucht ihren Ort und ihre Stelle in der einen Welt, also ihre Bedeutung. Durch kultisch-rituelles Geben und Nehmen werden die Erscheinungen erst das, was sie jeweils sind: Korn, Hering, Rabe, nützliches, schädliches oder gleichgültiges Insekt. Der rituelle

Austausch mitsamt seinen magischen Praktiken und mythischen Reden bezieht sich also nicht nur auf nützliche Dinge, auf Dinge, die die menschlichen Bedürfnisse befriedigen, sondern auf alles, was überhaupt vorkommt, auf die Natur als ganze.

Wenn man das über „Natur" und „Gesellschaft" sowie über die konstitutive Funktion des Gabentausch Gesagte zusammenfaßt, kann man sagen: Da beim Menschen das Verhalten nicht durch genetisch fixierte Koordination („Schemata") motorischer, sensorischer und orektischer Elemente - welche Erbkoordinationen man als „Instinkte" bezeichnen kann - bestimmt wird, sind die sinnlichen Gegebenheiten, beliebig welche, ursprünglich verhaltensindifferent und bedeutungsleer, also fremd, unverstanden und „feindlich". Das Geben und Nehmen macht diese Erscheinungen überhaupt erst zugänglich, d. h. praktisch und theoretisch faßbar. Es gibt ihnen Umgangsqualitäten und macht sie dadurch lebbar und erlebbar. Durch den ständigen Gabentausch „sind" die Dinge das, was sie sind, bekommen sie ihr Sosein; und erst dadurch ist alltäglicher Umgang mit ihnen möglich, also menschliches Verhalten in seinen konkreten Akten. Das Geben und Nehmen konstituiert also, modern gesprochen, einerseits die Erscheinungen („Objekte") in ihrem gesellschaftlichen und natürlichen Zusammenhang (also die „Welt") und andererseits das praktische und theoretische Verhalten der Menschen (also das „Subjekt"). Da aber alles Verhalten ein Umgehen und Zu-tun-haben mit den Erscheinungen in der Welt ist, ermöglicht der Gabentausch das In-der-Welt-sein der archaischen Menschen. Der Gabentausch konstituiert ineins die archaische Welt, den archaischen Menschen und das Leben in ihrer Welt.

Anmerkungen

1 Aus der Fülle der Literatur seien genannt: W. Grönbech, Kultur und Religion der Germanen 1909 - 1912, Darmstadt 1954. B. Malikowski, Argonauts of the Western Pacific, New York 1922; dt. Argonauten des westlichen Pazifik, Frankfurt a.M. 1979. M. Mauss, Essai sur le don, 1925; dt. Die Gabe, Frankfurt a.M. 1968; C. Lévi-Strauss, Les structures élémentaires de la parenté, Paris 1949; dt. Die elemative Konstruktion von Gesellschaft, Tübingen 1980.

2 Malinowski schildert ausführlich, wie die Tobriand-Insulaner den größten Teil des Jahres mit der Vorbereitung und Durchführung des sogenannten „Kula", der das Paradigma eines rituellen Austausches darstellt, zubringen.

3 vgl. dazu J. Piaget, La représentation du monde chez l'enfant. 1926; dt. Das Weltbild des Kindes. Frankfurt a.M. 1980. H. Werner, Einführung in die Entwicklungspsychologie, 4. Aufl. 1959.

4 Dies gilt auch da, wo man, wie in manchen modernen Wissenschaften den „Ursachenbegriff" vermeidet und von „funktionalen Abhängigkeiten" spricht.

5 Einen ersten Schritt in diese Richtung der Überwindung der Transzendentalphilosophie und damit der Aufhebung des Gegensatzes von Idealismus und Realismus hat die philosophische Anthropologie mit M. Scheler, Die Wissensformen und die Gesellschaft. 1926. Ges. Werke 8, 1960, S. 295 und H. Plessner, Die Stufen des Organischen und der Mensch 1928. Ges. Schriften 4, 1981, S. 107 ff. getan.

6 G. W. F. Hegel, Philosophie der Religion, Theorie-Werkausgabe Suhrkamp Bd. 16, S. 275.

7 G. W. F. Hegel, a.a.O. Bd. 17, S. 144.

8 Fr. Nietzsche, Menschliches, Allzumenschliches, Aphorismen. S. 111.

9 H. Plessner, Macht und menschliche Natur. Ges. Schriften 5, S. 149.

10 G. v. d. Leeuw, Phänomenologie der Religion. 1956, S. 38.

11 Th. Jacobsen, Mesopotamien, in: H. u. H. A. Frankfurt, J. A. Wilson, Th. Jacobson, The Intellectual Adventure of Ancient Men, Chicago 1946. dt. Frühlicht des Geistes, Stuttgart 1954, S. 138.

12 Vgl. Hoops, Reallexikon der germanischen Altertumskunde, Straßburg 1915 f., Art. Midgard.

13 Grönbech, a.a.O. I, 1954, S. 249.

14 Ebd., S. 249 u. S. 248.

15 Ebd., S. 249.

16 Vgl. Evans-Pritchard, Witchcraft, Oracles and Magic among the Azande, 1976; dt. Hexerei, Orakel und Magie bei den Zande, Frankfurt a. M. 1978, S. 60 ff.

17 Vgl. u. a. E. Ströker, Philosophische Untersuchungen zum Raum. Frankfurt a. M. 1965, S. 25 f. 37 f.

18 „Das Gestimmtsein bezieht sich nicht zunächst auf Seelisches, ist selbst kein Zustand drinnen, der dann auf rätselhafte Weise hinausgelangt und auf die Dinge und Personen abfärbt". Es „kommt weder von 'Außen' noch von 'Innen', sondern steigt als Weise des In-der-Welt-seins aus diesem selbst auf". (Heidegger, Sein und Zeit. Halle a. d. S. 1927, S. 137, 136). Sehr erhellend für das hier gemeinte Phänomen ist Josef Königs Unterscheidung von „determinierenden und modifizierenden Prädikaten" in: Sein und Denken, Halle 1937, S. 1 ff.

19 Zur Unterscheidung von Leib und Körper siehe H. Plessner, Die Stufen des Organischen a.a.O., S. 365 ff.

20 Die „meisten unserer Gemütsbewegungen sind so innig mit ihren Ausdrucksformen verbunden, daß sie kaum existieren, wenn der Körper passiv bleibt" (Charles Darwin, Der Ausdruck der Gemütsbewegungen. 1872, S. 242).

21 Vgl. die schönen Beispiele bei M. Wandruszka, Angst und Mut. Stuttgart 1950, bes. S. 98 ff.

22 Der Ausdruck „Schema" wird hier im Sinne von J. Piaget gebraucht.

23 Vgl. zum Thema Angst K. Goldstein, Beobachtungen über die Veränderungen des Gesamtverhaltens bei Gehirnschädigung, in: Monatsschrift für Psychiatrie und Neurologie. 1928, 68, S. 217 - 242 bes. S. 232.

24 Grönbech a.a.O. I, S. 250.

25 Ebd., S. 133.

26 Malinowski, Argonauten 1979, S. 124.

27 Vgl. Odyssee, Buch 24, S. 109 ff.

28 M. I. Finley, The World of Odysseus. 1977. dt. Die Welt des Odysseus. München 1979, S. 101.

29 Grönbech a.a.O. I., S. 250.

30 Das Grimmsche Wörterbuch nimmt (im Artikel „Gast") an, daß „hostis, Gast, ursprünglich der Fremde ist, der nach der Sitte, die noch in Sagen nachklingt, als Feind den Göttern geopfert wird, zugleich aber, wie jedes blutige Opfer, von den Opfernden als frommes Mahl verzehrt wurde als hostia humana, und der Anklang von hostis und hostia kann diese Annahme wohl stützen".

31 Vgl. G. W. F. Hegel, Vorlesungen über die Philosophie der Geschichte. Theorie-Werk-Ausgabe Suhrkamp 12, S. 329.

32 Grönbech a.a.O. I, S. 251.

33 Ebd., S. 62 f.

34 Ebd., S. 243 f.

Peinliche Situationen

Hans Peter Dreitzel

„Wenn's peinlich wird, muß man versachlichen". (Aus Hans Paul Bahrdts unveröffentlichten Kneipen-Bemerkungen)

Die Erfahrung peinlicher Situationen bleibt niemandem erspart. Befragt nach einer besonders peinlichen Erinnerung fallen jedem sofort ein oder zwei Situationen ein, an die er sich nur ungern erinnert und die oft der Zeit der eigenen Kindheit oder Jugend angehören, als man sich im Verhältnis zu sich selbst und den anderen noch weniger sicher war. Aber trotz der täglich geübten Kontrolle über unsere Körperlichkeit und unsere unmittelbare gegenständliche Umwelt, trotz lebenslanger Bemühung um die richtige Umgangsform und den richtigen Ton in jeder sozialen Situation, widerfährt uns immer wieder einmal ein peinliches Mißgeschick, vergreift sich jeder zuweilen im Ton oder im Takt. Und das nicht nur bei zeremoniellen Vorgängen, die von den Teilnehmern eine besondere Rollenkompetenz erfordern, sondern eben auch bei den scheinbar so routinisierten sozialen Handlungen des Alltags. Peinlichkeit ist das Gefühl der Erfahrung, auf dem dünnen Eis der menschlichen Verkehrsformen wieder einmal ausgerutscht oder gar eingebrochen zu sein. Und dieses Gefühl kann eine so brennende Intensität erreichen, daß man sich wünscht, sogleich in den Erdboden zu versinken und selbst die Erinnerung an die entsprechende Situation unverzüglich auszulöschen. Gerade die peinlichsten Erinnerungen aber, so banal sie oft sind, pflegen sich ins Gedächsnis einzubrennen und dem Vergessen einen erstaunlichen Widerstand entgegenzusetzen, obwohl - oder gerade weil - man nahezu niemals über sie spricht.

Dennoch ist Peinlichkeit eine genuin soziale - und darin eben nicht nur allzu-menschliche, sondern auch humane - Erfahrung. So sehr nämlich wem etwas Peinliches widerfahren ist sich momentan als ganz und gar außerhalb der gesellschaftlichen Ordnung und entsprechend allein empfindet, so sehr ist doch gerade Peinlichkeit auch ein Gefühl, das zur Identifikation anregt, beziehungsweise verborgene Identifikationen offenlegt. In dem geheimen Wissen um die Brüchigkeit unserer Verkehrsformen nämlich sind wir alle gleich, und deshalb sind wir auch vom Ausrutscher des anderen „peinlich berührt", leiden mit ihm und sind nicht selten ebenso eifrig bemüht, die soziale Routine wiederherzustellen wie der Unglückliche selbst. Gewiß gibt es hier Unterschiede: das Fehlverhalten derer, mit denen man sich besonders identifiziert, den „signifikanten anderen", ist einem oft ebenso peinlich wie das eigene Mißgeschick, während das im bloßen Zuschauerstatus an anderen Erlebte einem auch distanzierende oder gar sanktionierende Reaktionen wie Lachen oder Spott erlaubt. Aber: peinliche Situationen haben die Eigenschaft, jeden Zuschauer, der sich unbeteiligt und distanziert gibt, zum Voyeur zu machen. Gefordert ist, anders als bei schuldhaftem Verhalten, jedermanns Teilnahme an einer sofortigen Wiederherstellung der sozialen Ordnung, und sei es nur durch ein So-tun als sei gar nichts geschehen. Was Durkheim über die Funktion des Verbrechens für das Gesetz behauptet hat, läßt sich ohne alle Übertreibung über die Funktion des peinlichen Ausrutschers für die alltägliche soziale Verkehrsordnung sagen: jede Peinlichkeit macht aufs neue deutlich, welcher gemeinsamen Anstrengung die Aufrechterhaltung dieser Ordnung, die tägliche Formung unserer Beziehungen bedarf.

Eine genaue Analyse peinlicher Situationen müßte also ersichtlich machen, wie die jeweilige soziale Verkehrsordnung beschaffen ist, welches ihre typischen Gefährdungen sind, und wie die Interaktionskompetenzen aussehen, die erforderlich sind, um derartige Gefährdungen zu vermeiden beziehungsweise die immer wieder auftretenden Falten und Risse im Netz dieser Verkehrsordnungen zu glätten und zu flicken. Dabei erweist sich natürlich sogleich, daß soziale Verkehrsordnungen nicht nur jederzeit fragil, sondern auch historisch und sozial variabel sind: was einstmals peinlich war, muß es heute nicht unbedingt sein, und was angemessenes Benehmen ist, verändert sich an den Grenzlinien sozialer Gruppen heute nicht weniger als früher, auch wenn diese Grenzlinien nun an anderer Stelle verlaufen. Somit hat die Analyse peinlicher Situationen zugleich eine historische und kultursoziologische Seite, die jedes Beispiel alsbald wieder relativiert.

Zunächst aber noch einmal zu unserem Ausgangspunkt zurück: die Tatsache, daß offenbar jedem Menschen Peinlichkeitsgefühle vertraut sind, legt die Vermutung nahe, daß es sich um einen anthropologisch bedeutsamen Sachverhalt handelt. Dieser Sachverhalt läßt sich mit Plessner als die „natürliche Künstlichkeit" des Menschen bestimmen. Damit ist gemeint, daß der Mensch seiner biologischen Anlage nach auf eine variable kulturelle Durchformung und Ausgestaltung seiner „Natur", das heißt seiner Körperlichkeit und seiner durch diese bestimmten Umweltbeziehung, angelegt ist, hinter die es kein Zurück zu einer reinen Natürlichkeit seiner selbst gibt. Kultur also läßt sich nicht ablegen wie ein Kleid, unter dem die eigentliche Natur sich verbirgt. Vielmehr ist diese Natur unserer bloßen Körperlichkeit immer schon ein defizienter Modus unserer Existenz, und wo wir uns augenblicksweise in diesem Modus zeigen, verursacht das Erlebnis von dessen Defizienz jenes Gefühl, das wir als peinlich bezeichnen. Deshalb bleibt den Tieren das Gefühl der Peinlichkeit erspart. Dank der Instabilität unserer „natürlichen Künstlichkeit" aber ist es zugleich eine allen Menschen vertraute Erfahrung. Freilich in unterschiedlicher Ausprägung und aus jeweils kulturell geprägtem Anlaß: es handelt sich um ein Gefühl, dessen sich steigernde Intensitätsgrade die deutsche Sprache z. B. mit Worten wie „Verlegenheit", „Peinlichkeit" und „Scham" auszudrücken versucht. Wie intensiv das Gefühl jeweils auftritt, und das heißt: körperlich erfahren wird, hängt davon ab, was eine Kultur als defizient in der menschlichen „Natur" definiert und wie weit der Akteur in diesen defizienten Zustand eingetaucht ist. Bei den Papuas wie bei manchen südamerikanischen Indianerstämmen, die ansonsten unbekleidet sind, wird der Penis nach oben gebunden getragen. Der Anblick eines versehentlich herabhängenden Penis wird dort gewiß als ebenso peinlich empfunden, wie bei uns das Ausbleiben einer erwarteten Erektion.

Auslöser für das Gefühl der Peinlichkeit ist in jedem Fall ein unwillkürlicher Akt der Verletzung kultureller Standards und Erwartungen. Die Unwillkürlichkeit ist dabei ausschlaggebendes Kriterium zur Unterscheidung von normverletzenden Akten, die eventuell Schuldgefühle verursachen und für die der Handelnde jedenfalls als verantwortliches Subjekt haftbar gemacht wird. Peinlichkeitsgefühle dagegen treten nur auf bei etwas, das mir gegen meinen Willen passiert oder zugemutet wird. Deshalb auch ist es möglich, daß ich mich für die Taten derer, mit denen ich mich identifiziere, schäme, nicht aber, daß ich mich für sie schuldig fühle. Eine Kollektivschuld kann es nicht geben, wohl aber wäre eine Kollektivscham denkbar. Die Grenzlinie zwischen schuldhaften und schamauslösenden Akten ist freilich haarfein, weil jedem unwillkürlichen Kontrollverlust über unsere Körperlichkeit und jeder unbeabsichtigten Kompetenzschwäche ein Stück Fahrlässigkeit anhaftet, so daß es kein Zufall ist, daß unsere Kultur heute eine Vielzahl von Experten entwickelt hat, deren Aufgabe es ist, die jeweilige Verantwortlichkeit festzustellen, und zwar nach Kriterien, die sich selbst historisch entwickelt haben - nicht nur Richter, sondern auch Psychologen, Ärzte, Sozialarbeiter und Bewährungshelfer üben solche Funktionen aus.

Unwillkürliche Akte, die Peinlichkeitsgefühle hervorrufen, lassen sich unterteilen in solche, die die Folge eines meist plötzlichen Versagens der als selbstverständlich vorausgesetzten Kontrolle über die eigene Körperlichkeit und deren Zubehör, z. B. Kleidung und Schminke, sind, und solche, die durch ein Versagen der als selbstverständlich vorausgesetzten normativen und intellektuellen Kompetenzen[1] ausgelöst werden. Ein nicht unterdrückter Rülpser beim Essen, ein bei der abendlichen Tafel versehentlich umgeworfenes Rotweinglas, ein offener Reißverschluß an kritischer Stelle oder die Spur einer noch so legitimen Zärtlichkeit auf den Wangen wären Beispiele für die erste Gruppe peinlicher „Mißgeschicke". Ungeschickte oder ignorante Verletzungen von Gesprächstabus oder das Vergessen des Namens von jemanden, den man kennen sollte, können als erste Beispiele für vorübergehende normative oder intellektuelle Inkompetenz dienen. Die zeitliche Beschränkung auf das Kurzfristige und Vorübergehende ist dabei wichtig, denn sobald ein dauerhafterer Kompetenz- oder Kontrollverlust vorliegt oder vermutet wird, ändert sich die Definition der Situation und anstelle eines peinlichen Schnitzers wird nun eine dauerhafte Störung, und das heißt in unserer Gesellschaft: eine körperliche oder psychische Krankheit unterstellt - es sei denn, die feine Trennungslinie zur Schuldzuschreibung wird überschritten. In beiden Fällen sind die Handlungsfolgen gänzlich anderer Art als bei einem peinlichen Ereignis. Natürlich gibt es Grenzfälle, die regelmäßig zu Definitionsunsicherheiten führen. Ungeschicklichkeiten und Ungehörigkeiten im Alkoholrausch werfen in unserer Gesellschaft immer wieder solche Definitionsfragen auf, wobei es oft zu einer charakteristischen Sequenz von Deutungen kommt: zunächst wird das Verhalten des Betrunkenen als peinlich, dann als schuldhaft und schließlich als krankhaft definiert. Eine peinliche Situation kann niemals lange andauern, ohne daß es zu solchen Neubestimmungen kommt - einerseits, weil das Gefühl der Peinlichkeit so unangenehm ist, daß es nur kurzfristig ertragen wird, andererseits, weil ein dauerhafterer Kontrollverlust oder Kompetenzverlust für den sozialen Zusammenhang so bedrohlich wirkt, daß er besonderer Erklärungen und besonderer Rollenzuschreibungen bedarf.

Man kann sich allerdings auch für einen *Zustand* schämen. Voraussetzung dafür ist einerseits, daß das Ausmaß der eigenen Urheberschaft an dem peinlichen Zustand einem selbst wie den anderen immer undeutlich bleibt, wie zum Beispiel wenn man sich eines mißratenen Sprößlings schämt oder der eigenen Armut und andererseits ein - berechtigtes oder unberechtigtes - Gefühl der Hilflosigkeit gegenüber diesem Zustand, wie man sich eines körperlichen Gebrechens schämt oder einer Verschmutzung, deren man technisch nicht Herr wird. Aber es ist kein Zufall, daß diesen Beispielen etwas Altmodisches anhaftet: sie gehören in ein anderes Stadium des Zivilisationsprozesses, in dem schuldhaftes und schamauslösendes Verhalten noch weniger scharf getrennt wurden, das heißt in dem die Subjektivierung der Verantwortlichkeit noch weniger ausgeprägt war.

Für moderne Gesellschaften ist eher charakteristisch, daß peinlichkeitsauslösende Akte das Resultat kurzfristiger Kontroll- oder Kompetenzschwächen sind. Als solche erfordern sie weder eine besondere Erklärung, noch eine besondere Rollenzuschreibung, wohl aber das gemeinsame Bemühen aller Interaktionsteilnehmer um eine sofortige Wiederherstellung der gewohnten Kontroll- und Kompetenzerwartungen. Oft genug ist dabei das So-tun als sei nichts geschehen, ein Überhören, Übersehen und schließlich Übergehen des peinlichen Akts das sicherste Mittel, dieses Ziel zu erreichen. So kann es vorkommen, daß eine vom Urheber der Peinlichkeit vorgebrachte Entschuldigung bereits zuviel ist, weil sie die Peinlichkeit selbst ja zwangsläufig thematisiert. Jedenfalls erfordert diese Restitution der sozialen Ordnung selbstverständlicher Kontroll- und Kompetenzerwartungen ihrerseits nicht unerhebliche Interaktionskompetenz. Nur selten kommt einem dabei eine geistesgegenwärtige Formulierung zuhilfe wie jenem Mann, der bei einem versehentlichen Betreten der Damentoilette mit einem „oh, pardon Monsieur", reagierte. Geistreiche Bemerkungen sind in der spontanen Alltagskommunikation eine seltene Ausnahme; eben deshalb werden sie gern zitiert. Etwas häufiger schon gelingt es, dem peinlichen Akt eine witzige Nuance abzugewinnen und durch eine entsprechende Bemerkung den Vorfall ins Komische zu rücken, obwohl es dem Urheber meist schwer fällt, dabei mitzulachen. Denn im Lachen drückt sich allemal eine Distanz zu sich selbst aus, die gerade im Peinlichkeitsgefühl stark gemindert ist. Bezeichnenderweise können wir über das Mißgeschick der anderen viel eher lachen, und vieles von dem, was im Slapstick-Film die Komik ausmacht, würde in der Realtität bei den Betroffenen zu schmerzhaften Peinlichkeitsgefühlen führen.

Natürlich sind die jeweiligen Kontroll- und Kompetenzerwartungen historisch, kulturell und situationsspezifisch variabel und damit auch die Schwellenwerte, jenseits derer ein unkontrollierter oder inkompetenter Akt Scham- und Peinlichkeitsgefühle auslöst. Aber diese Variabilität der Rahmenbestimmungen, wie E. Goffman sagen würde,[2] diese Kulturrelativität peinlichkeitsauslösender Akte scheint einer gewissen Gesetzmäßigkeit zu folgen. Norbert Elias hat ja in seinen inzwischen berühmt gewordenen Studien zur abendländischen Zivilisationsgeschichte die These vertreten, daß ein im großen und ganzen beständiges Ansteigen der Scham- und Peinlichkeitsbarrieren geradezu der Inhalt des Zivilisationsprozesses sei.[3] Diese These scheint im Hinblick auf die Kontrolle unserer Körperlichkeit, und nur auf sie bezieht sich Elias, gut belegt und plausibel zu sein. Es handelt sich bei den entsprechenden Verhaltensänderungen um eine immer stärkere Ausweitung dessen, was als defizienter Modus bloßer Natur, eben als „unkultiviert" und „barbarisch" an den Äußerungen unserer Körperlichkeit erlebt wird. Der „zivilisierte" Umgang mit dem organischen Substrat unserer Existenz verlangt eine allmähliche zunehmende Distanzierung von diesem. Das geschieht teils durch Einschiebung von Instrumenten zwischen dem Subjekt des Körpers und dem Objekt seiner Bedürfnisse, wie beim Essen oder beim aggressiven Verhalten, teils durch eine subtile Differenzierung der Normen, wie bei der Sexualität[4] oder bei der Hygiene. In beiden Fällen steigen die Scham- und Peinlichkeitsschwellen an, wird der Spielraum unkontrollierten Verhaltens geringer, nehmen die Anforderungen an die normative Kompetenz zu und die Chance, die Erfahrung der Peinlichkeit zu machen, wächst. Das dies in besonderem Maße auch für den Ausdruck der Affekte und Gemütsbewegungen gilt, habe ich an anderer Stelle dargelegt:[5] die sogenannten „display rules", die den Rahmen des jeweils gesellschaftlich erlaubten emotionalen Ausdrucks festlegen,[6] werden immer strenger, so daß heute spontane „Gefühlsausbrüche" außerhalb des Intimbereichs regelmäßig als peinlich erlebt werden. Allerdings hat sich der von Elias beschriebene Zivilisationsprozeß nicht in allen Bereichen so ungebrochen fortgesetzt wie im Bereich des emotionalen Ausdrucksverhaltens. Vielmehr läßt sich mindestens seit Beginn dieses Jahrhunderts ein *Informalisierungsprozeß* beobachten, der inzwischen auch von Elias zugestanden worden ist.[7] Im Verhältnis zur Nacktheit, zur Sexualität, zum Essen und in den Umgangsformen zwischen Menschen sind wir heute wieder lockerer, informeller, „unzivilisierter". Tatsächlich ist der Widerspruch zwischen unseren informellen Umgangsformen und unserer lizensierten Emotionalität eine Erscheinung, die unser gegenwärtiges Alltagsleben durchzieht und zu erheblichen Störungen in der Verhaltensorientierung führt. Aber das ist ein anderes Thema. Hier geht es darum, bei welchen Anlässen wir heute, in diesem etwas verwirrenden Stadium des Zivilisationsprozesses, Peinlichkeit empfinden und wie Menschen in ihren Alltagsleben damit umgehen.

Die zivilisationstheoretischen Überlegungen, auf deren Hintergrund ich dieser Frage nachgehen will, kann ich hier nur knapp andeuten. Um in das Chaos unserer historischen Beobachtungen und Vermutungen eine gewisse Ordnung zu bringen, schlage ich vor, drei Phasen im neuzeitlichen Zivilisationsprozeß zu unterscheiden, die sich freilich vielfach überschneiden und durchdringen: zunächst kommt es zu einer fortschreitenden Verhaltensregulierung durch äußerliche, „formale" Regeln, deren sozialer Ausgangspunkt die höfische Gesellschaft des Absolutismus ist. Die zweite Bewegungsphase, die sich schon paralell zur ersten andeutet und dann diese fortsetzt, ist die Verinnerlichung und damit auch Verallgemeinerung dieser Verhaltenszwänge im allmählich zur Macht gelangenden Bürgertum. Dabei werden in abgemilderter Form auch äußerliche Verhaltensregeln beibehalten, das Schwergewicht liegt nun aber auf den verinnerlichten Wertmaßstäben von Tugend und Leistung. Diese Phase ist bestimmt durch das, was David Riesman den „inneren Kreiselkompaß" genannt hat, oder anders ausgedrückt, durch die je individuelle Ausbildung eines Über-Ich. Diese Entwicklung ist dann Voraussetzung für die dritte Phase, den Informalisierungsprozeß; denn die seit etwa hundert Jahren zu beobachtende schubweise Lockerung im zwischenmenschlichen Umgang und im Umgang mit unserer Körperlichkeit hat als ihr Pendant das in der zweiten Phase entwickelte hohe Maß an Affektkontrolle, einer emotionalen „Selbstzwangsapparatur", die im Ideal des „cool"-Bleibens gerade dort noch akzentuiert wird, wo die Informalisierung am weitesten fortgeschritten ist.

Von vornherein und bis heute wirkt in diesem Zivilisationsprozeß eine Gleichzeitigkeit des Ungleichzeitigen. Da nämlich, nach der Eliasschen These, die neuen Verhaltensstandards sich in der Schichthierarchie jeweils von oben nach unten durchsetzen, müssen wir heute damit rechnen, die Phase der noch äußerlichen Verhaltenszwänge am ehesten in der Unterschicht zu finden. Und in der Tat sprechen die Untersuchungsergebnisse zur schichtspezifischen Sozialisation sehr deutlich für diese Vermutung. Der Informalisierungsprozeß dagegen nimmt von den oberen Mittelschichten seinen Ausgang und kann allmählich sogar die Unterschichten dort berühren, wo bei ihnen von einer „Verbürgerlichung" im Ernst die Rede sein kann. Neu in dieser dritten Phase des Zivilisationsprozesses ist allerdings, daß ihr Wegbereiter und ausgeprägtester Vertreter die jeweils jüngere Generation ist - eine Folge der Beschleunigung des sozialen und technologischen Wandels, die den Generationskonflikt zum Schauplatz des Zivilisationsprozesses gemacht hat.

Wir werden also gegenwärtig Spuren jeder dieser drei Phasen finden, die aber unterschiedlich über die Gesellschaft verteilt sind. Und natürlich nehmen die Spuren der ersten Phase allmählich ab und die der dritten treten stärker in den Vordergrund. Im Hinblick auf unser Thema läßt sich dabei folgendes sagen: zur ersten Phase gehören die Kategorien „Ehre" und

„Beleidigung", die sich beide stets auf ein Kollektiv beziehen (Stand oder Familie), aus dem der einzelne seine Identität bezieht und als deren Repräsentant er sich versteht. Verletzungen der Erwartungsstandards werden als, wiederum auf die Gruppe bezogene, „Schande" erlebt. In der zweiten Phase kommt es auf dem Hintergrund der allmählichen Trennung von öffentlicher und privater Sphäre zu einer Differenzierung dieses Erlebens in Schuld- und Schamgefühle. Das Individuum wird nun als einzelnes, selbstverantwortliches Subjekt gesehen. Und damit entsteht erst die Unterscheidung von selbstverständlichen Kontroll- und Kompetenzerwartungen hier und reflexiv zugänglichen Verhaltensnormen dort. Die mit dem Bürgertum entstehende Idee des verantwortlichen und also schuldhafter Handlungen fähigen Individuums bedarf, um sozial funktionieren zu können, der Entlastung durch die Verkehrsordnung selbstverständlicher Kompetenz- und Kontrollerwartungen. Folgerichtig zieht deren Enttäuschung auch nicht Strafe, sondern Hilfe nach sich. In der dritten Phase verlieren die Schuldgefühle gegenüber den Scham- und Peinlichkeitsgefühlen an Bedeutung. Das Über-Ich wird angesichts bestimmter gesellschaftlicher Entwicklungen (rascher sozialer und technologischer Wandel, Entwicklung des Sozialstaats, Medikalisierung sozialer Probleme, moralische Überforderung angesichts weltweiter Funktionsverflechtungen) eher dysfunktional im Verhältnis zur nun erforderlichen Flexibilität der Identitätsbildung und der Orientierung an wechselnden Verhaltensstandards: Die Anforderungen an die Kompetenz- und Kontrollvoraussetzungen wachsen, gerade weil die Schambarrieren etwas niedriger, dafür aber gruppenspezifisch variabler und darum schwerer erkennbar sind. Zugleich verliert die Idee des verantwortlichen Individuums angesichts übermächtiger Institutionen und undurchschaubarer Handlungsketten allmählich an Überzeugungskraft.

Die Analyse peinlicher Situationen vermag nun einiges beizutragen zur Frage, wie wir uns in dieser komplexen Zivilisationslage alltäglich verhalten. Zu diesem Zweck werde ich im folgenden einige Beispiele untersuchen, die aus meinen eigenen Erfahrungen stammen oder mir von Menschen mitgeteilt wurden, mit denen ich bekannt oder befreundet bin. Die vorgetragenen Fälle haben aber in verschiedener Hinsicht nur einen begrenzten Wert als Erfahrungsquelle: sie stammen aus dem Milieu meiner eigenen Verkehrskreise unter Akademikern und Künstlern in der Großstadt, und sie beziehen sich auf Vorfälle, die von mir oder meinen Informanten selbst als peinlich erlebt wurden. Andere mögen die gleichen Vorfälle anders erleben. Schließlich hangele ich mich beim Niederschreiben dieser Beobachtungen an meinen eigenen Scham- und Peinlichkeitsbarrieren entlang, und wie ich weiß, daß ich selbst im Bemühen um Versachlichung noch einiges hinter diesen Barrieren verborgen halte, so vermute ich, daß meine Informanten es nicht anders gehalten haben, als ich sie darum bat, mir über ihre Erfahrungen mit Peinlichkeit zu berichten. Denn selbst die Erinnerung an Peinlichkeiten kann peinigend sein.

Seit einigen Jahren verbringe ich viel Zeit in einem griechischen Dorf, in dem ich zusammen mit Freunden ein altes, verfallenes Haus gekauft habe. Als eines der mancherlei ungewohnten Alltagsprobleme, mit denen uns das Leben in diesem Dorf überrascht, erwies sich alsbald die Frage: wohin mit dem Müll? Zunächst erhielten wir auf diese Frage immer wieder nur ein verlegenes Schweigen zur Antwort. Schließlich schickte uns eine Nachbarin eine uralte, taubstumme Frau, die gegen ein geringes Entgelt ab und zu einen Müllsack bei uns abholte. Wir konnten sie nicht fragen, wohin sie ihn brachte, und mochten ihr auch nicht nachgehen. Denn alle Reaktionen der Dorfbewohner, die wir auf dieses Problem ansprachen, deuteten darauf hin, daß es sich überraschenderweise um eine Angelegenheit handelte, die mit starken Scham- und Peinlichkeitsgefühlen verbunden war. Natürlich wirkte das auf uns zurück - es wurde uns peinlich zu fragen. Wir fanden dann heraus, daß der Müll einfach auf die steilen Hänge und in den Macchie rings um das auf einer Bergspitze gelegene Dorf geworfen wird. - Im Laufe von zehn Jahren ist freilich aus einigen halbverborgenen Müllhaufen ein Ring von Unrat geworden, der nun fast geschlossen das Dorf umgibt und nicht mehr übersehen werden kann, zumal die Winterstürme vor allem die Plastiktüten weit übers Land verstreuen. Aber es gibt, trotz verschiedener Initiativen in dieser Richtung, bis heute keinen festen Müllplatz, geschweige denn eine bescheidene Verbrennungsanlage oder eine geordnete Müllabfuhr. - Während ich diese Zeilen schreibe, fällt mir ein, daß ich heute abend wieder einen Sack Müll in die Landschaft werfen muß. Es bedrückt mich aus ästhetischen, hygienischen und ökologischen Gründen gleichermaßen, daß ich keine andere Wahl habe - aber es ist mir nicht eigentlich peinlich. Eher habe ich das Gefühl, mich schuldig zu machen.

Hier handelt es sich deutlich um ein bestimmtes Stadium im Prozeß der allmählichen Distanzierung von allem, was direkt oder indirekt mit unserer Körperlichkeit zusammenhängt. In diesem Dorf ging es in dem Stadium davor vermutlich um die Fäkalien. Jedenfalls besaß das von uns gekaufte Haus, das vor sechzig Jahren zuletzt bewohnt worden war, weder außen noch innen eine Toilette. Heute hat jedes Haus im Dorf eine Sickergrube[8] und der wohl einstmals hier - wie heute noch in Indien - geläufige Anblick von Menschen, die ihre Notdurft verrichten, ist jetzt unvorstellbar geworden. Im nächsten Stadium wird nun der Müll erst dadurch zu einem Peinlichkeitsproblem, daß er inzwischen sichtbar geworden und für die nun schon „zivilisierte" Nase auch ruchbar geworden ist. Die Sichtbarkeit aber hängt mit einer durch das Eindringen industriell produzierter Güter verursachten Veränderung der Konsumgewohnheiten zusammen: man kauft nun in Büchsen und in Plastik verpackte Waren und hat es damit (abgesehen von den Tonscherben, mit denen griechische Ländereien und Gewässer seit Jahrtausenden angereichert worden sind) erstmals mit einem Abfall zu tun, der nicht verrottet. Dennoch hat Elias recht, wenn er betont, daß derartige Schamgefühle nicht durch technische oder wissenschaftliche Entwicklungen hervorgerufen werden. Hygienische Erwägungen sind vielmehr spätere Rationalisierungen eines Empfindens, das zunächst durch die unausweichlich enger werdenden Funktionsverflechtungen mit weitläufigen Produktions-, Handels- und Konsumketten verursacht wird. Sie spielen folgerichtig bei der nun, eben nicht zuletzt wegen der Peinlichkeit des Themas nur langsam beginnenden Diskussion über das Müllproblem im Dorf ebenso wenig eine

Rolle wie ökologische Erwägungen. Mir als Fremden ist das Müllproblem nicht peinlich, es sei denn in dem Maße, wie ich mich zwangsläufig bei jeder Kommunikation mit meinen Nachbarn auch mit diesen ein Stück identifiziere. In meinem Land ist das Müllproblem ein *Problem*, das heißt, es ist längst soweit distanziert, daß es zu einer administrativen und technischen Frage geworden ist. Vielleicht können wir daraus vorsichtig schließen, daß ein mit unserer Körperlichkeit in Beziehung stehender Sachverhalt erst dann versachlicht werden kann, wenn er nicht mehr schambelastet ist - daß er aber gesellschaftlich *erfolgreich* erst dann versachlicht werden kann, wenn er es einmal war. Wohl habe ich ein vages Schuldgefühl gegenüber ökologischen und hygenischen Gesetzen, deren Gültigkeit mir bewußt ist. Aber möglicherweise werden wir die sogenannten Umweltprobleme erst dann bewältigen können, wenn uns jede Verletzung des ökologischen Gleichgewichts auf unserem Planeten die Schamröte ins Gesicht treibt.

2. Nacktheit

Im Jahr 1969, an einem warmen Sonntagnachmittag. Ein älterer Kollege lädt zu einem Familienausflug auf die Havel ein; er besitzt einen kleinen Motorkutter. Ich sage gern zu, da ich auch meinen kalifornischen Freund mitbringen darf, der nur wenige Tage zu Besuch ist. Allerdings bin ich mir etwas unsicher, wie diese Begegnung ausgehen wird, denn mein Freund ist gewissermaßen von Beruf Hippie. Dazu gehört bei ihm, daß er aus Prinzip gegen die Benutzung von Badehosen ist und dann auch prompt die ihm von meinem Kollegen leihweise angebotene ausschlägt. Das wird nicht weiter kommentiert, aber als er dann seinen nackten Körper mit einem Hechtsprung ins Wasser gleiten läßt, dirigiert die Frau ihre beiden schon im Wasser planschenden Kinder auf die andere Seite des Bootes. Ich weiß nicht, ob es an dieser peinlichen Situation lag, an der sich mein Freund, der natürlich auch gekifft hatte, sichtlich ergötzte, daß ich eine solche Einladung später nicht mehr erhalten habe.

Vielleicht ist dieses Beispiel schon historisch; vielleicht wäre die gleiche Situation jetzt den Beteiligten nicht mehr peinlich. Immerhin ist heute in der Regel gut die Hälfte der am Halensee, mitten in der Stadt, sich sonnenden Menschen unbekleidet, und im Englischen Garten scheint nun auch das Baden nicht mehr als Vorwand benötigt zu werden, um sich nackt auszuziehen. Gewiß zeigt die geschilderte Begebenheit eine Phase im „Informalisierungsprozeß", im Laufe dessen sich inzwischen auch unser Verhältnis zur Nacktheit allmählich wieder gelockert hat. Die Grenzen zu den schon lange existierenden prüden Enklaven der Nudistenbewegung zeigen jedenfalls Aufweichungserscheinungen. In dieser wohl überwiegend kleinbürgerlichen Bewegung mußte ja das Aufmucken gegenüber der fortschreitenden kulturellen Distanzierung von unserer Körperlichkeit noch durch eine Ideologie gestützt werden, deren Peinlichkeit die des bloßen Nacktseins darin übertrifft, daß sie die Entblößung zum besonderen Wert erhebt. Das Paradox aber, daß das, was erst selbstverständlich werden soll, gegen die jeweils herrschenden Selbstverständlichkeiten eben nicht beiläufig, sondern nur absichtsvoll durchgesetzt werden kann, bleibt. So es denn, was damals von der Hippie-Bewegung und heute von anderen, ebenfalls meist jugendlichen Gruppierungen an neuen Haltungen vorgetragen wird, zwangsläufig provokativ. Emanzipationsbewegungen müssen stets radikaler sein, als das, was sie durchsetzen wollen. Der weniger engagierte Zeitgenosse gerät dabei immer häufiger in einen Typus von Rollenkonflikten, der mitunter peinliche Gefühle auslöst und ihn jedenfalls oft in Verlegenheit bringt. Meinem Kollegen und seiner Familie mag der Anblick des nackten Freundes Verlegenheit bereitet haben - mir war peinlich, daß er, zudem ich mich als Freund bekannt hatte, die Standards jener verletzte, deren Gäste wir gemeinsam waren. Offenbar geht es hier um ein Verhalten, das auf der Grenze zwischen peinlich und schuldhaft liegt. Immerhin war ja seine Weigerung, die ihm angebotene Badehose anzuziehen, ein bewußter, absichtsvoller Akt und durchaus nicht Folge eines ungewollten Kontrollverlustes. Andererseits meine ich, ging es hier wohl doch um einen Mangel an Interaktionskompetenz, denn ihm kam diese Provokation sozusagen „natürlich", wozu freilich auch das Haschisch beigetragen haben mag. Es geht hier darum, daß in der überschießenden Tendenz emanzipativer Haltungen oft Normen zum Ausdruck kommen, die, später erworben, die tiefer internalisierten Einstellungen aus der familiären Sozialisation überlagern und sich gegen diese nur durch eine Überbetonung behaupten können, die bei manchen zur zweiten Natur werden kann.

Ein Psychotherapeut erzählte mir, daß er in einer gruppentherapeutischen Sitzung auf die Behauptung einer etwa 35jährigen Frau, sie hätte keinerlei Probleme damit, sich nackt sehen zulassen, diese scherzhaft aufgefordert habe, sich dann gleich einmal auszuziehen. Zu seiner Überraschung (und zu seinem Schrecken) kam sie dieser Aufforderung sogleich nach und begann sich zu entkleiden. Die spätere (und offenbar langwierige) therapeutische Bearbeitung dieses Vorfalls ergab dann, daß sie sich seit ihrer Studentenzeit bei vielen Gelegenheiten immer wieder „spontan" über ihre eigenen Schamgrenzen hinweggesetzt hatte. Der Zusammenhang zwischen dieser Gewohnheit und ihrem labilen Identitätsgefühl war ihr verborgen geblieben.

Mein Freund nannte diese, in der Generation der Studentenbewegung nicht selten anzutreffenden Normen aus der späteren Sozialisation „68iger Introjekte". Es war ja die Zeit, als man versuchte, die Scham- und Peinlichkeitsbarrieren ganz buchstäblich aus den Angeln zu heben: Schlafzimmer- und Toilettentüren wurden ausgehängt und Nacktheit war in vielen studentischen Wohngemeinschaften ein normaler Anblick. Inzwischen sind wohl die meisten Türen wieder eingehängt worden, das lockere Verhältnis zur Nacktheit ist aber vielfach geblieben. Ein allzu rasches und gewaltsames Vorgehen hat sich als kaum durchhaltbar erwiesen und die Generation der Studentenbewegung verlagerte ihre Hoffnungen auf Änderung in diesem Bereich schon bald auf ihren Nachwuchs. Nun ist es ja mindestens aus psychologischen Gründen gewiß erfreulich, wenn die Kinder heute eine etwas größere Chance haben, die Körper ihrer Eltern auch gelegentlich im Naturzustand zu sehen, als es älteren Generationen vergönnt war. Die Folge aber einer auch ohne allzu gewaltsame Schritte sehr raschen Veränderung der Verhaltensstandards im Alltag sind oft Risse in der Person, die durch widersprüchliche und unterschiedlich tief internalisierte Normen entstehen und Brüche zwischen verschiedenen gesellschaftlichen Gruppen, die angesichts der manchmal sehr von einander abweichenden vielfältigen Verkehrskreise, an denen jeder einzelne heute gleichzeitig partizipiert, durch soziale Distanz nicht immer unschädlich gemacht werden können. Verlegenheitssituationen sind deshalb in dieser Gesellschaft häufig und stellen erhöhte Anforderungen an die Interaktionskompetenz. Nunmehr muß nämlich stets seismographisch geprüft werden, wie intensiv das möglicherweise ausgelöste Peinlichkeitsgefühl sein könnte: Verlegenheiten muten wir einander ziemlich umstandslos zu, Peinlichkeiten dagegen bedrohen schon die Ordnung der Situation, führen in Goffmans Terminologie zu schwer handhabbaren Rahmenbrüchen; an der Schamgrenze aber steht schon die Identität selbst auf dem Spiel. Wer über entsprechende seismographische Fähigkeiten verfügt, wird in Situationen, bei denen Menschen aus unterschiedlichen Verkehrskreisen zusammentreffen, deshalb sein Verhalten in der Regel an denjenigen orientieren, die bei gegebenem Anlaß vermutlich die stärksten Peinlichkeitsgefühle entwickeln werden. Darin muß sich nicht gleich Konformismus äußern; vielmehr ist die durch Erfahrung belehrte Orientierung an vermutlich auftretenden Peinlichkeitsgefühlen guter Maßstab eines Taktgefühls, dessen wir umso mehr bedürfen, je bunter und vielgestaltiger die Lebensstile werden, an denen wir mit mehr oder weniger großem Engagement auch selbst partizipieren.

3. Körperliche Gebrechen

Schon bald nachdem ich ihn kennengelernt hatte, fiel mir bei einem meiner Lehrer in der psychotherapeutischen Ausbildung eine ungewöhnlich starke Zittrigkeit der Hand auf. Aber erst als ich bei ihm längere Zeit als Gast wohnte und ihn bei allerlei alltäglichen Verrichtungen beobachten konnte, wurde ich langsam unruhig. Es war mir peinlich, ihm beim Ausschenken der Cocktails zuzuschauen und zu sehen, wie er dabei einen Teil verschüttete. Ich mochte ihm aber auch nicht anbieten, ihm diese Tätigkeit abzunehmen, aus Angst ich würde damit seine Schwäche thematisieren, zumal ich mich nun immer häufiger fragte: trinkt er zuviel oder ist es ein beginnender Alters-Parkinson? Schließlich faßte ich mir ein Herz, überwand meine erhebliche Peinlichkeitsschwelle und fragte ihn nach der Ursache dieses starken Zitterns. Es stellte sich heraus, daß es sich um eine neurologische Störung handelte, an der er seit seiner Jugend litt und mit der er gut zu leben gelernt hatte.

Es gehört zur Distanzierung von der kreatürlichen Seite unseres Lebens, daß wir im öffentlichen Umgang miteinander nur noch wenig von den Deformationen durch Krankheit und Alter zu Gesicht bekommen. Die gleiche Distanzierung hat freilich auch erst jene therapeutische Haltung ermöglicht, für die zunächst die zeitlich begrenzte Krankheit und heute auch die chronische Behinderung erst zu menschlichen Zuständen wurde, die stets einer besonderen medizinischen und sozialen Aufmerksamkeit und Fürsorge bedürfen. Daraus entsteht eine paradoxe Situation: körperliche Gebrechen werden soweit wie möglich versteckt, verschleiert, maskiert, sei es durch institutionelle Fürsorge hinter den Mauern von Anstalten, sei es durch eigenes Bemühen der Stigmatisierten, die darin oft eine erstaunliche Geschicklichkeit beweisen.[9] Andererseits wird besondere Aufmerksamkeit und Rücksichtnahme geradezu gefordert, sobald ein Gebrechen einmal öffentlich deutlich wird. Das Ergebnis ist natürlich eine permanente Verhaltensunsicherheit gegenüber Kranken, Gebrechlichen und Sterbenden; Verlegenheitsreaktionen und -gefühle sind hier die Regel, und auch öffentliche Kampagnen, mit dem Ziel, möglichst viele Menschen mit dem Schicksal schwer Behinderter vertraut zu machen, vermögen dagegen wenig.

Ein an Multipler Sklerose erkrankter Freund hatte vor seiner ungewöhnlichen Genesung, die ihm heute eine zwar schwer beschädigte, aber doch immerhin arbeitsfähige Existenz erlaubt, viele Monate mit hoffnungsloser Prognose und schon vollständig gelähmt im Krankenhaus gelegen. Er sagte mir später: „Nach einiger Zeit werden die Besuche seltener und hören schließlich ganz auf - niemand weiß, was er einem Sterbenden sagen soll."

Über die soziale Ausgrenzung von Krankheit und Tod ist viel geschrieben worden - Zeichen eines wachsenden Problembewußtseins, vielleicht ein Symptom einer weiteren Auflehnung gegen den scheinbar so ehernen Gang des Zivilisationsprozesses. Auf der Ebene alltäglicher Interaktionen haben wir es aber oft mir einem seltener beachteten und subtileren Problem zu tun: die therapeutische Einstellung, die übrigens - was oft vergessen wird - die Distanz zur „bloßen" Natur als einem gegebenenfalls defizienten Modus des Menschseins voraussetzt, wird in unseren alltäglichen Interaktionen immer mehr zu einem mit moralischen Einstellungen konkurrierenden Paradigma der Verhaltensorientierung. Parkinson oder zuviel Alkohol war für mich auch deswegen eine peinliche Frage, weil ich mich noch nicht ganz mit der Medikalisierung des Alkohol-Problems abgefunden habe: immer wieder ist neu zu entscheiden, ob ein Verhalten zurechenbar oder (therapeutisch) entschuldbar ist. Ist zu-viel-Trinken ein Laster oder eine (Sucht-)-Krankheit? Im Prinzip haben wir heute eine solche Frage bei jedem ungewöhnlichen, abweichenden Verhalten zu beantworten, und zwar rasch, denn ob wir uns für ein therapeutisches oder ein moralisches Orientierungsparadigma entscheiden, hat Konsequenzen für alle folgenden Handlungsschritte. Merkwürdigerweise ist die Entscheidung für das therapeutische Paradigma peinlicher. Zwar hätte mich die Entdeckung eines nicht unbedeutenden Charakterfehlers bei meinem Lehrer sehr irritiert, zugleich wäre mir aber jene Distanzierung und Ausgrenzung ermöglicht, die den eigentlichen Sinn moralischer Entrüstung ausmacht. Im therapeutischen Paradigma ist die Ausgrenzung der Person nicht möglich; das Gefühl der Peinlichkeit ist vielmehr umgekehrt Aufruf zur Eingliederung oder wenigstens zur Solidarisierung mit dem Betroffenen. Gegenüber dem Tod freilich - und mutatis mutandis gegenüber dem unheilbaren Gebrechen - steigert sich dieses Gefühl zur uneingestandenen Scham, weil *wir* jedenfalls die Toten nicht einzugliedern vermögen und auch der Aufruf zur Solidarisierung dem Sterblichen allemal schwerfällt.

4. *Identität*

Ein alter Bekannter von mir ist mit Freunden in einer Kneipe. Nach einer Weile läßt sich am Nebentisch eine andere Gruppe von Leuten nieder. Zufällig bricht man später zur gleichen Zeit auf und drängt sich zusammen vor einem Garderobenständer. Da nimmt ihn eine Frau aus der anderen Gruppe am Arm, zieht ihn ein wenig beiseite und sagt: „Hör' mal, kennst Du mich nicht mehr? Immerhin haben wir mal eine Nacht miteinander verbracht." - Ihm wird heiß, als ihm die Erinnerung wiederkommt an eine Situation, in der er allzuviel getrunken hatte.

Es ist allemal unangenehm, von jemanden begrüßt zu werden, den man nicht oder nicht mehr kennt. Aber es gibt da große Unterschiede: jeder, der beruflich mit Menschen arbeitet, lernt im Laufe seiner Tätigkeit so viele Leute kennen, daß es unmöglich wird, sich an alle zu erinnern. Lehrer und Ärzte etwa wundern sich deshalb nicht, wenn sie häufig von scheinbar Fremden gegrüßt werden. Sie sind gewissermaßen professionelle Knotenpunkte im Beziehungsgeflecht und dürfen mehr deshalb als wegen ihres Status erwarten, zuerst gegrüßt zu werden. Bei Menschen, die man bei geselligen Anlässen kennenlernt, ist es schon schwieriger; ebenso bei Kollegen und anderen, die man wegen ihres Ansehens kennen sollte oder, häufiger, die dies unbescheidenerweise von einem erwarten. Zudem stellt sich die Frage, was denn alles zu jenen Teilen der Identität eines Menschen gehört, die zu kennen eine Kompetenzerwartung und manchmal -zumutung ist. Berufliche Tätigkeit („War der nicht beim Rundfunk?"), besondere Leistungen („Wie hieß bloß sein letztes Buch?"), familiärer Status („Hatte der sich nun scheiden lassen oder nicht"), („War das Baby ein Sohn oder eine Tochter? Oder hat sie mir das gar nicht gesagt?"), ganz gewiß doch aber wenigstens den Namen („Verzeihung, ich habe Ihren Namen nicht verstanden" - „Müller, wir sind uns übrigens letztes Jahr schon begegnet...").
Aber es gibt Peinlicheres als den Namen zu vergessen.

Als junger Student rief ich einen meiner Professoren an (damals ohnehin schon eine Kühnheit). Eine hohe Stimme antwortet mir am Telefon „Hier Meier". Darauf ich: „Verzeihung, Frau Meier, dürfte ich wohl Ihren Gatten sprechen?" - „Selbst am Apparat, selbst am Apparat."

Aus der betonten Wiederholung darf man wohl schließen, daß diese Verwechslung dem Ärmsten schon öfter passiert war. Selbst in der Distanz eines Telefongesprächs ist die Fehleinschätzung des Geschlechts, dieser Grundqualität der Identität jedes Menschen besonders peinlich. Mag hier freilich noch die Verwechslung durch die Beschränkung des Mediums verständlich sein, so ist die Peinlichkeit der Erinnerungslücke im Ausgangsbeispiel nur allzugut nachfühlbar. Merkwürdigerweise ist dabei nicht die Dauer der Bekanntschaft ausschlaggebend - ich mag schon jahrelang den Briefträger kennen ohne daß es peinlich wäre, seinen Namen nicht zu kennen -, sondern der Grad der Intimität, der freilich in der Körperlichkeit der Interaktion nicht aufgeht: der zufällige Gesprächspartner in der Sauna, die Patientin beim Gynäkologen, ja selbst der Klient bei der Prostituierten, das sind Partner in sehr körpernahen oder körperbezogenen Interaktionen, die aber durch mehr oder weniger strikte Anonymisierungsregeln strukturiert werden.[10] Intimität dagegen bezieht die ganze Person mit ein, meint nicht irgendeinen Teilaspekt, von dem sich zu distanzieren möglich und zuweilen notwendig ist, sondern die volle Identität des anderen. Das Problem dabei ist, daß auch in intimen Beziehungen niemals endgültig festgelegt wird (und werden kann), was jeweils alles zur vollständigen Identität des anderen gehört. Es handelt sich also um eine widersprüchliche Kompetenzerwartung: einerseits soll sich das Verhalten auf die ganze Person beziehen, andererseits sind immer nur Facetten dieser ganzen Person erfahrbar.[11] In gewisser Hinsicht ist die Idee des Individuums eine Fiktion der modernen Gesellschaft, deren Erfahrbarkeit quasi im Unendlichkeitsbereich liegt: deshalb spielt die Zeitdauer für die Intimität allerdings eine wichtige Rolle und deshalb bleibt auch bei jahrzehntelangem Zusammenleben am anderen stets noch ein Rest an Fremdem und Überraschendem. Kein Wunder somit, daß die nie ganz einlösbare Erwartung, den anderen in seiner ganzen Identität wahrzunehmen und in Erinnerung zu behalten im Bereich informeller Zweierbeziehungen und freizügiger Sexualität besondere Schwierigkeiten bereitet. Mir scheint, daß es bei aller Lockerung der sexuellen Umgangsformen nach wie vor von den meisten Menschen internalisierte Verknüpfung der Sexualität mit der ehrwürdigen Tradition eines romantischen Liebesideals im Verhältnis von Mann und Frau ist, die das Lebensthema Sexualität heute so reich an Peinlichkeiten macht.

5. Gutes Benehmen

Die Frau eines sehr viel älteren und hochangesehenen Kollegen, selbst eine eindrucksvolle Persönlichkeit, der noch etwas vom Typus einer „Grande Dame" anhaftet, ist zu Besuch. Sie wird auf einen Sessel plaziert, der dank eines seiner Zeit sehr berühmten Designs die Neigung hat umzukippen, wenn man das Gewicht zu sehr zur Seite hin verlagert. Sie entnimmt ihrem Etui eine Zigarette und ich, der ich neben ihr sitze, beuge mich herüber, um ihr Feuer zu reichen. Aber der Abstand ist etwas zu groß, sie muß sich selbst zur Seite neigen, der Sessel kippt, und nun liegt sie mir buchstäblich zu Füßen.

Diesen mir sehr peinlichen Vorfall hätte ich leicht vermeiden können, wenn ich nur aufgestanden wäre, um ihr Feuer zu geben. In Wirklichkeit verlangt die Lockerung der Konventionen des guten Benehmens sehr viel mehr Geschicklichkeit im Einschätzen von Situationen und Beziehungen, mehr an

Interaktionskompetenz also, als zu Zeiten höherer Formalisierung der Anstandsregeln. Wäre es nämlich selbstverständlich, beim Feuerreichen *immer* aufzustehen, wäre mir die Fehleinschätzung der Gegebenheiten nicht passiert. Vielmehr wäre ich von einer besonderen Einschätzung der räumlichen Distanz und der Eigenschaften eines Sessels überhaupt entlastet gewesen. Derartige Entlastungen fehlen allenthalben heute mit der Folge, daß der alltägliche Umgang mit Menschen anstrengender geworden ist. Freilich auch reicher an mancherlei reizvollen Überraschungen. Der Preis dieser Entwicklung sind die vielen kleinen Peinlichkeiten eines falschen Benehmens, bei denen man oft nicht einmal weiß, ob sie von den anderen ebenso empfunden werden. Es gibt da ständig im Kleinen die Frage zu beantworten, wie man sich jetzt „richtig" verhält, eben weil was „richtig" ist, von Situation zu Situation und von Beziehung zu Beziehung wechselt. Sollte ein Mann einer Frau noch aus dem Mantel helfen? Ich tue es meistens und bekomme dafür manchmal ein gnädiges Kopfnicken, manchmal ein freundliches „Danke" und manchmal ein unwilliges „Lassen Sie doch; ich kann das schon" oder gar ein unwirsches Sich-Wegdrehen, so daß nun mein hilfreich gemeinter Griff zum Mantelkragen plötzlich zu einer Behinderung wird. Die meisten dieser Verhaltensfragen werden als Belanglosigkeiten erlebt: der Informalisierungsprozeß hat darin seine eigene Entlastung entwickelt, daß er die Bedeutung der Etikette ins Periphere verschiebt. Deshalb bleiben die Peinlichkeiten zumeist auch harmlos, selbst dann, wenn die Körperlichkeit so stark ins Spiel kommt wie bei meinem Beispiel. Dennoch ist das Bemühen, Peinlichkeiten zu vermeiden, bewußter und damit anstrengender geworden. Die Bereiche, in denen diese Anstrengung deutlich wird, liegen gewiß bei jedem etwas anders. Ich habe zur Zeit die meiste Mühe damit, abendliche Gäste loszuwerden, die allzulange nach Mitternacht noch um Alkoholnachschub bitten. Anstelle der gewiß einengenden Konvention, zu einer bestimmten Zeit selbstverständlich aufzubrechen, treten nun oft Angebote individueller Arrangements. So heißt es jetzt gern: „Bitte sag', wenn Du uns rausschmeißen willst, wir gehen dann sofort!" Das entbindet mich aber nicht davon, den passenden Zeitpunkt zu finden (wenn zum Beispiel ein Gesprächsthema sich gerade erschöpft hat) und Formulierungen, die mich nicht als ungastlich erscheinen lassen. Die Grade des Informellen richten sich dabei nach meiner Beziehung zu den Gästen: Hinweise auf die Arbeitslast des nächsten Tages sind die Regel, aber bei manchen gebe ich auch einfach zu, wie müde ich bin - jeder Hinweis auf Körperlichkeit bedarf schon einer intimeren Beziehung, soll er nicht peinlich sein. Andererseits gibt es, zumal für den geselligen Verkehr, anstelle solcher Differenzierungen inzwischen fast so etwas wie eine Norm der Herzlichkeit, die uns nicht so geläufig ist, wie den im Umgang miteinander noch immer so viel informelleren Amerikanern. So springt denn mancher über seinen Schatten, wenn sein Herz bei den Abschiedsküssen und den freundschaftlichen Umarmungen, zu denen es nun außerhalb der Verwandtschaft zunehmend kommt, nicht ganz dabei ist. Ohnehin sind Begrüßungen und Verabschiedungen neben den Anredeformen die häufigsten Anlässe kleinerer Peinlichkeiten. Einstmals war es eine wichtige Frage, wann wer wem das „Du“ anbietet und damit eine besondere Beziehung begründet. Heute bittet mich die Sekretärin, sie mit dem Vornamen anzureden, und die Studenten wechseln zwischen „Du“ und „Sie“, je nachdem ob sie mich in der Universität oder auf der Straße sehen: die Beziehungsunterschiede werden zunehmend überlagert von Situationsunterschieden, Peinlichkeiten in den Verkehrsformen sind heute oft Indiz für eine Unsicherheit darüber, welcher der beiden Strukturprinzipien jeweils der Vorrang gebührt, der Situation oder der Beziehung.

6. Bildung und Geschmack

Mir wurde erzählt: Bei einer soziologischen Diplom-Prüfung kommt der Prüfer auf Simmel zu sprechen. Der Kandidat erklärt daraufhin, daß er dessen Romane leider nicht gelesen habe.

Gewiß eine peinliche Geschichte - aber nur für diejenigen, die die Pointe dieser Anekdote verstehen können. Und das ist wohl nur ein relativ kleiner Kreis von Menschen in unserer Gesellschaft. Aber wer würde zu diesem Kreis gehören? Bezeichnenderweise läßt sich diese Frage nicht recht beantworten. Vielleicht nicht einmal alle Soziologen, die noch Georg Simmel zu den Klassikern ihres Faches zählen. Jedenfalls nicht der Prüfling, dem der Vorfall deshalb auch wohl weniger peinlich gewesen sein dürfte als seinem Prüfer. Und es mag durchaus kompetente Soziologen geben, die nie etwas von Johannes Mario Simmel gehört haben. Selbst Bestseller-Autoren sind, wenn sie in einem weniger angesehenen Genre schreiben, gerade denen oft unbekannt, die von Berufswegen für sich in Anspruch nehmen müssen, gebildet zu sein. Hans Paul Bahrdt bemerkte einmal, der Bildungsstand eines Menschen sei quasi in konzentrischen Kreisen um den Mittelpunkt seines jeweiligen Spezialgebiets herum strukturiert - nur dort ist das Wissen einigermaßen „auf der Höhe der Zeit“: im übrigen Fachgebiet mag man schon um fünf Jahre zurück sein, in den vom eigenen Fach entfernteren Wissenschaften um fünfzig. Und die allgemeine Bildung? Wer könnte heute noch sagen, was dazu gehört; längst gibt es keinen Kanon mehr und die schulischen Curricula ändern sich alle paar Jahre. Selbst ein so umfassend gebildeter Autor, wie es T. W. Adorno war, bedurfte sehr subtiler Kunstgriffe, um abgrenzend eine „Theorie der Habbildung“ zu entwerfen. Denn die Rede von „Wissenslücken“ bezieht sich allemal auf einen Kanon, sie wird sinnlos, wenn das vorherige Einverständnis über einen Kanon fehlt. Merkwürdigerweise ist das Nicht-Wissen dennoch oft so peinlich, daß es maskiert wird, und sei es nur durch die Vermeidung der zum Verständnis notwendigen Nachfrage. Allerdings führt das Fehlen eines Kanons immer häufiger dazu, daß sich die Hauptlast der Peinlichkeit vom Unwissenden auf denjenigen verschiebt, der allzu selbstverständlich die Kenntnis beim anderen vorausgesetzt hatte. In den Bereichen des fachlichen Wissens und Könnens ist die Erwartungssicherheit noch relativ groß, weil es sich bei vielen Wissensbeständen um echte, und nicht nur behauptete, Voraussetzungen des jeweiligen Diskurses handelt. Darüber hinaus aber ist eine neue Situation entstanden: nunmehr gehört die Fähigkeit, vorsichtig auszuloten, wo und in welchem Umfang ein gemeinsam geteiltes Wissen vorliegt, wann Anspielungen auf Bildungswissen den anderen ausschließen, was überhaupt an gemeinsamer Deutungswelt vorausgesetzt werden kann, als wesentlicher Bestandteil zur allgemeinen Interaktionskompetenz. Anders gesagt, es geht jetzt darum, in jeder Situation und in jeder Beziehung ad-hoc einen Kanon erst gemeinsam zu entwickeln, auf den man sich im weiteren beziehen kann und der dennoch stets bereichert und verändert werden muß. Bildung ist heute ein Interaktionsprozeß. Damit wird sie endgültig demokratisiert, der kleinste gemeinsame Nenner wird zur Bildungsnorm: Wissensvorsprünge können nur noch durch Berufspositionen legitimiert werden („dazu kann ich was sagen, das fällt in mein Fach") - ansonsten werden sie peinlich. Das damit auch die Tätigkeit jedes Lehrers, der nicht-spezialisiertes Wissen vermittelt, etwas Prekäres bekommt, bedarf dann keiner Erläuterung mehr.

Ähnlich wie dem Wissen ist es übrigens dem ästhetischen Geschmack ergangen, für den es auch kaum mehr Standards des Selbstverständlichen gibt, deren Verletzung noch Peinlichkeit auslösen konnte. Der legeren Uniformität informeller Alltagskleidung etwa entspricht ein Pluralismus subkultureller Stile, deren man sich in der Kleidung wie bei der Wohnungseinrichtung und im sonstigen Kulturkonsum je nach besonderer Situation und individueller Neigung bedienen kann. Bei dieser Lage ist der unaufmerksame Zeitgenosse stets in Gefahr, sich von einer vermeintlichen Geschmacksentgleisung peinlich berührt zu zeigen, die sich dann als etwas herausstellt, das gerade besonders „in" ist. Über Geschmack läßt sich nicht streiten, ist ein Satz, der nun erst wirklich gilt. Auch in dem Bereich des ästhetischen Empfindens, das ja eminent sozial determiniert ist, wird nun eine neue Sensibilität verlangt, mit der auszuloten ist, was jeweils angemessen oder zumutbar erscheint. Es gehört zu unserer Kultur, daß ihre Mitglieder allmählich alle zu den Ethnologen ihrer selbst werden.

7. Tabuierte Themen

Zum Abschluß einer gemeinsam bestrittenen Ringvorlesung treffen sich zwölf Professoren zum Abendessen in einem für solche Zwecke beliebten Restaurant. Das lockere Gespräch kommt von der schwäbischen Speisekarte der Gaststätte auf fremde Nahrungsgewohnheiten und schließlich auf die Ernährungsprobleme in den Entwicklungsländern. Dazu äußert ein Medizinhistoriker ganz unbefangen und unter Anspielung auf mein Gericht (ich habe Kalbsbries bestellt) die Ansicht, man könne das Welternährungsproblem an sich ganz einfach lösen: Ende der vierziger Jahre sei in New York eine Frau an Krebs gestorben deren Krebszellen noch immer am Leben seien und weiterwucherten; sie fänden heute bereits in den Labors überall in der Welt Verwendung. Es handele sich bei diesen Zellen zweifellos um sehr proteinreiche Nahrung. - Auf diese Bemerkung folgte ein Moment vollkommenen Schweigens. Ich hatte den Eindruck, daß einigen buchstäblich der Bissen im Halse stecken geblieben war. Schließlich begannen alle zugleich zu reden, wobei, soweit ich mich erinnere, niemand auf diesen besonderen Vorschlag zur Lösung des Welternährungsproblems einging.

Was war passiert? Zunächst war nur deutlich, daß es sich um einen nicht unbedingt appetitanregenden Beitrag gehandelt hatte. Erst auf den zweiten Blick zeigt sich, daß es dem Sprecher gelungen war, in wenigen Sätzen gleich drei Themen zu berühren, die im Rahmen geselliger Gespräche mehr oder weniger Tabu sind: Tod, Krebs und Menschenfresserei. Bezeichnenderweise handelt es sich in allen drei Fällen um Themen, die sich auf unsere Körperlichkeit beziehen. Generell lassen sich zwei Klassen von tabuierten Themen unterscheiden, in denen sich die beiden Aspekte der Peinlichkeit, Mangel an Körperkontrolle und Mangel an Interaktionskompetenz, widerspiegeln: Themen, die buchstäblich, und Themen, die im übertragenen Sinne zu hautnah sind, Aspekte des Körperlichen also und Aspekte des Intimbereichs.

Dabei kommt es allerdings nicht nur auf den Inhalt der Themen an, sondern auch auf die Art ihrer Behandlung und die Situation, in der sie angesprochen werden. Je distanzierter, je „sachlicher" ein körperliches oder ein intimes Thema erörtert wird, desto geringer ist die Gefahr, Peinlichkeit hervorzurufen. Andererseits darf, jedenfalls in geselligen Situationen, die Versachlichung nicht soweit getrieben werden, daß die Unterhaltung zum Fachgespräch wird. Noch immer gilt die Beobachtung von Georg Simmel, daß die Form der Geselligkeit bestimmte Regeln vorschreibt, nach denen alle Teilnehmer prinzipiell gleichrangig behandelt werden müssen, die die Gesprächsthemen nach der Seite des Fachlichen wie nach der Seite des Privaten hin begrenzen.[12] Denn Überschreitungen nach der einen wie der anderen Seite hin schließen stets einige Teilnehmer aus und begründen damit Ungleichheit. Wenn also im Rahmen alltäglicher informeller Unterhaltungen von einem „sachlichen", „ruhigen" oder „ernsthaften" Gespräch die Rede ist, wird damit noch ein ganz anderer Rahmen abgesteckt, den es ebenfalls nicht zu überschreiten gilt: gefordert ist ein Modus der mittleren Distanz gegenüber dem Gesprächsgegenstand, der weder die viel größere Distanz des Witzes oder der Komik gestattet noch die viel geringere der emotionalen Betroffenheit. Über Themen der Körperlichkeit zu scherzen empfinden wir als geschmacklos; wenn sie starke Affekte auslösen, geraten wir in Verlegenheit - in beiden Fällen entsteht eine peinliche Situation. Und das gleiche gilt natürlich ganz ebenso für den Bereich der persönlichen Beziehungen, der umso mehr voller Versuchungen zur Thematisierung steckt, desto schwieriger die Identitätsdarstellung in anderen Bereichen wird.

Nun war die in dem plötzlichen Schweigen zum Ausdruck kommende Peinlichkeit bei dem geschilderten Vorfall gewiß auch deshalb so stark, weil er während des Essens stattfand - eine höchst besondere Situation, für die ein viel engerer Gesprächsrahmen gilt. Die gemeinsame Nahrungsaufnahme ist die einzige körperliche Tätigkeit, bei der zumindest in Grenzen das *Innere* des Körpers thematisch ist, die in geselligen Situationen heute möglich ist. Die untere Grenze ist der Magen. Man darf sagen: „das schmeckt gut, das zergeht auf der Zunge, das rutscht gut oder das bleibt mir im Halse stecken, das liegt gut im Magen". Darüber hinaus ist allenfalls noch ein Hinweis auf gute oder schlechte Bekömmlichkeit angebracht. Und alle Kommentare müssen verbal sein, müssen sich der Distanz des Sprachlichen bedienen. Luthers Frage: „Warum rülpset und furzet Ihr nicht - hat es Euch nicht geschmecket?" ist heute wegen ihrer Hinweise auf den Verdauungsprozeß nicht nur ungehörig - sie ist *unverständlich* geworden: der Zivilisationsprozeß hat sich längst des Körpers selbst bemächtigt.

8. Beschämungen

Ein griechischer Freund berichtet mir von einem Erlebnis in einer Bar, die ein beliebter Treffpunkt Berliner Boheme und Intelligenz ist: ein in der „Szene" nicht ganz unbekannter Typ kommt herein, schiebt sich zwischen den Tischen durch und bleibt fast beiläufig vor einer Frau stehen, die mit ihrer Begleitung vor ihrem Wein sitzt. Er schaut sie einen Moment lang schweigend an und sagt dann: „Ich kann mich nicht erinnern - wann hab' ich *Dich* gepudert? Oder hab' ich Dich gar nicht?" Bevor noch jemand etwas sagt, geht er weiter durch die Menge. - Mein Freund ist empört und sagt (auf griechisch) zu seiner Frau: „Dem hätt' ich ganz laut gesagt: Doch, ja - und Du warst sehr dürftig!"

Aber natürlich fällt einem die schlagfertige Antwort immer etwas zu spät ein und sie kommt dem Zuschauer immer noch eher als dem Betroffenen selbst. Denn der emotionalen Betroffenheit fehlt ja jene Distanz, die Voraussetzung für das blitzschnelle Einen-anderen-Aspekt-Beleuchten ist, das die Schlagfertigkeit ausmacht. Und das gilt ganz besonders, wenn man im Gefühl einer Peinlichkeit befangen ist, die durch eine Beschämung, eine Bloßstellung, ausgelöst wird, weil dieses Gefühl, anders als bei der versehentlichen Selbstentblößung, stets mit jener Wut gemischt ist, mit der sich mein Freund sofort identifiziert hat. Die Wut auf den anderen bleibt aber zumeist ohnmächtig, weil sie die Gefahr birgt, sich noch weitere Blößen selbst zuzufügen. Zudem beruht die Beschämung oft auf falschen Tatsachen - eine Möglichkeit, die der Sprecher hier gleich mit ins Auge faßte. In einem solchen Fall gerät die Beschämung in die Nähe einer falschen Anschuldigung, gegen die man sich bekanntlich auch nur wehren kann, indem man mehr von sich preisgibt als einem lieb ist. Zweifellos gibt es falsche Anschuldigungen, deren Ziel eben darin besteht.

Für den Griechen mag nun was ich hier Beschämung nenne eher den Charakter einer Beleidigung haben, weil sich in Griechenland noch Reste eines Ehrbegriffs erhalten haben, der bei uns längst seine soziale Realität verloren hat, obwohl sich allenthalben (zum Beispiel in unserem Strafgesetzbuch) noch seine Spuren nachweisen lassen. Ehre ist ein Begriff, der sich immer auf ein Kollektiv bezieht: als Individuum kann ich nicht in meiner Ehre gekränkt werden, wohl aber als Vertreter eines Standes oder als Repräsentant einer Familie[13] - in mir sind dann immer alle diejenigen mitbeleidigt, zu denen ich gehöre und durch die sich meine Identität erst konstituiert. Für moderne Gesellschaften ist es dagegen charakteristisch, daß die soziale Identität eines Menschen nicht mehr aufgeht in der Zugehörigkeit zu einer Familie, einem Stand, einer Berufsgruppe. Was gewöhnlich als Individualisierungsprozeß bezeichnet wird, meint eine Entwicklung, im Laufe derer der je individuelle Rollenhaushalt sich vergrößert und zugleich heterogener und variabler wird. Jeder ist nun mit mehr oder weniger Engagement Teilnehmer sehr unterschiedlicher Bezugsgruppen und Verkehrskreise, in denen sich seine Individualität jeweils anders darstellen und behaupten muß. Konflikte zwischen verschiedenen Lebensbereichen können dann nur vermieden werden, wenn zweierlei gewährleistet ist: erstens eine relative Segregation der Bezugsgruppen, was hauptsächlich durch räumliche und zeitliche Trennungslinien erreicht wird, und zweitens eine gegenüber Informationen relativ undurchlässige Privatsphäre. Immer dort, wo diese Sicherheitsgarantien moderner Individualität krass verletzt werden, wird das Individuum bloßgestellt, beschämt, und peinliche Situationen sind die Folge.

Inzwischen aber unterhöhlt die allgemeine Informalisierung der Umgangsformen sowohl die Segregation der Bezugsgruppen als auch die Abgeschlossenheit der Privatsphäre. Offenbar reichen die Spielräume segregierten Rollenverhaltens nicht mehr aus, um ein befriedigendes Maß jener individuellen Selbstdarstellung zu ermöglichen, die wir zur Aufrechterhaltung unserer Identität brauchen. Das hat gewiß viel mit veränderten Arbeits- und Konsumbedingungen zu tun, geht aber wohl darin nicht auf. Jedenfalls wird eine selbstverständlichere Körperlichkeit ebenso wie eine bewußte Lockerheit im Umgang mit den gesellschaftlichen Verkehrsregeln allmählich charakteristisch für die Identitätsbehauptung, vor allem derjenigen, die an den Randzonen der organisierten Arbeitswelt leben. Eine der Folgen dieser Entwicklung ist es, daß bestimmte Beschämungen ihre Pointe verloren haben.

In den fünfziger Jahren erlebte ich es in einer Vorlesung, daß der Professor vor Betreten des Podiums stehen blieb und sich an eine Studentin, die mit tief ausgeschnittenem Kleid in der ersten Reihe saß, mit den Worten wandte: „Sie, Sie werden sich noch erkälten.“ Als die Studentin daraufhin in der nächsten Vorlesung ein hochgeschlossenes Kleid trug, blieb er wieder stehen und meinte: „Sie, Sie haben sich wohl erkältet.“

Diese Art von öffentlicher Beschämung wäre wohl heute nicht mehr denkbar - sie würde entweder überhaupt nicht verstanden werden oder unverzüglich diejenige Antwort erhalten, die sie verdient. Die Rahmenkonventionen haben sich geändert: Beschämungen müssen heute direkt auf die Intimsphäre zielen oder besonders gravierende Inkompetenz ins Auge fassen, wenn sie treffen sollen. Anders gesagt: die Unterminierung der Sicherheitsgarantien zur Aufrechterhaltung der persönlichen Identität wird funktional ausgeglichen durch allmählich sinkende Scham- und Peinlichkeitsschwellen. Die Chance, in eine Verlegenheitssituation zu geraten, wird immer größer, die Chance aber, dabei jemanden erröten zu sehen, wird geringer. In leichte Orientierungs- und Verhaltensunsicherheit geraten wir nun beinahe ständig, peinlich wird es aber erst, wenn etwa Eheleute einander vor ihren Gästen beschämen oder wenn, wie im Ausgangsbeispiel, sexuelles Verhalten öffentlich angesprochen wird und dann noch mit der Implikation, daß es sich bei der Betroffenen ohnehin um ein willenloses Opfer männlicher Verführungskünste handelt. Dennoch sind auch heute natürlich Beschämungen schlimme und gefährliche Verletzungen der selbstverständlichen sozialen Ordnung. Sie sind nicht versehentliche Ausrutscher, sondern zurechenbare Verletzungen einer sozialen Norm, nämlich der, niemals den anderen bloßzustellen, und sei es auch um den Preis einer kontrafaktischen Unterstellung seiner Interaktionskompetenz und Kontrollfähigkeit. Daß Beschämungen dennoch peinliche Situationen auslösen, liegt an der momentanen Hilflosigkeit des Opfers, daß sich der beschämenden Bloßstellung nur durch peinliche Selbstentblößung erwehren könnte - eine Hilflosigkeit, die auch die Zuschauer miteinbezieht, die ihren Ärger dann für sich behalten (in meinem Beispiel: auf griechisch äußern), also ihre Sanktionskompetenz nicht ausüben. Folgerichtig ist die Sanktion für Beschämungen oft der sofortige Abbruch der Beziehungen, in der Regel die Vermeidung weiterer Kontakte.

9. Affekte

Beim öffentlichen Hearing anläßlich der Besetzung einer wissenschaftlichen Mitarbeiterstelle: die junge Frau, der nach einem sehr langen und viel zu schnell vorgetragenen Referat über ihr Interessengebiet zwei im Ton freundliche Fragen gestellt werden, reagiert darauf mit verbissener Aggressivität. Später erfuhr ich, daß sie, kaum daß sie den Raum verlassen hatte, in Tränen ausbrach. In der Diskussion über die Kandidaten wird meine Erwähnung dieses Umstands als peinlich und nicht zur Sache gehörig empfunden. Dann ist aber doch die Rede von einer möglicherweise nicht ausreichenden „Belastungsfähigkeit".

Der Ausdruck der Affekte ist in unserer Gesellschaft so streng lizensiert, daß er außerhalb des Intimbereichs unter allen Umständen kontrolliert werden muß. Wie das Beispiel zeigt, kann selbst die bloße Erwähnung eines Gefühlsausbruchs im Rahmen einer öffentlichen Angelegenheit Peinlichkeit verursachen. Denn eine hohe „Belastungsfähigkeit", und das heißt hier zunächst die Fähigkeit, die eigenen Gefühle vollkommen unter Kontrolle zu haben, darf eigentlich kein Kriterium bei der Auswahl von Bewerbern um einen Arbeitsplatz sein - sie wird so selbstverständlich vorausgesetzt, daß sie in Frage zu stellen offenbar ein Rahmenbruch ist. Entsprechend gilt „emotionales Verhalten" als pathologisches Indiz: möglicherweise wird der Bewerber den Belastungen seines Arbeitsplatzes nervlich nicht gewachsen sein. Die Perversion unserer Arbeitswelt, als deren Mitverantwortlicher und Opfer zugleich ich hier agiert habe, offenbart sich in der stillschweigenden Forderung nach einer zwangshaften Selbstkontrolle, die mit jeder Lebendigkeit auch viel an kreativen Potentialen erstickt. Gefühle sind „subjektiv" und „dysfunktional", sie müssen hinter der Maske der Funktionstüchtigkeit verborgen bleiben. Gefragt ist allenfalls (verbale) Aggressivität, die sich gut als Vehikel jenes Durchsetzungsvermögens eignet, das als leistungsstimulierend gilt. Es ist kein Zufall, daß die junge Bewerberin ihre Tränen unter Aggressivität versteckte, ein Verhalten, das ganz dem männlichen Verhaltensstereotyp entspricht, das auch die Arbeitswelt prägt. Von Frauen wird, sofern sie nicht mit Männern konkurrieren, eher das umgekehrte erwartet. Therapeutische Erfahrung zeigt, daß viele Männer das Weinen, diese genuin menschliche Ausdrucksform, buchstäblich verlernt haben und aus entsprechendem Anlaß stattdessen wütend werden, während Frauen oft eher in Tränen ausbrechen, als ihre Aggressionen zu zeigen. So bereiten die Tränen einer Frau gewiß in der Regel Verlegenheit, die Tränen eines Mannes aber sind von schockierender Peinlichkeit. Und nahezu jede Art von Gefühlsausbruch (schon dieser Ausdruck deutet auf die barriereartigen Kontrollen) löst Verlegenheit und Peinlichkeit aus, auch der Ausdruck positiver Gefühle wie liebevolle Zuneigung, tiefe Verehrung (wenn sie nicht vollständig ritualisiert ist) oder allzu spontan und heftig geäußerte Freude. Die Urheber solcher Kontrollverluste sind aber noch stärker betroffen, denn auf ihre Gefühlsausbrüche folgt meist ein intensives Schamgefühl: man hat sich gehenlassen, sich eine Blöße gegeben, zuviel Einblick in sich gewährt. Frederick Perls hat die Peinlichkeits- und Schamgefühle die „Quislinge des Organismus" genannt - sie sind Verräter an der unabdingbaren Funktion der anderen Gefühle, den Organismus unmittelbar über seine jeweilige Umwelt zu informieren.[14] Gefühle, so möchte ich sie definieren, sind spontane Lagebeurteilungen des Körpers über die jeweilige Situation im Organismus/Umwelt-Feld. Sie zu unterdrücken heißt, einen Orientierungsverlust in Kauf zu nehmen. Das gilt auch gegenüber den Gefühlen anderer noch: das wir den unverstellten Ausdruck von Gefühlen in so vielen Situationen als peinlich erleben, ist ein Symptom unserer zunehmenden Unfähigkeit zu wirklichem Mitempfinden und Nachfühlen und damit auch für ein tieferes Verstehen des anderen.

Gespräch zwischen zwei Kollegen über den Selbstmord eines Assistenten. Der eine, betroffen: „Man müßte irgendetwas tun, wir können das doch nicht einfach mit Schweigen übergehen, wir sollten in unseren Seminaren darüber sprechen." Der andere abwehrend: „Das gehört nicht in ein Seminar, wir müssen die wissenschaftliche Arbeit von privaten Angelegenheiten frei halten."

Es ist leicht, unsere mangelnde Fähigkeit zum Mitfühlen zu konstatieren, aber es ist schwer, die eigene Betroffenheit wirklich zu zeigen. Und das besonders, wenn es darum geht, den Ausdruck von Gefühlen mit der in vielen Lebensbereichen nicht minder notwendigen reflexiven Distanz zu verbinden - was uns fehlt sind Ritualisierungen.

Regelmäßig zum Vollmond lädt ein Berliner Maler einige Freunde und Bekannte zu einem Essen in sein gemütliches Dachatelier ein. Jeder dieser Vollmond-Abende steht unter einem bestimmten Thema, zu dem einen persönlichen Beitrag zu leisten jeder Eingeladene aufgefordert ist. Solche Themen sind etwa „eigene Träume" oder „eigene Gedichte" oder auch „persönliche Erfahrungen mit dem Tod". Manchen ist schon der bloße Gedanke an diese Abende peinlich. Andere kommen wohl hin, verweigern aber den erwarteten Beitrag. Immer wieder treten emotionale Hemmungen in den Vordergrund, die dann bezeichnenderweise als Beziehungsprobleme unter den Teilnehmern thematisiert werden - eine Diskussion, die oft genug das vorgegebene Thema des Abends überlagert.

Hier handelt es sich um den Versuch einer Ritualisierung der Formen und Themen geselliger Interaktion, wie sie einstmals für die Soiréen der gebildeten Gesellschaft charakteristisch war. Heute wird unter dem Druck des Informalisierungsprozesses vielfach erneut die Entlastung des Rituals gesucht. Nur: sobald der gewählte Rahmen über den engsten Kreis gleichgesinnter Freunde hinausgeht, scheinen dabei Gefühle der Peinlichkeit die Regel zu sein. Denn inzwischen hat der Informalisierungsschub bis ins Sprachliche hinein jede Form suspekt gemacht. „Die konventionellen Redewendungen und Riten sind gewiß noch in Gebrauch, aber mehr Menschen als früher fühlen, daß es etwas peinlich ist, sich ihrer zu bedienen, eben weil sie ihnen schal und abgedroschen erscheinen. Die rituellen Floskeln der alten Gesellschaft, die die Bewältigung kritischer Lebenssituationen erleichtern, klingen für das Ohr vieler jüngerer Menschen abgestanden und falsch. An neuen Ritualen, die dem gegenwärtigen Empfindens- und Verhaltensstandard entsprechen und die Bewältigung wiederkehrender kritischer Lebenssituationen erleichtern können, fehlt es noch."[15] Was Elias hier im Hinblick auf tiefgehende biografische Einschnitte schreibt, gilt auch für alltäglichere Situationen: sobald die engen Grenzen der Intimität überschritten werden, setzen sich die Lizensierung des emotionalen Ausdrucks und die Normen des informellen Umgangs gleichzeitig so durch, daß peinliche Situationen entstehen.

Die soziale Leistung des Rituals war es dagegen, emotionalen Ausdruck und versachlichende Distanz so miteinander zu verbinden, daß die Kommunikation über ein existentiell berührendes Thema der Intimität nicht mehr bedarf. Diese Verbindung von Emotionalität und Distanz setzt freilich voraus, was das Wesen des Rituals ausmacht, nämlich einen hohen Formalisierungsgrad der entsprechenden sozialen Handlungen und Sprechakte *und* den Bezug auf etwas Drittes, das außerhalb der persönlichen Erfahrung und Beziehungen der Teilnehmer liegt. Nur so ist eine die engen Grenzen der Intimität sprengende und zugleich Peinlichkeit vermeidende Öffnung für einen größeren Teilnehmerkreis möglich. Das in Bezug auf existentielle Themen zu erreichen, war und ist natürlich, soziologisch gesehen, die große Leistung der Religionen.

Ist aber die traditionelle Kraft der Rituale einmal gebrochen, gehören die Formeln des Umgangs miteinander nicht mehr zum selbstverständlichen Repertoire der Handelnden, dann wird die absichtsvolle Institutionalisierung von Ritualen, wie immer ihr entlastender Effekt ersehnt werden mag, selbst zur Peinlichkeit, eben weil Entlastung nur ihre „sekundäre Zweckmäßigkeit" sein kann, wie Gehlen zu Recht meinte, weil ihnen gerade durch die Zielsetzung der Entlastung ihre entlastende Selbstverständlichkeit verloren geht.

Stattdessen wird nun immer häufiger die Fähigkeit zur Metakommunikation zu einer selbstverständlich erwarteten Kompetenz, und zwar als eine den im Informalisierungsprozeß dominierenden Beziehungsaspekt jeder Kommunikation[16] thematisierende Strategie zur Bewältigung peinlicher Situationen, zur Wiederherstellung der Ordnung des Selbstverständlichen. Denn nun wird die Kommunikation - aus Gründen ihrer Form, nicht ihres Inhalts - selbst zum Problem. Deshalb gehen freilich metakommunikative Versuche, zu verstehen, was eigentlich „schief gelaufen" ist, immer dann in die Irre, wenn sie in den Gesprächsinhalten befangen bleiben. Zur Form aber gehört sehr wesentlich die Struktur der Beziehungen zwischen den Interagierenden. Kommunikation über die Kommunikation wird heute deshalb zu einem so häufigen und häufig auch hilfreichen Thema im Alltag, weil die Beziehungsstruktur umso eher den Inhalt von Kommunikationen determiniert, desto informeller der Gesprächsrahmen ist. Dennoch reiben sich auch diese Bemühungen an den immer undeutlicher werdenden Grenzen der Intimität ab und der dadurch entstehende Zwang zur Versachlichung führt dann leicht zu jenem „Psychologisieren", in dem sich das therapeutische Deutungsschema mit der praktischen Hilflosigkeit paart. Auch die Metakommunikation wird durch Ritualisierung stabilisiert; das geschieht heute in der sich ausbreitenden Institutionalisierung therapeutischer Situationen. Soll freilich die Fähigkeit zur Metakommunikation auch zu einem Teil der selbstverständlich erwarteten Interaktionskompetenz im Alltag werden, dann müssen wir erst einmal bereit sein, uns von jeder peinlichen Erfahrung emotional belehren zu lassen.

Anmerkungen

1 Vgl. hier und im folgenden zu meinem Versuch, das Auftreten von Scham- und Peinlichkeitsgefühlen als einen vorübergehenden Verlust von Körperkontrolle oder/und Interaktionskompetenz zu verstehen, die folgende Bemerkung von Erving Goffman: „Once students of social life begin to understand the number of constraints and ends governing each of an individual's acts on every occasion and moment of execution, it becomes natural to shift from social practices to considering social comptencies. In this way, presumably, appropriate respect can be paid for all the things an individual is managing to do, with or without awareness, on purpose or in effect, when he performs (in the sense of executes) an ordinary act. A competency, then, can be defined as the capacity to routinely accomplish a given complicated end. An implication is that this end could not have been achieved were the actor unable to accomplish a whole set of slightly different ones, all in the same domain of expertise." (Forms of Talk, Philadelphia 1981, S. 198).

2 Siehe E. Goffman, Rahmenanalyse, Frankfurt 1977, S. 19: „Ich gehe davon aus, daß wir gemäß gewissen Organisationsprinzipien für Ereignisse - zumindest für soziale - und für unsere persönliche Anteilnahme an ihnen Definitionen einer Situation aufstellen; diese Elemente (...) nenne ich Rahmen (...) Mein Ausdruck 'Rahmenanalyse' ist eine Kurzformel für die entsprechende Analyse der Organisation der Erfahrung." Der zuerst von G. Bateson eingeführte Ausdruck 'Rahmen' (frame) entspricht also dem Begriff der sozial definierten Situation, wie er seit W.I. Thomas in den soziologischen Sprachgebrauch eingegangen ist, und um den sich auch H.P. Bahrdt bemüht hat (vgl. seine „Industriebürokratie", Stuttgart 1958, S. 5 ff.). Angesichts der Bürde einer doppelten philosophischen Belastung des Situationsbegriffs durch die Phänomenologie und den Situationismus mag der Rahmenbegriff seine Vorzüge haben.

3 Vgl. N. Elias, Über den Prozeß der Zivilisation, 2 Bde., 2. Aufl. Frankfurt 1978.

4 Siehe dazu M. Foucault, Sexualität und Wahrheit, Bd. I, Der Wille zum Wissen, Frankfurt 1977.

5 Vgl. H.P. Dreitzel, Körperkontrolle und Affektverdrängung, in: Integrative Therapie, 7. Jg. 1981, H. 2/3, sowie: The Socialization of Nature, in: Indegenious Psychologies, Academic Press, London 1981.

6 Zum Begriff der „display rules" siehe die Arbeiten von P. Ekman, zuletzt: The Face of Man - Expression of Universal Emotions in a New Guinea Village, New York und London 1980.

7 Siehe N. Elias, Über die Einsamkeit der Sterbenden in unseren Tagen, Frankfurt 1982, z.B. S. 45: „Ein Informalisierungsschub im Rahmen dieses (Zivilisations-) Prozesses hat dazu geführt, daß eine ganze Reihe herkömmlicher Verhaltensroutinen, darunter auch der Gebrauch ritueller Floskeln, in den großen Krisensituationen des menschlichen Lebens für viele Menschen suspekt und zum Teil peinlich geworden ist." Ähnlich wie Elias sieht auch sein Schüler C. Wouters den Informalisierungsprozeß nur als einen kurzen „Schub": vgl. Informalisierung und der Prozeß der Zivilisation, in: Materialien zu N. Elias' Zivilisationstheorie, hersg. v. P. Gleichmann u.a., Frankfurt 1979.

8 Die Technik der Sickergruben war bereits der alten Indus-Kultur um 2500 v. Ch. geläufig, kommt aber in dieses Dorf, das sich schon seit dem 18. Jahrhundert durch Handel einen gewissen Wohlstand erworben hatte, erst in diesem Jahrundert - ein weiterer Beleg dafür, daß Technik nicht der primäre Motor des Zivilisationsprozesses ist. Vgl. dazu auch P.R. Gleichmann, Die Verhäuslichung körperlicher Verrichtungen, in: Materialien zu N. Elias' Zivilisationstheorie, a.a.O.

9 Dazu ausführlich: E. Goffman, Stigma, Über Techniken zur Bewältigung beschädigter Identität, Frankfurt 1967.

10 Vgl. J. Emerson, Behavior in Private Places - Sustaining Definitions of Reality in Gynecological Examinations, in: H.P. Dreitzel, Recent Sociology, No 2: Patterns of Communicative Behavior, New York und London 1970.

11 Dazu Goffman zusammenfassend in der „Rahmenanalyse", a.a.O.: „Das Ich ist also keine halb hinter den Ereignissen verborgene Entität, sondern eine veränderliche Formel, mit der man sich auf die Ereignisse einläßt. Genau, wie die augenblickliche Situation uns den offiziellen Schleier vorschreibt, hinter dem wir uns verbergen, so sorgt sie auch dafür, daß wir an bestimmten Stellen in bestimmter Weise durchscheinen, und die Kultur selbst schreibt vor, für was für eine Art von Wesen wir uns zu halten haben, um auf diese Weise etwas durchscheinen lassen zu können." (S. 617) „Und ich selbst, dieses greifbare Gebilde aus Fleisch und Blut? Ein System von Funktionen, die sich bei gewöhnlichen, eigentlichen Handlungen charakteristisch überlagern, aber auf anderen Seinsebenen auf alle möglichen Arten getrennt sind." (S. 619).

12 G. Simmel, Die Soziologie der Geselligkeit, in: Verhandlungen des 1. Deutschen Soziologentages, Tübingen 1911, S. 1-16. Vgl. auch A. Gehring, Die Geselligkeit, in:

Kölner Zeitschrift f. Soziologie und Sozialpsychologie, Jg. 21 1969, S. 241-255

13 Vgl. P. L. Berger, On the Obsolence of the Concept on Honor, in: European Journal of Sociology, XI 1970, S. 339-347.

14 Vgl. F. Perls, Ego, Hunger, and Aggression, New York 1947, Part 2, Chapter 13 „Emotional Disturbances".

15 N. Elias, Über die Einsamkeit des Sterbenden in unseren Tagen, a.a.O., S. 40

16 Zum Verhältnis von Inhalts- und Beziehungsaspekt in der Kommunikation siehe P. Watzlawick, J.H. Beavin, D.D. Jackson, Menschliche Kommunikation, Bern 1972.

Nacht und Zivilisation

Peter Reinhart Gleichmann

1. Wandlungen im Erleben der Nacht

Mitternacht

Schrecken und Stille und dunkeles Grausen, finstere Kälte bedecket das Land,
Izt schläft, was Arbeit und Schmerzen ermüdet, diß sind der traurigen Einsamkeit Stunden.
Nunmehr ist was durch die Lüfte sich reget, nunmehr sind Menschen und Thiere verschwunden.
Ob zwar die immerdar schimmernden Lichter der ewig schitternden Sternen entbrant,
Suchet ein fleißiger Sinn noch zu wachen, der durch Bemühung der künstlichen Hand,
Ihm die auch nach uns ankommende Seelen, ihm die anitzt sich hier finden, verbunden?
Wetzet ein blutiger Mörder die Klinge, wil er Unschuldiger Herzen verwunden?
Sorget ein Ehren begehrend Gemüthe, wie zu erlangen ein höherer Stand?
Sterbliche, Sterbliche, lasset diß Dichten! Morgen, ach morgen, ach, muß man hinziehn!
Ach, wir verschwinden gleich als die Gespenste, die um die Stund uns erscheinen und fliehn.
Wenn uns die sichere Gruben bedecket, wird was wir wünschen und suchen zunichte.
Doch wie der glänzende Morgen eröffnet, was weder Monde noch Fackel bescheint:
So, wenn der plötzliche Tag wird anbrechen, wird was geredet, gewürket, gemeint,
Sonder Vermänteln eröffnet sich finden vor des erschrecklichen Gottes Gerichte.

Nur schwerlich könnten Menschen zu Beginn des 17. Jahrhunderts treffender umreißen, welche Ängste sie empfinden, wenn sie, wie Andreas Gryphius (1616 - 1664) ihre Furcht vor der „Mitternacht" formulieren.[1] „Schrecken und Stille und dunkeles Grausen, finstere Kälte (...) der traurigen Einsamkeit Stunden (...) Menschen und Thiere verschwunden (...) ein blutiger Mörder wetzet die Klinge (...) ach, wir verschwinden gleich als Gespenste (...)." Lichter finden sie nur in den Sternen, dem Mond oder den Fackeln. Nicht nur die Stille, Dunkelheit und Kälte ängstigt nachts diese Menschen. Sie fürchten auch um ihre eigene leibliche *Sicherheit* während der Nacht.

Simon Dach (1605 - 1659) beginnt ein Morgenlied:[2]

Der nacht gefahr und grauen
Ist dißmal auch vorbey,
Das tag-licht lässt sich schauen,
Das wache hahn-geschrey
Sagt, daß es morgen sey.
...
Ich hab' als tod geschlaffen,
Ohn sinn und ohn verstand,
Beschirmt durch keine waffen
Für satans starcker hand,
Für dieberey und brand, ..."

Diese deutschsprachigen Dichter der ersten Hälfte des 17. Jahrhunderts leben in verhältnismäßig sehr kleinen Städten. Simon Dach etwa wird 1605 in Memel geboren; später ist er Professor für Poesie an der Universität Königsberg. Die Städte liegen nachts im Dunkeln. Ihre Bewohner sind ihres Lebens oder ihres Eigentums, selbst innerhalb ihrer Mauern, wenig sicher. Simon Dach beginnt ein anderes Gedicht über die Nacht:[3]

Ich trage grauen für die nacht
Und habe gantz mich außgewacht,
Mein schlaff ist pein und sorgen,
Ich sehne mich
So sehr, als sich
Kein wächter, nach dem morgen.

Nächtliche Sicherheit vor körperlichen Gewalttaten anderer Menschen mag innerhalb ummauerter Städte noch durch die „Wächter" kontrolliert werden, die sich so sehr nach dem Morgen sehnen. Diese Einrichtungen des nächtlichen Bewachens gehen hervor aus den Militärwachen; die Römer kennen sie schon als die vigiliae. Die städtischen Nachtwächter verschwinden in den deutschen (und in anderen) Städten um die Wende vom 19. zum 20. Jahrhundert in dem Maße, wie sie von städtischen „Polizeien" abgelöst werden. Das weite Land zwischen den Städten in der ersten Hälfte des 17. Jahrhunderts ist nicht nur nachts unsicher. Hier wütet in großen Teilen des nördlichen Europa über dreißig Jahre ein Krieg, dessen Parteiungen die Menschen kaum noch begreifen; streunen Armeeteile oder auch Banden aller Art herum. Viele Dichter des Barock haben uns das Bizarre und Groteske dieser täglichen persönlichen Ungewißheiten beschrieben. Am bekanntesten wurde vielleicht „der abenteuerliche Simplizissimus Teutsch" von Grimmelshausen (1621 - 1676). Das Erleben der Angst und der Bedrohung während der Dunkelheit der Nächte ist für die meisten Menschen bis über das 17. Jahrhundert hinaus ständige Wirklichkeit, nicht nur „Mythos, Kultus und Volksglauben."[4]

Außer Finsternis und Grauen verbinden die barocken Dichter während des Dreißigjährigen Krieges noch ganz *andere Gefühle* mit der Nacht -, auch darin stehen sie in einer sehr langen Überlieferung. So schreibt Friedrich von Logau (1604 - 1655):[5]

Zweyerley Nacht und zweyerley Tag

Zwey Nächte hat der Mensch, der Mensch hat zwene Tage,
Drauff er sich freue theils, theils drüber sich beklage:
Der Mutter Leib ist Nacht; das Grab ist wieder Nacht;
Geburt gibt einen Tag, wie Tod den andren macht;
Die erste Nacht und Tag ist voller Noth und Leiden;
Der Tag nach letzter Nacht bleibt voller Heil und Freuden.

Wie fest, wie unabänderlich muß das Naturereignis der Nacht für Nacht wiederkehrenden *Dunkelheit* sich Generationen von Menschen eingeprägt haben, daß sie die Nächte verbinden mit der Urfinsternis ihres eigenen Entstehens und zugleich ihres Grabes, dem Reich der Toten? Und daß sie die Nacht oftmals mit der Geburt und dem Grab gleichsetzen? Und ein letztes Beispiel: eine Szene aus den Lebenserinnerungen des Goldschmiedes und Bildhauers Benvenuto Cellini (1500 - 1571) aus dem Jahre 1557. Ich folge der Goetheschen Übersetzung:[6]

„Gegen Zwei Uhr (Das heißt zwei Stunden nach Sonnenuntergang; die altitalienische Zeitrechnung zählte 24 Stunden, beginnend mit Sonnenuntergang. - P. R. Gl.) ging ich an dem Hause der Pantasilea vorbei und hatte mir vorgesetzt, wenn ich Ludwig bei ihr fände, beiden etwas Unangenehmes zu erzeigen." Cellini versteckt sich hinter einer Gartenhecke und lauert dem jungen Paar auf: „Der Himmel stand voller Sterne und die Hellung war sehr groß. Auf einmal hörte ich einen Lärm von mehreren Pferden, die hüben und drüben vorwärts kamen. Es waren Ludwig und Pantasilea, begleitet von einem gewissen Herrn Benvenuto von Perugia, Kämmerer des Papstes Clemens. Sie hatten noch vier tapfere Hauptleute aus gedachter Stadt bei sich, nicht weniger einige brave junge Soldaten; es mochten mehr als zwölf Degen sein." Cellini beschließt im Anblick der bewaffneten Übermacht zu entfliehen, sieht aber kein Entkommen mehr, springt aus dem Gebüsch hervor und schreit laut: „Ihr seid alle des Todes! - Der erste Hieb meines Degens traf die Schulter Ludwigs, und weil sie den armen Jungen mit Harnischen und anderem solchen Eisenwerk überblecht hatten, tat es einen gewaltigen Schlag. Der Degen wandte sich und traf die Pantasilea an Nase und Mund. Beide Personen fielen auf die Erde, und Bacchiara mit halbnackten Schenkeln schrie und floh."

Dann schildert er eine dramatische Kriegs- und Kampfszene, die Stunden dauert. Beide Gruppen jagen sich schreckliche Furcht ein. Sie denken, sie sind viel größer an Zahl als sie tatsächlich sind; denn es ist dunkel. Schließlich entkommt er unversehrt. Es ist nur eine von zahllosen Szenen dieser Art von bewaffneten Überfällen, die er erleidet und oft nur knapp überlebt, aber - das ist wichtig - die er auch selbst inszeniert. Und er brüstet sich in seinem Buch ständig mit dieser Art bewaffneter Überfälle. Weswegen wird der nächtliche Überfall begonnen? Ein Streit um ein Mädchen. - Am nächsten Tag bittet Cellini einen „Herren", der seinerseits wieder von Bewaffneten umgeben ist, um sich gegen derartige Angriffe zu schützen, für ihn mit seinem Kontrahenten Frieden zu stiften:

„Fried wollen wir, und nichts weiter! (...) So war der Friede gemacht, und ich kehrte sogleich zu meiner Werkstatt zurück."

Wie erleben Menschen die Nacht, wenn sie sich um die Wende vom 16. zum 17. Jahrhundert nächtens durch eine beträchtlich große Stadt bewegen? Auf jeden Fall fürchten sie für ihr Leben. Nicht nur der drohende Angriff anderer, sondern auch der eigene bewaffnete Angriff gegen die anderen Menschen gehören selbst innerhalb der Stadtmauern zum dauernden Erleben der Bürger. Worin besteht das Neue solcher Erinnerungen und Gedichte an die Nacht? - Man vermag dieses Erleben jetzt in Büchern zu schildern. Man kann damit prahlen, kann darüber spotten oder über seine Ängste schreiben. Die Menschen ängstigen sich. Doch sie vermögen sich zugleich ein wenig mehr von ihren Ängsten zu distanzieren. Und sicher richtet sich das Interesse Goethes an solchen Abenteuerängsten auf die dadurch erzeugten Reize, wenn er noch rund zweihundertfünfzig Jahre später die Erinnerungen des berühmten Handwerker-Künstlers übersetzt und seinen Lesern präsentiert.

Dieser soziale Distanzierungsschub, den die schriftliche Aufzeichnung derartiger nächtlicher Episoden markiert, zeigt sich auch in der Malerei. Die Maler beginnen, die Nacht zu erforschen. Sie fürchten sich wohl weniger vor ihr. *Nachtstücke* nennen sie die neuen Bilder. Diese Gemälde, aber auch Graphiken, stellen figürliche Szenen während der Nacht dar. Nächtliche Szenen werden etwa seit dem 15. Jahrhundert hier und da in der europäischen Malerei beliebt - mal ein „Christuskind" oder eine „heilige Nacht" -, meist sind sie beleuchtet von einer „überirdischen Lichtquelle". Beispielsweise stellen Hans Baldung, genannt Grien (1484/?/ - 1545), Bartholomäus Bruyn der Ältere (1493 - 1555) oder Jan Gossaert, genannt Mabuse (1478 /?/ - 1532), im 16. Jahrhundert Nachtszenen dar. Meistens bestimmt dunkle Farbigkeit die nächtlichen Szenen. Eine Lichtquelle erscheint oben, etwa der Mond, oder als künstliches Licht Lampen, Kerzen und Fackeln. Auf einem der berühmtesten Nachtstücke, der „heiligen Nacht" von Corregio (1489 - 1534), geht das Licht sogar von dem Kinde aus. Unter dem Einfluß Adam Elsheimers (1578 - 1610) und M. M. A. da Caravaggios (1573 - 1610) entwickeln sich dann die Hell-Dunkel-Malereien der Nachtszenen Rembrandts (1606 - 1669). Später malen viele andere „Nachtstücke", etwa Rubens, Honthorst, van der Meer, Achenbach oder Menzel. Auch in der Musik entstehen - wenngleich ein wenig später - *Serenaden* im 17. und 18. Jahrhundert, *Nocturnes* und *Nachtmusiken* im 19. Jahrhundert.

2. Das Dunkel der Nächte erhellen

Ob du schon wickelst ein das halbe Rund der Erden
in dein berusstes Tuch, du schwarze, finstre Nacht,
so mag ich doch von dir gar nicht bedunkelt werden,
dich nur ein Auge mir der Liebsten liechte macht.

Die schwarze, finstre Nacht - ein berußtes Tuch -, was wäre dunkler? „Ich mag von dir gar nicht bedunkelt werden", in Paul Flemings (1609 - 1640) „An die Nacht"[7] scheint es ein unerfüllbar ferner Wunsch; allenfalls für seine Geliebte scheint ihm das Dunkel durchschaubar zu sein. Doch die Nächte bleiben dunkel.

„Komm braune nacht / umhülle mich mit schatten / und decke den mit deiner schwärtze zu, (...)" schreibt Christian Hofmann von Hofmannswaldau (1617 - 1679):[8] Braun oder schwarz -, die Menschen vergleichen die Nächte mit dem Dunkelsten, das sie sich vorzustellen vermögen, sei es das Dunkel des Mutterleibes oder des Grabes. Alle Erfahrungen eines fortwährenden Wechsels von Hell und Dunkel bleiben an den natürlichen Wechsel von Tag und Nacht gebunden.

„Auch die nacht ist verflossen / und weicht dem tage-schein, (...)" so ähnlich wie Simon Dachs „Morgenlied"[9] beginnen viele Gedichte des 17. Jahrhunderts. Die dunklen Nächte zu erhellen -, das bleibt ein Wunsch. Mit den lichttechnischen Mitteln der Zeit ist er nicht zu erfüllen; deren wesentliche Beleuchtungsquellen bleiben die Sonne und die Flammen des Feuers.

Wie entwickeln sich die Möglichkeiten der Menschen, das Dunkel der Nächte zu erhellen? Mit dem allmählichen Zähmen des Feuers - es ist stets Wärme- und Lichtquelle zugleich - und seiner Benutzung in häuslichen Herden zieht eine Vielzahl von Lichtquellen in die Häuser ein. Öllampen, Kienspan oder Fackeln werden durch Jahrhunderte hindurch langsam verbessert. Wer gegen Ende des 20. Jahrhunderts gewöhnt ist, mit Hilfe elektrischer Beleuchtungstechniken jeden Ort jederzeit nachts „taghell" beleuchten zu können, der wird sehr schwer begreifen können, warum sich die menschlichen Beleuchtungstechniken derart langsam weiterentwickeln. Einmal sind es wirklich technische Probleme. Die relative Lichtstärke der einzelnen offenen Flamme ist begrenzt; sie läßt sich nicht beliebig verstärken. Vielerorts setzt auch der verhältnismäßige Mangel an geeigneten Energien einer intensiveren Beleuchtung Grenzen. Aber dann sind es vor allem auch ganz andere seelische Strukturbedingungen, welche die Menschen charakterisieren, die viel unmittelbarer an die Naturbedingungen gebunden sind als Menschen in industriellen Gesellschaften.

Stellen wir uns den Gebrauch des Feuers in einem bäuerlichen Wohnhaus vor, wie es seit merowingisch-fränkischer Zeit bis weit durch das europäische Mittelalter hin gebaut wird. Stroh auf dem Dach, Weidenzweige geflochten in den Wänden aus Holzfachwerk. Der Lehm in den Ausfachungen ist feucht, wenn es regnet, und sehr trocken, sobald das Wetter trockener wird. Die Zimmerdecken bestehen aus groben Brettern. Diese liegen auf mächtigen, roh behauenen Balken. Darüber lagert meist Stroh und Heu. Durch offene Löcher in der Decke holt man es zum Füttern des Viehs herunter. Ein offenes Feuer brennt irgendwo in der Mitte des Hausgrundrisses. In den frühen Bauernhäusern wird es durch Holzscheite eingeschlossen, die dort trocknen sollen. Durch ein größeres Loch im Dach, meist in der Nähe des Firstes oder des Giebels, findet der Rauch seinen Ausgang aus dem Haus. Selten steht ihm dazu ein voll ausgebauter Schlot oder Kamin zur Verfügung. Zugluft überall. Liegt das Haus in einer der vielen sehr kleinen Städte, gibt es mit größerer Wahrscheinlichkeit irgendwo eine festere Feuerstelle, öfter mit Kaminen. Aus ihnen können die Funken meist ungehindert auf die leicht entflammbaren Dächer benachbarter Häuser überspringen. Gelegentlich sehen wir Häuser mit steingedeckten Dächern oder gänzlich aus Stein gebaut. In den Gebäuden finden wir wenige Textilien - etwa auf den Schlafstellen -, sehr wenige Möbel. Doch zahlreiche andere brennbare Materialien sind in den Häusern gelagert, zum Beispiel Wolle oder Leder, die für die handwerklichen Arbeiten gebraucht werden. Dazwischen stecken rauchige Wergfackeln an den Wänden, stehen irdene Öllämpchen, tropfen Talgkerzen oder rauchen im Windzug Wachskerzen.[10] Will man das Feuer neu entzünden, etwa weil es ausgegangen ist, muß man es durch geduldiges Bohren oder Funkenschlagen im Zunder oder in Hobelspänen aufs neue erzeugen.

Die Angst vor dem offenen Feuer innerhalb der Häuser und die Furcht vor dem unbeabsichtigten Überspringen der Funken auf andere Häuser sind weitaus größer als das Bedürfnis nach besserer Beleuchtung. Das periodische Abbrennen ganzer Gebäude und Ortsteile hält die Ängste aufrecht. Die Menschen verstehen das Feuer als heilig oder als göttlich, als „ignis divinus".[11] In unseren Tagen ist das nicht nur ein anderer „Glauben und Brauch"[12] oder ein uns fremd gewordenes „Geheimnis von Glauben und Sitten."[13]

Es dokumentiert sich darin eine andere affektive Bindung der Menschen an die Naturvorgänge. Wenn Feuerkulte in den meisten früheren menschlichen Kulturen und in der europäischen Kultur bis in die neueste Zeit hinein mit Blitzen, mit den Herden, den Kerzen, den Notfeuern, den Jahresfeuern, schließlich mit dem Sagen- und Fegefeuer lebendig sind -; wenn die Feuerfeste in Europa,[14] Feuer in der Fastenzeit, zu Ostern, als Beltane-Feuer (in Schottland zum 1. Mai), die Johannisfeuer (zur Sommersonnenwende), die Hallowe'enfeuer, die Winter- und Notfeuer, schließlich das Verbrennen von Menschen und Tieren, beziehungsweise das Verbrennen von Puppen und anderen menschlichen Nachbildungen bis in unsere Zeit hinein in Überresten zu finden sind, bezeugen diese Vorgänge eine viel tiefere Bindung jener Menschen an diesem Naturvorgang.

Jene Menschen sind von einem weit stärkeren, oft unwiderstehlichen Drang zum Entzünden des Feuers oder zum Betrachten brennender Gegenstände erfüllt, als das den Menschen in unseren Tagen vorstellbar erscheint. Ihre viel schwerer selbst kontrollierbare Lust am Feuern oder am Entzünden von Feuern würden wir eher als Brandstiftungssucht bezeichnen.

Welche Angst beherrscht Menschen, die das Feuer mit magischen Sprüchen zu bekämpfen suchen? Welche Furcht bestimmt die Menschen, die ein Feuer ganz persönlich anreden mit bestimmten Beschwörungsformeln, die sie über der Tür ihres Hauses anbringen?[15] „Feuer erschere (ärgere) dich!" - Oder: „Gott verzehre dich!" - Oder: „Gott verteilt das Feuer für alle Klüfte!" - Oder der Feuerreiter muß zuerst dreimal um das brennende Haus herumjagen und dann beim ersten Male vor der Türe des bereits brennenden Hauses rufen: „Füer, Füer, Füer, / Wat blökst und schmökst du hier?" Oder an anderen Orten[16] schreibt man kurze Beschwörungsformel kunstvoll auf kleine Zettel wie: „Von Feuersgefahr errette uns heilige Agatha!" Sie sind als Brandschutz an die Haustüren zu heften. Oder sie müssen in das brennende Feuer geschleudert werden, in der Hoffnung, dadurch Menschen und Güter vor dem Feuer schützen zu können. Das Anbeten des Feuers ist Ausdruck einer stärkeren Triebbindung. Das Empfinden der Hitze des Feuers verursacht einen beträchtlichen Reiz.[17] Die Angst vor den Gefahren des Feuers und die Lust, es immer wieder zu entzünden, unterliegen weniger eigenen und fremden Triebkontrollen. Doch wer hätte diese viel triebhafteren Impulse, dieses eher „kindliche" Vergnügen der Alten, Feuer zu legen, Pyromanie nennen wollen?

Was könnte die zivilisatorischen Wandlungen der Menschen des 20. Jahrhunderts im Verhältnis zum Feuer besser kennzeichnen? Das Feuer zu entzünden, ist, im Vergleich zu den jahrhundertelangen Mühseligkeiten, rein technisch so einfach wie nie zuvor. Die Möglichkeit, Streichhölzer oder Feuerzeuge zu benutzen, steht selbst den Kindern überall offen. Die Reizempfindungen bei der Gewinnung des Feuers[18] oder seinen Hitzewirkungen sind stärkeren Zwängen unterworfen. Jedes Kind hat nun bewußter „das Spiel mit dem Feuer" und den Gebrauch von Streichhölzern zu erlernen.[19] Das gesamte Niveau der Standards des Empfindens und Verhaltens hat sich gewandelt. Und die Gebote des sozial erwünschten Verhaltens beim Umgehen mit dem Feuer werden durch ein umfassendes System besonderer sozialer Instanzen des Feuerschutzes, der Feuerwehr, doch auch der Bauaufsicht und der Feuerversicherungen aktualisiert und aufrechterhalten. Ein gutes Beispiel für den systematischen Aufbau derartiger Kontrollen seit dem 19. Jahrhundert bietet die Entwicklung der Zündhölzer. Alle Vorgänge des Herstellens, des Versendens, Transportierens und Lagerns werden schließlich einheitlich unter diesem Gefahrenaspekt gesehen; alle Vorschriften über die „Sicherheitszündhölzer" dienen nun dazu, jedes unbeabsichtigte Entzünden der Hölzer zu verhindern.[20] Zugleich ist jedes offene Feuer in bewohnten Räumen unseren Blicken entzogen. Gelegentlich mag es noch als Schmuck dienen. Zu Beleuchtungszwecken wird es kaum noch verwendet. Kommen jetzt die triebhaften Impulse, ein Feuer anzulegen oder einen Brand zu stiften, dennoch einmal zum Ausbruch, werden darin Anzeichen der Krankheit eines einzelnen gesehen.

Die denkbar größte Vielfalt nebeneinander verwendeter Beleuchtungsmittel begleitet den Prozeß der Verhäuslichung des Feuers. Und meistens ist es dabei eine Quelle von Wärme und Licht zugleich. Man verwendet Kienspan als Fackeln, seit dem Mittelalter mehr und mehr auch Kerzen zum Beleuchten der Wohnräume. An den Höfen des 18. Jahrhunderts dienen Wachskerzen einem unglaublichen Lichtluxus. Auch Talglichter sind ähnlich lange in Gebrauch. Mit der Analyse der Fette zu Beginn des 19. Jahrhunderts setzt bald auch die industrielle Fertigung von Stearin- und Paraffinkerzen ein.[21] Öllampen gibt es seit altersher. Sie werden mit tierischen und pflanzlichen Fetten gespeist, seit dem ausgehenden Mittelalter gelegentlich auch aus natürlichen Ölvorkommen.[22]

Der aufkommende Massenbedarf vergrößert die Vielfalt und beschleunigt die Konkurrenz neuer Beleuchtungstechniken. „Gaslicht" brennt in einigen der ersten englischen Fabriken. Bald probiert man, es auch zur Beleuchtung von Straßen und Plätzen der wachsenden Großstädte einzusetzen, seit 1813 in London und seit 1826 auch in Berlin.[23] Versuche mit elektrischen Glühbirnen gibt es seit Mitte des Jahrhunderts. Nahezu alle bekannten Arten von Beleuchtungsmitteln erfahren Verbesserungen aufgrund neuer wissenschaftlicher oder technischer Erkenntnisse. Am Beispiel der „chemischen Geschichte einer Kerze" vermag Michael Faraday noch um die Mitte des Jahrhunderts eine Einführung in sein ganzes Fachgebiet zu geben.[24] Es gibt bereits einige der gleißend hellen elektrischen Bogenlampen. Dennoch wird gegen Ende des Jahrhunderts nach der Erfindung des Gasglühstrumpfes, 1891, die Gasbeleuchtung in den Wohnungen und Straßen der europäischen Großstädte populär. Und die elektrische Beleuchtung setzt sich erst später durch. Fragen wir, wie dieser technische Wandel vom 18. zum 19. Jahrhundert schließlich derart beschleunigt werden konnte - oder anders formuliert -, „wer Prometheus eigentlich entfesselte", werden wir vermutlich bei der Einschätzung bleiben:

> „Wir dürfen uns die Verbindung von Wissenschaft und Technik nicht als eine schrittweise und allgemeine gegenseitige Annäherung dieser Elemente in der Gesellschaft vorstellen, sondern als die Herstellung von Kontakten, zuerst an isolierten Punkten, dann an mehreren und schließlich fast überall."[25]

Faradays Lebensweg ist selbst ein gutes Beispiel für diese Interdependenzprozesse. Und wenn der Weg zu den elektrischen Beleuchtungssystemen so verhältnismäßig verspätet geebnet werden konnte, hat das auch mit den teilweise fehlenden Interdependenzen zu tun. Lange Zeit gibt es bereits Lichtbogen- und Glühfadenlampen. Aber es fehlen hinreichend starke elektrische Kraftmaschinen.[26] Stromerzeuger und Stromverbraucher der Starkstromtechnik haben noch einen ganz unterschiedlichen Entwicklungsstand. Denn weiterentwickeln kann man nur etwas, das sich auch sogleich verkaufen läßt. Die Elektrotechnik als selbständige technische Wissenschaft entwickelt sich aus der physikalischen Elektrizitätslehre ihrerseits erst mit dem Entstehen einer ausgedehnten Starkstromindustrie gegen Ende des 19. Jahrhunderts,[27] und in dessen letzten zwei Jahrzehnten kommt eine vergleichsweise kleinbetriebliche Glühlampenproduktion auf. Deren technische Verfeinerung und deren gesteigerte Qualitätsstandards sind vor allem dem zügigen Aufbau der kommerzialisierten Massenproduktion Nordamerikas zu verdanken.[28] Das gilt besonders für die Durchsetzung der Leuchtstofflampen (Gasentladungslampen) seit den 30er und 40er Jahren. Ingenieure und Architekten versuchen nun, auch die innerhäusliche Lichtführung und ihre nächtlichen Wirkungen bewußter zu steuern und stärker zu differenzieren.[29]

Starke Impulse zu einer weltweiten Standardisierung der elektrischen Beleuchtungsmittel gehen von den verschiedenen Kartellbildungsphasen in der Glühlampenproduktion aus, oftmals gefördert durch Patentrechte. Die Monopolisierungstendenzen in der Elektroindustrie nehmen zu und führen zu großen marktbeherrschenden Unternehmen.[30] Sie bestimmen jetzt in den industriellen Staatsgesellschaften mehr und mehr die Beleuchtungsstandards von Wohnungen, Fabriken oder Büros.[31] Auch die Straßensysteme in vielen Regionen der Erde lassen sich nachts in eine Lichterflut tauchen, die das einstige Grauen vor dem Dunkel der Nächte vergessen macht. Mit den schlichtesten Bewegungen, mit den denkbar gleichförmigsten Handgriffen vermag jetzt jeder überall „das Licht anzuschalten“ und ist zugleich an umfassende „Sachsysteme“ gebunden.[32] Ähnliche Tendenzen entwickeln sich auch in Ländern, die an der Schwelle der Industrialisierung stehen.

Man kann in diesen gesellschaftlichen Wandlungen eine „elektrotechnische Revolution“ sehen. Das läßt sich gut begreifen; auch wenn sicher nicht jede große Veränderung menschlicher Technik eine Revolution genannt werden kann[33] und sich oftmals an manche „technische“ Neuerung ganz unrealistische soziale Erwartungen knüpfen. Lenin berichtet im Anschluß an sein bekanntes Wort von einem Besuch in einem russischen Dorf, in dem ein Bauer anläßlich der Einführung der elektrischen Beleuchtung eine Rede gehalten habe:

„Wir Bauern lebten in Finsternis, und nun ist bei uns ein Licht aufgegangen, ein 'unnatürliches Licht, das unsere bäuerliche Finsternis erhellen wird'. Ich wunderte mich nicht über diese Worte. Gewiß, für die parteilose Bauernmasse ist das elektrische Licht ein 'unnatürliches' Licht, für uns aber ist es unnatürlich, daß die Bauern und Arbeiter jahrhunderte-, jahrtausendelang in solcher Finsternis, in Elend, in Unterdrückung durch die Gutsbesitzer und Kapitalisten leben konnten. Dieser Finsternis kann man nicht so schnell entrinnen. Aber wir müssen es jetzt dahin bringen, daß jedes Kraftwerk, das wir bauen, wirklich zu einem Stützpunkt der Aufklärung wird, daß es sozusagen die elektrische Bildung der Massen fördert.“[34]

Vergleiche zwischen dem Erhellen des nächtlichen Dunkels und der Funktion der Aufklärung sind oftmals angestellt worden, auch wenn sie der gesellschaftlichen Analyse wenig standhalten. Doch: jedes Kraftwerk ein Stützpunkt der Aufklärung? Eine der typischen Ingenieursutopien, die so oft „technische Neuerungen“ konzipieren, ohne an die sozialen Wandlungen zu denken? Welche Einrichtungen ließen sich zum Ende des 20. Jahrhunderts finden, die sich weniger der „Aufklärung“ verpflichtet fühlten als Kraftwerke? Gründen sie nicht nahezu von Anfang an auf munizipalen, dann auf immer weiträumigeren Netz-, Standort- und Leistungsmonopolen? Und sind nicht bald alle Menschen eines Wirtschaftsraumes an deren „Sachsysteme“ angeschlossen, vergesellschaftet vermittels Kontrahierungs-, Anschluß- und Abnahmezwängen?

3. Wandlungen des nächtlichen Arbeitens

Nacht-Ruh
Ob sich deß beruffes mühen
Gar biß an die nacht verziehen,
Ist uns doch vergünt die nacht,
die davon uns müssig macht.

Im 17. Jahrhundert mag es die gelegentliche Ausnahme sein, im 20. ziehen sich „die Mühen des Berufes" für immer mehr Menschen während eines Großteils ihres Arbeitslebens sehr wohl „bis an die Nacht" oder über die ganze Nacht hin. Ihnen ist die Muße der Nacht seltener „vergönnt". Die Sentenzen des kritischen Friedrich von Logau (1604 - 1655)[35] gehen von einem anderen Standard von Arbeitszeit und Nachtruhe aus. Der Wechsel zwischen Arbeit und „Muße" deckt sich für ihn wie selbstverständlich mit dem Tag-Nacht-Rhythmus.

Langfristig entsteht die Gewohnheit, nachts zu arbeiten, aus sehr verschiedenen Anlässen. Im Römischen Reich heißt es über die Nachtarbeit der Sklaven: „Bei den langen Nächten sollte man dem Tag noch etwas zulegen. Es gibt ja vieles, was sich gut bei künstlichem Licht machen läßt."[36] Das gibt es auch in römischen Bäckereien und Mühlen. „Viele Pferde und Esel treiben in beständigem Kreislauf Mühlen verschiedener Größe, nicht allein bei Tage, sondern auch die Nacht durch bei Licht", schreibt Apuleius. Die Bindungen der Menschen an den natürlichen Hell-Dunkel-Rhythmus sind stärker, Arbeiten nach Anbruch der Dunkelheit seltener, aber es gibt sie doch ständig und über lange Zeiträume hinweg. Kuhhirten oder Schäfer etwa brauchen nachts Licht, wenn die Tiere kalben. „Feare candle, good wife", heißt es in einer Schrift 1571, „feare candle in hay loft, in barn or in shed." Laternen gehören zum Werkzeug der Schäfer und Hirten.[37] Wir kennen Anweisungen zum nächtlichen Gebrauch von Lampen für Handwerker im 17. Jahrhundert -, auch Abbildungen, auf denen Juweliere, Graveure, Goldschmiede hinter wassergefüllten Glaskugeln, „Schusterkugeln", arbeiten, in denen das Licht einer Kerze gebündelt wird. Nachts arbeitende Handwerker sind im 18. Jahrhundert in Diderots großer Enzyklopädie abgebildet; beispielsweise fischen nachts Fischer mit Hilfe einer an ihrem Boot befestigten Laterne. Viele Läden in den größeren Städten, in Paris, London oder Amsterdam, sind abends beleuchtet. Und gegen Ende des Jahrhunderts brennen Kerzen während der nächtlichen Arbeit in den englischen Cottonmills. Als Massenereignis beginnt die Nachtarbeit mit dem Fabriksystem.

Die allmähliche Verlängerung des Arbeitstages, wie sie bei den englischen Landarbeitern oder in der landwirtschaftlichen Fronarbeit auf dem Kontinent entsteht, ist noch weitgehend an den Wechsel der Jahreszeiten gebunden. Schließlich ist der „Heißhunger nach Mehrarbeit"[38] nicht mehr auf Gutsherren und neue Fabrikanten beschränkt. Zu den extrem lang gewordenen täglichen Arbeitszeiten, die vielfach auch für Frauen und Kinder gelten, kommt mehr und mehr die Nachtarbeit hinzu. Das „System of relais", das „Ablösungssystem", entsteht keineswegs zuerst in der Industrie, wo etwa in der Eisen- und Stahlfertigung ununterbrochene Prozesse notwendig sind. Das System wird, wie der anschauliche Name sagt, im Postdienst - beim Pferdewechsel an den Zwischenstationen - schon verwendet.

Eine lange Kette von Vorschriften zum Verhindern oder doch zum Eindämmen der Nachtarbeit soll heute meist lehrbuchartig diese weithingezogene Entstehung des massenweisen nächtlichen Arbeitens bezeugen.[39] Ein Nachtarbeitsverbot für Kinder und Jugendliche wird 1802 in England erlassen; die Factory-Act von 1833 verbietet Nachtarbeit von Arbeitern, die unter achtzehn Jahre alt sind. Das erste Nachtarbeitsverbot in Deutschland wird 1839 erlassen, das Preußische Regulativ für die Beschäftigung jugendlicher Arbeiter in Fabriken. Ein Nachtarbeitsverbot für Frauen enthält das Arbeitsschutzgesetz von 1891. Ein Nachtbackverbot wird zum ersten Mal in Deutschland erlassen; ihm folgen ähnliche Vorschriften 1908 in Italien, Frankreich und der Schweiz. 1938 wird die Arbeitszeitverordnung eingeführt. Ein Nachtarbeitsverbot für Jugendliche, zwischen zwanzig und sechs Uhr, enthält das Jugendschutzgesetz von 1938; entsprechendes gilt für werdende und stillende Mütter seit dem Mutterschutzgesetz von 1942. Ausführlichere Bestimmungen zur Beschäftigungszeit und -dauer sind im Mutterschutzgesetz von 1978 festgelegt. 1975 wird die Arbeitszeitordnung geändert; ausführliche Bestimmungen zur täglichen Arbeitszeit sowie zur Lage der Arbeitszeit sind im Jugendarbeitsschutzgesetz von 1976 formuliert worden. Solche Art Aufzählungen können durch ihre Unkommentiertheit oft suggerieren, es gäbe zu jeder dort bestimmten rechtlichen Norm auch nur eine einzige Art eines entsprechenden Verhaltens. Die nächtliche Arbeit müßte nahezu beseitigt sein, wenn dem so wäre.

Der Umfang der Schicht- beziehungsweise der Nachtarbeit hat jedoch, mittelfristig gesehen, stark zugenommen.[40] Ungefähr 3,6 Millionen von etwa 21 Millionen Arbeitnehmern insgesamt sind im Jahre 1975 in Schichtarbeit tätig; etwa 2,5 Millionen in Nachtarbeit und etwa 3,2 Millionen in Sonn- und Feiertagsarbeit.[41] In anderen europäischen Industriestaaten zeigen sich sehr ähnliche Tendenzen. Der Anteil der nachts arbeitenden Frauen nimmt zu. Jüngere Schichtarbeiter sind häufiger im Dienstleistungsbereich, ältere relativ häufiger in der Industrie tätig. Zugenommen hat die Schichtarbeit besonders in den Dienstleistungsbereichen (seit 1959); eine relative Abnahme war im Bergbau und im Öffentlichen Dienst festzustellen. In einigen Bereichen ist der Anteil der in Schichtarbeit Tätigen weit überdurchschnittlich hoch, etwa im Gesundheitswesen oder bei der Post;[42] hier arbeiten meist auch besonders viele Frauen in Nachtarbeit.

Für die einzelnen regelmäßig nachts Arbeitenden und oft auch für die dauernd in Schichtarbeit Tätigen ist diese Zeitverschiebung meist mit gravierenden persönlichen Belastungen, Nachteilen oder Schäden verbunden. Diese Tatsache wird im 19. Jahrhundert nicht immer von den Betriebsleitungen anerkannt. In unseren Tagen wird sie als ein zentraler Befund der Arbeitsverfassung gewürdigt,[43] wenn auch eine umfassendere Erforschung der Wirkungs- und Interdependenzketten, die dazu führen, erst in den Anfängen steckt.

Nachtarbeit ist ein gesundheitlicher Risikofaktor. Die Menschen, die regelmäßig nachts arbeiten, werden gezwungen, entgegen der Vierundzwanzig-Stunden-Rhythmik ihrer Körperfunktionen zu leben und zu arbeiten. Diese Phasenverschiebung bleibt über die ganze Periode der Nachtschichtarbeit hin bestehen. Eine Anpassung dieser Rhythmik, eine Umkehrung dieser Tagesperiodik der physiologischen Funktionen findet nicht statt. Das umgebende soziale Zeitgebersystem, in dem die nächtlich Arbeitenden leben, ändert sich nicht mit. Es besteht nicht mehr starr aus den Impulsen, die etwa vom täglichen Hell-Dunkel-Wechsel ausgehen, an den Tiere stärker gebunden sind, sondern aus der Vielzahl von Einzelreizen und sozialen Signalen, wie sie zum Beispiel ausgehen vom Ablauf der Mahlzeiten, der familiären Haushalte und der am Tage Arbeitenden. Zu der ungefähr auf einen Tag, „circadian", eingestellten Rhythmik gehören auch zahlreiche Körperfunktionen, die die menschliche Leistungsfähigkeit steuern. Sie ist normalerweise morgens größer als abends und nachts am geringsten. Nächtliche Arbeit und unter bestimmten Bedingungen auch jede Schichtarbeit geraten mehr oder minder direkt in die Phasen des individuellen Leistungstiefs. Und umgekehrt fällt der Tagesschlaf in eine Phase, in der die Menschen normalerweise aktivierungsbereiter sind und so der Schlaf selbst stärker gestört wird. Der Tagesschlaf ist zudem meist kürzer; das relative Schlafdefizit der nachts Arbeitenden kann sich dadurch rasch vergrößern, wenn die Gelegenheiten, dies auszugleichen, über längere Zeiträume hinweg fehlen.[44] Die Anpassungsmöglichkeiten der nachts Arbeitenden werden noch erschwert, wenn besondere Belastungen hinzukommen; am Arbeitsplatz etwa Lärm, Hitze oder hohe Ansprüche an die Feinsteuerung; außerhalb der „Arbeit" beispielsweise Hausarbeit und Kinderversorgung. Die Risiken und Beschwerden bestehen einmal besonders in Störungen der Nahrungsaufnahme, des Schlafes und der Leistungsbereitschaft. Und dann werden vor allem die gesamten sozialen Beziehungen zu denjenigen, die nicht in demselben Schichtarbeitsrhythmus leben, besonderen Belastungen ausgesetzt. Gegenüber dem Zeitschema, dem zeitlichen Programmablauf oder „dem Zeiten"[45] der politischen, kulturellen oder sportlichen Einrichtungen, befindet sich das Zeitbudget der Nacht- beziehungsweise Schichtarbeiter und -arbeiterinnen in einem tiefgreifenden Konflikt;[46] ohne besondere zusätzliche Freizeit entstehen hier fortdauernde Benachteiligungen. Dagegen sind die Beziehungen zum Zeitbudget etwa der Lebenspartner oder gegebenenfalls der Kinder nur dann nachhaltigeren Störungen unterworfen, wenn es den Angehörigen nicht gelingt, sich ihrerseits an die Zeitzwänge der im Schichtbetrieb Tätigen anzupassen. Der Druck zu größerer Anpassungsbereitschaft wird unmittelbar weitergegeben an die Menschen, die mit den in Nachtarbeit (Schichtarbeit) Tätigen zusammenleben. Die Vorschläge zur Verbesserung der Lage der Schichtarbeiter umfassen ein sehr breites Spektrum von Maßnahmen.[47]

Wie entstehen die zivilisatorischen Zwänge, auch nachts zu arbeiten? Schicht- und besonders Nachtarbeit ist unbeliebt, oft verhaßt. Dennoch fehlen durchdachte Vorschläge, sie abzuschaffen. Lassen wir die „technologischen" Anlässe und auch die „ökonomischen", deren „Kostenvorteile" zudem oft schwer nachzuweisen sind,[48] einmal außer acht.

„Neben diesen technischen und wirtschaftlichen Begründungen für Nacht- und Schichtarbeit werden heute die *sozialen Gründe* für die Einführung dieser Arbeitsform sehr häufig vergessen oder verdrängt. Selbst Personen, die heftig gegen Nacht- und Schichtarbeit kämpfen, setzen oft als selbstverständlich voraus, daß ihre eigene Lebensqualität durch soziale Dienste in Krankenhäusern, öffentlichen Verkehrsmitteln, Flughäfen, bei der Polizei, im Gaststättengewerbe, in Rundfunkanstalten, Kraftwerken, Wasserwerken, Zeitungsredaktionen, Feuerwehren und so weiter gesichert wird. Die Erhaltung dieser Lebensqualität ist aber ohne die Nacht- und Schichtarbeit anderer Personen nicht möglich; über die Abschaffung von Nacht- und Schichtarbeit in diesem Bereich wird darum bemerkenswerterweise nie diskutiert," stellt ein Sachkenner fest.[49]

Auch andere Forscher, die die Fragen einzelner Bereiche, etwa im Pflegedienst, im Polizei- oder Postdienst, genauer untersuchen,[50] erörtern nie die „Abschaffung", sondern meist Verbesserungs- oder Kompensationsvorschläge. Die „sozialen Gründe" bestehen hauptsächlich in der weltweiten Verknüpfung zivilisatorischer Einrichtungen und den damit verbundenen Standardisierungen menschlichen Empfindens und Verhaltens.[51] Mehrere Ebenen solcher globalen Verflechtungen lassen sich unterscheiden. Und man muß zum besseren Verständnis des Entstehens der Zwänge, die zum nächtlichen Arbeiten führen, auch die weitreichendste Ebene der Spannungen und Konflikte einbeziehen, in die Menschen im Atomzeitalter unausweichlich verwickelt sind, die Beziehungen zwischen den größten, den staatlichen Machtzentren.[52] Der Kreislauf von gegenseitiger gewaltsamer Bedrohung, von relativ hohem Gefahrenniveau und ständig hohem Affektivitätsniveau erzeugt eine Zwangsapparatur, die sich im ständigen Betrieb der Spannungen zwischen Staaten fortsetzt. Die globale Interdependenz zwischen Staaten[53] (und Staatensystemen) verursacht und verlangt ein kontinuierliches, vielfach zeitgleiches Handeln von Menschen rund um den Erdball. Eine große Zahl von Waffen und Kommunikationsmitteln reicht um den ganzen Erdball. Weltweite Spannungen, Bedrohungen und die zugehörigen Mittel, sie zu übermitteln, beziehungsweise das friedfertige Austragen der Konflikte zu garantieren, werden nicht unterbrochen, nur weil im einen Teil der Erde „Nacht" ist.

Eine global interdependente Kommunikation zwischen Staaten unterscheidet nicht mehr „Tag" und „Nacht". Im ununterbrochenen Betrieb suchen Regierungen mit spezialisiertem Personal jene labilen Spannungsbalancen zwischen Staaten in Frieden zu erhalten, die eine Voraussetzung friedlicher, zivilisierter Kommunikation sind. Darüber hinaus erzeugt eine tendenzielle Verflechtung von Staatsgesellschaften eine Vielzahl neuartiger Kommunikationsmittel, die kontinuierlich rund um den Erdball in Betrieb bleiben. Zu den ersten wissenschaftlichen Studien des gestörten circadianen Rhythmus' gehören daher die Untersuchungen von Fluggästen und Flugpersonal; mit Anbruch des Düsenflugzeitalters werden Verschiebungen zwischen dem persönlichen circadianen Rhythmus, der „inneren Uhr" jedes einzelnen, und den jeweils ortsfesten Zeitsystemen zu Massenereignissen. Es handelt sich um das gleiche Problem wie bei den nächtlich Arbeitenden. Das eine Wandlungskontinuum des „Zeitens", das aus den Geschehensabläufen jedes einzelnen lebenden Menschen besteht, verliert seine wohlausbalancierte Verbindung zu dem anderen Standardkontinuum sozialer Geschehensabläufe, auf das sich Menschen für einen bestimmten Ort oder eine Zeitzone verabredet haben. Zu den Voraussetzungen für das Finden besserer Anpassungsmöglichkeiten gehört ein tieferes Verständnis der sozialen Genese unserer Zeitbegriffe.[54] Die Versuche, durch internationale Vergleiche von „Zeitbudgets" die Probleme der Nachtarbeit weiter zu analysieren,[55] verwenden einen physikalischen Zeitbegriff, als sei er den lebenden einzelnen Menschen apriorisch angeboren wie in gleicher Weise den ganzen Gesellschaften, die sie zusammen bilden, inhärent. Durch das Zusammenzählen von Arbeitsstunden und -tagen verleiht der solchen Vergleichen zugrundeliegende physikalisch-mathematische Zeitbegriff den Anschein großer Sachlichkeit. Was im Kampf der Gewerkschaften um den „Normalarbeitstag"[56] und um die schrittweise Verkürzung der Wochen- und Jahresarbeitszeit nützlich gewesen ist - förmliche internationale Arbeitszeitvergleiche -, trägt wenig bei zur Analyse der globalen zivilisatorischen Verflechtungszwänge. Sie lassen sich ohne eine tiefergehende Kenntnis der Entwicklungsstrukturen der globalen Interdependenzen von Staaten und Staatsgesellschaften kaum verstehen. Ihre weltweite Verflechtung und zivilisierende Funktion sind Voraussetzung jedes friedlichen „wirtschaftlichen" Austausches. Nur wo willkürliche Angriffslust und gewaltsamer Raub als alltägliche Beschaffungspraktiken gebändigt werden, kann sich friedlicher Austausch auf „Märkten" und schließlich auf „Weltmärkten" überhaupt entwickeln. Deshalb bleiben auch die Versuche, Probleme der „Arbeitszeitverteilung" allein auf der „ökonomischen" oder der „technologischen" Ebene zu untersuchen, unbefriedigend. Bisher konzentrierte sich die Schichtarbeitsforschung fast ausschließlich auf die Ebene von „Betrieben". Sie waren alleinige Bezugseinheit fast aller Beobachtungen und Veränderungsvorschläge. Aber Betriebe erzeugen die sozialen Zwänge zum nächtlichen Arbeiten nicht allein aus sich heraus. Betriebe verwenden auch einen ganz mechanischen Zeitbegriff. Im Betrieb kann jemand sagen: „Ich muß hier die Zeit nehmen." Und jemand anderes kann fragen: „Leihst du mir etwas Zeit?" Denn dort kann die Zeit eine Ware, ein wirtschaftliches Gut werden. Aber für sozialwissenschaftliche Analysen sind verdinglichte Zeitbegriffe, wie sie sich etwa im Sammeln von „Schichtarbeitsplänen" zeigen können, unzulänglich. „Zeit" wird von Menschen gesellschaftlich erfahren; das heißt auch: sehr verschiedenartig. Wie im Zusammenhang der gesamten Zivilisation wird auch hier die größere Rücksicht auf den relationalen Charakter der Zeitbegriffe erst zu einem wirklichkeitsnäheren Verständnis der Zwänge führen, die das nächtliche Arbeiten erzeugen.

4. Einige Wandlungen des Schlafens

Die Nacht
Der Schlaf gibt neue Krafft; hilff, daß des Grabes Nacht,
O Gott, auff jenen Tag mich freudig macht!

Einige Züge langfristiger Wandlungen des Schlafens lassen sich gut bekunden, vergleichen wir Auffassungen des 17. Jahrhunderts mit den Fragen des 20. Jahrhunderts. Für den gegenüber seinen Zeitgenossen so distanzierten Friedrich von Logau[57] sind Nacht und Schlaf und Wiedergewinnen der eigenen Leistungsfähigkeit natürlich verbunden mit der Angst, aus der dunklen Nacht nie wieder aufzuwachen. Ähnlich formuliert Simon Dach in seinem schon oben genannten „Morgen-Lied", das mit der Wendung beginnt: „Der nacht gefahr und grauen (...)", in dessen zweiter Strophe:[58]

Die welt springt aus dem bette
Zur arbeit, die sie kan,
Es legt sich umb die wette
Zugleich ein jedermann
Mit kleid und sorgen an.

Im Wechsel von Schlafen und Arbeiten sind auch die Sorgen am Morgen wieder da. Sind sie nachts verschwunden? Simon Dach unterscheidet, wie Menschen tagsüber zum ständigen Prüfen der Realität gezwungen sind, während des nachts der „Traum der Hüter des Schlafes" ist, wie es Freud später einprägsam nennt. Dazu gibt es noch eine andere Komponente des Schlafes, über die Menschen des 17. Jahrhunderts sehr direkt sprechen, wenn sie ihre Bedürfnisse, ihres Standards des Empfindens und Fühlens ausdrücken. Der unerreichte Christian Hofmann von Hofmannswaldau (1617 - 1679) schreibt:[59]

Komm braune nacht / umhülle mich mit schatten/
Und decke den mit deiner schwärtze zu/
Der ungestört sich mit sonnen gatten/
Und im bezirk der engel suchet ruh/
Ja hilff mein ach / eh du noch wirst verschwinden/
Mit linder hand von meiner seele binden.

Wie / hör' ich nicht / willkommen mein verlangen!
Schon im gemach mit leiser stimme gehn?
Fühl' ich mich nicht mit lilien umfangen/
Und meinen fuß auff diesen grentzen stehn/
Wo mir Celinde wird aus thränen lachen/
Aus flammen eiß / aus bette himmel machen.

Ähnlich selbstverständlich, noch anschaulicher, verbindet Kaspar Stieler (1632 - 1707), der auch als Sprachforscher bekannt geworden war, sein Erleben der Nacht mit dem Schlaf, mit seinem geschlechtlichen Verlangen und der Erwartung, seine Appetenz schließlich zu befriedigen. Diese Erlebniseinheit ist den barocken Dichtern so selbstverständlich, wie sie den Schlafforschern gegen Ende des 20. Jahrhunderts fremd bleibt.

Etwa ein Drittel ihrer Lebenszeit verbringen Menschen im Schlaf. Sie müssen regelmäßig schlafen, um ihre Leistungsfähigkeit täglich wiederherstellen zu können; doch auch diejenigen, die nicht „arbeiten", bedürfen des regelmäßigen Schlafes. In der Kindheit und Jugend ist der Schlafbedarf größer als im höheren Alter. Einige grundlegende langfristige Wandlungen der raum-zeitlichen Bedingungen und Verhaltensstandards des Schlafens lassen sich kurz skizzieren. Wichtige Züge dieser Entwicklungsstrukturen des Schlafens können anhand schriftlicher und technischer Dokumente, Zivilisationsgeräte, Bilder, Bauten aufgezeigt werden. Und viele dieser Einsichten in die relative Gestaltbarkeit der menschlichen Schlafstandards werden durch die physiologische Schlafforschung bestätigt, die bestimmte Schlafgewohnheiten, wie etwa den an *ungefähr* vierundzwanzig Stunden gebundenen Schlaf-Wach-Rhythmus, als „erworbene Mechanismen" kennzeichnen.[60] Bereits wenige Hinweise auf längerfristige Entwicklungslinien des Zivilisationsprozesses, des menschlichen Selbstdomestizierens und des Verhäuslichungsprozesses verdeutlichen, warum in der bisher letzten Phase der Zivilisation die besondere Lebensanordnung der Menschen beim Schlafen so von Empfindlichkeiten und Peinlichkeitsgefühlen besetzt ist und weshalb Bett, Körper und Schlafraum eine seelische Spannungs- und Gefahrenzone hohen Grades bilden.

Gesonderte Schlafräumlichkeiten, die eine Trennung von anderen häuslichen Tätigkeiten, von anderen Hausbewohnern erlauben, entwickeln sich in den sozialen Schichten höchst unterschiedlich. Im Adel findet man schon im 18. Jahrhundert sehr stark differenzierte Raumgefüge, die stets und zu jeder Zeit einem Teil des höfischen Personals zugänglich sind; ähnlich im städtischen Patriziat. Alle zum Schlafen benutzten Räumlichkeiten sind - im Vergleich zu den Verhältnissen im 20. Jahrhundert - buchstäblich vollgestopft, ein großes Durcheinander von Menschen. In vielen Teilen Europas schlafen bis ins 19. Jahrhundert die Bauernfamilien gemeinsam in einem Bett, Knechte und Mägde im Stall. Erst in der zweiten Hälfte des 20. Jahrhunderts sind soziale Distanzierung zwischen Hausbewohnern und deren Wohlstand so groß geworden, daß für jeden Menschen ein eigenes Bett, doch keineswegs immer auch ein eigenes Zimmer zur Verfügung stehen. Parallel dazu konzentrieren sich die erotischen und geschlechtlichen Aktivitäten stärker auf häusliche Räume, werden immer mehr „verhäuslicht", bis „Schlafen" umgangssprachlich gleichgesetzt wird mit geschlechtlichem Verkehr. Der wachsende soziale Verflechtungsgrad zwingt die Menschen zu größerer Distanzierung, läßt es ihnen immer peinlicher erscheinen, den Schlaf anderer auch nur wahrzunehmen. Tendenziell werden fast das gesamte Sexualleben und daher alle Schlafräume den Blicken anderer entzogen. Damit entstehen aber auch mehr und mehr häusliche Räumlichkeiten, in denen zu schlafen nicht mehr als sozial geboten erscheint. Die deutlichere Konzentration des Sexualgeschehens auf „Schlafräume" und deren stärkere Abtrennung vom weiteren häuslichen Leben lassen schnell verständlich werden, warum etwa die tagsüber schlafenden „Nachtarbeiter" ein weit höheres Niveau von Empfindlichkeiten gegen „Störungen" antreffen und selbst entwickeln. Entsprechend der stärkeren Beschränkung des Schlafens auf „Schlafräume", verbleiben nur wenige Räumlichkeiten, etwa Pausen- oder Warteräume, in denen der „Halbschlaf" sozial geduldet oder geboten ist. Zu den eigentlich schlaffreien Hauszonen zählen nun besonders alle Arbeitsräume.

Parallel dazu wandelt sich die Zeitstruktur des Schlafens. Neben den schlaffreien Räumen entstehen schlaffreie Zeiten. In Dörfern, die untereinander nicht oder nur geringfügig interdependent sind, bestimmen der Wechsel der Jahreszeiten und das davon abhängige Ausmaß des Arbeitsbedarfs viel mehr den Umfang und die Perioden, in denen Schläfrigkeit und gelegentlicher Schlaf möglich und üblich sind. Dementsprechend fehlt ein allgemeiner Zeitbegriff, der Kalender enthält manche „toten Zeiten". Der in unseren Tagen üblich gewordene global synchronisierte Rhythmus von Schlafen und Wachen über alle Staatsgesellschaften und Kontinente hinweg ist ein Ergebnis weltweiter sozialer Verflechtungen, weltumspannender Arbeitsteilung und Zusammenarbeit von Menschen. Er läßt besonders die größeren Betriebe, doch auch beispielsweise Schulen, zu Begrenzungszentren der Arbeitszeit werden. Sie erscheinen als unmittelbare Prägeinstanzen der meisten Zeitzwänge. Sie verkörpern weitgehend das soziale Zeitgebersystem für die Schlafenszeiten. Der ausgeprägte sozial relationale Charakter der Schlafenszeitstruktur äußert sich in der deutlicher standardisierten Synchronisierung des gesamten Zeitsystems. Wer seine betriebliche Arbeit verliert, kann oftmals einen dramatischen Verfall seiner eigenen Zeitstruktur erleben. Doch nicht allein die „Arbeitszeitsysteme", alle kulturellen Instanzen, wie etwa die Massenmedien, die gesamte Zivilisation -, sie fungieren jetzt als soziales Zeitgebersystem für unsere global synchronisierten Schlafperioden.

Lassen sich zum Schluß wenigstens einige Facetten einer ungewöhnlichen Untersuchung über das Verhältnis von Nacht und Zivilisation zusammenfassen? „Schrecken und Stille und dunkeles Grausen, finstere Kälte" bedekken nicht mehr das Land. „Der Nacht Gefahr und Grausen", wie sie Simon Dach einst beschwören mußte, sie haben viel von ihrer allgegenwärtigen Bedrohung verloren. Die starke Abhängigkeit von den Naturereignissen des „Nacht-werdens" ist verringert worden. Zugleich wird das verhältnismäßig hohe Affektivitätsniveau der Menschen, ihre Ängste vor den Gefahren der Nacht, abgebaut und vermindert. Die Menschen des 17. Jahrhunderts verfügen nur über geringe Mittel, durch die sie sich von dem natürlichen Hell-Dunkel-Rhythmus unabhängiger machen könnten. Ihre Gefühlsbindungen an diese Vorgänge sind eng. Sie personifizieren die Nacht, sprechen sie mit einem „Du" an: „Ob du schon wickelst ein das halbe Rund der Erden / in dein berusstes Tuch, du schwarze, finstre Nacht, / (...)" wendet sich Paul Fleming „An die Nacht". Aber die gelehrten frühbarocken Schriftsteller verfügen doch über das Wissen ihrer Zeit, haben das geozentrische Weltbild aufgegeben und leben in der Kenntnis des heliozentrischen Weltsystems. Andreas Gryphius beschwört die Erinnerung an Kopernikus (1473 - 1543) und schwärmt:[61]

Über Nicolai Copernici Bild
Du dreimal weiser Geist, du mehr denn großer Mann,
Dem nicht die Nacht der Zeit, die alles pochen kan,
Dem nicht der herbe Neid die Sinnen hat gebunden,
Die Sinnen, die den Lauf der Erden neu gefunden;
Der du der Alten Träum' und Dünkel widerlegt
Und recht uns dargethan, was lebt und was sich regt:

Schau, itzund blüht dein Ruhm, den als auf einem Wagen
Der Kreis, auf dem wir sind, muß um die Sonnen tragen.
Wann diß, was irdisch ist, wird mit der Zeit vergehn,
Sol dein Lob unbewegt mit deiner Sonnen stehn.

Im Vergleich dazu ist unser Wissen über die Naturvorgänge außerordentlich gewachsen. Das Dunkel der Nächte ist viel einfacher zu erhellen, die nächtliche Bedrohung von der Gewalt anderer Menschen ist geringer geworden. „Technik" und „Wissenschaften" sind zentrale Bestandteile unserer Zivilisation geworden. Diese Wörter sind selbst längst zu Ausdrücken geworden, an denen sich das jeweils erreichte Niveau unserer Fähigkeiten ablesen läßt, aus den natürlichen Ereignisketten und dem sozialen Geschehen Synthesen bilden zu können, daraus ein Zusammenhangswissen zu bilden, das es uns erlaubt, unsere Abhängigkeiten von Naturvorgängen tendenziell zu verringern, um den Preis, stattdessen immer stärker von gesellschaftlichen Verflechtungen abhängig zu werden. Es gehört zur Dialektik des Rationalisierens; der Wissenschaftler, der auf einem Gebiet den Pegel der Rationalität des gesellschaftlichen Bewußtseins hebt, entdeckt zugleich neue irrationale Felder.[62]
Was ist nun die Nacht?

„*Nacht*, der Zeitraum vom Untergang der Sonne bis zum nächsten Aufgang. Am Äquator dauert die Nacht 12 Stunden, an allen anderen Orten ist sie je nach Jahreszeit länger oder kürzer und nur zur Zeit der Tag- und Nachtgleichen ebenfalls 12 Stunden lang. An den Polarkreisen dauert zur Zeit der Sonnenwende die Nacht 24 Stunden. Nach den Polen zu wird sie länger, am Pol selbst dauert die Nacht ein halbes Jahr."

So und so ähnlich lauten viele Erklärungen um die Mitte des 20. Jahrhunderts.[63] Aber ist das die Nacht, die wir im 20. Jahrhundert erleben? Ist das die Nacht, um deretwegen wir so viele Techniken aufbauen, sie zu verkürzen oder „aufzuheben"? Wir haben eine genauere, vollständigere Bestimmung gesucht aus dem Gedanken heraus, daß in einer Gesellschaft, die bereits über vier Generationen Technik und Industrie zu ihren Hauptkennzeichen zählt, auch Sozialwissenschaftler mehr über die langfristige Entwicklung der Technik wiessen müssen,[64] wollen sie ihre Zeit wirklichkeitsgerechter verstehen. Wir haben den Begriff der Zivilisation seiner im Gruppenkampf üblichen, sozial abschätzigen Funktionen zu entledigen versucht und ihn allein zur Untersuchung interdependenter Entwicklungen verwendet. Die Nacht ist „kolonisiert".[65] Sie ist in die Reichweite der Zivilisation geraten. Unsere Abhängigkeiten von der „Natur" und von deren Schrecken sind ein wenig verringert. Stattdessen haben sich die Zivilisationszwänge vermehrt. Für die Möglichkeit, jederzeit und überall „das elektrische Licht anschalten" zu können, sind wir abhängiger geworden von weltumspannenden Energiekonzernen.

Anmerkungen

Diese Skizze geht zurück auf einen Vortrag vor dem Deutschen Werkbund am 13. November 1982 aus Anlaß des „11. Internationalen Werkbundgesprächs der Reihe 'Produkt im Alltag' mit dem Thema: Die Nacht, nach dem Alltag die Allnacht"; für wertvolle Hinweise dankt der Verfasser verschiedenen Teilnehmern der Veranstaltung, vielen Berichterstattern in der Presse und besonders Lucius Burckhardt und Michael Andritzki.

1 A. Gryphius, Lyrische Gedichte, hrsg. von J. Tittmann, Leipzig 1880, S. 25
2 S. Dach, Gedichte, hrsg. von H. Oesterley, Leipzig 1876, S. 103; (vgl. auch ders., Bibliothek des litterarischen Vereins in Stuttgart, Bd. CXXX, Tübingen 1876, S. 366 ff.).
3 Ders., Ausgabe Tübingen 1876, S. 151 f.
4 Vgl. E. Th. Reinbold, Die Nacht im Mythos, Kultus und Volksglauben, Kön 1970.
5 Vgl. F. von Logau, Sämtliche Sinngedichte, hrsg. von G. Eitner, Bibliothek des litterarischen Vereins in Stuttgart, 1872, Bd. CXIII.
6 B. Cellini, (1557), Leben des B. Cellini von ihm selbst geschrieben, übersetzt und herausgegeben von J. W. von Goethe, Tübingen 1803, Ausgabe: Hamburg 1957, Rowohlts Klassiker Bd. 22/23, S. 45 ff.
7 P. Fleming, Deutsche Gedichte, hrsg. von J. M. Lappenberg, Stuttgart 1865, S. 71
8 C. Hofmann von Hofmannswaldau, Gedichte, hrsg. von H. Heißenbüttel, Frankfurt 1968, S. 96
9 S. Dach, Ausgabe Tübingen, a.a.O., S. 348
10 Ausführlicher unter anderem: H. Freudenthal, Das Feuer im Deutschen Glauben und Brauch, Berlin 1931; W. T. O'Dea, The Social History of Ligthing, London 1958;R. J. Forbes, More Studies in Early Petroleum History, Leiden 1959; H. Heintschel, Lampen, Leuchter, Laternen seit der Antike, Frankfurt 1975.
11 Vgl. C.-M. Edsman, Ignis divinus, le feu comme moyen de rajeunissement et d'immortalite: contes, legendes, mythes et rites, Lund, 1949.
12 Vgl. H. Freudenthal, a.a.O.
13 Vgl. J. G. Frazer, The Golden Bough, A Study in Magic and Religion, 1928 (Deutsche Übersetzung der „abgekürzten Ausgabe": Der goldene Zweig, das Geheimnis von Glauben und Sitten der Völker) und ders., Myths of the Origin of Fire, an Essay, London 1930.
14 Vgl. ders., a.a.O., 1928, besonders die Kapitel 62 - 64.
15 H. Freudenthal, a.a.O., S. 413
16 Ebd., S. 417
17 G. Bachelard, La psychoanalyse du feu, Paris 1938, (Deutsche Übersetzung: Psychoanalyse des Feuers, Stuttgart 1959, C. E. Schwab) hat besonders die sexuellen Wirkungen der Hitze des Feuers untersucht.
18 Vgl. S. Freud, Zur Gewinnung des Feuers, Gesammelte Werke, Frankfurt 1932, Bd. XVI, S. 3 - 9.
19 Vgl. D. Kafry, Playing with Matches: Children and Fires, in: D. Canter (Hrsg.), Fires and Human Behaviour, Chichester 1980.
20 Vgl. H. Hartig, (1965), Zündwaren, VEB Fachbuchverlag, Leipzig 1971[2].
21 Vgl. E. Marazza, L'industria stearica (deutsche Bearbeitung von C. Mangold, Die Stearinindustrie, in: B. E. Voigt (Hrsg.), Praktisches Handbuch, Weimar 1896.
22 Vgl. besonders R. J. Forbes, a.a.O., 1958 und ders., a.a.O., 1959.
23 Ausführlicher unter anderem: B. Brentjes, Beleuchtungstechnik, S. 325 ff., in: R. Sonnemann (Hrsg.), Geschichte der Technik, Leipzig 1978.
24 Vgl. M. Faraday, (1862), Lectures on the Chemical History of a Candle, (deutsch: Naturgeschichte einer Kerze, R. Meyer, (Hrsg.), Leipzig 1917[1]).
25 G. N. Clark, Science and Social Welfare, zitiert in: P. Mathias, Who Unbound Prometheus? Science and Technical Change 1600 - 1900, 1972, (in der deutschen

Übersetzung, S. 90, in: K. Hansen/R. Rürup (Hrsg.), Moderne Technikgeschichte, Köln 1975).

26 Deshalb wird die Gasbeleuchtung so lange fortgeführt, ehe sie im 20. Jahrhundert nur noch der Wärmeversorgung dient; vgl. J. Körting, Geschichte der deutschen Gasindustrie, Essen 1963.
Im deutschen Reich gibt es 1887 6 Elektrizitätswerke im Jahre 1907, zwanzig Jahre später 1530 E-Werke. Und etwa zwischen 1895 und 1898 entstanden 62 Gaswerke sowie 261 E-Werke im gleichen Zeitraum; die Zuwachsrate der E-Werke beginnt, die der Gaswerke zu überholen; vgl. C. J. Basch, Die Entwicklung der elektrischen Beleuchtung und der Industrie elektrischer Glühlampen in Deutschland, Diss., Tübingen (Berlin) 1910, S. 34 ff.

27 Vgl. W. Schreier, Zu Problemen der Wechselwirkungen zwischen Physik und Produktion im 19. Jahrhundert, S. 125 - 153, in: K. Lärmer (Hrsg.), Studien zur Geschichte der Produktivkräfte, Deutschland zur Zeit der industriellen Revolution, Berlin 1979.

28 Vgl. C. J. Basch, a.a.O.; A. A. Bright, The Electric-Lamp Industry, Technological Change and Economic Development from 1800 to 1947, New York 1949.

29 Für eine frühe Kritik vgl. etwa das Kapitel 5, „oh, say can you see (...)“, Control of the luminous environment, in: J. M. Fitch, American Building 2: The Environmental Forces That Shape It, Boston, 2nd rev. and enlarged edition, 1972.

30 Für die elektrische Lampenindustrie vgl. A. A. Bright, a.a.O., für die Elektroindustrie im Deutschen Reich vgl. Kapitel 2, 6, „Der Monopolisierungsprozeß in der Chemie- und Elektroindustrie“, S. 92 - 96, in: H. Mottek/W. Becker/A. Schröter, Wirtschaftsgeschichte Deutschlands, Bd. 2, Berlin 1974.

31 In den bekannten Hawthorne-Experimenten der 30er Jahre versuchte E. Mayo, durch Variieren der Lichtstärke zentral Einfluß auf die Arbeitsproduktivität zu nehmen. Inzwischen sind sämtliche Elemente der „Arbeitsräume“ mögliche gestaltbare Gegenstände einer „Organisierung“ des Arbeitsprozesses geworden. In der Phase des relativen „Energieüberflusses“ gewöhnten sich etwa die Organisationsplaner der „Bürogroßräume“ sowie die Lieferanten etwa der „Lichtdecken“ an, Büroräume mit extrem heller Beleuchtung zu liefern. Nun ist es ein Problem der in diesen Büros Arbeitenden, wenigstens individuell die Lichtstärke variieren (verringern) zu können. Vgl. H.-J. Fritz, Menschen in Büroarbeitsräumen, Über langfristige Strukturwandlungen büroräumlicher Arbeitsbedingungen mit einem Vergleich von Klein- und Großraumbüros, München 1982.

32 Vgl. H. Linde, Sachdominanz in Sozialstrukturen, C. J. B. Mohr, Gesellschaft für Wissenschaft, 4, Tübingen 1972; ferner: ders., Soziale Implikationen technischer Geräte, ihrer Entstehung und Verwendung, S. 1 - 31, in: R. Jokisch (Hrsg.), Techniksoziologie, Frankfurt 1982.

33 Vgl. J. Kuczinski, Vier Revolutionen der Produktivkräfte, Theorie und Vergleiche, mit kritischen Anmerkungen und Ergänzungen von W. Jonas, Forschungen zur Wirtschaftsgeschichte, Bd. 8, J. Kuczinski/H. Mottek (Hrsg.), Berlin 1975; vgl. besonders Teil 2, I. Kapitel; zur Kritik vgl. unter anderem W. Jonas, S. 176 ff. im gleichen Band.

34 W. I. Lenin, (1920), Werke, Bd. 31, 7. Auflage, Berlin 1959[1], S. 513 - 515;„Kommunismus - das ist Sowjetmacht plus Elektrifizierung des ganzen Landes“.

35 F. von Logau, (1872), a.a.O., S. 303

36 H. Schneider, Die antike Sklavenwirtschaft: Das Imperium Romanum, in: A. Eggebrecht/J. Fleming/G. Meyer/A. von Müller/A. Oppolzer/A. Paulinyi (Hrsg.), Geschichte der Arbeit, Köln 1980, S. 119 ff. und 127 f.

37 W. T. O'Dea, a.a.O., S. 107 ff., S. 110 ff. und S. 129

38 Vgl. K. Marx, (1867), Das Kapital, MEW 23, Berlin 1959, 8. Kapitel, 2., 3. Abschnitt, S. 249 ff.

39 Beispielsweise: H. Schaubner, Arbeitswissenschaft, Braunschweig 1979, S. 210

40 Soweit diese Entwicklung mit rechtlichen Regelungen im Zusammenhang steht, ähnelt die Praxis der zahlreichen Ausnahme- und Umgehungsregelungen der in anderen vergleichbaren Bereichen; vgl. H. Treiber, Regulative Politik in der Krise? Anmerkungen zu einem aktuellen Thema; Vortrag, gehalten am 6.5.1983, Universität von Amsterdam, 7. Symposium van Amsterdamse Rechtssociologen; im Ms. 34 pp. (Veröffentlichung im Jahrbuch für Rechtssoziologie vorgesehen).

41 Einen guten Überblick geben J. Münstermann/K. Preiser, Schichtarbeit in der Bundesrepublik Deutschland, im Auftrag des Bundesministers für Arbeit und Sozialordnung; Forschungsbericht zur Humanisierung der Arbeit (HdA), 8, Bonn 1978.

42 Bei der Post sind (1977) etwa 31,8 % aller Arbeitskräfte im Schichtdienst tätig; nach Angaben der Deutschen Postgewerkschaft sind es (1980) etwa 43 %; vgl. W. Becker u.a., Schichtarbeit, Materialien „Weiterbildung und Medien", Schriftenreihe des Adolf-Grimme–Instituts, Medieninstitut des Deutschen Volkshochschulverbandes, Marl 1981, S. 28 ff.

43 Einen Überblick über das Entstehen der frühen „Ermüdungsforschung" gibt beispielsweise R. Hackstein, Arbeitswissenschaft im Umriß, Grundlagen und Anwendung, Bd. 2, Essen 1977, Lehrbuchmäßige Feststellungen über Nachteile aufgrund der dauernden Schicht- und Nachtarbeit finden sich zum Beispiel bei O. G. Edholm, The Biology of Work, World University Library, (deutsch: Probleme der Arbeitswissenschaften, eine Einführung, München), 1967, S. 182 ff., H. Schnauber, a.a.O., S. 210 ff.; H. Stirn, Arbeitswissenschaft, Grundlagen - Abgrenzungen - Probleme, Opladen 1980, S. 135.

44 Ausführlicher: J. Rutenfranz, Arbeitsphysiologische Grundprobleme von Nacht- und Schichtarbeit, in: Rheinisch-Westfälische Akademie der Wissenschaft, Vorträge, N 275, Opladen 1978; J. Münstermann/K. Preiser, a.a.O., 1978; J. Rutenfranz, Schichtarbeit ..., in: F. Fahrtmann (Hrsg.), Landesforum Schichtarbeit, Bericht über eine Tagung, Bonn 1979, S. 53 - 77.

45 Vgl. N. Elias (1974/5), Een essay over tijd, (deutsch, vom Autor überarbeitete Auslese, übersetzt aus dem Englischen von H. Fliessbach und M. Schröter, in zwei Teilen: Über die Zeit, in: Merkur, 1982.9, S. 841 - 856, 1982.10, S. 998 - 1016).

46 Vgl. P. E. Mott u.a., Shift Work, The Social, Psychological and Physical Consequences, Ann Arbor 1965.

47 Zusammenfassungen in: J. Münstermann/K. Preiser, a.a.O., 1978, S. 176 ff.; J. Rutenfranz, a.a.O., 1978, S. 34 ff.; Ders., Schichtarbeit ..., a.a.O., S. 71 ff.; W. Becker, a.a.O.

48 Vgl. P. Müller-Seitz, Industrielle Schichtarbeit in betriebswirtschaftlicher Sicht, Diss. FU Berlin und ders., Schichtarbeit und Wirtschaftslichkeit, Forschungsbericht Nr. 279 der Bundesanstalt für Arbeitsschutz und Unfallforschung, Dortmund 1981.

49 J. Rutenfranz, a.a.O., 1978, S. 9; ähnlich: ders., Schichtarbeit ..., a.a.O., S. 53. Lebendige Studien über Teilbereiche des „Nachtlebens" bieten A. Cauquelin, La ville la nuit, Paris 1977; M. Melbin, Night is the last frontier, in: New Society, 13 august, 1981, S. 255 - 257; H. J. Deverson (Hrsg.), Journey into Night, London 1966.

50 Vgl. etwa W. Karmaus, Nacht- und Schichtarbeit im Pflegedienst, in: WSI-Mitteilungen 5/1980, S. 280 - 291; J. Münstermann/C. Putz, Schichtarbeit und Berufsverlauf von Polizeibeamten, hrsg. vom Bundesminister für Arbeit und Sozialordnung, Forschungsbericht, Humanisierung des Arbeitslebens, 28, Bonn 1980; W. Becker u.a., a.a.O., S. 28 ff.

51 Eine vorbildliche empirische Studie und zugleich ein dynamisches Entwicklungsstrukturmodell der interdependenten Entstehung alltäglicher Verhaltensnormen hat V. Krumrey, Entwicklungsstrukturen von Verhaltensstandarden in Deutschland zwischen 1870 und 1970, soziologische Untersuchungen sich wandelnder Inhalte von Anstands- und Etikettebüchern, Diss. phil., Hannover 1983 vorgelegt.

52 Vgl. N. Elias, Soziale Prozeßmodelle auf mehreren Ebenen, in: W. Schulte (Hrsg.), Soziologie in der Gesellschaft, Referate aus den Veranstaltungen der Sektionen der

Deutschen Gesellschaft für Soziologie ... beim 20. Deutschen Soziologentag, Bremen 16. - 19. September 1980; Bremen 1981, S. 764 - 767.

53 Vgl. N. Rosenau, The Study of Global Interdependence, London 1980.

54 Vgl. N. Elias, a.a.O., 1982 (1974/5).

55 Vgl. OECD (Hrsg.), New Patterns of Working Time, International Conference, Paris 1973; A. A. Evans, Hours of Work in Industrialized Countries, ILO, International Labour Organisation, Geneva 1975; M. Maurice, Shift Work, ILO, Geneva 1975.

56 Vgl. H. Herkner, Artikel „Arbeitszeit", in: Handwörterbuch der Staatswissenschaften, Bd. 1, Jena 1923, S. 889 - 916.

57 F. von Logau, a.a.O., S. 375

58 S. Dach, Ausgabe Tübingen, a.a.O., S. 375

59 C. Hofmann von Hofmannswaldau, a.a.O., S. 96

60 Vgl. P. R. Gleichmann, Schlafen und Schlafräume, in: Journal für Geschichte, 2, Heft 1, 1980, S. 14 - 19; ders., Einige soziale Wandlungen des Schlafens, in: Zeitschrift für Soziologie, 9, Heft 3, 1980, S. 236 - 250; N. Kleifmann, (1939), Sleep and Wakefulness, 2. erweiterte Auflage, London 1963.

61 A. Gryphius, a.a.O., S. 219

62 H. P. Bahrdt, Wissenschaftssoziologie - ad hoc, Düsseldorf 1971, S. 120

63 Der große Brockhaus, Bd. 8, Wiesbaden 1955, S. 246

64 Vgl. R. Rürup, a.a.O.; ferner auch: R. Jokisch, a.a.O.; U. Troitzsch/G. Wohlauf, (Hrsg.), Technikgeschichte, Frankfurt 1980.

65 Diese anschauliche Metapher gebraucht M. Melbein, a.a.O.

Wenn die Ordnung nicht mehr greift

Konrad Thomas

I.

Wie alltäglich muß eine gesellschaftliche Erscheinung sein, um dem Alltäglichen zugerechnet zu werden? Oder bedeutet ,,alltäglich" eigentlich eher ,,banal", das Unbedeutende, immer Wiederkehrende, Unauffällige, dem nur zu Hintersinn neigende eine tiefere Bedeutung beimessen wollen - das jenseits von Gut und Böse? Oder gehören zum Alltäglichen auch Übel, an die wir uns gewöhnt haben, obwohl wir uns hie und da erinnern, daß es diese Übel eigentlich nicht geben sollte: Verkehrsunfälle mit den unvermeidlichen Toten, Diebstähle oder die immer wieder beschworene Korruption? Es könnte ja sein, daß es außer dem ,,neutralen" Alltäglichen auch das ,,tabuierte" Alltägliche zu kennzeichnen gäbe: all die Phänomene, denen gegenüber wir uns verhalten als wären sie nicht alltäglich - weil sie es nicht sein sollen -, obwohl jederzeit mit ihnen zu rechnen ist. Wenn wir uns entschließen, neben das ,,Banale-Alltägliche" auch das ,,Entsetzliche-Alltägliche" zu stellen, dann ist es angemessen, jene Vorgänge einzubeziehen, von denen immer wieder berichtet wird. Der Leser der ,,Economic and Political Weekly", jenes indischen Wochenblattes, welches politische Berichterstattung und wissenschaftliche Analysen auf einmalige Weise miteinander verbindet, muß jede Woche damit rechnen, Berichte und Analysen von blutigen Unruhen zu lesen, die als ,,communal violence" bezeichnet werden und deren Hintergründe bisher immer nur recht vordergründig analysiert worden sind:

März 1981[1], Protestdemonstration in einer kleineren nordwestindischen Stadt: Eine Untergruppierung der Muslim-Bevölkerung zieht durch die Straßen, weil sie nicht damit einverstanden ist, daß ihren Konkurrenten auf dem Straßen-Markt Bauerlaubnis für Läden erteilt worden ist und das Stadtparlament diese Entscheidung bekräftigt hat. (Ihre Konkurrenten gehören einer Hindu-Untergruppe an). Es fliegen Steine, die Polizei greift ein. Die Angelegenheit ist so tumultuarisch, daß Ausgangssperre verhängt wird. Nach einiger Zeit wird die Ausgangssperre aufgehoben. Die Unruhen flackern wieder auf, es wird wieder Ausgangssperre verhängt und wieder aufgehoben. Ende Juli kommt das Gerücht auf, die Hindus planten Morde an Moslems. Dieses Gerücht bringt erneut blutige Unruhen mit Verletzten, Toten und Eingreifen der Polizei. Die Muslim-Untergruppe leistet heftigen Widerstand. Das Gerücht geht um, die Polizei sei während des Gottesdienstes in die Moschee eingebrochen und habe den Koran entheiligt. Das bringt erneut die Gemüter in Wallung. Dies hat zur Folge, daß die Polizei tatsächlich in eine Moschee eindringt und Moslems während des Gottesdienstes festnimmt. Damit ist zunächst einmal Ruhe eingetreten.

Fünf Monate Unruhe mit Gewalttätigkeiten und Toten: Aber wer sind die Agenten auf der Szene und hinter der Szene? Die Polizei ist für den Fernstehenden eindeutig identifizierbar, die Kontrahenten sind oberflächlich als Hindus und Moslems zu kennzeichnen. Also handelt es sich um „religiöse" Unruhen? So einfach ist das nicht (ebensowenig wie es sich in Nordirland „einfach" um Protestanten und Katholiken handelt). Es sind nicht alle Hindus und alle Moslems am Ort, die als Betroffene primär agieren bzw. reagieren, sondern Untergruppierungen. Also, fragt der Fernerstehende, handelt es sich um Kasten? Theoretisch ist das schlecht möglich, da nur die Hindus einer Kastengesellschaft zugeordnet werden können. Zwar werden der Einfachheit halber alle Moslems auch in die Kastenhierarchie, selbstverständlich zu unterst, 'hineingepackt', aber es sind ja auch nicht alle Moslems betroffen, sondern wieder nur eine Untergruppe. Die Kontrahenten sind weder einfach Hindus noch einfach Moslems, sondern auf-dem-Bazar-tätige Hindus und Moslems. Die Streitigkeiten bestehen jedoch nicht nur zwischen Händlern, sondern zwischen Händlern und deren Familien, deren Sippschaft würde man sagen. Es handelt sich um eine Gruppenkonstellation, die die Engländer irreführenderweise als Unter-Kaste bezeichnet haben, für die es aber keine andere Bezeichnung als die originäre gibt: jati. Es ist gar nicht speziell indisch, daß es Berufs-Gruppen-Familien oder vergleichbare Sippen gibt, die jeweils eine kleine Eigenkultur für sich bilden. Dieses Phänomen war früher weit verbreitet, so auch im Mittelalter in unseren Breiten, wenn auch vielleicht etwas gelockert, über die engeren Familienbande hinausgreifend. Was die beschriebenen Unruhen betrifft, so ist deutlich geworden, daß sie etwas mit Hindus und Moslems zu tun haben. Sie haben speziell aber etwas mit Ghanchi-Moslems und Sindhi-Hindus zu tun. Und der Berichterstatter erfährt sofort, daß es sich nicht um eine einmalige Unruhe handelt, wie es etwa die mehrfach aufgeflackerten Auseinandersetzungen um das Stahlwerk Rourkela waren, die sich nie wiederholten. Diese Geschichte hat ihren Vorlauf. Wir blättern zurück:

Ende Oktober 1980: Zwei Männer haben sich darum gestritten, wer sein Verkaufsbrett auf der Straße aufstellen kann - der Platz ist knapp -, Umstehende haben sich eingemischt. In Windeseile breitet sich eine Schlägerei aus, die sich in Form von Bandenkämpfen schnell über die ganze Stadt verbreitet. Einer der Männer war ein Sindhi, der andere ein Ghanchi. Banden von Ghanchis und Banden von Sindhis schlagen sich gegenseitig zusammen und setzen ihre Häuser in Brand. Die Polizei wird eingesetzt und schießt. Ein Ghanchi-Junge wird tödlich getroffen. Eine Muslim-Moschee wird verwüstet. 230 Besitztümer werden verbrannt: 160 gehören Ghanchi-Familien, 114 Sindhi-Familien. Gerüchte sind im Umlauf, die Moslems hätten es auf einen Hindu-Tempel abgesehen gehabt, und der Polizist, der den Ghanchi-Jungen erschoß, habe eine hohe Kopfprämie erhalten.

Die Struktur scheint im großen und ganzen dieselbe zu sein: Ghanchis und Sindhis und die Polizei. Die Ausgangssperre wird nicht schnell genug verhängt; daher kommt es zu Ausschreitungen bis zu Bränden und Moscheeverwüstungen. Während die Vorgänge einer Eskalation nach einer Demonstration uns eher verständlich erscheinen, tritt hier der minimale Anlaß als Kennzeichen in den Vordergrund. Wieso kann es in solcher Windeseile zu derartigen Ausschreitungen kommen? Wir müssen uns dem Latenten zuwenden, der Geschichte, d. h. dem kollektiven Gedächtnis, das nicht so schnell zu erlöschen scheint, wie man es uns oft glauben machen möchte. Wenn es Streit um einen Platz gibt, könnte es sein, daß es Anrechte gibt, die nicht nur die des Stärkeren sind. Gewiß, der Stärkere mag vorübergehend siegen. Aber solange die Anrechte, falls es sie gibt, nicht erloschen sind, wird der nächste Anlaß den Streit wieder hervorbringen, wie es sich ein halbes Jahr später herausstellte. Wie also steht es mit den Anrechten? Wir blättern wieder zurück, überschlagen ähnliche - sich wiederholende - Vorgänge in den letzten Jahrzehnten bis zur Teilung des indischen Subkontinents in Indien und Pakistan:

Die Sindhis aus der Gegend von Karachi (Pakistan) wandern geschlossen aus und suchen neuen Lebensraum. Sie finden ihn in einer Stadt, in der auf brutale Weise Platz geschaffen wird.
In der durch die Teilung übermäßig angespannten Atmosphäre, die sich, wie bekannt, überall, besonders in den Grenzgebieten auf beiden Seiten auf grausamste Weise entlädt, berichten sie von dem, was sie im jetzigen Pakistan erlitten haben. Die fanatisierte Hindu-Mehrheit nimmt ihnen die Arbeit ab, Platz zu schaffen. Moslems werden umgebracht, und 3500 Muslim-Häuser werden abgebrannt, vermutlich vorwiegend von Ghanchis. Viele von den verängstigten Moslems fliehen. Die Sindhis können einziehen.

Der Berichterstatter vermerkt kurz: „This riot is still fresh in the memory of the people of G." - frisch, auch vierzig Jahre danach, weil immer wieder erneuert. Dies ist die „Urszene" der jüngsten und vielleicht später noch folgenden Ereignisse, aber nicht die Ursache. Die Geschichte des Verhältnisses von Hindus und Moslems ist lang. Um diese Geschichte geht es aber nicht. Man könnte vom Schicksal der Religions-Bürgerkriege sprechen, wenn sich nicht, alltäglich in der indischen Gegenwart, ähnliche Vorfälle ereignen würden. Die Namensträger sind austauschbar: Einmal sind es christliche Fischer und Hindus,[2] ein andermal sind es Berufs-Unterkasten gegen Oberkasten,[3] ein drittes Mal sind es „tribals" - nicht assimilierte Stämme früherer Kulturen.[4] Immer sind es brutale Akte, von Mitgliedern des einen Kollektivs an Mitgliedern des anderen Kollektivs begangen. Und immer ist die Polizei irgendwie dazwischen, der man fast in keinem Fall Neutralität zuerkennen kann.

Um die Struktur dieser grausamen Alltäglichkeiten zu begreifen, fehlen noch einige historische Informationen:

1. Beide „communities", wie man diese jati-ähnlichen Kollektive bezeich-

net, gehören zum niederen Volk. Ghanchis gehen dem Ackerbau nach, zeichnen sich in der Stadt als „LKW-Unternehmer“ aus und stellen auch Händler. Die Sindhis sind vorwiegend Kleinhändler, die bisher ansässigen Hindus gestatten ihnen, am Getreidehandel teilzunehmen. Einige von ihnen werden Geldverleiher.

2. Ghanchis und Sindhis lernen zu kooperieren: der Muslim braucht Getreide, der Sindhi braucht Lastwagen, und der Muslim braucht Geld, das er sich beim geldverleihenden Sindhi holt. Es entstehen gemeinsame Kooperativen.

3. Es gibt selbstverständlich am Ort auch höhergestellte Moslems und höhergestellte Hindus. Für die Moslems ist das nur eine Frage des gesellschaftlichen Abstandes, für die Hindus treten echte Kasten-Schranken in Kraft. Im Stadtparlament halten die „niederen“ Abgeordneten quer durch die Religionen zusammen, normalerweise. Einzig in diesem Vorfall von 1981 kommt es zu einer Spaltung der Meinungsbildung zwischen Hindus und Moslems, d. h. die „höheren“, die sich sonst gern distanzieren, solidarisieren sich mit den niederen Gruppierungen. Ähnlich wie zum Beispiel bei den Unruhen der Teilung und oftmals später werden die „Niederen“ um der „höheren Sache willen“ aufgewiegelt, wenn nicht bestochen.

Wenn wir fragen, warum diese grausamen alltäglich zu erwartenden Ereignisse sich nicht ändern lassen - sie bestehen seit Jahrzehnten, und es ist keine Besserung in Sicht -, dann müssen wir die tieferliegenden sozialen Muster und Beziehungen zu ermitteln versuchen.

II.

Wenn die Ordnung nicht mehr greift, dann sollte zuerst der Beobachter sich fragen, ob seine geistige Ordnung denn greift, ob die Strukturen, mit denen er zu begreifen gewohnt ist, zutreffen. Hier könnten sich schnell die Geister scheiden: Die einen arbeiten mit Begriffen, von denen sie wissen, daß sie sehr abgehoben sind von der historischen Realität und lassen diese dann folglich auch weit hinter sich, wenn sie sich in der Analyse der Realität nähern, falls sie nicht die Realität solange zurechtstutzen, bis sie „ins Konzept paßt“. Andere fragen, wie sie ihre geistigen Strukturen so neu konzipieren, daß sie „der Realität“ wenigstens gerechter werden. In beiden Fällen pflegt man aber zu sagen, im Alltäglichen sei ohnehin alles miteinander vermischt, ja es sei gerade das Kennzeichen des Alltäglichen, sich nicht in theoretische Strukturen einordnen zu lassen, womit die Vertreter der erstgenannten Richtung sich gewissermaßen freistellen.

Da nun gerade die Vertreter der ersten Richtung sehr viel Skepsis an der Nützlichkeit soziologischen Denkens angemeldet haben, könnte es schon sinnvoll sein, die Kategorien so nahe an den Alltag heranzubringen, daß das

Beschreiben und das Analysieren nicht allzu weit auseinanderklaffen.

Als erstes wäre der Begriff des „communal" zu klären: man spricht ja von „communal riots", „communal disturbances". Eine Community könnte als Subkultur bezeichnet werden, wenn nicht damit allzu leicht die Assoziation verbunden wäre, als gäbe es eine verbindliche gemeinsame Kultur, von der sich wenige Subkulturen absetzen (wie etwa in der Diskussion um die „jugendliche Subkultur"). Wie aber wäre es zu begreifen, wenn die gesamte Kultur etwa als ein relativ Abgehobenes, Abstraktes, im Verhältnis zum Alltagsleben Oberflächliches, gar Aufgesetztes begriffen werden müßte, dem gegenüber die jeweilige „Sub"-Kultur das einzig Verbindliche, im Alltag Reale darstellt - eine Gesellschaft eher als staatlich schwach überdeckte Ansammlung von Subkulturen, deren einzige Verbindung in der Arbeitsteilung zu suchen wäre? Im ernsthaften Sinne kann es sich bei Subkulturen ja nur um eine jeweils besonders gekennzeichnete menschliche Gesellschaft handeln, die der Reproduktion fähig ist: Es muß sich also um Familien bzw. Familienverbände handeln. Die Ghanchis wie die Sindhis bilden in sich solche kleinen kulturellen Verbände; und sie leben auch als solche Verbände zusammen. Entsprechend den Strukturen des „klassischen" indischen Dorfes bilden die jeweiligen jatis, dem System der großen Kasten mehr theoretisch als praktisch zugeordnet, eine Wohn-Einheit. In den indischen Städten betritt man schon fremdes Territorium, wenn man als Mitglied einer „Community" das Gebiet der anderen „Community" betritt. So ist es denn das einfachste Mittel der Provokation, eine Demonstration durch ein „fremdes" Territorium zu führen. Aber zugleich ist das fremde Territorium ja ein offenes und öffentliches. Es gibt keine abgeschlossenen Ghettos. Durch welche Analogien kann ein Bewohner des zivilisierten Mitteleuropas sich dies verdeutlichen? Vielleicht ist es möglich, wenn er etwa eine Homosexuellen-Kneipe betritt, die ja jedem „offiziell" zugänglich ist und die dennoch fremdes, wenn nicht gar „feindliches" Territorium darstellt. Der Markt, der ja die „öffentlichste" Form des Gesellschaftlichen darstellt, ist von solchen territorialen Bestimmungen auch nicht frei: Die Verkaufsstände sind nach Spezialisierung geordnet und diese Spezialisierungen bedeuten fast immer auch Zugehörigkeit zu einer Community.

„Communal": Das bedeutet also immer, daß Communities am Werk sind, (sub)kulturell einheitliche Klein-Gesellschaften, die nebeneinander leben, getrennt, aber doch nicht abgeschlossen. Communal bedeutet gleichzeitig, daß es sich nicht um Wahl-Kollektive handelt. Jeder Rest von Zufälligkeit, der sich bei sozialen Bewegungen in unseren Tagen noch finden könnte, jede Wahlfreiheit, wie begrenzt auch immer, aktiv zu werden, muß aus dem Konzept gestrichen werden. Wer ein Ghanchi ist, nimmt an der „natürlichen" Solidarität der Ghanchis teil, ebenso wie ein Sindhi - ebenso wie jeder andere. Ein Individuum, das angegriffen werden könnte von einem anderen und dann umgeben wäre von Zuschauern, wie wir das in der modernen Gesellschaft kennen, ist - und das gehört zur Struktur des Alltäglichen - undenkbar. Welche Folgen dies für Konfliktlösungsversuche bedeutet, wird weiter unten zu zeigen sein.

Die Aussage, daß man „zur Kaste gehöre", ist zu oberflächlich, um immer und alltäglich zuzutreffen. Man gehört unlösbar zur Klein-Gesellschaft, zur Subkultur, man ist eben Ghanchi oder Sindhi. Das bedeutet nicht einfach gesellschaftliche Immobilität, wie das oft behauptet wird. Eine Community kann auswandern, sie kann neue Berufe übernehmen, aber nicht in der freien Verwirklichung des einzelnen.

Erst auf einer zweiten Ebene werden größere „Kollektive" als Communities bedeutend, die dann auch nicht in gleicher Weise zwingend in Erscheinung treten wie im engeren Bereich. Man ist Madrassi (aus der Gegend von Madras) so wie man Bayer sein kann und deswegen dann vielleicht auch auffällt oder seine Landsleute in die Nähe holt, ebenso wie man Kashmiri oder Bengale ist. Unter diesem Gesichtspunkt spielt die Religionszugehörigkeit eine ähnliche Rolle: Hindu, Moslem, Christ, Budhist zu sein, bei den Parsis, einer kleinen Religionsgemeinschaft, dies ist mit der jeweiligen (Sub)kultur identisch. Es kann durchaus anerkannt werden, daß Vertreter zweier Religionsgemeinschaften sich „friedlich" gegenüberstehen, wie dies bei uns inzwischen der Fall ist, nachdem sich früher Vertreter der Konfessionen derselben Religion nicht gerade freundlich gegeneinander verhielten: Die vielen Hindu-Moslem Kontroversen und Unruhen sind im Alltäglichen keine Religionskriege, sondern Kämpfe von Cliquen oder Communities, die mehr oder weniger zufällig verschiedenen Religionen angehören.

Dennoch ist die Frage nach der Bedeutung der Religionszugehörigkeit im Zusammenhang mit den häufigen Unruhen zu stellen, die hauptsächlich zwischen Hindus und Moslems, gelegentlich auch zwischen Christen und Hindus auftreten. Was bedeutet hier die Religion im Alltag? Sie bedeutet außer den subkulturellen Einbindungen, die den ganzen Alltag bestimmen, nicht nur die Ausübung besonderer, auch sichtbarer religiöser Praktiken, die sich am Tempel bzw. der Moschee darstellen, sondern sie bedeutet - darüber wird nichts geschrieben - ein verborgenes, aber dennoch sich immer wieder als Verstärker von Konflikten auswirkendes Mißtrauen. Es ist nicht das Mißtrauen, ob es im einzelnen eine falsche Lehre gäbe (wie etwa zwischen Katholiken und Protestanten), - abgesehen davon, daß beide Religionen ohne ein Lehrgebäude existieren, wie wir es verstehen würden -, sondern es bedeutet das Mißtrauen zwischen zwei fundamental verschiedenen Religionen. Aber dieses Mißtrauen äußert sich auf zwei völlig verschiedene, sich nicht entsprechenden Weisen.

Der Hindu kann nicht anders denken, als daß alle Religionen eine Religion darstellen. Er findet in seinem kosmischen Begreifen ohne viel Mühe einen Platz sowohl für Jesus als auch für Mohammed. Aber er ist mißtrauisch, ob der Moslem sich nicht doch absondert, ob er, zumal er historisch ja noch Fremdherrschaft symbolisiert, „mitmacht". Er kann ihn aber ebenso tolerieren, wie ein Brahmane einen „Unreinen" toleriert, - vielleicht sogar leichter, sofern der soziale Status im Alltag selbstverständlich auch eine Rolle spielt. Anders der Moslem: Sofern er die geringste Kenntnis der Inhalte seiner Religion hat, muß ihm alle hinduistische Religionsausübung „ein Greuel sein" (Dies sind Worte des Alten Testaments, mit welchen sich die Juden von den Heiden absondern.). Er kann eigentlich nicht tolerant sein, sieht sich nur, durch seine Situation in der Diaspora genötigt, sich wenigstens tolerant zu verhalten. Er profitiert dabei von der spezifischen Weise der Toleranz des Hindus.

An der „Funktion" des Religiösen in der Auseinandersetzung wird deutlich, wie sehr der Rückgriff auf das den Alltag transzendierende nötig ist, um den Alltag selbst zu begreifen. Sofern Religionsgemeinschaften in Kampf treten, bedeutet dies im eigentlichen, daß sie den vorhandenen Streitanlässen eine verschiedene Tiefendimension verleihen. Die muß umso mehr hervorgehoben werden, als Indien als staatliches Gebilde sich ja als „säkular" versteht, daß es nicht besonders toleriert wird, die kommunalen Aspekte in die Politik hereinzuziehen. Es gibt keine religiös ausgezeichneten politischen Parteien (wie z. B. in der fortschrittlichen Bundesrepublik), aber es gibt auf der mittleren Ebene alle möglichen semi-politischen Vereinigungen, in denen Religionszugehörigkeit eine Rolle spielt. Es gibt besonders militante Hinduistische Vereinigungen (wie die RSS), die, radikaler als der übliche Hinduismus, immer noch darauf aus ist, die Moslems „auszuräumen", wie es auch militante Moslemvereinigungen gibt (allerdings in unbedeutender Zahl). Diese semi-politischen Gruppen treten immer dann auf, wenn kommunale Unruhen, aus welchem Anlaß auch immer, geeignet erscheinen, größere Rechnungen zu begleichen.

Der indische Alltag ist der Alltag einer oberflächlich säkularisierten Gesellschaft, in der jeder Konflikt einen religiösen Akzent bekommen kann.

Die Ordnung dieses Alltags der Verbindung kommunaler Einheiten greift nur - das lehrt die lange indische Geschichte - solange jeder an seinem Platz bleibt. Das kasten- und jati-geordnete Dorf ist „friedlich", solange jeder sich an seinen Brunnen hält.

Unsicherheit über das Territorium, den Platz, und dieses ist für den Außenstehenden nur schwer begreiflich, ruft unmittelbar Gewalttat hervor. Es scheint, als wäre niemand zuständig, als könne es nur brutalen Machtkampf geben. Kommunale Unruhen gibt es, seit die indische Geschichte so in Bewegung geraten ist, daß die „territorialen" Begrenzungen nicht mehr einzuhalten sind. Die Sindhis haben damals nur Platz bekommen, weil vorher die Ghanchis „ausgeräumt" waren. Es gab Platz zum Wohnen, es gab Platz auf dem Markt.

Die Entwicklung scheint nur dann günstig zu verlaufen, solange mit der geschichtlichen Dynamisierung neue Plätze geschaffen werden. Wenn es neue Berufe, neue Märkte gibt, kann man sich dort ansiedeln; aber schon dann, wenn für den Marktstand kein anerkannter Platz vorhanden ist, kommt es nicht nur zum Streit, sondern unmittelbar zur großen Unruhe.

Nach all dem vorher Gesagten wäre es unzutreffend, zu sagen, es handele sich um Konflikte, die „ökonomische Ursachen" hätten, weil es diese losgelöste Ökonomie eben nicht gibt. Es handelt sich um Territorial-Kämpfe - im direkten oder übertragenen Sinn - zwischen Kollektiven, die verschiedene, auch ökonomische Anlässe haben können.

III.

Es soll oder muß, wie immer in solchen Auseinandersetzungen, nun doch eine (andere) Ordnung greifen:

Die Ordnung der Polizei: Jeder Bericht über communal-riots ist gleichzeitig ein Bericht über das Eingreifen der Polizei - welch hoffnungsloses Unterfangen. Von der Polizei wird ja nach moderner Staats- und Gesellschaftslehre erwartet, daß sie die „neutrale" Regierung vertrete. Aber, nach all dem bisher Ausgeführten wird deutlich sein, daß schon Wunder geschehen müßten, damit sich ein Polizeipräfekt und seine Untergebenen von ihrer Community-Bindung wirklich lösen können. Ist es nicht das plausibelste auf der Welt, daß bei starker Hindu-Dominanz und permanenten latenten Spannungen zu bestimmten Moslem-Gruppen die Polizei auf der Seite der Hindus steht, oder daß sie gegen eine rebellierende Unter-Kaste zusammen mit den Oberkasten agiert? Plausibel ja, aber in schmerzlichem Widerspruch zu offiziellen Staatsdoktrinen. Selbstverständlich kennt die Verfassung keine Unterschiede von Communities. Und es kann auch nicht der geringste Zweifel daran bestehen, daß unendlich viele „säkularisierte" Inder viel dafür tun, das Kasten-System aufzulösen und somit der Community-Diskriminierung die Basis zu entziehen. Aber der Alltag lehrt anderes. Da die beschriebenen Vorkommnisse sich nicht in den offiziell-feierlichen Arealen abspielen, sondern außerhalb der „Institutionen", verfügt die indische Gesellschaft über kein „neutrales" Sanktionsinstrument, von dem man offiziell-staatliche Gerechtigkeit erwarten könnte.

Die Abwesenheit wirklicher Säkularität zeigt sich darüber hinaus noch in einem anderen Phänomen. Während die Parteilichkeit der Polizeikräfte immer wieder bedauert wird, denkt offensichtlich niemand daran, daß auch das zweite Mittel, die Ordnung greifen zu lassen, versagt: die Wege der Justiz. Jeder, der etwas genauer die entsprechenden Berichte verfolgt und darüber hinaus sich Kenntnisse vom indischen Rechtswesen verschafft, weiß, daß Gerichte mit äußerster Sorgfalt arbeiten. In jedem Fall wird Anklage erhoben, in jedem Fall untersucht das Gericht sorgfältig die Tatbestände und spricht auch Verurteilungen aus. Aber dieses - dem englischen Recht nachgebildete - Verfahren kennt nur „natürliche" und „juristische" Personen. Wenn fünf Hindus und sechs Moslems oder zehn RSS-Mitglieder oder zwanzig Lederarbeiter „aufgegriffen" werden, dann werden diese „natürlichen" Personen belangt. Etwas anderes gibt es dem Verfahren nach nicht. Man kann eine Jati oder eine offiziell nicht anerkannte Partei nicht verurteilen. Und so verfährt das Gericht, völlig alltagsblind so, als könne es eine individuelle Zurechnung geben. Nun, man mag eine individuelle Zurechnung praktizieren; aber jedermann müßte doch sehen, daß dies völlig an den alltäglichen Prozessen vorbeigeht. Bezüglich der politischen Gruppierungen mag man noch nachweisen können, daß sich ein Individuum entscheiden kann, dazuzugehören oder nicht, um damit dann auch die Behandlung als Individuum vor dem Gericht zu rechtfertigen. Aber ein Ghanchi oder ein Sindhi: handelt er als Individuum? Wird er außerhalb des privatesten Kreises überhaupt als Herr X und nicht immer als Herr Gh (X) oder S (X) angesehen? Es gibt doch keine soziale Freiheit gegenüber der eigenen Community! In jeder öffentlichen Aktion wird in und aus Solidarität gehandelt, was jedoch im juristischen Verfahren keine Berücksichtigung finden kann. Wo aber nicht im realistischen Sinn Individuen verantwortlich sind, da nützt die Überführung der Missetäter und ihre Betrafung sehr wenig.

IV.

Von einem friedlichen Alltag erwarten wir, daß, wenn nicht außerordentliche Störungen eintreten, alles ohne größere Brüche und Verstrickungen abläuft. Der Alltag ist eingebettet in etwas, das nicht selbstverständlicher Alltag ist. Der verunsicherte Alltag ist bei weitem nicht nur ein indisches Problem. Doch den aufmerksam gewordenen Europäer interessiert dieser Alltag mit einer merkwürdigen Anziehungskraft. Vielleicht handelt es sich nur um eine radikalisierte Beobachtung dessen, was die Krise der eigenen Gesellschaft ausmacht:

- Die Kollektive leben gesellschaftlich nicht an einem anerkannt gesicherten Platz, die Gesellschaft ist in Bewegung geraten und ihre Bewegung wird ständig stimuliert,
- latente Platzkämpfe dringen, gerade weil sie nicht öffentlich ausgetragen werden, in zugespitzten Situationen unkontrolliert an die Oberfläche,
- das öffentliche Leben wird von einer ideologischen und verfassungsmäßigen Suprastruktur aus regiert, die gleichzeitig die wesentlichen Alltagsstrukturen überdeckt.

Wenn Kämpfe weder bis zu einer stabilen Herrschaft des Siegers ausgetragen werden noch Verhandlungs-, Vermittlungs- und Rechtsprechungsprozesse stattfinden, die auf einer anerkannten gemeinsamen Basis beruhen, dann greift weder die angestammte Ordnung noch greifen die Vermittlungsordnungen. Das stabilisierende Dritte ist außer Kraft. Unsere Unruhen sind vielfach subtiler. Machtanerkennungskämpfe haben sich in sichtbarer Weise lokalisiert: auf Nordirland, im Norden Spaniens (Basken), unübersehbar im vorderen Orient. Das eine mag als Krieg, das andere als Bürgerkrieg angesehen werden. Das Muster ist überall das gleiche. Überall zeigt sich, daß der Wunsch nach Ordnung zwar verständlich ist, die praktizierte „Law and Order Policy" aber ohnmächtig ist und bleiben muß. Deswegen ist mit einem friedlichen Alltag nicht zu rechnen, auch in Indien nicht.

Anmerkungen

1 Das folgende nach Ashar Ali, Communal Riots in Godhra: A Report, in: Economic and Political Weekly (EPW) XVI/1981, No 41, S. 1638-1640
2 EPW XVII/1982, S. 717 f.
3 EPW XVI/1981, S. 1951-1956
4 Ebenda, S. 796 f., S. 1047 f., S. 1596 f.

III
Städte und Straßen: Anschauungen, Lebensformen

Der Mensch im Raum

Friedrich Spengelin

Lieber Hans Paul Bahrdt!

Wenn ein Architekt - sehr gerne - einen Beitrag zu einer Festschrift für einen Soziologen - und was für einen - leistet, so kommt er natürlich in Verlegenheit, sich in einen Wettstreit - zu Ehren des zu Ehrenden - mit allen denjenigen einzulassen, für die es die tägliche Beschäftigung ist, sich verbal auszudrücken. (Die Sprache des Ingenieurs ist die Zeichnung).

Und das Thema? Das Ganze sollte irgendwie unter dem Motto stehen „Entdeckungen im Alltäglichen“. Nun habe ich seit Jahren immer wieder Skizzen von Menschen gemacht, die sich in besonderen städtebaulichen Situationen genüßlich im Freien aufhalten. Ich habe beobachtet, welche Bedingungen es wohl sind, die solch einen Aufenthalt provozieren.

Im Süden ist es einfach. Da ist meist gutes Wetter (aber auch da schützt man sich, wenn's zu heiß wird, vor der Sonne durch leichte Dächer). Natürlich sitzt man auch im Norden im Freien - zum Beispiel in Brügge - aber alles ist doch ein wenig vom Klima abhängig.

Reiseskizzen aus den Jahren 1979-82:
Umseitig: Barletta, Apulien
Diese Seite: Abend in Cefalu. Sizilien
Nächste Seite: Kamari, Santorin

24/9/79

BRÜGGE
4
4
82
fS.

Nun haben wir vor einiger Zeit an einem städtebaulichen Wettbewerb teilgenommen (leider nur der 2. Preis), in dem es darum ging, die durch den Krieg arg zerstörte Hauptstraße in Minden, die nun sehr leer wirkt, durch städtebaulich-architektonische Maßnahmen mit neuem Leben zu erfüllen. Ich habe da zu unseren Zeichnungen einen etwas ungewöhnlichen Erläuterungsbericht geschrieben. Hier ist er:

Ort der Handlung: Scharn in Minden
(Ein Fremder setzt sich mit einem offensichtlich kundigen Einheimischen an einem schönen Sommertag an einen gut gedeckten Tisch im Schatten).

Der Fremde:
Was habt ihr hier in Minden für eine lustige Straße!

Der Einheimische:
Ja, das ist eine lange Geschichte! Früher, bis zum Zweiten Weltkrieg waren das zwei Straßen, durch eine schmale Hauszeile getrennt. Nach dem Krieg hat man die Reste abgerissen, aber als die Stadt wieder durch Fußgängerzonen attraktiv geworden war, ist diese Straße gegenüber der Bäckerstraße sehr abgefallen. Sie war nun viel zu breit, die Menschen haben sich darin verloren gefühlt. Da hat ein Architekt den Vorschlag gemacht, hier diese Glashäuser zu errichten.

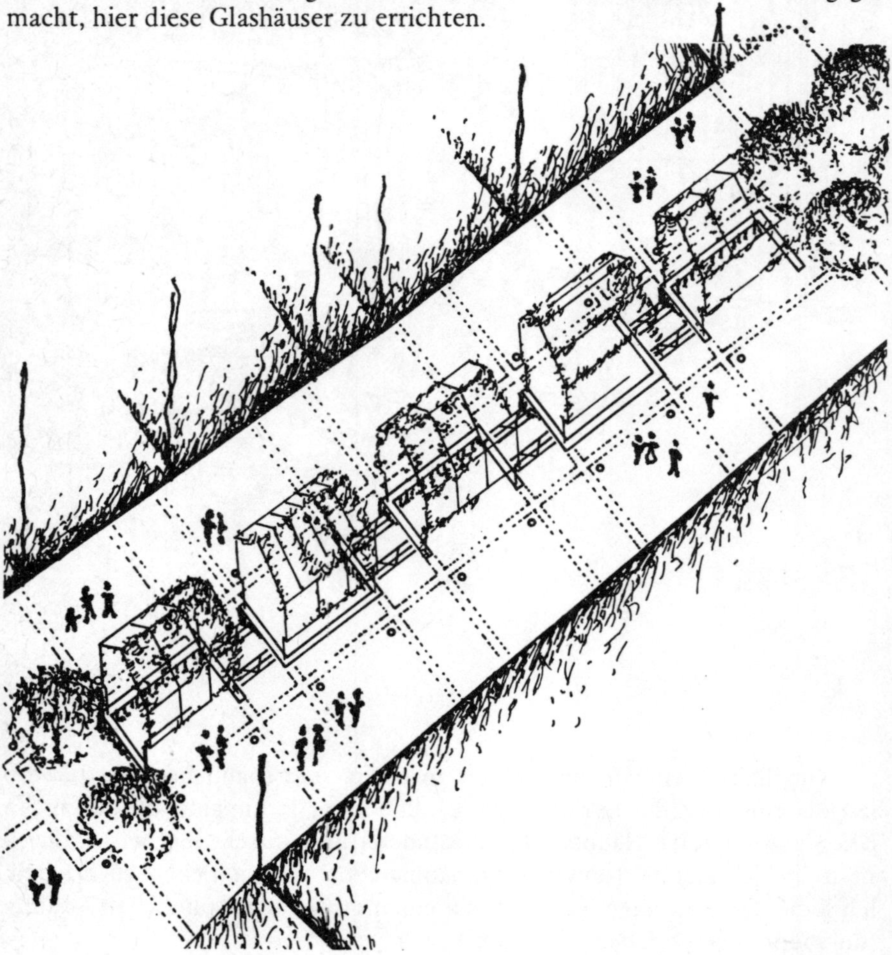

Der Scharn von Süden

Der Fremde:
Warum hat man nicht einfach Baumreihen gepflanzt wie in Stuttgart auf der Königstraße? Wäre das nicht viel billiger gewesen? Ich wundere mich schon, daß das so auf einen Schlag geklappt hat. Gab es da genug Leute, die das bezahlen wollten?

Der Einheimische:
Nein, so schnell ging das natürlich nicht, das letzte Haus ist gerade erst fertig geworden. Aber der Vorteil der Idee war, daß eigentlich nur sehr wenig unbedingt festgelegt wurde.
Das war nämlich so:

Im Mittelalter waren hier kleine Buden und Mauern, über die die Fleischer Bretter legten, wenn sie ihre Ware ausbreiten wollten. Später sind aus den Verkaufsbuden feste Häuser geworden. So ähnlich ist man auch hier vorgegangen: Erst wurden nur diese Winkelmauern gebaut mit den Treppen dazwischen. Am Anfang und am Ende und dort, wo die Passagen in die Straßen münden, hat man ziemlich große Bäume gepflanzt. Viele haben dann schnell die Chance erkannt, die sich hier durch einen Weiterbau bot.

Der Fremde:
Aber wie kommt das, daß alle diese Häuschen sich einerseits so ähnlich se-

hen, aber andererseits doch so unterschiedlich wirken?

Der Einheimische:
Der Trick war die Sache mit dem Stahlgerüst. Das hat so eine Art Umriß von Häusern in die Luft gezeichnet. Das Häuschen, in dem wir jetzt sitzen, wurde dann nur mit Drähten verspannt. Es ist mit vielen Rankgewächsen erstaunlich schnell zugewachsen.
Auch wenn es regnet, man kann hier trotzdem sitzen und essen und trinken. Dann wird diese Markise herübergezogen, und für Frühjahr und Herbst sind da solche Heizstrahler angebracht, genau wie auf dem Kudamm.

Der Fremde:
Und wie sind die anderen Häuschen entstanden?

Der Einheimische:
Ja, das ist ganz verschieden, zum Teil haben sie schon einmal den Besitzer gewechselt oder sind umgebaut worden, was übrigens erstaunlich leicht ist. In einigen sind zuerst unter einer Glasüberdachung Vitrinen aufgestellt worden, aber die Leute von dem Warenhaus haben schnell erkannt, daß man da

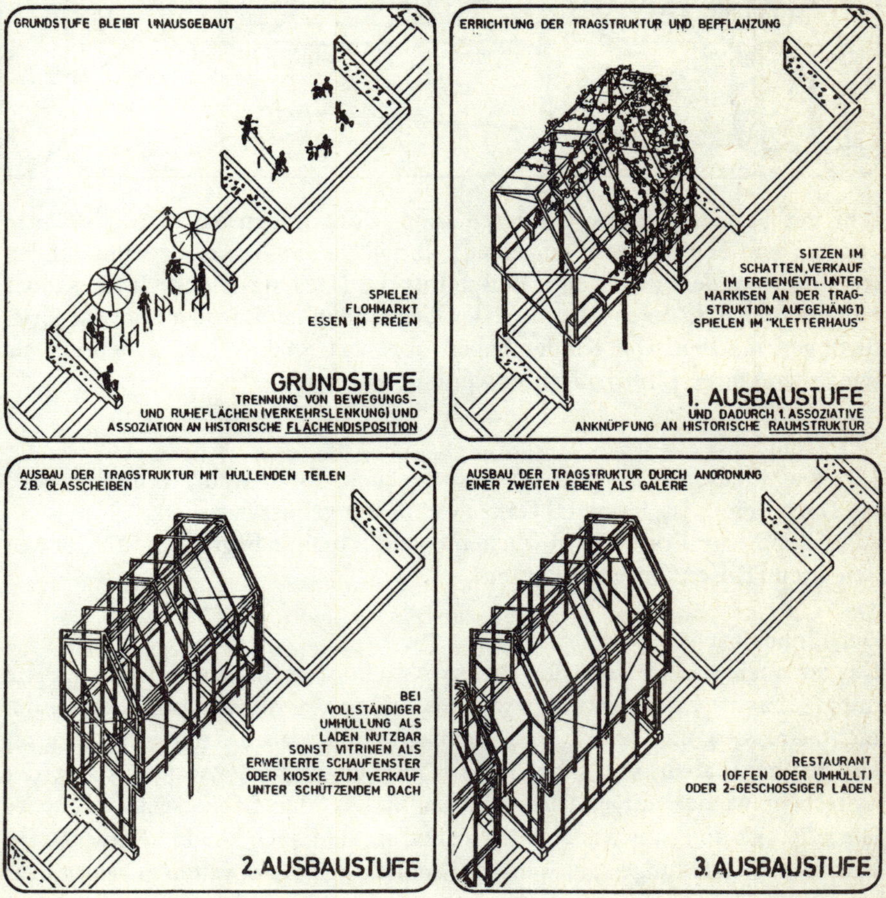

sehr gut Sonderangebote feilbieten kann. Dort drüben hat man das Ganze verglast und eine Empore eingebaut, so daß da ein kleines Cafe entstanden ist. Ein besonders gelungenes Beispiel ist das Haus, das die Stadt für Kinder hergerichtet hat, deren Eltern in der Gegend einkaufen oder sonstige Erledigungen machen. Die Kinder haben dort viel Spaß beim Spielen, bis sie wieder von ihren Eltern abgeholt werden.

Der Fremde:
Ja, so was habe ich in Stuttgart auch gesehen. Es ist wahr, wenn irgendwo ein Dach drüber ist, kann das Ganze viel besser genutzt werden.
Aber noch eine Frage: Wozu dienen eigentlich diese begrünten Stangen vor den alten Häusern am Straßenrand?

Der Einheimische:
Das ist auch so ein Vorschlag des Architekten, er hat das Fassadenbegrünung genannt. Zuerst wollten wir uns auf so einen 'neumodischen Kram' nicht einlassen und haben auch nicht geglaubt, daß das gut geht, aber als wir gesehen haben, wie schnell die Häuschen begrünt wurden, wurde der Vorschlag wieder aufgegriffen. Wissen Sie, in der Bäckerstraße ist jedes Haus für sich so etwas wie eine Individualität und auch bei den Kaufhäusern hat man Unterteilungen gemacht, die an die alten Hausbreiten erinnern. Das

wirkt viel gemütlicher. Hier hat man nach dem Krieg meistens nur ganz lange Häuser gebaut, was sehr eintönig gewirkt hat. Durch die bewachsenen Stangen sieht man das nun aber nicht mehr; dabei mußte an den Fassaden kaum etwas geändert werden.

Der Fremde:
Das ist ja alles ganz interessant, was Sie mir da erzählt haben. Wir haben bei mir Zuhause in *** auch so eine Fußgängerzone, die ziemlich breit und langweilig ist, da hat man so allerlei Gestrüpp hineingepflanzt, aber das wirkt nicht besonders gut. Ich will mal unserem Stadtrat sagen, daß er sich das hier anschaut.

Der Einheimische:
Um Gotteswillen nicht! Wissen Sie, unser Architekt hat damals gesagt, wir sollten in Minden etwas „Unverwechselbares" bekommen, das ein ganz besonderes Merkmal unserer Stadt sein soll und an ihre historische Erscheinung erinnert!

Wettbewerb, Februar 1982
Verfasser: I. und F. Spengelin, Hannover und
Werner Rösner, Minden, Architekten BDA
Mitarbeiter: Dipl.-Ing. Uli Zech

Lebenslauf und Stadtentwicklung

Ingrid Herlyn, Ulfert Herlyn

„Ich denke, daß die Identifikation mit der Stadt aus dem Lebenslauf selbst entstanden ist" lautet die Antwort eines befragten Einzelhandelskaufmanns, der seit 25 Jahren in Wolfsburg lebt, auf die hier gestellte Frage nach dem Zusammenhang zwischen Stadtentwicklung und dem Lebenslauf der Bewohner. Anknüpfend an theoretische Vorüberlegungen zu einem empirischen Forschungsprojekt[1] und die Publikation der Ergebnisse in dem kürzlich erschienen Buch „Stadt im Wandel",[2] stellt der hier vorgelegte Beitrag eine Nachinterpretation dar und greift damit die Praxis amerikanischer Gemeindesoziologen auf, Reflexionen nach eigenen empirischen Untersuchungen anzustellen, die eine Fortsetzung der begonnenen Arbeiten darstellen.[3] Diese Überlegungen stellen aber auch einen Beitrag zum eigenen Lebenslauf dar, indem sie veranschaulichen, wie sich im Vollzug der eigenen Lebensgeschichte das „Orientierungswissen (...) in Interaktionsprozessen (hier ehelichen - Verf.) aufschichtet".[4]

I.

Im Rahmen des empirischen Forschungsprojektes zum Wandel einer konkreten Stadt[5] wurde unter anderem auch die Hypothese verfolgt, daß die Entwicklung der Stadt - verstanden als räumlich-materielles Substrat mit sozialer Bedeutung, als Institution und als Organisation - ihren Niederschlag in den Lebensläufen der Bewohner findet, indem sich diese unter dem Einfluß der Stadt spezifisch gestalten. Das Aufgreifen und die Verfolgung dieser Hypothese wurde durch verschiedenartige Beobachtungen veranlaßt. In der außerwissenschaftlichen Literatur, insbesondere den Stadtromanen und auch Autobiographien finden sich viele Beispiele, in denen Gemeinden nicht nur bloß als Orte von Begebenheiten beschrieben werden, sondern in denen sich das Schicksal der handelnden Personen aufs engste mit dem der jeweiligen Stadtstruktur verbindet, indem die Stadt als Barriere und zugleich

Chance für die persönliche Entwicklung der handelnden Personen zentral verantwortlich gemacht wird.[6] Wohl am deutlichsten wird der Zusammenhang zwischen Stadtentwicklung und Lebensläufen in „Manhattan Transfer", dem Roman von J. Dos Passos aus dem Jahre 1925: „Sie (die Stadt) liefert nicht nur die Inhalte, sie steuert auch die Richtungen und die Gangarten der verschiedenen Lebensläufe. Manhattan stellt die Weichen des menschlichen Geschehens, es gibt und nimmt Arbeitsplätze. Es bestimmt die gesellschaftlichen und moralischen Regeln, es führt die Menschen zusammen und trennt sie".[7]

Diese Hypothese auf die Alltagswirklichkeit zu übertragen und empirisch zu untersuchen, reizte umso mehr, als festzustellen ist, daß die lebenslaufsoziologischen Analysen einerseits und stadtsoziologischen andererseits, dem Prinzip einer arbeitsteiligen Wissenschaftsorganisation folgend, unverbunden nebeneinander arbeiten. Auch die neueren Arbeiten zur Soziologie des Lebenslaufs blenden die ökologische Basis des Geschehens in Städten und Quartieren praktisch völlig aus.[8] So wird nicht nur das Wohnverhalten kaum thematisiert, sondern auch die Struktur, Organisation und Entwicklung der Gemeinden wird außer acht gelassen, in denen sich noch immer, trotz zunehmender „überlokaler Orientierungen" (H. Oswald), der weitaus größte Teil des alltäglichen Lebens abspielt: man erfährt einfach zu wenig von der 'Verortung' der diskutierten Lebenslaufprobleme, die „praktisch ohne Boden unter den Füßen in der Luft zu hängen scheinen".[9]

Die empirische Überprüfung der These vom Zusammenhang zwischen Stadtentwicklung und individueller Lebensgeschichte wurde am Beispiel der NEUEN Stadt Wolfsburg versucht. Dies war insofern von Vorteil, weil diese Stadt, die erst 1938 gegründet wurde, in der kurzen Zeit ihrer Existenz eine ungeahnte Entwicklung durchgemacht hat und die bereits einmal, vor 20 Jahren, Gegenstand einer empirischen gemeindesoziologischen Untersuchung war.[10]

Die Entwicklung des VW-Werks bestimmte die auch von den Bewohnern als 'rasant', 'stürmisch', 'dynamisch' bezeichnete Entwicklung der Stadt. Wolfsburg ist heute mit 131.000 Einwohnern der Zahl nach eine Großstadt. Damit ist ihr Wachstum anscheinend aber auch zu einem vorläufigen Stillstand gekommen, denn bei genauerer Analyse erkennt man auf allen Gebieten (neben der Einwohnerentwicklung, die der Arbeitsplätze, der Wohnungen, des Steueraufkommens) eine deutliche Abflachung der Wachstumskurven schon seit einigen Jahren. Was den inneren Ausbau der Stadt anbelangt, so waren zum Zeitpunkt der 2. Untersuchung alle wesentlichen sozialen Infrastruktureinrichtungen vorhanden, die Innenstadt hatte im Zuge eines Umbaus zur Fußgängerzone bereits ihr zweites Gesicht bekommen; 40 Jahre nach der Stadtgründung war die NEUE Stadt Wolfsburg gewissermaßen „fertig".[11]

Die Langzeitwirkungen von Stadtentwicklungsprozessen auf soziale Handlungsabläufe sollten zunächst durch eine Panel-Befragung ermittelt werden, indem ca. 500 der zum Zeitpunkt der 1. Befragung interviewten Personen nach 20 Jahren wiederum befragt werden konnten. Zusätzlich wurden mit 30 schon im Panel befragten Personen biographisch orientierte, narrative Interviews durchgeführt, wobei die Frage nach dem in Wolfsburg entwickelten Heimatgefühl als „die erzählgenerierende Eingangsfrage“[12] herangezogen wurde.[13] Alle im Panel befragten Personen, und daher auch die in die biographisch orientierten narrativen Interviews einbezogenen, haben mindestens 20 Jahre in der Stadt gelebt und sind daher alle älter als 40 Jahre. Es handelt sich vornehmlich um Männer und darunter mehrheitlich um un- beziehungsweise angelernte Industriearbeiter, da diese Gruppe in der Ausgangsstichprobe von 1960, die die Haushaltsvorstände erfaßte, überrepräsentiert war.

Wie zu erwarten, ergab eine direkte Frage in der standardisierten Panel-Umfrage nach den entscheidenden Ereignissen in den letzten 20 Jahren die Vorrangigkeit von familialen und beruflichen Ereignissen. Aber auch in den biographischen Gesprächen, in denen die Gesprächspartner aufgefordert wurden, über ihr Leben seit ihrem Zuzug nach Wolfsburg vor 20 und mehr Jahren zu berichten, blieben städtische Entwicklungen sehr vage und hintergründig. Von den Bewohnern aus wurde die Stadt mit ihren räumlichen und ihren sozialen Merkmalen kaum ins Gespräch gebracht. Auch bei direkter Ansprache des städtischen Komplexes durch die Problematisierung der Heimatbindung konnten zwar Spuren in den Lebensgeschichten gesichert werden, aber selbst hier blieb die Stadt und ihre Entwicklung letztlich doch lediglich die Folie, auf die unterschiedliche Lebensbilder und -entwürfe projiziert wurden, ohne daß bestimmten städtischen Entwicklungen eine unmittelbare Lebenslaufrelevanz zugeschrieben wurde. Auf eine direkte Frage hin konnten sich die Gesprächspartner auch nicht vorstellen, daß ihr Leben in einer anderen Stadt anders verlaufen wäre. Der Ausfall von Antworten in dieser Hinsicht erklärt sich unseres Erachtens nicht nur damit, daß andere Städte nicht bekannt sind, sondern scheint auch ein Indikator dafür zu sein, daß das eigene Leben eben nicht bewußt mit der Stadt, in der es stattfindet, in Verbindung gebracht wird. Bei diesem weitgehenden Ausfall von Stadtwahrnehmung überhaupt und von wahrgenommenen Verbindungen zwischen Lebenslauf und Stadt verblüffen andererseits einige Fälle, in denen eine, wenn auch unspezifische, inhaltlich nicht ausgeführte Parallelität von Stadtwachstum und eigener Entwicklung betont wird („wir kamen gemeinsam hoch“).

II.

Zur Erklärung der dargestellten, für uns zunächst unerwarteten Befunde bieten sich drei Hypothesen an:

1. Die Veränderungen der Stadt waren für die Bewohner nicht in dem Maße erfahrbar, wie sie stattfanden,

2. die Veränderungen der Stadt waren erfahrbar, aber es gibt keine Begründung dafür, daß sich das auf die Bewohner niederschlägt,

3. die Veränderungen der Stadt und der Bewohner konnten wegen mangelhafter Untersuchungsverfahren nicht ermittelt werden.

ad 1. Die Veränderungen der Stadt und deren Erfahrbarkeit durch die Bewohner

Wolfsburg hat sich in den letzten 20 Jahren ohne Zweifel in beachtlichem Maße gewandelt. Für Außenstehende sind am augenfälligsten der Umbau der Innenstadt, das Hinzukommen besonderer Freizeiteinrichtungen und das enorme Größenwachstum (60.000 auf 131.000). Es ist aber zu fragen, ob es auch für die Bewohner erfahrbare Veränderungen waren, denn es wurde zum Beispiel gesagt:

„Die 25 Jahre, die ich in Wolfsburg bin, waren für mich gleichmäßig. Ich sehe da gar keine Bewegung (...) für mich *hat sich* von meinem Wohnbereich aus nichts verändert."

Was den Umbau der Innenstadt und die neue Freizeitinfrastruktur anbelangt, so brachten die Befragten von sich aus diese ins Gespräch, indem zum Beispiel die Theatereröffnung, die Schaffung des Allersees, das Einrichten der großen Badeanstalt 'Badeland' und vor allem die Ansiedlung von Geschäften für den nicht alltäglichen Bedarf und der Umbau der Geschäftsstraße in der Innenstadt zur Fußgängerzone genannt werden. Allerdings auch mit dem Kommentar:

„Wenn ein Theater gebaut wird oder ein Badeland, das gibt ja keinen Einschnitt, das ist ja nur eine Bereicherung zusätzlich, keine Veränderung."

Das Größenwachstum der Stadt vollzog sich einerseits durch Eingemeindungen umliegender Ortschaften, zum anderen wuchs die Stadt nach dem für diese Stadt typischen Konzept der Errichtung jeweils neuer Stadtquartiere, die räumlich durch Grünzonen mit Waldbestand von den bestehenden getrennt sind und mit den jeweils neu Hinzuziehenden „belegt" werden, so daß die langjährigen Einwohner von diesen Ausweitungen der Stadt kaum erfuhren und berührt wurden.

„(...) Dinge, die für uns auch nicht so ungeheuer wichtig sind und wir nicht so wahrnehmen, ob da nun ein neues Baugebiet ist oder da eins (...)."

Mit dem Wachstum der Stadt müßten sich zwangsläufig aber auch Verhaltensmuster in einzelnen Interaktionsbereichen wandeln. Mit der zunehmenden Menge der Bewohner der Gesamtstadt weiteten sich die bürokratischen Apparate der Wohnungsvermietungsgesellschaften, der Banken und der Behörden allgemein aus, die Ladengeschäfte vermehrten und vergrößerten sich, der Kraftfahrzeugverkehr nahm erheblich zu, was insgesamt auch die Verhaltensmuster verändern müßte, zumindest im Innenstadtbereich werden

Ansätze einer lokalen ,,Öffentlichkeit" entstanden sein.

Wenn schon in Frage steht, ob die materiellen Veränderungen für die Bewohner erfahrbar waren und als solche registriert wurden, so ist noch viel fraglicher, ob Verhaltensänderungen in einzelnen Bereichen für alle Wolfsburger erfahrbar und bewußt waren. Der Wahrnehmung und damit der Erfahrbarkeit solcher Veränderungen stehen die vertrauten Erfahrungen im eigenen, sozial wie räumlich überschaubarem Stadtteil - hier wird immer wieder der Begriff ,,ländlich" verwendet - und auch der Tagesrythmus des größten Teils der männlichen Bewohner, nämlich der Schichtarbeiter, entgegen. Wir haben also insgesamt Zweifel, ob die aus der Sicht des Stadtforschers registrierten deutlichen Veränderungen der Stadt auch im selben Maße Veränderungen des alltäglichen Lebensrahmens der Bewohner waren.

ad 2. Zur Begründung eines Zusammenhangs zwischen Stadtentwicklung, Lebenslauf und Persönlichkeitsentwicklung

Bei der Überlegung, inwiefern Lebensentwicklungen mit städtischen Entwicklungen zusammenhängen, müssen folgende Probleme gelöst werden: zum einen die kategoriale Erfassung von Lebens- und Stadtentwicklung und weiter die Verknüpfung von Individuum und Umwelt. Es muß also ein Modell gefunden werden, das erlaubt, die Lebensentwicklung des Individuums im Zusammenhang mit der sich ebenfalls in der Zeit wandelnden Lebensumwelt zu sehen.

Auf den ersten Blick scheinen die Begriffe Lebensentwicklung, Lebenslauf, Lebensgeschichte, Biographie und lebenslange Sozialisation alle synonym verwendbar zu sein. Es lassen sich aber mindestens zwei differente Bedeutungen unterscheiden. Es ist einmal die ,,Ereignis- und Positionsfolge im Lebenslauf oder in einzelnen Laufbahnen, etwa der beruflichen",[14] also der von außen zu registrierende objektive, nämlich am Wandel der äußeren Merkmale festzuhaltende Lebensweg einer Person, den wir mit dem Terminus *'Lebenslauf'* bezeichnen wollen. Hiervon unterscheidet sich die ,,lebensgeschichtliche Entwicklung von Dimensionen der 'Subjektivität' (zum Beispiel von Deutungsmustern (und Wissensstrukturen, Verf.))",[15] die auch als die Entwicklung der Handlungskompetenz der Persönlichkeit oder der Prozeß der Ich-Identität bezeichnet wird und als Ergebnis von Sozialisationsprozessen zu verstehen ist. Wir wollen hierfür den Terminus ,,*Persönlichkeitsentwicklung*" benutzen. Diese beiden Definitionen sprechen nicht etwas grundsätzlich verschiedenes an, sondern ihr Bezug zum Individuum liegt eher auf unterschiedlichen Ebenen. Es läßt sich auch sagen, daß der Lebenslauf, der ja für eine Kette von sozialen Erfahrungen und Interaktionsprozessen, in die das Individuum involviert ist, steht, eine Konstitutionsbedingung seiner Identitätsentwicklung ist; und andererseits, daß diese mitentscheidet, welche Interaktionen aufgenommen werden.

In theoretischen Vorüberlegungen[16] zur Begründung der Untersuchungshypothese wurde von einem Sozialisationstheorem ausgegangen, das auch ökologische Bedingungen einbezieht. Zugrundegelegt wurde das, am Konzept der „Behavior settings" orientierte ökologische Sozialisationsmodell von U. Bronfenbrenner.[17] Wenn es auch für kindliche und jugendliche Entwicklungsprozesse konzipiert ist, schien es prinzipiell geeignet für die Analyse von Sozialisationsprozessen in allen Altersphasen. Dieses Modell sieht die Persönlichkeitsentwicklung im Kontext von hierarchisch geordneten Umweltsystemen: Mikro-, Meso-, Exo- und Makrosystem. Es berücksichtigt auf den Ebenen des Mikrosystems und des Exosystems ökologische Elemente. Die physischen Dimensionen der Erlebnisräume, in denen die Beziehungen zur unmittelbaren Umwelt beziehungsweise die Mikrosysteme verortet sind, sind bei Erwachsenen die „stofflich-räumlichen Anordnungen" ihrer vorwiegenden Erlebnisräume Wohnung und Arbeitsplatz. Wenn Bronfenbrenner herausarbeitet, daß die Bedeutung des einzelnen Mikrosystems auch abhängig ist von der Integration des Sozialisanden in jeweils andere, also von den Beziehungen der verschiedenen Mikrosysteme untereinander beziehungsweise ihrer Verzahnung auf der Ebene des Mesosystems, so sehen wir auch hier die Bedeutung eines physischen Umweltelements, nämlich die räumliche Zuordnung der einzelnen Interaktionsbereiche zueinander, zum Beispiel die Entfernung zwischen Arbeitsplatz und Wohnung und die Entfernung zu sogenannten Freizeiteinrichtungen, die mitentscheidet, wie intensiv der Sozialisand in das eine oder andere System integriert sein kann. Hieran wird auch deutlich, wieso das Mesosystem oder die Verzahnungen der Mikrosysteme („Netzwerkmuster") vom übergeordneten Exosystem abhängig ist. Elemente des Exosystems sind nämlich die funktionalen oder sozial-räumlichen Gliederungen des Stadtraumes, die institutionelle Ordnung der Gemeinde, ihre regionale Lage, ihre bauliche Gestalt, ihre Arbeitsplatzstruktur, ihre Ausstattung mit Infrastruktureinrichtungen und die Regelungen zu ihrer Inanspruchnahme. Sie prägen die relevanten Mikrosysteme und sind geprägt vom Makrosystem der Gesamtgesellschaft. Es wurde nun in der Untersuchung angenommen, daß aus Veränderungen der stofflich-räumlichen Gegebenheiten der verschiedenen Umweltsysteme beziehungsweise - ebenen Entwicklungsprozesse der Individuen herrühren, zum Beispiel infolge von Wohnungswechseln ('ökologische Übergänge'), Infrastukturverbesserungen, Veränderungen in den Entfernungen der einzelnen Interaktionsbereiche durch Wachstum der Gemeinde an Fläche und Einwohnerzahl.

Diese Annahme erscheint uns nachträglich aus zweierlei Gründen jedoch problematisch zu sein. Auch wenn in der Studie gerade nicht von einer unmittelbaren Kausalbeziehung zwischen räumlich-materieller Umwelt und Individuum ausgegangen wird, berücksichtigt sie zum einen nicht systematisch genug mögliche Wirkungen, die von den Individuen ausgehend, deren Verhältnis zur Umwelt bestimmten (1.) und zum anderen nicht, daß auch soziale Faktoren der Dynamik des Lebenslaufs zu reflektieren sind, mit denen sowohl Veränderungen der Verhaltensmuster in den verschiedenen Settings, an denen die Individuen teilhaben, als auch die Anzahl und Art der

Settings und damit auch deren Kombinationen zusammenhängen (2.).

(1.) U. Bronfenbrenner selbst fordert, daß bei der Umsetzung seines konzeptionellen Rahmens in empirische Forschungsstrategien auch wechselseitige Beeinflussungen zwischen Umwelt und Individuum anzunehmen und zu prüfen seien. Unseres Erachtens läßt sich sein Ansatz erweitern durch Einbeziehen von Konzepten der 'sozialbedingten Wahrnehmung' in dem doppelten Sinne von Beobachtung und Inanspruchnahme, also zum Beispiel einmal durch den wahrnehnungs-psychologischen Ansatz der 'social perception' und zum anderen durch das soziologische 'Erschließungskonzept' von H.P. Bahrdt, die beide erklären, daß es auch von der sozialen Prägung der Individuen abhängt, ob Umweltmerkmale und -angebote, ebenso deren Veränderungen, bemerkt und genutzt werden. Der aus empirischen Forschungsergebnissen abgeleitete Ansatz der 'social perception' stellt auf die letztlich in unterschiedlichen Sozialisationsmilieus begründeten unterschiedlichen 'Einstellungen' ab. Sie sind entscheidend dafür „was und wie in einer Situation wahrgenommen wird".[18] H.P. Bahrdt geht unter Rückgriff auf anthropologische Grundannahmen von der Auffassung aus, daß „konkrete Umwelt - verstanden als ein in seiner Relevanz für typisches Verhalten strukturierter Ausschnitt aus der Wirklichkeit - (...) immer aus räumlichen Elementen mit sozialer Bedeutung und sozialen Elementen, die sich auch räumlich strukturieren besteht",[19] so daß die jeweils vorfindliche Umgebung nicht von vornherein, nicht an sich, nutzbare Umwelt ist, sondern erst wenn sie „als Umwelt erschlossen" ist.[20] Die Chance zur Erschließung ist von der Herausbildung besonderer Fähigkeiten abhängig, nämlich vor allem von Kenntnissen in symbolischen Orientierungsmustern, das heißt von der Verfügung über einen Symbolvorrat, der zu der konkreten räumlichen-sozialen Umwelt paßt und von Kenntnissen in Verfahren, Symbole und Symbolisiertes miteinander zu vermitteln. Aus ungleichen Sozialisationsprozessen, das heißt dem Erwerb ungleicher oder unterschiedlicher Orientierungsmuster resultieren dann ungleiche Chancen zur Umwelterschließung: so sind zum Beispiel die Chancen zwischen den sozialen Klassen und Schichten, zwischen verschiedenen ethnischen Gruppen und zwischen der Herkunft aus städtischem oder ländlichem Milieu sowie zwischen den Altersgruppen ungleich.

Mit Hilfe dieses Konzepts ließe sich zum Beispiel erklären, warum ein aus einer ländlichen polnischen Kultur kommender Schichtarbeiter noch nach 22 Jahren sagt, er kenne Wolfsburg noch nicht richtig. Das liegt nicht nur - wie er selbst meint - an der Schichtarbeit, die selbstverständlich auch Erfahrungen verhindert, sondern vermutlich erschwert ihm auch das Fremdsein der äußeren Gestalt von Wolfsburg und seinen Einrichtungen, die Stadt überhaupt bewußt als seine Lebensumwelt wahrzunehmen.

Vor solchen Extremfällen sind in diesem Zusammenhang weitere Befunde zu nennen: die in der Umfrage und den Intensivgesprächen geäußerte generelle Kritik an der Geschichtslosigkeit von Wolfsburg, die in der Hauptuntersuchung als ein Hindernis für das Heimischwerden in dem Ort angesehen wurde[21] und zum anderen die häufige positive Erwähnung von Schloß Wolfsburg, einem der wenigen alten Gebäude der Stadt, dessen heutige Nutzung als Künstlerhaus eigentlich ohne Bedeutung für die meisten Wolfsburger ist. Diese Befunde sollten nicht nur als Kritik am tatsächlichen Fehlen alter Stadtgestaltungselemente als solcher und der Sehnsucht danach interpretiert werden, sondern sie sind gleichzeitig als Indiz für einen Bruch mit der persönlichen Lebensgeschichte und als Ausdruck eines fehlenden Bezugs zu den modernen Formen der Stadtgestalt zu sehen. Wenn die Vorgeschichte des Individuums keine Entsprechung in einer quasi geschichtsarmen Umwelt findet, wie zum Beispiel in der modernen Umgebung einer Neuen Stadt, dann kann es zu einer „Beschränkung der psychischen Bewegungsfreiheit" kommen: in einem solchem Falle sind - wie H.P. Bahrdt ausgeführt hat - die Betroffenen „in der eigenen Epoche eingesperrt".[22] Bezeichnungen wie „Retortenstadt" und „Goldgräberstadt" lassen erkennen, daß viele Bewohner, die diese Begriffe verwenden, keine Möglichkeiten haben, sich die Stadt als „ihre" Umwelt zu erschließen. Bezeichnend dafür ist auch, daß man wegen des Einkaufs vornehmlich langlebiger Konsumgüter 30 km weit nach Braunschweig fährt, obwohl inzwischen sämtliche Güter auch in Wolfsburg zu kaufen sind. In der Innenstadt von Braunschweig wird ein „gewisser Flair" wahrgenommen, das heißt mit der Kulisse dieser alten Stadt ist man vertraut, hier hält man sich gern auf; während die Rede davon ist, daß in Wolfsburg „überall der Wind bläst", daß „man regelrecht friert", daß die Straßen und Häuser „nichts ausstrahlen". Diese Äußerungen stammen alle nur aus Arbeiterinterviews; ein leitender Angestellter dagegen betont, daß er nur anfängliche Schwierigkeiten hatte, die Stadtgestalt zu akzeptieren.

Jenseits der sozial bedingten unterschiedlichen Orientierungsfähigkeiten verweist H.P. Bahrdt auch auf die Bedeutung unterschiedlicher sozialer Situationen und auch auf biologisch-körperliche Zustände, die die Nutzbarmachung der Außenwelt begünstigen oder verhindern können. Diese Sichtweise erklärt uns zum Beispiel, warum der Arbeiter, der 14 Kinder hat, abgesehen von finanziellen Problemen - die ihn veranlaßten, wann immer es möglich war, Sonderschichten wahrzunehmen - wenig motiviert ist zur Partizipation am Stadtgeschehen; warum der in Wechselschicht arbeitende Bandarbeiter sich selbst nicht in der Lage sieht, nach der Arbeit städtische Freizeitinfrastruktur zu benutzen, dies aber für seine Familienangehörigen empfiehlt oder warum die Mutter von zwei kleinen Kindern, für die das Einkaufen in der Fußgängerzone wegen der vielen Ablenkungen zur Qual wird, diesen städtischen Bereich für sich gar nicht als Aufenthaltsraum sehen kann. Diese Beispiele machen aber auch deutlich, daß über die Annahme einer sozial bedingten Umweltwahrnehmung allein allenfalls partielle Verknüpfungen zwischen Individuum und Umwelt aufgezeigt werden können. Die ökonomischen Verhältnisse der Bewohner und ihre arbeitsabhängige Freizeit, aber auch unterschiedliche formale Nutzungsberechtigungen bestimmen ebenfalls die Ausnutzungschancen der Stadt, worauf vor allem das erst in den letzten Jahren wieder in die Umweltanalysen einbezogene

'Aneignungskonzept' hinweist.[23] Letztlich läßt sich aber mit dem Sozialisationsmodell und den ergänzenden Annahmen der sozial und ökonomisch bedingten Umweltnutzung nur die Verknüpfung einzelner Lebenszeitpunkte mit bestimmten Umweltzuständen erklären. Die Untersuchungshypothese verlangte aber ein dynamisches- oder Prozeßmodell. Von daher scheint uns heute eine konsequente Verknüpfung des ökologischen Sozialisationskonzepts auch mit den Konzeptionen der Lebenslaufsozialisation nötig, mit denen auch dem Aspekt der sozialen Prägung des Lebenslaufs - also unserem zweiten Einwand - Rechnung getragen werden könnte.

(2.) Das aus den vorliegenden Arbeiten zur Soziologie des Lebenslaufs zu entnehmende Verständnis vom Lebenslauf und seiner Konstitution geht aus von „dessen Aufgliederung in verschiedene Lebensphasen" und der Annahme, daß „Alter eine der grundlegenden sozialen Variablen" ist.[24] Hinsichtlich der Verknüpfung der verschiedenen Lebensphasen und der mit ihnen verbundenen Sozialisationswirkungen werden unterschiedliche Vorstellungen diskutiert. So konkurrieren Vorstellungen von einem „Laufbahnkonzept" der „geregelten Folge von mehreren sozialen Positionen"[25] mit der Vorstellung von mehreren Weichenstellungen im Lebenslauf, bei denen durch eigene Entscheidungen zwischen Alternativen Teilkarrieren eröffnet und korrigiert werden können. Daneben stehen Auffassungen, daß es für die einzelnen Alterskategorien spezifische Altersnormen mit soziokultureller Differenzierung gibt, die insgesamt ein zu durchlaufendes Lebensprogramm darstellen und auch solche, vom „Eingreifen (...) zeitgeschichtlicher Momente (...) in den Entwicklungsprozeß"[26] mit dem Effekt, daß der Lebenslauf jeder Kohorte einmalig ist, weil jede nur die ihr eigene „Erlebnisschichtung"[27] hat.

Die von D. Geulen vorgeschlagene Möglichkeit einer Kombination der letzten drei der genannten Vorstellungen, nämlich aus dem Modell der Weichenstellungen, dem Modell der Altersnormen und dem Kohorten-Modell,[28] ist gerade für unsere Fragestellung reizvoll, weil sich unseres Erachtens damit auch viele Ortsbezüge verknüpfen lassen. Unter dem Kohortenaspekt ist nicht nur zu registrieren, daß die in den Intensivinterviews befragten Wolfsburger zum Großteil ein Kriegsteilnehmer- und Flüchtlingsschicksal hinter sich hatten und dann in Westdeutschland mit einer Arbeitslosigkeit erheblichen Ausmaßes konfrontiert wurden, bevor sie in Wolfsburg einen Arbeitsplatz fanden und eine Zuzugsgenehmigung bekamen; sondern auch, daß sie, die in den 50er Jahren in die Stadt zogen, in ein Wolfsburg kamen, das im Wohnbereich zum Teil noch eine Barackenstadt war und dessen öffentliche Bereiche nur aus Einkaufsstätten für den täglichen Bedarf, Kneipen und Kinos bestanden. Vor diesem Hintergrund sind die Chancen, „Weichenstellungen" für den eigenen Lebenslauf sehen und nutzen zu können, objektiv wie subjektiv eingeengt. Außerdem ist festzuhalten, daß für viele von ihnen schon vor ihrem Zuzug nach Wolfsburg für relevante soziale Positionen und Interaktionen die Weichen gestellt waren, sie hatten bereits einen Beruf, die Partnerwahl war häufig schon getroffen und zum

Teil waren sie auch schon Eltern. Es ist auch ihr Kohortenschicksal, daß solche Entscheidungen als „Entscheidungen für das Leben" aufzufassen sind. Und zum anderen ist zu beachten, daß die Chance, „Laufbahnen" über Weichenstellungen selbst zu steuern und zu korrigieren gerade in Wolfsburg mangels Alternativen relativ eingeschränkt ist. Berufs- und Arbeitsplatzwechsel sind in der monoindustriell strukturierten Stadt Wolfsburg praktisch nicht möglich, ohne gleichzeitig den Ort zu verlassen. Das für die Mehrheit der Produktionsarbeiter geltende Prinzip der Schichtarbeit behindert nicht nur deren Teilnahme in Organisationen aller Art und an informellen Kontakten, sondern tangiert damit auch diese Aktivitäten bei den anderen Bewohnern. Wohnungswechsel, insbesondere der Statuswechsel hin zum Eigenheimbesitzer waren in Wolfsburg lange durch eine spezifische, unter dem Diktat des wachsenden VW-Werks stehenden Stadtplanungs- und Wohnungsproduktionspolitik, die immer den Massenmietwohnungsbau für große Trägergesellschaften favorisierte, eingeschränkt gewesen. Erst in den letzten Jahren, als die Untersuchungspersonen sich selbst aber schon wieder in der Familienphase der kleinerwerbenden Haushalte befanden, wurden die Chancen zum Eigenheimbau verbessert.

Ausdruck des Kohortenschicksals der näher untersuchten Wolfsburger der „ersten Stunde", scheint uns auch zu sein, daß sie ihren Wohnbereich als „ländlichen" bezeichnen. Dieser immer wieder benutzte Topos des „ländlichen" steht sicherlich nicht nur für die grüne Umgebung der einzelnen Wohnviertel, sondern soll unseres Erachtens auch, im Sinne von dörflich, Tradition zum Ausdruck bringen. Nach unserer Einschätzung ist darin auch ein Abwehrmechanismus gegenüber allem Neuen zu sehen. Wir müssen davon ausgehen, daß bis zur Kriegsgeneration gerade für Familien aus dem ländlichen- und Arbeiter-Milieu räumliche Mobilität relativ unüblich war. Indem die meisten der Untersuchungspersonen, dann doch einen zumeist unfreiwilligen Wanderungsprozeß hinter sich hatten, suchten sie unseres Erachtens am neuen Ort, dessen Neuheit und Ungeschichtlichkeit für sie ohnehin ein Problem ist, stabile Verhältnisse und sind insofern geneigt, Veränderungen dieses Ortes bewußtseinsmäßig auszuklammern, so daß die neuen Einrichtungen auch deswegen kaum ausgenutzt werden.

Die Teilnahme am „öffentlichen Leben" und den in der Stadt angesiedelten Organisationen kann darüber hinaus aber auch durch altersspezifische Normen geprägt sein, die gerade für jene Altersgruppen, die wir untersucht haben, schon wieder einen Rückzug aus der Öffentlichkeit vorsehen und sie auf das Spazierengehen im Grünen verweisen, worauf auch Ergebnisse aus anderen Untersuchungen zur Inanspruchnahme von Infrastruktureinrichtungen hinweisen. Schon die Gruppe der 40jährigen nimmt kaum noch die freizeitorientierten öffentlichen Einrichtungen in Anspruch. Bei den Angehörigen der unteren Sozialschichten setzt dieser Rückzug aus der Öffentlichkeit anscheinend noch früher ein,[29] so daß die erst in den letzten zehn Jahren in Wolfsburg gebauten Einrichtungen wie das Theater, das Badeland, der Allersee... die von uns untersuchten Gruppen kaum noch erreichen. Es sei denn, die Teilnahme an den damit verbundenen Freizeitaktivitäten gehört quasi noch zur Berufsrolle.

„Ich war gewöhnt zwei Theater-Abbonnements zu haben und am kulturellen Leben teilzunehmen. Das war hier in Wolfsburg zunächst überhaupt nicht der Fall. Ja und dann, als die Volkshochschule groß anfing, bin ich mit vielen Leuten zusammengekommen. (...) die treffen sie im Kunstverein, die treffen sie im Literaturverein, die treffen sie im Theater. (...) Man ist ja mit der Stadt gewachsen. (...) Man hat ja alle neuen kulturellen Einrichtungen miterlebt. Wissen Sie, früher habe ich hier gelebt; eigentlich richtig gelebt habe ich immer nur in den Ferien, wenn ich in Berlin war." (W. Lehrerin, ledig, 52 Jahre)

Sowohl ihre Berufsrolle, aber auch die Tatsache, daß sie ledig und heute über 50 Jahre alt ist, führen die Lehrerin zur Inanspruchnahme der kulturellen Einrichtungen. Zur Rolle der Lehrerin gehört ohnehin die Verpflichtung, sich um die kulturellen Belange des Ortes zu kümmern, und für eine ledige Frau ihres Alters und besonders ihrer Kohorte, sind die kulturellen Einrichtungen unter den Freizeiteinrichtungen ohnehin die einzigen 'öffentlichen Räume', in denen sie sich selbstverständlich allein bewegen kann.

Wenn unsere Analyse stimmt, daß die Mehrheit aus den vornehmlich untersuchten Kohorten in ihrer Wolfsburger Zeit nur geringe Chancen hatte, in neue beziehungsweise andere Positionen und Interaktionszusammenhänge zu kommen, so zeichnet sich nach unserer Definition ihr Lebenslauf durch relative Stagnation aus. Das schließt nicht aus, daß sie während dieser Zeit innerhalb ihrer sozialen Positionen neuen sozialen Erfahrungen ausgesetzt waren: zum Beispiel durch die Veränderungen der Alters-, Familien- und Berufsrollen. Hinsichtlich der Untersuchungshypothese kommen wir also zum Ergebnis, daß für die untersuchten Alters- und Sozialgruppen aufgrund ihres besonderen Kohortenschicksals, der für sie geltenden Normen sowie ihrer sozialen Positionen und Interaktionszusammenhänge nur eine geringe Chance bestand, daß die Stadt ihrem Leben einen Stempel aufdrücken konnte. Mit gleicher Begründung mögen die Ergebnisse für nachfolgende Generationen, die ihre Jugend in der Stadt verbracht haben, eine viel engere Verknüpfung mit der Stadtentwicklung aufweisen. Ebenso könnten stärker Zusammenhänge bestehen zwischen dem Leben nicht berufstätiger Hausfrauen und der Stadtentwicklung insofern, als sie durch ihre Rolle mehr auf die lokalen Einrichtungen angewiesen sind. Wie gesagt, sind diese beiden Bewohnergruppen jedoch kaum in die Intensivgespräche einbezogen worden.

Die hier angestellten Überlegungen zum Zusammenhang von Stadt- und Lebensentwicklung führen auch zu einer weitergehenden Interpretation der in der Hauptuntersuchung behandelten Frage der Heimatverbundenheit.[30] Es ist unserer Ansicht nach durchaus kein Widerspruch, wenn dieselben Wolfsburger, für die wir ein eher erlebnisarmes als -reiches Leben, einen eher durchstandenen als durchlaufenen Lebensweg konstatierten, nach ihren eigenen Äußerungen mit ihrem Leben selbst anscheinend gar nicht so unzufrieden sind. Mit Feststellungen wie „sich heimisch fühlen", „eine zweite Heimat gefunden zu haben", wird - meinen wir heute - eine positive

Beurteilung nicht nur der Stadt, sondern eigentlich des gesamten, zumindest des außerbetrieblichen Lebens zum Ausdruck gebracht.

Noch weitergehend ist die Feststellung, daß man sich „gemeinsam mit der Stadt hochentwickelt" habe. Gerade bei dieser Äußerung, die in ähnlicher Formulierung von weiteren älteren VW-Arbeitern gemacht wird, wird deutlich, daß hier als Interpretation die positive Einschätzung der örtlichen Umwelt allein nicht ausreicht. Unserer Meinung nach spricht aus den Äußerungen auch das Bedürfnis nach einer eigenen Karriere: wenn man angibt, man habe sich gemeinsam mit der Stadt hochentwickelt, so kann man, indem man sich damit an ein unzweifelhaft Karriere gemacht habendes Objekt, nämlich die Stadt, anhängt, auch für die eigene Lebensgeschichte die Vorstellung von einer Karriere entwickeln. Denn Autobiographien haben für den Erzähler wohl vorrangig die Funktion, „der Sicherung von Ich-Identität"[31] beziehungsweise der „Selbstvergewisserung".[32] Gerade auch weil es sich um die für einen Zuhörer produzierte Lebensgeschichte handelt, stehen die Produzenten unter dem Druck, die eigene Lebensgeschichte in einen *sinnvollen* konsistenten Zusammenhang zu bringen.[33] Es ist anzunehmen, daß dieser Sinndruck nicht unabhängig von geltenden Ideologien ist, die das Vorwärtskommen zum Lebensmaßstab haben, weiter ist anzunehmen, daß der Sinndruck um so stärker ist, je fortgeschrittener das Leben ist.

Diese, den subjektiven Sinn des Lebens einbeziehende These über Biographien, findet in unserem Material ihre indirekte Bestätigung auch durch gegenteilige lebensgeschichtliche Äußerungen von Arbeitern aus der Altersgruppe von 40-50jährigen. Bei ihnen ist die Quote derjenigen, die sich 1980 weniger heimisch fühlten als 1960 größer als in den anderen Altersgruppen.[34] Man will am liebsten „weg machen". Diese und ähnliche Floskeln stehen unseres Erachtens nicht nur für den Wunsch nach einem Ortwechsel, sondern einem Wechsel der gesamten Lebenssituation, wie versteckte Äußerungen zu familialen, nachbarlichen und zur betrieblichen Situation erkennen lassen. In Ergänzung zu der in der Studie überwiegend in familialen und beruflichen Belastungen gefundenen Erklärung nehmen wir jetzt auch an, daß die in beruflicher und familialer Hinsicht kritische Lebensmittensituation hier durchschlägt. Man erkennt plötzlich, daß das Leben nicht so gelaufen ist, wie es erträumt war[35] und hat sich andererseits aber noch nicht damit abgefunden, sondern wagt es, die Enttäuschung noch auszusprechen in Verbindung mit einer unrealistischen Veränderungsabsicht. Gegenüber dem Interviewer benennt man als Ursache der unbefriedigenden Lebenssituation einen von diesem nachvollziehbaren Nenner: die Stadt.

Unseren Interpretationen über verbalisierte Zusammenhänge von Stadtentwicklung und eigener Lebensentwicklung wie über Heimischfühlen entspricht es andererseits auch, wenn in den Lebensberichten der beruflich aufgestiegenen Männer nicht nur Berufsfragen betont zu Worte kommen, sondern auch auf gezielte Fragen nach ihrer Verbindung zu Wolfsburg nahezu identisch gesagt wird, daß die Stadt keine Rolle für sie spiele:

„Die Stadt ist dann in den Hintergrund getreten", „spielt eigentlich die Umgebung keine

Rolle, (...) daß nimmt man mit in Kauf, daß sich die Stadt auch entwickelt hat", „Uns wäre es heute völlig egal, ob wir in Wolfsburg, Braunschweig oder Gifhorn wohnen würden."

ad 3. Zu Problemen der Untersuchungsmethode

Wenn wir uns nun letztlich auch fragen müssen, ob die in der Studie eingeschlagenen methodischen Wege der theoretischen Frage angemessen waren und ausreichende Genauigkeit versprachen, dann sollen zunächst die Anlage und Durchführung der beiden zentralen Verfahren, der Panel-Befragung (1) und der biographisch orientierten Gespräche (2) kritisch diskutiert werden.

(1) Zum durchgeführten *Panel* ist schon am Schluß der 2. Wolfsburg-Untersuchung Kritik geäußert worden, die wir daher hier nur kurz resümieren. Das grundsätzlich für Längsschnittstudien hervorragend geeignete, aber nur selten angewandte Instrument der Panelanalyse erwies sich für den vorliegenden Fall in mehrerer Hinsicht als problematisch:

- Der Zeitraum zwischen den beiden Erhebungen war zu lang: in der Zwischenzeit ereigneten sich in der Regel derart viele persönliche, familiale wie auch berufliche Veränderungen bei den einzelnen Befragten, daß die wirklich verantwortlichen Faktoren für inzwischen eingetretene Verhaltens- und Einstellungsänderungen nicht hinreichend bei einem Umfang von ca. 500 Fällen isoliert werden konnten. Der enorme, mit einer Panelstudie verbundene Aufwand, scheint nur bei relativ eng zusammenliegenden Erhebungszeitpunkten gerechtfertigt zu sein, wenn also die Veränderungen der Personen kontrolliert werden können und so die zu untersuchenden Effekte von stattgefundenen Ereignissen noch überprüfbar sind. So muß nachträglich P.F. Lazarsfeld zugestimmt werden, wenn er sagt: „Läßt man jedoch ein Intervall von fünf Jahren zwischen den einzelnen Befragungen verstreichen, so bilden sie zu berücksichtigenden Variablen und Schlüsselfaktoren ein ungemein komplexes Knäuel, das kaum zu entwirren ist."[36]
- Die Tatsache, daß alle im Panel zum zweiten Mal befragten Personen schon älter als 40 Jahre waren, ja die Mehrheit sich im 6. und 7. Lebensjahrzehnt befand, die Weichenstellungen für Familie und Beruf in der Regel weit zurücklagen, führte zu einer relativ abgeklärten Einstellung oder - wenn man so will - zu einem konservativen Bias zu vielen Dingen des alltäglichen Lebens.
- Schließlich sind wir wegen der erheblich veränderten lokalen Verhältnisse nach 20 Jahren mit Recht von einigen alten Fragestellungen beziehungsweise Kategorisierungen abgewichen und schwächen so eine im strengen Sinne exakte Panelauswertung.

(2) Als Gegengewicht zu den weitgehend standardisierten Interviews im Pa-

nel erschien uns die *biographische Methode* besonders geeignet, setzt sie doch an den subjektiven Darstellungen und Bewertungen von lebensgeschichtlichen Erfahrungen und durch sie begründeten Erwartungen an und vermittelt somit Aufschluß über psycho-soziale Verarbeitungen von (quasi) objektiven historisch begründeten Gegebenheiten. Für die in Wolfsburg dominierenden Sozialschichten fordert H.P. Bahrdt geradezu diese reflexive Untersuchungsform, wenn er schreibt: „Diese Artikulationsform, die Angehörige unterer Schichten, darunter auch Arbeiter, benutzen, wenn sie über ihre eigene Situation nachdenken (...), ist die erzählte Geschichte, die anekdotische Erzählung von prägnanten Erlebnissen oder auch die weitausholende Erzählung des eigenen Lebens, insbesondere der Kindheit und des Jugendalters."[37] Bei den biographischen Gesprächen ergaben sich folgende Probleme:

- Um das Entstehen einer „Leitfadenbürokratie" zu vermeiden, wurde bei den Gesprächen gänzlich auf einen Leitfaden verzichtet. Nachträglich müssen wir jedoch sagen, daß es nicht - wie ursprünglich angenommen - ausreichend ist, „ein Thema zu benennen, über das der Befragte sich ausläßt und dem Interviewer mitteilt, wie es gewesen ist".[38] Die hier aufgezeichneten Gespräche gingen alle von der Aufforderung aus, zu berichten, wie das eigene Leben seit dem Zuzug nach Wolfsburg verlaufen ist. Es ist naheliegend, daß die Gesprächspartner bei dieser Aufforderung zunächst an die üblichen Lebenslaufdaten, die den Beruf, die Arbeit und die Familie betreffen, dachten; wobei sie sich in ihren Berichten vornehmlich auf sehr äußere Daten konzentrierten. Verführt wurden die Untersuchungspersonen - aber auch die Gesprächsleiter - dazu durch die *große Zeitspanne*, die „zur Erledigung" anstand. Die Fälle der mitzuteilenden persönlichen Daten - man denke nur in einem Fall allein an die Berichterstattung über den Bildungsweg von 14 Kindern - ließ während einer zumutbaren Gesprächsdauer von durchschnittlich 2 Stunden kaum Zeit, zu tieferliegenden Entwicklungen der Veränderungen von Lebensstilen, Einstellungen und Handlungskompetenzen vorzudringen. Dieses Problem der Ermittlung von äußeren Daten des Lebens statt der Entwicklung der Personen selbst ist aber auch zugleich ein Problem der Auswertung solcher Gespräche; denn auch den Beobachtern war es eher möglich, Laufbahnen zu registrieren statt Handlungskompetenzen und deren Veränderungen.

Wenn wir nach wie vor meinen, daß die im Zuge der Großstadtwerdung von Wolfsburg unzweifelhaft eingetretene Ausweitung des bürokratischen Apparates der Stadt, Umwandlung der Innenstadt mit mehr und größeren Geschäften, Zunahme des Verkehrs, die Verhaltensmuster zumindest im öffentlichen Bereich verändert haben, so mußten davon auch die Lebensstile der Wolfsburger betroffen sein. Doch ist das anscheinend nicht allein an solchen erinnerbaren Lebenslaufereignissen festmachbar. Vielleicht hätten hier vorgegebene Szenen aus dem Innenstadtleben eigene Berichte der Befragten provozieren können, das heißt nur ein rein biographisches Interview in Form einer narrativen Autobiographie ist nachträglich gesehen für unsere

Forschungsfrage problematisch.

- Problematisch war es darum sicherlich auch, daß die Gespräche aus zeitökonomischen Gründen des Gesamtprojekts, zu einem Zeitpunkt hintereinander und nicht - was uns jetzt vorteilhafter erscheint - in Etappen jeweils nach Zwischenauswertungen und Strategiediskussionen durchgeführt wurden. Dann bestehen eventuell Chancen, den Gesprächsstil, die Gesprächsführung auch in einem laufenden Projekt zu korrigieren. Es kommt ja nicht auf die Menge der unter gleichen Bedingungen durchgeführten Gespräche an, auch ein Fall ist aussagekräftig.
- Dazu gehört auch die Erfahrung, daß wir getrost eine Reihe der Gesprächspartner noch einmal oder mehrmals hätten aufsuchen können, um das Gespräch fortzusetzen. Nicht nur in einem Fall wurde am Ende vom Gesprächspartner die Frage gestellt: „Und wann kommen sie wieder?". Angesichts einer durchaus erwartbaren Intensivierung einzelner Gespräche hätte man dann die Zahl insgesamt vermindern können. Überlegenswert ist auch die Beteiligung von mehreren Bearbeitern und vielleicht auch Laien an der Auswertung der Gespräche.

Letztlich stoßen diese methodischen Kritiken aber nicht in das Zentrum des Problems des Zusammenhangs von Stadt- und Lebensveränderungen vor, sondern vermutlich bleibt doch die Veränderung von physischen Umweltstrukturen im Verhältnis zu den familialen und beruflichen Veränderungen immer sekundär, insofern die lokalen Umweltverhältnisse immer nur gewissermaßen einen Rahmen für lebenslaufrelevante Entscheidungen und Ereignisse darstellen, den zu thematisieren beziehungsweise sogar in Frage zu stellen vielen Betroffenen nicht möglich ist. Dies bedeutet, daß unseres Erachtens nicht die Fragestellung als solche irrelevant ist, sondern es einmal weiterer Prüfungen bei anderen Alters- und Sozialgruppen und zum anderen veränderter Erhebungsverfahren bedarf. So ist zum Beispiel in einer neuen empirischen Untersuchung geplant, Follow-Up-Untersuchungen zu älteren gemeinde-soziologischen Untersuchungen durchzuführen und weiter wird daran gearbeitet, aus autobiographischen Zeugnissen Aufschlüsse für unsere Fragestellung zu erhalten.

Anmerkungen

1 Vgl. U. Herlyn, Lebensgeschichte und Stadtentwicklung, 1981.
2 Vgl. U. Herlyn u.a., Stadt im Wandel. Eine Wiederholungsuntersuchung der Stadt Wolfsburg nach 20 Jahren, 1982.
3 Vgl. A. Vidich u.a., Reflections on Community Studies, 1964.
4 W. Fischer, Struktur und Funktion erzählter Lebensgeschichten, S. 314
5 Vgl. U. Herlyn u.a., a.a.O., 1982.
6 Vgl. vor allem die beiden literaturwissenschaftlichen Untersuchungen mehrerer Stadtromane von V. Klotz, Die erzählte Stadt. Ein Sujet der Herausforderung des Romans von Lesage bis Döblin, und A. Freisfeld, Das Leiden an der Stadt. Spuren der Verstädterung in deutschen Romanen des 20. Jahrhunderts.

7 V. Klotz, a.a.O., S. 324
8 Vgl. zum Beispiel die Textsammlungen von M. Kohli, Lebenslauf und Lebensgeschichte, 1978; L. Rosemayr, Die menschlichen Lebensalter. Kontinuität und Krisen; R. Oerter, Entwicklung als lebenslanger Prozeß.
9 U. Herlyn, a.a.O., 1981, S. 482
10 Vgl. M. Schwonke, U. Herlyn, Wolfsburg. Soziologische Analyse einer jungen Industriestadt.
11 Vgl. zur Geschichte der Stadt, U. Herlyn u.a., a.a.O., 1982, Kap. 3 u. 4.
12 F. Schütze, 1976
13 Vgl. genauer U. Herlyn u.a., a.a.O., 1982, S. 40 ff.
14 M. Kohli, a.a.O., 1978, S. 269
15 Vgl. ebenda.
16 Vgl. U. Herlyn, a.a.O., 1981.
17 Vgl. U. Bronfenbrenner, Ansätze zu einer experimentellen Ökologie menschlicher Entwicklung.
18 C.F. Graumann, „Social perception", Die Motivation der Wahrnehmung in neueren amerikanischen Untersuchungen, S. 605
19 H.P. Bahrdt, Umwelterfahrung, 1974, S. 20
20 Ebenda, S. 43.
21 Vgl. U. Herlyn u.a., a.a.O., 1982, S. 243 f.
22 H.P. Bahrdt, Geschichtliche Bedingtheiten der Wahrnehmung - Wahrnehmung von Geschichtlichem, 1975 b, S. 9 f.
23 Vgl. P.H. Chombart De Lauwe, Aneignung, Eigentum, Enteignung, D. Obermeier, Möglichkeiten und Restriktionen der Aneignung städtischer Räume, 1980.
24 Vgl. M. Kohli, Sozialisation und Lebenslauf: Eine neue Perspektive für die Sozialisationsforschung, 1967, S. 311 f.
25 Vgl. ebd.; z. B. die Berufslaufbahn oder die Familienlaufbahn.
26 Vgl. U. Lehr, Kontinuität und Diskontinuität im Lebenslauf.
27 Vgl. K. Mannheim.
28 Vgl. D. Geulen, Zur Konzeptualisierung sozialisationstheoretischer Entwicklungsmodelle.
29 Vgl. U. Herlyn (Hrsg.), Großstadtstrukturen und ungleiche Lebensbedingungen in der Bundesrepublik, 1980, S. 165 f.
30 Vgl. ders. u.a., a.a.O., 1982, S. 229 ff.
31 H.P. Bahrdt, Identität und biographisches Bewußtsein. Soziologische Überlegungen zur Funktion des Erzählens aus dem eigenen Leben für die Gewinnung und Reproduktion von Identität, 1982, S. 21
32 M. Kohli, Zur Theorie der biographischen Selbst- und Fremdthematisierung, 1981, S. 508
33 Vgl. ders., a.a.O., 1978 und ders., a.a.O., 1981.
34 Vgl. U. Herlyn u.a., a.a.O., 1982, S. 235 f.
35 Vgl. M. Kohli, a.a.O., 1977.
36 P.F. Lazarsfeld u.a., Die Panel-Befragung, 1957, S. 254
37 H.P. Bahrdt, a.a.O., 1975 a, S. 14
38 U. Herlyn, a.a.O., 1981, S. 489

Literatur

BAHRDT, H.P., Umwelterfahrung, München 1974. DERS., Erzählte Lebensgegeschichte von Arbeitern, in: M. Osterland (Hrsg.): Arbeitssituation, Lebenslage und Konfliktpotential, Frankfurt 1975 a. DERS., Geschichtliche Bedingtheit der Wahrnehmung - Wahrnehmung von Geschichtlichem, Unveröffentlichtes Manuskript 1975 b. DERS., Identität und biographisches Bewußtsein. Soziologische Überlegungen zur Funktion des

Erzählens aus dem eigenen Leben für die Gewinnung und Reproduktion von Identität, in: Lebenslauf und Lebenszusammenhang, hrsg. von R.W. Brednich u.a., Freiburg i.Br. 1982. BRONFENBRENNER, U., Ansätze zu einer experimentellen Ökologie menschlicher Entwicklung, in: R. Oerter (Hrsg.), Entwicklungen als lebenslanger Prozeß, Hamburg 1978. CHOMBART DE LAUWE, P.H., Aneignung, Eigentum, Enteignung, in: Archt., 1977, H. 34. FISCHER, W., Struktur und Funktion erzählter Lebensgeschichten, in: M. Kohli (Hrsg.), Soziologie des Lebenslaufs, Darmstadt und Neuwied 1978. FREISFELD, A., Das Leiden an der Stadt. Spuren der Verstädterung in deutschen Romanen des 20. Jahrhunderts, Köln-Wien 1982. GEULEN, D., Zur Konzeptualisierung sozialisationstheoretischer Entwicklungsmodelle, in: J. Matthes (Hrsg.), Lebenswelt und soziale Probleme, Verhandlungen des 20. Deutschen Soziologentages in Bremen, Frankfurt 1981. GRAUMANN, C.F., „Social perception", Die Motivation der Wahrnehmung in neueren amerikanischen Untersuchungen, in: Zeitschrift für experimentelle und angewandte Psychologie 1955/56. HERLYN, U. (Hrsg.), Großstadtstrukturen und ungleiche Lebensbedingungen in der Bundesrepublik, Frankfurt 1980. HERLYN, U., Lebensgeschichte und Stadtentwicklung. Zur Analyse lokaler Bedingungen individueller Verläufe, in: J. Matthes (Hrsg.): Lebenswelt und soziale Probleme. Verhandlungen des 20. Deutschen Soziologentages in Bremen, Frankfurt 1981. HERLYN, U., SCHWEITZER, U., TESSIN, W., LETTKO, B., Stadt im Wandel. Eine Wiederholungsuntersuchung der Stadt Wolfsburg nach 20 Jahren, Frankfurt 1982. HOPF, Ch., Die Pseudo-Exploration. Überlegungen zur Technik qualitativer Interviews in der Sozialforschung, in: Zeitschrift für Soziologie, 7. Jg. 1978, H. 2. KLOTZ, V., Die erzählte Stadt. Ein Sujet der Herausforderung des Romans von Lesage bis Döblin, München 1969. KOHLI, M., Sozialisation und Lebenslauf: Eine neue Perspektive für die Sozialisationsforschung, in: R.M. Lepsius (Hrsg.), Zwischenbilanz der Soziologie, Verhandlungen des 17. Deutschen Soziologentages, Stuttgart 1967. DERS., Lebenslauf und Lebensmitte, in: Kölner Zeitschrift für Soziologie und Sozialpsychologie, 1977, 29. DERS., Lebenslauf und Lebensgeschichte, Einleitung, in: ders. (Hrsg.) Soziologie des Lebenslaufs, Darmstadt, Neuwied 1978. DERS., Zur Theorie der biographischen Selbst- und Fremdthematisierung, in: Lebenswelt und soziale Probleme, Verhandlungen des 20. Deutschen Soziologentages in Bremen 1980, hrsg. von J. Matthes, Frankfurt 1981. LAZARSFELD, P.F. u.a., Die Panel-Befragung, in: R. König (Hrsg.), Das Interview, Köln 1957. LEHR, U., Kontinuität und Diskontinuität im Lebenslauf, in: L. Rosenmayr (Hrsg.), Die menschlichen Lebensalter, Kontinuität und Krisen, München 1978. OBERMEIER, D., Möglichkeiten und Restriktionen der Aneignung städtischer Räume, Dortmunder Beiträge zur Raumplanung, Bd. 14, Dortmund 1980. OERTER, R. (Hrsg.), Entwicklung als lebenslanger Prozeß, Hamburg 1978. ROSENMAYR, L. (Hrsg.), Die menschlichen Lebensalter. Kontinuität und Krisen, München und Zürich 1978. SCHWONKE, M., HERLYN, U., Wolfsburg. Soziologische Analyse einer jungen Industriestadt, Stuttgart 1967. VIDICH, A.J., BENSMAN, J., STEIN, M.R., Reflections on Community Studies, New York 1964.

Architekten und Soziologen

Josef Lehmbrock

Es stellt sich die Frage: Warum ist eine Kooperation (Kommunikation) zwischen Architekten und Soziologen nicht allgemein selbstverständlich? Wo liegen die Hindernisse?

Zunächst bieten sich folgende Antworten an:

1. Architekten sind von der Berufsausübung her „Täter", sie stehen beim Bau von Häusern, aber auch zum Beispiel bei der Erstellung von Stadtplänen unter einer Fülle von Entscheidungszwängen, die in Zweifelsfällen über das eigene Urteil (bei allen verbleibenden Bedenken) die „Wenns und Abers" beiseite räumen müssen, wenn es zu der Realisierung von Häusern oder auch Plänen kommen soll. Diese für die Realisierung notwendige Rigorosität ist Wissenschaftlern selbstverständlich suspekt, sie halten sich streng und eng an das für sie gesicherte Wissen und können so sehr häufig den Architekten in ihren konkreten Entscheidungszwängen keine Hilfe geben; die erwünschte Formel „Mach es so, dann ist es richtig" gibt es so gut wie nie!

2. Architekten verständigen sich letztlich nicht über die Sprache, sondern über Zeichnungen und Modelle bis zum schließlich Realisierten. Auch sehr gute Architekten zeigen häufig eine erstaunliche Unfähigkeit, sich über die Sprache verständlich zu machen. (Ähnlich ist es bei allen bildenden Künsten und nicht zuletzt auch in der Musik. Die Sprache reicht zur Erklärung nicht aus, oft kann damit bestenfalls gestottert werden.) Die Wissenschaftler entwickeln inzwischen schon für einzelne Fachdisziplinen „eigene Sprachen", haben bereits Verständigungsschwierigkeiten untereinander. Für Architekten, die sich vornehmlich visuell verständigen, ist das alles so gut wie „Chinesisch".

Die Unterschiede im Handeln sind eher noch gravierender:

Der Soziologe untersucht Ursachen, Wirkungen und strukturelle Wandlungen innerhalb der Gesellschaft, er schafft so Orientierung über Zustände, Zustände, auf die der Soziologe selbst nur einen indirekten Einfluß hat.

Der Architekt kommt über die praktische Bautätigkeit zwangsläufig vom Kleinen ins Große und ist so potentiell auf „Weltveränderung" angelegt, wie das nachfolgende Beispiel belegen soll:

Eine technisch einwandfrei eingebaute Tür ist zum Beispiel Bestandteil eines Raumes. Die Lage dieser Tür innerhalb der Wand entscheidet über die verbleibenden Restflächen für die Möblierung. Es kommt auch darauf an, wie sich eine Tür öffnet zum Licht der Fenster und zum Raumgefüge nach Länge, Breite und Höhe. Es geht also um Entscheidungen, die ursächlich mit den physischen und psychischen Bedürfnissen der Menschen im Zusammenhang stehen, aber wesentlich weitreichender sind:
Die Tür ist nur Teil eines Raumes,
und der Raum ist nur Teil eines Hauses,
und das Haus ist nur Teil einer Nachbarschaft,
und die Nachbarschaft ist nur Teil eines Quartiers,
und das Quartier ist nur Teil einer Stadt,
und die Stadt ist nur Teil eines Landes,
und das Land ist nur Teil der Welt.

Aus der Tatsache, daß sich gerade zwangsläufig die Einbindung in immer größere Zusammenhänge ergibt, wird es verständlich, daß die nachdenklichen Architekten über Tür, Raum, Haus, Nachbarschaft, Quartier, Stadt und Land schließlich bei Überlegungen landen, die sich mit einer besseren Ordnung der Welt befassen. Es ist so nicht verwunderlich, daß die Architekten immer einen ungewöhnlich großen Anteil an Reformern gestellt haben. Kritische Einsichten aus der Zeit um die Jahrhundertwende bis in die 30er Jahre und bis in die Zeit nach dem Zweiten Weltkrieg sind zu einem erstaunlich hohen Anteil noch oder gerade heute von brennender Aktualität.

Bereits 1907 schrieb der Architekt Louis H. Sullivan: „Erkennt ihr, mit welcher sarkastischer Genauigkeit eure Abgestumpftheit sich in euren Bauten und Städten widerspiegelt? Wie ihr seid, so ist eure Architektur, und wie eure Architektur ist, so seid ihr (...). In dieser Architektur ist keine Lebensfreude, ihr spürt nicht, was Erfülltheit des Lebens bedeutet. In diesen Städten ist der Dollar auf abscheuliche Weise verherrlicht - ihr stellt den Dollar über den Menschen (...) wie eine Torheit, wie die Torheit einer Patentmedizin, die Torheit verdorbener Nahrung, die Torheit des Schmutzes und Rauches in euren Städten (...). Diese Städte zeigen den Verfall der Demokratie, sicheres Zeichen dafür, daß ein Volk in Gefahr ist."

Für die Avantgarde der Architekten bringt also Hans Jochen Vogel 75 Jahre später im Vorspann der Stadtbauwelt vom 24. 12. 1982 nichts Neues, wenn er schreibt: „Städte sind steingewordene Gesellschaftspolitik (...) aus den Grundrissen, aus der Struktur der Städte kann man Wertordnungen ablesen (...), die, die tatsächlich praktiziert worden sind (...) hier müssen wir nun Rechenschaft über die Ziele ablegen, die unsere Gesellschaft nicht in Sonntagsreden oder Festakten, sondern in der Realität verfolgt, Rechenschaft vor allem über die Bewertungsmaßstäbe (...) sind das in der Wirklichkeit des Lebens tatsächlich die Wertvorstellungen unserer Verfassung? (...)"

Natürlich nicht! Und die Einsichten, die Vogel anfügt über Bodennutzung, Wohnungsbau, Verkehrspolitik, Schutz der Umwelt, Verwendung der Ressourcen, Sicherung der Arbeitsplätze, Wirtschaftsförderung und Umgang mit der Architektur der Vergangenheit sind richtig:

Nur, der Avantgarde der Architekten ist seit vielen Jahrzehnten bekannt, daß diese Einsichten in dem dampfwalzenartigen Prozeß der tatsächlichen Entwicklung leider keinen auch nur erwähnenswerten Stellenwert haben.

Auf die Trittbretter des Zuges einer allgemeinen Gesellschaftskritik sind also die Reformer unter den Architekten, soweit das Bauen davon betroffen war, frühzeitig aufgesprungen und daraus läßt sich erklären, daß sie später aufkommenden Einsichten aus anderen Wissenschaften zum Städtebau sehr skeptisch gegenüberstanden und als eine geradezu unzulässige Einmischung in ein Aufgabenfeld, für das sie sich selbst verantwortlich fühlten, zunächst ablehnten.

Die „Idee des Ganzen" im Blick habend, fanden die progressiven Architekten, daß die Einmischungen aus anderen Disziplinen eher Randprobleme betrafen, die schon zu erwägen waren, aber das „Ganze" nicht entscheidend verändern konnten. Das „Ganze wurde und wird von ihnen, wie weiter oben bereits angedeutet - so sehr sie sich des Verstandes bedienen - letztlich über die sinnliche Wahrnehmung (Auge und Gefühl) kontrolliert, eine für Wissenschaftler oft schwer verständliche Priorität. Ob als Zeichnung oder in der Realität, was dieser Kontrolle nicht standhält, ist unzulänglich auch dann, wenn ein aufgehäufter Faktenberg mit Statistiken, wissenschaftlichen Expertisen und so weiter dafür spricht. Der hier offensichtlich vorhandene Gegensatz läuft auf die Extreme „l'art pour l'art" und „reine Vernunft" hinaus und wird dadurch verstärkt, daß *die* mit ihrer Priorität der sinnlichen Wahrnehmung in der Realität des Planens und Bauens unter ständigem Entscheidungszwang stehen, und *die* mit der „reinen Vernunft" sich aus allen Entscheidungen heraushalten, für die sie als Wissenschaftler nicht geradestehen und so im Tagesgeschäft nahezu nie helfen können. Man sollte sich darüber klar sein, daß diese Kluft nach wie vor sehr stark ist. Reihenweise lassen sich Veröffentlichungen nennen gegen Hans Paul Bahrdt, Alexander Mitscherlich oder Jane Jacobs, die, um hier nur einige Beispiele zu nennen, sich der weiter oben erwähnten Einmischung „schuldig gemacht haben". Der Kritik an der Kritik, eher wütend als sachlich, fehlt allerdings in der Regel jedes Maß an der hier notwendigen Abwägung.

In dieser Polarisierung ist die Mehrzahl der Architekten inzwischen ins Abseits geraten, weil es unabweislich klar wird, daß über die „reine Vernunft" die Rahmenbedingungen des Bauens, die ja schließlich auch die Form entscheidend bestimmen, geklärt werden müssen und zu einem Teil - zumindest was die Erkenntnis angeht - bereits geklärt sind. Als „Alleinmacher", sozusagen als Regisseure und Dirigenten - diese Vergleiche werden ja immer noch angestellt -, sind die Architekten und Planer weit überfordert. Es ist aber nicht so, daß die Schuld einseitig bei den Architekten und Planern zu suchen ist. Dem Partner „mit der reinen Vernunft" fehlt allzuoft die „sinnliche Erfahrung“ und mehr noch die Einsicht, daß in der Tagespraxis auch „Unwissenschaftliches“ zwingend erforderlich ist. Gemeint sind notwendige Entscheidungen, die zwar der Weisheit letzter Schluß nicht sein können, aber nach bestem Wissen und Gewissen den Rat bringen müssen, der sofort und nicht am 'St. Nimmerleinstag' gebraucht wird.

Eine sichtbare Annäherung zwischen den primär sinnlich - und den primär verstandesorientierten Persönlichkeiten zeigt sich in einem Phänomen, das man mit „Wildern in fremden Gärten“ bezeichnen kann. Es ist nicht nur so, daß Architekten und Planer sich wissenschaftliches Material aneignen und damit nach ihren jeweiligen Interessen umgehen, so schlecht und recht das auch sein mag, sondern es ist auch so, daß Wissenschaftler sich nicht nur der Sprache der Statistik, sondern zunehmend auch des Zeichnens bedienen, also einer visuellen Verständigungsmöglichkeit, von der oft und nicht völlig zu Unrecht behauptet wird, daß sich Architekten und Planer nur darüber eindeutig verständlich machen können. Zu diesen „Grenzüberschreitungen“ kann man nur ermutigen, auch zwischen den vielen Wissenschaften mit ihrem erstaunlichen Detailwissen, das aber oft so in Scheuklappen eingepackt ist, daß übergreifende Probleme nicht mehr erkannt werden. (Man denke auch an die Rolle der Autodidakten, die hier viel in Bewegung gebracht haben.) Natürlich gibt es hier viel Dilletantismus, der sich aber in der Regel von selbst erledigt. Der hier gemeinte Dilletantismus, der schließlich über das „Wildern in fremden Gärten“ dazu beiträgt, daß gegenseitiges Verständnis wächst und Mißverständnisse abgebaut werden, ist absolut notwendig.

In diesem Zusammenhang ist über einen anderen „Dilletantismus“ zu berichten: über die Einmischung der Bürger in zentrale Fragen des Daseins. Horst Rittel kam schon vor vielen Jahren zu der Formulierung: „Der beste Experte ist der Betroffene“ und hat damit vorweggenommen, was Nahum Goldmann kurz vor seinem Tod feststellte, daß nämlich die Bürger als Betroffene in aller Regel vernünftiger urteilen als die Experten, die - und Nahum Goldmann schloß die Politiker ausdrücklich ein - befangen, wenn nicht oft sogar korrumpiert sind. Die Bürger, die sehr genau wissen, daß niemand mehr alles wissen kann, reklamieren nicht die bessere Sachkunde. Es geht vielmehr um das bessere Urteil der Betroffenen zur Komplexität der Zusammenhänge, die von den Experten - und Politikern - nicht mehr übersehen wird, um es sehr milde auszudrücken. Hier stehen neben den Politikern alle Experten vor Gericht, und die Planer, um nur ein Beispiel zu nennen, müssen sich vorhalten lassen, daß sie die notwendige direkte Einbeziehung der Sorgen und Nöte der Bürger als Planungsauftrag bisher weitgehend übersehen haben.

Ganz allgemein geht es um die Fragen, ob über den sogenannten Dilletantismus, über Grenzüberschreitungen die Käfige der Isolation in den einzelnen Disziplinen überwunden werden können und sukzessive gemeinsames Handeln möglich wird in einer Welt, die in ihrer tatsächlichen Entwicklung weder der sinnlichen Wahrnehmung noch der Vernunft folgt. Es geht - kurz gesagt - um eine gemeinsame Politik.

Gemeinsame Politik ist nun genau das, was den Verfasser und Architekten mit dem Soziologen Hans Paul Bahrdt seit Jahrzehnten verbindet, ein Verhältnis, das mit Architekten-Ungeduld und Soziologen-Nüchternheit in etwa zutreffend beschrieben werden kann.

Der Verfasser suchte schon wenige Jahre nach dem letzten Krieg den Kontakt zu Hans Paul Bahrdt aufgrund einiger Aufsätze in Fachzeitschriften, weil er sofort spürte, daß er ohne soziologisches Wissen als Architekt in seiner konkreten Arbeit nicht weiterkommen konnte. Darüber entwickelte sich sehr schnell ein so starkes gegenseitiges Interesse, daß die weiter oben genannten Differenzen zwischen „Täter" und „Wissenschaftler" schnell überwunden werden konnten, und auch bei der Verständigung die zwei Möglichkeiten der Sprache und des Zeichnens gegenseitig benutzt wurden.

Nur als Beispiel sei folgendes erwähnt: Es ging um konkrete Aussagen zu dem Wohnungsgemenge in einer Siedlung. Hans Paul Bahrdt hat dazu eine Tabelle nach Anzahl und Arten der Wohnungen geliefert, dem Architekten hier also eine Entscheidung abgenommen - in dem Sinne „Mach es so, dann ist es richtig" -, eine Entscheidung, zu der sich Wissenschaftler in der Regel nicht durchringen können. Das führte in der Planung von etwa 700 Wohnungen zu nahezu 40 verschiedenen Grundrissen in den Mehr- und Einfamilienhäusern, eine Vielfalt, die bei Großbauvorhaben aus der Hand einer Siedlungsgesellschaft - wenige Grundrisse werden schon aus Rationalisierungsgründen immer angestrebt - bis heute nirgendwo erreicht worden ist. Ein besonderes Merkmal in der Auflistung war die Forderung nach „Zwei-Herdstellen-Haushalten", also von zwei unterschiedlich großen Wohnungen in einem Haus, die im Generationswechsel zwischen Alt und Jung ausgetauscht werden können. Die Trägergesellschaft fand den Vorschlag absurd, ganz anders aber urteilten die umzusetzenden Siedler aus einem Fabrikgelände, die diese Haustypen schließlich in den von Bahrdt vorbedachten Mengen haben wollten und die darum auch gebaut wurden. Dabei ging es nicht einfach um Einliegerwohnungen, die es ja auch sonst gibt, sondern um eine vorbedachte Vielfalt für die Wohnungsnutzung im Wechsel der Generationen, auch innerhalb der gesamten Siedlung!

Aus dieser Sache allein entstand ein für die Zusammenarbeit typischer Austausch. Es kam zu einer Visualisierung der Auflistung in konkreten Grundrissen und schließlich auch zu der Darstellung einer Spirale, die den Austausch des Wohnens im Lebensablauf sinnfällig machte. Mit dieser sehr realen und - wie sich schließlich zeigte - richtigen Planungsanweisung über einen Soziologen wird zweierlei deutlich:

1. Die Wissenschaft kann sich nicht heraushalten, sie muß wie Bahrdt den Mut zu Planungsanweisungen nach bestem Wissen und Gewissen finden.

2. Die Architekten und Stadtplaner sind absolut überfordert, wenn sie diese Zuhilfen nicht bekommen.

Durch die Zusammenarbeit ergaben sich von selbst Grenzüberschreitungen in das jeweils andere Fachgebiet. So hat sich Hans Paul Bahrdt in seinen vielen Publikationen nicht mehr nur allein auf die Sprache verlassen, sondern auch über eigene Zeichnungen - die ja in der Regel viel konkreter als Texte sind - dargestellt, was er tatsächlich meinte. Auch der Verfasser hat sich in dem Nachbargarten der Soziologie fleißig getummelt.

Der Vorwurf von Dilletantismus blieb selbstverständlich nicht aus, aber für unsere Zusammenarbeit lag darin die Form, die sehr wahrscheinlich mit ihren Grenzüberschreitungen in jeweils andere Fachgebiete generelle Bedeutung gewinnen wird, weil nur so die interdisziplinären Verständigungsbarrieren nach und nach beiseite geräumt werden können, wie weiter oben bereits geschildert.

Noch viel wichtiger aber ist hier die zunehmende Klarheit über die tatsächlichen Rollen der verschiedenen Disziplinen, die Einsicht, daß man den „Tätern" nicht alles überlassen darf und „Täterschaft" mit konkreten Planungsanweisungen allen Wissenschaftlern abverlangt werden muß.

So wurde zum Beispiel der Entwurf zum Städtebauförderungsgesetz zunächst gerne als eine „Lex Neue Heimat", als ein günstiger Beschaffungsrahmen für neue Aufträge großer Gesellschaften bezeichnet. Aber hier hat Hans Paul Bahrdt mit der Einführung der Sozialplanklausel einen kräftigen Schuh zwischen die Tür gesetzt: Für eine rechtlich einwandfreie Anwendung des Städtebauförderungsgesetzes müssen nicht nur städtebauliche Mißstände nachgewiesen werden, sondern nach der Einmischung von Bahrdt auch die Auswirkungen der Planungsmaßnahmen auf die Menschen in ihren Wohn- und Arbeitsverhältnissen. Befragungen der hier Betroffenen sind zwingend vorgeschrieben. (Bei dem „Täter Bahrdt" sollten sich für dieses erhebliche Arbeitsbeschaffungsprogramm zunächst einmal die Soziologen und Institute bedanken! Aber mehr ist zu bedenken, wieviel an Einfluß auf Gesetzgebung und Verwaltung möglich wäre, wenn es zu einem gemeinsamen Handeln der „Experten" käme und diese Aufgabe nicht einzelnen überlassen bliebe.)

Wenn auch nun alles das in der Praxis oft nach Belieben verbogen wird, weil man den Richter nicht zu fürchten braucht, da sich die Kläger nicht melden, so ist doch mit diesem Beispiel vor allem eine für Architekten wichtige Wende eingetreten.

Die Betroffenheit der Bürger läßt sich konkret nur durch Abfragungen erfassen und eben nicht, wie die Architekten bisher meinten, allein durch Ordnungen aus den Erfahrungen ihres Umgangs mit dem Bauen. Der Verfasser hat von früh an von Hans Paul Bahrdt erfahren, wie man methodisch dahinterkommen kann, was die wirklichen Interessen der Bürger sind: Durch Befragungen, die von allen Manipulationen frei sind, auch nicht zuletzt durch die Fragestellungen, die ja durchaus so sein können, daß sich die Bürger selbst betrügen.

Hans Paul Bahrdt verdankt der Verfasser ein Stück Boden unter den Füßen in einer insgesamt sehr orientierungslosen Zeit.

Leben im Arbeiterviertel

Rainer Neef, Thomas Schardt

In einem Film über das „Märkische Viertel" in Berlin äußert sich ein Arbeiter in mittleren Jahren ungefähr so: „Wenn ich aus der Fabrik nach Hause komme, dann will ich die Tür hinter mir zumachen. Dann will ich Ruhe haben vor den Anderen."[1] Die über 100jährige Berg- und Stahlarbeitersiedlung Eisenheim bei Oberhausen wird von einem Bewohner so charakterisiert: „Hier gehst du morgens raus und dann quasselst du mit den Nachbarn. Da kommt schon einer, und dann kommt der nächste, guckt durchs Fenster. Und dann kommen sie in den Laden, ein Verzellchen machen. - Hier kannst du vorbeikommen, wann du willst, ein Fenster ist immer los."[2]

Nur noch eine Minderheit der Arbeiterschaft lebt heute in geschlossenen, meist noch vor der Jahrhundertwende eintstandenen Arbeitervierteln wie Eisenheim - und offenbar entwickelt sich nur in solchen Vierteln spontane Kommunikation, solidarischer Zusammenhalt der meisten Bewohner und eine Öffnung des Lebens nach außen, zur Straße hin. Derartige „Arbeiterkultur" findet sich in den Grundzügen in allen älteren Arbeiterquartieren westlicher kapitalistischer Länder, und Berichte darüber von Sozialwissenschaftlern aus der Bundesrepublik, Frankreich, Englang und den USA sind meist von unherhohlener Sympathie gekennzeichnet. Ganz offensichtlich verschwindet diese Form des Arbeiterlebens mehr und mehr; nach soziologischen Untersuchungen in denselben Ländern ergibt sich, unabhängig von den teils beträchtlichen nationalen Besonderheiten des Arbeiterlebens, übereinstimmend ein Rückzug der Arbeiterfamilien in die Privatheit, eine Auflösung früherer Arbeiter-Kollektivität in stärker individualisiertes Sozialverhalten.

Dieser These vom Wandel des Arbeiterlebens im Wohnquartier wollen wir nachgehen, indem wir Informationen aus den genannten Ländern zusammentragen und diskutieren. Zwar lebt die Arbeiterschaft jedes Landes in sehr unterschiedlichen Traditionen und Kulturen, aber die gemeinsamen Grundzüge sowohl des traditionellen Quartierslebens von Arbeitern wie der Typen seiner „Modernisierung" lassen sich gerade im Blick auf Material aus verschiedenen Ländern besser zur Geltung bringen. Unsere Bestandsaufnahme konzentriert sich auf das Leben in alten und neuen Arbeitervierteln, nicht erörtert werden Veränderungen im betrieblichen Bereich. Unsere Fragen sind: Wieweit gibt es in traditionellen Arbeitervierteln noch eine Kollektivität proletarischer Lebensformen? Welche Ausprägungen hat die Tendenz zu Privatisierung und Individualisierung? Ist es überhaupt eine generelle Tendenz?

1. Das traditionelle Arbeiterviertel

Es fällt schwer, zu bestimmen, was überhaupt ein Arbeiterviertel ist. Schon die bei uns gebräuchliche bevölkerungsstatistische Definition von Arbeitern schließt eine große Zahl von Hand-Arbeitern aus - von der Kassiererin bis zum Werkmeister. Genauere Umgrenzungen mit leicht zugänglichen und daher in den meisten Untersuchungen gebrauchten Daten zu Einkommen, Ausbildung und ähnlichem erfassen außer Arbeitern auch Büro-Schreibkräfte, Laden-Bedienstete, kleine Geschäftsbesitzer und so weiter; wir landen dann rasch beim Begriff „kleine Leute".[3] Arbeiter stellen hier nicht notwendig die Bevölkerungsmehrheit; insgesamt prägt gleichwohl die Arbeitersituation[4] die Lebensart der Quartiersbevölkerung.

In den alten, meist zu wesentlichen Teilen vor dem Ersten Weltkrieg entstandenen Quartieren wohnt die Mehrheit der Bevölkerung schon lange, und dadurch entstehen die für „kleine Leute" charakteristischen, aus langer Wohndauer resultierenden engen sozialen Beziehungsnetze. In diesen Quartieren spiegeln sich noch die Lebensbedingungen der Entstehungszeit; sie sind geprägt vom Zusammenhang von Arbeiten, Wohnen, Versorgung und Freizeit.

1.1. Die Bau- und Nutzungsstrukturen und ihre sozialen Qualitäten

Wir möchten zwei Typen von Arbeitervierteln unterscheiden: das innerstädtische Arbeiterviertel, mit relativ offenen Sozialbeziehungen, und die alte Arbeitersiedlung am Stadtrand - eine eher geschlossene Gesellschaft.

Die *innerstädtischen Arbeiterviertel* grenzen keineswegs immer an die City an - oft sind sie sogar räumlich scharf von ihr getrennt oder weiter abgelegen. Sie befinden sich bei den traditionellen Fabrikstandorten; neben Massengüter-Verkehrsanlagen (Eisenbahn, Flußhafen und so weiter). Nur teilweise entsprechen die Wohnhäuser einem einheitlichen Typus vielgeschossiger Mietskasernen der Gründerzeit.

Die Viertel sind durchsetzt mit einer Unzahl kleiner Läden, Dienstleistungs- und Handwerksbetrieben, aber auch Kneipen und Klubs oder Lokalen für kleine Leute - sie werden vorwiegend von der Quartiersbevölkerung genutzt. In allen Vierteln finden sich unterschiedliche Industrieunternehmen - kleine Hinterhof-Betriebe, Mittelbetriebe zwischen den Wohnblocks, oder direkt angrenzende große Industriekomplexe. Entsprechend hoch sind die Lärm- und Abgas-Immissionen, noch verschlimmert durch die Belastung der die Viertel durchquerenden Haupt-Verkehrsstraßen.

Die Wohnungen *peripherer Arbeitersiedlungen* entsprechen in Anlage, Preis und Qualität denen der innerstädtischen Viertel, freilich sind sie meist etwas größer. Auch diese Viertel sind durchsetzt mit kleinen Läden und Handwerksbetrieben und grenzen in der Regel direkt an Industriebetriebe. Berg- und Stahlwerkssiedlungen liegen bei den Schacht- und Werkseingängen, Siedlungen aus späteren Industrialisierungsphasen neben Industriegebieten am ehemaligen Stadtrand. Ein- bis zweigeschossige kleine Mietshäuser mit Höfen beziehungsweise Gärten herrschen vor. Andere Quartiere bestehen aus einem Konglomerat von alten größeren und kleineren Mietshäusern, in deutschen Großstädten oft durchmischt mit Nachkriegs-Wiederaufbauten. Englische Arbeiterviertel sind meist bestimmt von monoton-einheitlichen Reihenhaus-Straßen, deren Häuser sehr kleine Hinterhöfe oder Gärten und einen direkt auf die (eher verkehrsarmen) Straßen mündenden Wohnungseingang haben. In den kontinental-europäischen und US-amerikanischen Arbeitervierteln fehlen private Freiräume weitgehend, aber kleine Innenhöfe, Hausdurchgänge, Eingangstreppen, teilweise auch breite, stark bevölkerte Fußwege bilden halb-öffentliche Übergangsbereiche nach 'draußen'. Die Häuser selbst sind mäßig bis schlecht instandgehalten, die Wohnungen umfassen selten mehr als eine Wohnküche und zwei bis drei Zimmer - Badezimmer gibt es kaum. Die Mieten sind niedrig.

Vergnügungsstätten und Kneipen sind in diesen Siedlungen rar, und an institutionalisierten Freizeiteinrichtungen fehlt es fast ganz. Die isolierte Lage am Rand industrieller Großstädte und die weiten Wege „zur Stadt" verweisen die Bewohner dieser Siedlungen auf die örtlichen Einrichtungen. Wie in den innerstädtischen Arbeitervierteln wird die Vielzahl kleiner Läden für Versorgung und Kommunikation genutzt, während ein Angebot für Freizeit und Unterhaltung fehlt. Der informellen Kommunikation dienen unzählige Orte wie Hauseingänge, Wohnwege/Wohnstraßen, Gärten und Gartenzäune.

Vorteile für die Bevölkerungsmehrheit bieten die sozialen und materiellen Qualitäten[5] der Siedlungen selbst:

1. die *Nähe zum Arbeitsplatz*, und zwar oft zu einer größeren Zahl von Industriebetrieben, verbessert die Verfügungsmöglichkeiten der Arbeiter in mehrfacher Hinsicht:

Die Nähe von Industriebetrieben ermöglicht umfangreiche Bekanntschaft mit deren Beschäftigten im Viertel und erleichtert damit die Arbeitssuche und auch den Arbeitsplatzwechsel. Diese Form der „Arbeitsvermittlung" liegt Arbeitern näher als die institutionalisierten Arbeitsvermittlungen und macht sie sicherer bei der Arbeitssuche.

Kurze Arbeitswege erhöhen die verfügbare Zeit. Das wird meist genutzt für einen Zuverdienst durch zusätzliche Arbeit: Überstunden, in beträchtlichem Umfang Schwarzarbeit und sonstige Formen „informeller Arbeit", von „regulär" bezahlten Arbeiten bis zum gegenseitigen Tausch von Leistungen. Dies wird erleichtert durch die umfangreiche Bekanntschaft der meisten Arbeiter im Gebiet. Genutzt wird die (erwerbs-)arbeitsfreie Zeit aber auch für umfangreiche Eigenleistungen, vom Ausbau und der Verbesserung der Wohnungen beziehungsweise Häuser über die Reparatur von Haushaltsgegenständen bis zum Anbau von Gemüse im Garten. Dadurch müssen weniger Güter gegen Bezahlung vom Markt bezogen werden. Die zusätzliche Arbeitsbelastung in der „informellen Ökonomie" des Arbeiterviertels wird zwar deutlich empfunden, aber sie entspricht auch einem offenbar tiefgehenden Bedürfnis nach Kompensation der fremdbestimmten Arbeit durch selbstbestimmte produktive und 'verschönernde' Tätigkeit. Keine Bevölkerungsschicht werkt und bastelt soviel wie die Arbeiter.

Wenn Branchen mit hoher Frauen-Beschäftigung beim Viertel liegen, fällt es verheirateten Frauen leichter, arbeiten zu gehen: Ein guter Teil der Arbeiterfamilien wohnt nahe bei Verwandten im Viertel, und diese (vor allem die Großeltern) helfen bei Hausarbeit und Kinderhüten. Erwerbsarbeit stärkt noch weiter die Stellung der Frau in der Familie, verunsichert freilich gerade dadurch die Beziehung zwischen den Ehepartnern.

2. Arbeiter beziehungsweise Arbeiterfrauen kaufen vorzugsweise in *kleinen Läden* "um die Ecke" ein. Niedrige Ladenmieten und die bescheidene Existenzweise der Ladenbesitzer im Gebiet ermöglichen Preise, die zwar etwas über denen der Supermärkte, aber nicht zu hoch liegen. Die Arbeiter oder Arbeiterfrauen fühlen sich in diesen Läden sicher vor Betrug und erhalten problemlos Kredit - für Familien mit knappem und oft schwankendem Einkommen ein wesentlicher Gesichtspunkt. Die kleinen Läden sind zudem die wesentlichsten Kommunikationszentren im Gebiet und werden deshalb von den Frauen eifrig als Nachrichtenbörse benutzt. *Kneipen und kleine Dienstleistungsunternehmen* sind auf die Arbeiterbevölkerung eingestellt. Hier treffen und besprechen sich vor allem die Männer. Auch hier ist Kredit problemlos möglich.

3. Die *Freizeit* der Arbeiter ist durch Zuarbeit beziehungsweise Hausarbeit erheblich geschmälert. Die Viertel selbst bieten höchst bescheidene Freizeitmöglichkeiten, und die Wohnungen sind oft sehr eng. Die niedrigen Einkommen beschränken ohnehin die Nutzung kommerzieller Einrichtungen. Sportplätze außerhalb der Gebiete werden freilich - entsprechend der großen Rolle, die Sport für Arbeiter hat - stärker benutzt. Unter diesen Bedingungen spielt das Fernsehen - als Familienfreizeit - und das Auto - als Anlaß zum gemeinschaftlichen Basteln und als Mittel für den Familienausflug - sicherlich eine beträchtliche Rolle. Die Freizeit im Arbeiterviertel, insbesondere in der Arbeitersiedlung, ist vor allem dadurch charakterisiert, daß die Leute ihre Freizeit gewöhnlich in Gruppen verbringen. Es sind überwiegend Gruppen gleichen Geschlechts und gleicher Lebensphase (Peer-Groups) meist auf verwandtschaftlicher oder nachbarschaftlicher Basis, die sich zu-

sammenfinden zu Unternehmungen, Vereinsaktivitäten, Treffen mit und ohne Anlaß.

4. Die kleinen und höchst mäßigen *Wohnungen* haben durchweg niedrige Mieten. Das entlastet das Arbeiterbudget, und die schlechte Ausstattung wird durch Eigenleistungen zum Teil kompensiert. Generell gibt es Wohnküchen: die Wohnküche ist der "Kommunikationsort der Frauen".[6] Die Enge der alten Arbeiterwohnungen treibt die anderen Familienmitglieder förmlich nach draußen - aber im Gebiet gibt es eben ein vielfältiges Angebot gemeinschaftlicher Aktivitäten und Kommunikationsmöglichkeiten. Lage, Ausstattung und räumliche Struktur der Arbeiterviertel machen es den Einwohnern leichter, mit ihrem niedrigen Einkommen und ihrer unsicheren Lebenslage zurechtzukommen. Sie bieten nicht nur ökonomische Vorteile, sondern auch Verständigungsmöglichkeiten, die die eigene Situation als kollektive bewußt und daher selbstverständlicher machen.

1.2. Sozialbeziehungen im traditionellen Arbeiterquartier

Im traditionellen Arbeiterquartier kann sich ein zentraler Zug des Arbeiterlebens voll entfalten: die außerordentliche Familienzentriertheit. Sind Arbeiterfamilien erst einmal im „richtigen", das heißt von der eigenen Schicht geprägten Viertel seßhaft geworden, werden auch ihre Kinder dort wohnen bleiben, zu einem Teil ziehen andere Verwandte nach.

Die Familienzentriertheit von Arbeitern wird zwar in den meisten Untersuchungen[7] deutlich belegt, aber nur unzureichend erklärt. Eines ihrer Charakteristika: die enge Beziehung von Ehepaaren zu ihren Eltern, vor allem zu denen der Frau, und hierbei wiederum vorwiegend zur Mutter, erklärt sich aus den Existenzbedingungen in den Quartieren. Arbeiterfrauen sind gegenüber den Frauen aller anderen sozialen Schichten am stärksten mit Hausarbeit belastet, da ihnen die wenigsten materiellen Hilfsmittel zur Verfügung stehen; mehr Arbeiterfrauen als Frauen anderer Schichten müssen einer Erwerbsarbeit nachgehen. Entlastung finden sie bei ihrer Mutter, die Kinder hütet und bei der Hausarbeit hilft - wenn sie im Quartier wohnt, und das ist in traditionellen Arbeitervierteln meistens der Fall. Zum Teil tragen die in der Nähe (oder gar in derselben Wohnung) wohnenden Eltern auch finanziell zum Lebensunterhalt bei. Als Gegenleistung wird die Wohnung der Eltern in Ordnung gehalten, beschwerliche Arbeiten werden ihnen abgenommen.

Dieser Austausch von Leistungen beruht auf engen emotionalen Beziehungen. Hier ist das Mutter-Tochter-Verhältnis das engste. Arbeitermütter beziehungsweise Arbeitergroßmütter sind für die Stabilität der Ehe und für Stellung und Selbstbewußtsein der Tochter, für ihre Sozialbeziehungen insgesamt die zentralen Personen - ein wesentlicher Grund für die Töchter, im Quartier wohnen zu bleiben. Aber auch die Väter sind mit den Söhnen eng verbunden - zumal in alten Arbeiterdynastien, wo Vater und Sohn im gleichen Beruf und oft im selben Betrieb arbeiten.[8]

Das Verhältnis zur weiteren Verwandtschaft, auch wenn sie im Quartier lebt, ist weniger eng. Aber auch hier ergänzen sich - freilich erheblich seltener - Besuche, gemeinsame Unternehmungen und gegenseitige Hilfeleistung. Während Arbeiter vorzugsweise mit männlichen Verwandten verkehren, und zwar stärker außerhalb des Hauses (vom Kneipenbesuch bis zur Autoreparatur), bleiben verwandte Frauen häufiger unter sich und machen sich vorzugsweise im Haus zu schaffen (wozu auch der ausgiebige Schwatz gehört). In diesen Beziehungen halten sich offenbar Wohlgefühl und Familienethos die Waage mit der Furcht vor Konflikt und Einmischung in den eigenen Privatbereich.[9]

Das alte Arbeiterquartier ist aber auch der Ort fast aller sonstigen wesentlichen Sozialbeziehungen[10] von Arbeitern. Die sozial gleiche Stellung von Nachbarn erleichtert den gegenseitigen Umgang und macht das Verständnis für eine mögliche Hilfsbedürftigkeit anderer selbstverständlich; Familienehre und Selbstachtung beschränken aber nachbarliche Hilfeleistungen auf die Ausnahmefälle, in denen die Verwandtschaft nicht einspringen kann. Deutsche Untersuchungen betonen die feste Abgrenzung des Nachbarverkehrs: Hilfe - auf Gegenseitigkeit! - in unvorhersehbaren Situationen, relativ fest definierte Teilnahme an Familien-Festlichkeiten,[11] Informationsaustausch, gegenseitige Beratung und Klatsch; die Kommunikation mit Nachbarn ist räumlich auf das Treppenhaus oder die Küche beschränkt, der eigene Privatbereich bleibt dabei ausgegrenzt. Der unbedingte Respekt eines privaten Bereiches wird als dringlich empfunden, gerade in den dicht bewohnten innerstädtischen Vierteln, wo dünne Mauern und durchlässige Türen die Lebensäußerungen zusammenprallen lassen, respektieren Nachbarn besonders den Intimbereich. Das Nachbarschaftsverhältnis ist besonders prekär: Die Chance freundlichen Verständnisses in gleichartiger schwieriger Lebenslage ist bedroht von Konflikten - vor allem durch das dichte Zusammenwohnen - und vom allgegenwärtigen Klatsch, der schon bei geringen „Verfehlungen" „unkontrollierbare Publizität"[12] erzeugen kann.

So nimmt es nicht wunder, daß die Mehrheit der Bewohner sich Distanz zum Nachbarn wünscht - Ausgrenzung der Nachbarn bei Wahrung aller Höflichkeitsformen. Wunsch und Verhalten bleiben aber widersprüchlich. Der gerade für Arbeiterfamilien charakteristischen scharfen Ausgrenzung eines räumlich und persönlich verstandenen privaten Bereichs kontrastiert der Wunsch nach Zugehörigkeit zu und Respektierung in einer wesentlichen alltäglichen Bezugsgruppe, die durch Gleichheit der Lebenslage materielle und psychische Sicherheit geben kann.

Nachbarn können gerade in der Arbeiterschaft oft zu engen Freunden werden - Freunde wiederum werden überwiegend im Quartier selbst gewonnen. Nachbarschaft, Freundschaft und Verwandtschaft sind so ganz überwiegend auf das Quartier bezogen; sie verschränken und verstärken sich im geselligen Beisammensein und in lokalen Einrichtungen und Organisationen und tragen diese. Zwar sind Arbeiter generell weniger an Organisationen beteiligt als andere Bevölkerungsschichten - intensiv wirken sie aber mit in Vereinigungen, die sie selbst beherrschen, und in denen sie sich daher zu Hause fühlen können. Neben den Gewerkschaften - primäre Vereinigung, aber jenseits des Quartiers - spielen informelle Treffen an festen Orten und unpolitische örtliche Vereine eine beträchtliche Rolle für die Erwachsenen. Sie geben dem einzelnen Gelegenheit zur Selbstdarstellung, sie entwickeln zum Teil auch Fürsorge für einzelne Mitglieder und ermöglichen ihren Mitgliedern das Gefühl einer festen Position in der Gemeinschaft. In peripheren Arbeitersiedlungen sind Geselligkeit und Vereine häufig das einzige institutionalisierte Freizeitangebot.

Arbeiter erleben nicht nur alltäglich, wie sehr sie fremden Entscheidungen des Unternehmers, des Hausbesitzers, des staatlichen Funktionärs ausgeliefert sind, sondern ihnen fehlen auch gerade die Mittel, welche gesellschaftliches Prestige verleihen; unterdurchschnittliches Einkommen und mäßige „Allgemeinbildung“ drücken sie immer unter den „Standard“. Die dadurch ständig bedrohte Selbstachtung sowie die unsichere Lebenslage werden wieder stabilisiert in den Primärgruppen des Arbeiterquartiers: Hier zählen die Zeichen gesellschaftlichen Erfolges wenig, wesentlich ist, wie sich eine Person bewährt. In der Familie zählen die Treue und fast bedingungslose Solidarität; in der Nachbarschaft gegenseitiger Respekt, selbstverständliche Hilfsbereitschaft und die Fähigkeit, Harmonie aufrechtzuerhalten; an der Theke, im Vereinslokal, an der Straßenecke zählen Witz, Umgänglichkeit, körperliche Qualitäten; das Ansehen im Arbeiterquartier insgesamt wird wesentlich bestimmt von der Fähigkeit, trotz knapper Mittel die Familie „ordentlich“ zu unterhalten.

Bewohner, die sozial „nicht dazu gehören“, die nur kurz im Viertel wohnen, die sich im Umgang mit Mitmenschen schwer tun, oder die als Zugewanderte ihr Verhalten nicht an die vorherrschenden Normen und Erwartungen anpassen, geraten in dieser Gemeinschaft freilich an den Rand. In vielen Untersuchungen wird die Existenz einer kontaktlosen (und oft auch die Umwelt ablehnenden) Minderheit notiert, aber selten bedacht. Der enge Zusammenhalt der Bewohner-Mehrheit ist offenbar auch geprägt von der Ausgrenzung von Minderheitsgruppen. Nicht nur kleinere Bevökerungsgruppen, sondern ganze Siedlungen können so in eine marginale Situation geraten. Die Hinweise in der Literatur[13] sind hierzu recht vage; wir beschränken uns daher auf die Schilderung zweier Beispiele. Elias und Scotson beschreiben, wie innerhalb einer hoch integrierten alten Arbeitersiedlung Außenseiter isoliert werden, wie eine ganze direkt angrenzende neuere Siedlung mit zugezogenen Arbeitern von Ausschlußpraktiken wie Klatsch, „die kalte Schulter zeigen“ und so weiter betroffen ist. Auch 25 Jahre nach Bau der Siedlung herrschten unter den Bewohnern soziale Isolation, gegenseitiges Mißtrauen und die Überzeugung, das Quartier verdiene seinen schlechten Ruf zu Recht - hohe Fluktuation war die Folge. Elias und Scotson führen das zurück auf die fehlende Anpassung der „Zugereisten“ an die Normen der alten Siedlung, auf das Abgrenzungsverhalten von deren Bewohnern und auf einige Problemfamilien, welche den schlechten Ruf des Quartiers prägten. - Bleitrach und Chenu befragten Arbeiter aus Vitralles, einem Gebiet „wilder", ungeplanter Bebauung aus den 30er und 50er Jahren am Nordrand von Marseille. Schlechte, aber billige Wohnungen unterschiedlichster Bautypen, eine notorische infrastrukturelle Unterversorgung (an Läden gibt es lediglich Supermärkte) und chaotische Durchmischung mit Kleinbetrieben machen das Gebiet zum Wohnort von „Marginalisierten": Arbeiter, die durch einen Bruch in ihrem Lebenslauf auf den untersten Stufen industrieller und städtischer Existenz „festgenagelt" sind. Hohe Arbeitsbelastung, meist schlechte Bezahlung, häufiger Arbeitsplatzwechsel, starke Repression durch die Betriebsleitung, Vereinzelung und gegenseitige Feindschaft kennzeichnen den betrieblichen Alltag, der sich vorwiegend in Kleinbetrieben - vom Typus „Klitsche" - oder an hoch belasteten Arbeitsplätzen in Großbetrieben abspielt. Offenbar schlägt das auf das Leben im Quartier zurück. Die Bewohner sind aus verschiedensten Regionen zugezogen und haben daher keine Verwandtschaft am Ort; die Nachbarschaftsbeziehungen sind schlecht oder inexistent. Soziale Stigmatisierung, Mißtrauen, Feindschaft und gegenseitige Abgrenzung läßt die Bewohner sich auf ihre (Klein-) Familie zurückziehen - doch auch das Familienleben leidet unter materiellen Problemen und psychischer Überlastung.[14]

2. Veränderungstendenzen des Arbeiterlebens im Wohnquartier

Im Mittelpunkt unserer folgenden Überlegungen stehen neuere Tendenzen der Siedlungs- und Stadtentwicklung sowie der Konsumgüterversorgung, die in den letzten zwanzig Jahren in der Bundesrepublik erhebliche Folgen für das Arbeiterleben im Wohnquartier nach sich gezogen haben: Folgen einerseits für das soziale Leben, andererseits für das, was man die Symbolqualität traditioneller Arbeiterviertel nennen könnte, insofern sich in ihnen lange Zeit die Lebensweise von Arbeiter zu verkörpern schien.

Eine manifeste Veränderung ergibt sich aus der betrieblichen Standortentwicklung, mit erheblichen Folgen für fast alle Arten von Stadtvierteln. In der Produktion setzt sich seit Jahrzehnten eine Tendenz zu größeren und Großbetrieben durch. Im verarbeitenden Gewerbe etwa schrumpfte die Zahl der Unternehmen von 1950 bis 1970 auf fast die Hälfte (die der Arbeitsstätten nur leicht weniger), während die Zahl der durchschnittlich darin Beschäftigten um weit mehr als das Doppelte zunahm.[15] Unmittelbare Folgen hat diese Entwicklung für die innerstädtischen Arbeiterviertel, die ursprünglich das Bei- und Durcheinander von Handwerksbetrieben, kleinen Fabriken und Mietshäusern kennzeichnete. Hier gehen viele Betriebe zugrunde. Andere expandieren derart, daß sie in den beengten Verhältnissen dieser Quartiere mit den schwierigen An-, Ab- und Zwischentransporten der Werkstücke, durch Laster, die im dichten Verkehr hängenbleiben, Werksbahnen, die sich über die Straßen zwängen, und oft ohne jegliche Verbindung ans Schienen- oder Schiffahrtsnetz kaum noch etwas am Ort hält. Die

Steigerung der durchschnittlichen Beschäftigtenzahl vermittelt nur ein verkleinertes Bild von der stattfindenden Flächenexpansion, die ja weniger durch die Zunahme der Beschäftigten als durch die enorme Erweiterung der Maschinenanlagen erforderlich wird.

Folgen hat dieser betriebliche Konzentrationsprozeß aber auch für die Siedlungen und „Kolonien", die im Umkreis größerer Industriekomplexe entstanden waren. Eisenhütten werden stillgelegt, Zechen werden geschlossen; selbst wenn die Siedlungsbewohner im gleichen Unternehmen weiterbeschäftigt werden, so müssen sie doch dann häufig weit fahren, um zu ihrer Arbeit zu kommen.

Auf den freiwerdenden Flächen in den traditionellen Vierteln entstehen zum Teil Wohngebäude, zum Teil bleiben sie frei, zum Teil auch fallen sie eher flüchtigen Nutzungen anheim - etwa für einen Gebrauchtwagenhandel, für eine Imbißbude, oft bloß als Parkplatz oder Stellfläche für Plakatwände. Nur die Gebiete, die an der Grenze zur City liegen, werden attraktiv für Verwaltungen und Dienstleistungsunternehmen verschiedener Art, deren Beschäftigte allerdings typischerweise keine Arbeiter sind.

Neue Betriebe entstehen am ehesten im städtischen Umland, wohin auch die meisten der ehemals innerstädtischen Betriebe übersiedeln. Die öffentliche Hand betreibt nicht nur die rechtliche Ausweisung peripherer Industriegebiete; auch finanziell läßt sie sich die Betriebsumlegungen einiges kosten. Der Erlaß oder die Verschärfung staatlicher Immissionsschutzauflagen dürften den 'Exodus' beschleunigt haben. Lärmende Fabrikationsprozesse, Verströmung stinkender Gase und giftiger Wolken müssen sich zunehmend hinter Abstandsflächen halten. Andererseits boten diese Auflagen wiederum Anlässe für Versuche, die unmittelbar ans Werksgelände angrenzenden Arbeitersiedlungen abzureißen, um so die Konflikte zwischen (expansionsorientiertem) Produktionsinteresse und öffentlichem Schutzinteresse zu „lösen". Es findet nicht nur eine Peripherisierung der Industrie statt, sondern ganz allgemein auch ihre räumliche Konzentration in möglichst zusammenhängende Komplexe, wofür auch Vorteile der Verkehrsinfrastruktur sprechen. In der Folge setzt sowohl eine funktionale Entmischung der traditionellen Arbeitergebiete ein wie auch, an manchen Standorten, ihre unmittelbare Vernichtung. Die Siedlungsentwicklung ermöglicht es vielen, der Industrieverlagerung nachzuziehen. In den peripheren Neubaugebieten finden sie aber Lebensbedingungen vor, die sich scharf von den ursprünglichen unterscheiden.

2.1. Das Dorf als Arbeiter-Wohnort

Seit den 50er Jahren haben sich die Dörfer der Bundesrepublik durchweg zu Arbeiter-Wohngemeinden entwickelt[16] - unabhängig von ihrer Lage und der regionalen Bedeutung der Landwirtschaft. Viele Klein- und Nebenerwerbsbauern und dörfliche Handwerker sind heute Arbeiter, zu einem Teil kleine Angestellte und Beamte - nur eine Minderheit der Bauern behielt einen eigenen Hof, und davon blieb nur ein Bruchteil „Vollbauer". Dieser rapide Strukturwandel, der die Ergebnisse einer jahrhundertelangen Entwicklung in zwei Jahrzehnten überholte, wurde bewirkt durch

- Kapitalisierung der Landwirtschaft und Agrarpreisentwicklung: nur noch große Höfe können heute den Lebensunterhalt wirklich sichern;
- eine gewisse Industrialisierung in den 60er Jahren: Bauern und Dorfhandwerker fanden ein stabil erscheinendes Einkommen in den meist arbeitsintensiven Niedriglohn-Industrien, die sich vorwiegend als Filialbetriebe in ländlichen Kleinstädten ansiedelten.[17]
- Die Verbreitung des Autos und der Ausbau der Landstraßen waren notwendige Voraussetzungen für das tägliche massenhafte Pendeln in die nächstgelegenen Industriestandorte.

In der Industrie ländlicher Kleinstädte finden die Pendler meist nur gering qualifizierte Arbeitsplätze, oft der eigenen Ausbildung ganz fremd. Die Löhne liegen um 20 - 40 Prozent unter dem Bundesdurchschnitt,[18] allerdings ist das Leben auf dem Land durch die Vorteile der informellen Ökonomie erheblich billiger als in der Stadt. In den Wirtschaftskrisen seit 1966/67 wurden freilich auf dem Land besonders viele, vor allem gering qualifizierte Arbeiter an die Luft gesetzt, viele „verlängerte Werkbänke" wurden geschlossen. Folglich ist hier die Arbeitslosigkeit häufig besonders hoch. Bei diesen Benachteiligungen in den Arbeiterdörfern fragt sich: Was hält die Arbeiter eigentlich noch auf dem Dorf? Einerseits lehrte sie das Erlebnis der Wirtschaftskrisen, daß das Festhalten am Grundbesitz - sei es ein Wirtschaftsgarten oder ein Nebenerwerbsbetrieb - doch einen ökonomischen Sinn hat. Außerdem besitzt die große Mehrheit dörflicher Arbeiter ein Haus, das entweder ererbt oder großenteils in Eigenarbeit und mit Verwandtenhilfe und vielen „Beziehungen" gebaut wurde. Das eigene Haus gibt mehr Unabhängigkeit, im Hausgarten wachsen Lebensmittel, und die Kosten für diese Häuser sind in der Regel niedriger als die Mieten städtischer Wohnungen. Tatsächlich lebten viele dörfliche Arbeiterfamilien in Armut, wenn sie nur auf den Lohn des Familienvaters angewiesen wären - aber sie leben in nächster Nähe zu Verwandten und insbesondere zu den Großeltern, oft sogar mit ihnen unter einem Dach. Die Großeltern, von bäuerlicher Bedürfnislosigkeit, unterstützen ihre Kinder mit Geld und Arbeitsleistungen (von Haus- und Gartenarbeit bis zum Kinderhüten für berufstätige Frauen) und wohnen dafür häufig mit im Eigenheim der Kinder. Schließlich kommt noch eine Vielfalt von Vorteilen der „informellen Ökonomie" hinzu, die es in der Stadt in diesem Ausmaß nicht gibt: Waren werden über Verwandte, Nachbarn, Vereinskollegen verbilligt bezogen, der Dorfladen gewährt Kredit, Arbeitsleistungen können (eher symbolisch entlohnt) beansprucht werden, beruhen freilich auf Gegenseitigkeit.

Das Arbeiterdorf gibt dem, der sich in das Sozialleben integrieren kann, das, was ihm Arbeitserfahrung und Arbeitslohn versagen: Bestätigung eigener menschlicher Qualitäten und sozialer Bedeutung. In Arbeiterdörfern spielen Vereine einerseits, Familien- und Nachbarbeziehungen andererseits für das Alltagsleben eine zentrale Rolle. Die Organisation in Vereinen ist weit überdurchschnittlich - obwohl gerade Arbeiter ansonsten (außer in Gewerkschaften) einen unterdurchschnittlichen Organisationsgrad haben. Dorfvereine bieten Möglichkeiten „bestätigender Zugehörigkeitserfahrung zur dörflichen Personengemeinschaft; hier kann soziale Geltung unabhängig vom materiellen und beruflichen Status errungen und nach außen dokumentiert werden. „Vereine erfüllen deshalb eine wichtige kompensatorische Funktion besonders für den Arbeiter, dem das Arbeitsleben Ansehen und Erfolg typischerweise vorenthält".[20] Übrigens bestimmt in den Vereinen gleichwohl vorwiegend die örtliche Honoratiorenschicht; Arbeiter bilden eher das „Fußvolk" - aber das mit Überzeugung und Engagement. Besonders für Jüngere ist der Verein zentraler sozialer Bezugspunkt - Verheiratete konzentrieren sich mehr und mehr auf Familie und Nachbarschaft, was sich schon allein aus der hohen Arbeitsbelastung und der schlechten materiellen Lage ergibt; die hohe soziale Kontrolle, orientiert an Normen wie „Häuslichkeit" und „Sparsamkeit", trägt zum Rückzug der Verheirateten in die Privatheit mit bei. Nachbarschafts- und Verwandtschaftsbeziehungen nehmen mit zunehmendem Alter zu.

Arbeiterdorf und altes Arbeiterquartier ähneln sich zwar verblüffend in ihrer Verflechtung von engen materiellen und sozialen Beziehungen - aber im Arbeiterdorf bleibt die industrielle Arbeitswelt ausgeblendet. „Man will vom Betrieb zu Hause, in der Familie und im Dorf, möglichst nichts mehr sehen. Das beeinträchtigt die Kontakte mit Kollegen und die Mitarbeit bei den Gewerkschaften. Kontakte pflegen die Arbeiter vor allem mit Freunden und Verwandten, in geringerem Umfang mit Nachbarn. (...) Sie flüchten sich in die Privatsphäre, die teilweise durch soziale Beziehungen in der Gemeinde und Ortsverbundenheit erweitert und geöffnet wird."[21] Die Arbeitssphäre wird als das „Uneigentliche" verdrängt - gegenüber dem eigentlichen Leben im Dorf ist sie nachrangig, ja, Zufriedenheit mit heimatlichen Sozialbeziehungen färbt selbst auf die Arbeitszufriedenheit ab. Die Arbeiter aus dem Dorf zählen in den Industriebetrieben zu den Konservativen. Gerade die Integration in das Kollektiv des Arbeiterdorfes scheint Individualisierung und Privatisierung im Arbeitsleben zu befördern.

2.2. Arbeiterfamilien im Neubauviertel

Neue Wohnquartiere am Stadtrand sind nicht nur der am stärksten hervorstechende Siedlungstypus der Nachkriegszeit; Umzug in ein Neubauviertel bedeutet für die meisten auch eine radikale Veränderung der Umwelt.[22]

Die Lage am Stadtrand bedingt für die meisten Erwerbstätigen eine völlige Abtrennung des Arbeitsplatzes vom Wohnbereich und lange Arbeitswege - in großstädtischen Verhältnissen betragen sie im Durchschnitt eine halbe Stunde. Die Siedlungen haben eine aus allen Gegenden der Stadt zusammengewürfelte Bevölkerung - vor allem, weil meist 60 Prozent der Bewohner als Sozialmieter ihre Wohnung zugewiesen bekommen; entsprechend sind die Arbeitsplätze über das ganze Stadtgebiet verteilt. Die Benutzung öffentlicher Verkehrsmittel ist oft schlecht möglich - für die meisten Erwerbstätigen wird das Autofahren zur Notwendigkeit.

Läden, Dienstleistungseinrichtungen und öffentliche Stellen sind in diesen Siedlungen in Zentren zusammengefaßt. Sie reichen zur Versorgung in der Regel nicht aus und sind zudem ihrer Anlage nach kommunikationsfeindlich. Nicht nur die Versorgungseinrichtungen, sondern praktisch alle anderen Freizeit- und Aufenthaltsmöglichkeiten (bis hin zu den Parkplätzen) sind kosten-optimiert, das heißt konzentriert und meistens räumlich separiert. Jeder Betätigung außer Haus ist jeweils ein besonderer Platz zugewiesen, zu dem ein besonderer Weg führt. Es gibt keine Legitimation, sich einfach „draußen" aufzuhalten - man bewegt sich nur zielstrebig durch das Viertel. Herumstehen auf Wegen, Herumsitzen an Orten ohne entsprechende Betätigung ist ungewöhnlich, wenn nicht gar verdächtig. Ein „Straßenleben" mit freien Kommunikationsanlässen fehlt in diesen Vierteln; flanieren kann man allenfalls im Zentrum, und da drängt sich der Konsum förmlich auf.

Die Wohnzufriedenheit in diesen Vierteln ist allerdings erstaunlich hoch. Verantwortlich dafür sind die durchweg gut ausgestatteten Wohnungen. Gerade auf Arbeiterfamilien aus meist beengten Wohnverhältnissen und alten Quartieren wirkt die moderne Neubauwohnung zunächst überwältigend.

Obwohl in der Regel etwa zwei Drittel der Wohnungen peripherer Neubausiedlungen Sozialwohnungen sind, stellen die Angestellten und Beamten generell die Mehrheit der dort wohnenden Bevölkerung, während der Anteil der Arbeiter fast durchweg unter dem Bevölkerungsdurchschnitt liegt;[23] Gleichzeitig dominieren die mittleren Altersgruppen: die Kleinfamilie mit Kindern prägt die Neubausiedlung.

Die Kontakte der Bewohner vermitteln sich entsprechend stark über Haushalts-, Familien- und Kinderprobleme; der Privatbereich rückt ins Zentrum der Aufmerksamkeit. Dies nicht zuletzt deshalb, weil Kommunikationsorte außerhalb der Wohnungen rar sind. Wegen der zu kleinen Küchen wird die Wohnung insgesamt dem Bekannten-Verkehr geöffnet. Während Kontakte zur Verwandtschaft wegen der Randlage der Siedlungen notwendig dünner werden, wächst die Bedeutung von Bekannten- und Nachbarkontakten. Tatsächlich haben Bewohner von Neubauvierteln wesentlich mehr Bekannte im engen Umkreis als in Altbauvierteln, aber generell weniger intensive Kontakte zu ihnen; der Umgang ist sachlich, freundlich, offen, unbefangen, aber relativ unverbindlich und wenig emotional. Der Umgangsstil der Mittelschichten herrscht vor.

Die Frage, wie Arbeiterfamilien auf die radikal veränderte räumliche und soziale Umwelt reagieren, wird nur in wenigen Untersuchungen beantwortet. Goldthorpe u.a. und E. Pfeil stellten fest, daß Arbeiterfamilien auch nach mehreren Jahren Wohnens in Stadtrandsiedlungen den Kontakt zur Verwandtschaft über weite Distanzen hinweg aufrechterhalten; er war zwar seltener geworden, blieb aber für Arbeiterfamilien weit wichtiger als für Mittel- und Oberschichtfamilien. Die Alltagsbeziehung zur Verwandtschaft geht jedoch verloren - als Ersatz entsteht ein engerer Kontakt zu Nachbarn und (in geringerem Umfang) zu neuen Bekannten aus dem Viertel; er ist freilich bei weitem nicht so persönlich und tiefgehend wie im alten Arbeiterviertel. Dabei wird fast ausschließlich mit anderen Arbeiterfamilien Umgang gepflegt, während gegenüber der kontaktfreudigeren und offeneren Mittelschicht sehr deutliche Reserven bestehen.

„Die Veränderung der Wohnumgebung ist nur der am deutlichsten sichtbare Aspekt einer Veränderung des sozialen Lebens (des Arbeiters). (...) Die neuen Formen von Sozialbeziehungen, die nicht mehr von der Zugehörigkeit zu einer primären Gruppe, sondern von individuellen Entscheidungen ausgehen, werden nicht sofort entdeckt. Im Fall der Arbeiter von La Castellane (ein Neubaukomplex am Rand von Marseille) konnte man in der ersten Zeit einen fast pathologischen Rückzug in die Wohnung feststellen - diese wurde für einige Zeit das Zentrum der Interessen."[25] Auch nach mehreren Jahren im Neubauviertel haben Arbeiterfamilien eine wesentlich geringere Geselligkeit, als es in alten Vierteln der Fall war - ihre Freizeit bleibt weitgehend beschränkt auf Haus- und Gartenarbeit, Aktivitäten in der Wohnung und Unternehmungen mit Familienangehörigen. Dieser Rückzug hat freilich etwas Prekäres: die materiellen Belastungen haben sich erheblich erhöht - die Neubauwohnung oder gar das Eigenheim sind wesentlich teurer als die bescheidene Wohnung im alten Quartier; die entsprechenden Anschaffungen dafür ziehen oft jahrelange Belastungen nach sich; die Fahrtkosten für Arbeitswege, Besorgungen und Besuche haben sich beträchtlich erhöht (das eigene Auto und der öffentliche Nahverkehr sind unentbehrlich geworden). Gleichzeitig sind die informellen Möglichkeiten des Zusatzverdienstes weggefallen - die erhöhten Belastungen können oft nur durch Überstunden des Mannes ausgeglichen werden; seltener - denn es mangelt an entsprechenden Betrieben und an Kindergärten beziehungsweise -horten - kann die Frau einer Erwerbsarbeit nachgehen. In schlechten Zeiten - wie seit 1975 unter zunehmender Arbeitslosigkeit - ist die Arbeiterfamilie in Neubauvierteln auf sich zurückgeworfen und gerät rasch in eine äußerst schwierige Situation.

2.3. Die Zerstörung alter Arbeiterviertel durch Stadtsanierung

Viele alte Arbeiterviertel[26] wurden in den 60er Jahren als Sanierungsgebiete ausgewiesen. Sie erlebten in der Folge einen radikalen Umbau, die Bewohnerschaft wurde fast vollständig ausgetauscht. Wir möchten hier vor allem drei Aspekte mit einschneidender Wirkung auf die Lebensverhältnisse von Arbeiterfamilien betrachten.[27]

1. Ziel der Sanierungen war und ist fast durchweg Abriß und Neubebauung ganzer Quartiersbereiche. Weder die Gestalt der Arbeitermietskasernen noch die städtebauliche Anlage boten in der Regel Anlaß zu Denkmalsschutz. So entstanden inmitten der Stadt quasi Neubauviertel - prominentes Beispiel ist Berlin-Wedding. Staatliche Finanznot seit Mitte der 70er Jahre verlangsamte die Sanierungen und führte in eingen Gebieten - besonders dort, wo die Betroffenen sich wehrten - zur billigeren Modernisierung bestehender Häuser.

2. Ein weiteres Ziel von Sanierungen ist meist die Beseitigung „störender Gewerbe" - tatsächlich verschwinden vorwiegend gewerbliche Kleinbetriebe, und damit rückt für viele der Arbeitsplatz in weite Ferne. Große Betriebe werden wegen zu hoher Umsetzungskosten meist nicht wegsaniert. Oft erhalten sie sogar Erweiterungsflächen, die durch die Sanierung selbst erst geschaffen wurden. In der Regel entstehen mehr Freiflächen und Infrastruktureinrichtungen, freilich von der Bevölkerung bisher nur teilweise angenommen. Generell vermindert sich drastisch die Zahl der kleinen Einkaufsläden, und damit geht ein zentrales Kommunikationselement von Arbeiterquartieren verloren. „Einesteils ist es nicht verwunderlich, daß keener mehr auf der Straße ist, weil man kann nichts mehr auf den Straßen machen (...) es sind keene Einzelhandelsgeschäfte mehr da wie Milchläden und so, wo sich zum Beispiel die älteren Leute oft so getroffen haben, wo se noch gequatscht haben und so."[28]

3. Ob Abrißsanierung oder Modernisierung - die Bewohner werden aus ihren alten Behausungen und der gewohnten Umgebung entfernt und umgesetzt. Zu einem Teil landen sie in Neubauwohnungen - meist am Stadtrand, selten im Gebiet selbst -, wenige erhalten eine modernisierte Wohnung im alten Wohnbereich; die Mieten liegen um das Doppelte über den Altbaumieten, und die Betroffenen geraten so zum Teil in ernsthafte Zahlungsschwierigkeiten (um so mehr, als zu einer neuen Wohnung offenbar auch eine neue Ausstattung gehört), denen nur unter Aufwendung aller Geld- und Kraftreserven beizukommen ist. Der Großteil der Betroffenen hält allerdings den Unsicherheiten des Sanierungsablaufs, dem langsamen baulichen und sozialen Verfall des Gebiets und der Aussicht hoher Mietbelastungen nicht stand: sie ziehen um in eine Altbauwohnung, die freilich oft in ganz anderen Stadtteilen liegt. Durch die Sanierung wird praktisch die gesamte Bevölkerung ausgetauscht und damit der Lebenszusammenhang des Arbeiterquartiers zerstört - und das ist oft eines der expliziten Sanierungsziele. „Wir wollen kein Arbeiterviertel in Wedding zementieren." (Berliner Baustadtrat).[29]

Wenn gleichwohl auch in den Neubauten heute mehrheitlich Arbeiter wohnen, wie es in Berlin-Wedding der Fall ist, so zeigt das zwar, daß auch rabiate Abriß-Politik den Ruf eines Quartiers nicht ohne weiteres ändern kann - aber das Zusammenleben im Berliner Wedding hat sich doch einschneidend geändert. Verwandtschaften wurden auseinandergerissen, Bekanntschaften müssen neu geknüpft werden - was jüngeren Bewohnern leichter fällt, ältere aber eher in die Isolation treibt -, und das Nachbarschafts-Verhältnis wird distanzierter, was alle Betroffenen bedauern.

Die jüngeren Arbeiterfamilien sind offener und beweglicher in einer neuen Umgebung; sie bedauern zwar durchweg den Verlust des Lebenszusammenhangs im Gebiet, verstehen den Umzug in den Neubau aber auch als Chance für einen Neuanfang auf „höherem Niveau“ - dessen Kosten freilich oft am Rand der eigenen Möglichkeiten liegen. Für ältere Arbeiter aber ist der Verlust des alten Quartiers in der Regel ein sozial, psychisch und materiell nicht wieder gut zu machender Verlust, der meist schwere Trauerreaktionen und eine Verarmung der Sozialbeziehungen nach sich zieht.

2.4. Veränderungen im Bereich der Versorgung und der öffentlichen Kommunikation

Traditionelle Arbeiterviertel, so wurde oben gesagt, zeichnen sich unter anderem durch eine Vielzahl von Geschäften aus, die den täglichen Bedarf befriedigen helfen: Lebensmittelladen, Bäckerei, Fleischerei, Milchhändler, häufig zusammengefaßt zu einer Form von Gemischtwarenhandlung, nicht zu vergessen auch der Schuhmacher oder der Friseur. Nun hat die Marktversorgung in der Prosperität der Nachkriegsjahre beträchtlich zugenommen, absolut, wie auch im Verhältnis zur Eigenversorgung, zumindest was den täglichen Bedarf angeht. Das hat die Existenz solcher Geschäfte zunächst gestärkt. Aber wie im gewerblichen Bereich, so findet auch im Einzelhandel eine Unternehmenskonzentration statt, die viele dieser Geschäfte verschwinden läßt. Es sind die kleinen Geschäfte, die aufgegeben werden, die nach modernen Maßstäben verkehrsungünstig gelegenen. Dafür entwickeln sich verschiedene Formen von Supermärkten. Einkaufszentren entstehen, die ein Rundumangebot haben. Sie profitieren von der Motorisierung des Käufers, der gleich auch die Waren des täglichen Bedarfs dort kauft - sicherlich nicht mehr „täglich“, aber gerade deshalb in größeren Mengen. Dieses sich neu entwickelnde Konsummuster setzt voraus, daß Haushalte einen PKW besitzen. Unumgänglich ist auch ein Kühlschrank. Wenn auch eine Gefriertruhe vorhanden ist, funktioniert alles umso besser. Einkäufe in den zentralen Hauptgeschäftsvierteln oder den Einkaufszentren entziehen den kleineren Geschäften im Wohnviertel einen nicht unbeträchtlichen Teil an Kaufkraft.[30]

Welche Folgen dieses ökonomischen Strukturwandels sind absehbar? Schon die verbesserten Möglichkeiten der Vorratshaltung gestatten es, die Abstände zwischen den Einkäufen zu vergrößern. Wenn nun noch ein Teil der Einkäufe außerhalb des Viertels abgewickelt wird, geht auch dieser Teil dem Quartiersleben verloren. Kontakte während des Einkaufs und auf dem Einkaufsweg sind keine im strengen Sinne alltäglichen Ereignisse mehr. Das gilt sicherlich nicht für alle Bewohner. Alle Berufstätigen, speziell aus solchen Haushalten, in denen Mann und Frau einer Arbeit nachgehen, aber auch Familien mit Kindern und entsprechend großer Haushaltsführung sowie schließlich alle Motorisierten werden die Flexibilität, die das neue Einkaufsgeschehen bietet, am ehesten zu schätzen und praktisch umzusetzen wissen. Die Älteren dagegen werden ihre Einkäufe nach wie vor in der Nähe machen wollen - soweit die Gelegenheit dazu besteht. Viele der angeblichen Vorteile von SB-Warenhäusern und Einkaufszentren existieren für sie gar nicht. Genau besehen rückt also nur ein Teil der Bevölkerung dem Quartiersleben ferner. Dadurch nimmt es jedoch insgesamt Schaden. Die Lebhaftigkeit des Quartierslebens entstand ja gerade durch die Teilnahme aller Altersgruppen.

Unabhängig davon ändert sich der kommunikative Charakter der Einkaufssituation selbst. In den beschriebenen traditionellen Vierteln brachte der Einkauf die Nachbarn nicht nur direkt in Kontakt. Gar nicht hoch genug einzuschätzen sind die - oft sehr delikaten - Vermittlungsfunktionen des Ladenbesitzers. Im Zusammenhang und Verlauf einer persönlichen Bedienung und des Treffens mit Bekannten bieten sich ja laufend Anlässe, private Verhältnisse oder öffentliche Anlässe beiläufig zur Sprache zu bringen, ohne gleich als indiskret dazustehen. Die Schlagzeile der ausliegenden Zeitung regt zum Meinungsaustausch an. Das Aussehen der Kundin, die gerade das Geschäft verlassen hat, ist durch die teilnahmsvolle Information, daß sie viele Sorgen mit ihren Kindern habe, keineswegs mehr ihre Privatsache. Wachsen die Einzugsbereiche der Geschäfte aber, so wird es immer weniger wahrscheinlich, daß sich genügend Kunden von vornherein kennen. Damit lassen sich Berührungspunkte, die Gesprächsthemen abgeben könnten, nur aufwendig und sozusagen künstlich herstellen. Hinzu kommt, daß Selbstbedienungsläden im Gegensatz zu kleineren Einzelhandelsläden nicht den geeigneten Rahmen abgeben, einzelne Nachbarschaften sozusagen miteinander zu verknüpfen. Es fehlt ihnen der verkaufsnotwendige Kommunikationsaufwand, die Vermittlungstätigkeit des Verkäufers; „Gespräche kommen allenfalls im Umfeld des Einkaufsprozesses beiläufig zustande, in der Schlange an der Kasse oder beim zufälligen Zusammentreffen bei Bekannten."[31] Darüber hinaus ist die Anlage der Supermärkte selbst kommunikationsfeindlich: Vor der Kasse, in den Gängen können Gespräche nicht aufkommen, denn man steht immer im Weg, und zwar meist fremden Personen; die Unübersichtlichkeit, die Furcht, hinter den Regalen könnten Unbefugte mithören, tut ein Übriges, Begegnungen aufs Grüßen zu reduzieren.[32]

Die geschilderten sozialen Veränderungen: die Reduzierung von Kommunikationsorten im Viertel, ihre geringere und sozial selektive Frequentierung und, letztlich entscheidend, der Verlust ihres kommunikationskristallisierenden Charakters, diese Veränderungen greifen in das soziale Gefüge innerstädtischer Arbeiterviertel am stärksten ein, da hier durch den erheblichen Bevölkerungsrückgang in den letzten dreißig Jahren auch ein Großteil der Kundschaft den ansässigen Läden verloren ging. Neubauviertel am Stadtrand haben einen vergleichbar dichten Ladenbesatz niemals gekannt. Weil zusätzlich in vielen anderen Bereichen Versorgungsdefizite bestehen, sei es nun bei Handwerksbetrieben, Arztpraxen, Kinos oder Gaststätten, werden wichtigere Einkäufe und die Mehrzahl sonstiger Besorgungen „in der Stadt“, das heißt meist in der City erledigt. Die Einkaufsläden sind fast durchweg großflächige Selbstbedienungsläden. Besorgungen bieten für Stadtrandviertel-Bewohner nur wenig Chancen zur Kommunikation: Der Supermarkt ist gesprächsfeindlich, in den Verkehrsmitteln und innerstädtischen Einrichtungen bleibt man ein Fremder.[33]

Auf dem Dorf ist das traditionelle Handwerk weitgehend verschwunden; zum Teil wurde es durch Reparatur- und Wartungsstellen ersetzt, zu einem Teil gibt es nur noch Abholdienste zentral gelegener Betriebe. Viele dörfliche Gaststätten wurden geschlossen, zum Teil durch Getränkevertriebe ersetzt. Die Zahl der Läden - traditionelle Kommunikationsorte - hat sich beträchtlich vermindert; sehr viele wurden zu Selbstbedienungsläden vom Typ „Supermarkt“ umgebaut, etliche wurden ersetzt durch fahrende Läden - beides bietet nur noch wenig Chancen für Kommunikation.[34]

Die Veränderungen im Versorgungsbereich ziehen eine weitere der nichtorganisierten Kontaktgelegenheiten, die für traditionelle Kleine-Leute-Viertel so bezeichnend sind, in Mitleidenschaft: den halb-öffentlichen und öffentlichen Straßenraum. Der individuelle Fahrverkehr hat enorm zugenommen, nicht zuletzt auch durch die neue Versorgungsstruktur. Straßen werden statt von Fußgängern zunehmend von Autofahrern belebt. Damit nimmt auch die Überfremdung der Straßen zu. Denn die Straßenbekanntschaften beschränken sich mehr und mehr auf Kreis und Raum der allerengsten Nachbarschaft, wo noch alle Fußgänger sein müssen. Darüber hinaus verlieren sich die einzelnen in schnell anonym werdenden Straßensituationen.

Während Ausdünnung und Veränderung der Geschäfte des täglichen Bedarfs hauptsächlich das von Frauen geknüpfte Netz örtlicher Beziehungen bedroht, beginnen mit der Veränderung des Straßenraums auch die Männer einen wichtigen Kontaktraum einzubüßen. Das wird dadurch verstärkt, daß eine steigende Zahl von Arbeitern im Schichtbetrieb arbeitet. In der Konsequenz des dadurch verstärkten Regenerationsbedürfnisses findet nicht allein ein Rückzug in die Familie, sondern oft auch ein Rückzug vor der Familie statt. Darüber hinaus ist die Teilnahme an dem Teil des öffentlichen Lebens, der durch Termine, Besuchszeiten, Öffnungsstunden, Fahr- und Stundenpläne fixiert ist, weitgehend behindert. Viel zu wenig wird aber beachtet, daß solch ein Tagesrhythmus auch den informell bleibenden Teil des Alltags beeinträchtigt. Insbesondere verliert darüber die Straße weiter an Anziehungskraft, auf der sich ehemals nach Feierabend immer genügend Bekannte fanden, über die man sozusagen unorganisiert am sozialen Leben teilhaben konnte. Am tiefgreifendsten ist es in Neubauvierteln, wo es noch nicht einmal die Lokale gibt, in denen man zu jeder Tageszeit bekannte Gesichter erwarten kann. Außerdem gibt es außer Haus kaum Betätigungsmöglichkeiten. In älteren Arbeitersiedlungen findet sich auch heute am ehesten das sozial produktive Eckenstehertum, sowie all jene anderen Kontaktgelegenheiten, die das Leben nach der Arbeit nicht auf eine weitgehend in Familie und Wohnung zurückgezogene Existenz festlegen.

3. *Privatisierung des Arbeiterlebens?*

Die Verbesserungen der Wohnsituation von Arbeitern in der Nachkriegszeit hatten zur Folge, daß Kostgänger und Untermieter - früher vielerorts üblich - aus der Wohnung verschwanden und daß Verwandte zunehmend auszogen. Die Wohnung bietet heute den Komfort und Raum für private Entfaltung in der Zwei-Generationen-Familie.

In den meisten Studien über das außerbetriebliche Leben von Arbeitern wird der Bedeutungszuwachs des innerfamilialen Lebens und seine Konzentration auf den Raum der Familienwohnung hervorgehoben. Das gilt für alle von uns besprochenen Quartiers-Typen. Hierbei vermischen sich eigene Bedürfnisse mit Elementen äußeren Zwangs.

Diese *Privatisierung des Arbeiterlebens bedeutet keineswegs Familialisierung*. Die erweiterte Famile war immer das Zentrum des Alltagslebens, und sie bestimmte den gesamten Lebensweg von Arbeitern. In einer Situation permanenter Existenzunsicherheit und in einem Arbeitsverhältnis, das ständig die eigene Person negierte, bot die erweiterte Familie den wesentlichen materiellen und psychischen Rückhalt, ergänzt durch das soziale Beziehungsnetz des Arbeiterviertels.

Das industrielle Arbeitsverhältnis ist in seinen wesentlichen Grundzügen inhuman geblieben, und nach wie vor beherrscht grundsätzliche Arbeitsplatz-Unsicherheit das Arbeiterleben. Aber mittlerweile hat sich ein System sozialer Sicherung entwickelt, das ein menschenwürdiges Existenzminimum garantiert. Zudem ist das Fortkommen von Arbeitern immer mehr von gesellschaftlichen Institutionen und immer weniger von der Familie determiniert. So haben Familienbande und Sozialbeziehungen im Quartier ihre existentielle Bedeutung verloren.[35] Dadurch wurde es auch Arbeitern möglich, ein Privatleben zu kultivieren.

Unter diesen Bedingungen kann sich das immer schon vorhandene Bedürfnis nach Unabhängigkeit von den Eltern, der weiteren Verwandtschaft und den Nachbarn überhaupt erst entfalten. Die Zuwendung von und zu den Eltern, die tägliche gegenseitige Unterstützung wird leicht zur Einmischung in persönliche Angelegenheiten, welche Distanzwünsche - heute offenbar teilweise auch gegenüber den Eltern - erzeugt. Die verschiedenen Formen der Distanzierung, die Gründung eines auf die Kernfamilie beschränkten Haushalts, auch die räumliche Trennung vom Herkunftsquartier sind also nicht einfach bloß aufgezwungen von den beschriebenen Veränderungen der Wohn- und Versorgungssituation, sondern scheinen auf vorhandene Bedürfnisse zurückzugehen. Trotzdem bleibt die Verwandtschaft auch heute noch der zentrale soziale Bezugspunkt.

Indessen finden sich auch Formen der Privatisierung, die von Arbeitsverhältnissen erzwungen sind. Bei hochbelasteten, im Schichtrhythmus arbeitenden Band- und Maschinenarbeitern kann von einer freien Wahl der Lebensweise kaum mehr gesprochen werden. Um die tägliche Arbeit überhaupt zu bewältigen, reduzieren sie gezwungenermaßen die Beziehungen zu Bekannten; der Kontakt zur Verwandtschaft wird nur mühsam aufrechterhalten; im Ganzen herrschen Isolierungstendenzen vor. Das Familienleben selbst wird beeinflußt durch Ermüdung und Verschleiß des Schichtarbeiters. Mit Privatisierung ist das nicht einfach gleichzusetzen.

In dem Maße, wie *persönliche Unabhängigkeit möglich und wichtiger wird, scheint auch die Distanz zur Arbeit zu wachsen.* Unter räumlichen Gesichtspunkten stimmt das auf jeden Fall: der Betrieb und die Kollegen rükken in weite Ferne. Die Familie kann so nicht mehr die Besonderheiten des Arbeitens, sondern nur noch ihren Niederschlag im außerbetrieblichen Verhalten wahrnehmen.

Es scheint uns sehr *fraglich, ob die Hinwendung von Arbeiterfamilien zu einem individuell gestalteten Privatleben notwendig verbunden ist mit einem Wunsch, sich abzuschließen vom sozialen Leben des Quartiers.* Im traditionellen Arbeiterviertel wurden zwar Nachbarn und Bekannte sorfältig herausgehalten aus privaten Familienangelegenheiten - aber wir fanden keine Hinweise auf ein Bedürfnis, sich die Mitbewohner insgesamt vom Leibe zu halten und die verschiedenen Formen von Gemeinschaftlichkeit zu fliehen.

Das Bevölkerungsgemisch und die Bau- und Versorgungsstrukturen moderner Stadtviertel - seien es sanierte oder Stadtrand-Neubau-Quartiere - erschweren ungemein die Kontaktaufnahme und Beziehungen von Arbeiterfamilien zu den (meist sozial ganz anders gestellten) Mitbewohnern. Die Hinwendung zum privaten Familienleben gerät hier leicht zum Rückzug in die Wohnung und zur Abschnürung von öffentlicher Verständigung.

In Dörfern mit ihrem reichen Angebot an außerfamiliärem Gemeinschaftsleben entwickeln auch Arbeiter ein reges Sozialleben. Unübersehbar wenden sich zwar auch hier Arbeiterfamilien hin zum Privatleben - genauer: zu Verwandtschaft und Nachbarschaft und zur Kultivierung des Wohnens. Auch im dörflichen Sozialleben nehmen private Elemente zu, gemeinschaftliche verlieren an Bedeutung - Kleinschmidt hat dies sehr plastisch am Wandel dörflicher Feste dargestellt.[36] Aber das Bedürfnis von Arbeitern nach Verständigung mit den Mitbewohnern und nach Beteiligung an gemeinsamen Veranstaltungen ist auf dem Dorf offenbar unverändert hoch. Gewandelt hat sich nur der Charakter des sozialen Lebens: es ist stärker individuell bestimmt.

Entgegen dieser Tendenz zu Individualisierung und Privatisierung entstehen *Ansätze neuer Formen von Gemeinschaftlichkeit,* die in der Literatur nur wenig beachtet werden.

- Die Ausdünnung des Versorgungsnetzes, die wachsende Größe und Unpersönlichkeit der meisten Versorgungseinrichtungen erhöhen die Bedeutung der „informellen Ökonomie“ gerade in Arbeiter-Kreisen: zu den traditionellen Neben-Arbeiten zur Erhöhung des Einkommens und des Lebensstandards kommen zunehmend auch Selbsthilfe-Organisationen hinzu. Ein Beispiel dafür sind die „Nachbarschaftshilfen" in einigen Neubauvierteln, in denen sich mitmenschliche Hilfe organisiert (und die charakteristischerweise vom Wunsch nach Distanz zu den direkten Mitbewohnern beflügelt sind:: „Bloß keinen aus dem Haus!"[37]

- Ansprech- und Verhandlungspartner der Bewohner sind zunehmend Groß-Organisationen - die kleine Gemeindeverwaltung wird durch eine zentrale Bürokratie ersetzt, der kleine Hausbesitzer weicht zunehmend der Wohnungsgesellschaft oder dem Sanierungsträger -, Konflikte im Reproduktionsbereich sind so häufiger mit massenhafter Betroffenheit verbunden und politisieren sich viel rascher.
- Neu geschaffene Groß-Einrichtungen wie Schul-Zentren wiederum werden aus finanziellen Gründen zu vielfältiger Nutzung geplant - gerade dadurch können sie zu Brennpunkten örtlichen Lebens werden -, soweit sie das latente Bedürfnis auch umzusetzen vermögen. Erfahrungen in einem Dortmunder Neubaugebiet - untypischerweise ein homogenes Arbeiterviertel - weisen darauf hin, daß auch Arbeiter in das in solchen Einrichtungen entstehende organisierte und informelle örtliche Leben einbezogen werden können.[38]
- Die von ausziehenden staatlichen (Schulgebäude) oder privaten (Fabrikanlagen) Einrichtungen zurückgelassenen Baulichkeiten können gemeinschaftlich genutzt werden - sei es als Dorfgemeinschaftshaus, sei es als Zentrum „alternativen" - freilich bis heute meist arbeiterfremden - Lebens.

Zumindest in den beiden zuerst genannten Fällen wird allerdings die Solidarität organisiert. Dementsprechen dominieren die Mittelschichten; Arbeiter sind hier durchaus vertreten, aber vorwiegend als 'Fußvolk'. Diese Ansätze sozialen Lebens sind gerade nicht individuell eingefärbt, wie es auf dem Dorf der Fall ist - die neuen Formen von Gemeinschaftlichkeit sind vielmehr rationalisiert und versachlicht.

Anmerkungen

1 „Wir wollen Blumen und Märchen bauen" von Willutzki/Ziewer

2 J. Günter, Leben in Eisenheim, Weinheim/Basel 1980, S. 126

3 Ausländische Untersuchungen, die mit wesentlich differenzierteren Statistiken arbeiten können, erfassen die Bevölkerung dieser Viertel auch zahlenmäßig immerhin so gut, daß erstaunlich übereinstimmende Angaben entstehen. Demnach bilden in räumlich sehr unterschiedlichen, Arbeiterviertel genannten Quartieren die Arbeiter (als Handarbeiter im weiteren Sinn) die Mehrheit der Berufsgruppen, aber kaum mehr, oft sogar etwas weniger als die Hälfte der Bevölkerung; dabei überwiegen meist die un- und angelernten Arbeiter mit ca. einem Viertel bis einem Drittel der Bevölkerung gegenüber Facharbeitern. Kleine (Verwaltungs-)Angestellte und sonstige kleine Lohnabhängige, wie zum Beispiel Hausbedienstete, stellen bis zu einem Fünftel, und kleine Selbständige bis zu einem Zehntel der Bevölkerung. Etwa ein

Fünftel dürften Rentner aus denselben Bevölkerungskreisen sein. Hinzu kommen ca. 10 - 15 Prozent Bewohner, die den Mittelschichten zugerechnet werden (vgl. M. Fried u.a., The World of the Urban Working Class, Cambridge (Mass.) 1973, S. 57 und S. 153 ff.; N. Elias/J. L. Scotson, The Established and the Outsiders, London 1965, S. 29; M. Maurice/D. Delomenie, Mode de vie et espaces sociaux, Paris/ La Haye 1976, S. 32 ff

4 Wir wollen uns hier nicht auf die Probleme einer Bestimmung des Begriffs ,,Arbeiter" einlassen; wir folgen der Argumentation H. Häußermanns, Konzeptionelle Überlegungen zum Thema 'Arbeiter und Wohnen', Ms. Bremen 1979, S. 7 ff, der diese Probleme erörterte und M. Frieds, a.a.O., S. 153 ff, der die quantitative Relevanz der ,,arbeiternahen" Bevölkerungskreise genauer diskutierte.

5 Folgende Untersuchungen lieferten dazu Hinweise: D. Bleitrach/A. Chenu, L'usine et la vie, Paris 1979, S. 161; N. Elias/J. L. Scotson, a.a.O., S. 32 ff und 53 f; M. Fried, a.a.O., S. 100 f; J. Günter, a.a.O., S. 47 f und 116 ff; H. Häußermann, a.a.O., S. 21f; A. Lehmann, Das Leben in einem Arbeiterdorf, Stuttgart 1976, S. 31 ff und 109 f; M. Maurice/D. Delomenie, a.a.O., S. 46 f und 97 f; I. Mühlich-Klinger, Gebaute Umwelt und soziales Verhalten in alten Wohngebieten, in: Zusammenhang von gebauter Umwelt und sozialem Verhalten im Wohn- und Wohnumweltbereich, Bonn-Bad Godesberg (BMBau) 1978, S. 118 ff; R. E. Pahl, Employment, Work and the Domestic Division of Labour, in: City, Class and Capital, Hrsg. M. Harloe/E. Lebas, London 1981, S. 147 ff; M. Verret, L'espace ouvrier, Paris 1979, S. 128; M. Young/P. Willmott, Family and Kinship in East London, Harmondsworth (rev. ed.) 1962, S. 94 ff.

6 Vgl. A. Lehmann, a.a.O., S. 40.

7 Vgl. D. Bleitrach/A. Chenu, a.a.O., S. 162 ff und S. 171; N. Elias/J. L. Scotson, a.a.O., S. 44 ff; M. Fried, a.a.O., S. 107 ff; A. Lehmann, a.a.O., S. 25 ff; M. Osterland u.a., Materialien zur Lebens- und Arbeitssituation von Industriearbeitern in der BRD, Frankfurt/M. 1973, S. 194 ff; M. Verret, a.a.O., S. 120 ff und 131 ff.

8 ,,Nicht nur, daß Väter und Söhne Seite an Seite arbeiten, sondern es gibt eine ganze Serie von gemeinsam ausgeübten Aktivitäten, insbesondere den Sport. Der Sport hat im Arbeiterleben eine zentrale Bedeutung (...) seine Rolle ähnelt der der Politik als Gesprächsthema. Vater und Sohn haben meistens dieselbe politische Ausrichtung." D. Bleitrach/A. Chenu, a.a.O., S. 171 (eigene Übersetzung).

9 In ihrer Untersuchung der stark abgeschlossenen, von ,,alteingesessenen" Arbeiterfamilien geprägten Arbeitersiedlung betonen Elias/Scotson, a.a.O., S. 44, die starke Identifikation mit der erweiterten Verwandten-Gruppe, welche wiederum in lokalen Aktivitäten vielfältig verflochten ist; sie betonen aber auch den starken Konformitätsdruck zur Unterordnung unter das Verwandtschaftssystem. - Im innerstädtischen, sozial offeneren und vielfältigeren Bostoner West End stellt Fried, a.a.O., S. 107, fest, daß eine Mehrheit der Familien die räumliche Nähe zu Verwandten ablehnt, und nur eine Minderheit sie wünscht; tatsächlich hängt dort die Mehrheit stärker an Nachbarn und (lokalen) Freunden als an Verwandten (S. 111).

10 Wir benutzten hierzu folgende Quellen: N. Elias/J. L. Scotson, a.a.O., S. 51 ff und 110 f; M. Fried, a.a.O., S. 99 und 111; J. Günter, a.a.O., S. 116 ff, S. 140 ff und 158 ff; H. Klages, Der Nachbarschaftsgedanke und die nachbarliche Wirklichkeit in der Großstadt, Köln/Opladen 1958, S. 152 f; A. Lehmann, a.a.O., S. 117 ff; I. Mühlich-Klinger, a.a.O., S. 126; E. Pfeil, Nachbarkreis und Verkehrskreis in der Großstadt, in: Daseinsformen der Großstadt, Bearb. R. Mackensen u.a., Tübingen 1959, S. 160 ff und 179 ff; E. Pfeil, Großstadtforschung, 2. erw. Aufl. Hannover 1972, S. 263 ff.

11 Die Deutschen sind sicherlich Meister sozialer Rangordnung; Lehmann berichtet, daß Konfirmationen ausschließlich mit Verwandten gefeiert werden - am zweiten Tag aber wird mit engen Nachbarn nachgefeiert, während weniger enge Nachbarn vom Konfirmanden, distanzierte Nachbarn von familienfremden Kindern mit den

Resten des Kuchens beglückt werden; Lehmann, a.a.O., S. 60 f.

12 Vgl. E. Pfeil, 1972, a.a.O., S. 265.

13 Deutsche Untersuchungen widmen sich eher dem Verhältnis zwischen deutschen und ausländischen Arbeitern - Vgl. A. Lehmann, a.a.O., S. 86 ff; Sanierungsfolgen, Hrsg. H. Becker/J. Schulz zur Wiesch, Stuttgart 1981, S. 272 ff.

14 Vgl. D. Bleitrach/A. Chenu, a.a.O., S. 93 ff.

15 Vgl. E. Ballerstedt/W. Glatzer, Soziologischer Almanach, Frankfurt/New York (3. Aufl.) 1979, S. 405.

16 Unsere Informationen hierzu stammen vor allem aus: A. Funk, Die Urbanisierung der bäuerlichen Dörfer, in: Landleben, Hrsg. A.-D. Brockmann, Reinbek 1977; W. Kleinschmidt, Der Wandel des Festlebens bei Arbeitern und Landwirten im 20.Jahrhundert, Meisenheim/Glan 1977; W. Kaschuba/C. Lipp, Leben in zwei Welten, in: Das Ende des alten Dorfes? Hrsg. H.-G. Wehling, Stuttgart u.a. 1980, S. 146 f; Lebensverhältnisse in kleinbäuerlichen Dörfern 1952 und 1972, Hrsg. B. van Deenen u.a., Bonn o. J. (1975), S. 264 ff; A. Lehmann, a.a.O.; G. Vonderach, Lebensverhältnisse in ländlichen Regionen, in: Produktionsbedingungen und Lebensverhältnisse auf dem Land, Hrsg. O. Poppinga, Opladen 1979. Stellten noch 1970 in fast allen Dörfern die in der Landwirtschaft beschäftigten Bauern und Landarbeiter die Mehrheit - und in der Regel mehr als 50 Prozent der Erwerbspersonen -, so machte 1970/71 ihr Anteil im Durchschnitt nur noch knapp über 20 Prozent aus; 45 - 50 Prozent der in Dörfern wohnenden Erwerbstätigen sind heute Arbeiter, ca. ein Viertel vorwiegend kleine Angestellte und Beamte (Lebensverhältnisse ..., a.a.O.. S. 72 ff; Vonderach, a.a.O., S. 147).

17 Vgl. H. Heuer, Sozioökonomische Bestimmungsfaktoren der Stadtentwicklung, Stuttgart u.a. 1975, S. 181 ff.

18 Noch Anfang der 50er Jahre arbeiteten allenfalls ein Viertel der Erwerbstätigen außerhalb des Dorfes - sie erreichten ihren Arbeitsplatz zu Fuß, mit dem Fahrrad, mit der Bahn, und oft konnten sie nur zum Wochenende nach Hause kommen. Heute fahren mehr als die Hälfte, zunehmend auch Frauen, täglich weite Strecken zur Arbeit, und zwar überwiegend mit dem Auto (A. Funk, a.a.O., S. 240 ff; Lebensverhältnisse ..., a.a.O., S. 81 f; W. Kleinschmidt, a.a.O., S. 25 ff).

19 W. Kaschuba/C. Lipp, a.a.O., S. 147

20 A. Lehmann, a.a.O., S. 82

21 G. Vonderach, a.a.O., S. 168 f

22 Unsere Informationen hierüber bezogen wir - neben eigener Anschauung - aus: J. H. Goldthorpe u.a., The Affluent Worker in the Class Structure, Cambridge 1969, S. 86 ff; Gropiusstadt. Soziale Verhältnisse am Stadtrand, Hrsg. H. Becker/K. D. Keim, Stuttgart u.a. 1977; K. Heil, Kommunikation und Entfremdung, Stuttgart/Bern 1971; E. Pfeil, Die Familie im Gefüge der Großstadt, Hamburg 1965, S. 59 ff; K. Zapf u.a., Stadt am Stadtrand, Fankfurt/M. 1969, S. 108 ff; M. Young/P. Willmott, a.a.O., S. 142 ff.

23 Von zehn Neubausiedlungen, zu denen Sozialdaten gesammelt wurden, haben nur zwei - Berlin-Märkisches Viertel und Düsseldorf-Garath - nach der amtlichen Statistik eine Mehrheit von Arbeiterhaushalten; im allgemeinen schwankt deren Anteil zwischen 26 und 52 Prozent, der Anteil der Angestellten und Beamten-Haushalte liegt zwischen 44 und 67 Prozent; Selbständigen-Haushalte sind mit 4 bis 7 Prozent unterrepräsentiert (Gropius-Stadt, a.a.O., Tabelle 4, S. 39).

24 „In einer Hamburger neuen Siedlung (Lurup-Osdorf) zeigte sich deutlich, daß die Oberschicht eher bereit war, im Falle des Wegreisens den Wohnungsschlüssel an eine Nachbarin zu geben, als die Arbeiterschicht. Sie waren unbefangener als die Arbeiterinnen, die sich nicht gern 'in die Wohnung gucken lassen' wollten." (E. Pfeil, 1972, a.a.O., S. 266).

25 M. Maurice/D. Delomenie, a.a.O., S. 136 (eigene Übersetzung)

26 Es sind keineswegs alle! Alte Arbeiterviertel haben zwar durchweg eine schlechte

bauliche Verfassung - aber nur in der Minderheit deutscher Sanierungsgebiete ist die Beseitigung schlechter Wohnverhältnisse das Hauptziel. „Funktionsschwäche-Sanierungen" überwiegen, und hiervon sind Arbeiterviertel eher zufällig und oft nur zu Teilen betroffen. Gleichwohl werden überwiegend „kleine Leute" als Bewohner der meisten Sanierungsgebiete in Mitleidenschaft gezogen. Insgesamt dürfte von den großen alten Arbeitervierteln - vom Schlage Berlin Wedding, Hannover-Linden und so weiter - die Mehrzahl zumindest teilweise in Sanierungen einbezogen sein.

27 Vgl. zum folgenden: M. Fried, Trauer um ein verlorenes Zuhause, in: Sanierung - für wen? Hrsg. Büro für Stadtsanierung und soziale Arbeit Berlin Kreuzberg, 2. erw. Auflage Berlin (W) 1971; Sanierungsfolgen, a.a.O.; W. Tessin, Stadterneuerung und Umsetzung, Göttingen (Diss.) 1977.

28 Äußerung eines Bewohners des Sanierungsgebiets Wedding, in: Sanierungsfolgen, a.a.O., S. 171.

29 Ebd., S. 127

30 Für entsprechende statistische Angaben vgl. Wirtschaft und Statistik 1974, S. 278 f., die Entwicklung der Ausstattung von Haushalten bei B. Joerges, Berufsarbeit, Konsumarbeit, Freizeit, in: Soziale Welt, 2, 1981, S. 173.

31 C. Commandeur/H. Nokielski, Konsum und Urbanität, in: Sociologica Internationalis 1/2, 1977, S. 249

32 Vgl. A. Lehmann, a.a.O., S. 111 f.

33 Vgl. M. Young/P. Willmott, a.a.O., S. 153; Gropiusstadt, a.a.O., S. 190 ff; K. Heil, a.a.O., S. 67 ff.

34 Vgl. A. Funk, a.a.O.; A. Lehmann, a.a.O., S. 109 ff.

35 Vgl. H. Häußermann, a.a.O., S. 20 f.

36 Vgl. W. Kleinschmidt, a.a.O.

37 H. Nokielski, Organisierte Nachbarschaftshilfe als „neue" Form sozialen Helfens, in: Sociologica Internationalis 1981, S. 139 - 156

38 Vgl. T. Bargel/M. Kuthe, Gesamtschule und Gemeinde, Paderborn 1979; vgl. auch A. Göschel/U. Herlyn/J. Krämer/Th. Schardt, Zur Bedeutung von sozialer Infrastruktur für Arbeiterwohngebiete, in: Raumbezogenheit sozialer Probleme, Hrsg. L. Vaskovics, Opladen 1982.

IV
Soziologisches Arbeiten: Neugier, Zweifel, Zeitdruck

In der Fremde – als Industriesoziologen »im Feld«

Horst Kern, Michael Schumann

Über die Notwendigkeit, sich Fremdem zu stellen

Soziologische Arbeit verlangt allemal, sich auf Fremdes einzulassen. So sehr auch in der eigenen Situation Gesellschaftliches faßbar wird, Gesellschaft erschließt sich dem Soziologen nur, wenn er aus dieser Spezifik heraustritt. Doch wie kann dieses Heraustreten gelingen? Die Methodengeschichte der Soziologie bietet die unterschiedlichsten Antworten. Als einen fachgeschichtlichen Trend kann man dabei die vielfältigen Bemühungen festhalten, das Verfahren der direkten Anschauung, den Zugriff des Forschers mit Hilfe unmittelbarer sinnlicher Erfahrungen, als Forschungsmethode zu relativieren. Soweit solche Entwicklungen auf eine Schärfung des Methodenbewußtseins der Soziologen hinausliefen und vom Gedanken einer dialektischen Durchdringung von Empirie und Theorie getragen wurden, verhalfen sie sicher zur besseren Erkenntnis von Gesellschaft. Wo sich jedoch mit der Relativierung von Primärerfahrungen der Erfahrungsbegriff radikal verengte, indem das Einbohren in fremdes soziales Milieu zum hoffnungslos antiquierten, vorwissenschaftlichen Verfahren abgewertet wurde und die arbeitsteilige Ausgliederung der Empirie die Qualität eines professionellen Gütesiegels erhielt, kamen neue Probleme ins Spiel. Der Blick in die Fremde allein vom Schreibtisch aus mag als besonders ungetrübt erscheinen, neue Sichtweisen und Einblicke garantiert er aber nicht unbedingt. Lebendige Erfahrungen bleiben als Rohstoff soziologischer Analyse unerläßlich.

Es gehört zu Hans Paul Bahrdts Verdiensten, sich den Verengungen des Erfahrungsbegriffs entgegengestemmt zu haben. Wie kein anderer hat er uns für den soziologischen Nutzen sensibilisiert, der in den Erfahrungen „am eigenen Leib“, im Hinsehen und Hinhören, gegebenenfalls Miterleben liegen kann - empirische Forschung also auch als grenzüberschreitende Erfahrungsarbeit des Soziologen selbst.[1] Was aber bedeutet dieser Ansatz für unsere empirische Praxis?

Notwendig ist zunächst einmal, daß wir „im Feld“ jene Krücken beiseitelassen, auf die man sich normalerweise in fremden Räumen gerne stützt:

fixe Wahrnehmungsmuster, stereotype Urteilsraster, das ganze Repertoire innerer Stabilisatoren, die Fremdem die Unvertrautheit zu nehmen scheinen. Die Chance, sich Neugier zu bewahren, Neues überhaupt sehen zu können, ist an die Bereitschaft und Fähigkeit geknüpft, persönliche Verunsicherung zu ertragen - ein Aspekt des Anforderungsprofils unseres Berufs, der an die psychische Struktur von Sozialforschern heranragt. Doch hat dieser Imperativ, der auf die Offenheit und Wahrnehmungsfähigkeit derjenigen hinzielt, die empirische Soziologie betreiben, vor allem aber auch eine methodische Implikation: Untersuchungen sind so anzulegen, daß Erkenntnisabsichten, theoretisches Vorverständnis und Forschungshypothesen, die präzise zu formulieren und zu explizieren für jede gute Untersuchung selbstverständlich ist, nicht in einem allzu engen Erhebungsschema operationalisiert werden. Operationalisierungen sind wichtig, aber starre Festlegungen vorab im Sinne vorweg *definitiv* fixierter Untersuchungseinheiten, Gesprächspartner, Beobachtungsobjekte, Ermittlungszeiten, Frage-, Einstufungs-, Antwortkategorien und so weiter können schädlich sein. Jede Form von Abhaksoziologie, die vor Ort bieder ihre vorformulierten Schemata durchcheckt, muß uns suspekt sein, weil sie immer in der Gefahr ist, in einer Art self-fulfilling prophecy nur noch bestätigt zu bekommen, was in die Instrumente vorher schon hineingegeben worden ist; wer in der Empirie nur sucht, was er ohnehin weiß, kann sich die Kosten und Mühe praktischer Recherchierarbeit eigentlich sparen.[2]

Dem Empirieverständnis, das uns für die Bahrdtsche Soziologie charakteristisch erscheint, entspricht es demgegenüber, Erhebungen ein Stück weit als Open-end-Prozesse zu organisieren: der Erkenntnisgewinn im Feld wird für die weitere Empirie sofort fruchtbar gemacht und in Form von erweiterten Zugriffen und schärferen Fragen in den Forschungsprozeß zurückgekoppelt. Die Erkenntnisabsichten müssen gerade bei einem solchen Vorgehen präzise vorformuliert sein. Der Erkenntnisfortschritt vollzieht sich hier aber als langsam tastendes Eindringen in die Sache - schon das Lernen und Schlußfolgern bei der Datenaufnahme hat Ergebnisqualität, die Erarbeitung von Resultaten wird nicht abgespalten und auf die abschließende Auswertung spezialisiert.

Diese methodischen Gesichtspunkte sind für unsere gegenwärtige Arbeit - die Studie „Rationalisierung und Arbeiterverhalten" - programmatisch. Inhaltlich geht es in dieser Untersuchung um den sozialen Konfliktstoff, der durch die Rationalisierung in der industriellen Fertigung aufgebaut worden ist oder künftig aufgebaut werden könnte. Wir gingen bei dieser Untersuchung von der Hypothese aus, daß die in letzter Zeit viel diskutierte „Reindustrialisierung" in zentralen Erfahrungsbereichen zwar noch nicht gegriffen hat, daß aber die 70er Jahre doch als eine Art Inkubationszeit verstanden werden müssen, in der ein qualitativ neuartiges Rationalisierungspotential entstanden ist, das in nächster Zukunft in der einen oder anderen Weise praktisch genutzt werden dürfte. Da diesem vermuteten neuen Rationalisierungsschub angesichts fehlender wirtschaftlicher Expansion ein gewaltiger Job-killing-Effekt innewohnen müßte und da, bei fehlenden Arbeitsplatzalternativen, rationalisierungsbedingte Freisetzungen im Interessenhorizont der Beschäftigten ganz eindeutig negativ besetzt sein dürften, rechneten wir mit einer stärkeren Problematisierung des „technischen Fortschritts" und wachsenden Konflikten.

Unsere These lautete entsprechend: stärkere Politisierung der Rationalisierungsthematik. Das zentrale Ziel der Studie sahen wir darin, zu klären, inwieweit das verfügbare technisch-organisatorische Handlungswissen von den Betrieben tatsächlich ausgeschöpft wird, in welcher Weise die Sensibilisierung gegenüber und die Kritik an betrieblicher Rationalisierung zu Alternativkonzepten führt, die den betrieblichen Handlungsprämissen und Planungen entgegengestellt werden, wo welche Kompromisse letztlich nötig sind; kurz: in welchen Bahnen der Rationalisierungsprozeß verläuft und welche sozialen Folgen mit ihm verbunden sind.[3]

Trotz aller Vorerfahrungen war die Feldarbeit für uns auch dieses Mal „Arbeit in der Fremde". Als recherchierender Instituts-Soziologe „im Feld" bleibt man immer auf eine Sonderrolle festgelegt;[4] auch bei bestem persönlichem Verständnis mit Mitgliedern des Untersuchungsfeldes wird dieses noch nicht zum eigenen Milieu. Im Fall unseres speziellen Gegenstandes - der industriellen Produktion im Großbetrieb - sind die Milieu-Differenzen und Situationsdiskrepanzen zudem besonders groß: zu effizienzgeprägt und getrimmt erscheinen die Menschen, zu massiv und komplex sind Anlagen und Maschinerie, zu großdimensional und vielfältig ist die Organisation, zu strikt und unausweichlich sind Abhängigkeitsverhältnisse und Herrschaftsstrukturen, zu potent wirkt schließlich der Prozeß mit seinem regelmäßigen output „greifbarer" Produkte, als daß sich Parallelen zur Alltagssituation eines Soziologen anböten. Für denjenigen, der zum ersten Mal mit industrieller Produktion zu tun hat, mögen die Differenzen besonders groß und Einblicke besonders schwierig erscheinen (übertriebene Abwehr oder heroisierende Überhöhung sind dann typische Reaktionen). Doch wird selbst ein Industriesoziologe mit Praxiserfahrungen das Empfinden von Fremdheit nicht völlig abschütteln können. Seine zunächst nur allgemeinen, fachunspezifischen Kenntnisse reichen nicht aus, um sich in einem neuen Betrieb von Anfang an zielsicher bewegen zu können; vorsichtig tastendes Vorgehen ist geboten, bis das konkrete Feld besser erschlossen ist.

Die Verunsicherungen, zu denen das Fremdheitsgefühl beim Eintritt in einen neuen Bereich führt, legen - wie sich immer wieder beobachten läßt - Fehlreaktionen nahe: sei es das Überspielen durch scheinprofessionelle Routinen (schematischer Rückgriff auf ein Korsett vorgefertigter Instrumente, Versuch eines impression-management durch Hervorkehren exklusiver Wissenschaftlichkeit und so weiter), seien es prinzipienlose Konformitätsbemühungen (jedem Gesprächspartner wird Nähe in Haltung und Eistellung signalisiert). Man kann allerdings die Fremdheit auch selbstbewußt und offensiv für die eigenen Zwecke nutzen. Nicht-dazu-gehören bedeutet ja auch Unabhängigkeit - es ist möglich, kaltschnäuzig nachzufassen, wo der Insider sich den Mund verbrennen würde; man darf auch einmal dümmer erscheinen als man tatsächlich ist, ohne einen Vermerk zu riskieren, um mit scheinbarer Naivität Zusatzinformationen herauszulocken; vor allem: Gegenpositionen zu beziehen ist für uns kein wirkliches Risiko. Das ist ein positiver Aspekt des Fremdheits-Problems.

Geht man von den hier skizzierten Erwartungen an die praktische Empirie aus, so wird niemand den Anspruch perfekter Einlösung stellen wollen.

Immer sind Kompromisse nötig, wobei wir in unserer neuen Untersuchung folgende Akzente gesetzt haben:

1. Die Beinarbeit des Recherchierens ist nur begrenzt delegierbar. - Die Arbeiten „im Feld" (Expertengespräche, Sammeln von Sekundärmaterialien, Arbeitsanalysen, Interviews) machen wir selber, zum Teil freilich unterstützt von Mitarbeitern. Dies nicht aus Mißtrauen gegenüber der Recherchierkunst anderer, sondern weil wir die Erfahrung gemacht haben, daß sich oft erst im engen Feldkontakt der Gesamteindruck herauskristallisiert, um den herum dann das ganze erhobene Material zu einem innovativen Befund organisiert werden kann. Sicherlich wäre der Einsatz spezieller Datenermittler bei einer auf Massenerhebungen abzielenden Empirie (die es für bestimmte Fragestellungen auch geben muß) unumgänglich, doch darf man eben aus der Arbeitsteilung zwischen „Sammlern" und „Analytikern" kein Credo machen.

2. Entschieden im Ziel, variabel im Kurs. - Zu Beginn der Feldarbeit hatten wir, als Resultat relativ langer Vorbereitungsarbeiten, recht genaue Vorstellungen über unser empirisches Programm (schriftlich fixiertes Untersuchungskonzept, definierte Feldeinstiege, Checklisten für die Erhebungen und so weiter). Entsprechend unserem sich durch die Empirie erweiternden Kenntnisstand über die verschiedenen Untersuchungsbereiche konkretisierten und modifizierten wir aber unser Vorgehen, wobei wir uns (anders als bei der Arbeitsfolge Pretest/Haupterhebung) zu keinem Zeitpunkt die Möglichkeit flexibler Reaktionen nehmen lassen wollten. Vieles wäre verschenkt worden, wenn wir uns diese Offenheit nicht herausgenommen hätten. Erst während der Erhebungszeit zeigte sich verschiedentlich, daß bestimmte Untersuchungsfragen im Rahmen der ursprünglichen Fallauswahl nicht optimal geklärt werden konnten.

So wären heute noch weitgehend unbekannte und bisher nur fallweise praktizierte Rationalisierungsverfahren, die aber neue Rationalisierungsschübe signalisieren, nicht zu erfassen gewesen, wenn wir stur an unserer anfänglichen Betriebs- und Fallauswahl festgehalten hätten: so wären auch die Rationalisierungserfahrungen der Beschäftigten, über die wir im Laufe unserer Arbeit immer mehr erfuhren, nicht auszuloten gewesen, wenn wir unser eigenes Lernen erst einmal ausgeklammert hätten, statt es ständig in gezieltere Fragen im Rahmen des nur thematisch festgelegten Interviews umzusetzen.

In diesem Sinne offene Empirie, die uns jedenfalls bei einem Thema wie dem unsrigen optimal erscheint, lebt wohlgemerkt von der Entschiedenheit des inhaltlichen Zugriffs; erst durch ihn wird die Grundsicherheit gewonnen, die davor bewahrt, ohne Kontrolle im Feld hin- und herzutreiben und prinzipienlos dem ad hoc-Interessanten zu folgen.[5]

3. Methodenvielfalt bei der empirischen Erhebung. - Wir arbeiten mit unterschiedlichen Methoden, weil die Beschränkung auf ein einzelnes Verfahren an dessen speziellen Zugriffshorizont bände, während bei gezielter Metho-

denkombination das gesamte Problem abgedeckt werden kann. Die auf verschiedensten Wegen gewonnenen Daten werden gegeneinander gestellt und können sich gleichermaßen ergänzen wie kontrollieren: mitgeteilte Meinungen werden mit eigenen Beobachtungen verknüpft: Urteile von Arbeitern, Technikern, Managern, Betriebsräten, Gewerkschaftsfunktionären und so weiter werden untereinander verglichen; schriftliches Material wird mit mündlichen Aussagen kombiniert. So können Widersprüche aufgehellt, mangelhafte oder falsche Aussagen identifiziert, Materiallücken geschlossen werden. Dieses Prinzip der „cross examination" ist manchmal etwas mühsam und schwerfällig; es riskiert viele Umwege und produziert Datenkonvolute, von denen sich bei der Endauswertung manches als überflüssig erweisen kann. Doch kennen wir bei Untersuchungen mit komplexerer Fragestellung kein besseres Verfahren, um der Realität möglichst nahe zu kommen.

Inwieweit die Erwartungen, die wir mit dieser Empirie verbinden, letztlich tatsächlich aufgehen, wird sich endgültig erst nach Abschluß der Auswertungsarbeit erweisen. Heute aber wissen wir bereits: es ist in der Durchführung spannende Empirie. Ermittlung sozialer Daten bekommt eine detektivische Komponente: als Sozialforscher also ein bißchen in der Nähe zu Philip Marlowe.

Über die Schwierigkeit, vertraut Gewordenes zu objektivieren

Der Gedanke einer offenen und erfahrungsbetonten Empirie, auf den wir unsere bisherigen Überlegungen stützten, ist bei Bahrdt in ein spezifisches Interpretationskonzept eingebettet, die „phänomenologische Methode". Bahrdt sieht in der phänomenologischen Beschreibung, Analyse und Deutung sozialer Prozesse die Anwendung der Husserlschen Philosophie in soziologischen Fragestellungen - ein Theoriezusammenhang, den wir hier nicht weiter verfolgen wollen. Auf soziologische Analysen transponiert, verspricht sich Bahrdt von der phänomenologischen Methode, daß die empirischen Beschreibungen des Soziologen fortgesetzt, akzentuiert, vertieft werden in Richtung einer Verstehensanalyse. Auch die raffinierteste Recherche und detaillierteste Datenpräsentation im Sinn des präzisen Abphotographierens sozialer Phänomene bliebe für Bahrdt äußerlich; ohne ein Hineinversetzen in die innere Logik des beschriebenen sozialen Geschehens wäre das Erkenntnisziel der Soziologie verfehlt, und eben dieses für die Soziologie konstitutive Eindringen in soziales Verhalten glaubt Bahrdt mit Hilfe der Phänomenologie erreichen zu können. Phänomenologische Methode als Prinzip Bahrdtscher Soziologie bedeutet also, daß man nicht bei der Beschreibung der äußeren Merkmale der untersuchten sozialen Strukturen stehenbleibt, sondern auf dem Weg gedanklicher Durchdringung dieser Situationsmerkmale aus der Perspektive der jeweiligen Akteure, durch „Mitgehen" mit ihren Handlungen, zum Verständnis der inneren Struktur der sozialen Situation vorstößt. Besonders in seinen arbeitssoziologischen Analysen konnte

Bahrdt die Phänomenologie als soziologische Methode demonstrieren. Seine Studien über die Arbeitssituation von Industriearbeitern und Industrieangestellten - bis heute in ihrer Genauigkeit, in ihrer verständnisvollen, dabei Distanz wahrenden Interpretation und in ihrem aufklärerischen Gehalt unübertroffen - sind Beweis für die Fruchtbarkeit dieses Ansatzes in der Soziologie.

Von der Intention her waren diese Arbeiten auch ein Stück bürgerlich-intellektueller Selbstaufklärung. Auch wenn ihr Gegenstand mit der gesellschaftstheoretischen Grundannahme legitimiert wurde, daß in der industriellen Durchgestaltung des Lebens *der* entscheidende Zug moderner Gesellschaft liege und daß die Industriebeschäftigung gleichsam den „Seismograph" dieses Sachverhaltes bildeten, so ergab sich der Impetus der Untersuchungen wohl erst aus der Verknüpfung dieses Gesellschaftstheorems mit Ideologiekritik: Problematisch erschien das Gesinnungshafte des Denkens vieler intellektueller Zeitgenossen über Industriearbeiter und eine Tendenz zur unreflektierten Übertragung intellektueller Maßstäbe und Erfahrungen auf die Arbeiterschaft. Als notwendig galt demgegenüber ein seriöseres Sich-Einlassen auf die Industriewelt - für Intellektuelle fremdes Milieu par excellence - durch sensible Empirie und verstehende, nicht überfremdende Interpretation. In diesen Studien gingen also Erkenntnisabsicht und Methode eine enge und eindeutige Verbindung ein: Industriesoziologie fand in offener Empirie und phänomenologischer Analyse eine konsequente methodische Umsetzung.

Unsere eigenen Forschungen können wir nicht als zielstrebige Fortführung dieses vielschichtigen Konzepts präsentieren. Rückschauend erscheint es uns am ehesten so, daß uns an der Bahrdtschen Soziologie Empirieverständnis und -methode besonders stark faszinierten; daß wir die Vorgehensweise auf andere, sozusagen ‚unbahrdtsche' Fragestellungen übertragen wollten, ohne freilich die Verwicklungen richtig zu bedenken, die sich ergeben können, wenn man eine Methodologie aus ihrem gedanklichen Kontext herauslöst. In „Rationalisierung und Arbeiterverhalten" spüren wir diese Komplikationen besonders deutlich.

Zum besseren Verständnis zunächst noch einige Informationen über unsere Studie: Wenn wir hier aus schon angedeuteten Gründen von der These ausgehen, daß Rationalisierung in der sich abzeichnenden Phase zunehmend mehr als Politikum begriffen und nicht nur in ihren Folgen, sondern schon als Prozeß zum Problem wird, so müssen wir zunächst diejenige Sozialkraft in den Mittelpunkt unserer Betrachtung rücken, von der anzunehmen ist, daß sie die Rationalisierung in die sozialen Auseinandersetzungen hineinzwingt: die Belegschaften, die, möglicherweise provoziert durch rationalisierungsbedingte Interessenverletzungen, eine eigene, gegen die Planungen des Managements gerichtete Rationalisierungsdiktion entwickeln könnte. Empirisch geht es uns deshalb in erster Linie um eine Abschätzung möglicher Folgen moderner Technologie für die Beschäftigten: Wie wirken sich die Rationalisierungsprozesse auf die Lage der involvierten Arbeiter im Betrieb und auf dem Arbeitsmarkt aus und wie werden diese Auswirkungen wahrgenommen, bewertet und gegebenenfalls beantwortet? Insbesondere: Wo zeichnen sich Interessenverletzungen ab? Ganz konkret: Inwieweit wird Rationalisierung heutzutage tatsächlich mit Arbeitsplatzvernichtung gleichgesetzt und insofern als evidente Interessenverletzung abgelehnt? Die Kenntnis rationalisierungsbedingter Interessenverletzungen scheint uns wichtig zur Beantwortung der Frage, inwieweit die Arbeitskräfte tatsächlich auf den kapitalistischen Rationalisierungsprozeß hemmend oder umformend einwirken, inwiefern sie also ein aktives Moment der Bewegung darstellen.

Diese Untersuchung ist in dem Sinn Arbeitersoziologie als wir das Problem in den Vordergrund stellen, inwieweit die Industriearbeiter auf die tatsächliche Nutzung des heute vorhandenen Rationalisierungspotentials Einfluß nehmen. Wir können uns in der empirischen Recherche aber nicht nur auf die Arbeiter einschließlich ihrer Vertretungen beschränken. Der soziale Gegenspieler der Belegschaft muß in die Untersuchung mit einbezogen werden, denn die Dynamik der Rationalisierung wird sich nur erhellen lassen, wenn man den technisch-organisatorischen Wandel im Betrieb in seiner Einbettung in die Gesamtheit der betrieblichen Kräfteverhältnisse erfaßt. „Rationalisierung aus der Kapitalperspektive" markiert zwar nicht die analytische Stoßrichtung unserer Untersuchungen, doch müssen wir das Managementverhalten im Rationalisierungsprozeß als Erklärungsvariable aufnehmen. Auch wenn wir nicht den Anspruch anmelden, die Verwertungskonzepte und die ihnen entsprechenden Produktionskonzepte so systematisch zu behandeln, wie dies in einer umfassenden ökonomischen Analyse nötig wäre, erscheint es uns gleichwohl erforderlich, die Planungen und Vorbereitungen des Managements zur Rationalisierung festzuhalten: Welche Momente des heutigen technisch-organisatorischen Handlungswissens gelten im Management als relevant für die Gestaltung der eigenen Produktion? Welche Modelle werden praktisch durchgespielt? Gibt es relevante Konzeptionsunterschiede innerhalb des Managements, worin liegen die Anwendungschancen der einzelnen Konzepte? Ganz besonders interessiert dabei die Frage, inwieweit die Belegschaft ins Kalkül einbezogen wird, vor allem, ob man mit Sperrigkeiten oder gar Widerwillen der Arbeiterseite rechnet und wie man sich darauf einrichtet; ob Ideen alternativer Rationalisierung erwartet werden, wie man damit umgeht und so weiter.

Mit dieser Fragestellung erstreckt sich unser Arbeitsfeld der Tendenz nach auf das ganze betriebliche Sozialsystem. Alle am betrieblichen Rationalisierungsprozeß beteiligten Gruppierungen und sozialen Kräfte - die Arbeiter, der Betriebsrat, die Unternehmensleitung, die technischen Kader in Konstruktion und Planung, die betrieblichen Vorgesetzten, die Personalverwaltung - müssen einbezogen werden. Nur unter der Bedingung, daß wir das Verhalten dieser verschiedenen Gruppierungen im Rationalisierungsprozeß einschließlich der damit verbundenen Interaktionen kennenlernen und begreifen, kann sich uns die Dynamik betrieblicher Rationalisierung entschlüsseln.

Diese gegenstandsnotwendigen Erkenntnisse gewinnen wir nun, indem wir uns auf jede Gruppierung so weit einlassen, daß ihr Handeln in der untersuchten Rationalisierungsbewegung in der ihr eigenen Logik und Perspektive nachvollziehbar wird. Ausgehend von den allgemeinen betrieblichen Situationsmerkmalen einer Gruppe (Funktion, Lage, Interessen) fragen wir nach ihrer spezifischen Rolle im Rationalisierungsprozeß (Initiator/Planer/Macher/Dulder?), und wir rekonstruieren den Zusammenhang zwischen Rolle und Interessenlage im Hinblick auf die darin angelegten Bewertungen und Gestaltungsimpulse. Auf dem Hintergrund dieser Vorklärungen analysieren wir das Verhalten der Gruppe bei der Rationalisierung (Ziele, Handlungen, insbesondere Konflikt/Kooperation). Die phänomenologische Methode kann bei diesem Bemühen, in die Situation der rationalisierungsbeteiligten Gruppen einzudringen und deren Bewertungen und Aktivitäten gegenüber Rationalisierung zu verstehen, eine Leitorientierung sein. Wir knüpfen deshalb in „Rationalisierung und Arbeiterverhalten“ konzeptionell an diesen Punkt an, auch wenn wir in unseren Einzelanalysen in keiner Weise die Tiefe im Auge haben können, die gerade für die Bahrdtschen Arbeitsstudien so charakteristisch ist.

Wir denken, daß wir durch die Aggregation der gruppenbezogenen Situationsanalysen zu einer recht differenzierten und verläßlichen Darstellung jener Handlungskonstellationen kommen können, aus denen heraus praktische Rationalisierung heute betrieben wird. Wo wir es mit Rationalisierungsbewegungen „im Fluß“, also noch nicht abgeschlossenen Wandlungen, zu tun haben - und gerade jetzt, in einer Periode ablaufender Rationalisierungsschübe darf man sich nicht nur an schon vollendete Prozesse halten -, erweist sich eine besondere Stärke phänomenologisch inspirierter Verhaltensrekonstruktion: Die in der Situationslogik einer (rationalisierungsbeteiligten) Gruppe verankerten Verhaltenspotentiale sind meist relativ stabil und verändern sich nur in größeren Zeiträumen. Sie stellen deshalb recht verläßliche Basisgrößen dar, in deren Kontext wir den bereits heute an einzelnen Zeichen erkennbaren Entwicklungspfad künftiger Technik reflektieren und im Hinblick auf Form und Eintrittswahrscheinlichkeit einschätzen und gewichten können. Wir sehen in der Ermittlung dieser Basisgrößen eine wichtige Vorarbeit, die uns zusammen mit unserem theoretischen Wissen über die Mechanismen kapitalistischer Rationalisierung die Konstruktion von Szenarien künftigen betrieblichen Wandels erlauben soll. Wir versprechen uns von diesem Weg einen Blick nach vorn mit vielleicht und hoffentlich weniger falschen Zurechnungen und schlichten Verlängerungen als in der bisherigen Rationalisierungsliteratur.

Soviel als Beschreibung unseres Vorgehens. Worauf es uns nun an dieser Stelle besonders ankommt, ist der Hinweis, daß in der Art und Weise, in der wir die phänomenologische Methode adaptiert haben, Imponderabilien liegen, die in den Griff zu bekommen nicht ganz einfach ist. Diese Schwierigkeiten resultieren unmittelbar aus der Anwendung des Verfahrens nicht mehr nur auf eine, sondern auf *mehrere* Gruppierungen im Betrieb. Sie werden durch die Tatsache zugespitzt, daß diese Gruppierungen zueinander in prinzipieller Gegnerschaft oder doch wenigstens in konfliktreicher Spannung stehen. Bahrdts industriesoziologische Situationsanalysen aber erstreckten sich immer auf *eine* Gruppe im Betrieb: die Industriearbeiter, dann auch die Industrieangestellten, jeweils also Teilkollektive abhängig Beschäftigter. Die anderen betrieblichen Gruppierungen waren zwar als „Gegebenheiten“ der Arbeiter- beziehungsweise Angestelltensituation präsent. Insofern sie tatsächlich dem analysierten Verhalten „begegneten“, mußten die Verhaltensweisen „der anderen“ thematisiert werden. Die Unternehmensleitung, die Vorgesetzten, die Techniker, die Personalverwaltung, auch der Betriebsrat kamen jedoch immer nur als inhärenter Bestandteil der Situation der Arbeiter und Angestellten, nicht als analytisch selbständige Größe ins Spiel. Anders in unserem Fall: Unsere spezifische Fragestellung veranlaßt uns dazu, das (Rationalisierungs-)Verhalten nicht nur der Arbeiter, sondern auch der anderen Gruppierungen in je besonderen Situationsanalysen zu betrachten; alle Gruppierungen treten für uns sowohl als Akteure wie auch als Gegebenheiten in den Aktionen anderer Gruppen in Erscheinung.[6]

Die Schwierigkeiten, die sich uns durch diese Ausweitung stellen, lassen sich wie folgt umreißen: *Erstens* sind wir stärker als früher gezwungen, uns auf die betrieblichen Funktionsträger unterschiedlichster Stellung *als Personen* einzulassen; die affektiven Bezüge im „Feld" verlieren dadurch an Eindeutigkeit. *Zweitens* waren Bilanzierungen *in Sachfragen* für uns dadurch komplizierter, daß wir uns durch den verstehensanalytischen Ansatz die differenten Haltungen der verschiedenen betrieblichen Gruppierungen in ihrer je spezifischen inneren Plausibilität und in ihren eigenen Begründungen erschließen. *Drittens* droht mit dem Mehr an Differenzierung, das wir durch die ersten beiden Punkte gewinnen, die Gefahr von oberflächlichen Relativismen.

1. Soweit man empirische Sozialforschung tatsächlich als grenzüberschreitende Erfahrungsarbeit von Soziologen anlegt, wie wir es - wie gesagt - tun wollen, scheint sie uns ohne emotionales Band zwischen Forscher und „seinem" Feld kaum vorstellbar. Worin immer auch die persönlichen Begründungen für eine Untersuchung liegen mögen: Man muß damit rechnen, daß durch den Forschungsprozeß selbst die eigenen affektiven Bindungen an den „Gegenstand" verändert werden. Das Kennenlernen fremder Lebensverhältnisse, das Beobachten und Verstehen anderer Personen und ihres Verhaltens läßt sich nicht auf den kognitiven Bereich begrenzen, sondern verändert auch die Empfindungen des Forschers: Verstehen kann zu Verständnis, Wissen zu Betroffenheit führen. Bei einer Methode wie der phänomenologischen Situationsanalyse, die ja ganz explizit Verstehen durch gedankliche Beteiligung an der sozialen Situation der Erforschten und Nachvollzug der Situationslogik durch den Forscher erzielen will, muß man ganz besonders mit solchen Selbstveränderungen rechnen. In ihnen liegt übrigens nichts Negatives und man braucht sich ihnen gegenüber nicht zu sperren und zu verschließen; wichtig ist nur, daß man sich bei aller persönlichen Beteiligung die Fähigkeit bewahrt, die im Feld gemachten Erfahrungen zu objektivieren und in ihrer subjektiven Erlebnisqualität zu reflektieren.

Wenn wir nun sagen, daß die affektiven Bezüge in unserem Feld für uns heute komplizierter aussehen als früher, so aus folgendem Grunde: Solange wir in unseren Forschungen die Arbeiter ganz ins Zentrum der Verstehensanalyse stellten, hatten wir es nicht nur formal mit relativ einfachen, dualen Beziehungen zu tun - Arbeiter und Forscher. Zugleich erleichterte der Umstand, daß wir uns mit unseren auf gesellschaftliche Emanzipation gerichteten Forschungszielen in Übereinstimmung sahen mit Interessen dieser Gruppe für den Aufbau persönlicher Bindungen. Durch unser Bemühen, jetzt nicht nur die Arbeiter, sondern auch die verschiedenen Fraktionen des Managements und der technischen Kader verhaltensanalytisch zu erfassen, wird diese Beziehungsstruktur durcheinandergebracht. Wo wir uns früher mit Funktionszuweisungen begnügten und nicht hinter die „Charaktermasken“ blickten, erleben wir nun auch die Nicht-Arbeiter als Personen in eigenen Handlungssituationen und Verhaltenszwängen. Im Durchspielen von Verhaltensalternativen werden die Schwierigkeiten nachvollziehbarer, aus den gegebenen Rollen herauszutreten, und man kann sich nicht immer von dem Zweifel freihalten, ob man sich selbst, in vergleichbare Situationen gestellt, anders -„besser“ - verhalten könnte. Vielfach läßt sich der Eindruck einfach nicht abweisen: Hier wird Respektables geleistet. Wir haben an uns jedenfalls selbst beobachtet, daß sich über solche Erfahrungen auch eine Brücke zur Identifikation mit Personen im Betrieb auftun *kann*, die bei reiner Funktionsbetrachtung aus der Arbeiterperspektive eher im Negativbild der rationalisierungsbetreibenden Kräfte in Erscheinung treten. Unsere Bezüge auf das Feld werden also ambivalenter. Dies bedeutet einerseits Verunsicherung, ist zugleich aber eine heilsame Erfahrung: Das Mißtrauen gegen naive Parteinahme und einseitige Schuldzuweisungen, gegen eingängige „Feindbilder“, wird gestärkt; Moralismen und Personalisierungen werden nachhaltig destruiert.

2. Der Satz, daß der Antagonismus von Kapital und Arbeit die Dynamik der betrieblichen Entwicklung konstituiert und damit auch die Grundlinien der Rationalisierung prägt, ist richtig, erklärt in dieser allgemeinen Form aber zu wenig. Und selbst die Bestrebungen, das allgemeine gesellschaftliche Grundverhältnis analytisch in der betrieblichen Kräftekonstellation zu konkretisieren, sind solange bloß schematische Umsetzungen, solange es bei einer reinen Blockbetrachtung bleibt und die Differenzierungslinien und Vermittlungen innerhalb beziehungsweise zwischen den Blöcken nicht mit berücksichtigt werden. In der Beschreibung betrieblicher Handlungskonstellationen und Szenarien betrieblicher Rationalisierung, die sich empirisch auf phänomenologische Verhaltensanalysen stützt, sehen wir *eine* Möglichkeit, hier weiterzukommen.

Mit diesem Zugriff handeln wir uns zugleich aber einen Differenzierungsgrad ein, der auch die Gefahr in sich birgt, Verwirrung zu stiften. Wir erschließen uns nicht nur die Unterschiede in den Positionen, die die einzelnen Betriebsgruppierungen zur Rationalisierung einnehmen; wir erkennen auch, daß im Prinzip *jede* Gruppe für ihre Haltung aus ihrer Sicht eine gewisse Plausibilität reklamieren kann. Indem wir diese Gruppenhaltungen aber in ihren situationsgebundenen Begründungen nachzeichnen und als Ausdruck dieser Situationsmerkmale zu verstehen suchen, können wir nicht umhin, uns in dem Maße von unterschiedlichen Gruppensichten gefangen nehmen zu lassen, in dem diese tatsächlich eine nachvollziehbare innere Konsequenz und Begründetheit aufweisen. Ein Stück weit prägen sich die situationsgebundenen Logiken also bei uns selbst ein. Wissenschaftliche Urteile, auf die es uns letztlich ankommt, sind aber oberhalb dieser sich zum Teil ja widersprechenden Einzellogiken angesiedelt. Wenn wir zu einer objektivierten Gesamtbetrachtung kommen wollen, müssen wir uns also von den Einzellogiken wieder zu befreien suchen, ohne die über sie erst gewonnenen Differenzierungen und Einsichten in problematischen Pauschalurteilen zu verlieren. Hierin liegt eine Schwierigkeit, die in ihren Dimensionen nicht unterschätzt werden darf, auch wenn sie kein reines Negativum darstellt: der Zwang, sich bei der Erarbeitung des eigenen Urteils durch die Widersprüche zwischen den Einzellogiken hindurchzuarbeiten, ist durchaus produktiv.

3. Zwar, so meinen wir, schärft unsere Anwendung der phänomenologischen Situationsanalyse unseren Realitätssinn, indem sie uns die Vielfalt und Widersprüchlichkeit sozialer Phänomene deutlicher sehen läßt. Den Blick auf die hinter dieser gesellschaftlichen Komplexität stehenden Bau- und Bewegungsprinzipien der Gesellschaft gibt sie aber nicht frei. Je universeller wir die Methoden anwenden, desto deutlicher können wir die komplizierten Erscheinungsformen des Gesellschaftlichen erkennen; desto stärker ist aber andererseits auch die Gefahr, daß wir von der erkannten Vielfalt erdrückt werden. Stärkeres Mißtrauen gegenüber Moralismen und Personalisierungen und mehr Einsicht in die innere Stimmigkeit und situative Begründetheit von Partialurteilen sind ein Gewinn. Jedoch verlieren Differenzierungen und Relativierungen ihren Sinn, wenn sie zu Konturlosigkeit führen und die wissenschaftliche Urteilsbildung blockieren. Uns scheinen damit Grenzen der phänomenologischen Methode der Soziologie angesprochen zu sein. Den historischen Maßstab, den wir für unsere Analysen *auch* brauchen und der uns Richtiges von Falschem, Wahres von Unwahrem, Relevantes von Marginalem unterscheiden läßt, gibt sie uns nicht. Wir sind hier auf eine Theorie von der Gesellschaft verwiesen.

Treibt die Phänomenologie als soziologische Methode insofern zu jenseits ihrer selbst liegender Gesellschaftstheorie, so gibt sie solcher Theorie aber auch den Anspruch mit auf den Weg, die sozialen Verhältnisse in jener Differenziertheit zu dechiffrieren und zu bilanzieren, wie sie die phänomenologisch inspirierte empirische Analyse aufdeckt.

Anmerkungen

1 Wir beziehen uns hier teilweise auf die veröffentlichten Versionen der empirischen Studien, die Bahrdt - anfangs in enger Kooperation vor allem mit Heinrich Popitz - durchgeführt hat. Viel über sein methodisches Selbstverständnis erfahren wir ferner aus zwei unveröffentlichten Texten: einerseits dem „Arbeitsplan einer industriesoziologischen Untersuchung, durchgeführt als Sozialforschung in einem Hüttenwerk des Ruhrgebiets" vom März 1953, wo sich Bahrdt über „Methode und Prozesse der phänomenologischen Analyse des Arbeitsaktes" äußerte; andererseits einem autobiografischen Text vom Juni 1978, der als Beitrag zu einer dann doch nicht veröffentlichten „Soziologie in Selbstdarstellungen" gedacht war.

2 Diese Paraphrase auf Adornos Satz, daß „keine Untersuchung mehr an Resultaten abwerfen (kann), als geistig in sie investiert war" (Th. W. Adorno, Gesellschaftstheorie und empirische Forschung, in: Gesammelte Schriften Bd. 8, S. 541), wendet sich keineswegs gegen Adorno selbst, sondern gegen eine häufig anzutreffende, unseres Erachtens falsche Interpretation des Zitats. Adornos Position war gewiß kein Verdikt gegen empirische Arbeit überhaupt, sondern zielte auf einen unreflektierten

Empirismus; er selbst plädierte verschiedentlich für ein Empirieverständnis, das dem Gebot der Verschränkung von Gesellschaftstheorie und empirischer Einzelforschung durch einen Erfahrungsbegriff entgegenkommt, der nicht nur Fragmente sozialer Realität aufnimmt, sondern der ganzen Bandbreite menschlicher Erfahrungen - der „volle(n) unreglementierte(n) Breite der Erfahrungen" - entspricht (vgl. Wissenschaftliche Erfahrungen in Amerika, in: Th. W. Adorno, Stichworte - Kritische Modelle 2, Frankfurt 1969, S. 148).

3 Technische Angaben zu „Rationalisierung und Arbeiterverhalten": Abschluß der Erhebungen im Mai 1983. Über Ansatz und erste Ergebnisse der Studie haben wir berichtet in: R. Jokisch (Hrsg.), Techniksoziologie, Frankfurt 1982, S. 368 - 393; G. Schmidt u.a. (Hrsg.), Materialien zur Industriesoziologie, Sonderheft 24 der Kölner Zeitschrift für Soziologie und Sozialpsychologie, Opladen 1982, S. 105 - 131; Mitteilungen des Soziologischen Forschungsinstituts Göttingen SOFI, Heft 7, 1982, S. 58 - 81 (Beitrag zu den Verhandlungen des 21. Deutschen Soziologentages).

4 Die Sonderfälle einer Sozialforschung in „teilnehmender Beobachtung" sowie die Tätigkeit von im Betrieb angestellten Soziologen können wir hier außer acht lassen.

5 Offene Empirie ist im übrigen auch eine gute Antwort auf die gerade in der Industriesoziologie zunehmenden Schwierigkeiten, Zugang zum Untersuchungsfeld zu finden. Das für sie charakteristische Prinzp elastischen Vorgehens ermutigt zu Ausweichbewegungen, wenn die ins Auge gefaßten Wege verstellt sind.

6 Unsere früheren Studien waren demgegenüber stärker „arbeiterzentriert". In „Industriearbeit und Arbeiterbewußtsein" (Frankfurt 1970) analysierten wir, inwieweit Arbeitssituation und Bewußtsein der Industriearbeiter im Zuge des technischen Wandels verändert werden; Management und Betriebsrat interessierten uns damals nur indirekt, gleichsam als technikbeeinflussende Rahmengrößen. In „Rationalisierung, Krise, Arbeiter - Eine empirische Untersuchung der Industrialisierung auf der Werft" (M. Schumann, E. Einemann, Ch. Siebel-Rebell, K. P. Wittemann, Frankfurt 1982) wurde die Analyse des technisch-organisatorischen Wandels zwar ausgeweitet und dynamisiert, doch wurde hauptsächlich auf Funktion und objektive Wirkungen des Managementverhaltens abgestellt, während die Handlungssituation der verschiedenen Managementfraktionen noch keine Aufmerksamkeit beanspruchte. Erst in „Rationalisierung und Arbeiterverhalten" bewegen wir uns also auf der oben beschriebenen Ebene.

Die Mythologisierung des Lebenslaufs. Zur Problematik des Erinnerns

Martin Osterland

Ach, das Gespenst des Vergänglichen
durch den arglos Empfänglichen
geht es, als wär es ein Rauch.

Rilke

Als Hans Paul Bahrdt Mitte der 70er Jahre[1] den Soziologen empfahl, sich mehr mit den erzählten Lebensgeschichten von Industriearbeitern zu befassen, weil sie als Artikulationsform der unteren Schichten des Volkes eine unverzichtbare Quelle darstellten und obendrein bei Linksintellektuellen Vorurteile über die Existenzweise von Arbeitern zu durchbrechen vermöchten, konnte er nicht ahnen, wie schnell sich die so Angesprochenen des Themas bemächtigen würden. Das von Bahrdt vermutete Desinteresse der Sozialwissenschaften an der Kunst des Erzählten fand sich alsbald zwischen Buchdeckeln wieder: Von der „Soziologie des Lebenslaufs" bis zur „Biographie in handlungswissenschaftlicher Perspektive" wurden Lebenslauf, Lebenszusammenhang, Lebenserfahrung, kollektives Gedächtnis und so weiter und so fort zum Gegenstand wissenschaftlicher Bemühungen. Einschlägige Colloquien und Tagungen fanden statt, auf denen im Grußwort in einem Atemzug verkündet wurde, Lebensgeschichten erzählten, „was die Menschen wirklich erlebt haben" und es sei „noch immer das Leben selbst, das die besten Romane schreibt".[2] Sogar jene Linksintellektuellen, denen Bahrdt diesbezüglich Vorurteile unterstellt hatte, nahmen die Anregung auf: „Erfahrungen - Sozialisten bearbeiten ihre politische Sozialisation"[3] hieß es dann, und so sah sie auch aus.

Auch die Historiker entdeckten mit der oral history die erzählte Lebensgeschichte als Quelle. „Geschichtsschreibung von unten" war das Stichwort, und nur selten fehlte der Verweis auf Brechts „Fragen eines lesenden Arbeiters", der bekanntlich wissen wollte, ob Cäsar im Gallischen Krieg einen Koch bei sich gehabt habe.

Der Blick aufs Vergangene wurde zum „Perspektivenwechsel": „Wir beginnen uns für uns selbst und für die Herkunft der eigenen Lebensbedingungen, Verhaltensweisen, Deutungsmuster und Handlungsmöglichkeiten zu interessieren".[4]

Selbst die Psychoanalyse, schon immer mit Lebensgeschichten befaßt, besann sich auf die Vergangenheit und legte, indem sie mit der Urschreitherapie gleichsam in den Mutterleib zurückging, noch ein paar Monate zu.

„Die Wiedergewinnung der zeitlichen Perspektive des Lebenslaufs", so hatte Bahrdt seinerzeit geschrieben, „soll dazu verhelfen, den Zusammenhang von aktueller Lebenssituation und übergreifenden gesellschaftlichen Strukturen besser zu erklären als es mit den bisher üblichen Methoden der empirischen Sozialforschung gelungen ist, die all zu sehr den Charakter von Momentaufnahmen hat".[5]

Doch was bescheiden helfen sollte, einen Zusammenhang „besser zu erklären", wurde binnen kurzem zu „Elementen eines integralen biographietheoretischen Paradigma für die Sozialwissenschaften".[6] Kurz: Die Lebensgeschichte als Gegenstand und die soziobiographische Methode sind seit geraumer Zeit aus den Sozialwissenschaften nicht mehr wegzudenken.

Dieses Interesse an Geschichte, Vergangenheit, Herkunft - gleichviel ob der eigenen oder derer, welche sich bislang nicht artikulieren konnten oder wollten und denen man nun zur Sprache verhelfen will - kommt vermutlich nicht von ungefähr. Doch darum soll es hier nicht gehen. Ob die Hinwendung zur erzählten Vergangenheit zur Renaissance des Marxismus gehört, die mit der „zweiten (proletarischen) Kultur" das „wirkliche Leben" und damit die „wirkliche, positive Wissenschaft"[7] entdeckt hat oder eher als gesundes Traditionsbewußtsein eine neokonservative Reaktion auf sozialistische Utopien darstellt, weil „handlungsorientierende Kraft allein historischen Wissenschaften zugestanden (wird), die mit erzählerischen Mitteln Traditionen vergegenwärtigen und Kontinuitäten sichern"[8] oder schließlich „mit dem Verfall der Biographie als geschichtswissenschaftliches Genre" zusammenhängt,[9] braucht deshalb an dieser Stelle nicht erörtert zu werden.

Vielmehr sollen einige Anmerkungen zu methodologischen Problemen gemacht werden, die zwar in der stürmisch anwachsenden Literatur zur Soziobiographie oft in irgendeiner Form Erwähnung finden, aber ebensooft in der Emphase, die mit (Wieder)Entdeckungen meist einhergeht, aus dem Blickfeld zu geraten drohen.

I.

Die Bereitschaft, seine Lebensgeschichte zu erzählen, kann nicht ohne weiteres vorausgesetzt werden. „Erst wenn das Bedürfnis besteht, sich umfassend über sich selbst, ferner über seine gegenwärtige soziale Situation und eventuell auch über die eigene Zukunft Klarheit zu verschaffen, weil all dies in seinem Zusammenhang nicht selbstverständlich, sondern problematisch ist, besteht ein Anlaß zu einer systematischen, genauer: sinngebenden Rekapitulation des eigenen Lebens oder entscheidender Perioden des eigenen Lebens."[10]

Abgesehen davon, daß ein derartiges Bedürfnis in jüngeren Jahren vermutlich noch nicht besonders ausgeprägt ist, also Lebensgeschichte als Gegenstand der Soziologie vornehmlich auf ältere Jahrgänge beschränkt wäre, kann der Soziologe, der sich für Biographien interessiert, nicht auf einen solchen Anlaß zur Rekapitulation des Lebens warten. Ihn interessiert in der

Regel nicht der zufällige Einzelfall, der bei passender Gelegenheit (im Eisenbahnabteil, am Tresen, auf dem Campingplatz) Geschichten aus dem Leben zu erzählen beginnt.[11] Er geht gewöhnlich systematisch vor, wählt jene, deren Geschichte ihn aus bestimmten Gründen interessiert, nach bestimmten Gesichtspunkten aus und sucht sie zum Erzählen zu ermuntern, wenn nicht zu provozieren.

Nicht der Erzähler sucht einen Zuhörer für seine Geschichten, vielmehr muß dieser erst jemanden gezielt finden, der bereit ist, ihm etwas zu erzählen.

Denn was könnte jemanden dazu bringen, ausgerechnet beim Anblick eines Soziologen das heftige Bedürfnis zu verspüren, seine Lebensgeschichte vor ihm auszubreiten. Gewöhnlich muß diese Bereitschaft erst erzeugt werden; es ist nicht die Couch des Psychoanalytikers, auf die sich einer legt und auf diese Weise Erzählbereitschaft signalisiert.

Indem man über sich, sein eigenes Leben spricht, gibt man mehr von sich preis als im Frage- und Antwortspiel eines herkömmlichen Interviews, wo man in der Regel zu Themen Stellung nimmt, die eine gewisse Distanz erlauben. Das Erzählen der Lebensgeschichte setzt ein Vertrauen voraus, welches sich keineswegs von selbst versteht und oft erst nach einer gewissen Zeit errungen werden kann.

Diese Zurückhaltung, sich sozusagen ohne Umschweife in der Lebensgeschichte zu offenbaren, jedenfalls bei Arbeitern, zeigt sich in der Art und Weise, wie viele zunächst diese Lebensgeschichte zu erzählen beginnen - nämlich so, wie es bei Bewerbungen und dergleichen im Stile des „Curriculum vitae" Konvention ist: Geboren in x im Jahre y, Schule von dann bis dann und so weiter und so fort. Dieses schnörkellose Zur-Sache-Kommen, das den Lebenslauf auf die bloßen Fakten reduziert, geht wahrscheinlich auf entsprechende Erfahrungen zurück. Der Soziologe, der einem Arbeiter den Lebenslauf abverlangt, wird also zunächst mit dem bedient, was, wie der Erzähler glaubt, von ihm erwartet wird. Von einem Bedürfnis nach sinngebender Rekapitulation kann dabei keine Rede sein. Daß ein fremder Zuhörer, womöglich ein Akademiker, der mit laufendem Tonbandgerät oder gezücktem Kugelschreiber erwartungsvoll vor einem sitzt, ein darüber hinaus gehendes Interesse an einer detaillierten Schilderung der Lebensgeschichte eines Arbeiters haben soll, ruft erst einmal eher Mißtrauen, zumindest Erstaunen hervor. Der Verdacht, dahinter etwas zu vermuten, das den Interessen dessen, der zum Erzählen aufgefordert wird, zuwiderlaufen könnte, muß zerstreut werden. Erst allmählich läßt sich jenes Mitteilungsbedürfnis wecken, welches dann, zugegeben, gelegentlich sogar exzessive Formen bis zur ausschweifenden Lebensbeichte annehmen kann, die mehr umfaßt als selbst nahe Verwandte wissen.

Die aus der einschlägigen Literatur hinlänglich bekannten Schwächen des mündlichen Interviews und der Interviewsituation treten in einer solchen Situation noch verschärft hervor. Der Soziologe bleibt nicht in seiner Rolle als schlichter Zuhörer, dem sich jemand, einem dringenden Bedürfnis folgend, mitteilt. Er greift mehr oder weniger stark ein, animiert, regt an, steuert. Diese Eingriffe reichen von der Ermunterung fortzufahren, weil der Erzählstrom versiegt, bis zur abwehrenden Unterbrechung, weil beispielsweise stundenlang Kriegsanekdoten berichtet werden.[12] Lebensgeschichten, die kaum vorab systematisch zu antizipieren sind, da sich in ihnen ja auch das Unerwartete äußert, können dadurch lakonisch kurz wie ausufernd lang geraten.

Eine solche behutsame Steuerung ist allerdings eher in Kauf zu nehmen, als die zufälligen Episoden, Segmente, Bruchstücke von Lebensläufen - eben Geschichten aus dem Leben, nicht Lebensgeschichte -, die ein unvollständiges Puzzle ergeben - kein Bild und auch keinen „Sinn" -, und die Informationen enthalten, die einer soziologischen Analyse, die den Zusammenhang mit übergreifenden gesellschaftlichen Strukturen deutlich machen soll, nur schwer zugängig sind. Schließlich bleibt es auch nicht immer bei einem Zuhörer, dem Soziologen. Nicht selten ergibt sich ein Publikum, und wer einmal erlebt hat, wie die Schilderung einer Lebensgeschichte eine vollkommen veränderte Färbung erhält, aus dem bramabersierenden Helden ein bemitleidenswertes Opfer wird (und vice versa), weil sich beiläufig die Ehefrau dem Gespräch zugesellt, weiß, wie die jeweiligen Adressaten ihrerseits den Gang der Ereignisse beeinflussen, der die Schilderung des Lebenslaufes ausmacht. Weder ein ausschweifender, mit einer Fülle von Details versehener Lebenslauf, noch ein schmuckloser, der sich auf weniges beschränkt, muß deshalb für seinen Erzähler stehen. Die Situation, in der vorgetragen wird, hat bereits auf Umfang, Ausformung, Detail, Diktion und so weiter einen kaum einschätzbaren Einfluß.

Das ist gewiß keine besonders erregende Erkenntnis, aber sie wird nicht selten in der Diskussion um die soziobiographische Methode außer acht gelassen. Schwerer wiegt indes ein zweites Problem. Die Schilderung des Lebensverlaufes verlangt nicht nur Ansichten, Meinungen, wie sie im Interview erfragt und relativ mühelos gegeben werden, sondern in erheblichem Maße auch Erinnerungsfähigkeit, Gedächtnis.

II.

Die Psychologie des Gedächtnisses hat uns einiges an Kenntnissen geliefert, was überhaupt behalten, was vergessen, was erinnert wird. Das ist bedauerlicherweise nicht gerade viel. Selbst wenn man Zweifel an den vornehmlich experimentell gewonnenen Ergebnissen hat, nach denen rund 75 Prozent dessen, was man aufnimmt,[13] in kurzer Zeit wieder vergessen ist, scheint das Gedächtnis für die Rekapitulation von Lebensgeschichten keine besonders zuverlässige Stütze zu sein.

Obwohl Behaltensprüfungen, mit denen in der Psychologie beispielsweise Zahlen- und Namensgedächtnis geprüft werden, kaum mit den Bemühungen zu vergleichen sind, vergangene Ereignisse der Lebensgeschichte in Erinnerung zu rufen, dürfte das, was dem Vergessen unwiderruflich anheim fällt, dennoch beträchtlich sein. Gedächtnis ist nämlich keine Entität, sondern ein Prozeß mit einer zeitlichen Struktur.[14] Das neu Hinzugelernte ersetzt das Alte und übt rückwirkend eine (reproaktive) Hemmung auf das Behalten des ersten aus.

Vergessen ist danach nicht bloßes Verstreichen der Zeit, sondern ein aktiver Prozeß, der sowohl zum Verfall als auch zum Verdecken einer Gedächtnisspur führt, die später als Reminiszenz wieder auftreten kann, wenn jene reproaktive Hemmung sich ihrerseits verflüchtigt.[15] Inwieweit sich dabei das Erinnerte verändert, bleibt im Ungewissen. Freud spricht von Deckerinnerungen,[16] die in der Reproduktion als Ersatz für andere, wirklich bedeutsame Eindrücke stehen, deren direkte Reproduktion aber durch einen Widerstand gehindert ist. „Akkurate Erinnerung ist nicht die Regel, sondern die Ausnahme",[17] denn vergangene Zustände haben keine separate Identität mehr, die hatten sie nur einmal, nämlich als sie real gegenwärtig waren.

Peter Weiss, der für seine „Wunschbiographie" in „Ästhetik des Widerstands" an jenen Stätten recherchierte, an die es ihn während seines Lebens verschlagen hatte, notierte in seinen Notizbüchern immer wieder die Verwunderung darüber, daß er alles ganz anders vorfand, als er sich erinnerte - eine Erfahrung, die jeder schon gemacht hat, wenn er zum Beispiel nach jahrelanger Abwesenheit an den Ort seiner Kindheit zurückkehrt. Weiss zeichnet auf, „was ich früher nicht sah".[18] „Gedächtnisüberprüfung" nennt es Christa Wolf, die in „Kindheitsmuster" ähnliche Erfahrungen und die Anstrengungen, derer es bedarf, sich zu erinnern, beschreibt.

Die Haltbarkeit des Gedächtnisses ist offensichtlich äußerst beschränkt. Das gilt vor allem in unserer Kultur, weil im Zweifelsfall auf die Haltbarkeit schriftlicher Erzeugnisse vertraut wird. Auch Weiss verläßt sich darauf, seine Recherche nach der verlorenen Zeit später mit Dokumenten, Unterlagen, Akten ergänzen zu können.

Bartlett, der auf die schriftlosen Kulturen Afrikas verweist, stellt demgegenüber fest, daß dort, wo mündliche Überlieferung die geschichtliche Kontinuität herstellen muß, das Gedächtnis eine viel größere Rolle spielt.[19] Mangels schriftlicher Fixierung, auf die man zurückgreifen kann, sind entsprechende Gedächtnisleistungen selbstverständlicher Bestandteil der Kultur. In unserer Kultur, wo von der Wiege bis zur Bahre eine ungeheure Fülle von Lebensdaten schriftlich festgehalten ist, scheint diese Fähigkeit weitgehend abhanden gekommen zu sein.

Allerdings hat diese beschränkte Fähigkeit, sich zu erinnern, weil sehr viel ohnehin in irgendeiner Form schriftlich festgehalten ist, auch den Vorteil, die Lückenhaftigkeit des Gedächtnisses zu kontrollieren. Daß soviel schriftlich fixiert ist, erlaubt gleichzeitig die Überprüfung des Erinnerten. Historiker, die mit der Methode der oral history arbeiten, machen sich das zunutze, meistens bei der Rekonstruktion geschichtlicher Ereignisse, die offiziell dokumentiert sind, und in die man subjektive Erfahrungen, die die Beteiligten dabei gemacht haben, einbeziehen will. Die Differenzen zu dem, was belegt ist, und dem, was erinnert wird, sind in der Regel beträchtlich.

Das oral history-Projekt am City-College in New York, das die Geschichte der Gründung einer Textilarbeitergewerkschaft untersuchte und zu diesem Zweck zwei Zeugen, die seinerzeit dabeigewesen waren, berichten ließ, erhielt nicht nur erheblich voneinander abweichende Darstellungen, sondern beide erinnerten auch zahllose, aus den Dokumenten belegbare, historische Fakten falsch: Von den Jahres- und Mitgliederzahlen, über die Rolle, die ethnische Gruppen dabei gespielt haben, bis zur Bedeutung der Textilindustrie für die New Yorker Wirtschaft.[20]

Wahrscheinlich lag in diesen Fällen kein bewußtes Verschweigen vor, keine Unaufrichtigkeit, eher ein Fehlerinnern, das „dort, wo es Glauben findet“ von Freud in seiner „Psychopathologie des Alltagslebens“ als Erinnerungstäuschung bezeichnet wird.[21] Es ist ein Vergessen, in dem sich ein „elementares Abwehrstreben gegen Vorstellungen, welche Unlustempfindungen erwecken können“ ausdrückt. Und Freud zitiert in diesem Zusammenhang einen Aphorismus Nietzsches: „Das habe ich getan, sagt mein Gedächtnis. Das kann ich nicht getan haben, sagt mein Stolz und bleibt unerbittlich. Endlich - gibt das Gedächtnis nach.“[22]

Die Diskussion um die sogenannte unbewältigte Vergangenheit, das nach 1945 wie ein Kehrreim umlaufende „Das haben wir nicht gewußt“, mit dem eine Generation Deutscher zu verdrängen suchte, was sie nicht wissen wollte, illustriert diesen Vorgang der „tendenziösen Natur der Erinnerung“ (Freud).

III.

Es bleibt freilich nicht beim Vergessen, Fehlerinnern, Verdrängen. Die Autoren des New Yorker Projekts zeigen sich gleichzeitig beeindruckt „von der Einbildungskraft, die diese Erzählungen bestimmt“.[23] Es zeigt sich darin, daß Erinnern keine direkte Wiederholung des (endgültig) Vergangenen, sondern eine Rekonstruktion der früheren Situation ist. Die „soziale Erinnerung“, wie Bartlett sie nennt, nimmt offenbar einen „konstruierenden und erfindenden Charakter an“,[24] sie ist „konstruktive Imagination“.[25] „Jeder Mensch“, so sagt Max Frisch es mit anderen Worten, „erfindet sich früher oder später eine Geschichte, die er, oft unter gewaltigen Opfern, für sein Leben hält, oder eine Reihe von Geschichten, die mit Namen und Daten zu belegen sind, so daß an ihrer Wirklichkeit, scheint es, nicht zu zweifeln ist.“[26] Und nicht nur das. Man erfindet nicht nur eine, seine Geschichte, man erzählt sie auch mit einer bestimmten Intention. Selbst dort, wo sie sich als schonungslose Wahrheitsfindung proklamiert, verrät die Koketterie damit noch etwas über die Absichten: so möchte man sich selbst sehen und von anderen gesehen werden.[27]

Dies geschieht obendrein aus einer bestimmten Perspektive heraus: aus der Gegenwart. Von dort, wohin die Lebensgeschichte logisch führen muß, erhält sie zugleich ihre retrospektive Logik. Wenn man Canettis „Die gerettete Zunge“ oder Sartres „Die Wörter“ liest, scheint der Literaturnobelpreis für beide von Anfang an unvermeidbar gewesen zu sein. Die Obsession mit Literatur, Sprache, Schreiben, die offenbar ihr Leben in Kindheit und Jugend lückenlos bestimmte, führt gewissermaßen mit logischer Konsequenz geradewegs zum späteren, preisgekrönten Leben als homme de lettres - und wird von dort her, in der Retrospektive, wiederum so als frühe zentrale Erfahrung des Lebens geschildert. Dieses und jenes muß so geschehen sein, sagt sich - und dem Leser - der Erzähler, sonst wäre ich nicht der, der ich bin.

Damit ist das entscheidende Problem benannt. Alle Biographien, nicht nur die selbst angefertigten, auch die abgefragten, sind immer Dichtung und Wahrheit zugleich. Es verschlägt dabei nicht, ob man über sich oder andere Auskunft gibt, über Erlebnisse, die einem selbst widerfahren sind, oder Ereignisse, an denen man indirekt teilgenommen hat. Die nicht seltene Behauptung in der Biographiediskussion, das Material, der Stoff, aus dem die Lebensgeschichten bestünden, spräche für sich selbst, weise sogar über die erzählten Tatbestände hinaus, weil Informationen über das (vergangene) Leben geliefert würden, trifft so nicht zu. Es spricht lediglich für seinen Erzähler, wenngleich ein überschüssiger Informationswert zum Beispiel über gesellschaftliche Veränderungen, den die Soziologen ihm abzulauschen sich bemühen, damit nicht ausgeschlossen ist.

In der Untersuchung von Elder „Children of Depression" zeigte sich bei den beteiligten Personen, die in den 30er Jahren jährlich und später noch dreimal untersucht wurden, daß die gemeinsame Erfahrung der Depression Ende der 20er, Anfang der 30er Jahre in den USA, von der massiv betroffen zu sein gemeinsames Merkmal der Beteiligten am Ausgangspunkt der Untersuchung war, in der Rückschau sich allmählich wandelte und schließlich außerordentlich verschieden wiedergegeben wurde: Je nachdem, ob man in den Jahren danach eine ökonomisch abgesicherte Position erreicht hatte oder nicht, beurteilte man die Depressionserfahrungen leichter oder schwerer.[28]

Für den Soziologen als Leser oder Zuhörer solcher Lebensgeschichten ist am Ende nicht mehr auseinanderzuhalten: die Vorstellung vom vergangenen Leben, weil es so war, oder weil es so gewesen sein soll. Die erzählte Lebensgeschichte ist sowohl vergangene Gegenwart wie gegenwärtige Vergangenheit. Indem man sie erinnernd zu rekonstruieren sucht, gerät sie zur „retrospektiven Illusion",[29] bestimmt gleichermaßen von der Vergangenheit wie der Gegenwart und von der Zukunft: Nicht nur der, der man geworden ist, spricht sich in der Lebensgeschichte aus, auch der, der man (künftig) noch sein will.

Erzählte Lebensgeschichte wird damit zu einer Präsentation eines Selbstbildes, das der Sicherung der Identität des erzählenden Subjektes dient, zur „Ontologie des Selbst",[30] zur Mythologie.

IV.

Die jeweils andere, neudefinierte Situation, in der erzählt wird, die Lückenhaftigkeit des Gedächtnisses, die subjektive Tendenz der Erzählperspektive erweisen sich für den Soziologen als Facetten desselben Problems. Es liegt noch vor jenen Fragen nach der Sprache, der Artikulationsfähigkeit oder dem Medium, der gesprochenen oder geschriebenen Biographie. Bahrdt hat es unmißverständlich ausgesprochen: „Selbstverständlich darf man das Erzählte nicht als bare Münze nehmen."[31]

Diese beherzigenswerte Warnung hilft allerdings auch nicht weiter. Sein Vorschlag an den Soziologen, das Erzählte wieder „narrativ" zu verknüpfen, gewissermaßen unter Berücksichtigung wissenschaftlicher Anforderungen nachzuerzählen, verschiebt das Problem nur auf eine andere Ebene und führt, wie er selbst einräumt, dazu, „daß Erzählungen immer auf eine gewisse Unilinearität getrimmt werden, die sowohl mit den Abläufen der Wirklichkeit wie auch mit den Vorgehensweisen bei einer wissenschaftlichen Erklärung nicht recht vereinbar ist."[32]

Und doch scheint eine interpretierende Einordnung, eine Gewichtung, unvermeidbar: wo alles Bedeutung hat, hat nichts mehr Bedeutung. Das methodische Ideal wäre zweifelsohne die Längsschnittuntersuchung, in der der omnipräsente Soziologe jeweils den gegenwärtigen Zeugen des Geschehens abgäbe. Beinahe nichts bliebe ihm unbemerkt, er könnte sagen, „wie es wirklich geschehen ist" und Biographie als objektivierten Zusammenhang des individuellen Lebens präsentieren. Das Verlaufsmodell würde „als Klassifikationsschema der subjektiven Lebensäußerung verwendet".[33] Leitner, der dies scharfsinnig herausgearbeitet hat, sieht freilich in der narrativen Biographiekonstruktion der Soziologen nur die Kehrseite des Problems, nicht dessen Lösung: „Das Verhältnis von subjektiver und objektivierter Biographie ist selber ein sozialer Tatbestand: Die biographische Selbstidentifikation egos auf der einen und die wissenschaftlich konstituierte Biographie auf der anderen Seite repräsentieren potentiell konkurrierende Identitätsansprüche; wo die Konkurrenz zutage tritt, gerät sie regelmäßig zur Wahrheitsfrage: wer hat Recht, wer lügt oder täuscht sich?"[34]

Man könnte sogar noch einen Schritt weiter gehen. Die Erzählweise, auch die von Arbeitern, ist nämlich selbst nicht selten bereits affiziert von dem, was die Wissenschaftler als ihre eigene objektivierende Sichtweise beanspruchen.

Ein Beispiel:[35] die erzählte Lebensgeschichte des klassenbewußten Marxisten-Leninisten, in der das lebendige Subjekt so gut wie gar nicht mehr auftritt, sondern der Erzähler selbst schon seine Lebensgeschichte objektiviert, auflöst in eine (marxistische) Analyse der gesellschaftlichen Verhältnisse. Da wird dann nicht mehr von den Eltern gesprochen, sondern von dem „kleinbürgerlichen Klassentypus", dem sie angehören und dessen Erziehungsstil sie praktiziert hätten, und die Situation im Betrieb nimmt sogleich die Züge einer permanenten Auseinandersetzung zwischen Kapital und Arbeit an. Menschen werden zu Charaktermasken, gesellschaftliche

Veränderungen zum Ausdruck von Klassenkonflikten. Der erzählten Lebensgeschichte fehlt jede sinnliche Dimension der Erfahrung. Sie wird in einem von der Soziologie geborgten Vokabular vorgetragen, das nur noch abstrakt „die Gesellschaft", kaum noch das konkrete Individuum kennt.

Das kann auch in einer solchen Lebensgeschichte nicht vorkommen, wenn es für den Erzähler lediglich die antagonistische Gesellschaft gibt, Geschichte als Geschichte der Klassenkämpfe, für die er gleichsam stellvertretend sich als Ausdruck des Kollektivs begreift. Er präsentiert sich gewissermaßen schon in der Rolle des Soziologen, der mit dialektisch geschultem Blick die gesellschaftlichen Mechanismen durchschaut und den Lebenslauf darin als typischen einordnet.

Ganz anders dagegen ein zweites Beispiel: die Lebensgeschichte eines Mannes, den man wohl als Psychopathen bezeichnen kann. Sie wird als dauernder Konflikt mit der übermächtigen Mutter geschildert, als ununterbrochene Abfolge von Demütigungen, Auflehnungen und Auseinandersetzungen, die in häufigen Arbeitsplatzwechseln, Alkoholismus, einer gescheiterten Ehe bis zum Suizidversuch sich niederschlagen. Hier sind die Eltern, in diesem Fall die Mutter, durchaus als lebendige Schreckensfigur stets drohend präsent. Und die Arbeitssituation, der Betrieb ist nicht mehr der abstrakte Ort der Ausbeutung, sondern wird sehr konkret geschildert, wenn auch allein unter dem Aspekt einer endlosen Reihe von Kündigungen wegen Trunkenheit.

Gesellschaftliche Ereignisse bleiben dabei weitgehend ausgeblendet. Die Lebensgeschichte dreht sich solipsistisch unablässig um die eigene Person und was ihr widerfahren ist. Sie wird zum kaum verschleierten Hilferuf, auf den der Soziologe, ratlos und mangels Sachkompetenz, sich keinen gesellschaftsanalytischen Reim mehr zu machen in der Lage sieht.

Wo dem einen der Lebenslauf zum überindividuellen Abbild des Klassenkampfs gerät, erweist er sich für den anderen als lebenslange Fehde mit der Mutter, der Ehefrau, als Kampf gegen Alkohol und Depressionen. Erwähnt der eine seine Ehe eher beiläufig als „mißlungene Zweierbeziehung", wird sie beim anderen zur breiten Schilderung von verzweifelten Bemühungen, den Schatten, den die Mutter darauf wirft, zu verjagen. Äußert sich für den einen in den Kriegsjahren, die beide noch als Kinder erlebt haben, die agressive Natur des Kapitalismus, so reduzieren sie sich für den anderen auf ein traumatisches Erlebnis: wie ihn die Mutter zur Strafe während eines Bombenangriffs vor die Tür des Luftschutzbunkers schickte.

Der Alltag kommt, wenn überhaupt, nur noch in einer spezifischen, seltsam verzerrten Perspektive zum Vorschein: als im Grunde irrelevante Zutat beim Ringen um die historische Mission des Proletariats oder etwa in Form der monomanen Beschreibung einer gestörten Mutterbeziehung. Verallgemeinerbare Kenntnisse über „Geschichte von unten", wie „man wirklich gelebt hat", sind daraus nur schwer zu gewinnen. Die Lebensgeschichte des einen verrät kaum etwas über sein persönliches Leben, die des anderen kaum etwas über die Gesellschaft. Besorgt der eine das Geschäft des Soziologen gleich mit, redet der andere am Soziologen vorbei.

Gewiß stellen diese beiden Beispiel Extreme dar, obwohl sie einander vielleicht gar nicht einmal so unähnlich sind.[36] Und selbstverständlich verweisen sie auch zurück auf eine Gesellschaft, die sie dazu im Laufe ihres Lebens gemacht hat. Aber das ist trivial. Rückschlüsse lassen sie allenfalls auf die jeweiligen Personen zu. Deren Lebensgeschichte, so wie sie präsentiert wird, wie ein Palimpsest zu lesen ist. Sie in einem gesellschaftlichen Kontext zu entschlüsseln, wie sich die soziologische Biographieforschung anheischig macht, würde ihnen gerade das austreiben, was ihre singulare Objektivität der subjektiven Identifikation kennzeichnet. Das gilt auch für die ungeheure Fülle und Vielfalt von Lebensgeschichten zwischen solchen Extremen, schlüge man sie über den Leisten einer „Normalbiographie".

Ob der Versuch, die zur individuellen Mythologie arrangierten Ereignisse des Lebens in einer Typologie unterschiedlicher Lebensstrategien zu klassifizieren, aus diesem Dilemma herausführt, steht dahin.[37] Zwar räumte er der Persönlichkeit den gebührenden Platz ein und nähme die Lebensgeschichte als Mythos, in dem sie ihre Identität findet und den sie als subjektive Wahrheit präsentiert, ernst. Denn das macht in der Tat den Kern jeder Lebensgeschichte aus: sie spricht vom Überleben und offenbart auf diese Weise jene Strategien, von denen man glaubt, mit ihrer Hilfe habe man erreicht, wo man schließlich angekommen ist; sie sollen den „Sinn" geben, als Überlebensstrategien.

Doch ist der Umgang mit solchen Strategien nicht nur deshalb problematisch, weil ihnen immer etwas Intentionales, Zielgerichtetes anhaftet, es fehlt bislang auch eine hinreichende Theorie der Gesellschaft, welche bündige Aussagen darüber zu machen erlaubte.[38]

Vielleicht erweist sich so die wachsende Beschäftigung mit der Soziobiographie vorerst selbst als ein Identitätsproblem der Soziologie. Unsicher geworden an den widerstreitenden, überkommenen Theorien, die nicht hinlänglich zu erklären vermögen, warum die Welt ist, wie sie ist, und nicht, wie sie sein sollte, sucht man sich zu vergewissern, wie es denn dazu gekommen sein könnte. Da läge dann freilich auch die Einsicht Heinrich Bölls nicht fern, daß ein Märchen im Zweifelsfalle ebensoviel über die Gesellschaft auszusagen vermöchte, wie zahllose soziologische Studien.

Anmerkungen

1 Vgl. H. P. Bahrdt, Erzählte Lebensgeschichten von Arbeitern, in: M. Osterland (Hrsg.), Arbeitssituation, Lebenslage und Konfliktpotential, Festschrift für Max. E. Graf zu Solms-Roedelheim, Frankfurt/M. 1975, S. 19 ff.

2 L. Röhrich, Grußwort und Einführung zur Arbeitstagung der Deutschen Gesellschaft für Volkskunde in Freiburg 1981, in: R. W. Brednich, M. Lixfeld, D.-R. Moser, L. Röhrich (Hrsg.), Lebenslauf und Lebenszusammenhang, Autobiographische Materialien in der volkskundlichen Forschung, Freiburg 1982

3 Vgl. G. Koch, U. Brandes (Hrsg.), Erfahrungen - Sozialisten bearbeiten ihre politische Sozialisation, Offenbach 1980.

4 L. Niethammer (Hrsg.), Lebenserfahrung und kollektives Gedächtnis, Frankfurt/M.

1980, S. 9

5 H. P. Bahrdt, a.a.O., S. 9

6 J. Matthes, Einleitung, in: J. Matthes, A. Pfeifenberger, M. Stosberg (Hrsg.), Biographie in handlungswissenschaftlicher Perspektive, Nürnberg 1981, S. 9

7 W. Emmerich, Proletarische Lebensläufe, Reinbek 1974, der sich auf K. Marx, Die Deutsche Ideologie, MEW 3, Berlin 1969, S. 26 f beruft.

8 J. Habermas, Klangfetzen fügen sich zu einer einzigen Melodie, in: Frankfurter Rundschau vom 3.12.82

9 F. Kröll, J. Matthes, M. Stosberg, Zehn Thesen zur Einbeziehung biographisch orientierter Konzepte in die soziologische Forschung, in: J. Matthes u.a., a.a.O., S. 16

10 H. P. Bahrdt, Identität und beiographisches Bewußtsein, in: R. W. Brednich u.a., a.a.O., S. 25

11 Der Einwand, Lebensgeschichte, zumal von Arbeitern, würde nun mal auf diese Art erzählt, sticht nicht. Geschichten aus dem Leben dürfen nicht verwechselt werden mit der Lebensgeschichte, die einen Zeithorizont hat. Das muß nicht strenge Kontinuität bedeuten, aber doch mehr als die episodenhafte Schilderung von Jugendstreichen oder Kriegserlebnissen.

12 Die Puristen werden hier hellhörig, soll doch der Lebensgeschichte freier Lauf gelassen werden. Wer freilich einmal erlebt hat, wie eine solche Lebensgeschichte zur ermüdenden Wiederholung von komischen Begebenheiten aus der Kriegsgefangenschaft wird, Anekdote sich an Anekdote reiht, wird verstehen, warum nach einer gewissen Zeit des geduldigen Zuhörens der Wunsch nach dem weiteren Fortgang der Geschichte laut wird.

13 Vgl. M. Hörmann, Bedingungen für das Behalten, Vergessen und Erinnern, in: R. Borgius (Hrsg.), Handbuch der Psychologie Bd. 1, 2. Halb.bd., Göttingen 1964, S. 241 ff. Hörmann verweist hier auf die sog. Ebbinghaussche Vergessenskurve, die allerdings in der Psychologie des Gedächtnisses umstritten ist.

14 Vgl. ebd., S. 226.

15 Vgl. ebd., S. 239.

16 Vgl. S. Freud, Zur Psychopathologie des Alltagslebens, Frankfurt/M. 1974, S. 43.

17 M. Hörmann, a.a.O., S. 264, der sich dabei auf F. C. Bartlett, Remembering, Cambridge 1967 beruft.

18 P. Weiss, Notizbücher 1971 - 1980, 1. Bd., Frankfurt/M. 1981, S. 50

19 Vgl. F. C. Bartlett, a.a.O.

20 Vgl. R. Grele, Hört auf ihre Stimmen, in: Literatur und Erfahrung, Berlin 1982, Heft 10, S. 6 ff.

21 S. Freud, a.a.O., S. 120

22 Vgl. ebd., S. 119, F. Nietzsche, Jenseits von Gut und Böse, II. Hauptstück, S. 68.

23 R. Grele, a.a.O., S. 13

24 F. C. Bartlett, a.a.O., S. 267

25 Dies gilt im übrigen nicht nur für den einzelnen. Obwohl es für ein Gruppengedächtnis keine empirische Evidenz gibt (s. Bartlett, a.a.O., S. 98), kann auch von einer kollektiven Imagination gesprochen werden. Enzensberger, der am Beispiel der Geschichte des spanischen Anarchisten Durutti einer Legendenbildung nachgegangen ist, spricht von der notorischen Ohnmacht der Wissenschaft vor solchen Legenden, die von Generation zu Generation überliefert werden, ohne daß sie sich auf reale Erfahrungen stützen können. (H. M. Enzensberger, Der kurze Sommer der Anarchie, Frankfurt/M. 1980, S. 14 ff.) Sie stellen eine kollektive Fiktion dar, die von unzweifelhafter Bedeutung ist, deren Einfluß auf die Biographie aber kaum ausgemacht werden kann. Das Problem der Gruppenbiographie ist freilich noch ein anderes, soll aber hier nicht diskutiert werden (vgl. dazu Anmerkung 29).

26 Zitiert nach: S. Cramer, Mein Name sei Blaubart, in: Frankfurter Rundschau vom 26.6.82

27 Mir ist die Geschichte eines Soziologen bekannt, der fest davon überzeugt war, er sei als Kind und Jugendlicher ein Bücherwurm und Stubenhocker und ein totaler sportlicher Versager gewesen. Entsprechend groß war sein Erstaunen, als er anläßlich des Todes seiner Mutter in deren Nachlass eine Reihe von offenbar sorgsam aufbewahrten Urkunden fand, aus denen zu seiner grenzenlosen Überraschung hervorging, daß er in seiner Schulzeit Teilnehmer an Kreis- und Bezirksmeisterschaften, ja unter den Ersten in so verschiedenen Sportarten wie Handball, Schwimmen und Staffellauf gewesen war. Er, der geschworen hätte, nie in seinem Leben jemals an einer Tischtennisplatte gestanden zu haben, sah sich als dritter Kreismeister urkundlich bestätigt. Der dokumentarische Beweis brachte ihn freilich nicht dazu, den Urkunden mehr als seiner Erinnerung zu trauen; er hielt sie für unerklärliche Fälschungen und blieb hartnäckig bei seiner ursprünglichen Version vom unsportlichen Bücherwurm.

28 Vgl. G. H. Elder, Children of Depression, Chicago 1974.

29 D. Bertaux, J. Bertaux-Wiame, Autobiographische Erinnerungen und kollektives Gedächtnis, in: L. Niethammer, a.a.O., S. 113

30 A. Hankiss, Ontologies of the Self, in: D. Bertaux (Hrsg.), Biography and Society, Beverly Hills 1981, S. 203 ff

31 H. P. Bahrdt, a.a.O., S. 27

32 Ebd., S. 30

33 M. Leitner, Lebenslauf und Identität, Frankfurt/New York 1982, S. 198

34 Ebd., S. 201

35 Dies und das folgende Beispiel sind im Rahmen eines Forschungsprojekts des SOFI Göttingen angefallen, das sich mit Arbeiterbiographien beschäftigte. Sie sind hier, das sei eingeräumt, für unseren Zweck verkürzt und zugespitzt worden.

36 Daß derartige Extreme gar nicht so selten sind, zeigt sich auch bei Fuchs, der „die bildungsbürgerlichen Wünsche nach Ganzheit und Bewußtheit der Lebensführung" (vgl. W. Fuchs, Arbeiterleben nach '45, Marburg 1979, S. 100 ff.) zwar heftig kritisiert, aber seine Enttäuschung kaum verhehlen kann, daß unter der Hand sich bei denen, deren Lebensgeschichte er sich hat erzählen lassen, genau dies durchsetzt: „Was gut gelungen ist, zum Beispiel im Buch von Heiner Galm, daß dort die Grenzen klar werden, was erzählbar ist, was sich in eine politische Autobiographie überhaupt noch einfügen läßt. Glam erzählt interessant über seine politische Entwicklung. Immer wieder aber hat er gezögert, persönliche und politische Erfahrungen in seiner Familie zu erzählen. Ich vermute, daß es Ausblendungen auch in dem Buch von Edel Gasch gibt, gewissermaßen umgekehrt: da wird über den Hund erzählt, den Hausbau und wie die Wohnung ausgesehen hat. Aber die politische Arbeit ihres Mannes, des Stadtrat Gasch, kommt nicht vor - dabei war Edel eine engagierte Sozialdemokratin." (Zwischenbilanz, in: Information aus einer publizistischen Bürgerinitiative, Offenbach, l. Jg.).

37 So zum Beispiel A. Hankiss, a.a.O., S. 205 ff. Alheit, der „Erzählertypen" identifiziert hat, strebt anscheinend ähnliches an. Vgl. P. Alheit, Alltag und Biographie, Arbeitspapiere des Forschungsprojekts „Arbeiterbiographien", Universität Bremen, Bremen 1982, Heft 4, S. 26 ff.

38 Vgl. J. Habermas, Theorie des kommunikativen Handelns, Bd. 2, Frankfurt/M., S. 205 ff.

Die KAWENNE. Über das Zustandekommen und die Bedeutung einer kollektiven Unperson in der Umfrageforschung

Rainer-W. Hoffmann

Mustafa Mannesmann (Weltaufsichtsrat): „Wir gestatten der Wissenschaft nur, sich mit den Forderungen des Tages zu befassen. Alle weitergehenden Untersuchungen werden mit Fleiß im Keim erstickt." (Aldous Huxley, Schöne neue Welt)

Volker Ronge (Geschäftsführer der Infratest Sozialforschung GmbH): „Die Interview-Verweigerungsquote bei Umfragen ist heute so hoch, daß sie, da sie ja Auswirkungen auf die Repräsentativität besitzt, ein ernstzunehmendes Problem dieses Typs sozialwissenschaftlicher Forschung bildet." (Kursbuch 66, S. 126)

1. Definition

KAWENNE = Insasse/-in der Auswertungskategorien „Keine Antwort" (KA), „Weiß nicht" (WN), „Nicht einstufbar" (NE) von Fragebogenerhebungen in der empirischen Sozialforschung.

2. Der Anruf und das Interview

Ein der Stimme nach junger Mann ist am Telefon und teilt in verbindlichem Tonfall mit, daß ich im Rahmen einer bundesweiten Repräsentativumfrage über die Einstellungen der Bürger zur Technik als Gesprächspartner ausgewählt worden sei. Träger dieser wissenschaftlichen Untersuchung, die im Abstand mehrerer Jahre wiederholt werde, sei ein bekanntes Institut für Demoskopie. Der Bitte um einen Termin für das Interview komme ich gern nach. Im mir neuen Status des Befragtenanwärters entwickle ich sofort eine heftige Antipathie gegen den Begriff „Versuchsperson" (Vp) und eine entschiedene Präferenz für den der „befragten Person" (BP). Ich bin gespannt, ob mich Kenntnisse und Praxis in der empirischen Forschung für die Rolle der BP gerüstet oder dequalifiziert haben.

Zum vereinbarten Zeitpunkt erscheint der Interviewer, den ich wegen einer allgemeinen Abneigung gegen geschlechtsspezifische Berufsbezeichnungen lieber als „interviewende Person“ (IP) tituliere. Die bekannte *Unterlegenheit des Befragten* gegenüber der *Autorität des Interviewers* und dem sie noch verstärkenden *Ansehen der Institution* in seinem Rücken machen mir diese formale Gleichordnung problematisch. Ich verdächtige mich, meinen unheilbar schlechten Status als BP durch einen verbalen Trick kompensieren zu wollen.

Die IP ist übrigens *jung, trägt einen Bart, ist schick und leger gekleidet.* Der obligatorische Schluß von diesen Äußerlichkeiten auf *zum Beispiel liberale Auffassungen* der IP will sich indes nicht einstellen. Auch sonst habe ich erhebliche Schwierigkeiten mit meiner Rolle als BP. Ich empfinde die IP nicht als *Eindringling* oder *als kritisch gemusterten Gast*. Ich habe weder das Bedürfnis, es der IP *einmal richtig zu zeigen, noch die Angst, mich zu blamieren.* Schon gar nicht erlebe ich die IP wie einen *Autoverkäufer* und mich wie einen *prospektiven Kunden*. Trotz fehlender Erfahrung als BP kommt es mir nicht in den Sinn, *etwa Vertreterbesuche an der Wohnungstür* als *vergleichbare oder ähnliche Situation* aufzufassen und diese zu meiner Orientierung heranzuziehen. Auch denke ich nicht daran, das mir *bekannte Rollenschema des neugierigen Fremden oder des Sozialfürsorgers, des Steuerfahnders oder sogar des Polizeispitzels auf den Interviewer anzuwenden* und mich *dementsprechend zu verhalten*. Weit eher ist das Gegenteil wahr: Das Thema interessiert mich, ich habe Zeit, ich bin ruhig und ausgeglichen. Ich biete der IP im Arbeitszimmer einen bequemen Sessel an. Die IP erzählt von Schwierigkeiten beim Finden von Straße und Hausnummer und bejaht meine Frage, ob sie Student sei und sich durch Interviewen etwas dazuverdiene. Die IP nimmt meine Einladung zu einer Tasse Kaffee gern an.

Beim Zubereiten des Kaffees wird mir der beiderseitige Verstoß gegen die Rollenvorschriften der IP und BP klar, der als solcher konstitutiv für die Möglichkeit der vor uns liegenden Unterhaltung war. Ferner mache ich mir erstmals im Überschlag des Status des einzelnen in der Repräsentativität der Repräsentativerhebung deutlich. Als einer von vermutlich rund 2.000 Befragten werde ich die erwachsene Bevölkerung der Bundesrepublik vertreten. Schon bei einem ganz regulären und korrekten Gang der Untersuchung werde ich ohne Mandat, ohne Legitimation und ohne Kontrolle mit etwa fünfundzwanzigtausendfach verstärkter Stimme Sinn oder Unsinn reden.

Doch kann ich mit diesem korrekten Gang rechnen? Lebhaft und en bloc steigen Erinnerungen an Vorkommnisse aus dem Alltag von Forschern, IPn und BPn in mir auf: Ein Wissenschaftler berichtete: „Wir haben mehrere 100 der Interviews, die ein kommerzielles Institut für uns gemacht hat, als Fälschungen erkannt und aussondern müssen.“ Mehrere frühere IPn erinnerten sich: „Nachdem ich eine Zeitlang als Interviewer für ... gearbeitet hatte und als zuverlässig galt, also nicht mehr durch Rückfragen bei den Befragten kontrolliert wurde, habe ich gut verdient. Ich habe ungefähr ein Zehntel der Interviews wirklich gemacht, um das Feld kennenzulernen. Die anderen 90 % habe ich am Schreibtisch ausgefüllt.“ „Wenn es bei einem 'sperrigen' Befragten zu lange gedauert hat, habe ich Fragen übersprungen und später zu Hause ausgefüllt." „Glaubst Du im Ernst, ich hätte lange nach dem über fünfzig Jahre alten Arbeitslosen, der eine bestimmte Benzinsorte tankt, gesucht?" „Klar habe ich einen Studenten in den kaufmännischen Angestellten aus der Zeit vor der Uni 'zurückverwandelt', wenn ich da eine Lücke in meiner Quote hatte." Eine BP und eine verhinderte BP erzählten: „Die Interviewerin und ich haben wahnsinnigen Spaß dabei gehabt, lauter in sich stimmigen Blödsinn einzutragen, und dabei und danach haben wir uns lieben gelernt." „Kürzlich kommt bei uns so'n Typ in die WG und sagt: Ich soll hier ein Interview machen. Ich weiß natürlich, daß Ihr keinen Bock habt, die dämlichen Fragen zu beantworten. Aber falls jemand anruft: ich war hier, ne?"

Und falls so etwas der reguläre Gang ist, stehe ich überhaupt für mich selbst oder bin ich Ersatzexemplar für einen Ausfall? Werde ich mich multiplizieren, weil mein Fragebogen als Fälschungsvorlage dienen wird? Schon eine einmalige Übernahme verliehe mir ja die Stimmgewalt aller Einwohner einer mittleren Stadt! Ich ahne mich als Million und erlebe das Gefühl des starken Steuerbürgers nach, der unter dem Dreiklassenwahlrecht den Wahlakt ausgeübt hat. Oder werden die Antworten anderer Befragter als Fälschungsvorlage dienen und mich auf das Normalmaß zurückstutzen? Oder werde ich im Interview versagen und meinen Einfluß ganz verlieren? In Unsicherheit über meine Rolle und mit einem krausen Gemisch aus Anflügen von Machtrausch und Selbstzweifel, Verantwortungsbewußtsein und Hilflosigkeit kehre ich mit dem Kaffee zur IP zurück, die meine Bücher betrachtet.

Anders als mir fällt es der IP offensichtlich leicht, ihre Rolle auszufüllen. Sie ist *gleichbleibend freundlich* und *versucht, die Gesprächssituation möglichst zu entkrampfen.* Sie *ermutigt mich* mit zugleich ernstem und aufmunterndem Blick, meine *persönlichen Auffassungen zum Zuge kommen zu lassen, auch wenn diese Auffassungen nicht mit den Meinungen anderer übereinstimmen. Nur durch diese Auffassungen,* betont sie verstärkend, werde *die Untersuchung insgesamt informativ sein.*

Die IP kommt nach der Zusicherung, daß meine Angaben streng vertraulich behandelt werden, rasch zum Thema und stellt die ersten, leicht zu beantwortenden Fragen. Sie bekundet ein *echtes Interesse an meinen Antworten* und bemüht sich ersichtlich, *keinen steifen Eindruck* zu machen. Sie lacht über einen kleinen Scherz und fällt in mein Lachen ein, nachdem ich mich ulkig versprochen habe. Sie zeigt insgesamt eine *Haltung des freundlichen Gewährenlassens.*

Leider kann ich den Fragebogen nicht sehen. Mein Eindruck ist jedoch, daß die IP meist nur Kreuze macht und ganz gelegentlich noch etwas aufschreibt. Ich wüßte gern was. Insgesamt scheint das Gespräch auf ein standardisiertes Interview hinauszulaufen, das ausschließlich auf geschlossene Fragen vom Typ der Selektionsfrage, bisweilen wohl auch auf bloße Alternativfragen hinausläuft. Dies ist auch bei jener Schlüsselfrage der Fall, bei der die IP und die BP gleichermaßen Schwierigkeiten bekommen: *„Glauben*

Sie, daß die Technik alles in allem eher ein Segen oder eher ein Fluch für die Menschheit ist?" Es entwickelt sich der folgende Dialog.

BP: „Ich habe große Schwierigkeiten mit Ihrer Frage, und zwar mit dem Inhalt und der logischen Struktur. Erstmal diese überirdische Begrifflichkeit für überaus irdische Fragen! Fluch und Segen sind zudem jeweils für sich absolut, und ihrem rücksichtslosen Nachdruck ist jede Einschränkung fremd. Der Papst segnet die Stadt und den Weltkreis. Der Fluch gilt oft nicht nur dem Verfluchten, sondern schließt dessen Kinder und Kindeskinder ein. Prüfen Sie doch mal selbst: 'Der Vater nahm seinen Sohn beim Abschied in den Arm, reichte ihm Wegzehrung und segnete ihn *eher* ...' 'Die Pestilenz, die das Land heimsuchte, war *eher* ein Fluch ...' Und dann Ihre Kategorie „teils/teils", die natürlich freundlich gemeint ist und es uns Befragten leichter machen soll. 'Die Pestilenz war *teils* ein Fluch ...' Also insgesamt ist die Struktur der Frage für mich ähnlich, als ob sie von einer Frau wissen wollten, ob sie eher schwanger, eher nicht schwanger oder teils/teils sei. Und schließlich handelt es sich bei dem ganzen Problem nicht um eine Glaubensfrage.

IP: Ja, also die Kategorie „teils/teils" scheidet dann ja wohl für Sie aus. Könnten Sie sich dann bitte zwischen „eher Fluch" und „eher Segen" entscheiden?

BP: Ich glaube nicht, siehe oben. Zudem bedeutet Technik ja den Inbegriff von Mitteln des Handelns, unterschieden von dessen Sinn und Zweck. Sie erlauben mir sicher diese Berufung auf einen der großen alten Männer der Soziologie. Nun ist es aber beim Fluch wie beim Segen so, daß sie durch die Tat provoziert werden. Verflucht wird zum Beispiel der Mörder für seine heimtückische Tat, nicht sein Messer, sein Beil oder sein Revolver. Sie aber fragen praktisch nach Fluch oder Segen dieser Mittel! Was meinen Sie denn nun eigentlich?

IP: Ich muß doch mal zwischendurch sagen, daß ich Ihre Einwände gut verstehen kann. Aber vielleicht können Sie auch umgekehrt verstehen, daß die Fragen einer Repräsentativstudie nicht auf den Akademiker oder gar eine bestimmte Fachrichtung zugeschnitten sein können. Die Fragen müssen sozusagen auf den unteren Rand der Bildungsschichten ausgelegt sein, die sich ja im Interview nicht nach oben anpassen können. Darf ich Sie bitten, sich sozusagen nach unten anzupassen?

BP: Vielen Dank, ich will es versuchen. Meinen Sie also in etwa die Stoßrichtung, inwieweit die Anwendung von Technik die Interessen sozialer Gruppen beziehungsweise der Menschheit insgesamt positiv beziehungsweise negativ berührt?

IP: Ja, in etwa.

BP: Dann tritt doch aber das Problem auf, daß es entsprechend der Vielzahl von Zwekken in unserer Gesellschaft und auf der Welt eine Unzahl von Techniken gibt, von der Technik des Geschlechtsverkehrs (IP lacht) über die Technik der privatwirtschaftlich rationalen Produktion bis hin zur Technik der Massenvernichtung. Welche Art und Reichweite des Begriffs meinen Sie?

IP: Wieder eher umgangssprachlich, alles, was mit Geräten, Maschinen und so weiter zu tun hat.

BP: Vielen Dank für diese Klärung! Trotzdem bleiben große Schwierigkeiten bei der Beantwortung bestehen, von denen ich nur mal einige andeuten will. Es gibt ja zum Beispiel eine breite Diskussion über die sogenannte „kapitalistische Formbestimmung der Technik". Ferner kann man wohl, korrekte Beurteilung der relevanten

Parameter und ihrer Interdependenzen beim Technikanwender unterstellt, annehmen, daß die gewählte Option für ihn auch interessendienlich ist. Durch denselben Vorgang werden aber zum Beispiel die Interessen einer anderen Gruppe negativ berührt. Wie sehen Sie denn selbst diese Probleme?

IP: (Guckt auf die Uhr!) *Ich bin hier, um zu lernen, nicht um meinerseits Meinungen zu äußern!*

BP: Das merke ich schon die ganze Zeit. Aber wie gehen wir jetzt im Interview mit dem Problem um?

IP: Also mir scheint nach Ihren letzten Ausführungen, wo Sie ja sehr stark auf die einen beziehungsweise die anderen abheben, daß Sie mit unserer Kategorie „teils/teils" doch am besten bedient wären! (Blickt eindringlich fragend auf und hebt das Schreibgerät)

BP: Gerade diese Kategorie scheidet ganz und gar aus, wie Sie vorhin ja selber festgestellt haben. Ich kann die Frage in der vorliegenden Form nicht beantworten.

IP: (Schreibt irgendetwas auf, was ich aufgrund des Haltens des Fragebogens nicht erkennen kann) Ich glaube, Sie haben Recht. Vielleicht geht es bei den folgenden Fragen ja wieder besser, so wie am Anfang des Interviews.

Dem ist auch so. Die weiteren Fragen sind zum Teil leicht und problemlos. Andere finde ich albern, und auch meine Probleme mit den Kategorien wiederholen sich. Aber mein Widerstand wird matter, der Protest kürzer. Ich ordne mich ein. So lasse ich zum Beispiel ein wahres Trommelfeuer von Wörtern über mich ergehen, bei denen ich mittels der Kategorien „ja", „etwas", „nein" auf die Frage antworten soll: „Kann man bei 'Technik an ... denken?" Natürlich „kann man" bei „Arbeitslosigkeit" und „neue Arbeitsplätze", bei „Rüstung", „Zukunft", „Risiko" und so weiter an „Technik" denken. Und da mir zudem das „etwas" an etwas Denken etwas schwerfällt, sage ich immer, immer ja. Soll ich die bisweilen ungeduldige IP um ihren sauer verdienten Lohn bringen oder sie zum Fälschen motivieren, indem ich hier abbreche? Am Schluß hat die IP noch einige Fragen zur Statistik, die für die Auswertung der Daten erforderlich seien. Ganz am Schluß fragt die IP mit leicht verlegenem Ausdruck nach eventuellen Einwänden gegen das Interview oder einzelne Fragen. Diese seien von großem Interesse für die Forscher. Ich habe keine mehr. Die IP legt die Unterlagen zusammen, bedankt sich für das interessante Gespräch und verabschiedet sich höflich.

Alles in allem habe ich mit meiner IP etwa soviel Glück gehabt wie sie Pech mit mir als BP. Sie war auf geschickte und einfühlsame Art *aktiv im Hinblick auf die Motivierung zur vollständigen Antwort und im Hinblick darauf, die Kommunikation auf die Ziele des Interviews zu richten.* Sie hat zudem *Ruhe, Wärme und Freizügigkeit* ausgestrahlt sowie die *geforderte entspannte Atmosphäre* hergestellt. Auch im ihr aufgetragenen *Ausweichen vor der Beantwortung von Fragen, die der Befragte aufwirft*, war sie gut. Ausnahmen waren jene strategischen Stellen im Interview, an denen die BP sie quasi gezwungen hatte, das Gemeinte zu präzisieren und seinen Geltungsbereich zu definieren. Zum Glück wird aber die *Notwendigkeit der*

Normierung in der Forschung meistens wenigstens soweit berücksichtigt, daß man versucht, das Interviewerverhalten zu standardisieren. Dabei werden alle Interviewer auf ein bestimmtes Verhalten und vor allem auf eine bestimmte Fragetechnik festgelegt. So kann ich sicher sein, daß alle IPn in allen Interviews an allen Orten von 7701 Aach bis 2903 Bad Zwischenahn dieselben folgenreichen Präzisierungen gegeben haben wie meine IP. Dies gilt natürlich nur für artikulierte Einwände. Alles in allem war meine IP fürwahr eine *zentrale methodische Komponente im Erhebungsprozeß*. In meiner Wahrnehmung indes habe ich mich in das unlösbare oder scheinbare Problem verstrickt, daß bekanntlich der *erhebliche Einfluß des Interviewers auf den Befragten unmerklich stattfindet.*

Wieder allein, denke ich noch einmal über die Schlüsselfrage des Interviews nach und versuche festzustellen, was die IP mit meiner Antwort gemacht hat. „Eher Fluch", „Eher Segen" oder „teils/teils" kann die IP unmöglich angekreuzt haben. Sie könnte die Kategorie „Keine Antwort" (KA) gewählt haben: BP hat die Frage in der vorliegenden Form zurückgewiesen. Sie könnte die Kategorie „Weiß nicht" (WN) gewählt haben: BP ist dermaßen unschlüssig, daß es einem Nichtwissen gleichkommt. Sie könnte schließlich und müßte eigentlich die Kategorie „Nicht einstufbar" (NE) gewählt haben, die mir als BP am sympathischsten wäre. Wie dem auch sei, und ich werde es im Detail nie erfahren: ich bin in jedem Fall eine Kawenne. Dies bekümmert mich zunächst.

Hätte ich nicht etwas flexibler sein können? Schließlich weiß ich doch vom unversöhnlichen Widerstreit mindestens zweier zentraler Regeln für die Konstruktion standardisierter Fragebögen: allen BPn muß ein identischer Wortlaut vorgelegt werden, und der Wortlaut muß allen einzelnen BPn in ihrer Spezifik gemäß sein, die wiederum bei einer Repräsentativumfrage außerordentlich breit gestreut ist. Habe ich nicht zu starrsinnig an der Einsicht festgehalten, daß die dem standardisierten Interview vorausgesetzten zentralen Annahmen immer *dann fragwürdig scheinen, wenn die Befragten heterogen sind bezüglich ihrer persönlichen und sozialen Merkmale?* Repräsentativität soll ja schließlich sein, und mit ihr muß dann wohl die Fragwürdigkeit sein.

Oder war ich auf kindliche Weise trotzig? Habe ich mich unbewußt in meiner Eitelkeit verletzt gefühlt und dumpf irrational mich verweigert? Als BP wird man ja *durch den Interviewleitfaden gegängelt, die Spontaneität und Flexibilität einer natürlichen sozialen Situation wird verfälscht. Vor allem bei Interviews mit akademisch gebildeten Personen hat eine solche Einengung Nachteile: Häufig sind solche Personen nur bereit, Informationen zu geben, wenn eine echte Gesprächssituation hergestellt werden kann.* Aber ich weiß, daß ich perfekte Schemata und ähnliches schätze. Schließlich weiß ich, bin zudem von der IP noch ausdrücklich aufmerksam gemacht worden, daß der Wortlaut der Fragen in heterogenen Populationen *den am wenigsten Gebildeten unter ihnen angepaßt werden muß, was zur Folge haben kann, daß durch naive Formulierungen Gebildete sich ablehnend verhalten.* War es das? Solcherart mit mir ins Gericht gehend, prüfe ich die Frage noch einmal. Sind die Kenntnisse und Erfahrungen der Bevölkerungsmehrheit mit dem technischen Wandel so, daß ihre Einstellungen mit dem „eher Fluch", „eher Segen", „teils/teils" und dem „Glauben" angemessen abgedeckt sind? Spiegelt der Zugang der Meinungsforscher nicht doch ein intensives Bemühen, das mögliche Gemeinsame inmitten der Heterogenität zu entdecken? Weißes Mann kommen in Rauchhaus über Meer und werfen Donnerblitz auf armes Neger.

Allmählich entsteht Stolz darauf, daß ich eine Kawenne bin. Begründetermaßen? Paßt mein Stolz vielleicht in Tucholskys Katalog von Eigenschaften, auf die, unter anderen, man in Europa stolz ist: Deutscher zu sein, kein Deutscher zu sein, Kriegsschiff zu sein, Bürgermeister von Eistadt an der Dotter zu sein? Oder ist es bei mir wie beim ebenda zitierten jüdischen Mann: „Ich bin stolz darauf, Jude zu sein. Wenn ich nicht stolz bin, bin ich auch Jude - da bin ich schon lieber gleich stolz." Nein, das alles ist es nicht. Ich bin stolz darauf, eine Kawenne zu sein.

3. Zur empirisch-theoretischen Soziopsychologie der KAWENNE

Die Kawenne ist eine kollektive artifizielle Unperson - geschaffen durch Fragebogenforschung - und durch eben diesen Zeugungsakt der leibhaftige Zweifel und die fleischgewordene Kritik an derselben. Die *KA-Person* weist auf das Nachdrücklichste die stille Unterstellung zurück, daß jedes Gesellschaftsmitglied der Wissenschaft über jede Frage Auskunft zu geben habe. Die KA-Person verhält sich gegenüber der Gleichsetzung mit unbelebter Materie als Mensch. Sie tut im Maßstab der einzelnen Frage, was der Totalverweigerer und der Abbrecher im laufenden Interview gegenüber der jeweiligen Studie als ganzer wagen. Die *WN-Person* verkörpert den Verstoß der Empiriker gegen einige ihrer wesentlichen handwerklichen Regeln. Oft steht die WN-Person für die Wahrheit und subjektive Ehrlichkeit. Die *NE-Person* ist als solche ein Angriff auf die intellektuelle Potenz der Empiriker. Sie hat eine komplexere Sichtweise vom Problem als der Forscher beziehungsweise rückt Aspekte als wesentlich in den Vordergrund, die jenem unwesentlich oder entgangen waren. Die NE-Person wird daher oft durch den Kunstgriff zur „guten" BP aufgewertet, daß vorsorglich oder auch nachträglich die Kategorie „Sonstige" gebildet wird.

Wegen der Gefährlichkeit der Kawenne versucht der Forscher nach Kräften, sie nicht zu sich selbst kommen zu lassen. Im Interview soll um jeden Preis die Sympathie der BPn erlangt und damit deren Bereitschaft gesteigert werden, in die guten Kategorien zu schlüpfen. Für die Behandlung von Widerborstigen stehen zahlreiche Standardformulierungen zur Verfügung, wie zum Beispiel: „Welche der Kategorien kommt denn für Sie am ehesten in Betracht?" „Bitte, verstehen Sie, daß wir diese Kategorien für die Auswertung benötigen." Außer diesem verbalen und dem entsprechenden nonverbalen Druck auf die BPn wird das materielle Interesse der IPn als Hebel verwendet, um die Kanalisierung zu verstärken. Was schlußendlich widerstrebend bei KA/WN/NE zwangseingewiesen werden muß, sind daher nur Kawennen im engeren und strengeren Sinne. Bei nicht ausschließlich quantitativer Betrachtung erweitert sich der Begriff der Kawenne. Hierzu ist eine Rechenoperation erforderlich, die leider niemals mit Zahlen wird geführt werden können: Kawennen im engeren Sinn plus Kanalisierte plus jeweils Teile der Sonstigen, der Totalverweigerer und der Abbrecher, plus bewußte Falschantworter, die sich unerkannt in die guten Kategorien geflüchtet haben.

Identifizierbare Kawennen im engeren und weiteren Sinne behandelt der Forscher nach dem Muster der Aggression auf den Aggressor, was für die verschiedenen Typen von Fragebogenforschung und die einzelnen Stadien im Forschungsprozeß verschiedene Gestalt annimmt. Bei Repräsentativumfragen nach dem Quotenverfahren zum Beispiel werden die Totalverweigerer üblicherweise schlicht durch andere Exemplare aus demselben Quotensegment ersetzt und somit als nicht vorhanden behandelt. Eine Ahnung von schlechtem Gewissen hierbei schwingt durch den methodischen Kunstgriff, die Ersatzexemplare durch einen Gewichtungsfaktor gegenüber dem entwischten Originalexemplar abzuwerten. Der befragungsunwillige - sagen wir - Vegetarier wird auf diese Weise durch einen Fleischliebhaber mit dem Gewichtungsfaktor 0,5 ersetzt. Die definitionsgemäß unbeforschbare Gruppe der Totalverweigerer, die in keiner repräsentativen Studie jemals repräsentiert sein kann, ist oft sehr groß. In der Wahlforschung per Sonntagsfrage ist zum Beispiel ein Anteil von 20 - 30 Prozent üblich. Die Verweigerer dürften sich, ebenso wie die kleinere Gruppe der Abbrecher im nächsten Stadium, aus dezidierten Kawennen zusammensetzen.

In der Phase der Vercodung der Daten tritt die Aggression auf die Kawenne in feineren Formen auf, die sich in keinem Forschungsbereich niederschlagen. So ist zum Beispiel überliefert, wie verächtlich eine KA-Person vom Vercoder ausgerufen worden ist: „Wieder mal so ein 'Keine-Ahnung-Mensch'!“ Der selbstgeschaffene Kürzel für das selbstproduzierte Artefakt wandelt sich in einem eigentümlichen Prozeß von Übersetzung zum Schimpfwort für die BP, mit welchem der Forscher ihr die eigenen Mängel unterschiebt.

Im Forschungsbericht tritt das Verarbeitungsmuster des forschen Forschers für sein Produkt vornehmlich in zwei Zusammenhängen in Erscheinung. Erstens werden die Anteile von identifizierbaren Kawennen gern in einer Form kommentiert, in der die Ahnung der Gefährlichkeit mit dem Versuch der eigenen Entlastung verschmilzt. In der Regel haben diese Partien im Bericht die Stoßrichtung, den je vorgekommenen Anteil von Verweigerern, Abbrechern und so weiter zunächst zu benennen. Es folgen Bemerkungen, wonach derartige Anteile beim vorliegenden Typ von Studie üblich und auch bei den zumindest grob vergleichbaren Autoren XYZ in ähnlicher Größenordnung verzeichnet seien. Stolz schimmert auf, wenn ein niedrigerer Anteil ausgewiesen werden kann. Besondere Freude pflegt der Forscher auszudrücken, wenn sich die Struktur der Stichprobe und die gelegentlich nachprüfbare Struktur der Verweigerer und so weiter möglichst ähnlich sind. Beim Prüfen dieser ihm wesentlichen Ähnlichkeit kann sich der Forscher freilich nur auf Variable wie Alter, Geschlecht, Lohngruppe oder ähnliches beziehen, die dem Wesen des unbekannten Wesens Kawenne möglicherweise ganz äußerlich bleiben.

In der zweiten Form des Umgangs mit den Kawennen wird das Verarbeitungsmuster der Aggression auf den Aggressor erheblich klarer. Indem sich die Kawenne als bedrohliche kollektive Unperson erst in den Daten wirklich konstituiert, wird sie fast zeitgleich aus den Daten verdrängt. Die Konstituierung vollzieht sich, indem die KA-WN-NE-Personen trotz der offensichtlich unterschiedlichen Gründe für den Einzug in die jeweilige Kategorie per Computer zusammengefaßt und in der Grundauszählung gemeinsam ausgewiesen werden. Der Charakter einer artifiziellen Unperson wird besonders deutlich, wenn dabei oder gar davor ein neuer Oberbegriff gebildet wird, wie zum Beispiel „kein Urteil". Solcherart als Unperson konstituiert und disqualifiziert, bleibt die Kawenne immerhin noch ahnbar. Es kommt jedoch auch vor, daß sie wegen angeblicher Bedeutungslosigkeit bereits in der Grundauszählung gänzlich aus dem Material verwiesen wird. Dies geschieht bevorzugt in einer feinen Form, die sowohl die Kawenne verdrängt als auch den Forscher gegen den möglichen Vorwurf einer Unterdrückung von Daten schützt. Hier werden Kawennen bei der Präsentation der absoluten Zahlen noch erwähnt, während sie bei der Berechnung der Prozentwerte, auf die sich die zentralen Interpretationen stützen, herausgenommen werden. In krassen Fällen wird so die am stärksten besetzte Kategorie als nichtexistent behandelt. Bei der Berechnung von Kreuztabellen schließlich, aus denen als Kern der Forschungsergebnisse die statistisch signifikanten Zusammenhänge gewonnen werden, wird die Kawenne in der Regel vollständig verbannt.

Insgesamt hat die Behandlung der Kawennen nach dem Verarbeitungsmuster der Aggression auf den Aggressor die Komponenten der Nivellierung, der Disqualifizierung, der Unterdrückung und Verdrängung. Dieses Verarbeitungsmuster gilt übrigens oft genug auch für BPn, deren positive Antworten den Forscher nicht befriedigen; aber es trifft die Kawenne besonders hart und umfassend. In der Welt der forschen Forschung ist es die Kawenne, was die Bukanowsky-Gruppe der Delta minus in Huxleys schöner neuer Welt darstellt: den häßlichen, dummen und unscheinbaren Abschaum, von Gestalt und Gesicht uniform, in der Kleidung zusätzlich uniformiert. Der Forscher zählt (sich) demgegenüber zur höchsten Elitekategorie der Alpha plus.

Zum Haß auf sein Produkt hat der Forscher allen, zur Arroganz ihm gegenüber keinerlei Anlaß. Rein quantitativ stellen die Kawennen im weiteren Sinne in fast jeder Studie eine starke Gruppe, die - mit wachsender Inadäquanz des Ansatzes beziehungsweise einzelner Fragen - zur relativen oder gar absoluten Mehrheit werden kann. Bei postalischen Befragungen zum Beispiel wird ja häufig über „Rücklaufquoten" von nur 40 Prozent oder gar 25 Prozent geklagt, und innerhalb des erzielten Rücklaufs sind bei einzelnen

Fragekomplexen beziehungsweise Fragen „Ausfälle" von 30 Prozent oder mehr keine Seltenheit. Sicherlich sind die hinter diesen Zahlen stehenden Personen nicht umstandslos als Kawennen einzustufen. Aber unter Umständen? Wie ist die im Schnitt wohl geringere Zahl von Kawennen im Interview, verglichen mit der postalischen Erhebung zu interpretieren? Als vorab überlegene Qualität der Stichprobenbildung und des Fragebogens? Als erhöhte Kanalisierungskapazität für Kawennenanwärter?

Unser Wissen über die Realität von Forschungsprozessen reicht nicht aus, um solche Fragen zu beantworten. Die Wissenslücke indes ist als solche ein Indiz für die Angst des Forschers vor den Kawennen. Die Forschung über Kawennen ist schon als Thema eine Bedrohung, der sich die Forschung durch stille, aggressive Nichtbeachtung entzieht.

Stellen wir Vermutungen über das Wesen des unbekannten Wesens in den Abfallkategorien an! Wegen der Widerstände, die eine BP überwinden muß, um im Interview zur anerkannten Kawenne aufzusteigen, erscheint die Unperson als ein mutiges, selbstsicheres Geschöpf, das als kleine Figur des Alltags forsche Forschung in die Schranken weist. Derartige Merkmale der Kawenne lassen sich indirekt in anders gelagerten empirischen Studien dingfest machen. Dies ist zum Beispiel im „Abraham-Test" möglich, der die Resistenz der Menschen gegen die Wissenschaft beziehungsweise die in ihr ausgedrückte soziale Autorität zum Gegenstand der Forschung macht. In diesem häufiger wiederholten Test sollen die eigentlichen Versuchspersonen angeblichen Versuchspersonen abgestufte Stromstöße zufügen, die zunächst Schmerzensschreie, dann Verletzungen und am Ende den Tod herbeiführen können. In der Auswertung dieser Tests wird in der Regel die geringe Zahl derjenigen betont, die im mittleren oder sogar letzten Stadium der vermeintlichen Quälerei die Mitarbeit verweigern; die Interpretation verweist auf umfangreiche autoritäre Potentiale im Bewußtsein der Gesellschaftsmitglieder. Die Minderheit der mutigen Verweigerer kann im gedanklichen Transfer vom Abraham-Test auf die Fragebogenforschung als harter Kern der identifizierbaren Kawennen bezeichnet werden.

Weiteres Material für Vermutungen über das Wesen des unbekannten Wesens bieten jene Einstellungsuntersuchungen, in denen Menschen über etwas Nichtexistierendes befragt werden, zum Beispiel frei erfundene Völker. Viele BPn äußern sich hierbei freiweg zur Angriffslust, zur Zuverlässigkeit oder zum Fleiß dieser Völker. Indem sie sich der qua Wissenschaft vorgegebenen Unwahrheit fügen, verweisen diese BPn auf ein allgemeineres Phänomen, das bei Studien über tatsächliche Gegenstände im Realitätsbezug versickert. Die Einordnung in die vorgegebenen positiven Kategorien kann unter anderem verweisen auf Zeitmangel und/oder Lustlosigkeit und/oder Gleichgültigkeit und/oder stumme Opposition und/oder Hilflosigkeit und/oder jenen „Interviewereffekt", auf den das Problem gern reduziert wird. Bei der Erforschung von Einstellungen über etwas Nichtexistierendes liegt der erlesene Sonderfall vor, das objektiv sämtliche BPn Anwärter auf dem Status der Kawenne sind. Diejenigen, die diese Anwartschaft realisieren, sind wahre Helden der Zurückweisung. Die Kawennen sind wissend, skeptisch und auf energische Weise selbstsicher; sie sind ehrlich und willensstark; und noch die letzte nicht einstufbare Äußerung war der Wahrheit näher als der Fragebogen. Sollte all dies nur bei der Einstellungsforschung über nichtexistierende Probleme so sein?

4. Die Ergebnisse und ihre Nutzungsperspektiven

Ich bin mir in der Zeitung begegnet. Als Hauptbefund einer repräsentativen Untersuchung wird mitgeteilt, daß sich in der Bevölkerung der Bundesrepublik während des vergangenen Jahrzehnts ein drastischer Wertwandel vollzogen habe. Anders als früher halte nur noch eine Minderheit die Technik eher für einen Segen. Parallel dazu sei der Anteil derjenigen stark angestiegen, die in der Technik eher einen Fluch sehen. Besonders auffällig sei der enorme Anstieg in der teils/teils Kategorie. Wir Kawennen werden nicht erwähnt, und ich muß mir selbst ausrechnen, daß wir 4 Prozent ausmachen. Auch in den weiteren Ausführungen ist nicht von uns die Rede. Hervorgehoben wird vor allem der besorgniserregende Anstieg der Skepsis gegenüber der Technik, die insbesondere bei der jungen Generation beängstigende Ausmaße erreiche. Besagter Wertwandel drohe unter anderem auf die Studienentscheidungen der heranwachsenden Generation durchzuschlagen und letztendlich die internationale Konkurrenzfähigkeit der Bundesrepublik zu beeinträchtigen. Als eine der letzten Bastionen eines ungebrochen positiven Verhältnisses zur Technik erscheinen die einer „Sonderbefragung" unterzogenen Hochschullehrer der Ingenieurwissenschaften eines bestimmten Bundeslandes, von denen fast jeder zweite bereit sei, Umweltbelastungen als Preis für den Wohlstand in Kauf zu nehmen. Bei Gymnasiasten sei dies nur bei etwa jedem achten der Fall. Die Studie findet über diesen Artikel hinaus beachtliche Beachtung in den Medien, die sich den Tenor der skizzierten Presseveröffentlichung zu eigen machen.

Als Kawenne, die zudem erst durch zähes Ringen mit der IP der Einweisung in die teils/teils-Kategorie entkommen ist, sehe ich das alles ganz anders. Offenbar weigert sich ein schon großer und noch wachsender Teil der Bevölkerung, Probleme des wissenschaftlich-technischen Wandels überhaupt in mystifizierende, quasi religiöse Schemata einzuordnen. Dies gilt in besonderem Maße für die Jugend. Das Bewußtsein über die Risiken bestimmter Technologien schlechthin ist ebenso gewachsen wie das von den kapitalismusspezifischen Problemen. Viele BPn schlucken die Kröte, ihre Kritik in der Form unpassender Kategorien ausdrücken zu müssen, um sie im Interview überhaupt artikulieren zu können. Wieviele Menschen mögen die schärfere Option gewählt haben, ihre Auffassung durch Verweigerung oder Abbruch des Interviews auszudrücken?

Durch Verärgerung angestachelt, besorge ich mir einige Originaltabellen. Schon der erste Blick schmettert mich nieder, weil die forschen Forscher uns Kawennen das Schlimmste angetan haben, was möglich ist: Wir Antwortverweigerer, Nichtwisser und Nichteinstufbaren sind allesamt in der Kategorie „Kein Urteil" untergebracht worden. Der zweite Blick erhöht die Verbitterung. In einer Batterie von Kreuztabellen, in denen das Votum „Fluch/Segen" mit allerlei möglichen Assoziationen zu „Technik" korreliert worden ist, fehlen wir Kawennen ganz. Dafür werden an dieser Stelle erstmals die absoluten Zahlen mitgeteilt, die sich für die Besetzung der Kategorien in der Grundauszählung ergeben haben. Sie kommen mir aus irgendeinem Grund komisch vor, und ich mache mir die Mühe, von den Prozentwerten der Tabellen der Grundauszählung aus die entsprechenden absoluten Zahlen zu ermitteln: In den Kreuztabellen gibt es jeweils rund ein Dutzend Segensgläubige mehr beziehungsweise Fluchgläubige weniger als es sein müßten. Bei den Teilsgläubigen und bei uns Kawennen als nicht mehr ausgewiesener Residualkategorie stimmen die Daten und meine Berechnungen überein. Aber mein Mißtrauen war diesmal übergroß: es handelt sich wirklich nur um Rundungsdifferenzen. So schafft der mühsame Arbeitsgang schließlich Freude: Sowie die Ergebnisse forscher Forschung im Computer abgespeichert sind, beginnen sie zu stimmen. Gleichzeitig amüsieren mich diese Kreuztabellen, die mir meine aus nachlassendem Widerstand, Mitleid mit der IP und ähnlichen Gründen gespeiste Serie von bejahenden Antworten („Kann man bei ... an 'Technik' denken?") als Massenphänomen zurückspiegeln. Zudem sind die Unterschiede zwischen den Fluch-Gläubigen, den Segens-Gläubigen und den Teils-teils-Gläubigen oft lächerlich gering. Fluch und Segen der (Forschungs-)Technik.

5. *Postskriptum*

Das unter 2. dargestellte Interview wird am Beispiel einer authentischen Frage nebst Kategorisierung entwickelt, die in einer Repräsentativumfrage des Allensbacher Instituts für Demoskopie (Herbst 1981) enthalten ist. Nach Fertigstellung des Manuskripts ist die Studie insgesamt vom Ministerium für Wissenschaft und Kunst Baden-Württemberg (1982) veröffentlicht worden. Die Formulierungen im Interview und die Charakterisierungen seines atmosphärischen Umfeldes sind nur wirklich im Sinne einer verdichteten Synthese all jener Probleme, die nur verstreut in vielen Interviews vieler Studien auftreten beziehungsweise latent bleiben. Die kursiv gesetzten Formulierungen sind wörtlich oder sinngemäß aus einem mehr oder minder beliebigen Bestand von Lehrbüchern über empirische Sozialforschung entnommen.

Die Zitate zu Fälschungen und Manipulationen von Interviews gründen auf glaubwürdige Mitteilungen an den Verfasser, der sie für den vorliegenden Zweck neu verbalisiert hat.

Die Einzelheiten über den Umgang mit den Kawennen schließlich beziehen sich auf wirkliche Forschungsprojekte und veröffentlichte Berichte.

V
Industriearbeit und Technik

Gesundheitsgerechte Arbeitsgestaltung – ein soziologische Utopie?

Cristian von Ferber, Liselotte von Ferber, Willi Pöhler

Vorbemerkung

Die Arbeitssoziologie nimmt im Inventar der sogenannten Bindestrichsoziologien keine selbstverständliche Position ein - nicht ohne Grund. Denn empirische arbeitssoziologische Forschung macht methodisch eine enge Verbindung von gegenstandsbezogenen und wissenschaftssoziologischen Überlegungen nötig. Dies zeigen die wiederkehrenden, wenn auch bisher wenig überzeugenden Versuche, eine integrative Arbeitswissenschaft zu begründen. Eine Ausnahmestellung unter diesen Versuchen nimmt der von Hans Paul Bahrdt ausgearbeitete und in den von ihm angeregten Untersuchungen weitergeführte phänomenologische Ansatz ein.[1] In der methodischen Explikation eines für die Arbeitssoziologie zentralen Begriffes, der Arbeitssituation, hat dieser Ansatz eine bis heute kaum ausgeschöpfte Verdeutlichung erfahren.[2] Innerhalb der Soziologie sind die Arbeiten von Hans Paul Bahrdt beispielhaft für die Ergiebigkeit, empirische arbeitssoziologische Forschung auf einem wissenschaftssoziologisch reflektierten Niveau zu begründen und zu entwickeln. Innerhalb der keineswegs abgeschlossenen Diskussion über den Anwendungsbezug soziologischer Forschung[3] gewinnt das methodische Vorgehen von Hans Paul Bahrdt eine unmittelbare forschungspragmatische Bedeutung.

Auf dem Boden der Soziologie, die auch in der Bundesrepublik inzwischen über ein beachtliches Potential verfügt, haben sich theoretische Konzepte und empirische Methoden entwickelt, die auf Anwendung drängen, aber nur in Verbindung mit anderen Wissensdisziplinen und mit den von diesen geordneten, ja beherrschten Praxisbereichen eingesetzt werden können. Die Soziologie ist weithin eine Quelle für Ideen, Theorien und Forschungsmethoden ohne eigene Umsetzungsmöglichkeiten. Soziologisches Wissen gewinnt gesellschaftsgestaltende praktische Geltung nur auf eine mittelbare Weise, indem sie ihr innovatives Potential in die wissenschaftliche Arbeitsteilung und in eine bereits unter anderen Denksystemen verwissenschaftlichte Praxis einbringt. Wir wollen diesen wissenssoziologischen und wissenschaftspolitischen Gedanken im folgenden an der Umsetzung sozialepidemiologischer Forschung in die gesundheitsgerechte Arbeitsgestaltung im Betrieb vorstellen.

Unter sozialepidemiologischer Forschung verstehen wir die Untersuchung des Einflusses gesellschaftlicher Lebensbedingungen auf Entstehung, Verlauf und Folgen von Krankheiten.[4] Im Rahmen der traditionell vorgegebenen wissenschaftlichen Arbeitsteilung ist die Sozialepidemiologie ein neues innovatives Arbeitsgebiet, das die eingeführten methodischen Konzepte sprengt.

Die verwendeten ätiologischen Konzepte sind mehrdimensionale Modelle, in die stets Erkenntnisse aus verschiedenen Wissenschaftsdisziplinen eingehen, zum Beispiel Erkenntnisse über Arbeitsbelastungen, über die Beanspruchung von Organsystemen, über die klinische Manifestation von Krankheiten. Die ätiologischen Konzepte überschreiten daher ersichtlich die Grenzen der pathophsysiologischen, aber auch der soziologischen Forschung. Die untersuchten ätiologischen Zusammenhänge sind komplexer Natur, es sind sogenannte „multifaktorielle" Bedingungsgefüge, zum Beispiel „verursachen" die Arbeitsbelastungen nicht monokausal die Krankheiten, sondern sie treten als zusätzliche Bedingungen zu stets möglicher erblicher Disposition, zu einer lebensgeschichtlich erworbenen Schwäche eines Organsystems, zu Belastungen außerhalb des Arbeitsplatzes hinzu. Arbeitsbelastungen schließen andere Einflüsse nicht aus, andererseits können Arbeitsbelastungen aber nicht deswegen ausgeschlossen werden, weil die genannten anderen Lebensbedingungen ebenfalls eine Rolle spielen können.

Bei dem derzeitigen Stand wissenschaftlich-methodischer Arbeitsteilung, aber auch bei der gegebenen praktischen Problembewältigung sind sozialepidemiologische Untersuchungen stets vorausetzungsvoll. Wissenschaftlich-methodisch fordern sie zu einer multidisziplinären Modellbindung heraus, doch ist die Multidisziplinarität weder Selbstzweck noch ein beziehungsloses Nebeneinander. Von medizinisch routinemäßig bearbeiteten Ereignissen wie „Episoden chronisch-degenerativer Krankheiten" stellen sozialepidemiologische Untersuchungen die Beziehungen her zu ergonomisch beziehungsweise arbeitssoziologisch routinemäßig bearbeiteten Ereignissen wie „Arbeitsbelastungen". Die Disziplinenübergreifende, multidisziplinäre Herangehensweise stellt einen auf diese Weise bisher nicht gesehenen Zusammenhang her. Sie macht diese Verknüpfung unter der gesundheitspolitisch praktischen Zielsetzung der gesundheitsgerechten Arbeitsgestaltung. Dies macht eine eindeutige Bestimmung des gesellschaftlichen Einflusses notwendig. Denn in der Herausarbeitung des Einflusses gesellschaftlicher Bedingungen, die bisher jedenfalls nicht - wenn wir von der Sozial- und Gewerbehygiene absehen - unter einer krankheitsbezogenen Perspektive bewertet wurden, liegt das Neuartige, das methodisch Innovative sozialepidemiologischen Vorgehens. Die Multidisziplinarität ist einem praktischen Handlungsprogramm, gesundheitsgerechter Arbeitsgestaltung und einer wissenschaftspolitischen Zielsetzung, Einbindung soziologischer Erkenntnisse in die Krankheits(ursachen)forschung verpflichtet.

Die geschilderten Voraussetzungen sozialepidemiologischen Vorgehens machen ihren Einsatz für die gesundheitsgerechte Arbeitsgestaltung im Betrieb eher unwahrscheinlich; denn sie überschreiten die gegebene Verteilung der Zuständigkeiten. Ein Blick auf den Wandel der Perspektiven, den eine sozialepidemiologische Betrachtung einführt, hebt das Unerwartete, die Alltagsroutine Verunsichernde sichtbar heraus. Krankheiten, deren Behandlung in der medizinischen Versorgung geregelt ist, werden zu „arbeitsbedingten Krankheiten". Arbeitsbelastungen, die im Inventar der Beschreibung von Arbeitsplätzen für die Arbeits- und Leistungsbewertung ihren festen Platz haben, werden zu gesundheitlichen Risiken. Berufspraktisch fordern sozialepidemiologische Untersuchungen zu einer Erweiterung der Perspektive heraus, die eingeschliffene Alltagserwartungen und durch Sozialroutine verfestigte Abläufe deutlich überschreitet. Von welchem Ort der gegebenen Zuständigkeiten auch immer betrachtet, vom Arzt, der die Behandlung einer Krankheitsepisode übernimmt, von der Krankenkasse, die die Kosten der ärztlichen Behandlung trägt, vom Ergonomen, der die Anforderungen von Arbeitsplätzen beurteilt, oder vom Werksarzt, der arbeitsbedingten Krankheiten vorbeugend begegnen soll, stets führt der Pfad sozialepidemiologischer Vorgehensweise von der Alltagsroutine, von dem als bekannt Vorausgesetzten und Erwarteten in einen offenen Horizont des eher Unwahrscheinlichen, des Nichterwarteten und damit des von der Alltagsroutine nicht Geregelten hinein. Neben den methodischen Unsicherheiten ihrer Modellbildung und ihres ätiologischen Verständnisses tragen sozialepidemiologische Untersuchungen Verunsicherungen in die Alltagsroutine von Berufen und Institutionen hinein. Daher stehen dem Einsatz sozialepidemiologischer Methoden zum Zweck der gesundheitsgerechten Arbeitsgestaltung Widerstände aus der Berufspraxis entgegen. Dies hat für die Diffusion sozialepidemiologischer Konzepte besonders schwerwiegende Folgen, da den Ärzten und Ergonomen gerade die Probleme zur Bearbeitung zugewiesen sind, um die es in der Epidemiologie geht: Arbeitsbedingtheit chronischdegenerativer Krankheiten. Schon der Ausdruck „Aufbrauch- und Verschleißkrankheiten" begegnet hier Zurückhaltung, ja, Abwehr.

Nun könnte man geneigt sein, die aufgeworfenen Fragen auf sich beruhen zu lassen. Schließlich ist es kein ausreichender Grund, neben einer wissenschaftlich-methodischen Neuorientierung auch ein Umdenken der Berufspraxis zu fordern, nur weil Wissenschaftler eine neue Methode, die sogenannte Sozialepidemiologie entwickelt haben, die für die gesundheitsgerechte Arbeitsgestaltung verwendbare Ergebnisse abzuwerfen verspricht. Allerdings stehen einer solchen Ansicht zwei ernst zu nehmende Einwände entgegen.

Die gesundheitspolitische Bedeutung gesundheitsgerechter Arbeitsgestaltung

Die Belastung der Bevölkerung im erwerbsfähigen Alter mit chronischdegenerativen Krankheiten, also gerade mit den Krankheiten, bei denen die

Arbeitsbedingungen im Sinne multifaktorieller Verursachung eine bisher unzureichend erforschte *mit*verursachende Rolle spielen, ist erheblich. Der Beitrag der Arbeitsbedingungen zu diesen Krankheiten im Sinne einer Risikoerhöhung, des „relativen Risikos", wie die Epidemiologie argumentiert,[5] wird vernachlässigt, weil unerforscht. Ja, es besteht eine nicht unbedenkliche Neigung, den Einfluß der Arbeitsbedingungen selbst angesichts zum Nachdenken auffordernder Tatsachen herunterzuspielen.

Beispielhaft für das Niveau, auf dem von Instituten, die auf diesem Gebiet mit Autorität ausgestattet und daher meinungsbildend sind, wissenschaftliche Ergebnisse der ärztlich tätigen Fachöffentlichkeit vorgestellt werden, sei ein im Deutschen Ärzteblatt veröffentlichter Beitrag zur Frühinvalidität hier ausgewertet.

Von Kentner, der den Aussagegehalt der Statistik des Verbandes Deutscher Rentenversicherungsträger kritisch bewertet, wird die seit Jahrzehnten bekannte Tatsache wieder bestätigt, daß Arbeiter ein vergleichsweise höheres Invaliditätsrisiko haben als Angestellte: „(...) egal, welche Frühinvaliditäts-Meßzahlen verwendet werden, (es) wird deutlich, daß Arbeiter und Arbeiterinnen zwei- bis dreimal häufiger früh berentet werden als männliche und weibliche Angestellte. Diese Aussage trifft nicht nur für die genannten Frührentenzugänge, sondern fast ausnahmslos auch für alle Erkrankungsgruppen zu".[6] (Abb. 1)

Als mögliche Erklärung bietet Kentner an, „daß Arbeiter bei einem ähnlichen Leiden und gleicher Krankheitsschwere eher als Angestellte früh berentet werden, da ein großer Teil frühinvalidisierungsrelevanter Erkrankungen mit einer Einschränkung der körperlichen Leistungsfähigkeit einhergeht und an gewerblichen Arbeitsplätzen im allgemeinen höhere körperliche Anforderungen als im Angestelltenbereich bestehen".[7]

Der Verfasser postuliert hier eine zwischen den Belastungen der großen Arbeitsmarktgruppen ausgleichende, sozusagen eine sekundärpräventive Funktion der Rentenbegutachtung. Weil an gewerblichen Arbeitsplätzen in der Regel höhere körperliche Anforderungen gestellt werden, soll bei gewerblichen Arbeitnehmern bereits bei einem weniger ausgeprägten Stadium krankheitsbedingter Behinderung auf vorzeitige Berentung erkannt werden. Sehen wir einmal von der überraschenden Begründung ab, daß der Rentenbegutachtung, die von ihrer institutionellen Vorgabe auf Abwehr von vorzeitigen Rentenzahlungen gerichtet ist, eine sozialmedizinische Aufgabe zugewiesen wird, nämlich bei bedrohter Erwerbsfähigkeit wenigstens die Überlebensfähigkeit zu sichern - eine entsprechende Begutachtungsrichtlinie der deutschen Rentenversicherungsträger ist nicht bekannt -, stehen dem voreiligen sozialmedizinischen Schluß vier Argumente entgegen.

1. Vorzeitige Berentungen werden nicht sekundärpräventiv von den Deutschen Rentenversicherungsträgern eingeleitet, sondern den Anträgen gehen in der Regel dramatische Verschlimmerungen des Gesundheitszustandes voraus.[8]

Abb. 1 Frühinvalidisierungsindizes

- nach Geschlecht und Versicherungsgruppen bei den 13 häufigsten Erkrankungsgruppen

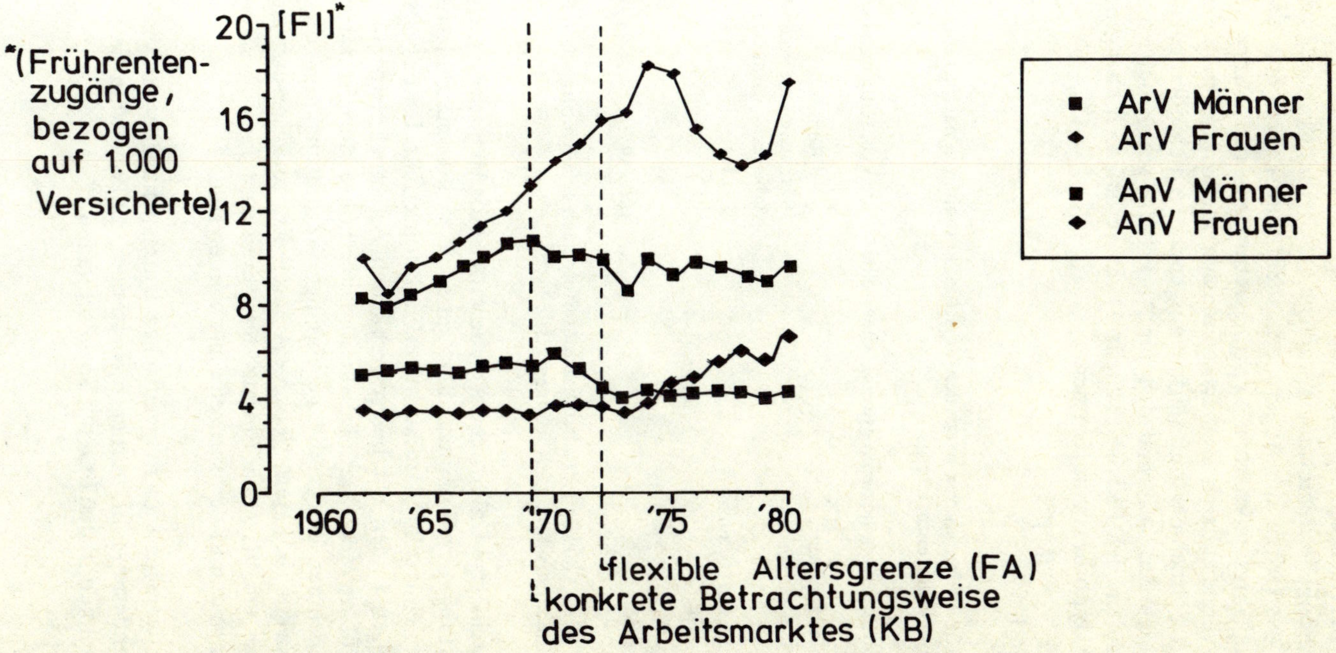

nach: Kentner, 1983

2. An gewerblichen Arbeitsplätzen werden nicht nur in der Regel höhere körperliche Anforderungen gestellt, sondern der tägliche Einsatz der physischen Kräfte bestimmt auch die Höhe des Arbeitslohnes und im Ergebnis die persönliche Bemessungsgrundlage der Rente, ganz im Unterschied dazu hängt das Gehalt der Angestellten mehr vom Lebensalter als von der Verwertung ihres physischen Leistungsvermögens ab.[9] Daher finden wir, daß unter vergleichbaren Bedingungen nach medizinischen Kriterien gewerbliche Arbeitnehmer mit stärker ausgeprägten Behinderungen vorzeitig berentet wurden, während dies für Angestellte schon bei leichteren Krankheitsstadien der Fall ist (Tabelle 1). Es verhält sich also genau umgekehrt zu der Hypothese von Kentner.

Tabelle 1

Männliche Patienten mit arteriellen Verschlußkrankheiten nach Krankheitsstadien (nach Fontaine) und Rentnerstatus

Von 100 Arbeitern beziehungsweise Angestellten waren vorzeitig berentet:

Krankheitsstadium		Rentner v. H. waren im Stadium Arbeiter	Angestellte
Stadium I, IIa	leicht	31	63
Stadium IIb bis IV	schwer	69	37
N (58) = 100		100 (39)	100 (19)

Quelle: D.A. Loose u.a., Rehabilitationserfolg nach gefäßchirurgischen Eingriffen. Katemanestische Untersuchungen, 1983

3. Einschlägige Untersuchungen bestätigen die Hypothese nicht, daß die Begutachtung der Frühinvalidität eine die Arbeitsplatzbelastungen ausgleichende, eine sekundärpräventive Funktion erfüllt. Unter vergleichbaren Bedingungen finden wir bei gewerblichen Arbeitnehmern eine nahezu zweifach höhere Mortalität (Tabelle 2). Die erhöhte Mortalität der gewerblichen Arbeitnehmer belegt die gegenteilige Vermutung, daß diese einem vergleichsweise höheren Verschleiß ihrer Kräfte ausgesetzt und durch das Lohnsystem, das den Einsatz der physischen Leistungsfähigkeit fordert, stärker in den Erwerbsprozeß eingebunden sind.

4. Die wenigen schichtspezifischen Untersuchungen der Mortalität, die für die Bundesrepublik vorliegen, bestätigen die weiterhin bestehende höhere Sterblichkeit in den unteren Sozialschichten.[10]

Tabelle 2

Überlebensrate und Rehabilitationserfolg für Arbeiter und Angestellte im Vergleich

	gefäßchirurgisch versorgte			
	Arbeiter		Angestellte	
	v.H.	abs.	v.H.	abs.
insgesamt	100	157	100	161
verstorben	34	53	18	29
Rentner	27	34	16	26
erwerbstätig	39	61	66	106

Quelle: Loose u.a., a.a.O., 1982

Auf diesem Hintergrund kommt der Begründung der Arbeitsmedizin eine nicht zu unterschätzende Bedeutung zu, wie sie Valentin u.a. (1979) ihrem „kurzgefaßten Lehrbuch für Ärzte und Studenten" vorangestellt haben:

„Eine dritte große Position (neben der Belastung der Erwerbstätigen mit Unfällen und Berufskrankheiten und neben den volkswirtschaftlichen Kosten der Arbeitsunfälle) stellen Aufbruch, Verschleiß, Abnutzung, aber auch Erschöpfung und Voralterung dar. Über ihre Verursachung durch Berufsarbeit kann heute eine verbindliche Aussage kaum gegeben werden. Die Statistik über den Rentenzugang in der Gesetzlichen Rentenversicherung weist immer wieder die gleichen Diagnosen für die Berufs- und die Erwerbsunfähigkeit auf. Das sind die Arteriosklerose mit ihren Folgeerscheinungen, der Bluthochdruck, die chronischen, nichtrheumatischen Krankheiten, bei Frauen die bösartigen Neubildungen und schließlich die entzündlichen degenerativen Gelenkerkrankungen. Es folgen Altersschwäche und vorzeitiger Altersabbau, chronische Bronchitis und Lungenemphysem. Diese chronischen Leiden haben fast alle multifaktorielle Ursachen endogener und auch exogener Art. Ihre prospektive und umfassende Analyse wird wichtige Hinweise für die unspezifischen Auswirkungen von Arbeit und Beruf geben."[11]

Ihre „prospektive und umfassende Analyse" setzt sozialepidemiologische Verfahren voraus. Damit kommen wir zu dem zweiten Gesichtspunkt, der ein Umdenken auch der Berufspraxis fordert.

Soziale Ursachen arbeitsbedingter Krankheiten

Arbeitsbelastungen, die mit der Entstehung und dem ungünstigen Verlauf chronisch-degenerativer Krankheiten zusammenhängen, sind nur zum geringen Teil physikalische oder chemische Umgebungseinflüsse und wenn, dann wirken diese in der Regel in Verbindung mit Arbeitsbedingungen, die den Gesundheitszustand auf der Grundlage von Person-Umweltbeziehungen beeinflussen. Wir wollen diese Überlegung zunächst an dem bereits erwähnten Unterschied der Arbeitsanforderungen für gewerbiche Arbeitnehmer und für Angestellte beziehungsweise Dienstleistungsberufe erläutern.

Die Charakterisierung der Arbeitsplätze in der gewerblichen Produktion, daß hier im allgemeinen höhere körperliche Anforderungen als im Angestelltenbereich bestehen, stellt eher die vorherrschende Form der Leistungsbewertung dar, also die Sanktionierung der Arbeitsleistungen, als daß sie eine vergleichende ergonomische Beschreibung gibt. Mit fortschreitender Mechanisierung und Automatisierung der Arbeitsprozesse haben nämlich auch in der gewerblichen Produktion psychomentale Anforderungen stark zugenommen, die in früherer Zeit die Tätigkeit der Angestelltenberufe kennzeichneten. Vom inhaltlichen Wandel der Arbeit weitgehend unberührt blieb jedoch die soziale Kontrolle der Arbeitsleistung. Sie gründet sich auf eine möglichst enge Verknüpfung von Arbeitsleistung und Arbeitsergebnis.

In der gewerblichen Produktion materialisieren sich die Arbeitsleistungen in zurechenbaren Produktionsergebnissen. Vom Produktionsergebnis her stellt sich die Kontrolle über die individuellen Arbeitsleistungen und ihre Elemente immer wieder her. Die Arbeits- und Leistungsbewertung objektiviert die soziale Kontrolle der Arbeitsleistungen. Sie gewichtet deren Inhalte, indem sie die Anforderungen in ihrer Funktion für die Lohnfindung bewertet. Ob die Feststellung, daß an Arbeitsplätzen der gewerblichen Güterproduktion im allgemeinen höhere körperliche Anforderungen bestehen, im ergonomischen Sinne richtig ist, kann daher dahingestellt bleiben. Daß aber an diesen Arbeitsplätzen eine intensivere soziale Kontrolle über die individuellen Arbeitsleistungen und deren Teilelemente ausgeübt wird, trifft zweifelsohne ein kennzeichnendes Merkmal.

Allerdings ist es methodisch erforderlich, den ins Abseits geratenen Begriff der sozialen Kontrolle zu revalidieren. Wenn wir recht sehen, enthält der Ausdruck „soziale Kontrolle" begriffsgeschichtlich drei verschiedene Elemente.

In der anglo-amerikanischen Tradition bezeichnet er sozial geregeltes Verhalten überhaupt.[12] Dementsprechend bemüht sich die Forschung um die Klassifikation der gesellschaftlichen Bedingungen, unter denen Regelmäßigkeiten sozialen Handelns erwartet werden können.[13]

In der deutschen Tradition wird dieser Begriff mit dem der Herrschaft verknüpft. Kontrolle über andere Menschen ausüben, ist ein Element der Herrschaft.[14]

Beiden Begriffsverwendungen liegt die mechanistische, ja letztlich unsoziologische Vorstellung zugrunde, daß gesellschaftliche Strukturen individuelles Handeln in einer angebbaren, vorhersehbaren Weise steuern. Unentwickelt bleibt dabei die Verknüpfung zwischen gesellschaftlichen Strukturen und individueller Handlungsorientierung.[15] Da der Anspruch gesellschaftlicher Institutionen sich in sozialen Normen materialisiert, bildet die Frage, welche individuellen Voraussetzungen auf Dauer ein normkonformes Handeln garantieren, eine Schlüsselfrage für das Theorem der sozialen Kontrolle. Ausgehend von der Oppenheimerschen Staatstheorie (1912), wonach sich der neuzeitliche Staat auf die Monopolisierung der physischen Gewalt gründet, hat Norbert Elias (1939) den Wandel der psychischen Reaktionen der Gewaltunterworfenen untersucht, mit denen diese sich mit den im Zuge des Gewaltmonopols entstehenden neuen Abhängigkeiten arrangieren. Seine bis in kulturhistorische Feinheiten vorgetriebenen Untersuchungen verdeutlichen an dem historisch einmaligen Prozeß der erfolgreichen Monopolisierung physischer Gewalt durch den modernen Staatsverband, daß die Abhängigkeiten, mit denen ein innenpolitischer Rechtsfriede „erkauft" wird, mit einem Disziplinierungsschub der Affekte beantwortet wird. Elias verwendet den Ausdruck „Zivilisationsschub".

Die Monopolisierung der physischen Gewalt zu Beginn der Neuzeit leitet eine Kette von Monopolprozessen ein, durch die gesellschaftliche Güter auf Dauer in die Verfügungsmacht gesellschaftlicher Eliten gestellt werden: produzierte Produktionsmittel (Kapital), soziale Sicherheit, Bildung und Ausbildung, medizinische Versorgung.

Die Zivilisationsschübe, von denen diese Monopolisierungen begleitet werden, sind vergleichsweise kaum untersucht, zumindest nicht unter einer expliziten soziologischen Fragestellung. Wir wollen im folgenden die grundsätzlichen Überlegungen von Elias für die soziale Kontrolle der Arbeitsleistung im Betrieb konkretisieren. Sie scheinen uns zugleich geeignet zu sein, Modelle sozio-psychosomatischer Krankheitsentstehung auf eine soziologisch-theoretische Grundlage zu stellen.

In einer auf Herrschaft gegründeten Organisation wie dem Betrieb heißt soziale Kontrolle ausüben, die Verhaltensorientierung bei angebbaren Personen in einem vorausgesetzten Sinne durch Sanktionen beeinflussen.[16] Soziale Kontrolle richtet sich auf einen bestimmten Personenkreis, auf Adressaten, sie wird im Interesse von Zielen ausgeübt. Sie setzt bei der Sinngebung des Verhaltens an und sie ist erfolgreich, weil und so lange sie über Sanktionen verfügt. Soziale Kontrolle ist auf Wahrnehmung, auf Verstehen und auf Akzeptanz durch die Adressaten angewiesen. Soziale Kontrolle stellt Person-Umweltbeziehungen her. Die extern gesetzten Anforderungen, beispielsweise an einem Arbeitsplatz ein Produkt bestimmter Qualität in bestimmter Anzahl in gegebener Zeit zu erstellen, werden wahrgenommen, in ihrer Zielsetzung verstanden und erfüllt, weil die mit der Erfüllung beziehungsweise der Nichterfüllung der Anforderungen verbundenen Sanktionen als verbindlich akzeptiert werden. Sozialer Kontrolle unterworfen sein, heißt die Sanktionen für sich als verbindlich anerkennen, die die Anforderungen in Geltung halten, ihnen „Nachachtung" (Max Weber) verschaffen.

Bei solchen, eher allgemeinen Bemerkungen zur Geltung sozialer Normen konnte die Soziologie stehenbleiben, so lange ihr Erkenntnisinteresse sich auf die Frage beschränkte, wie normkonformes Handeln erwartbar war, von welchen Bedingungen die Regelmäßigkeit sozialen Handelns bestimmt war, und unter welchen Voraussetzungen von verstehbaren Handlungsorientierungen auf die Typik tatsächlichen sozialen Handelns geschlossen werden durfte. Die individuellen Folgen normkonformen Handelns, der Preis, den der einzelne zu entrichten hatte, wenn er sich der Geltung sozialer Normen unterwarf, blieben dabei außerhalb soziologischen Forschungsinteresses, verständlicherweise, denn es galt ja, die Regelhaftigkeit vertretbaren sozialen Handelns aufzuweisen. Neben dem prognostizierbaren Massenhandeln interessierte allenfalls noch das deviante Handeln als sozialstrukturell provoziertes, als gesellschaftlich „verursachtes" Handeln (Anomie-Theorem). Der subtile Nachweis von Norbert Elias, daß sozialstrukturelle Wandlungen, daß „gesellschaftliche Monopolprozesse" die Persönlichkeitsstruktur verändern, die sogenannte soziokulturelle Persönlichkeit mit einer „Selbstzwangapparatur" ausstatten, blieb über Jahrzehnte unbeachtet, als eine zivilisationsgeschichtliche Merkwürdigkeit in das Inventar soziologischer Lehrgegenstände eingeordnet, aktuell jedoch folgenlos. Erst die Notwendigkeit, höchstpersönlich unvertretbare Ereignisse wie Episoden chronisch-degenerativer Krankheiten auf gesellschaftliche Erfahrungen eben derselben Person zu beziehen, erschließt den zivilisationstheoretischen Ansatz für gegenwartsbezogene Forschung. Denn hier scheint in der Tat ein Schlüssel für ein soziologisches Verständnis der individuellen Folgen sozialer Kontrolle zu liegen.

Aus der Sicht der Betroffenen gesehen, also derjenigen, die sozialer Kontrolle unterworfen sind, ist soziale Kontrolle weniger ein akuter Eingriff, ein verhaltenssteuernder Zugriff aus aktuellem Anlaß, sondern eine eher hintergründige, auf Dauer wirkende Regelung, die im Vorfeld wirksam wird, die aus Erfahrung theoretisch denkbare Ausweichmöglichkeiten bereits zugestellt hat. Aktuelle Zugriffe, wie Kontrollen, wie aktuell eingeforderte Rechenschaftslegungen, sogenannte „Rapporte", setzen die eingeführte, hintergründige, permanent wirksame soziale Kontrolle bereits voraus.

Das geläufige soziologisch-theoretische Modell, die Geltung sozialer Normen beruht auf der Chance der Sanktionierung sozialabweichenden wie sozialkonformen Handelns, ist daher unvollständig. Denn es vernachlässigt den Hintergrund individueller Erfahrungen, auf die die soziale Kontrolle im Sinne eines „vorausschauenden Gehorsams" stets zählen kann und muß. Sozialer Kontrolle unterworfen sein, heißt auch akut zugreifende Sanktionen vermeiden, vorausschauend drohenden Auseinandersetzungen, Konflikten, Schwierigkeiten aus dem Wege gehen. Die Wirksamkeit sozialer Kontrolle, die Garantien für die Regelmäßigkeit sozialen Handelns beruhen auf der Antizipation möglicher Sanktionen, auf dem Vermeiden vorgestellter, antizipierter Risiken. Soziale Kontrolle schlägt eine Brücke zwischen institutionalisierten Zielsetzungen (Arbeitsanforderungen) und individuellen Erfahrungen (Antizipation von Sanktionen).

Eine Realität, von der für bestimmte Personen „Wirkungen" in der Erscheinungsform von Episoden chronisch-degenerativer Krankheiten erwartet werden können, kann für die soziale Kontrolle der Arbeitsleistungen nur dann beansprucht werden, wenn soziale Kontrolle in einer doppelten Weise begriffen wird: als kollektive Tatsache, nämlich daß institutionalisierte Zielsetzungen gegenüber Normadressaten mittels Verfügung über Sanktionen durchgesetzt werden können, und als individuelle Tatsache, daß Sanktionserwartungen als allgegenwärtige individuelle Erfahrungen die Erfüllung der institutionalisierten Zielsetzungen garantieren. Neben der durchschnittlichen oder wahrscheinlichen Geltung (der „Chance der Durchsetzbarkeit") von institutionalisierten Zielsetzungen, von Arbeitsanforderungen, muß auch die individuelle Geltung der Arbeitsanforderungen, ihre persönliche, alltägliche, auf Dauer gestellte Verbindlichkeit in einem Modell sozialer Verursachung von Krankheiten angenommen werden.

Zum Gegenstand der Forschung werden die subjektiven Prozesse der Umweltverarbeitung gemacht, genauer gesagt die Prozesse, durch die die individuelle Verbindlichkeit von Arbeitsanforderungen auf Dauer hergestellt wird. Der Teil sozialepidemiologischer Forschung, der darauf gerichtet ist, die soziale Verursachung arbeitsbedingter Krankheiten aufzudecken, muß sich aus der Perspektive der Betroffenen, der Konstituierung von Person-Umweltbeziehungen zuwenden, durch die extern gesetzte Arbeitsanforderungen auf Dauer individuelle Verbindlichkeit erlangen. Diese Person-Umweltbeziehungen stellen im Modell die Bezugsgröße dar, von der krankheitsverursachende, krankheitsbegünstigende Auswirkungen postuliert werden. Zugleich sind diese Person-Umweltbeziehungen Gegenstand gesundheitsgerechter Arbeitsgestaltung. Denn, einmal vorausgesetzt, daß hier die Quelle sozialer Verursachung von Krankheiten zu suchen ist, wird eine sich hierauf gründende Intervention, gesundheitsgerechte Arbeitsgestaltung, in die Mechanismen der sozialen Kontrolle eingreifen müssen.

Soziale Kontrolle als Bestandteil des sozio-psychosomatischen Krankheitskonzepts

Die hier vorgetragenen soziologischen Bemerkungen zur sozialen Verursachung arbeitsbedingter Krankheiten verbinden sich ohne Schwierigkeiten mit sozio-psychosomatischen Konzepten. Diese setzen voraus, daß eine gesundheitsgerechte Arbeitsgestaltung als vorbeugende Gesundheitspolitik die Beschäftigten selbst und/oder ihre Interessenvertreter in die Definitionsprozesse dessen, was gesundheitsgerechte Arbeitsplätze sind, einbezieht. Denn die belastenden wie die gesundheitsförderlichen Arbeitsbedingungen werden von den Beschäftigten selbst als solche wahrgenommen und bezeichnet. Weiter sind wir der Auffassung, daß sich psychomentale und psychosoziale Arbeitsbedingungen sowie deren belastende und beanspruchende Wirkungen oder förderliche und freudvolle Effekte nur in der Wahrnehmung der Beschäftigten zeigen können. Diese Auffassung leitet sich aus einem sozio-psychosomatischen Krankheits- beziehungsweise Gesundheitsverständnis ab. (Abb. 2)

Das Schema verdeutlicht die Beziehungen zwischen dem sozialen Umfeld und der Person einerseits sowie der Person und ihrem körperlichen Geschehen andererseits. Bezogen auf den Betrieb ist da zum einen das betriebliche Wirkungsfeld mit seinen Anforderungen, Normen und Sanktionen, die von der Person, den Beschäftigten akzeptiert werden müssen und schließlich internalisiert - der Person zu eigen - werden, um dann Teil ihres Handelns und Denkens zu sein.

Erst in dieser Weise akzeptierte Anforderungen werden zu Belastungen, weil der Beschäftigte ihnen Folge leistet, weil er zum Beispiel das Akkordsystem akzeptiert und seine Arbeitsleistung entsprechend anpaßt.

Zum andern steht der Beschäftigte als Person im Wirkungsfeld seiner organischen Streßadaptation (Anpassung). Denn die Arbeitsbelastungen werden ihn unterschiedlich, und zwar seiner Leistungsfähigkeit entsprechend, beanspruchen, um dann zu organischen Anpassungen zu führen, die ihn zur geforderten Leistung befähigen. Diese organischen Reaktionen auf Belastungen werden vom vegetativen Nervensystem geregelt. Unter der Sympathicotonie findet die Vorbereitung auf die Leistungsbereitschaft statt. Die Sympathicotonie verändert beispielsweise die Herztätigkeit, den Kreislauf und die Muskelspannung. Die sympathicotone Lage spiegelt sich unmittelbar meßbar als erhöhte Herzfrequenz oder erhöhter Blutdruck sowie erhöhte Muskelspannung.

Erwartungsängste sind dagegen eher von einer Vagotonie begleitet. Der Vagus ist der Gegenspieler zum Sympathicus. Er führt zur Verlangsamung der Herztätigkeit, zur Erniedrigung des Blutdruckes, zur Aktivierung der Magen-Darmtätigkeit.

Über die Zeit hin folgt die Streßadaptation zwei verschiedenen Wirkungszirkeln, je nachdem, ob Erholung die Rückkehr zu Ruhewerten ermöglicht, oder ob die Dauerbelastung bei unzureichender Erholung kumulierend wirkt. Im letzteren Falle kommt es zum Disstreß, meßbar als organische Risikofaktoren wie dauererhöhter Blutdruck, dauererhöhte Blutfettwerte oder dauernd erhöhte Muskelspannung.

Für sozialepidemiologische Untersuchungen im Betrieb ergeben sich aus den voranstehenden Ausführungen die folgenden Feststellungen:

1. Der krankheitsverursachende beziehungsweise -provozierende Einfluß der Arbeitsanforderungen erschließt sich nur durch eine arbeitsoziologische Analyse der sozialen Kontrolle der Arbeitsleistung. Diese Analyse macht jedoch eine andere Akzentuierung des soziologischen Erkenntnisinteresses notwendig. Es steht nicht länger die Forschungsfrage im Vordergrund, welche sozialstrukturellen Garantien für die Erfüllung des Organisationszwecks gegeben sind, daß Arbeitsanforderungen von einer hinreichenden Anzahl von Personen erfüllt werden. Vielmehr wird eine Erklärung dafür erwartet, welche Folgen die ausgeübte soziale Kontrolle bei den Betroffenen zeitigt, nämlich über welche Wirkungsmechanismen sozialstrukturelle Bedingungen (soziale Kontrolle der Arbeitsleistung) individuelle Folgen (Episoden chronisch-degenerativer Krankheiten) setzen. Die soziologische Analyse kann sich nicht darauf beschränken, sozialstrukturelle Bedingungen und soziales Massenhandeln miteinander zu verknüpfen, sie muß vielmehr zeigen können, daß Sozialstruktur und individuelle Verarbeitung gesellschaftlicher Anforderungen sich dauerhaft und folgenreich miteinander verbinden.

2. Der Aspekt der „Arbeitsbedingtheit“ chronisch-degenerativer Krankheiten fordert dem Arzt (behandelnder Arzt, Vertrauensarzt, Betriebsarzt, Arbeitsmediziner) ab, daß er sich auf soziologische Verfahren der Erkenntnis-

Abb. 2

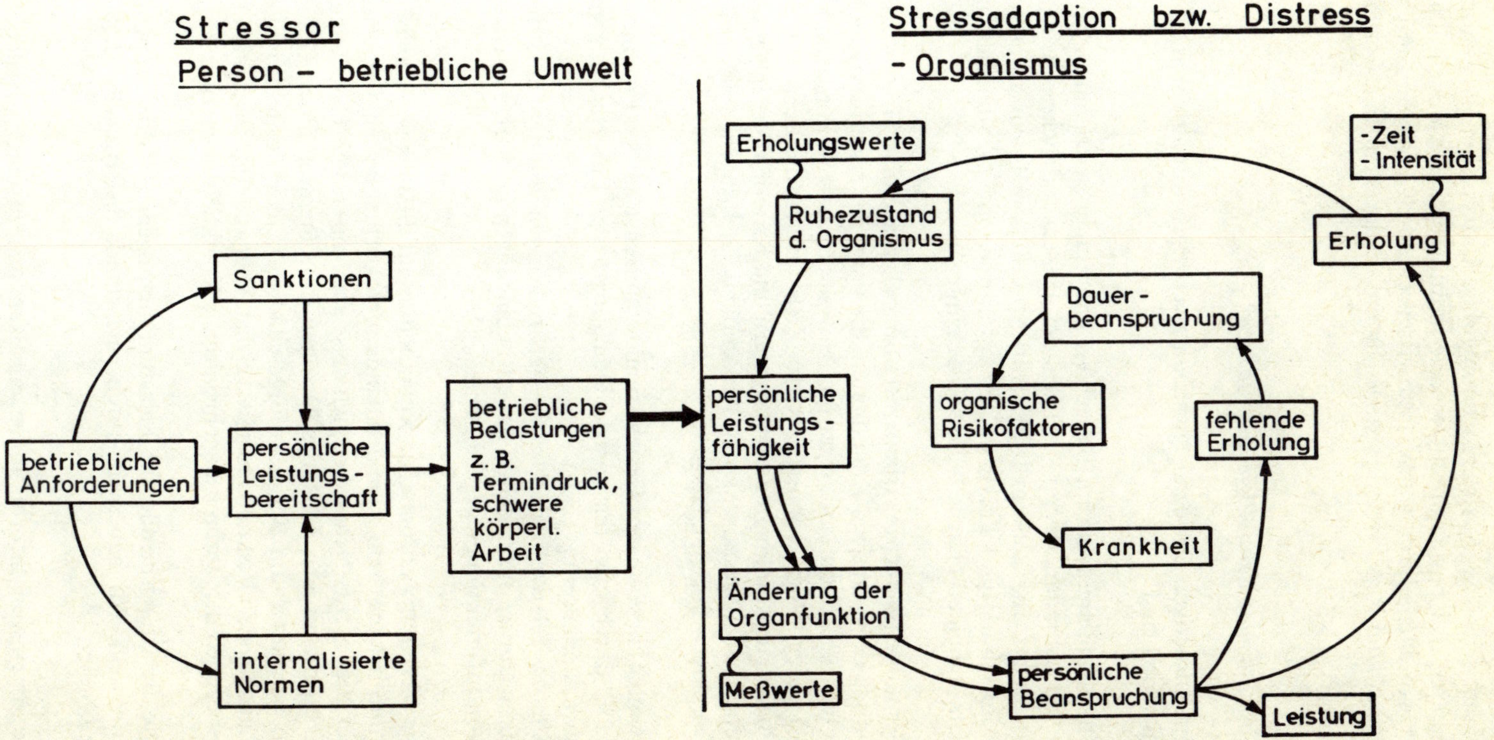
Stressor
Person – betriebliche Umwelt
Stressadaption bzw. Distress
– Organismus
Sanktionen
betriebliche Anforderungen
persönliche Leistungs-bereitschaft
internalisierte Normen
betriebliche Belastungen z. B. Termindruck, schwere körperl. Arbeit
Erholungswerte
Ruhezustand d. Organismus
persönliche Leistungs-fähigkeit
Änderung der Organfunktion
Meßwerte
-Zeit
-Intensität
Erholung
Dauer-beanspruchung
organische Risikofaktoren
Krankheit
fehlende Erholung
persönliche Beanspruchung
Leistung

gewinnung einläßt. Sozialepidemiologische Untersuchungen erwarten vom Mediziner, daß er den Sprung in eine multidisziplinäre Modellbildung vollzieht, vor allem die vertraute naturwissenschaftlich-klinische Dimension um die ihm in der Regel fremde soziale Dimension der Medizin erweitert.

Hat die Sozialepidemiologie eine Chance?

Unsere bisherigen Darlegungen haben zwei Ergebnisse erbracht, die scheinbar paradox sind.

1. Sozialepidemiologie im Betrieb ist eine „unwahrscheinliche" Methode, weil sie die anerkannten Grenzen der wissenschaftlichen Arbeitsteilung überschreitet und außerhalb der Alltagsroutine der Praxis ansetzt. Sie fordert Forschung und Praxis zu einem innovativen Verhalten heraus. Ihrem Einsatz stehen erhebliche Widerstände entgegen.

2. Gesundheitsgerechte Arbeitsgestaltung als präventive Strategie gegenüber chronisch-degenerativen Krankheiten, die unter der erwerbstätigen Bevölkerung weit verbreitet sind, setzt die Anwendung und Weiterentwicklung der Sozialepidemiologie voraus. Wer das Ziel verfolgt, die Belastung durch arbeitsbedingte Krankheiten zu verringern und Kriterien für eine gesundheitsgerechte Arbeitsgestaltung zur Wirksamkeit zu bringen, muß sich auf die Sozialepidemiologie einlassen.

Wir wollen diese beiden Gesichtspunkte zunächst an den Ergebnissen einer von uns durchgeführten sozialepidemiologischen Untersuchung in einem Stahlwerk erläutern.

Um das relative Risiko bestimmen zu können, mit dem eine chronische Krankheit unter spezifischen Arbeitsbedingungen auftritt, müssen zwei Arten von Informationen gegeben sein.

a) Die Verteilung chronischer Krankheiten auf die Belegschaft eines Betriebes muß bekannt sein. Von dem epidemiologischen Prinzip her gesehen, bedeutet dies nichts Neues, beispielsweise sind unter dem Gesichtspunkt der arbeitsmedizinischen Vorsorge Personen mit einem erhöhten Gesundheitsrisiko bekannt (zum Beispiel Hörgeschädigte). Jede Betriebskrankenkasse, aber auch jede Ortskrankenkasse verfügt über die Informationen, um betriebsbezogen die Verbreitung chronischer Krankheiten darzustellen.

b) Die Belastungsprofile für belastungshomogene Arbeitsgruppen müssen bekannt sein. Wir haben sie durch eine standardisierte schriftliche Befragung erhoben.[17]

Beide Arten von Informationen ergänzen sich zu einer sozialepidemiologischen Prävalenztafel (Tabelle 3). In Bezug auf das Risiko der Gesamtbelegschaft weist sie das „erhöhte", das relative Risiko für belastungshomogene Arbeitsgruppen nach. Definitorisch gilt das relative Risiko beispielsweise der Meister für Herz-Kreislauf-Krankheiten, der Stationsschlosser für Magen-Darm-Erkrankungen, der Schmelzer für Wirbelsäulenerkrankungen als „arbeitsbedingt", das Risiko der Gesamtbelegschaft als betrieblich nicht beeinflußt.

Tabelle 3

Prävalenzraten für ausgewählte belastungshomogene Tätigkeitsgruppen

		Krankheitsgruppe					
Tätigkeitsgruppe	N	HK		MD		WS	
		abs.	v.H.	abs.	v.H.	abs.	v.H.
Schmelzer	47	-	-	1	2,1	6	12,8
Stationshandwerker	229	3	1,3	15	6,6	6	2,6
Werkstatthandwerker	59	1	1,7	1	1,7	1	1,7
Kranfahrer	142	8	5,6	7	4,9	6	4,2
Vorarbeiter	223	9	4,0	6	2,7	6	2,7
Meister	95	18	18,9	3	3,2	1	1,1
Grundgesamtheit	3.145	111	3,5	112	3,6	143	4,5

Prävalenz zum Stichtag 31. 12. 1982
HK = Chronisch Kranke der Diagnoseklasse „Herz-Kreislauf-Erkrankungen"
MD = Chronisch Kranke der Diagnoseklasse „Magen-Darm-Erkrankungen"
WS = Chronisch Kranke der Diagnoseklasse „Wirbelsäulenerkrankungen"
N Grundgesamtheit = Anzahl der deutschen gewerblichen Arbeitnehmer des Gesamtwerkes zuzüglich der Meister, die mindestens vom 31.12.1978 bis zum 31.12.1980 im Werk beschäftigt waren.
N Tätigkeitsgruppe = Anzahl jener Arbeitnehmer aus der Grundgesamtheit, die zum Stichtag 31.12.1980 in der Tätigkeitsgruppe beschäftigt waren.

Das „Unwahrscheinliche" dieser Methode - sie wurde von uns bisher in vier Betrieben eingesetzt, die drei verschiedenen Wirtschaftsbranchen angehören - liegt in der Füllung des epidemiologischen Modells mit Daten, vor deren Verwendung die Mediziner in der Regel bisher zurückgeschreckt sind. Auf der Seite der „risikoerhöhenden Faktoren" werden arbeitssoziologische Daten über die Belastungsprofile von Arbeitsgruppen eingesetzt, die unter Belastungskriterien zusammengefaßt werden können. Medizinisch bedeutet dies eine soziologische Spezifizierung des Streßmodells, das im Inventar der medizinisch-epidemiologischen Erforschung der Krankheitsursachen die Rolle des Aschenbrödels spielt, das nur „weiche Daten" liefert.

Das „Unwahrscheinliche" dieser Methode liegt auch darin, daß sie einerseits im Betrieb anfallende Daten neu kombiniert und interpretiert, andererseits die Arbeitnehmer selbst befragt. Die arbeitssoziologischen Informationen über die Belastungsprofile sind nicht „*am* Menschen gewonnen" worden, wie eine sich als „objektiv" verstehende Wissenschaft sich ausdrückt. Vielmehr geben sie die Einschätzungen der befragten Arbeitnehmer wieder. Es sind Belastungsangaben der Betroffenen selbst. Arbeitswissenschaftlich nehmen wir das Erfahrungswissen der Arbeitnehmer in Anspruch, eine Methode, die die Arbeitswissenschaftler neben naturwissenschaftlichen Messungen und Expertenschätzungen nur höchst ungern einsetzen.[18]

Für die Arbeitsmedizin und für die Arbeitswissenschaft und für die „Praktiker", die auf dieser Wissensgrundlage ihren Beruf ausüben, liegt die sozialepidemiologische Methode vergleichsweise fern, sie liegt an der äußersten Peripherie ihres Methodeninventars.

Die Eigenschaften, die für das Handeln der Arbeitsmediziner und -wissenschaftler den sozialepidemiologischen Ansatz zu einer „unwahrscheinlichen" Methode machen, bilden jedoch zugleich die Basis, die aus der epidemiologischen Analyse herausführt und Wege in die gesundheitsgerechte Arbeitsgestaltung eröffnet, denn die risikoerhöhenden „Faktoren" liegen in Person-Umweltbeziehungen, die für belastungshomogene Arbeitsgruppen gegeben sind, genauer gesagt in der gemeinsamen Arbeitssituation. Die Sozialsituationen, die belastungshomogenen Arbeitsgruppen gemeinsam sind, werden teils von den Beteiligten selbst konstituiert, teils aber durch das Interesse an gesundheitsgerechter Arbeitsgestaltung konstruiert, genau in dem Sinne, wie Hans Paul Bahrdt den Begriff eingeführt hat:

„Die Inhalte einer Situation sind Gegebenheiten des Bewußtseins, freilich nicht nur Gegebenheiten der Akte des Erkennens, Wissens und Denkens, sondern ebensosehr des Handelns, Wollens, Erleidens und so weiter und als solche sind sie dem Bewußtsein, das wir uns im Mitvollzug vergegenwärtigen und analysieren, auch gegeben. Phänomenologische Analyse einer Situation heißt nicht verfälschende Umdeutung praktischer Verhaltensweisen zu Denkakten, sondern - paradox ausgedrückt - Bewußtmachung dessen , was einem Subjekt von seiner Situation schon bewußt ist."[19]

„Der Begriff der ‚sozialen Situation' eines Subjektes oder einer Gruppe von Subjekten basiert also auf den Gegebenheiten der konkreten Einzelsituation, aber er ist nicht selbst in diesem Sinne eine Situation. Er stellt vielmehr gewissermaßen die fiktive Situation eines Übersubjektes dar, das in der Lage ist, alle wesentlichen Gegebenheiten sich zugleich zu vergegenwärtigen und in ein sinnvolles, obschon nicht widerspruchloses Verhältnis zueinander zu setzen."[20]

Die Einbeziehung der Arbeitssituation als eine von den Arbeitnehmern mitkonstituierte Gegebenheit fordert der Arbeitsmedizin und der Arbeitswissenschaft einen Wechsel ihres Pradigmas ab. Hiergegen bestehen jedoch nicht nur aus wissenschaftlichen, sondern auch aus politischen Gründen Widerstände. Denn es gibt wohl kaum eine andere Sozialsituation, die durch die in die Situation Einbezogenen definiert, hergestellt und aufrecht erhalten wird, aber auch von ihnen umdefiniert, verändert und abgebrochen werden kann - vorausgesetzt das Veränderungspotential wird aktiviert!

Anmerkungen

1 Siehe H.P. Bahrdt, u.a., Technik und Industriearbeit, S. 92 ff. und H.P. Bahrdt, Industriebürokratie.
2 Siehe dazu K. Thomas, Die betriebliche Situation der Arbeiter und W. Pöhler, Information und Verwaltung, S. 8 ff.
3 Vgl. U. Beck (Hrsg.), Soziologie und Praxis. Erfahrungen, Konflikte, Perspektiven, Soziale Welt, Sonderband 1 und das Schwerpunktprogramm der DFG „Verwendungszusammenhänge sozialwissenschaftlicher Ergebnisse".
4 Vgl. M. Pflanz, Soziale Epidemiologie. Verhandlungen der Deutschen Gesellschaft für Innere Medizin 73 und B. Badura u.a., Soziale Unterstützung und chronische Krankheit. Zum Stand sozialepidemiologischer Forschung.
5 Dazu M. Pflanz, Allgemeine Epidemiologie und U. Keil, Epidemiologie, in: H. Silomon (Hrsg.), Sozialmedizin, S. 25-43.
6 Vgl. dazu M. Kentner, Frühinvalidität:. Entwicklung und Ursachen, in: Deutsches Ärzteblatt, 60, Jahrgang 1983, S. 41, Abbildung 1 und W. Rüth, Ursachen vorzeitiger Berufs- und Erwerbsunfähigkeit.
7 Vgl. M. Kentner, a.a.O., S. 37-42.
8 Vgl. F. Adam, Beitrag zu einer Phänomenologie der Berufsunfähigkeit und ders., Berufsunfähige und erwerbsunfähige Rentner, in: Handbuch der Sozialmedizin, Bd. III, S. 142-160.
9 Vgl. WSI (Wirtschafts- und Sozialwissenschaftliches Institut des DGB) - Studie Nr. 31, Die Lebenslage älterer Menschen in der Bundesrepublik Deutschland.
10 Vgl. G. Neumann und A. Liedermann, Mortalität und Sozialschicht, in: Bundesgesundheitsblatt 24, S. 173-181 und S.H. Croog and S. Levine, The Heart Patient Recovers, vgl. für die Sozialstatistik der Sterblichkeit bereits M. Mosse und G. Tugendreich, Krankheit und Soziale Lage.
11 H. Valentin u.a., Arbeitsmedizin, 2 Bände, S. 6
12 Siehe dazu G. Gurvitch, Social Control, in: G. Gurvitch und W.E. Moore, Twentieth Century Sociology, S. 267-296; J. S. Roucek, Entwicklung und Stand der Lehre von der sozialen Kontrolle in der amerikanischen Soziologie und K.H. Wolff, Soziale Kontrolle.
13 Vgl. F. Lumley, Elmore. Means of Social Control.
14 Für das hier einschlägige Thema der betrieblichen Herrschaft vgl. H.P. Bahrdt, a.a.O., 1959.
15 Vgl. Chr. v. Ferber, Zur Zivilisationstheorie von Norbert Elias - heute.
16 Vgl. H.P. Bahrdt, a.a.O., 1959.
17 Für Details sei verwiesen auf L. v. Ferber und W. Slesina, Integriertes Verfahren zur Analyse arbeitsbedingter Krankheiten, 1981 und dies. u.a., Gesundheitsgerechte Arbeitsgestaltung, 1983. Zur arbeitssoziologischen Bewertung der angewendeten Verfahren vgl. W. Pöhler, Bedingungen und Grenzen der Umsetzung mikroepidemiologischer Forschungsergebnisse in der Gesundheitsvorsorge am Arbeitsplatz, 1983.
18 Vgl. G. Marstedt und U. Mergner, Erfassung artikulierter Beanspruchungen - Ein Weg aus theoretischen und methodischen Defiziten arbeits- und industriesoziologischer Belastungsforschung?
19 H.P. Bahrdt, Industriebürokratie, S. 7
20 Ebd., S. 9

Literatur

ADAM, F., Beitrag zu einer Phänomenologie der Berufsunfähigkeit, Stuttgart 1964. DERS., Berufsunfähige und erwerbsunfähige Rentner, in: Handbuch der Sozialmedizin, Bd. III, Stuttgart 1976, S. 142-160. BADURA, B. (Hrsg.), Soziale Unterstützung und chronische Krankheit. Zum Stand sozialepidemiologischer Forschung, Frankfurt 1981. BAHRDT, H.P., POPITZ, H., JÜRES, E.A., und KESTING, H., Technik und Industriearbeit, Tübingen 1957. BAHRDT, H.P., Industriebürokratie, Stuttgart 1958. DERS., Die Krise der Hierarchie im Wandel der Kooperationsformen, in: Soziologie und moderne Gesellschaft. Verhandlungen des 14. Deutschen Soziologentages. Stuttgart 1959, S. 113-121. BECK, U. (Hrsg.), Soziologie und Praxis. Erfahrungen, Konflikte, Perspektiven, Soziale Welt, Sonderband 1, Göttingen 1982. CROOG, S.H. and LEVINE, S., The Heart Patient Recovers, New York, London 1977. ELIAS, N., Über den Prozeß der Zivilisation, 1. Bd. Wandlungen des Verhaltens in den weltlichen Oberschichten des Abendlandes, 2. Bd. Wandlungen der Gesellschaft. Entwurf zu einer Theorie der Zivilisation, Basel 1939. v. FERBER, CHR., Zur Zivilisationstheorie von Norbert Elias - heute, in: J. Matthes (Hrsg.), Lebenswelt und Soziale Probleme, Frankfurt 1981, S. 355-368. v. FERBER, L. und SLESINA, W., Integriertes Verfahren zur Analyse arbeitsbedingter Krankheiten, in: Zeitschrift für Arbeitswissenschaft, 35. Jg., 7. NF 1981. v. FERBER, L., SLESINA, W., RENNER, A., SCHRÖER, A., Gesundheitsgerechte Arbeitsgestaltung, in: Chr. v. Ferber und B. Badura, Laienpotential, Patientenaktivierung und Gesundheitsselbsthilfe, München 1983. GURVITCH, G., Social Control, in: G. Gurvitch und W.E. Moore, Twentieth Century Sociology, New York 1945/1971, S. 267-296. KEIL, U., Epidemiologie, in: H. Silomon (Hrsg.), Sozialmedizin, Sankt Augustin 1978, S. 25-43. KENTNER, M., Frühinvalidität: Entwicklung und Ursachen, in: Deutsches Ärzteblatt, 60. Jg. 1983, 12, S. 37-42. LOOSE, D.A., v. FERBER, Chr. u.L., KLOCKE, A., SCHMÖE, J., Rehabilitationserfolg nach gefäßchirurgischen Eingriffen, Periodica Angiologica, Bd. 1, Reinbek 1982. LOOSE, D.A., v. FERBER, Chr., HEIN, U., JANZEN, A., Rehabilitationserfolg nach gefäßchirurgischen Eingriffen. Katemanestische Untersuchungen, Diss. med. Düsseldorf 1983. LUMLEY, F., Elmore. Means of Social Control, New York and London 1925. MARSTEDT, G., MERGNER, U., Erfassung artikulierter Beanspruchungen - Ein Weg aus theoretischen und methodischen Defiziten arbeits- und industriesoziologischer Belastungsforschung?, in: Gert Schmidt u.a. (Hrsg.), Materialien zur Industriesoziologie, Sonderheft 24/1982 der Kölner Zeitschrift für Soziologie und Sozialpsychologie, S. 470-481. MOSSE, M., TUGENDREICH, G., Krankheit und Soziale Lage, München 1913. NEUMANN, G., LIEDERMANN, A., Mortalität und Sozialschicht, in: Bundesgesundheitsblatt, 24. Jg. 1981, Nr. 11, S. 173-181. OPPENHEIMER, F., Der Staat, Frankfurt am Main 1908. PFLANZ, M., Allgemeine Epidemiologie, Stuttgart 1973. DERS., Soziale Epidemiologie, Verhandlungen der Deutschen Gesellschaft für Innere Medizin 73 (1967) Wiederabgedruckt in: Ders., Die soziale Dimension in der Medizin, a.a.O., S. 81-94. PÖHLER, W., Information und Verwaltung, Stuttgart 1969. DERS., Bedingungen und Grenzen der Umsetzung mikroepidemiologischer Forschungsergebnisse in die Gesundheitsvorsorge am Arbeitsplatz, in: Chr. v. Ferber und B. Badura (Hrsg.) Laienpotential, Patientenaktivierung und Gesundheitsselbsthilfe, München 1983. ROUCEK, J.S., Entwicklung und Stand der Lehre von der sozialen Kontrolle in der amerikanischen Soziologie, in: Kölner Zeitschrift für Soziologie und Sozialpsychologie, 9. Jg. 1957, S. 461-475. RÜTH, W., SCHMIDT, G., Ursachen vorzeitiger Berufs- und Erwerbsunfähigkeit, Göttingen 1977. SIEGRIST, J., Summary report to WHO Regional Bureau of Europe Topic: Regional strategy of health in Europe - social inequality and health: German speaking European countries, Manuskript Mai 1983. THOMAS, K., Die betriebliche Situation der Arbeiter, Stuttgart 1964. VALENTIN, H. u.a., Arbeitsmedizin, 2 Bde., Stuttgart 1979. WOLFF, K.H., Soziale Kontrolle, in: Wilhelm Bernsdorf, Wörterbuch der Soziologie, Stuttgart 1969, S. 965-970. WSI (Wirtschafts- und Sozialwissenschaftliches Institut des DGB) - Studie Nr. 31. Die Lebenslage älterer Menschen in der Bundesrepublik Deutschland, Köln 1973.

Zur Frage der Arbeitsplatzstruktur an bildschirmgestützten Prozeßleitsystemen

Klaus Kinkel

Die chemische Verfahrenstechnik hat nach dem Zweiten Weltkrieg durch die Erschließung der Erdölprodukte für chemische Umsetzungen einen stürmischen Aufschwung genommen. Diese Entwicklung, unter dem Namen Petrochemie bekannt geworden, führte zu einer neuen Generation chemischer Großanlagen, deren Betrieb im Vergleich zu herkömmlichen Anlagen neue Arbeitsplatzstrukturen hervorbrachte. Die Anlagen von hoher Komplexität und hohem Mechanisierungsgrad stellten wesentlich höhere Anforderungen an das Abstraktionsvermögen der „Anlagenfahrer" und an ihr Verständnis für Prozeßzusammenhänge mit starken Rückkoppelungen. Für die Arbeitsplätze charakteristisch wurden die zentralen Meßwarten, von denen aus über Fernbedienung auf der Basis elektrisch-pneumatischer Analoginstrumente der Betrieb „gefahren" wird.

Energiesituation und Weltraumforschung brachten in den letzten Jahren erneut Impulse für die Verfahrensentwicklung: Fast alle petrochemischen Prozesse wurden gründlich überarbeitet. Dies hat auf vielen Gebieten der chemischen Verfahrenstechnik zu beachtlichen technologischen Fortschritten geführt. Auf dem Gebiet der Meß- und Regeltechnik hat die Elektronik mit digitaler Meßwertübertragung und -verarbeitung neue Möglichkeiten zur Prozeßsteuerung zur Verfügung gestellt. Große Speicher, hohe Verarbeitsgeschwindigkeiten und große Redundanz gestatten, bisher nicht zu erreichende Regel- und Optimierungsaufgaben zu lösen.

Die verfahrenstechnische Entwicklung hat dabei den Charakter der Arbeitsplätze innerhalb der Anlagen wenig beeinflußt. Bildschirmgestützte Prozeßleitsysteme anstelle konventioneller Instrumentierung scheinen dagegen im Bereich der Meßwarten tiefergreifende Änderungen der Arbeitsplätze zur Folge zu haben. Da ein Wandel in der Bildungs- und Verhaltensstruktur der Arbeiter aber nicht eingetreten ist, erwartete man größere Anpassungsschwierigkeiten.

Am Beispiel einer modernen Ammoniak-Fabrik sei gezeigt, daß die Anlagenfahrer erstaunlich wenig Probleme mit der Bewältigung neuer Technologien haben.

Die BASF[1] hat 1970/71 eine Ammoniak-Fabrik (Ammoniak 3)[2] gebaut, die zu dieser Zeit als eine „Anlage der neuen Generation" bezeichnet wurde, eine „moderne Einstranganlage". Das Charakteristikum war, daß die einzelnen Verfahrenseinheiten (im Gegensatz zu früheren Anlagen) nur einmal vorhanden waren. Voraussetzung dafür waren Entwicklungen auf dem Gebiet des Apparate- und Maschinenbaus, die die Herstellung entsprechend großer Einheiten (zum Beispiel Reaktoren für hohe Drücke) und moderner Maschinen (zum Beispiel Turboverdichter) ermöglicht hatten. Die Steuerung erfolgt konventionell von einer zentralen Meßwarte aus.

Anlagen dieser Art sind heute Stand der Technik, einige hundert davon sind auf der ganzen Welt in Betrieb. Ihre Handhabung ist so stark mechanisiert worden, daß sie nicht nur in hochindustrialisierten Ländern und mit hochqualifiziertem Personal betrieben werden können.

Im vergangenen Jahr (1982), also 12 Jahre später, wurde daneben, als Ersatz für die erste und älteste Ammoniak-Fabrik der Welt (Ammoniak 1, gebaut 1913, 1. Generation), eine neue Fabrik (Ammoniak 4)[3] gebaut, von der man wieder versucht war, von einer „neuen Generation" zu sprechen. Die letzten Ergebnisse der Verfahrensentwicklungen, besonders in Hinsicht auf den Energieeinsatz, wurden in der neuen Anlage verwirklicht. Das bildschirmgestützte Prozeßleitsystem[4] hatte Eingang in die Produktionspraxis gefunden. Die gesamte Investition betrug einschließlich der Nebenanlagen etwa 250 Millionen DM.

Gemessen an der relativ langen, fast kontinuierlichen Entwicklung von Ammoniak 1 bis zu Ammoniak 3 schien in der kurzen Zeit bis zum Bau von Ammoniak 4 ein deutlicher „Technologie-Sprung" vorzuliegen.

Wie sind das Unternehmen und die mit der Meßwartentätigkeit beschäftigten Mitarbeiter mit diesem „Technologie-Sprung" fertig geworden?

Zur Beurteilung der Komplexität und des Automatisierungsgrades des Verfahrens bedienen wir uns der von Kern und Schumann[5] beschriebenen Systematik der Typen industrieller Arbeit. Die auf unsere beiden Anlagen anwendbaren Bedingungen sind dort präzise und heute noch zutreffend beschrieben. Die Einordnung ist einfach: Ammoniak 3 hat den Mechanisierungsgrad „teilautomatisierte Aggregatsysteme" (Stufe 8) erreicht, die in Frage stehende Tätigkeit ist die „Meßwartentätigkeit" (Typ 15).

Man stellt schnell fest, daß der neuen Anlage der gleiche Mechanisierungsgrad (Stufe 8) und der Tätigkeit der Anlagenfahrer die gleiche Arbeitsart (Typ 15) zuzuordnen ist.

Dieses Ergebnis erscheint zunächst verblüffend, läßt sich aber leicht erklären:

Zur Herstellung von Ammoniak aus Erdgas sind in allen Verfahren im wesentlichen die selben Prozeßstufen erforderlich. Es sind also in Ammoniak 4 (mit einer Ausnahme) keine neuen, unbekannten Prozeßschritte gegenüber Ammoniak 3 verhanden. Dagegen sind die Prozeßeinheiten wesentlich verbessert und untereinander höher integriert.

Hierzu einige Beispiele:

- Neue Legierungen erlauben im Primärreformer (1. Stufe der Umwandlung von Erdgas zu Synthesegas) höhere Wärmebelastungen und bessere Standzeiten der Spaltrohre.

- Die verschiedenen Turbinen und Verdichter arbeiten durch verbesserte Konstruktion und günstigere Energieführung mit höherem Wirkungsgrad.

- Der Energieverbund zwischen den einzelnen Verfahrensstufen ist wesentlich weitergehend, aufwendiger und stärker rückgekoppelt als früher. Damit verbunden ist eine anspruchsvollere Aufgabe an die Regeltechnik.

- Die Auslegung und Betriebsweise der Gaswäsche ist durch Erfahrung in anderen Anlagen und durch Ausnutzung besserer Stoff- und Materialdaten aus Labor-Untersuchungen mit Hilfe von differenzierten Rechenprogrammen wesentlich verfeinert worden.

- Die Entwicklung auf dem Gebiet der Katalysatoren erlaubt die Verwendung von kleineren Reaktoren, niedrigeren Drücken und führt zu besseren Umsätzen.

Alle diese Beispiele sind von großer technischer und wirtschaftlicher Bedeutung, enthalten aber keine arbeitsplatz-relevanten Argumente. Der neue Verdichter erfordert die gleiche Bedienung wie der alte.

Entsprechend ist das System der Arbeitsplätze in Ammoniak 4 praktisch identisch mit dem von Ammoniak 3.

Beide Anlagen gliedern sich technisch zwangslos in 3 Abschnitte: Gaserzeugung, Gasreinigung, Synthese. Für jeden Abschnitt sind je 1 Platz in der Anlage (Kontrollgänge) und 1 Platz in der Meßwarte mit wechselseitigem Austausch vorgesehen. Dazu kommt die Aufsicht durch einen Schichtführer und dessen Stellvertreter. Die Oberaufsicht führt ein Tagschichtmeister unter Anleitung eines akademisch gebildeten Betriebsleiters (Chemiker). Die Anlagen werden im 12-Stunden-Schicht-System betrieben. Diese, dem Wunsch der Belegschaft entsprechende, sogenannte „lange" oder „Flieger"-Schicht ist ein Charakteristikum für große Chemieanlagen.

Wir finden also bei näherem Zusehen kaum Anzeichen für einen Wandel in der Arbeitsplatzstruktur.

Der Ablauf der Inbetriebnahme von Ammoniak 4 bestätigt diese Beobachtung.

Aus dem Zwang der wirtschaftlichen Situation zum Zeitpunkt der Umstellung von Ammoniak 1 auf Ammoniak 4 war es nicht, wie sonst üblich, möglich, zuerst eine neue Mannschaft für die neue Anlage zu rekrutieren, sie auszubilden, die Anlage in Betrieb zu nehmen, bis ein konsolidierter

Betriebszustand erreicht wäre, und dann die alte Anlage abzustellen. Es wurde deshalb in enger Zusammenarbeit zwischen Betrieb und den Mitgliedern der Arbeitnehmervertretung folgendermaßen verfahren:

1. Etwa 1 Jahr vor der mechanischen Fertigstellung von Ammoniak 4: Freistellung der Führungsmannschaft auf Betriebsleiter- und Meisterebene aus vorhandenen Anlagen zur Einarbeitung in den neuen Prozeß.

2. Zur gleichen Zeit: Aufstellung einer „Springermannschaft" in den vorhandenen Anlagen, die turnusmäßig ein Herauslösen und ein systematisches Training von Anlagenfahrern für die neue Anlage von ca. 6 Wochen ermöglichte. Insgesamt 120 Mitarbeiter waren in diesem Programm erfaßt. Dabei sollte die Einsatzfähigkeit in der neuen Anlage sowohl von der Betriebsleitung wie auch von den Mitarbeitern selbst beurteilt werden können.

3. Danach: Auswahl der für Ammoniak 4 endgültig vorgesehenen Mannschaft und Beginn des Trainings mit arbeitsplatzspezifischer und sicherheitstechnischer Ausbildung durch eigenes Personal (Betriebsleiter, Planungsingenieure, Sicherheitschemiker, erfahrene Meister).

4. 2 Monate vor der mechanischen Fertigstellung der neuen Anlage: Schließung der alten Anlage und Umsetzung der gesamten neuen Mannschaft zum endgültigen Training in der Endphase der Montage.

5. Unmittelbar im Anschluß an die mechanische Fertigstellung begannen die ersten betrieblichen Arbeiten in der neuen Anlage, nach etwa einem Monat konnte mit der eigentlichen Inbetriebnahme begonnen werden. Diese gestaltete sich aus Gründen prozeß- und maschinentechnischer Probleme als ziemlich schwierig. Bis zur vollständigen Inbetriebnahme aller einzelnen Prozeßstufen und der erfolgreichen Aufnahme einer regelmäßigen Produktion dauerte es weitere 4 Monate.

Aus diesem Zeitablauf ergibt sich, daß eine planmäßige oder gar theoretisch fundierte Auswahl der Betriebsmannschaft nicht möglich war, es mußte auf das begrenzte Personal-Reservoir der bereits bestehenden Anlagen zurückgegriffen werden. Neueinstellungen waren nicht möglich. Die sich daraus schließlich ergebende Zusammensetzung der Mannschaften sah dann folgendermaßen aus: (Vgl. Tabelle)

Tabelle

	Ammoniak 3	Ammoniak 4
Belegschaft (Anzahl)		
TA = Tarifangestellte	8	10
GA = Gewerbliche Arbeitnehmer	36	39
Durchschnittsalter (Lebensjahre)		
TA	52,9	40,4
GA	46,0	37,5
Durchschnittliche BASF-Zugehörigkeit (Jahre) (davon Ammoniak-Erfahrung)		
TA	31,9 (31,1)	19,3 (18,1)
GA	19,3 (17,2)	14,3 (13,7)
Durchschnittsalter beim Eintritt in die BASF (Jahre)		
TA	21,9	21,1
GA	26,7	23,2
Beim Eintritt in die BASF hatten:		
a) eine chemiespezifische Ausbildung		
GA	0 %	7,7 %
b) einen nicht chemispezifischen Beruf erlernt		
TA	37,5 %	50,0 %
GA	55,6 %	69,2 %
c) keine Berufsausbildung		
GA	44,4 %	23,1 %

Alle TA (Meister) hatten eine innerbetriebliche Ausbildung mit Meisterprüfung hinter sich.

Unter den nicht chemiespezifischen Berufen finden sich Schlosser, Schweißer, Dreher, Werkzeugmacher, Kraftfahrzeug-Handwerker, Spengler, Installateur, Elektriker, Maurer, Schreiner, Tischler, Polsterer, Maler, Lackierer, Gärtner, Landwirt, Bäcker, Metzger, Koch, Kellner, Tuchausrüster, Tankwart, Industriekaufmann, Einzelhandelskaufmann und andere.

Diese Zahlen bewegen sich im Rahmen dessen, was man für Anlagenfahrer auf Schicht allgemein in der chemischen Industrie kennt und bieten somit an sich keine Besonderheiten. Es ist jedoch evident, daß bei der Auswahl für die neue Anlage mehr jüngeren Mitarbeitern mit besseren Ausbildungsvoraussetzungen der Vorzug gegeben wurde, wohl in der Annahme, daß man von ihnen größere Flexibilität in der Bewältigung der neuen Aufgaben erwarten könnte. Diese erwartete Flexibilität wurde von der Betriebsleitung, die die Auswahl traf, offenbar höher eingeschätzt als längere Erfahrung im Betrieb. Auch mit dem geringeren Durchschnittsalter ist immer noch eine ausreichende Erfahrung vorhanden.

Es ergab sich sogar, daß ein großer Teil der gewerblichen Arbeitnehmer für Ammoniak 4 aus Ammoniak 1, das heißt nicht der letzten, sondern der vorletzten Generation an Ammoniak-Anlagen kam. Die Ursache war offensichtlich ein besonderes Bedürfnis, in der schwierigen Umstellungsphase Ammoniak 3 als eine sichere Säule der Produktion ohne größere personelle Änderungen mit einem Minimum an technischem und personellem Risiko betreiben zu können. Demgegenüber wurde das Risiko des nun noch größeren „Technologie-Sprungs" als weniger gravierend erachtet.

Die geschilderte Einarbeitung und Vorbereitung hat, wie erwartet, für die Mannschaft ausgereicht, um einen sicheren Betrieb zu gewährleisten. Außer zwei unbedeutenden Bedienungsfehlern waren die Anlagenfahrer souverän Herr der Lage. Es kam ihnen sicher zugute, daß sie von ihrer früheren Tätigkeit her mit den Prozeßeinheiten im Prinzip vertraut waren und somit keine Schwierigkeiten mit dem Betriebsjargon hatten. Die Details der Verfahrens- und Wirkungsgradverbesserungen wirkten sich auf ihre Tätigkeit in der Meßwarte nicht aus. Da jede Anlage in vielen Einzelheiten anders aussieht als eine andere, ist bei einem Wechsel immer eine bestimmte Menge an neuen Dingen zu lernen, sind Verbindungen und Zusammenhänge zu beherrschen, die ein gewisses Maß an Abstraktionsvermögen erfordern. Gerade dieses aber bringen gute Anlagenfahrer aus ihrer praktischen Erfahrung mit, es kann nicht theoretisch in einem Ausbildungsgang vermittelt werden. Die Frage nach technischem Inhalt oder gar theoretischem Hintergrund von Maßnahmen und Entscheidungen tritt stark in den Hintergrund, pragmatisches Können und Handeln ist gefragt, verbunden mit einer guten Gedächtnisleistung: Voraussetzungen, die alle betroffenen Mitarbeiter aus der Bewährung in ihrer bisherigen Tätigkeit mitbrachten.

Vom Bedienungsstandpunkt aus sind Ammoniak 3 und Ammoniak 4 ähnlicher, als es die technologischen Unterschiede vermuten lassen.

Wie sah das nun in der Meßwarte aus?

Der Bewältigung des modernen Systems der Prozeßleittechnik wurde vom Management besondere Aufmerksamkeit gewidmet. Hier schien der größte und anspruchsvollste Unterschied zur konventionellen Technik zu bestehen, obwohl die Komplexität der neuen Anlage, gemessen an der Menge der zu verarbeitenden Information, der der alten Anlage außerordentlich ähnlich ist. In beiden Anlagen sind größenordnungsmäßig 1.500 Meßwerte zu verarbeiten, über 200 Regelkreise sind permanent in Tätigkeit, nahezu 600 Alarmierungen sorgen für sichere Einhaltung der Fahrbedingungen.

Das Prozeßleitsystem besteht aus 2 Hauptbereichen:

1. Die Bedienstation. Sie ist gegliedert in 3 Gruppen mit je 2 Bildschirmen, die räumlich nahe nebeneinander angeordnet sind. Zu jedem Bildschirm gehört eine Tastatur zum Abruf der Information und zum Eingriff in die Fernbedienung. Die Konfiguration der Regelkreise und des Displays ist beim Hersteller und von eigenen Meß- und Regelspezialisten durchgeführt worden. Sie ist von den Anlagenfahrern nicht zu beeinflussen.

Diese Bedienstation ist das Arbeitsfeld der Meßwartenfahrer und entspricht im wesentlichen der Instrumententafel einer konventionellen Meßwarte. Alle für den Betrieb notwendigen Kontrollen können hier vorgenommen, alle Eingriffe zur Betätigung der Armaturen in der Anlage von hier aus getätigt werden. Die Auswirkungen einer getroffenen Maßnahme können unmittelbar verfolgt werden. In begrenztem Umfang stehen gespeicherte Daten zur Trenddarstellung einzelner Meßwerte zur Verfügung.

2. Die Steuerzentrale. Sie ist mit einem Bildschirm, einer Bedien- und einer Konfigurationstastatur ausgerüstet. Plattenspeicher und Rechnereinheit sorgen für Speicherung und Auswertung der Daten. Diese Einheit ist das eigentliche Optimierungs- und Steuerungsinstrument für die Anlage. Sie ist den Eingriffen der Meßwartenfahrer entzogen und nur dem Betriebsmanagement zugänglich.

Überraschenderweise war der Übergang auf das neue System für die Arbeiter bemerkenswert problemlos. Ein 14tägiges Training durch die Herstellerfirma zusammen mit gut aufbereitetem spezifischem Informationsmaterial, waren ausreichend, um die Anlage sicher zu fahren. Vermutlich hängt dies damit zusammen, daß die Meßwartenfahrer auch mit der modernsten Elektronik im wesentlichen wieder mit den ihnen vertrauten Begriffen zu tun haben (zum Beispiel: Soll-Ist-Wert-Vergleich, Soll-Wert-Einstellung, Umschaltung von Hand- auf Automatik-Betrieb, Kontrolle von Ventilstellungen, Kontrolle von Trends einzelner Meßwerte und so weiter). Die Information auf den Bildschirmen ist leicht zu lesen und unterscheidet sich wenig von der gewohnten Darstellungsweise. Zur Bedienung ist nur ein kleines Arsenal von etwa einem Dutzend Handgriffen erforderlich, die leicht zu lernen sind. Auch die unvermeidliche englische Funktionssprache des Systems erwies sich nicht als Problem. In der Meß- und Regeltechnik ist man derlei auch von konventionellen Systemen her gewohnt (zum Beispiel: FIRC = flow indicator, recorder, control = registrierende Durchflußregelung mit Anzeige). Der sprachliche Anspruch ist gering, man lernt die wichtigsten Dinge mechanisch. Wenn beispielsweise das (neue) Zeichen „HE" erscheint, lernt man einfach, daß es sich um einen Fehler im Datenübertragungssystem handelt. Man braucht nicht notwendigerweise zu wissen, daß „HE" „highway error" heißt.

Dagegen wurden zunächst die größere Informationsdichte, die leichtere Kommunikationsmöglichkeit durch die räumliche Nähe, die bessere Bildung von funktionalen Gruppen und damit eine schnellere Überschaubarkeit als Vorteile erkannt. Ein besserer Bedienungskomfort war offensichtlich, auf die ergometrische Gestaltung der gesamten Meßwarte war bei der Planung auch großer Wert gelegt worden.

Wie weit sich diese erste Erfahrung im Dauerbetrieb mit allen Wechselfällen betrieblichen Geschehens bestätigen wird, kann natürlich erst später berichtet werden. Die praktische Bewährung des elektronischen Prozeßleitsystems hängt jedenfalls nicht von der Bedienbarkeit durch die Anlagenfahrer ab.

Die wahrscheinlich triviale Erkenntnis ist: Wie gut eine Mannschaft eine Anlage betreiben kann, hängt in erster Linie davon ab, wie gut sie im technischen Detail mit ihrer Anlage und ihrem Prozeß vertraut ist. Beherrschung der Apparatur und deren Betrieb geht über alles. Die Technik der dazu erforderlichen Informationsverarbeitung ist von zweitrangiger Bedeutung.

Die Erfahrung, die wir in dem vorliegenden Fall gemacht haben, steht in Übereinstimmung mit früheren Untersuchungen.[6] Der Mechanisierungsgrad des Systems und der Tätigkeitstyp sind entscheidend für das Arbeitsverhalten der Bedienungsmannschaft. Diese beiden Größen sind trotz des technologischen Unterschieds zwischen Ammoniak 3 und Ammoniak 4 für beide Anlagen gleich. Deshalb brachte die Umstellung keine nennenswerten Schwierigkeiten. Änderungen an der sozialen Zusammensetzung der Arbeitsgruppen und an deren Aus- oder Vorbildung sind gegenüber dem bisherigen Gebrauch in Anlagen dieser Art nicht notwendig.

„Überhaupt hat der Fortschritt das an sich, daß er viel größer ausschaut als er wirklich ist."[7]

Anmerkungen

1 BASF = BASF Aktiengesellschaft, D-6700 Ludwigshafen
2 Ammoniak 3: Prozeß BASF, Errichtung BASF
3 Ammoniak 4: Prozeß C.F. Braun, Alhambra, Californien, Errichtung BASF
4 Prozeßleitsystem: TDC 2000, Honeywell Inc., Phoenix, Arizona
5 H. Kern und M. Schumann, Wirtschaftliche und soziale Aspekte des technischen Wandels in der Bundesrepublik Deutschland, 1970, 1. Bd., S. 280 ff.
6 Vgl. dies., Materialien zur Industriesoziologie, KZfSS-Sonderheft 24/1982, S. 105ff.
7 J.N. Nestroy, zitiert nach L. Wittgenstein

Ende der Meisterwirtschaft? Zu einem Aspekt computerisierter Organisationstechniken im Facharbeiterbetrieb

Ottfried Mickler

Wandel der betrieblichen Herrschaftsbeziehungen als Problem der industriesoziologischen Forschung

Die forcierte Rationalisierung der technischen und administrativen Büros durch neue EDV-Systeme hat das Interesse der industriesoziologischen Forschung in den letzten Jahren wieder verstärkt auf Bereiche von administrativer und produktionsnaher Angestelltenarbeit gelenkt, die in den 50er Jahren bereits verschiedentlich untersucht, zwischenzeitlich aber weitgehend vernachlässigt worden waren. Dies dürfte wohl für kein Thema mehr gelten als für die Frage nach dem Wandel der Stellung des Meisters beim Übergang auf technisierte, hochrationalisierte Produktionsformen, die seinerzeit unter dem Stichwort „Werkmeisterkrise" intensiv diskutiert worden ist.[1]

Die Stellung des Meisters im Betrieb interessierte die Industriesoziologen der 50er Jahre vor allem als neuralgischer Punkt des betrieblichen Herrschaftssystems, an dem die Normen und Weisungen der Betriebshierarchie alltäglich praktisch umzusetzen und mit den Interessen der Arbeiter an einer Arbeit, welche die eigenständige Regulation und fachliche Gestaltung der täglichen Leistungsabforderung ermöglicht, auszubalancieren sind. Am Wandel der Meisterposition suchte man, gleich einem hochempfindlichen Indikator, die sich im Zuge der Produktionsmechanisierung abzeichnenden strukturellen Veränderungen der überkommenen Betriebshierarchie aufzuspüren und in ihren Folgen für die unteren „Dienstränge" der Zwischenvorgesetzten und ihr Verhältnis zu den Arbeitern zu beschreiben.

Dahinter stand die Erwartung, daß gleichsam erzwungen durch die technische Rationalisierung sich Momente einer neuen sozialen Rationalität in der überkommenen hierarchischen Kooperation der Betriebe durchsetzen könnten, sich mehr und mehr ein eher horizontaler Kooperationsstil statt strikter Unterordnungs- und Überordnungsverhältnisse ausbreiten würde. Bahrdt formulierte dieses zentrale Erkenntnisinteresse, das auch andere industriesoziologische Untersuchungen jener Zeit teilten, zu Beginn seiner Studie über die Industriebürokratie in aller Klarheit:

„(Es) (...) soll gezeigt werden, daß im Zuge der Technisierung das hierarchische Organisationsprinzip Konkurrenz erhält durch andere faktische oder bereits institutionalisierte Organisationsformen. Dies führt - so meinen wir - dazu, daß die hierarchische Ordnung des Großbetriebs mittelbarer wird, relativiert wird, und zwar so sehr, daß sie an vielen Stellen in der Alltagsroutine entweder kaum noch spürbar ist oder sich in eine informelle elastische Prestigeordnung verwandelt, die zwar ebenfalls eine hierarchische Struktur besitzt, aber doch andere Formen der Überordnung schafft als die der Kommandogewalt."[2]

Im Blick hatte man insbesondere die eher technisch bestimmten Kooperationsverhältnisse an teilautomatisierten Großanlagen der Stahlindustrie und an Verbundsystemen der Großchemie, wo die praktische Anweisungsgewalt bereits weitgehend vom Meister auf die technisch-naturwissenschaftlichen Zwänge des Maschinensystems übergegangen war. Was die Arbeiter in der neuen „gefügeartigen" Kooperation an Selbständigkeit des Arbeitsvollzugs und an horizontalen Koordinationsmöglichkeiten gewannen, ging zwar eindeutig zu Lasten der traditionellen Machtposition des Meisters, doch erschien die damit einhergehende „Relativierung der hierarchischen Strukturen"[3] insgesamt durchaus als Fortschritt. Auch schien die Meisterrolle trotz wichtiger Funktionsverluste nicht zu völliger Bedeutungslosigkeit zu degenerieren, sondern unter veränderten Bedingungen neue Bedeutung als gleichsam „Spezialist der Unspezialisiertheit"[4] und Kompensator betrieblicher Kooperationsprobleme in der Vermittlung widerstreitender Interessen zwischen ‚unten' und ‚oben'[5] zu gewinnen.

Es läßt sich mangels geeigneter Untersuchungen gegenwärtig nicht überprüfen, inwieweit sich die Prognosen der Industriesoziologie der 50er Jahre hinsichtlich der positionellen Macht des Meisters und des alltäglichen Herrschaftsvollzugs in der Produktion für die hochtechnisierten Massenindustrien bewahrheitet haben. Im Zusammenhang neuerer Untersuchungen zur Rationalisierung facharbeiterintensiver Maschinenbaubetriebe durch flexible Produktionsautomatisierung und computerisierte Organisationstechniken erscheint es mir jedoch fruchtbar, die alte Frage nach dem Wandel der innerbetrieblichen Machtkonstellationen unter den besonderen produktionsstrukturellen, technischen und personalen Bedingungen dieses komplexen mittelbetrieblichen Industriesektors wiederaufzugreifen. Macht konkretisiert sich auf dieser Ebene insbesondere in der alltäglichen Durchsetzung des betrieblichen Leistungsanspruchs, was Möglichkeiten der sachlichen und persönlichen Kontrolle wie auch des produktionsgerechten Personaleinsatzes mit einschließt. Im Vergleich zu den früheren Meisteruntersuchungen in den Massenindustrien sind vor allem drei wichtige Unterschiede hervorzuheben. Es ist

- einmal die kleinserige, auftragsgebundene Produktionsstruktur, die ein hohes Maß an Flexibilität erfordert und kontinuierliche, kapitalintensive Produktionsapparate wie in der Stahl- und in der chemischen Industrie nicht zuläßt;
- zum anderen der grundsätzlich andere Charakter einer Rationalisierung mit neuen EDV-Systemen gegenüber der Produktionsmechanisierung

der 50er und 60er Jahre;
- schließlich die besondere Sozial- und Qualifikationsstruktur der betroffenen Betriebe, in denen der Facharbeiter trotz partieller Substitution durch Angelernte immer noch in der kleinserigen Produktion dominiert.

Typisch für den Maschinenbau ist der kleinserige, auf hohe Präzision gerichtete Charakter der komplexen, technisch hochentwickelten Produkte, die - seien es ganze Anlagen, seien es Sondermaschinen oder Werkzeugmaschinen - eher kundenspezifisch angepaßte „Problemlösungen" als standardisierte Investitionsgüter darstellen.[6] Daraus ergeben sich spezifische Planungs-, Steuerungs- und Kontrollprobleme, die bisher durch überwiegend personale Kontakte der verschiedenen betrieblichen Instanzen und ein gehöriges Maß an Improvisation bewältigt wurden. Diese Probleme haben ihren Ursprung oft nicht einmal in der eigentlichen Produktion, sondern gehen schon auf die vom Kunden immer wieder veränderte Definition des Auftrags in der Offertkonstruktion und die oft nicht termingerechte Bereitstellung der Zeichnungsunterlagen durch das technische Büro zurück.

Vollends verwirrt sich der Produktionsfluß dann in der Mechanischen Fertigung. In ihr kann wegen zu geringer Stückzahl die Teilebearbeitung nicht wie in der Fließfertigung der Massenproduktion gemäß der Logik wichtiger Bauteile, wie zum Beispiel Motorblock- oder Pleuelstraße, übersichtlich geordnet werden, sondern jedes Teil muß je nach den verschieden notwendigen Bearbeitungsverfahren nacheinander verschiedene Werkzeugmaschinen in der Werkstatt, zum Beispiel Sägen, Drehen, Fräsen, Vertikalbohren und Schleifen, durchlaufen. Ist es unter diesen Bedingungen schon schwer, für die langfristig geplanten Aufträge eine gleichmäßige Kapazitätsauslastung der Maschinen und einen geordneten Teilefluß zu erzielen, so wird diese Ordnung zusätzlich täglich durch kurzfristig eingeschleuste Teile „höchster Priorität" (Fehlteile für die Montage, dringende Ersatzteile), sogenannte Schnellschüsse und nachträgliche konstruktive Änderungen in Frage gestellt. In der Montage kommt es spätestens an den Tag, wenn die produktionsvorbereitenden Abteilungen und die Mechanische Fertigung die Termine bei einzelnen Teilen nicht eingehalten haben.

Mit dem Einsatz von EDV-Systemen in der Produktion der Maschinenbaubetriebe wird versucht, die bisher von den Arbeitern und Meistern weitgehend eigenständig koordinierten Informationen übergreifend zu bündeln und technisch zu beherrschen. Die Anwendung neuer EDV-Systeme auf mikroelektronischer Basis hat sich durch das günstige Preis/Leistungsverhältnis und die hohe dezentrale Flexibilität in der mittelbetrieblichen Kleinserienproduktion verstärkt. Mit derartigen EDV-Systemen, die über integrierte Dateien, arbeitsplatznahe Datenein und -ausgabe (Terminal) und systemorientierte Programme verfügen, wächst die zentrale Produktionsplanungs- und Steuerungskapazität des Betriebs und erhöht sich das technische Kontrollpotential über Arbeitsausführung und Arbeitsleistung der Arbeiter.

Die besondere Personalstruktur dieser facharbeiterintensiven Betriebe fördert eine andere Beziehung zwischen Meister und Arbeitern als in der Massenproduktion. In der chemischen Industrie etwa erfolgt der Aufstieg in untere Vorgesetztenpositionen vom Ungelerntenstatus aus über langjährige stufenweise Anlernprozesse, die von scharfer Personalselektion und Bewährung in der Praxis nach dem Senioritätsprinzip begleitet sind. Demgegenüber repräsentiert der Facharbeiter in der Verbindung von praktischer Erfahrung und fachlich geschulter zertifizierter Kompetenz einen Arbeitskräftetypus, für dessen betriebliche Stellung und Aufstiegsmöglichkeiten eher fachliche Qualifikationen als Seniorität wichtig sind.[7] Seine fachliche Grundausbildung ist die Basis für die Weiterqualifizierung zum Meister oder zu technischen Fachkräften in produktionsvorbereitenden Bereichen. Dementsprechend stellt der Meister im Facharbeiterbetrieb mehr als die unterste Stufe des Managements dar; ihm haftet noch etwas von jenen alten Handwerksmeistern an, die ihre Autorität als „Erste" unter den Professionalisten wesentlich auf ihr meisterliches technisches Können stützten, das gerade bei Sonderfällen und unerwarteten Vorkommnissen seine fachliche Überlegenheit demonstrierte. Das Verhältnis Facharbeiter - Meister ist deshalb wesentlich durch Momente beruflicher Kollegialität geprägt, es erlaubt den für den Facharbeiterbetrieb typisch „lockeren" Kooperationsstil, der auf dem gegenseitigen Respekt der unterschiedlichen Anforderungen und Interessen beruht.

Durch den Einsatz rechnergestützter Organisationstechniken steht zu erwarten, daß mit der Veränderung dieses eingespielten Kooperationsverhältnisses zwischen Facharbeitern, Meistern und Management eine tragende Säule der überkommenen Machtkonstellation im Facharbeiterbetrieb ins Wanken gerät, und damit neue Bedingungen für den alltäglichen Umgang zwischen Meistern und Arbeitern entstehen. Freilich verfügt eine traditionell zentrale Institution wie der Meister im Facharbeiterbetrieb über ein genügend großes Maß an Beharrungsvermögen,[8] um auch den gegenwärtigen betrieblichen Innovationen gegenüber hinhaltend Widerstand leisten und sich langfristig in neuen Formen und Funktionen „regenerieren" zu können.[9] In welche Richtung sich zukünftig die Position des Meisters und damit die innerbetriebliche Machtkonstellation im Facharbeiterbetrieb verändern wird, wird deshalb sicher nicht allein von den Formen der technisch-organisatorischen Reorganisation abhängen. Die computerisierten Organisationstechniken setzen jedoch die überkommene Struktur der „Meisterwirtschaft" im Facharbeiterbetrieb unter starken Veränderungsdruck. Auf einige sich vorläufig abzeichnende Tendenzen dieses Umstrukturierungsprozesses wird nun anhand avancierter Einsatzfälle rechnergestützter Organisationstechniken in Maschinenbaubetrieben, die in vieler Hinsicht typisch für den hier im Zentrum stehenden Facharbeiterbetrieb sind, näher eingegangen.[10]

Zur Ausgangssituation: die improvisierte Meisterwirtschaft

Schon vor Einsatz neuer EDV-Systeme ist der Meister lange nicht mehr „allmächtiger" Herr der Werkstatt im rationalisierten Maschinenbaubetrieb, er hat im Laufe der Zeit wichtige Kompetenzen an vorgelagerte Stäbe und

„sekundäre" Produktionsbereiche verloren.

Er kann in seiner Meisterei Arbeiter nur noch mit Hilfe des Personalbüros und des Betriebsrats einstellen und entlassen, er muß bei Maschinenstörungen in der Regel die Instandhaltung hinzuziehen und muß die Bearbeitungsqualität der Teile vor der Inspektion rechtfertigen. Die Arbeitsvorbereitung spezifiziert die für seine Meisterei bestimmten Aufträge nach Arbeitsplänen und groben Terminen, und er muß sich bei der Arbeitseinstufung der Arbeiter an die zwischen Management und Betriebsrat auf der Grundlage regionaler Tarifverträge ausgehandelten Normen halten. Das in der Werkstatt zumeist bestehende Akkordlohnsystem entzieht zudem die Lohn-Leistungsgestaltung der Arbeiter weitgehend seinem Einfluß; es ist der Zeitkalkulator, der die Vorgabezeiten festlegt und sie von Zeit zu Zeit überprüft.

Dennoch verfügt der Meister im Rahmen der praktischen Umsetzung betrieblicher Anweisungen noch über einen entscheidenden Einfluß, der auf der Ebene alltäglicher Machtausübung faktisch seine starke Stellung in der Werkstatt begründet. Die Zielvorgaben des Managements sind vergleichsweise weitmaschig angelegt und werden „von oben" in größeren Zeitabständen eher indirekt kontrolliert - etwa über die Entwicklung der Kosten oder die Einhaltung der Liefertermine -, dem Meister obliegt die konkrete Koordination der Arbeitsabläufe, der Personaleinsatz am Arbeitsplatz und die Kontrolle des Leistungsgeschehens in der Werkstatt. Seine Durchsetzungsfähigkeit „nach unten" beruht auf einem erheblichen Sanktionspotential, das zumeist unterhalb der Ebene vereinbarter Betriebsnormen wie der Regelung des Beschäftigungsverhältnisses, der Arbeitszeit, der Lohnhöhe und des Lohn-/Leistungssystem in zentrale Bedingungen der Arbeitssituation der Arbeiter eingreift. Daß am Meister kein Weg vorbeiführt, ist die täglich aufs Neue sich beweisende Erfahrung der Arbeiter in der traditionellen Meisterwerkstatt.

Deutlich wird dies am Beispiel der Steuerung und Koordination der Arbeitsaufträge, die der Meister als „theoretisch" ermittelte Planungswerte und Zeitvorgaben aus der Arbeitsvorbereitung erhält und in der Realität der Werkstatt durchzusetzen hat.

Der Meister verteilt die Aufträge zumeist gleich für mehrere Tage bündelweise an die einzelnen Arbeiter und bestimmt damit, wer an welcher Maschine welche Arbeit zu leisten hat. Er hat daher als einziger einen, wenn auch meist nicht allzu präzisen Überblick über den aktuellen Bearbeitungsstand der Aufträge, kann sich diesen zumindest anhand seiner „Zettel" verschaffen. Er hat allein die Kompetenz, Arbeiter innerhalb der Meisterei umzusetzten; von seinem Urteil hängt meist wesentlich ab, ob Überstunden angeordnet oder Aufträge nach außen verlagert werden. Sein internes Wissen hilft, die Meisterei gegenüber „ungerechtfertigten" Forderungen von oben abzuschirmen, macht ihn zugleich aber auch zum notwendigen Gesprächspartner bei den häufigen Terminabsprachen mit dem Management und Meisterkollegen. Selbst die „Terminjäger", die am Meister vorbei Teile hoher Priorität(Schnellschüsse) durch die Fertigung zu schleusen haben, sind auf die Mitarbeit des Meisters, zumindest auf seine Anweisungskompetenz gegenüber den Arbeitern wesentlich angewiesen.

Sein Verhältnis zu den Arbeitern wird wesentlich durch die Möglichkeit bestimmt, „gute" oder „schlechte" Arbeitsaufträge verteilen zu können. Hinter „gut" oder „schlecht" verbergen sich verschiedene Attribute, wie einfach versus kompliziert zu fertigen, Serie versus Einzelstück, saubere versus schmutzige Materialien, insbesondere jedoch reichlich versus knapp kalkulierte Vorgabezeiten. Für den Akkordarbeiter entscheidet sich damit wesentlich, ob er etwas an einem Auftrag „verdienen" kann, das heißt einen Zeitüberschuß bilden und langfristig als Dispositionsreserve („Vorderwasser") ansammeln kann, oder ob er von seinen Reserven gar etwas zusetzen und dadurch am Monatsende unter Umständen Einbußen an seinem Akkordverdienst hinnehmen muß. Sollte das Zuweisen einer „schlechten" Arbeit nicht unausgesprochen als Strafe fungieren, kann der Arbeiter entsprechend den ungeschriebenen Gesetzen der Werkstatt demnächst eine Kompensation durch „gute" Arbeit erwarten.[11]

Dazu gehört freilich auch, daß der Meister ihm weitgehend freie Hand bei der internen Organisation der Auftragsabwicklung an der Maschine läßt. Typischerweise sortiert der Maschinenarbeiter seine Aufträge unabhängig von ihrer zeitlichen Priorität dergestalt, daß der Umrüstaufwand insgesamt zu minimieren ist, um die Zeitreserven der von ihm beeinflußbaren Zeiten für sich maximal nutzen zu können. Das heißt die Feinterminierung wird bei der traditionellen Organisation im Grunde von den Arbeitern gemacht, die sich dabei natürlich an ihren eigenen Leistungsinteressen, nicht an den betrieblichen Prioritäten orientieren. Umgekehrt sind die Arbeiter allerdings durchaus bereit, den Meister bei der Bewältigung der mit diesem improvisierten Vorgehen zusammenhängenden Probleme mangelnder Termineinhaltung und bei Fehlteilen in der Montage durch zusätzlichen Arbeitseinsatz und Überstunden zu unterstützen.

Rationalisierung durch computerisierte Organisationstechniken

Für derart eigenständige Regulierungsspielräume lassen freilich die computerisierten Produktionsplanungs und -steuerungssysteme, die unter dem Druck einer verschlechterten ökonomischen Situation von vielen Maschinenbaubetrieben heute implementiert werden, kaum noch Platz. Mit derartigen computerisierten Organisationstechniken, deren Einsatz sich bisher schwerpunktmäßig auf die Mechanische Fertigung als der kapitalintensivsten und am weitesten formalisierten Abteilung des Maschinenbaubetriebes konzentriert, sucht der Betrieb durch eine genauer zeitlich abgestimmte Ordnung, die Durchlaufzeit der Teile zu beschleunigen, die vorhandene Maschinenkapazität gleichmäßiger auszulasten und zugleich die Transparenz über die internen Vorgänge der Werkstatt sowie die Steuerungskapazität „von oben" zu erhöhen. Mit ihrem Zug zur perfekten Planung werden durch derartige EDV-Systeme die vielfältigen Arbeitsvorgänge der Mechanischen Fertigung vorab bis in die abzuarbeitende Reihenfolge der Aufträge hinein bestimmt und zumeist von einer Steuerleitstelle, dem Leitstand, zentral durchgesetzt und überwacht. Ein Beispiel mag die praktische Funktionsweise eines solchen rechnergestützten Systems veranschaulichen.

Durch eine zentrale Stabstelle wird auf eine zumeist recht „handwerkliche" Weise ein betriebsübergreifender Produktionsplan erstellt, der - nach Genehmigung auf höherer Managementebene - verbindliche Ecktermine für alle Abteilungen in der „Produktionslinie", das heißt neben der Mechanischen Fertigung und Montage auch für den rechtzeitigen Entwurf der Konstruktionszeichnungen und die Fertigstellung der Arbeitsplätze und NC-Programme setzt.

Bezogen auf diese Ecktermine erstellt das Rechenzentrum von Zeit zu Zeit einen Feinterminplan für die Mechanische Fertigung. Der Rechenaufwand dafür ist selbst für heutige Großrechnersysteme enorm groß, müssen doch in einem mittelgroßen Maschinenbaubetrieb (ca. 700 Beschäftigte) die aktuellen Daten von bis zu 4.000 in der Fertigung befindlichen Teilen (im weiteren auch „Aufträge" genannt) mit durchschnittlich je 10 Arbeitsgängen durch komplizierte Optimierungsprogramme auf 80 - 100 Maschinenplätze gleichmäßig und in der richtigen zeitlichen Abfolge verteilt werden. Man begnügt sich deshalb zumeist mit einer Neuauflage des Feinterminplans alle 5 Tage und einer mittelfristigen Übersicht für 2 bis 3 Wochen. Man weiß auch aus Erfahrung, daß durch Störungen und „Schnellschüsse" eine Zusatzkapazität von 20 bis 30 % der Fertigungszeit vorzuhalten ist. Ergebnis der Feinterminierung ist die Reihenfolgeliste, die zumeist noch in Papierform, in einigen Betrieben schon papierlos mit Bildschirm abrufbar, grundsätzlich für jede Maschinengruppe - darin sind Werkzeugmaschinen gleicher Technologie und Bauart, zum Beispiel zwei Einspindeldrehmaschinen mit kleinem Backenfutter zusammengefaßt - alle Aufträge pro Woche in zeitlich verbindlicher Folge aufführt.

Die Reihenfolgeliste ist Grundlage der Steuerung und der Überwachung des Fertigungsflusses durch die „Terminierer", das Personal im Leitstand. Sie setzen die vom Rechner „theoretisch" ermittelte optimale Ordnung der Bearbeitungsfolge praktisch durch, indem sie entsprechend der Liste nur so kleine „Auftragsportionen" an die Maschinenarbeiter verteilen, daß sie ständig die Kontrolle über den Fertigungsfortschritt behalten. Das kann im Extrem bis zur Vergabe einzelner Aufträge gehen, die erst über Lichtsignal oder Bildschirmeingabe fertig gemeldet sein müssen, ehe die nächste Arbeit bereitgestellt wird. In der Regel werden jedoch, schon um den Transport- und Verwaltungsaufwand zu reduzieren, Auftragsbündel mit einer Zeitperspektive von 5 bis 10 Stunden vergeben, deren reihenfolgegerechte Abarbeitung vom Leitstand aus gegenkontrolliert wird. Das können mehrere kurzdauernde Arbeiten beispielsweise beim Drehen von Kleinteilen, kann aber auch eine einzige komplizierte Bohrwerksarbeit, etwa ein Getriebekasten sein. Der Terminierer überstellt mit dem Auftrag die zugehörigen Papiere - Arbeitsplan, Zeichnung, NC-Programm, Materialschein; Lohnschein, Teilebegleitschein - und sorgt für die rechtzeitige Bereitstellung von Material, Vorrichtungen und Werkzeugen.

Der Terminbeamte, wie der Terminierer in einem der untersuchten Betriebe mit Blick auf seine praxisferne Ordnungsfunktion genannt wird, ist die neue Instanz in allen Fragen der Steuerung und Kontrolle des Auftragsflusses in der Werkstatt. Während er den Hauptstrom der Fertigung gleichsam routinemäßig verwaltet, verlangt die Kanalisierung der zahlreichen terminlichen „Dammbrüche" und ungeordneten „Zuflüsse" seine ganze Aufmerksamkeit. Er sucht, durch Prioritätenvergabe die aktuellen Störungen und ungeplanten Zusatzarbeiten mit der geltenden Ordnung der Reihenfolgeliste zu vermitteln, kann aber auf die Dauer nicht verhindern, daß gegen Ende der Woche der Hauptstrom der Fertigung seine Konturen mehr und mehr verliert, wodurch die Reihenfolgeliste von der verbindlichen Richtschnur zur groben Orientierungshilfe für eigene Entscheidungen gerät.

Gerade in solchen für den Maschinenbau alltäglichen Situationen wird die zentrale Koordinierungskompetenz der Terminierer deutlich, die ihre vom Betrieb zugewiesene Durchsetzungsmacht allerdings stets auch fachlich kompetent gegenüber Meistern und Facharbeitern erweisen müssen. Fast immer mußten daher die Betriebe im Zuge der Einführung neuer Werkstattsteuerungssysteme die einstigen „Terminjäger", die oft nicht mehr als Hilfskräfte des Meisters waren, durch Techniker oder ehemalige Meister ersetzen.

Für die Arbeiter selbst erweist sich insbesondere die zeitrichtige Rückmeldung des Auftragsendes an den Leitstand - sei es über Papierbeleg, sei es über Direkteingabe am Terminal - als ein neuralgischer Punkt in allen computerisierten Werkstattsteuerungssystemen. Insbesondere der Akkordarbeiter muß dadurch eine Offenlegung seiner individuellen, auf langfristige Kontinuität hin angelegten Lohnverrechnung befürchten, die ihn aller Reserven berauben und an die Unwägbarkeiten der betrieblichen Zeitvorgabenfestlegung ungeschützt ausliefern kann. In einigen Betrieben wurde daher die Lohnverrechnung von der zeitlich aktuellen Auftragsrückmeldung getrennt, das heißt der Arbeiter kann die Lohnscheine wie bisher über den Monat hin sammeln und selbst bestimmen, was er am Monatsende abrechnet, während er das tatsächliche Auftragsende seines Teils jeweils sofort oder im Laufe des Tages an den Leitstand zu melden hat. In anderen Betrieben ging man zum Zeit- oder Prämienlohn über, zumal die einst großen zeitlichen Regulationsspielräume des Akkordarbeiters sowieso durch das Werkstattsteuerungssystem stark beschnitten worden sind.

Trotz dieser Schutzregelungen, die zumeist als Betriebsvereinbarung zwischen Management und Betriebsrat ausgehandelt wurden, erhält das Management einen bisher unbekannten Einblick in individuelle Leistungsschwankungen - der Leistungsgrad jedes Arbeiters wird durch die systematische Betriebsdatenerfassung transparent - und einen systematischen Überblick über den Realitätsgehalt der Vorgabezeiten. Damit fallen zwei zentrale Barrieren, hinter die sich die Arbeiter bisher vor einem zu direkten betrieblichen Leistungszugriff partiell zurückziehen konnten. Auch wenn damit die individuellen und kollektiven Schutzmöglichkeiten der Arbeiter sicher nicht völlig obsolet geworden sind, so haben sich doch die interessenmäßigen Voraussetzungen für ihre tägliche Auseinandersetzung mit dem betrieblichen Leistungsanspruch grundlegend verändert: ihnen wird jetzt ständig klargemacht, daß sie dem Management mit „gläsernen Taschen" gegenüberstehen, der informelle Rückzug in die „Mauschelei" der traditionellen Meisterwirtschaft ist endgültig verstellt. Gegenkontrolle im Arbeiterinteresse wird nunmehr unter ungleich größeren, systematischeren Anstrengungen auf einer kollektiven Ebene möglich, die nach wie vor auf den Meister und stärker als bisher auf den Betriebsrat als Bündnispartner angewiesen ist.

Zur Stellung des Meisters in der computerisierten Werkstatt

Der Meister hat freilich seine einst dominierende Stellung im Leistungsgefüge der Werkstatt weitgehend eingebüßt. Nicht nur der Hauptstrom der Fertigungsaufträge, sondern auch die ungeplanten „Zuflüsse" laufen zentral gelenkt, fast vollständig an ihm vorbei; nicht mehr er, sondern das EDV-System und der Terminierer bestimmen, welche Arbeit am Arbeitsplatz zu welcher Zeit zu leisten ist. Nicht selten erhält der Arbeiter Arbeitsanweisung und Papier direkt aus der Hand des Leitstandpersonals, doch selbst wenn diese Aufgabe dem Meister verbleibt - in manchen Betrieben ihm sogar rückübertragen wird, um etwa Leitstandpersonal zu sparen -, ist er doch nicht mehr als der „verlängerte Arm" der zentralen Werkstattsteuerung. Sein Verteilungsspielraum ist marginal, beschränkt sich zumeist nur auf die Wahl des Arbeitsplatzes innerhalb einer Maschinengruppe. Der Meister muß sich wie ein Bahnhofsvorsteher fühlen (Aussage eines Drehermeisters), der wohl noch das Abfahrtssignal geben, den Zeitplan der Zugfolge aber nicht mehr bestimmen darf.

Dies geht in manchen Betrieben so weit, daß der Terminierer bei Bedarf die Arbeiter kurzfristig an andere Maschinen umsetzt, ohne daß der Meister etwas dagegen unternehmen kann. Der Meister bleibt zwar der „disziplinarische" Vorgesetzte in seinem Bereich, das heißt er ist verantwortlich für die Einhaltung der allgemeinen betrieblichen Normen, doch er hat den Einfluß auf den Personaleinsatz weitgehend verloren, selbst wenn der Betrieb seine genaue Kenntnis der aktuellen Personalsituation und der Stärken und Schwächen der Arbeitskräfte für die wöchentliche Terminplanung selektiv nutzt.

Mit dem Verlust der Sanktionsmöglichkeiten über die Zuteilung guter oder schlechter Arbeiten, dem einstigen Herzstück der Meister-Arbeiter-Beziehung, hat sich allerdings der Zugang des Meisters zu den Arbeitern grundlegend verändert. Er erhält ihn nicht mehr über das tägliche Bargaining zwischen dem von ihm durchzusetzenden betrieblichen Leistungsanspruch und den Reproduktionsinteressen der Arbeiter, das eingespielten ungeschriebenen Gesetzen folgte und bei aller Verdecktheit ihm ausreichenden Einblick in Leistungsstand und Leistungsverhalten „seiner" Arbeiter gewährte. Er muß ihn heute zum einen auf einer mehr persönlichen Ebene, zum anderen auf der fachlichen Ebene, die schon immer wichtig war, nun aber für ihn an Bedeutung gewinnt, suchen.

Ein engerer persönlicher Kontakt zum Arbeiter scheint die erlittenen Kompetenzverluste für den Meister zumindest teilweise kompensieren zu können, wie Berichten der befragten Meister zu entnehmen ist. In diese Richtung weisen auch die immer wieder betonten Bemühungen der Meister um das Eingehen auf persönliche Schwierigkeiten als Ursache für Leistungsdefizite einzelner Arbeiter. Die veränderte betriebliche Stellung des Meisters läßt freilich eine persönliche Beziehung zum Arbeiter auch leichter herstellen. Denn nur allzu deutlich für den Arbeiter ist der Meister selbst zum Hauptbetroffenen des neuen Steuerungssystems geworden. Seine Mittlerstellung zwischen Management und Arbeitern hat etwas von ihrer Ambivalenz verloren, der Meister ist dem Arbeiter ein Stück nähergerückt.

„Meister" bleibt er für die Arbeiter aber vor allem auf der fachlichen Ebene. Er ist nach wie vor der fachlich Beste unter Berufskollegen, die zentrale Anlaufstelle für die täglich aufs Neue sich ergebenden Probleme mit undurchsichtigen Werkstattzeichnungen, fehlerhaften Materialien, falschen NC-Programmen, gestörten Maschinen und Ausschußproduktion. Eine Aufgabe, die mit zunehmenden Einsatz von komplizierten NC-Maschinen und der überall zu beobachtenden Tendenz zur Verkleinerung der Losgröße eher noch an Bedeutung gewinnen dürfte. Sein Urteil als langjährig erfahrenster Kenner der Schwächen und Stärken der eigenen Werkzeugmaschinen und als erster Zerspanungsfachmann hat entscheidendes Gewicht bei der Anschaffung neuer Maschinen; in manchen Werkzeugmaschinenfabriken werden sogar die eigenen neu entwickelten Maschinen zunächst unter der Obhut des Meisters in der Werkstatt getestet, ehe man sich zur endgültigen Produktion der Baureihe entschließt. Entlastet von der zeitraubenden Mühe um einen geordneten Fluß der Produktion, kann er sich vertiefter um die auftretenden technischen Probleme seines Bereichs kümmern. Manche Meister entwickeln sich, angeregt durch die NC-Maschinen, zu regelrechten Elektronikspezialisten und Programmierexperten, denen Instandhaltung und Programmierer nichts mehr vormachen können.

In den Umkreis seiner Fachkompetenz als Meister fallen auch wie immer schon Ausbildungsfunktionen an Erstauszubildenden, die in den letzten Lehrjahren der Produktion zugeteilt sind, und insbesondere an berufsfremden Arbeitern, die in einem oft mehrjährigen Anlernprozeß intensiv betreut werden müssen. Mit diesen fachbezogenen Funktionen der Ausbildung und der technischen Problemlösung kann der Meister in einem wichtigen Gebiet an die tradierte Meisterrolle im Facharbeiterbetrieb anschließen und sich darüber einen Teil der Autorität sichern, die auf anderen Gebieten bedroht ist. Das könnte sich als der verbleibende wichtigste Brückenpfeiler im Strom der Veränderungen erweisen, der die Meisterposition gegenwärtig stabilisiert, ihr langfristig aber durchaus ein come-back in neuen Formen ermöglichen könnte.

Freilich bleibt der Meister trotz rechnergestützter Werkstattsteuerung von den Abläufen und insbesondere von den häufigen Krisen der computerisierten Werkstattsteuerung nicht völlig verschont; wie bereits angedeutet, gehorcht die Fertigungsrealität eines Maschinenbaubetriebs in der Regel nur recht unzureichend den vorgezeichneten Bahnen eines deterministischen Planungsmodells; bei der kurzfristigen Umdisposition von Aufträgen ist der Terminierer deshalb oft auf die Kooperation des Meisters angewiesen. Denn die Bewältigung schwieriger Steuerungsprobleme, etwa das kurzfristige Anfertigen eines komplizierten Ersatzteils an mehreren Maschinen, setzt eine so genaue Kenntnis der miteinander verketteten Arbeitsabläufe, des tatsächlichen Bearbeitungsstandes an den betroffenen Maschinen und der individuellen Fähigkeiten der Maschinenarbeiter voraus, wie sie zumeist nur der Meister besitzt. Er bleibt somit auch als „Ausputzer" von Steuerungsunstimmigkeiten in Krisensituationen gefragt, eine Kompetenz, die allerdings nicht so oft gefordert ist, die zu sehr im Verborgenen „blüht", als daß sich darauf eine neue Position gründen könnte. Gleichwohl kann der Meister nur, insoweit er diese organisatorischen Kenntnisse und Fähigkeiten in der Auseinandersetzung mit den komplizierter gewordenen Strukturen der Auftragssteuerung entfaltet, manchmal in Einzelfällen auch unterhalb der offiziellen Ebene der Auftragsvergabe zum Vorteil der Arbeiter eigenständig eingreifen, indem er etwa die Reihenfolge mehrer Aufträge umrüstungsgünstiger arrangiert oder eine zeitlich verspätete Fertigmeldung mit einer passenden Begründung deckt. Das ist für ihn auch eine Gelegenheit, um seine fortdauernde Sachkompetenz zu beweisen und damit seine Autorität gegenüber den Arbeitern zu stärken. In seinem Bestreben, trotz stark beschnittener Verteilungskompetenz den Arbeitern dennoch eine gewisse Zeitreservebildung zu ermöglichen, kommt sicher mehr betriebspraktische und soziale Vernunft zum Ausdruck, als in den elaboriertesten Werkstattsteuerungssystemen inkorporiert ist. Eine Auffassung, die im übrigen von manchem Produktionsmanager geteilt wird.

Was ist nun eigentlich das Neue im gegenwärtigen Entwicklungsmuster der Computerisierung der Werkstatt gegenüber den von der frühen Industriesoziologie aufgezeichneten Folgen der Produktionsmechanisierung für die Meisterposition? Überwiegen nicht vielmehr auf eine verblüffende Weise die Parallelen zwischen beiden so unterschiedlichen Entwicklungssträngen? Schon die Meisterstudien der 50er Jahre haben den Verlust an Steuerungskompetenz als die wichtigste Folge für die Stellung des Meisters im Betrieb hervorgehoben, seine neue Funktion neben den weiterhin wichtigen disziplinarisch-personellen Aufgaben vor allem als Kompensator der täglichen Planungsdefizite, das heißt als „Spezialist für die Praxis" (Weltz) oder, was in die gleiche Richtung weist, als „Spezialist der Unspezialisiertheit" (Bahrdt) gesehen.

Auch der Meister im computerisierten Maschinenbaubetrieb hat damit zu tun, die Planungslücken der rechnergestützten Werkstattsteuerung auszugleichen. Seine fortdauernde Autorität trotz gravierender Kompetenzverluste gründet sich jedoch primär auf sein „meisterliches" Können, das ihn im Facharbeiterbetrieb als Besten unter Berufskollegen ausweist. Es lassen sich unter dem ökonomischen Zwang zur Verkleinerung der Serie und Erhöhung der Fertigungsqualität wie auch zum Einsatz komplizierter Maschinen partiell Momente einer technischen Fachspezialisierung beobachten, die den Meister allerdings nicht zu einer Art subalternem Techniker werden lassen.

Er bleibt in seinem Bereich in disziplinarisch-personeller Hinsicht der von den Arbeitern akzeptierte unmittelbare Vorgesetzte, muß sich die Anweisungskompetenz nun aber mit der zentralen Werkstattsteuerung teilen. In den Betrieben entsteht auf diese Weise eine eigenartige, konfliktträchtige Form der Doppelhierarchie, in der Terminierer und Meister in ihrer betriebsorganisatorischen Position zwar formal gleichgestellt sind, der Terminierer jedoch in Fragen der Auftragsverteilung und -steuerung am Meister vorbei direkten Zugriff zu den Arbeitern hat, er damit faktisch auch dem Meister gegenüber anweisungsberechtigt wird. Die innerbetriebliche Machtposition des Meisters wurzelt hingegen primär in seiner engen, durch langjährige Betriebsdauer erworbenen Beziehung zu „seinen" Arbeitern. Seine erprobten fachlichen und organisatorischen Fähigkeiten dienen sowohl der Stabilisierung dieser Beziehung unter erschwerten Bedingungen als auch der Begründung seiner Durchsetzungsfähigkeit gegenüber anderen betrieblichen Instanzen.

Welche dieser beiden betrieblichen Positionen auf lange Sicht in der

Werkstatt den ersten Ton angeben und welche primär auf den Status einer Servicefunktion zurückgeschnitten werden wird, ist gegenwärtig schwer abzuschätzen. Zu neu sind noch die betrieblichen Erfahrungen mit rechnergestützten Organisationstechniken, zu widersprüchlich die sich daran festmachenden betrieblichen Interessen. Zwar liegen die Terminierer gegenwärtig im Rückenwind der betrieblichen Rationalisierungspolitik, doch kann und will das Management auch nicht auf die überkommene Autorität des Meisters verzichten. Eine zu starke Schwächung seiner Position könnte nämlich seine „Pufferfunktion", die im Ausbalancieren von betrieblichen Normen und Arbeiterinteressen besteht, unwirksam machen und damit einen traditionell wichtigen Regulations- und Integrationsmechanismus im Facharbeiterbetrieb gefährden. Auch mag die dann nicht von der Hand zu weisende Gefahr einer gemeinsamen Obstruktion von Arbeitern und Meistern in den nicht seltenen Krisensituationen der Maschinenbaufertigung einer zu geradlinigen Zentralisierung der Werkstattkompetenz Grenzen setzen. Denkbar ist allerdings auch eine Verlagerung der Pufferfunktion nach oben zur Werkstattleitung - mit der Folge, daß die Interessen und Konflikte der gesamten Werkstatt in Auseinandersetzung mit den Normen der arbeitsvorbereitenden Abteilungen zentral durch den Werkstattleiter vertreten und reguliert würden, der Meister selbst aber zu einer Art Vorarbeiter degenerierte.

In eine andere Richtung weisen Bemühungen einzelner Betriebe, die Meister wieder stärker an Arbeitsverteilungs- und Auftragsdurchsetzungsaufgaben zu beteiligen. Damit wird sicher nicht die zentrale Steuerungskompetenz des Leitstands ernsthaft in Frage gestellt, aber es können doch die ersten Schritte auf dem Weg zur Reetablierung der Meisterherrschaft in der Werkstatt sein. Da sich auf der anderen Seite Rationalisierungsmaßnahmen neuerdings verstärkt gegen die Arbeitsvorbereitung und das Personal der Werkstattsteuerung selbst richten, dürfte deren heute noch starke Stellung zukünftig eher an Gewicht verlieren. Von daher spricht langfristig manches für die fortdauernde Stabilität der Stellung des Meisters im Facharbeiterbetrieb, allerdings unter neuen Bedingungen der innerbetrieblichen Kooperation.

Anmerkungen

1 Vgl. F. Lütge/M.R. Lepsius, Die soziale Stellung des Meisters im Industriebetrieb, München 1954; F. Weltz, Vorgesetze zwischen Management und Arbeitern, Stuttgart 1964; H.P. Bahrdt, Industriebürokratie, Stuttgart 1972[2] (Erstausgabe 1958).
2 H.P. Bahrdt, a.a.O., S. 1
3 Ebd., S. 27
4 ebd., S. 30
5 F. Weltz, a.a.O., S. 42 f.
6 Vgl. O. Mickler, Facharbeit im Wandel, New York/Frankfurt 1981, S. 97.
7 Vgl. ebd., S. 14 f.
8 Schließlich bilden die heute anstehenden Veränderungen nur eine Etappe im

Verlauf des historischen Umstrukturierungsprozesses der Meisterrolle: so wird von der „Werkmeisterkrise" schon seit den 20er Jahren gesprochen, dennoch blieb die Bedeutung des Meisters für die Organisation der betrieblichen Produktion trotz zum Teil gravierender Funktionsveränderungen bis heute erhalten. Auf diesen historischen Veränderungsprozeß der Meisterposition vom Unternehmerstellvertreter über den Akkordmeister bis zum heutigen, in die rationalisierte Betriebsorganisation eingebundenen Meister geht R. Springer ausführlich ein. Er macht deutlich, daß die Diskussion über die Werkmeisterkrise eine ständige Begleiterscheinung dieses Prozesses war. (Vgl. R. Springer, Struktur und Wandel der Meisterfunktionen in der Maschinenindustrie, Dipl. Arbeit, Heidelberg 1981)

9 Die relative Stabilität bestimmter gesellschaftlich normierter und betrieblich eingeführter Qualifikationstypen, wie sie etwa in der bundesrepublikanischen Industrie der Facharbeiter und der Meister darstellen, hat I. Drexel aus ihrem gesellschaftlichen Kompromißcharakter zwischen widerstreitenden Betriebsinteressen einerseits und Reproduktionsinteressen der Beschäftigten andererseits erklärt. (Vgl. I. Drexel, Belegschaftsstrukturen zwischen Veränderungsdruck und Beharrung, München 1982)

10 Der Text orientiert sich an ersten Ergebnissen des SOFI-Projekts „Einsatz rechnerunterstützter Systeme der Fertigungssteuerung in der Kleinserienfertigung". (Vgl. F. Manske, W. Wobbe-Ohlenburg, O. Mickler, Einsatz rechnerunterstützter Systeme der Fertigungssteuerung in der Kleinserienfertigung, unveröffentlichtes Manuskript - Zwischenbericht, Göttingen 1982)

11 Vgl. H. Wiedemann, Die Rationalisierung aus der Sicht des Arbeiters, Köln-Opladen 1967, S. 98, S.122 ff.

VI
Arbeiter-Emanzipation: Rückblicke auf Hindernisse und Versäumnisse

Arbeiterbewegung und Arbeiterbewußtsein in der Deutschen Revolution 1918/19

Peter von Oertzen

Sozialismus und Arbeiterbewegung

„Sozialismus(...) ist der geistige Niederschlag der modernen sozialen Bewegung. Diese aber ist der Inbegriff aller Emanzipationsbestrebungen des Proletariats(...)", mit diesen Worten beginnt die berühmt gewordene Studie Werner Sombarts über Theorie und Geschichte der modernen sozialistischen Arbeiterbewegung.[1] In der Tat ist bis zum heutigen Tage die Idee und die Hoffnung, die bürgerlich-kapitalistische Gesellschaftsordnung von Grund auf umgestalten und eine neue Gesellschaftsordnung, den Sozialismus, an ihre Stelle setzen zu können, mit der sozialen Bewegung des „Proletariats", der industriellen Arbeitnehmerschaft, verbunden geblieben.

Der wichtigste (wenn auch nicht der einzige) theoretische Ausdruck dieser Verbindung ist und war der Marxismus. Es ist wieder Sombart in der genannten Studie, der diese Bedeutung des Marxismus auf eine kurze treffende Formel gebracht hat: „(...) es gibt nur *einen* lebendigen Sozialismus in unserer Zeit: den Marxismus (...) *alle* sozialistischen Bewegungen der Gegenwart sind (...) insofern vom Marxistischen Geist erfüllt als sie auf dem Wege des Klassenkampfes die Vergesellschaftung der Produktionsmittel anstreben und vom Proletariat getragen werden: Der Sozialismus ist proletarisch, das Proletariat sozialistisch geworden: Diese Vereinigung ist die weltgeschichtliche Tat von Karl Marx".[2]

Insofern prägt der Marxismus auch heute noch die soziale Bewegung der industriellen Arbeitnehmerschaft - wie sehr sich auch deren Organisationen und Programme gewandelt haben mögen und wie weit ihre Praxis sich unterdessen auch vom ursprünglichen Marxismus entfernt haben mag. Unübersehbar ist freilich, daß niemals zu irgendeinem Zeitpunkt seit den Anfängen der sozialistischen Arbeiterbewegung der ernsthafte Versuch unternommen worden ist, die von Marx prognostizierte „soziale Revolution" (= gesellschaftliche Umwälzung des Kapitalismus) in einem fortgeschrittenen kapitalistischen Lande tatsächlich ins Werk zu setzen, und daß auch niemals die wirkliche ökonomische, soziale und politische Chance dafür bestanden hat.

Die kurzen parlamentarischen Regierungsperioden der Labour-Party in Großbritannien seit 1945 und die längeren Regierungszeiten der Sozialdemokratie in Skandinavien haben die Abschaffung des Kapitalismus und die Entwicklung einer sozialistischen Gesellschaft zu keiner Zeit auf die Tagesordnung ihrer Politik gesetzt; und sozialdemokratisch-bürgerliche Koalitionsregierungen waren und sind wesensmäßig unfähig, die marxsche Verheißung zu erfüllen. Die hybriden Gesellschaftssysteme des sogenannten „real existierenden Sozialismus" hingegen, die entstehen, wenn eine „kommunistische" Partei in einem ökonomisch unterentwickelten Land die Macht ergreift und sie danach bürokratisch-autoritär ausübt, haben mit dem authentischen marxschen Sozialismus kaum mehr als den Namen gemein; sie brauchen uns hier nicht zu interessieren.

Nur zwei Ausnahmen von der oben getroffenen Feststellung hat es gegeben, zwei kurze Perioden, in denen jeweils in einer weniger oder mehr entwickelten kapitalistischen Gesellschaft eine sozialistische Arbeiterschaft den ersten Schritt über die Grenzen des Kapitalismus hinaus hätte wirklich tun können, Perioden, in denen - vielleicht - die objektive Möglichkeit und - zumindest teilweise - der subjektive Wille dafür bestanden hat: In der Spanischen Revolution 1936/37 und in der Deutschen Revolution 1918/19. Und es ist kein Zufall, daß bis zum heutigen Tage der wissenschaftliche und der politische Streit über die vorhandenen und nicht ergriffenen Möglichkeiten dieser beiden Revolutionen nicht verstummt ist.

Insbesondere die deutsche „Novemberrevolution"[3] war unzweifelhaft ein Kreuzweg in der geschichtlichen Entwicklung Deutschlands und - entsprechend seiner Bedeutung für die kapitalistische Welt - in der geschichtlichen Entwicklung des Kapitalismus überhaupt. Insoweit ist die Deutsche Revolution von 1918/19 so etwas wie eine historische „Fallstudie", wie das einzige historische Exempel, das über die Tragweite des marxschen Konzeptes einer proletarischen sozialistischen „Revolution" Auskunft geben kann.

Der Streit um den Charakter der „Novemberrevolution"

Bei allen sonstigen Unterschieden der Beurteilung hat in der Diskussion über die Deutsche Revolution von 1918/19 nie in Zweifel gestanden, daß starke sozialistische Arbeiterströmungen in ihr eine bedeutende Rolle gespielt haben. Während der Weimarer Republik - und dann noch einmal wieder in den ersten Jahrzehnten der Bundesrepublik Deutschland - standen sich zwei Auffassungen vom Charakter der Novemberrevolution gegenüber: Beide gingen davon aus, daß eine starke revolutionär-sozialistische Bewegung im Kampf gegen die bürgerliche Demokratie unterlegen sei: Der Unterschied zwischen ihnen bestand darin, daß die eine Auffassung, die konservativ-liberal-sozialdemokratische, in diesem Ergebnis der Revolution den Sieg der „Demokratie" über den „Bolschewismus" erblickte, die andere hingegen

- die linkssozialistisch-kommunistische - die Niederlage der „Revolution" gegen die „Konterrevolution".

Noch in den fünfziger Jahren hat K.D. Erdmann diese Auffassung als die damals herrschende wissenschaftliche Ansicht formuliert: das „konkrete Entweder-Oder" der Revolution habe gelautet: „die soziale Revolution im Bunde mit den auf eine proletarische Diktatur hindrängenden Kräften oder die parlamentarische Republik im Bund mit konservativen Elementen (...)" und an anderer Stelle noch schärfer auf das „Subjekt" der Revolution, die sozialistische Bewegung, zugespitzt: „Deutschland (...) stand vor der Frage, ob sich in der sozialistischen Gesamtbewegung die westeuropäische Idee des Parlamentarismus und der Demokratie oder die leninsche Idee des Rätestaates als die stärkere erweisen würde".[4]

Freilich ist diese Interpretation schon in der Zeit der Weimarer Republik von A. Rosenberg angefochten worden. 1928 charakterisierte er die November-Revolution als „eine bürgerliche Revolution, die von der Arbeiterschaft gegen den Feudalismus erkämpft wurde";[5] damit durchbrach er die starre Alternative: bürgerliche Demokratie oder proletarische Revolution. In den folgenden, in der Emigration verfaßten historischen Arbeiten hat Rosenberg diese Analyse dann weiter ausgeführt: Der authentische Sozialismus war in Deutschland 1918/19 unter den gegebenen ökonomischen und politischen Bedingungen weder objektiv möglich, noch wurde er von der Arbeiterschaft wirklich gewollt. Aber eine breite Strömung in der sozialistischen Arbeiterbewegung erstrebte doch mehr als die bloße formale bürgerliche Demokratie: Von vielen Arbeitern gewünscht und objektiv erreichbar war eine „aktive Selbstregierung der Massen", eine „neue volkstümliche Demokratie", eine „soziale Demokratie". Vor allem die neu entstandenen Arbeiterräte waren Ausdruck und zugleich vorwärtsdrängende Kraft dieser Tendenz.[6] Da die Arbeiterräte in der Deutschen Revolution bisher entweder völlig verkannt oder aber als Instrument einer revolutionären proletarischen Diktatur interpretiert worden waren, eröffnete diese Beurteilung Rosenbergs zugleich die freie Bahn für eine veränderte, unbefangenere Würdigung der Arbeiterrätebewegung.

Ausgehend von den rosenbergschen Forschungen hat sich dann in den letzten 25 Jahren eine neue wissenschaftliche Auffassung von der Geschichte der Deutschen Revolution entwickelt, die bei allen Differenzen im einzelnen in einer Reihe wichtiger Fragen Übereinstimmung erzielt hat: Die erdmannsche Alternative: bürgerlich-konservative Demokratie oder „Bolschewismus" wird zurückgewiesen; der authentische Sozialismus oder gar der „Bolschewismus" stand 1918/19 nicht wirklich auf der Tagesordnung; aber es wäre möglich gewesen, die nicht- oder gar antidemokratischen Kräfte in Wirtschaft, Gesellschaft und Staatsapparat zurückzudrängen und der Demokratie ein zuverlässigeres soziales Fundament zu geben, als es die Weimarer Republik in Wirklichkeit erhalten hat.[7] Die Arbeiterrätebewegung wird in dieser Interpretation als Hauptindiz für den Willen - und die Möglichkeiten - der Arbeiterschaft zu tieferreichender Demokratisierung der Gesellschaft betrachtet. Ich selbst habe mein eigenes Urteil über den Charakter der Novemberrevolution in die Formel gefaßt: „Die einzige wirkliche Alternative zur bürgerlichen Demokratie war nicht der ‚Bolschewismus', sondern eine auf die Räte gestützte soziale Demokratie."[8]

Der Sozialismus in der Deutschen Revolution

Diese hier skizzierte neuere Auffassung vom Charakter der Deutschen Revolution ist in den Grundzügen bereits vor mehr als zwei Jahrzehnten entwickelt worden. Seitdem wurde sie ausgebaut, gegen Kritik verteidigt, da und dort etwas modifiziert, aber nicht grundsätzlich zur Diskussion gestellt. Die historische Erforschung der revolutionären Ereignisse ab 1918 - insbesondere die lokal- und regionalgeschichtliche und die sozialgeschichtliche - hat jedoch in diesen Jahrzehnten große Fortschritte gemacht. Wir wissen heute unvergleichlich viel mehr über die wirkliche Volks- und Arbeiterbewegung dieser Jahre als 1960 oder 1965. Und gestützt auf diesen neueren Forschungsstand, ist nun eine bestimmte Einseitigkeit jener Auffassung immer deutlicher sichtbar geworden.

Die neuere Revolutionsforschung war in ihrer Kritik an der älteren konservativ-liberal-sozialdemokratischen Auffassung von der Frage nach den Ursachen des Scheiterns der Weimarer Republik ausgegangen[9] und hatte einen Teil der Antwort in den Versäumnissen der demokratischen Revolution von 1918/19 zu finden gemeint. Von daher kritisierte sie die überkommene - falsche - Alternative: „Demokratie" oder „Bolschewismus" und setzte - mehr oder weniger ausgeprägt - eine neue Alternative: konservative oder soziale Demokratie an ihre Stelle. Dieser Ansatz barg und birgt jedoch die Gefahr in sich, im Wissen vom schließlichen Endergebnis der Entwicklung - hier: dem Scheitern der Republik 1933 - die tatsächliche revolutionäre Situation von 1918/19 und den Spielraum der in ihr Handelnden zu verzeichnen. Und in dem berechtigten Bestreben, gegen die „Bolschewismus"-Phobie der bürgerlich-sozialdemokratischen Politik in der Revolution und der bürgerlich-sozialdemokratischen Geschichtsschreibung später anzuargumentieren, gerieten darüber hinaus die unzweifelhaft vorhandenen und wirksamen sozialistischen Tendenzen in der revolutionären Volks- und Arbeiterbewegung teilweise aus dem Blick.[10]

Dabei können wir uns die ausführliche Auseinandersetzung mit der parteikommunistisch orientierten Geschichtsschreibung hier und vor allem in der DDR sparen.[11] Sie hat die uns interessierende Frage nach der Arbeiterbewegung als dem historischen Subjekt einer auf den Sozialismus hin gerichteten gesellschaftlichen Umwälzung[12] durch dogmatische Setzung beantwortet: Da es ohne Avantgardepartei keine revolutionären Subjekte geben kann, erübrigt sich, wenn diese fehlt, die weitere Diskussion der konkreten historischen Bewegungen, ihres Bewußtseins, ihrer Verhaltensweisen und ihrer selbstgeschaffenen Kommunikations- und Organisationsformen.

Aus einem gänzlich anderen Gesichtswinkel haben F. Dingel und E. Lucas an der jüngsten Revolutionsforschung Kritik geübt.[13] Mit Nachdruck betont Dingel, daß die sozialistische Alternative 1918/19 nicht nur die „revolutionäre Illusion“ einer Minderheit in der Arbeiterbewegung, sondern eine wirkliche „revolutionäre Chance“ gewesen sei.[14] „Die Revolution war zu Beginn sicherlich eine sozialdemokratische, aber sie ist es nicht geblieben. Sie entwickelte Zielvorstellungen und Realisierungsansätze, die weit über das hinausgingen, was für den sozialdemokratischen Reformismus noch tolerierbar war. Die Charakterisierung der Revolution als bürgerlich-demokratisch vernachlässigt diese Ansätze“; freilich, so fügt Dingel kritisch gegen den parteikommunistischen Standpunkt gewendet hinzu: „der Vergleich mit der Oktoberrevolution unterschlägt die Probleme einer Revolution in einem fortgeschrittenen kapitalistischen Land und verpflichtet zugleich auf ein bestimmtes Sozialismusbild.“[15]

In seiner Studie über „Arbeiterradikalismus“ in den beiden Industriestädten Hamborn und Remscheid gelangt E. Lucas zu einem ähnlichen Ergebnis,[16] ohne freilich eine so allgemeine politische Alternative zu konstatieren wie Dingel. Gestützt auf seine die gesamte Lebenswelt - nicht nur die Betriebssphäre - der Arbeiter umfassende konkrete und einfühlsame Untersuchung der revolutionären Bewegung, insistiert Lucas auf ihrem originär antikapitalistischen Charakter und verteidigt ihn gegen jede parteipolitische oder gewerkschaftliche Vereinnahmung.

Die marxsche Revolutionstheorie

An dieser Stelle scheint es mir notwendig, einen kurzen Blick auf jenen systematischen Kern des marxschen Werkes zu werfen, in dem seine wissenschaftlich begründete Verheißung einer proletarischen sozialistischen Revolution wurzelt, auf die marxsche Revolutionstheorie.

In seinem „Vorwort zur Kritik der Politischen Ökonomie“ finden sich die zentralen Thesen:

„In der gesellschaftlichen Produktion ihres Lebens gehen die Menschen bestimmte, notwendige, von ihrem Willen unabhängige Verhältnisse ein, Produktionsverhältnisse, die einer bestimmten Entwicklungsstufe ihrer materiellen Produktivkräfte entsprechen. Auf einer gewissen Stufe ihrer Entwicklung geraten die materiellen Produktionskräfte der Gesellschaft in Widerspruch mit den vorhandenen Produktionsverhältnissen oder - was nur ein juristischer Ausdruck dafür ist - mit den Eigentumsverhältnissen, innerhalb deren sie sich bisher bewegt hatten. Aus Entwicklungsformen der Produktivkräfte schlagen diese Verhältnisse in Fesseln derselben um. Es tritt eine Epoche sozialer Revolutionen ein (...). Eine Gesellschaftsformation geht nie unter, bevor alle Produktivkräfte entwickelt sind, für die sie weit genug ist, und neue, höhere Produktionsverhältnisse treten nie an die Stelle, bevor die materiellen Existenzbedingungen derselben im Schoße der alten Gesellschaft selbst ausgebrütet worden sind. Daher stellt sich die Menschheit immer nur Aufgaben, die sie lösen kann, denn genauer betrachtet wird sich stets finden, daß die Aufgabe selbst nur entspringt, wo die materiellen Bedingungen ihrer Lösung schon vorhanden oder wenigstens im Prozeß ihres Werdens begriffen sind.“[17]

Es ist offensichtlich, daß bei diesem theoretischen Konzept „sozialer Revolution" Marx die Epoche der bürgerlichen und industriellen Revolution vor Augen gehabt hat: Die wirtschaftlichen, politischen und geistigen Kräfte des sich entfaltenden Dritten Standes rebellierten gegen eine unproduktive, parasitär gewordene Gesellschaftsordnung, gegen feudale Privilegien, zünftlerische Enge, monarchisch-aristokratischen Obrigkeitsstaat und klerikale Bevormundung. Sie stürzten die alte Ordnung - teils auf dem Wege allmählicher wirtschaftlich-sozialer Entwicklung und politischer Reform, teils auf dem Wege blutiger Revolutionen - und schufen die bürgerliche Gesellschaft, die Gesellschaft der kapitalistischen Wirtschaft, des parlamentarischen Staates und der liberalen Freiheiten.

Diese Erinnerung an die Wirklichkeit der bürgerlichen Revolution macht deutlich, daß abstrakte Kategorien wie „Produktionsverhältnisse", „Produktivkräfte", „Widerspruch", „soziale Revolution" nur die eine, die „objektive" Seite der gesellschaftlich-geschichtlichen Entwicklung bezeichnen. Die konkrete historische Entwicklung vollzieht sich jedoch im Zusammenarbeiten oder im Gegeneinanderkämpfen lebender Menschen, von einzelnen oder Gruppen, von Kommunen oder Nationen, von Ständen oder Klassen; dies ist die „subjektive" Seite des Geschichtsprozesses. Nicht nur die bürgerlichen „Produktivkräfte" haben die Form der feudalmonarchischen „Produktionsverhältnisse" gesprengt, sondern Bourgeois, Kleinbürger, Proletarier und Bauern haben Monarchie, Bürokratie, Feudalaristokratie und Klerus gestürzt, haben sie ökonomisch-sozial entmachtet und in der bürgerlichen Gesellschaft unter der Hegemonie der Bourgeoisie eine neue Klassenherrschaft errichtet.

Die „objektive" Möglichkeit dafür, daß der „subjektive" revolutionäre Faktor - die kämpfenden Menschen - eine „Gesellschaftsformation" stürzt und eine neue errichtet, wird freilich durch die materielle Entwicklung der Produktivkräfte geschaffen. „Wir machen unsere Geschichte selbst", so schrieb Engels 1890 an Block, „aber (...) unter sehr bestimmten Voraussetzungen und Bedingungen. Darunter sind die ökonomischen die schließlich entscheidenden." Objektive gesellschaftliche Entwicklung und subjektives politisch-soziales Handeln sind Momente einer dialektischen Einheit. Oder wie der junge Marx es in seiner Einleitung zur Kritik der hegelschen Rechtsphilosophie 1842 formulierte: „Es genügt nicht, daß der Gedanke zur Verwirklichung drängt, die Wirklichkeit muß sich selbst zum Gedanken drängen."[18]

Allem Zweifel, ob die hier skizzierten Grundsätze der marxschen Revolutionstheorie auch auf die proletarische Revolution Anwendung finden sollen, begegnet der zentrale Satz aus dem letzten Kapitel des „Elends der Philosophie"; dort spricht Marx ganz unmißverständlich nicht nur über soziale Revolution ganz allgemein, sondern über die „Befreiung der arbeitenden Klasse": „Soll die unterdrückte Klasse sich befreien können, so muß eine Stufe erreicht sein, auf der die bereits erworbenen Produktivkräfte und die geltenden gesellschaftlichen Einrichtungen (= „Produktionsverhältnisse", v.O.) nicht mehr nebeneinander bestehen können. Von allen Produktionsinstrumenten ist die größte Produktivkraft die revolutionäre Klasse selbst. Die Organisation der revolutionären Elemente als Klasse setzt die fertige Existenz aller Produktivkräfte voraus, die sich überhaupt im Schoß der alten Gesellschaft entfalten konnten."[19]

Dies alles zugrundegelegt, können wir die von Marx theoretisch ermittelten Bedingungen einer erfolgreichen proletarischen Revolution folgendermaßen formulieren:

- Die im und durch den Kapitalismus entwickelten vorwärtstreibenden, lebendigen, schöpferischen Kräfte der Gesellschaft, insbesondere - aber nicht nur - auf dem Gebiet der materiellen Produktion werden durch „die geltenden gesellschaftlichen Einrichtungen" nicht mehr weiterentwickelt, sondern gefesselt. Das heißt die Nutzung von Rohstoffen, Energiequellen und technischer Maschinerie; menschliche Kenntnisse und Fertigkeiten einschließlich der Wissenschaft; die gesellschaftliche Arbeitsteilung und Arbeitszerlegung sowie ihre produktive Organisierung werden in ihrer Weiterentwicklung gehemmt - ganz zu schweigen von der schöpferischen Entfaltung der Menschen außerhalb der Produktion. Wirtschaftskrisen und Klassenkämpfe, Kolonialismus, Imperialismus und Krieg lassen die gesellschaftlichen Kosten des Kapitalismus schneller ansteigen als den - bis dahin unbestreitbaren - gesellschaftlichen Nutzen.

- „Die arbeitende Klasse" wird sich dieser gesellschaftlichen Situation bewußt, sie erkennt ihre Lage als ausgebeutete und unterdrückte Klasse, sie führt den Klassenkampf gegen die „geltenden gesellschaftlichen Einrichtungen" und arbeitet zielbewußt auf die Überwindung der kapitalistischen Gesellschaftsordnung hin. Dies ist die eine, die „subjektive" Seite der sozialen Revolution.

- Die „objektive" Seite ist, daß die „materiellen Bedingungen" für „neue, höhere Produktionsverhältnisse" „schon vorhanden oder wenigstens im Prozeß ihres Werdens begriffen sind", daß die Produktivkräfte selbst in ihrem Entwicklungsstand und ihrer Entwicklungsrichtung über die bestehenden Produktionsverhältnisse hinausdrängen. „Die größte Produktivkraft" aber „ist die revolutionäre Klasse" selbst.

- Oder anders ausgedrückt: Die schöpferischen Kräfte der Gesellschaft - Handfertigkeiten, Technik, Wissenschaft, geistige Produktion ganz allgemein - lösen sich zumindest tendenziell von der Bindung an das Privateigentum an den Produktionsmitteln und an das Kapital, das heißt von der Bindung an die Bourgeoisie und ihren sozialen Verbündeten und sammeln sich in der revolutionären Arbeiterklasse. Sie ist der Träger der „neuen höheren" Gesellschaftsformation.

- Die sozialistische Arbeiterbewegung muß also nicht nur willens und fähig sein, die alte kapitalistische Gesellschaftsordnung zu stürzen, sie muß auch willens und fähig sein, die neue sozialistische Gesellschaftsordnung zu errichten. In der Erfüllung dieser doppelten Bedingung liegt die vieldiskutierte „Reife" der revolutionären Situation und des revolutionären Subjekts.

- Zugleich liegt in dieser - in sich schlüssig begründeten - doppelten Bedingung das Dilemma aller bisherigen sozialistischen Strategie: Eine Arbeiterklasse, die ausgebeutet, unterdrückt und entmündigt wird, die infolgedessen physisch oder psychisch verelendet, die nichts zu verlieren hat als ihre Ketten, ist vielleicht in der Lage, „erfüllt von edelstem proletarischen Haß" (Lenin)[20] den Kapitalismus zu stürzen; aber ist sie auch in der Lage, den Sozialismus aufzubauen? Wenn aber eine Arbeiterklasse dazu in der Lage wäre, wenn sie wirklich alle schöpferischen Kräfte der Gesellschaft in ihren Reihen oder unter ihrer Führung zu sammeln begonnen hätte, dann wäre sie möglicherweise objektiv bereits soweit in die bestehende Gesellschaftsordnung „integriert" und zugleich in ihr eine so anerkannte soziale Macht, daß ihr unter Umständen die grundlegende Änderung dieser Ordnung nicht mehr als zwingend notwendig erschiene.

Ich habe den Eindruck, daß der größte Teil des innersozialisistischen strategischen Zwistes zwischen Autoritären und Libertären, zwischen Staatssozialisten und Selbstverwaltungssozialisten, zwischen Leninisten und Autonomisten, zwischen Revolutionären und Reformisten im Kern auf dieses Dilemma zurückgeht. Aber vielleicht ist die von mir formulierte Alternative falsch oder zumindest unvollständig; und vielleicht gibt die Geschichte der Novemberrevolution hierüber Auskunft.

Die Entwicklung der revolutionären Bewegung 1918/19

Entgegen der ursprünglichen Vorstellung vom Charakter der Deutschen Revolution, die von einer relativ simplen Alternative - etwa der von „Bolschewismus" und „Demokratie" oder von „Revolution" und „Konterrevolution" - ausging, die rasch und endgültig entschieden wurde, nimmt die neuere Revolutionsforschung einen längeren, vielfältigen und widersprüchlichen revolutionären Prozeß an. Dabei lassen sich - wenn auch mit fließenden Übergängen und sehr grob - drei Phasen erkennen: Die erste reicht vom Sturz der Monarchie im November 1918 bis zur Wahl der Nationalversammlung im Januar 1919. Die zweite kulminiert in den Generalstreikbewegungen vom Februar bis April 1919 im westlichen Industriegebiet, in Mitteldeutschland und in Berlin. Die dritte schließlich umfaßt verschiedene Bewegungen von der „März-Revolution" 1920 im Ruhrgebiet über den mitteldeutschen Aufstand vom März 1921 bis zu den Einheitsfrontregierungen in Sachsen und Thüringen und zum Hamburger Aufstand im Herbst 1923; sie endet mit der Stabilisierung der Mark, des deutschen Kapitalismus und der bürgerlichen Demokratie. (Diese dritte Phase, deren Bedeutung von Dingel, Lucas und vor allem von K.H. Roth, dem Theoretiker der „anderen Arbeiterbewegung" betont wird,[21] wird in meine Überlegungen nicht miteinbezogen.)

Am Anfang der ersten Phase standen die Marinemeutereien in den Kriegshäfen im Oktober 1918 und die sich ihnen anschließenden Arbeiterstreiks, die schließlich am 9./10. November zur Beseitigung der Monarchie und zur Errichtung der demokratischen Republik führten. Daß diese Volksbewegung der Soldaten und Arbeiter in ihrer großen Mehrheit keinen ausgeprägten sozialistischen Charakter besaß, sondern sich in erster Linie gegen die Fortführung des Krieges sowie gegen den zivilen und militärischen Obrigkeitsstaat gerichtet habe, wird heute allgemein anerkannt. A. Rosenberg hat daraus, wie wir gesehen haben, den Schluß gezogen, daß es sich um eine „bürgerliche Revolution" gehandelt habe, „die von der Arbeiterschaft gegen den Feudalismus erkämpft wurde", „ein ernster Wille, sozialistische Maßregeln durchzuführen, zeigte sich im Reiche bei der revolutionären Masse eigentlich nirgends".[22]

Trotzdem war der Umstand, daß die demokratische Republik nicht etwa durch eine friedliche Verfassungsreform „von oben", sondern durch eine revolutionäre, den Rahmen von „Recht und Ordnung" durchbrechende Massenbewegung geschaffen wurde, keine bloße Nebensächlichkeit; und es war auch nicht nebensächlich, daß in dieser Massenbewegung die sozialistisch orientierte Arbeiterschaft von Anfang an einen entscheidenden Einfluß besaß, der in dem Grade zunahm, in dem die politisch und sozial weniger eindeutig geprägte Soldatenbewegung mit der Auflösung des alten Feldheeres an Bedeutung verlor. Überdies boten die anfänglich nur improvisierten, aber sich rasch entwickelnden Arbeiter- und Soldatenräte den in Bewegung geratenen Arbeitermassen politische Partizipationsmöglichkeiten, die über die des traditionellen bürgerlich-demokratischen Parteienstaates weit hinausgingen.

Von diesen Ausgangsbedingungen her entwickelten sich sehr bald Kräfte in der Masse der Arbeiterschaft, die über die bloße bürgerliche Demokratie hinausdrängten; und die von Anfang an wirksam gewesene radikal-sozialistische und revolutionäre Linke gewann an Einfluß. Hauptfaktoren waren dabei die allgemeine Enttäuschung und Bestürzung über die Erstarkung der militärischen Gegenrevolution, über den Bruch des Bündnisses SPD-USPD und vor allem über die brudermörderischen blutigen Konflikte zwischen sozialdemokratischer Regierung und radikaler Linker. Getragen wurde diese Radikalisierung auch durch den allmählich einsetzenden sozialen Protest vieler Arbeiter gegen die trotz Revolution fortdauernden schlechten Arbeitsbedingungen, gegen unzulängliche Lohnregelungen und gegen die mangelhafte Versorgung.

Deutliches Anzeichen einer neuen revolutionären Stimmung waren die Beschlüsse des 1. Reichsrätekongresses vom 16. bis 21. Dezember 1918, der zwar einerseits mit seiner Mehrheitsentscheidung für die Wahl der Nationalversammlung den Weg zur bürgerlichen Demokratie einschlug, andererseits aber energische Maßnahmen gegen die militärische Gegenrevolution und den Beginn der Sozialisierung forderte. Auf der anderen Seite war die sozialistische Linke mit ihrem Kampf gegen die Nationalversammlung und für ein revolutionäres Rätesystem gescheitert und mußte unter radikal veränderten Bedingungen einen neuen Ansatz suchen, wenn sie die gesamte sozialistische Arbeiterbewegung für ein Weitertreiben der Revolution über die bloße bürgerliche Demokratie hinaus gewinnen wollte.

Aus dieser Konstellation heraus entfaltete sich vom Januar 1919 an die Betriebsräte- und Sozialisierungsbewegung. Ihr waren jedoch schon ab November/Dezember 1918 soziale Bewegungen und Aktivitäten in verschiedenen Gebieten des Reichs vorausgegangen: Spontane Lohnstreiks, vor allem im Bergbau, die Bildung von betrieblichen Arbeiterräten, die immer dringlicher wirksame Kontroll- und Mitbestimmungsrechte forderten, zunehmende sozialpolitische Aktionen der ursprünglich vorwiegend politisch definierten Arbeiter- und Soldatenräte. Als Kernforderungen der Bewegung bildeten sich heraus:

- Die Forderung nach Sozialisierung von Schlüsselindustrien, insbesondere des Bergbaues, der ökonomischen Hochburg der deutschen Schwerindustrie,

- die Forderung nach Bildung von Betriebsräten mit garantierten Rechten in der gesamten Wirtschaft,

- die Forderung nach energischen Maßnahmen gegen die erstarkende militärische Gegenrevolution.

Als die SPD-Regierung sich auf diese Forderung nicht einlassen wollte, versuchten die Arbeiter unter Führung der regionalen Arbeiterräte im Ruhrgebiet, in Mitteldeutschland und in Berlin, sie in umfassenden Generalstreikaktionen zu Konzessionen zu zwingen. An diesen Streikbewegungen hat in den fraglichen Regionen die große Mehrheit der Arbeiter teilgenommen; daraus und aus vielen anderen Indizien kann geschlossen werden, daß die Anziehungskraft des hier in Umrissen sichtbar werdenden Revolutionsprogrammes weit über den Einzugsbereich der radikalen sozialistischen Linken, ja teilweise sogar über den Einzugsbereich aller sozialistischen Parteien hinaus gereicht hat. Dieses Revolutionsprogramm habe ich mit dem Begriff „soziale Demokratie“ bezeichnet.

Die Möglichkeit der „sozialen Demokratie“

Die Frage nach den „verpaßten“, nach den nicht Wirklichkeit gewordenen Möglichkeiten hat für die Geschichtswissenschaft immer etwas Mißliches.

Der so unwiderlegbar klingende Satz: Alles geschah so, wie es geschehen mußte, hat freilich lebendige Geschichtsschreibung nie davon abgehalten, jene Frage zu stellen und zu beantworten. „In jeder Zeile jeder historischen Darstellung (...) stecken ‚Möglichkeitsurteile' oder richtiger: müssen sie stecken, wenn die Publikation ‚Erkenntniswert' haben soll", urteilte M. Weber.[23]

Mit dieser Feststellung ist freilich die Aufgabe noch nicht gelöst, im konkreten Fall die Plausibilität einer „verpaßten" historisch-politischen Möglichkeit darzutun.[24] Wie Marx die „Möglichkeit" der proletarischen sozialistischen Revolution theoretisch bestimmt hat, haben wir gesehen; die von ihm formulierten Bedingungen gelten auch für jede andere tiefgreifende gesellschaftliche Veränderung - so etwa für die von der Arbeiterbewegung getragene Schaffung einer sozialen Demokratie: Eine hinlänglich starke soziale Bewegung muß die Veränderung „subjektiv" wirklich wollen, und sie muß „objektiv" in der Lage sein, die bisherigen ökonomischen, sozialen und politischen Verhältnisse umzuwälzen und neue bessere an ihre Stelle zu setzen. Ob diese Bedingungen für die Errichtung einer „sozialen Demokratie" in den Jahren 1918 und 1919 bestanden haben, muß geprüft werden.

Was ist eine „soziale Demokratie" und was hätte sie im Deutschland der Novemberrevolution bedeutet? Die beste, weil eindeutigste und konkreteste Antwort stammt von A. Rosenberg: „Die Demokratie als ein Ding an sich, als eine formale Abstraktion existiert im geschichtlichen Leben nicht. Sondern die Demokratie ist immer eine bestimmte politische Bewegung, getragen von bestimmten gesellschaftlichen Kräften und Klassen, die um bestimmte Ziele kämpfen. Ein demokratischer Staat, ist demgemäß ein Staat, in dem die demokratische Bewegung die Herrschaft hat." Die soziale Demokratie nun - obzwar in ökonomischer Hinsicht noch im Kapitalismus verharrend - ist dadurch gekennzeichnet, daß die in ihr herrschende demokratische Bewegung von den kämpfenden werktätigen Massen, vor allem also von der Arbeiterklasse, dominiert wird.[25]

Eben dies war für einen historischen Augenblick die Wirklichkeit der Deutschen Revolution 1918/19. „Wie eine konsequente sozialistische Revolution aussehen muß", urteilt Rosenberg 1933 rückblickend, „weiß niemand von uns, denn bisher hat die Geschichte noch keine gezeigt. Aber es besteht die Möglichkeit, daß auch schon ein bürgerlich-kapitalistischer Staat von der Arbeiterschaft beherrscht wird. Wenn das sozialistische Proletariat in einem solchen Lande wirklich die Staatsmacht in der Hand hat, dann kann es allmählich auch die ökonomische Situation in seinem Sinne umgestalten (...). Auch in Deutschland hätte die Entwicklung nach dem 9. November in dieser Art vorwärts gehen können. Die Voraussetzung dafür wäre gewesen, daß die Sozialisten die Staatsmacht wirklich bis zur letzten Konsequenz in die Hand genommen und ausgeübt hätten."

Und gegen die Verfechter einer orthodoxen revolutionären Revolutionsstrategie nach bolschewistischem Muster gewendet, fährt Rosenberg fort: „Das Unglück der deutschen Sozialisten kam nicht daher, daß sie für die Demokratie eintraten (statt für die „Diktatur des Proletariats", v.O.), sondern daß sie sich mit zu wenig Demokratie zufriedengaben. Die Demokratie als die Selbstregierung der werktätigen Masse ist die unbedingte Voraussetzung des Sozialismus." Sie erschöpft sich allerdings „nicht im allgemeinen Stimmrecht. Die Volksvertretung muß auch in der bürgerlichen Demokratie die unbedingte Gewalt über alle Kräfte des öffentlichen Lebens haben. In der deutschen Republik bestanden nicht allein die großkapitalistischen Wirtschaftsmächte und der feudale Großgrundbesitz weiter, sondern die Armee war ein Staat im Staate, die Verwaltung, die Justiz, die Volksbildung waren von demokratischen Kräften kaum berührt."

„Die Deutsche Republik hätte 1918/19 eine echte Demokratie mit weitgehenden sozialistischen Möglichkeiten werden können," urteilt Rosenberg abschließend.[26] Um dieses Ziel zu erreichen, hätte die sozialistische Arbeiterbewegung

- eine auf die werktätigen Massen gestützte republikanische Armee schaffen,
- den Staatsapparat demokratisieren und energisch kontrollieren,
- die Landarbeiterschaft (und die kleinbäuerlich-kleinbürgerlichen Massen) der östlichen Provinzen durch Entmachtung des Großgrundbesitzes befreien und für sich gewinnen,
- die Übermacht der deutschen Großindustrie durch Sozialisierung wichtiger Industriezweige (gedacht war an Kohlebergbau, Kaliindustrie, Stromerzeugung) brechen
- und ganz allgemein durch wirksame Kontroll- und Mitbestimmungsrechte für die Betriebsräte die gesellschaftliche Position der Unternehmer schwächen und der Arbeiterklasse stärken müssen.

Auch eine solche „soziale Demokratie" wäre, wie Rosenberg richtig feststellt, nicht mehr als eine „sozialistische Möglichkeit" gewesen. Sie hätte die Macht des Kapitalismus und der ihn tragenden Klassen nicht endgültig gebrochen; der Klassenkampf wäre im Rahmen der demokratischen Republik weitergegangen. Aber die Ausgangsposition wäre günstiger gewesen; die "Hegemonie" der Bourgeoisie im Rahmen der bürgerlichen Demokratie wäre in Frage gestellt, der Handlungsspielraum der Arbeiterbewegung größer geworden. Die Frage ist: War 1918/19 eine „soziale Demokratie" objektiv und subjektiv möglich?

Die sozialistische Arbeiterbewegung vor dem Kriege, im Kriege und zu Beginn der Revolution[27]

Die ökonomische Entwicklung der kapitalistischen Gesellschaft Deutschlands vor 1914 ist durch eine rasche Industrialisierung sowie die Herausbildung einer modernen, machtvollen, politisch-sozial aggressiven Großindustrie, gleichzeitig aber auch durch das Fortbestehen breiter agrarischer und kleingewerblicher mittelständischer Sektoren bestimmt. Beide Umstände beeinflußten Entwicklungsrichtung und Charakter der sich entfaltenden deutschen Arbeiterbewegung.

Zwar war der Anteil der Arbeiter, Gehilfen und Hausbediensteten schon 1882 auf rund 65 % aller Erwerbstätigen angestiegen und vermehrte sich bis 1907 weiter auf 69 %; gleichzeitig aber stieg der Anteil der Privatangestellten und auch der Beamten schneller als der der Arbeiter; und der Anteil der Selbständigen und Mithelfenden ging vor und nach dem Ersten Weltkrieg, ungeachtet aller sozialen Umschichtungen, nicht weiter zurück: Er betrug 1925 immer noch rd. 34 % der Erwerbstätigen und rd. 30 % der Berufszugehörigen. Der Prozeß der Verstädterung im Zuge der Industrialisierung zwischen 1871 und 1910 war zwar rapide, aber der Anteil der ländlichen und kleinstädtischen Bevölkerung blieb doch sehr erheblich, (die Bewohnerschaft ländlicher Gemeinden unter 2.000 Einwohnern sank von rd. 64 % auf rd. 40 %, die Bewohnerschaft von Großstädten über 100.000 Einwohnern stieg von rd. 5 % auf rd. 21 %).

Interessant ist auch ein Blick auf die Betriebsgrößenstruktur. 1925 waren im Deutschen Reich von den rd. 15.000.000 Arbeitnehmern der Wirtschaft (ohne Landwirtschaft, aber mit Bahn und Post) nur rd. 59 % in Betriebsstätten über 50 Beschäftigten tätig. Nach einer Aufschlüsselung dieser sogenannten „Großbetriebe" aus dem Jahre 1922 teilten sich Belegschaften dieser Betriebe zu etwa je 1/3 auf Betriebe bis 200, bis 1.000 und über 1.000 Beschäftigte. Von der „Arbeiterklasse" in den zentralen Sektoren der kapitalistischen Wirtschaft - also in der gewerblichen Produktion, im Handel und im Verkehr und ohne die rd. 4 Millionen Landarbeiter und Hausangestellten - arbeiteten somit knapp 40 % oder 6 Millionen in Betrieben über 200 Beschäftigten. Die Arbeiter und Angestellten der wirklichen Großbetriebe über 1.000 Beschäftigten machten mit rd. 3 Millionen etwa 15 % der Gesamtzahl der Lohn- und Gehaltsempfänger aus. Noch im Jahre 1970 übrigens - nach rund 50 Jahren weiterer Industrialisierung und obwohl der Anteil der Selbständigen auf 12,5 % gefallen und der der Lohn- und Gehaltsempfänger auf 87,5 % gestiegen war (Zensus von 1979) - arbeiteten nicht mehr als 41 % aller erwerbstätigen Arbeitnehmer in Betrieben über 200 Beschäftigten und nur 27 % in Betrieben mit über 500 Beschäftigten.

Diese groben sozialstatistischen Daten charakterisieren Grad und Art der Industrialisierung zur Zeit des Ersten Weltkrieges natürlich nur auf eine ganz äußerliche Art und Weise. Wichtiger wäre eine Analyse des technischen Charakters, der Organisations- und der Kooperationsformen des kapitalistischen Wirtschaftsprozesses, sowie seiner Auswirkungen auf Arbeitssituation, betriebliche Position und Qualifikationsstruktur der Arbeiterklasse. Es steht jedoch fest, daß der moderne Prozeß der wissenschaftlich durchgeplanten organisatorischen und technischen Arbeitszerlegung (Rationalisierung) zu dieser Zeit erst gerade eingesetzt hatte. Demgemäß bestimmte die traditionelle Hierarchie: Meister/Vorarbeiter, Handwerker beziehungsweise Industriefacharbeiter, Angelernter, Ungelernter oder Hilfsarbeiter, die durchschnittliche Belegschaftsstruktur; und in ihr nahm der Handwerker/Industriefacharbeiter eine dominierende Stellung ein. Sie wurzelte in seinem auf Ausbildung und Erfahrung beruhenden unentbehrlichen Fachkönnen und in seiner Schlüsselstellung für die ebenfalls unentbehrliche informelle innerbetriebliche Kooperation.

Demgemäß waren die deutschen Gewerkschaften Handwerker- und Facharbeitergewerkschaften; und auch die Sozialdemokratie wurde von diesem Typ geprägt. Trotz ihrer imponierenden Mitgliederzahl von 2,5 Millionen Mitgliedern erfaßten die sozialdemokratischen Gewerkschaften doch vor 1914 kaum mehr als 1/4 der Arbeiter und Angestellten der privaten Wirtschaft (ohne Landwirtschaft). Und in der Großindustrie, vor allem in der Stahlerzeugung, war ihre Position noch sehr viel schwächer. Tarifpolitische Erfolge waren nur in den traditionell handwerklich geprägten, mittel- und kleinbetrieblich strukturierten Branchen möglich.

Wesentlich waren auch die halbfeudalen Sozialstrukturen und die obrigkeitsstaatliche politische Verfassung Deutschlands, vor allem Preußens. Von jeder wirksamen wirtschaftlichen oder politischen Mitbestimmung ausgeschlossen, entwickelte die sozialistische Arbeiterbewegung ihren oft analysierten „revolutionären Attentismus" und ihre vielberufene „Lagermentalität". Radikale Attitude ohne revolutionäre Strategie und praktische Reformtätigkeit ohne politische Perspektive wurden durch die konkret erfahrene Solidarität des gemeinsamen proletarischen „Milieus" und durch eine zur „Integrationsideologie" verflachte „marxistische" Weltanschauung zusammengehalten. Eine autoritäre, sich rasch bürokratisierende Führungsstruktur in Gewerkschaft und Partei bildete den organisatorischen Rahmen. Die strikte Arbeitsteilung von Gewerkschaft (ökonomische Interessenvertretung der Arbeiterklasse hier und heute) und Partei (Wahlkampf, allgemeine Politik und Zukunftsperspektive) verfestigte diese merkwürdige Struktur.

Der rechte, offen reformistische und der linke revolutionäre Flügel der Bewegung wollten beide diesen Immobilismus überwinden - zugunsten einer offenen parlamentarischen Reformstrategie oder zugunsten einer Gewerkschaft und Partei vereinenden revolutionären Massenbewegung (wobei konsequente Reformisten wie Bernstein, Stampfer und vor allem L. Frank zu Zeiten die Massenmobilisierung als Mittel der Reform ins Auge faßten, während Rosa Luxemburg vorübergehend ihrer revolutionären Politik das reformerische Zwischenziel der demokratischen Republik setzte).

Als sich im letzten Jahrzehnt vor dem Krieg der ökonomische Aufschwung verlangsamte, die internationale Konkurrenz sich verschärfte und der Klassenkampf zwischen Kapital und Arbeiterbewegung härter wurde, zeichnete sich allmählich - zumindest in den Zentren der Industrie, vor allem der Metallindustrie - eine politisch-soziale Umstrukturierung der Arbeiterklasse ab. Insbesondere in den größeren Betrieben und Gewerkschaftsorganisationen der Großstädte und städtischen Industrieregionen bildeten sich Gruppen selbstbewußter, moderner, radikaler Arbeitervertrauensleute heraus, die sich innerorganisatorisch auf das vor allem im Metallarbeiterverband sich ausbreitende System der Betriebs- und Branchenvertrauensleute und durch sie auf wichtige Schichten der städtischen Industriearbeiterschaft stützten. Auch sie waren Facharbeiter mit handwerklicher Tradition; sie wurden jedoch stärker mit den Praktiken großkapitalistischer Machtpolitik und moderner innerbetrieblicher Organisation (Rationalisierung, Mechanisierung, Dequalifizierung) konfrontiert als ihre Kollegen aus den mehr handwerklich-kleinbetrieblich geprägten Branchen und aus klein- und mittelstädtischem Milieu. Diese neue Arbeitertendenz begann sowohl die Autorität der traditionellen Gewerkschaftsführung als auch der traditionellen Parteiführung herauszufordern; vor allem aber stellte sie die herkömmliche Arbeitsteilung von Partei und Gewerkschaft in Frage. Es ist offenkundig und nachweisbar, daß ein enger ökonomisch-sozialer, personeller und politischer Zusammenhang zwischen dem nach 1906 neu sich herausbildenden radikalen Flügel der Sozialdemokratie und der zur selben Zeit sich abzeichnenden innergewerkschaftlichen Opposition, vor allem im Deutschen Metallarbeiterverband, besteht.[28]

Auf weitere strukturelle Veränderungen innerhalb der Arbeiterklasse vor 1914 haben die Theoretiker und Historiker der sogenannten „anderen" Arbeiterbewegung, aber auch Historiker wie Lucas aufmerksam gemacht,[29] Veränderungen, die ebenfalls die bisher dominierende „professionelle Arbeiterbewegung" und ihre typischen Verhaltensformen zu bedrohen begannen:

- Die erste und prinzipiell wichtigste Veränderung war die „Taylorisierung"; dies ist der Versuch der Unternehmerschaft, durch „wissenschaftliche Betriebsführung", das heißt Rationalisierung der Arbeitsorganisation und später durch fortschreitende Mechanisierung des Produktionsprozesses, die Facharbeiter aus ihrer Schlüsselstellung in der Produktion zu verdrängen und weitgehend durch an- oder ungelernte Arbeitskräfte zu ersetzen. Das Ergebnis ist der sogenannte „Massenarbeiter", der ganz und gar zum Anhängsel der Fabrikorganisation gemacht und jener partiellen Autonomie beraubt worden ist, über die der Handwerker/Facharbeiter noch verfügte. Einen vollen Erfolg hatten diese Bestrebungen vor 1914 freilich nur in einigen Großbetrieben der Elektroindustrie; in anderen Zweigen der verarbeitenden Industrie stießen sie auf erhebliche Widerstände. Jedoch sank auch dort in den letzen Jahren vor dem Kriege bereits der Anteil der Facharbeiter und stieg der Anteil der An- und Ungelernten.[30]

- Unabhängig von der Taylorisierung entwickelte sich der Typ des „Massenarbeiters" aber auch dort, wo wegen des Fehlens spezifischer handwerklicher Traditionen und wegen der Besonderheiten des Arbeitsprozesses von vornherein die Bedeutung der Facharbeiter geringer und die der angelernten Arbeiter größer gewesen war (wie zum Beispiel in der Chemischen Industrie, in der Stahlindustrie, im Transportwesen oder in den Häfen).

- Ganz allgemein förderten der moderne Riesenbetrieb und seine autoritäre und hierarchische Organisation die Veränderung der für den Facharbeiter charakteristischen Einstellungen und Verhaltensweisen.

- Darüber hinaus trugen außerbetriebliche ökonomische, soziale und sozio-kulturelle Bedingungen zur Entstehung eines Arbeitertyps bei, der sich von den traditionellen Verhaltensmustern des Handwerkers/Facharbeiters entfernte. Wohn- und Lebensbedingungen in rasch anwachsenden Industriestädten, schnell zusammengesuchte Belegschaften, ein hoher Anteil von Zuwanderern aus ländlichen Gebieten, von Ausländern, von Frauen, von Jugendlichen. Diese Faktoren wurden insbesondere für Teile des Bergbaues und der Stahlindustrie im westlichen Industriegebiet wirksam.[31]

- Ein besonderes Problem waren jene Arbeitergruppen, die unabhängig von der betrieblichen Struktur ihrer Branchen und von ihrer Qualifikationsstruktur durch ihren Arbeitgeber mit besonderer Härte an der gewerkschaftlichen oder politischen Betätigung gehindert wurden, wie die Bediensteten der Marinewerften oder der staatlichen Eisenbahnen. Sie entwickelten die Disposition zu Verhaltensweisen, die denen der klassischen „Massenarbeiter" ähnlich waren, insofern und weil sie dem prägenden Einfluß der traditionellen Gewerkschaftsorganisation entzogen blieben.

Die hier skizzierten strukturellen Veränderungen sind dann durch die Auswirkungen von Krieg und Revolution beschleunigt, radikalisiert und ausgedehnt worden; spezifische Bedingungen der Kriegswirtschaft kamen verstärkend hinzu.[32]

- Durch die Kriegswirtschaft verschob sich das Schwergewicht der Industrie von der Konsumgütererzeugung auf die Rüstungsproduktion.
- Dadurch verstärkte sich die Tendenz zur Bildung von Großbetrieben und zur mechanisierten Massenproduktion. Teilweise wurden völlig neue Betriebe aus dem Boden gestampft (Leuna).
- Ein erheblicher Teil der männlichen Arbeiter wurde zum Militär einberufen; an ihre Stelle traten Jugendliche, Frauen und Ausländer.
- In der Folge dieser Veränderungen wurden zunehmend Facharbeiter durch angelernte Arbeiter ersetzt (in Großbritannien existiert dafür ein eigener Ausdruck: „dilution").
- Die soziale Mobilität der Arbeiter erhöhte sich erheblich.
- Durch die außerordentlich starke Mitgliederfluktuation 1914 bis 1919 (Mitgliederrückgang auf 40 % des Vorkriegsstandes bis 1916, Anstieg auf über 200 % nach 1918, erhebliche Kriegsverluste) wurden die Gewerkschaften strukturell verändert; die prägende Kraft der Handwerker/Facharbeiter-Tradition wurde erheblich verringert.
- Bisher weitgehend oder völlig unorganisierte Arbeitnehmerschichten strömten in die Gewerkschaften (ehemalige „Gelbe" allgemein, Hütten-

arbeiter, Staatsarbeiter, Landarbeiter, Angestellte).

- Der sinkende Lebensstandard im Kriege, die Enttäuschung über ausgebliebene ökonomische, soziale und politische Reformen, die mangelhafte oder lediglich patriarchalisch-bürokratisch vorgenommene Interessenvertretung der Arbeiterklasse unter der „Burgfriedenspolitik" erschütterten das Vertrauen in die überkommenen gewerkschaftlichen und politischen Organisationen und veränderten die traditionellen Verhaltensdispositionen der Arbeitnehmer.
- Die Erfahrungen während der Revolution - Sturz des Obrigkeitsstaates, Bildung eigener politisch-sozialer Machtorgane in Gestalt der Arbeiterräte - stärkten das Selbstgefühl der Arbeitnehmer; ansatzweise wurde die überkommene Arbeitsteilung von Partei und Gewerkschaft, von politischer und ökonomisch-sozialer Aktion durchbrochen.

Die hier skizzierten strukturellen Veränderungen der deutschen Arbeiterbewegung bildeten eine wesentliche materielle Voraussetzung dafür, daß sich in der revolutionären Bewegung 1918/19 eine starke und anwachsende Tendenz herausbildete, die über die bloße demokratische Republik hinausstrebte und die dabei wenigstens teilweise die Prägung durch den revolutionären Attentismus und den bürokratischen Reformismus der Vorkriegsperiode durchbrach.

Die Betriebsräte- und Sozialisierungsbewegung: Subjekt des Kampfes für die soziale Demokratie

Meine These ist die folgende: Nach den blutigen Kämpfen im Dezember 1918 und vor allem im Januar 1919 (der von Rosenberg so genannten „Marneschlacht" der Revolution) und nach der Wahl der Nationalversammlung mit dem überwältigenden Sieg der SPD über die USPD waren die Versuche der radikalen sozialistischen Linken, den sofortigen Übergang zur sozialistischen Räterepublik zu erzwingen, gescheitert. Gleichzeitig radikalisierten sich jedoch große Teile der Arbeiterbewegung bis weit in die Anhängerschaft der SPD hinein; ökonomisch-sozialer Protest, Enttäuschung über ausbleibende Ergebnisse der Revolution für die Arbeiter, wachsende Beunruhigung über die erstarkende militärische (und soziale) Gegenrevolution und das Erschrecken über den innersozialistischen Bruderkampf trugen dazu bei.

In dieser Situation mobilisierten Teile der USPD-Führung, unterstützt von Arbeiterräten aller sozialistischen Parteien, die Arbeiterbewegung in den großen Industriezentren (Ruhrgebiet, Mitteldeutschland und Berlin) für das Programm der „sozialen Demokratie". Ausgehend von den Erfahrungen des Ruhrgebiets, wo seit Mitte Januar 1919 eine, wenn auch prekäre Zusammenarbeit aller sozialistischen Richtungen beim Eintreten für die Sozialisierung des Kohlenbergbaus und für die Rechte der Betriebsräte erreicht worden war, sollten die in Weimar tagende Nationalversammlung und die Reichsregierung unter Druck gesetzt und zu einer Kursänderung gezwungen werden. Hauptdruckmittel sollten ein Generalstreik Ende Februar und ein neuer Reichsrätekongreß Ende Februar/Anfang März sein.

Meiner Meinung nach wäre eine solche Kursänderung zwischen Januar und März 1919 objektiv möglich gewesen und hätte die Zustimmung der gesamten sozialistischen Arbeiterbewegung gefunden. Darüber hinaus hätten sich für die Forderungen nach Entmachtung der „Krautjunker und Schlotbarone", nach wirkungsvollen Rechten für die Betriebsräte, nach Demokratisierung des Staatsapparates und nach Entwaffnung der militärischen Gegenrevolution auch die nichtsozialistischen Strömungen der Arbeiterbewegung und erhebliche Teile des mittleren und kleinen Bürgertums gewinnen lassen.

Diese These ist vielfach diskutiert und sowohl von „rechts" wie von „links" kritisiert worden.[33]

Teilweise wird bestritten, daß es eine solche Bewegung als konsistentes Phänomen überhaupt gegeben habe. Dieser Kritik liegt meistens ein idealistisch überhöhter Begriff von „Bewegung" zugrunde, so als ob Bewegung nur dort stattfinde, wo Millionenmassen permanent, wohlorganisiert und mit klarem politischen Bewußtsein in Aktion seien. In Wirklichkeit sind Bewegungen differenzierte widersprüchliche Prozesse, in denen ständig aktive kleine Gruppen und latent aktionsbereite Massen sich gegenseitig beeinflussen und in einem keineswegs immer geradlinigen Lernprozeß Kommunikations-, Organisations- und Bewußtseinsformen allmählich entwickeln. In diesem Sinne gab es zwischen Januar und April 1919 unzweifelhaft eine Betriebsräte- und Sozialisierungsbewegung.

Die häufig, vor allem von Seiten konservativ-liberal-sozialdemokratischer Beurteiler vorgetragene Behauptung, es habe sich bei der Bewegung im Grunde nur um eine Folge linksradikaler Putschunternehmen gehandelt, hält der nüchternen historischen Analyse nicht stand. Die tatsächlich von syndikalistischen und linkskommunistischen Kräften - meist als Reaktion auf die Berliner Januarkämpfe - ausgelösten revolutionären Vorstöße sind mit den Massenbewegungen derselben Zeit nicht identisch, obwohl es regionale und politische Berührungspunkte gegeben hat. An den Höhepunkten der Bewegung, den großen Streiks von Februar bis April, hat die große Masse der Arbeiter über alle Partei- und Gewerkschaftsgrenzen hinweg teilgenommen.

Dabei wird übrigens oft übersehen, daß die Bewegung in gewissem Sinne so etwas wie eine rudimentäre Führung mit einer diskutierten Strategie besessen hat. Seit dem November 1918 hatte sich aus den Reihen der linken USPD ein Kommunikations- und (loser) Organisationszusammenhang gebildet, der die formell die Bewegung führenden regierenden Räteorganisationen in Berlin, in Mitteldeutschland und (weniger konsistent) im Ruhrgebiet wesentlich beeinflußte.

Von der entgegengesetzten Richtung her kritisiert Lucas die Sozialisierungsbewegung, wenn er darauf insistiert, daß die spontane Bergarbeiterbewegung des Dezembers 1918, an welche die Sozialisierungsbewegung des Januars 1919 anschloß, rein ökonomisch-sozial ausgerichtet und jeder politischen Vereinnahmung entgegengesetzt gewesen sei. Das stimmt nicht einmal für die von ihm - übrigens höchst eindrucksvoll - geschilderten Bergarbeiter im Hamborner und im westlichen Ruhrgebiet ganz und gar, in deren Forderungen zumindest der Wunsch nach Kontrolle (Mitbestimmung) über die betrieblichen Lohn- und Arbeitsbedingungen durchaus eine Rolle spielte.[34] Außerdem diskutiert er nicht, ob nicht, anders als in der in der Tat sehr betont „syndikalistischen" Hamborner Bewegung, im übrigen Ruhrgebiet in den Aktionen der Bergarbeiter eine Tendenz zum Aufbau eines betrieblichen Rätesystems und zur Sozialisierung zum Ausdruck gekommen ist.[35]

Die Tatsache, daß Lucas bei seiner Konzentration auf Hamborn die andersartigen Tendenzen im übrigen Ruhrgebiet (ganz zu schweigen von Mitteldeutschland und Berlin) nicht berücksichtigt, läßt ihm auch die parteipolitisch-gewerkschaftliche Zusammenarbeit aller sozialistischen Richtungen in der Räte- und Sozialisierungsbewegung - zumindest „objektiv" - nur als ein Abwiegelungsmanöver der zur Zusammenarbeit mit der Konterrevolution entschlossenen Sozialdemokratie erscheinen. Daß die Hamborner Bergarbeiter diese Funktion der Bewegung - an der auch ihre Führer sich beteiligten - nicht genügend „reflektiert" hätten, hält er ihnen nachträglich vor.[36] Undiskutierte Voraussetzung seiner Kritik ist - ähnlich wie auch bei Dingel - die Überzeugung von der völligen Lern- und Entwicklungsunfähigkeit der „reformistischen" Organisationen SPD und Gewerkschaften.

Für Roth schließlich ist die Rätebewegung dieser Monate nichts anderes als der historische Todeskampf der Facharbeiter; defensiv und vergeblich verteidigen sie die Arbeiterautonomie, das heißt die Erhaltung des durch die Mechanisierung gefährdeten Stands der Arbeitsorganisation und der Arbeitsteilung. Der Abwehrkampf der „professionellen Arbeiter-Techniker" bereitete lediglich dem zweiten revolutionären Kampfzyklus von 1920 bis 1923 den Weg, in dem nun das wahre Subjekt der Revolution, der „Massenarbeiter", die „unqualifizierten Arbeitermassen", das eigentliche Thema der Revolution, den bewaffneten Kampf um die Macht auf die Tagesordnung setzten.[37] Immerhin gesteht Roth der Bewegung, abweichend von Lucas, eine konkrete materielle Grundlage zu. Daß die Betriebsräte- und Sozialisierungsbewegung nur die betriebliche Autonomie, nicht aber die überbetrieblichen ökonomischen und staatlich-militärischen Machtverhältnisse vor Auge gehabt hätte, ist übrigens objektiv falsch; beim Berliner März-Streik standen diese Probleme sogar eindeutig im Vordergrund der Streikziele.

Ein letzter immer wiederkehrender Einwand bestand und besteht im Zweifel an der Existenz durchdachter und praktikabler Programme für die Sozialisierung von Industriezweigen und für die innerbetriebliche Mitbestimmung beziehungsweise die Kontrolle durch die Betriebsräte. Die Zweifel waren und sind nicht unbegründet. Gemessen an dem völligen Fehlen solcher Konzeptionen vor 1918 ist ihre Entwicklung seit dem November 1918 durch sozialistische Intellektuelle und durch die Arbeiter und ihre unmittelbaren Vertreter selbst mit außerordentlicher Schnelligkeit und großer Kompetenz vorgenommen worden. Mitte Februar 1919 lagen sowohl ein erster Plan zur Sozialisierung des Kohlenbergbaus vor als auch ausgearbeitete Richtlinien für die Rechte der Betriebsräte im Bergbau und in der übrigen Industrie.[38]

Prüfen wir nun die verschiedenen Zweifel an der Betriebsräte- und Sozialisierungsbewegung noch einmal im Lichte der Frage nach der „Möglichkeit" einer „sozialen Demokratie" in der damaligen Situation.

Daß der sofortige Übergang zum Sozialismus, das heißt die vollständige Übernahme aller ökonomischen, sozialen und politischen Machtpositionen der Gesellschaft durch die Arbeiterklasse selbst und allein *nicht* möglich war, ist offensichtlich. Trotz der schweren politischen und ökonomischen Nachkriegskrise des deutschen Kapitalismus standen objektiv dem Kapital durch weitere Industrialisierung vorindustrieller feudaler oder kleinbürgerlicher Sektoren der Gesellschaft noch erhebliche Entfaltungsmöglichkeiten zur Verfügung. Subjektiv war die organisierte sozialistische oder zumindest prinzipiell antikapitalistisch orientierte Arbeiterbewegung noch nicht in der Lage, die wichtigsten der in der Arbeiterklasse als Ganzem, dem ideellen „Gesamtarbeiter" enthaltenen Produktivkräfte organisatorischer, technischer und wissenschaftlicher Art unter ihrer Führung zu vereinigen. Anders ausgedrückt: Wesentliche Teile der Arbeiterschaft im engeren Sinne, der Angestelltenschaft und der technisch-wissenschaftlichen Intelligenz standen der sozialistischen Idee noch fremd gegenüber oder näherten sich ihr nur allmählich. Die gesamte sozialistisch orientierte Arbeiterbewegung - einschließlich der Handwerker/Facharbeiter, einschließlich der Arbeitnehmer in Kleinbetrieben, im kleinstädtischen Milieu und in der Landwirtschaft - erreichte ausweislich der Wahlen zur Nationalversammlung im Januar 1919 nur eine Minderheit von rd. 45 % der Wähler.

Nun sind - gerade in revolutionären Umbruchsituationen - Mehrheit und Minderheit keine rein statisch-statistischen Kategorien, sondern Indizien für dynamische Prozesse. Die Erfahrung aller großen Revolutionen der neueren Zeit lehrt, daß es nicht genügt, die politische Legitimität zum revolutionären Handeln von vorher errungenen arithmetischen Mehrheiten abhängig zu machen, sondern umgekehrt, entschlossenes Handeln Mehrheiten schaffen kann. Freilich für die sozialistische Räterepublik - gar in der Form der Diktatur des Proletariats - wäre 1918/19 diese Mehrheit nicht zu erreichen gewesen. Sie hätte eine gewaltsame Minderheitsdiktatur der sozialistischen Vorhut in den Industriezentren über die Mehrheit der Arbeiterklasse selbst und über die „Provinz" bedeutet - und im Ergebnis die Niederlage. Für eine entschlossene Politik der „sozialen Demokratie" wäre diese Mehrheit zu erlangen gewesen und damit die Basis für eine wirkliche demokratische Verfassung mit sozialistischen Entwicklungsmöglichkeiten.

Dies hätte freilich vorausgesetzt, daß die gesamte „reformistische", das heißt die unter der Führung der SPD und der Gewerkschaften stehende Arbeiterbewegung dieses Programm mitgetragen hätte. Daß dies objektiv möglich gewesen wäre, bestreiten nicht nur „linke" Kritiker wie Dingel und Lucas (ganz zu schweigen von Roth), sondern auch andere, die an die angeblich unaufhebbare Prägung der SPD durch den „revolutionären Attentismus" und den bornierten bürokratischen Reformismus der Vorkriegszeit erinnern. Es ist freilich gerade Dingel, der mit Nachdruck darauf verweist, daß diese Prägung in der Revolution durchbrochen wurde. Weder die Massenbewegung im Ruhrgebiet, noch der rasante Aufstieg der USPD hätte jemand „aus der Kenntnis der deutschen Arbeiterbewegung vor 1914 vorherzusagen gewagt".[39] Freilich sieht auch er diese Entwicklung nur außerhalb des „Reformismus" und gegen ihn. An eine Radikalisierung des Reformismus selbst glaubt er nicht.

Es hat jedoch zwischen SPD und gemäßigter USPD - in den Räten, in den Gewerkschaften, in einzelnen Sachfragen, wie Sozialisierung oder Rechte der Betriebsräte - eine erhebliche Bewegung gegeben, die sogar in die Parteiorganisation der SPD selbst und in die Reichsregierung hineingereicht hat.[40] Wer freilich unverrückbar der Meinung ist, daß die SPD so gehandelt hat, weil sie unbedingt so handeln wollte, oder zwangsläufig so handeln mußte, der ist natürlich nicht zu überzeugen.

Die seriöseren Reformismuskritiker, die das Versagen der SPD- und Gewerkschaftsführung (und es war ein Versagen, gemessen an ihren eigenen Traditionen und ihren eigenen Programmen) auf strukturelle Bedingungen zurückführen, geraten gegenüber ihrem eigenen Ansatz in Argumentationsschwierigkeiten. Lucas zum Beispiel verhehlt nicht seine Sympathien für den „syndikalistischen" Aktionstyp der Hamborner Bergarbeiter und kritisiert die traditionalistische, autoritäre, die Trennung von ökonomisch-sozialer und politischer Aktion aufrechterhaltende Strategie der Remscheider Metallarbeiter und ihrer Organisationen. Aber er räumt ein, daß der spontane ökonomisch-soziale Aktionismus der Hamborner ohne weiterreichende Perspektive scheitern mußte, und daß eine Verschmelzung *aller* Traditionen und Verhaltenstypen der Arbeiterklasse für eine erfolgreiche revolutionäre Bewegung erforderlich gewesen wäre,[41] insbesondere aber eine Organisationsform und eine Strategie, die die ökonomisch-soziale und die politische Bewegung, die das betriebliche und das staatlich-kommunale Aktionsfeld miteinander verzahnt hätten. Ansatzpunkte dafür fanden sich aber gerade in der Betriebsräte- und Sozialisierungsbewegung.

Es bleibt die Frage, ob 1918/19 objektiv die „Produktivkraft Proletariat" für die partielle Neuformierung der Produktionsverhältnisse im Rahmen einer „sozialen Demokratie" ausreichend entwickelt gewesen ist. Anders ausgedrückt: Es bleibt die Frage nach dem ökonomischen, sozialen und politischen Bewußtsein der Arbeiter.

Daß die „unqualifizierten Arbeitermassen" (Roth) als das eigentliche Subjekt der Revolution per definitionem nur dazu fähig sind, eine abgehobene revolutionäre Elite an die Macht zu bringen, nicht aber selbst den Sozialismus, die freie Assoziation aller Produzenten zu verwirklichen, ist die groteske Pointe der Theorie des antiautoritären Revolutionärs Roth. Aber auch der von Lucas so einfühlend, ja geradezu liebevoll interpretierte Typ des revolutionären Hamborner Bergarbeiters ist durch seine Sozialisation und seine Lebenslage „verkrüppelt", „zur systematischen Reflexion" seiner Organisationsform und seiner gesellschaftlichen Ziele „unfähig"; er bedürfte eigentlich einer intellektuellen Anleitung.[42]

In der Gesamtheit der sozialistischen Arbeiterbewegung jedoch - und vorausgesetzt, alle ihre Schichten, Tendenzen und Verhaltenstypen hätten zusammengewirkt - waren die objektiven Voraussetzungen für eine „soziale Demokratie" vorhanden.

- Der Grad der Organisierung und Politisierung der Arbeiterbewegung war zwischen 1918 und 1923 so hoch wie nie vorher und danach nie wieder.

- Große Teile der nichtsozialistischen Arbeiterbewegung (insbesondere der christlich-sozialen) und des demokratischen Mittel- und Kleinbürgertums waren bereit, unter Führung der sozialistischen Arbeiterbewegung und im Zusammenwirken mit ihr die demokratische Republik zu tragen und zu gestalten; (noch 1922 ist anläßlich des Mordes an Walter Rathenau diese psychologisch-politische Konstellation für einen Augenblick wirksam geworden).

- Gerade in den rückständigsten Landesteilen des Deutschen Reiches (Ostpreußen, Pommern, Mecklenburg, Ostteil der Mark Brandenburg) war die Bereitschaft, die bisherige halbfeudale, vom Großgrundbesitz dominierte soziale Ordnung umzustürzen und eine wirkliche Demokratie zu schaffen, sehr groß (in drei der vier genannten Wahlkreise erhielten die sozialistischen Parteien im Januar 1919 um die 50 % der Stimmen und in allen zusammen mit der Demokratischen Partei eine klare Zweidrittelmehrheit. Freilich, als nichts geschah, eroberte die monarchistische Rechte die Führung der Massen zurück).

- Wesentlich ist, daß ein starkes, wenn auch oft theoretisch nicht geklärtes, Klassen- und Solidaritätsgefühl der Arbeiterbewegung einen Maßstab des Grades der sozialen und politischen Demokratisierung lieferte. So richtig es ist, daß die bürokratisierten Funktionäre und Mandatsträger der SPD und der Gewerkschaften von einer oftmals übertriebenen, alle Aktivitäten lähmenden Hochachtung vor den Funktionsträgern des Obrigkeitsstaates und des Kapitals beherrscht wurden, so zahlreich sind aber auch Zeugnisse selbstbewußten, realistischen, klassenorientierten Verhaltens einfacher Arbeiter, Arbeiterräte und Funktionäre.

- Es gab gerade in der Räte- und Sozialisierungsbewegung eine sehr nüchterne Einschätzung der Notwendigkeit engster Zusammenarbeit mit der Angestelltenschaft sowie der technischen und wissenschaftlichen Intelligenz.

- Und schließlich: Der Stand der Unternehmensorganisation, der betrieblichen Kooperation und des technischen Produktionsprozesses gab dem

„Gesamtarbeiter" - technische und kaufmännische Intelligenz einerseits, „Massenarbeiter" andererseits unter Führung der die betriebliche Schlüsselstellung einnehmenden Facharbeiter - die tatsächliche materielle Grundlage für eine wirkungsvolle Kontrolle der Produktion durch die Vertrauensleute der Belegschaften, die Betriebsräte. (Diese Kontrolle durch die unmittelbaren Produzenten war auch - neben dem öffentlichen Eigentum und der gesellschaftlichen Gesamtleitung - die Grundlage der diskutierten Sozialisierungskonzepte.)

Eine systematische Erforschung von Berufstyp, Arbeitssituation, Kooperationsformen und politisch-sozialem Bewußtsein in ihrem Zusammenhang (von der Einbeziehung der gesamten „proletarischen Lebenswirklichkeit" (Lucas) ganz zu schweigen) der deutschen Arbeiterklasse um 1920 hat nicht stattgefunden. Erst die neuere Arbeiterforschung hat rückblickend auf Grundlage der Ergebnisse ihrer gegenwärtigen Studien auch begonnen, die bruchstückhaften Informationen aus der damaligen Zeit zu verarbeiten. Von entscheidender Bedeutung ist dabei die Studie von Bahrdt/Popitz/Jüres/Kesting gewesen, insbesondere deshalb, weil sie Berufsqualifikation, Kooperationsstruktur, Arbeitsplatzerfahrung und gesellschaftliches Bewußtsein der Arbeiter in ihrer wechselseitigen Verflechtung interpretiert hat. Die moderne Arbeiter- und Industrieforschung, insofern sie hierauf aufbaut, eröffnet uns rückblickend auch für die Geschichte die Möglichkeit, die Arbeiterbewegung nicht nur als politische und soziale Massenbewegung, sondern auch als „Produktivkraft" zu begreifen und die Frage nach der Möglichkeit und den Bedingungen „sozialer Revolution" in einer konkreten historischen Situation in neuer und vertiefter Weise aufzuwerfen.[43]

Für den kurzen, schnell vorübergegangenen geschichtlichen Augenblick der Jahre 1918/19 kann die Frage nach dem revolutionären Subjekt „Arbeiterbewegung" positiv beantwortet werden. Historische Möglichkeiten sind freilich einmalig, sie können nicht wiederholt werden, wenn sie versäumt wurden. Die Frage, ob der konkrete gesellschaftliche Gesamtarbeiter noch einmal objektiv und subjektiv in der Lage sein wird, die kapitalistischen Produktionsverhältnisse zu durchbrechen und eine neue, höhere Gesellschaftsformation zu erreichen, kann nur durch die Analyse unserer eigenen ökonomischen, sozialen und politischen Verhältnisse - und durch unser eigenes Handeln - beantwortet werden.

Anmerkungen

Dieser Aufsatz ist der Vorgriff auf eine längere Studie, in der ich versuchen werde, den Ertrag der wichtigsten neueren Forschungen zur Deutschen Revolution 1918/19 zu diskutieren, zusammenzufassen und zu meinen eigenen Arbeiten über dieses Thema aus den 50er und 60er Jahren in Beziehung zu setzen. Notwendigerweise präsentiere ich so nur die vorläufigen Ergebnisse meiner - noch nicht abgeschlossenen - Überlegungen. Daher verzichte ich auf einen umfassenden begründenden Anmerkungsapparat und beschränke ihn auf einige allgemeine Hinweise, auf die im Text ausdrücklich genannten Autoren und auf wörtliche Zitate.

1 W. Sombart, Sozialismus und soziale Bewegung, 8. Aufl., Jena 1919, S. 1

2 Ebd., V

3 Der Ausdruck „Novemberrevolution" für die Deutsche Revolution 1918/19 ist gelegentlich moniert worden, da der revolutionäre Prozeß sich mindestens bis in das Jahr 1919 - nach Meinung mancher Autoren sogar bis 1920 oder 1923 - hingezogen habe. Ich benutze beide Ausdrücke in gleicher Bedeutung.

4 Vierteljahreshefte für Zeitgeschichte, Jahrgang 3, 1955, S. 7; die Zeit der Weltkriege, in: B. Gebhardt, Handbuch der deutschen Geschichte, 8. Aufl., Stuttgart 1959, S. 85.

5 A. Rosenberg, Die Entstehung der deutschen Republik 1871-1918, Berlin 1928, S.201

6 Vgl. ders., Geschichte der deutschen Republik, Karlsbad 1935, S. 22 ff., S. 74 ff., ferner ders., Demokratie und Sozialismus, Amsterdam 1938, S. 319, S. 322, S. 337 ff., S. 345.

7 Hierzu neben meiner eigenen Studie: Betriebsräte in der Novemberrevolution, 2. Aufl., Berlin/Bonn-Bad Godesberg 1976; E. Kolb, Die Arbeiterräte in der deutschen Innenpolitik, Düsseldorf 1962; U. Kluge, Soldatenräte und Revolution, Göttingen 1975; R. Rürup, Probleme der Revolution in Deutschland 1918/19, Wiesbaden 1969; S. Miller, Die Bürde der Macht, Düsseldorf 1978; H. A. Winkler, Die Sozialdemokratie und die Revolution von 1918/19, Berlin/Bonn-Bad Godesberg 1979; ferner: G. D. Feldman, E. Kolb, R. Rürup, Die Massenbewegungen der Arbeiterschaft am Ende des Ersten Weltkrieges, Politische Vierteljahresschrift, Jahrgang 13, 1972, S. 84 ff.; W. J. Mommsen, Die deutsche Revolution 1918 - 1920, Geschichte und Gesellschaft, Jahrgang 4, 1978, S. 362 ff.

8 P. v. Oertzen, Betriebsräte, S. 67

9 Vgl. ders., unter Beziehung auf Erdmann, Vierteljahreshefte für Zeitgeschichte, Jahrgang 6, 1958, S. 231 ff.

10 Teilweise auch bei mir, obwohl ich zum Beispiel - Betriebsräte S. 67 - von einer „sozialistischen Arbeiterströmung" gesprochen habe.

11 Vgl. A. Decker, Internationale wissenschaftliche Korrespondenz zur Geschichte der deutschen Arbeiterbewegung (IWK) Jahrgang 10, 1974, S. 269 ff.

12 Ich verwende den Ausdruck „sozialistische Revolution" bewußt nicht, da er einseitig auf bestimmte politische Strategien festgelegt ist. Siehe auch unten den Abschnitt über die marxsche Revolutionstheorie.

13 Siehe E. Lucas, Arbeiterradikalismus, Frankfurt/M. 1976; F. Dingel, Einleitung zu R. Müller, Geschichte der deutschen Revolution, 3 Bände, 2. Aufl. 1979, 1. Band, ders., Revolutionäre Illusion oder revolutionäre Chance?, IWK, Jahrgang 15, 1979, S. 421 ff.

14 Vgl. F. Dingel, a.a.O., Vorwort.

15 Ebd., S. 20

16 Vgl. E. Lucas, a.a.O., besonders S. 184 ff., S. 228 ff., S. 273 ff.

17 K. Marx, Zur Kritik der Politischen Ökonomie, Berlin 1947, 13/4

18 Ders., Ausgewählte Schriften, B. Goldenberg (Hrsg.), München 1962, S. 75

19 Ders., Das Elend der Philosophie, Berlin 1952, S. 193

20 Ders., Ausgewählte Schriften, H. Weber (Hrsg.), München 1963, S. 1048

21 K. Roth, Die „andere" Arbeiterbewegung, München 1974, S. 55 ff., besonders S. 65 ff.

22 Ich leugne die Bedeutung dieser Phase nicht und auch nicht die in ihr enthaltenen Möglichkeiten. Der Verzicht auf ihre Behandlung ist rein äußerlich durch die Anlage meiner Studie begründet. Vgl. übrigens auch A. Rosenberg, Geschichte, S. 156 ff., der für 1923 im Herbst eine soziale Revolution für möglich hält und ders., Entstehung, S. 253.

23 M. Weber, Gesammelte Aufsätze zur Wissenschaftslehre, 2. Aufl. Tübingen 1951, S. 275

24 P. v. Oertzen, Historisch-politische Möglichkeit bei Max Weber und Karl Marx, O. K. Flechtheim (Hrsg.), Marx heute, Hamburg 1983, S. 171 ff.

25 A. Rosenberg, Demokratie und Sozialismus, S. 337 f. Im Gegensatz dazu wird etwa in der liberalen oder der imperialistischen Demokratie die herrschende demokatische Bewegung von der Bourgeoisie und den mit ihr verbündeten Klassen getragen.

26 Ders., Demokratie und Klassenkampf, H. U. Wehler (Hrsg.), Frankfurt/M.-Berlin-Wien 1974, S. 211 f., S. 214

27 Vgl. hierzu P. v. Oertzen, Betriebsräte, S. 27 ff. und seit neuestem: W. Eberwein, J. Tholen unter Mitarbeit von S. Braun und A. Brock, Belegschaften und Unternehmer, bisher 3 Bände, Kooperation Universität Arbeiterkammer Bremen, 1982 ff. Für die grundlegenden Fakten neben den Statistischen Jahrbüchern des Deutschen Reiches, G. A. Ritter, J. Kocka, Deutsche Sozialgeschichte, Bd. II, München 1974, und Th. Geiger, Die soziale Schichtung des deutschen Volkes, Stuttgart 1932.

28 P. v. Oertzen, Betriebsräte, S. 47, S. 282 ff. Von typischer Bedeutung scheint mir die Entstehung der Berliner „revolutionären Obleute“ aus der Obleuteorganisation des Berliner Deutschen Metallarbeiterverbandes zu sein. Hierzu konnte ich ein noch unveröffentlichtes Manuskript von D. H. Müller, Berlin, einsehen.

29 Vgl. K. Roth, a.a.O., S. 21 ff., vor allem aber E. Brockhaus, Zusammensetzung und Neustrukturierung der Arbeiterklasse vor dem Ersten Weltkrieg, München 1974; sowie E. Lucas, Arbeiterradikalismus.

30 Vgl. E. Brockhaus, a.a.O., S. 35 ff.

31 Vgl. E. Lucas zu Hamborn.

32 Hierzu P. v. Oertzen, Betriebsräte, besonders S. 271 ff.; J. Kocka, Klassengesellschaft im Krieg 1914 - 1918, Göttingen 1973.

33 Vgl. hierzu vor allem P. v. Oertzen, Betriebsräte, sodann Feldman u.a. und Mommsen, siehe oben Anm. 7, ferner: Dingel a.a.O., Lucas a.a.O., Roth a.a.O.

34 Vgl. E. Lucas, Ursachen und Verlauf der Bergarbeiterbewegung in Hamborn und im westlichen Ruhrgebiet 1918/19, Duisburger Forschungen, Bd. 15, 1971, S. 1 ff. Dort - S. 105 ff. - die Forderungen einer Bottroper Streikversammlung, die unter den Punkten 24 und 25 die Mitbestimmung bei Arbeitseinsatz und Gedingeregelung enthält; S. 76 und S. 97 wird - wenn auch mit skeptischer Relativierung durch Lucas - von der vorübergehenden Aufnahme der Sozialisierungsforderungen durch die Hamborner Bergarbeiter berichtet. In seiner Polemik gegen mich - Arbeiterradikalismus, S. 184 ff. - wird dieses Intermezzo freilich nicht erwähnt.

35 So bemängelt Lucas zum Beispiel, daß es in der Hamborner Bewegung nicht den an sich naheliegenden Schritt zur Zechenbesetzung gegeben habe; genau dieser Schritt ist aber beispielsweise im östlichen Ruhrgebiet vollzogen worden, auf der berühmt gewordenen Zeche Viktoria-Lünen, Arbeiterradikalismus, S. 190.

36 Vgl. E. Lucas, Arbeiterradikalismus, a.a.O., S. 190 ff.

37 Vgl. K. Roth, a.a.O., S. 58 ff., S. 62 f.

38 P. v. Oertzen, Betriebsräte, passim; Zusammenfassung im Anhang S. 83 ff, S. 123 ff. Vgl. auch die Studie von W. Euchner über die Sozialisierung der deutschen Kaliindustrie in diesem Band.

39 F. Dingel, IWK, a.a.O., S. 435

40 Vgl. hierzu zum Beispiel die Diskussionen auf der Parteikonferenz der SPD im März 1919 und auf dem Weimarer Parteitag im Juni 1919.

41 Vgl. E. Lucas, Arbeiterradikalismus, besonders S. 228 ff., S. 273 ff.

42 Vgl. ebd., S. 192.

43 Vgl. Bahrdt/Popitz/Jüres/Kesting, Technik und Industriearbeit und Das Gesellschaftsbild des Arbeiters, beide Tübingen 1957; ferner Eberwein, Tholen, a.a.O., besonders Bd. 1, S. 8 ff., S. 60 ff.; H. Kern, M. Schumann, Industriearbeit und Arbeiterbewußtsein, Teil I, Frankfurt/M. 1970, besonders S. 277 ff.; M. Schumann, Zum Krisenbewußtsein der Arbeiter, Manuskript des Soziologischen Forschungsinstituts Göttingen, 15.12.1982.

Schwierigkeiten beim Vermessen der Zukunftsgesellschaft. Das Ringen um die Sozialisierung der Deutschen Kaliindustrie in den Jahren 1920/21

Walter Euchner

1. Die Entwicklung der Kaliindustrie bis zum Zusammenbruch des Kaiserreichs

Die deutsche Kaliindustrie steckte in den unmittelbaren Nachkriegsjahren in einer Krise. Sie war überkapitalisiert und litt an „einer starken chronischen Überproduktion".[1] Diese entsprang der Monopolstellung der deutschen Kaliindustrie auf dem Weltmarkt bis zum Ende des Weltkrieges, als die elsässischen Kaligruben an Frankreich abgetreten werden mußten. Das Weltmonopol weckte hohe Gewinnerwartungen und spekulative Kapitalanlagen.

Die deutsche Kaliproduktion hatte in den 60er Jahren des vorigen Jahrhunderts mit der Ausbeutung der Staßfurter Lagerstätten, die sich im preußischen Staatsbesitz befanden, ihren Ausgang genommen. Nachdem sich herausgestellt hatte, daß die Kalisalze nicht nur als Roh- und Hilfsstoffe in der chemischen Fabrikation, sondern auch als wertvolles Düngemittel verwendet werden konnten, bemühten sich auch Privatunternehmen, in der Kaliindustrie Fuß zu fassen.[2] Das preußische Bergwerksmonopol, das privater Kaliförderung zunächst entgegenstand, kam mit der Einführung des Prinzips der Bergbaufreiheit durch das Preußische Allgemeine Bergwerksgesetz von 1865 zu Fall. Bohrungen ergaben, daß abbauwürdige Vorkommen nicht nur im Magdeburg-Halberstädtischen Becken (Hauptvorkommen: Staßfurt), sondern auch im Südharz-Becken, an Werra und Fulda, im Hannoverschen Hügelland und in den sogenannten Horsten im norddeutschen Flachland anzutreffen waren. Später kamen die Entdeckungen von Lagerstätten am Niederrhein (Wesel) und am Oberrhein (Elsaß-Baden) hinzu.[3] Das Kaligeschäft versprach zu prosperieren. Schon früh erwies sich der Amerikahandel, von Kaufleuten des Kalisyndikats durch „Propaganda" geschickt vorangebracht, als lukrativ. Im ersten Jahrzehnt dieses Jahrhunderts herrschten in der Branche „Gründungsfieber" und „Kaliwut".[4]

Kalisalze waren prinzipiell gut, freilich schwankend nachgefragt. Reißende Nachfrage in den Gründerjahren im Gefolge des deutsch-französischen Krieges der Jahre 1870/71 bewirkte hohe Gewinne und Produktionsausdehnung, die folgende Flaute Überproduktion. Wiederkehrende beträchtliche Abweichungen von Angebot und Nachfrage waren der Branche eigentümlich. Kein Wunder, daß staatliche (fiskalische) wie private Unternehmen schon früh versuchten, durch Bildung von Kartellen und Syndikaten Produktion und Absatz zu steuern. Dabei verfolgten die fiskalischen Betriebe den Kurs, im Interesse der Landwirtschaft an mittleren Kalipreisen festzuhalten. Mitte der 80er Jahre spielte sich die Regelung ein, die Auslandspreise auf hohem Niveau gemeinschaftlich festzusetzen, im Inland jedoch im Interesse der einheimischen Landwirtschaft Konkurrenzpreise zuzulassen. Freilich pflegten, wie für spekulationsanfällige Branchen typisch, die Unternehmenszusammenschlüsse nicht lange zu halten. Kartell- und Syndikatsmitglieder oder Außenseiter unterliefen, wenn sie, besonders im Auslandsgeschäft, spezielle Absatzchancen sahen, immer wieder die Preisvereinbarungen.[5]

Der preußische Staat versuchte, durch Schaffung eines staatlichen Kalimonopols die Überproduktion durch immer neu hinzukommende Werke einzudämmen. Die Kali- und Salzgewinnung sollte dem Staat vorbehalten bleiben, der die Abbaurechte sodann privaten Unternehmen übertragen konnte. Doch diese Pläne regten spekulative Neugründungen erst richtig an. Dies gilt auch für die sogenannte lex Gamp des Jahres 1905 (nach dem freikonservativen Abgeordneten Freiherr von Gamp, der dieses Gesetz im Preußischen Landtag einbrachte), wonach in Preußen für zwei Jahre eine Mutungssperre auf Salze und Steinkohle eingeführt werden sollte (Mutung = Antrag auf Verleihung des Bergwerkeigentums auf das gefundene Mineral). In Erwartung dieses Gesetzes erfolgte eine „fieberhafte Bohrtätigkeit". Auch die Ausdehnung der sogenannten „Zweischachtverordnung" auf den Salzbergbau im Jahre 1907 konnte der Überproduktion nicht entgegenwirken. Die Auflage, Wetterschächte einzurichten, wurde dazu mißbraucht, bestehende Werke zu teilen und für das neu geschaffene Werk vom Syndikat eine Beteiligungsquote an der Gesamtproduktion zu verlangen.[6] Massenexport nach den USA zu Dumpingpreisen durch einen Außenseiter und eine Werksgruppe, die aus dem Syndikat ausgeschert war, gaben Anlaß zu dem Kaligesetz des Jahres 1910. Es regelte die anteilmäßige Absatzmenge der einzelnen Werke (die „Quote"), die durch eine Verteilungsstelle alle fünf Jahre neu festgesetzt werden sollte (Überschreitungen hatten eine „Überkontingentsteuer" zur Folge) sowie die Festsetzung von Inlandshöchstpreisen durch die Regierung mit der Maßgabe, daß die Bildung der Auslandspreise dem Kalisyndikat überlassen werden sollte, wobei die Inlandspreise nicht überschritten werden durften. Dieser neue Unternehmenszusammenschluß wird in der Literatur als „Zwangssyndikat" bezeichnet.[7]

Das Reichskaligesetz von 1910 konnte zunächst den Export zu Dumpingpreisen verhindern. Seinen anderen Hauptzweck, den der Verhinderung von Überproduktion durch Gründung neuer Kaliwerke, erreichte es dagegen nicht. Die ständigen Neugründungen ließen die Quote der einzelnen Werke absinken; ein Prozeß, dem diese dadurch entgegenzuwirken versuchten, daß sie ihre Felder teilten und dadurch neue Werke mit entsprechenden Quotenansprüchen schufen. Nicht selten wurden neue Schächte in der Absicht abgeteuft, sie nach Quotenzuteilung wieder stillzulegen. Die nach Ablauf von fünf Jahren jeweils zu erneuernde Quotenfestsetzung wiederum richtete sich nach Leistungsfähigkeit der Werke und Größe der erschlossenen Salzlager, so daß die Werke, um eine möglichst hohe Quote zu bekommen, ihre Kapazität forciert ausbauten.

„Durch diese unproduktiven Arbeiten wurden große Kapitalmengen im Kalibergbau festgelegt, die einen direkten Verlust für die deutsche Wirtschaft bedeuteten." (Benner)[8]

Auch der Versuch, Neugründungen durch Einführung einer Karenzzeit, während der ein neuerrichtetes Werk seine Quote nur zu einem Bruchteil ausnutzen durfte, entgegenzuwirken, konnte umgangen werden. Der zulässige und gebräuchliche Handel mit Quoten und Quotenteilen ermöglichte es den Werken, den fehlenden Quotenteil dazuzukaufen und so ihre Kapazität auszuschöpfen.[9]

Bei Ausbruch des Ersten Weltkrieges war die Zahl der Kaliwerke auf 149 angestiegen, die im Durchschnitt 0, 67 % der Gesamtproduktion förderten. Um die Jahrhundertwende bestanden 15, im Jahre 1910 72 Werke, deren durchschnittlicher Anteil an der Gesamtförderung bei 6, 67 % (1900) und 1, 39 % (1910) lag.[10] Schon begann sich der Zusammenbruch des Kalisyndikats abzuzeichnen, da sich die leistungsfähigen Werke mit der ständig absinkenden Quote nicht abfinden wollten und begannen, den Syndikatspreis zu unterbieten. Der Erste Weltkrieg machte diese Bestrebung gegenstandslos. Er beeinträchtigte die Rentabilität der Kaliindustrie erheblich. Ihre Exportmöglichkeiten reduzierten sich drastisch; ihre ,,Kriegswichtigkeit" blieb hinter der der Kohle eindeutig zurück.

2. Statt Sozialisierung „Gemeinwirtschaftliche" Ordnung der Kaliindustrie

Trotz der zentralen Bedeutung, die der Vergesellschaftung der Produktionsmittel im Erfurter Programm der deutschen Sozialdemokratie aus dem Jahre 1891 und in der innerparteilichen Diskussion zukam, besaß diese bei Zusammenbruch des Kaiserreiches keine ausgearbeitete Sozialisierungskonzeption. Die proletarischen Massen aber verlangten nach ,,Sozialisierung" - ein Begriff, der in jenen Tagen Sehnsucht nach durchgreifender Verbesserung der Lebenslage und einer lichteren Zukunft symbolisierte.[11] Zwar entstand nach der Revolution eine Vielzahl von Konzeptionen, die darzulegen suchten, was Sozialisierung im einzelnen zu bedeuten habe; doch keine von ihnen hatte eine Verwirklichungschance in dem Sinne, daß sie von einer mächtigen sozialistischen Partei oder Gruppierung wie der Rätebewegung als verbindlich erachtet worden wäre.[12]

Der Rat der Volksbeauftragten richtete am 4. Dezember 1918 eine Sozialisierungskommission ein, die die Sozialisierung der für die Vergesellschaftung reifen Industriezweige vorbereiten sollte.

Berufen wurden nicht nur Sozialisten, sondern auch bürgerliche Nationalökonomen wie der Berliner Bankier Dr. Theodor Vogelstein.[13] Die Kommission beschäftigte sich zunächst mit der Sozialisierung des Kohlenbergbaues; am 15. Februar 1919 legte sie zu dieser Frage einen „Vorläufigen Bericht" vor. Bekanntlich hintertrieb Rudolf Wissell, Wirtschaftsminister in den Kabinetten Scheidemann und Bauer, den ersten regulären Kabinetten der Weimarer Republik, die Sozialisierungsvorschläge der Sozialisierungskommission und setzte an ihre Stelle seine Gemeinwirtschaftskonzeption.[14] „Vollsozialisierung" schien ihm angesichts der darniederliegenden Wirtschaft der Nachkriegszeit keine realisierbare Ordnungsvorstellung zu sein. Er setzte auf „Gemeinwirtschaft", organisiert durch Wirtschaftszusammenschlüsse in Form von branchenmäßig und regional gebildeten Räten mit paritätischer Beteiligung von Unternehmern, Arbeitnehmern, Handel und Verbrauchern.[15]

Kalisalze als Bodenschätze gehörten zu den Sozialisierungsobjekten, die in der sozialdemokratischen Diskussion an erster Stelle genannt wurden.[16] Die Kaliindustrie, so wurde angenommen, vermöge einen ungewöhnlich hohen Produktionswert zu schaffen, „der ganz bedeutend über den in den anderen Bergbau- und Fabrikarten hinausgeht."[17] Wenn sie immer wieder in die Krise gerate, so sei daran einzig die Mißwirtschaft der Unternehmer und spekulationsinteressierten Kapitalanleger schuld. Sozialisierung war nach Überzeugung der sozialistischen Mitglieder der Sozialisierungskommission und der entsprechend orientierten Sachverständigen ein besonders geeignetes Mittel, die Rentabilität der Kaliindustrie dauerhaft zu garantieren.[18] Daß diese Sicht nicht vorrangig vom ideologischen Blickwinkel abhing, zeigt die Äußerung eines bürgerlichen Autors, der von „ungeheuerlichster Kapitalverschwendung" in dieser Branche spricht und zu dem Urteil gelangt:

> „Die Entwicklung der deutschen Kaliindustrie in den letzten Jahrzehnten ist anscheinend das beste Beispiel, das der Sozialismus für die Mängel der kapitalistischen Wirtschaftsordnung hinsichtlich einer rationellen Produktion anführen kann."[19]

Die Gesetzesentwürfe zur Regelung der Kohlen- und Kaliwirtschaft, die Wissell als Konkretisierung des „Sozialisierungsgesetzes" vom 23. März der Nationalversammlung vorlegte und die diese am 24. April 1919 verabschiedete, folgten den skizzierten paritätischen Gemeinwirtschaftsprinzipien. Die Sozialisierungskommission war während ihrer Ausarbeitung weder informiert noch konsultiert worden. Sie reagierte auf diese Illoyalität am 7.April mit Demission.

Die Sozialisierungskommission war damit noch nicht endgültig geschlagen. Nicht nur die dezidierten Anhänger einer „Vollsozialisierung" von USPD und des linken Flügels der MSPD, sondern auch Vertreter des eher rechten Gewerkschaftsflügels der MSPD und die Gewerkschaften selbst verübelten Wissell diese Brüskierung der Sozialisierungskommission. Nach dem Kapp-Putsch vom März 1920 setzten die Vertreter der Leitung des ADGB, der Arbeitsgemeinschaft freier Angestelltenverbände (AfA-Bund) und des Deutschen Beamtenbundes bei den Regierungsparteien die Wiedereinsetzung der Sozialisierungskommission durch.[20]

In der Zwischenzeit wurde die Kaliwirtschaft gemäß den Bestimmungen des „Kaliwirtschaftsgesetzes" vom 24. April 1919 und den hierzu ergangenen Durchführungsvorschriften vom 18. Juli 1919 „auf gemeinwirtschaftlicher Grundlage" umorganisiert.

Das Kaliwirtschaftsgesetz und die dazu erlassenen Durchführungsbestimmungen übertragen „Leitung" und Organisation der deutschen Kaliwirtschaft zwei Organen: dem Reichskalirat (RKR) und dem Kalisyndikat (KS).[21]

Der RKR besteht aus 30 Mitgliedern. 15 unternehmerorientierten Mitgliedern (acht Kaliindustrielle sowie Vertreter von Handel und Verbrauch) stehen elf Arbeitnehmervertreter (darunter je ein Vertreter der technischen und kaufmännischen Angestellten) gegenüber. Drei Ländervertreter und ein wissenschaftlicher Kalisachverständiger treten hinzu. Der RKR erfüllt seine Leitungsaufgaben durch Erlaß allgemeiner Richtlinien für die Kaliwirtschaft. Insbesondere setzt er die Inlandsverkaufspreise fest. Die Auslandspreise dürfen die Inlandspreise nicht übersteigen. Der Reichswirtschaftsminister ist befugt, nach Anhörung des RKR und des KS in die Preisbildung zu intervenieren; ferner müssen die Inlandsverkaufspreise auf Verlangen des Staatenausschusses herabgesetzt werden.

Das KS ist die Vertriebsgemeinschaft der Kalierzeuger in der Rechtsform einer GmbH. Seinem Vorstand gehören ein Arbeitnehmer, seinem Aufsichtsrat zwei Arbeitnehmer- und ein Angestelltenvertreter an. Sie werden vom Aufsichtsrat beziehungsweise von der Gesellschafterversammlung aus einer von den entsprechenden Gruppenvertretern im RKR zu präsentierenden Liste ausgewählt. Diese Auswahlregelung bewirkte - entgegen der Wissellschen Vorstellungen von gemeinwirtschaftlicher Parität - ein Übergewicht der Unternehmerseite. Die Hauptfunktion des KS besteht in seiner ausschließlichen Befugnis, die von seinen Mitgliedern produzierten Kalisalze und Kaliverbindungen abzusetzen.

Spezielle vom RKR eingerichtete „Kalistellen" setzen die Anteile der einzelnen Werke am Gesamtabsatz (Beteiligungsziffern oder Quoten, traditionsgemäß ausgedrückt in Tausendstel K_2O) fest (Kaliprüfungsstelle), überwachen Geschäftsgebaren und Entlohnungen (Kalilohnprüfungsstelle) und betreiben In- und Auslandswerbung (landwirtschaftlich-technische Kalistelle).[22]

Die von sozialdemokratischen Vorstellungen geprägten Innovationen lagen in der Arbeitnehmerbeteiligung am RKR und den Organen des Syndikats. Sicherlich waren diese vom Wissellschen Gemeinschaftsgedanken inspirierten Regelungen den Unternehmern ein Dorm im Auge. Doch selbst bürgerliche Autoren gaben zu, daß die Neuordnung der Kalibranche mit „Sozialisierung" nichts zu tun habe. Sie heben hervor, daß sich die Bestimmungen, die die Koordinierungsgremien wie die Kaliprüfungsstellen und die quotenmäßige Werkbeteiligung betreffen, eng an den vom Kaligesetz des Jahres 1910 markierten Rechtszustand und der daran anknüpfenden Syndikatspraxis anschlossen.[23]

Alle Sachverständigen, ob Unternehmer, Arbeitnehmer oder Wirtschaftspolitiker, waren sich zu jener Zeit einig, daß die Rentabilität der Kaliindustrie nur durch einschneidende Konzentration gesichert werden könne. Der RKR legte zu diesem Zweck nach Erlaß der Durchführungsvorschriften einen Novellierungsentwurf vor, der den Zweck der Konzentration hauptsächlich mit Hilfe des in der Kaliindustrie traditionellen Quotenhandels erreichen wollte - mit Zustimmung der Arbeitnehmervertreter übrigens, wie die Unternehmervertreter in der Sozialisierungskommission nicht müde wurden, hervorzuheben.

„Die Verringerung der Produktionsstätten wird am vollkommensten erreicht, wenn durch gesetzliche Vorschriften für die bessergestellten Werke ein Anreiz geschaffen wird, die Beteiligungsziffern der unwirtschaftlich arbeitenden Werke im vollen Umfange für einen längeren Zeitraum zu erwerben und die auf die Anteile dieser Werke entfallenden Absatzmengen zu fördern",

heißt es in der Begründung zu dem erwähnten Novellierungsentwurf des RKR.[25] Besitzern von Kalifeldern, die von einem in der Kompetenz des RKR liegenden Abteufverbot betroffen worden wären, sollte ein Entschädigungsanspruch zukommen. Die Novellierungsvorschläge des RKR wahrten im Prinzip die Eigentümerinteressen.

3. Taktik und Argumente des Unternehmerlagers

Mit dieser Entwicklung also war die nach dem Kapp-Putsch neu einberufene Sozialisierungskommission konfrontiert. Ihr Kaliausschuß versuchte in seinen ersten Sitzungen, sich einen genaueren Überblick über die wirtschaftliche Lage der Kaliindustrie zu verschaffen.

Im Jahre 1920 waren in der Kaliindustrie in 211 Werken rund 55.000 Arbeitnehmer beschäftigt, davon rund 4.000 in chemischen Fabriken. Acht große Konzerne besaßen zusammen 113 Werke. Es handelte sich um 1. die Winterhallgruppe (27 Werke), 2. Deutsche Kaliwerke (19), 3. Wesperegelngruppe (14), 4. Ascherslebengruppe (13), 5. Preußischer Fiskus (11), 6. Emil Sauer-Gruppe (10), 7. Glückauf-Gruppe (10), 8. Burbach-Gruppe (9). Die elsässischen Gruben waren verloren gegangen, so daß das deutsche Weltmonopol gebrochen war.[26]

Weit weniger klar zu ermitteln war die Rentabilität der Kaliindustrie. Die sozialistischen Kommissionsmitglieder Hilferding und Lederer argumentierten, daß die privatwirtschaftliche Organisation der Kaliindustrie und ihr übliches Wirtschaftsgebahren, insbesondere der Quotenhandel, erhöhte Selbstkosten bewirkten, die im Falle einer Sozialisierung vermieden werden könnten.[27]

Die bürgerlichen Mitglieder der Sozialisierungskommission und die Sachverständigen aus dem Unternehmerlager konterkarierten diese Strategie nach Kräften. Es gelang den sozialistischen Kommissionsmitgliedern trotz wiederholten Nachbohrens nicht, die Selbstkosten pro dz K_2O und deren Steigerung von der Vorkriegszeit bis zur Gegenwart sowie den Anteil der Lohnkosten hieran zu klären. Die Unternehmerseite behauptete dramatische Kostensteigerungen, zum Beispiel der Selbstkosten von 1913 bis 1920 um 1.400 % und der Lohnkosten von Januar 1919 bis August 1920 um 637 %. Der Sachverständige Gärtner, Gewerkschaftssekretär beim Verband der Bergarbeiter Deutschlands, zog die letztgenannte Angabe in Zweifel. Der Sachverständige Geheimer Justizrat Maximilian Kempner, Vorsitzender des Aufsichtsrat des Deutschen Kalisyndikats und Vorsitzender des RKR, ein hochkarätiger Kaliindustrieller, räumte Lohnsteigerungen von 100 bis

120 % in dem genannten Zeitraum ein.[28] Auch die Kaliprüfungsstelle hatte der Kommission Zahlen zur Verfügung gestellt, die ebenfalls keinen eindeutigen Befund zuließen.[29] Einigkeit bestand darüber, daß die Inlandspreise die Selbstkosten nur zur Hälfte deckten, die Gewinne also im Ausland - vornehmlich im Amerikageschäft - zu machen waren.[30]

Die Einlassungen der Unternehmerseite lassen kaum entscheiden, ob sie aus Gründen von Obstruktionstaktik Informationen zurückhielt, die ein klares Bild der wirtschaftlichen Situation der Kaliindustrie hätten erkennen lassen, oder ob sie hierzu tatsächlich nicht in der Lage war. Sie setzte den bohrenden Fragen der sozialistischen Mitglieder und auch Rathenaus folgende im einzelnen wiederum widersprüchliche Argumentation entgegen: Die Bedeutung der Selbstkosten werde stark überbewertet. Im Grunde ließen sie sich gar nicht eindeutig bestimmen. Die Kostenbewegung bezüglich der Faktoren Lohn, Material und Maschinen verlaufe in den einzelnen Werken so unterschiedlich, daß klare Aussagen über die Anteile dieser Kosten an den gesamten Selbstkosten nicht gemacht werden könnten.[31] Hinzu kämen die unterschiedlichen geologischen Verhältnisse und Prozentgehalte der geförderten Kalirohsalze.[32] Auch spielten die Überinvestitionen in der Kaliindustrie, beispielsweise entstanden durch zuviel abgeteufte Schächte, hinsichtlich der Selbstkosten eine geringe Rolle. Denn die Mittel, die die Werksbesitzer für neue Anlagen aufgebracht hätten, belasteten heute die Selbstkosten nicht mehr; dies träfe allein, freilich in sehr geringem Maße, auf die Obligationszinsen zu. Auch die Verzinsung der Summen, die für Quotenzukauf ausgegeben worden seien, erhöhten die Selbstkosten nur unwesentlich.[33]

Graeßner, damals Geheimer Oberbergrat im Reichswirtschaftsministerium (Kabinett Fehrenbach), räumte freilich, im Gegensatz zur Argumentationslinie der Unternehmer, ein, daß hinsichtlich der Selbstkosten zwischen den einzelnen Werken Unterschiede von über 100 % bestünden. Scheide man etwa 10 % der am teuersten produzierenden Werke aus, so könne man mit einer Ersparnis von 100 - 150 Millionen Mark an Selbstkosten rechnen. Ganz prinzipiell vertrat die Unternehmerseite die Ansicht, daß höhere Selbstkosten durch technische und kaufmännische Geschicklichkeit kompensiert werden könnten. Zudem bilde sich der Preis ganz unabhängig von den Kosten.[34]

Auch in der Frage der optimalen Anzahl von Kaliwerken verfolgte die Unternehmerseite eine Ausweichtaktik. Zwar herrschte bei ihr die Auffassung vor, daß es zu viele Kaliwerke gebe. Andererseits sprach der Kaliindustrielle Bergrat Gustav Kost davon, daß die vielen Schächte auch etwas Gutes gehabt hätten. Der Absatz sei erst dann durch „Propaganda mit allen Mitteln" vorangetrieben worden, „als die vielen Schächte (...) nach Absatz schrien".[35] Rathenau und insbesondere Hilferding und Lederer versuchten herauszufinden, welches nach Ansicht der Kaliindustriellen und Sachverständigen die optimale Anzahl von Kaliwerken sei. Kempner, Vorsitzender des RKR, äußerte sich höchst zurückhaltend - vielleicht 100 -110 Werke (von der gegenwärtigen Zahl von 201), jedenfalls nicht weniger als 80. Er habe von den Werksbesitzern nicht herausbekommen können, wieviel Kalifelder sie besäßen. Man müsse bedenken, daß der Kalihandel ein Saisongeschäft sei, auf das die Produktion flexibel reagieren müsse. Außerdem stiegen vielleicht die Verwendungsarten von Kali. Lederers Versuch, darzutun, auf dem Wege der Sozialisierung sei eine Verringerung der Kaliwerke um rund 40 - 50 % leichter zu bewirken als auf dem privatwirtschaftlichen, der höchstens eine 10prozentige Verringerung erwarten lasse, stieß ins Leere.[36]

Der Außenhandel, insbesondere der Kalivertrieb nach den USA, hatte der deutschen Kaliindustrie vom Herbst 1919 bis Frühjar 1920 enorme Gewinne eingebracht. Es handele sich, so Kempner, um „Zufallsgewinne", die sich aus dem Kaufanreiz, den der Verfall der deutschen Währung erzeugt habe, erklären ließen. Doch zu glauben, daß der Kaliabsatz mit dem Ansteigen des Dollarkurses im Verhältnis zur Mark steige, sei grundverkehrt. Denn das Kaligeschäft sei saisonabhängig. Heute müsse man die Kaliproduktion wieder weitgehend auf Lager nehmen. Die Erhöhung der Löhne und Gehälter hätten eine Preissteigerung bewirkt, die es als fraglich erscheinen lasse, ob der Kaliabsatz in der deutschen Landwirtschaft ausgeweitet werden könne.[37] Ökonomierat Maus von der Deutschen Landwirtschaftsgesellschaft beklagte, daß der ehemalige preußische Landwirtschaftsminister Wurm (USPD) die streikenden Arbeiter in der mitteldeutschen Stickstoffindustrie nicht über die volkswirtschaftliche Bedeutung der Volldüngung aufgeklärt habe, was wiederum den Kaliabsatz tangiere. Sutthof vom Reichsverband der Landwirtschaftlichen Genossenschaften machte den „unglücklichen achtstündigen Arbeitstag und das Verbot der Akkordarbeit", der Geheime Bergrat Baer das „ewige Nivellieren durch Tarifverträge" und der Bankier und Kaliindustrielle Selly Meyerstein das „Schreckgespenst der Sozialisierung" für die aktuelle schlechte Ertragslage verantwortlich.[38] Obwohl das Kaliwirtschaftsgesetz dem Syndikat ein Monopol gegeben habe, könne von einer gesicherten Rente keine Rede sein. „Wir sind nicht mehr Herren über die Preise; die werden uns bestimmt und die Rente hängt von diesen vorgeschriebenen Preisen ab, wenn wir bei der Preisfestsetzung auch in etwas mitwirken" (Kempner). Die günstigen Absatzchancen hingen weniger von der Organisation der Produktion als von der effektiven Kaufmannstätigkeit und „Propaganda" der Kalidüngung im In- und Ausland ab. Dies insbesondere, nachdem nach dem Verlust der Kaligruben im Elsaß und den spanischen Neuerschließungen das deutsche Kaliweltmonopol entfallen sei.[39] Hilferdings Vermutung, die gegenwärtige Organisation der Kaliindustrie sei für ihre schwierige Wirtschaftslage verantwortlich, sei nicht überprüfbar. „Wer will das wissen?", fragte der Kaliindustrielle Wilhelm Kain. „Sagen Sie es uns bitte mit einiger Sicherheit, dann können wir uns vielleicht danach richten. So kommen wir nicht voran, daß wir auf eine bloße Annahme hin heute Maßnahmen treffen sollen."[40]

Die Unternehmervertreter bemühten sich mit aller Kraft um den Nachweis, daß allein eine privatwirtschaftlich orientierte Reform der Kaliindustrie künftige Wirtschaftlichkeit zu garantieren vermöge. Dies lehre der Vergleich zu den fiskalischen Kaliwerken (der ausdrücklich zum Thema der Erhebungen der Sozialisierungskommission gemacht worden war). Privatbetriebe, so der Bergrat Hans Herold (Deutsche Kaliwerke), könnten sich prinzipiell schneller auf neue Wirtschaftslagen einstellen als Staatsbetriebe, denen ihre Einbindung in den Haushaltsplan wie ein „Klotz am Bein" hänge. Häufig fehle den Beamten die kaufmännische Schulung; sie kennten die Handelsbräuche nicht und nützten die Konjunktur, zum Beispiel eine Chance zum spekulativen Einkauf, nicht aus. Deshalb beschränkten sie sich häufig auf unproduktives Kontrollieren. Die Bindung an den Etat bewirke, daß es dem fiskalischen Betrieb schwerfalle, schnell erforderliche Bergbausachverständige heranzuziehen oder Gelder für Forschungen auf dem Gebiet des Anwendungsbereichs des Kali zu erhalten. Mißglücke in einem Privatbetrieb eine Anlage, so werde sie abgeschrieben, während „derartige verunglückte Versuche eine weitreichende Kritik im Parlament erzeugen". Der Werkleiter eines Fiskalbetriebes würde unter solchen Verhältnissen jedes Risiko scheuen.[41]

Bergassessor Carl Liesegang (Wintershall) exemplifizierte seine Auffassung mit der Entwicklung der Kaliindustrie im Staßfurter Raum:

„Der Fiskus hat durch Zufall beim Schachtabteufen in Staßfurt kurz vor 1860 die ersten Kalisalze gefunden, und dabei wäre es auch wohl geblieben, wenn nicht die bergmännische und chemische Privatindustrie den Wert und die Bedeutung der Salze erkannt und entwickelt hätte. Überall griff in den späteren Jahren die private Kaliindustrie ein, alles hat erst sie geschaffen: Aschersleben, Hannover, Nordhausen, überall hat die private Kaliindustrie Schächte geteuft und Salze gefunden, so auch bei Halle, wo dem Fiskus die besten Felder vor der Tür lagen, ohne daß er zugriff, wie private Unternehmer."[42]

Kain brachte diese Sichtweise auf die Formel: Das Monopol, das die Sozialisten anstrebten, führe zur Stagnation, privatwirtschaftliche Konkurrenz zum Fortschritt. So werde es „mit Naturnotwendigkeit immer sein".[43]

Die Unternehmerseite optierte ohne Einschränkung für den privatwirtschaftlichen Weg zur „Ökonomisierung" der Kaliindustrie. Dieser sei bereits in dem Novellierungsentwurf des RKR vorgezeichnet. Gewinnanreize sollten die Kaliunternehmer zur Zechenstillegung veranlassen. Indem die Kommissionsmitglieder des Unternehmerlagers auch einen gesetzlichen Zwang für den Fall vorsahen, daß die „freiwillige Stillegungsaktion nicht zum Ziele" führen würde, gingen sie über den Entwurf des RKR hinaus. Im übrigen sollten die vorgesehenen Regelungen garantieren, daß der Wert der nunmehr nicht abgebauten Felder und des bereits investierten Kapitals den Eigentümern erhalten bleibe.[44] Der Vorteil dieser Regelungen lag nach Überzeugung der Unternehmerseite darin, daß das Ziel der „Ökonomisierung" der Kaliindustrie mit den in dieser Branche üblichen Mitteln des Quotenhandels erreicht würde. Quotenübertragung und -austausch wurden im normalen Geschäftsgang dazu benutzt, je nach Anzahl von Salzsorten Quotenanteile aus der Grube eines anderen Werks liefern zu lassen oder einem anderen Werk spezielle Salze, die dieses gerade nicht ausreichend produzieren kann, zu überlassen. „Das geschieht alle Tage, es ist eine der Haupttätigkeiten eines gewandten kaufmännischen Direktors auf der Grube, jeden Tag am Telefon zu liegen und mit einem anderen Werk zu sprechen, ob es nicht eine Tauschmöglichkeit gibt" (Kempner). Dieser Quotenhandel wurde schwunghaft betrieben (bis zu 1.200 Fälle in einem Monat). Bisweilen wurde die übertragene Quote weiter übertragen.[45]

Der Zweck der Stillegung werde erreicht, so Kain, wenn ein Unternehmer folgendes Kalkül anstelle: Er erwirbt Schächte zum Stillegen, damit er deren Quote seinem eigenen Werk zuschlagen kann. Der Geheime Regierungsrat Alexander Prentzel betonte, daß sich auf diese Weise die Struktur der Kaliindustrie am besten reformieren lasse. Die verantwortlichen Leiter würden dadurch in die Lage versetzt, ihre eigenen Werke am vorteilhaftesten zu organisieren und zu kombinieren. Diese würden sich mit Sicherheit besser darauf verstehen als die Kalidirektoren des Syndikats. Das Ergebnis solcher Konzernbildungen durch freiwilligen Quotenankauf werde einer bürokratischen Trustbildung, wie von den Sozialisten angestrebt, weit überlegen sein, meinte Theodor Vogelstein, der stellvertretende Vorsitzende der Sozialisierungskommission. Nur eine dergestalt zustande gekommene privatwirtschaftliche Organisationsform könne die Flexibilität gewährleisten, die dazu erforderlich sei, auf dem Weltmarkt kaufmännisch zu bestehen und die von Tag zu Tag bedeutsamer werdende chemische Kaliindustrie weiterzuentwickeln. Im übrigen könne man Spekulationsgewinne auf andere Weise als durch Sozialisierung verhindern, beispielsweise durch Schaffung einer Ausgleichskasse, in die eine bestimmte Höhe überschreitende Gewinne einzuzahlen wären.[46]

4. Die sozialistische Alternative oder der Teufel steckt im Detail

Den Argumenten der Unternehmerseite, Fiskalbetriebe seien prinzipiell nachteilig, wurde von dem Oberbergrat Greven (Preußisches Kalisalzbergwerk Blecherode) entschieden widersprochen. Heute können sich staatliche Betriebe genauso flexibel verhalten wie Privatbetriebe. Bilanziere man, so habe auch der Fiskalbetrieb „reichliche Verzinsung" aufzuweisen. Hinzu komme, worauf der Arbeitnehmervertreter August Balke vom Bergarbeiterverband hinwies, daß die Arbeiter mit den fiskalischen Werken bei Vertretung ihrer Interessen bessere Erfahrungen gemacht hätten.[47] Der Vergleich der Wirtschaftlichkeit staatlicher und privater Kaliwerke endete mit keinem eindeutigen Befund.

Die sozialistische Seite brauchte sich somit nicht entgegenhalten zu lassen, die Unwirtschaftlichkeit sozialisierter Werke sei durch die Erfahrungen mit Fiskalbetrieben erwiesen. Sie vermochte vielmehr im Gegenzug zu bezweifeln, daß die „Ökonomisierung" der Kaliindustrie durch Quotenhandel und Quotenentschädigung bei Stillegungen das volkswirtschaftlich günstigste Ergebnis bewirken werde. Schließlich, so Hilferding, würden aufgrund dieser Quoten Renten bei Nichtproduktion bezogen. Der Geheime Bergrat Graeßner vom Reichswirtschaftsministerium bekräftigte den Verdacht, die

Quotenlösung begünstige die Spekulation mit stillzulegenden Werken, deren Ergiebigkeit man zum Zwecke der Quotenerhöhung vortäuschen könne. Noch gewichtiger war das von Hilferding vorgetragene und von Werner und Lederer bekräftigte Argument, daß ein „allgemeiner Trust" besser nach ökonomischen und technischen Zeckmäßigkeitsgesichtspunkten organisiert werden könne als die derzeitige Konzernbildung, die von „der zufälligen Eigentumsgestaltung" abhängig sei. Eine sozialistische Regelung der Produktion sei geeigneter, die Rationalisierung voranzutreiben. Da privatwirtschaftliche Spekulation entfalle und die Entstehungskosten gesenkt werden könnten, sei zu erwarten, daß bei einer sozialistischen Lösung „der Überschuß für die Gesamtheit" größer ausfallen werde als bei einer privatwirtschaftlichen.[48] Im übrigen müsse ein „Sozialtrust" - dieser Begriff wurde von Hilferding in die Debatte eingeführt - keinesfalls die von der Unternehmerseite stets unterstellte Überzentralisation besitzen. Selbstverständlich werde es auch in der sozialisierten Industrie Gruppenbildung geben. Und was die Frage des von der Unternehmerseite hochgespielten Handels betreffe, so sei nicht einzusehen, weshalb im Inland die Propaganda durch Aufklärung der Landwirte durch Wanderredner, Fachschulen und so weiter nicht von einer sozialisierten Industrie genossenschaftlich betrieben werden könne. Im Auslandsabsatz könne freilich auf den privaten Kaufmann nicht verzichtet werden. Hilferding schlug eine Exportorganisation mit Beteiligung der sozialisierten Industrie und am Ertrag interessierten Privatkaufleute vor.[49]

Auf der Vollsitzung der Sozialisierungskommission vom 4. Februar 1921 brachte Hilferding schließlich ein Gutachten über die Sozialisierung der Kaliindustrie ein. Es entspricht im wesentlichen dem von Braun, Cohen, Hilferding, Kaufmann, Werner und Wissell unterzeichneten Sondervotum II der Sozialisierungskommission, dem Lederer mit einem Ergänzungsvotum beitrat. Deshalb soll das Gutachten Hilferding nach diesem Sondervotum referiert werden.

Auch der Hilferdingsche Vorschlag knüpfte an das in der Kaliindustrie traditionelle Organisationsprinzip der Trennung von Produktion und Absatz an.

a. *Die Kaliproduktion* sollte in den Händen eines gemeinwirtschaftlichen Monopolunternehmens, der „Deutschen Kaligemeinschaft" (DKG) liegen, auf die das Eigentum der privaten und staatlichen Kalibergwerke und Kalifabrikationsbetriebe, sowie das Recht an unverritzten Feldern zu übertragen war. Die DKG sollte folgende Organe besitzen: 1. den Reichskalirat (RKR). Er setzt sich aus Vertretern der Leiter, der Angestellten und der Arbeiter des Kalibergbaues und seiner Fabrikationsbetriebe, ferner aus wissenschaftlichen Sachverständigen für Kalibergbau und Kaliforschung und aus Volkswirtschaftlern sowie aus nach dem Grundsatz der Parität bestimmten Vertretern der landwirtschaftlichen Verbraucher und der chemischen Industrie zusammen. Der RKR wählt das 2. Reichskalidirektorium (RKD). Dieses, aus drei bis fünf Personen bestehend, ist im Rahmen der Richtlinien des RKR das eigentliche geschäftsführende Gremium. Das RKD wiederum wählt 3. die Generaldirektoren der fünf Bezirke Hannover, Halle, Magdeburg, Nordhausen und Eisenach. Ihnen ist ein aufsichtsführender Ausschuß aus Vertretern des RKR und Vertretern von Angestellten und Arbeitern des Bezirks beizugeben. 4. Die Arbeitnehmervertretung ist gemäß den Vorschriften des Betriebsrätegesetzes vom 4. Februar 1920 zu bilden. Innerhalb eines Bezirks werden Gesamtausschüsse gebildet.

b. *Absatzorganisation.* Das traditionelle Kalisyndikat wird nach Hilferdings Vorstellungen durch eine Verkaufsorganisation beziehungsweise Vertriebsgesellschaft als Aktiengesellschaft ersetzt, die „gemeinwirtschaftlich", „mit überwiegender Bedeutung der Allgemeinheit", verfaßt sein soll.

Das Interesse der Leiter, Angestellten und Arbeiter an der Produktivität soll durch Prämienzahlung für Senkung der Selbstkosten geweckt werden. Diese werden für jedes Unternehmen „bilanzmäßig" festgestellt. Damit folgt Hilferding dem Vorschlag, den Rathenau hinsichtlich der Selbstkostenfrage bei der Sozialisierung der Kohlenindustrie gemacht hatte.[50]

Die Konstruktion der Vertriebsgesellschaft bereitete Hilferding große Schwierigkeiten. Er entwickelte sie in mehreren Anläufen und Varianten. Dies verwirrte die sozialistische Seite, die sich offenbar zu einem koordinierten Vorgehen durch Absprache nicht verstehen konnte. Immer wieder gab es Mißverständnisse zwischen Hilferding, Werner und Paul Umbreit (dem einflußreichen Redakteur des Korrespondenzblattes des Allgemeinen Deutschen Gewerkschaftsbundes), aber auch zwischen Hilferding und Lederer, die am ehesten noch an einem Strange zogen.[51] Vielleicht hat die Parteiführung - Hilferding war bekanntlich Chefredakteur des USPD-Organs „Freiheit", das die MSPD nicht gerade mit Samthandschuhen anfaßte - eine Rolle gespielt. Der Unternehmerseite jedenfalls boten die mangelhafte Koordination des sozialistischen Flügels und der unsichere Vortrag Hilferdings Angriffsflächen genug.

Die Schwierigkeiten, die Verkaufsorganisation als Aktiengesellschaft zu konstruieren, lag in dem handelsrechtlich problematischen Verhältnis zwischen der Kaligemeinschaft, die im Besitz der Sachwerte (Gruben, Fabriken) war, und einer Aktiengesellschaft, die selbst kaum Sachwerte besaß. Beide Unternehmen, jeweils selbständige juristische Personen, waren gemäß dieser Konstruktion auf komplizierte Weise ineinander verschränkt. Die DKG hatte ihre Sach- und Kapitalwerte in die Verkaufsorganisation einzubringen. Diese sollte sodann Aktien, die diesem Wert entsprachen, mit einem Anteil von 45 % an die ehemaligen Eigentümer der Kaliindustrie und einem Anteil von 55 % an die DKG ausgeben. Die DKG, die eigentliche Besitzerin von Sachwerten, gab nach diesem Plan keine eigenen Aktien aus, sondern sollte die Aktien der Verkaufsgesellschaft halten, deren Gegenwert ihr eigenes Sachvermögen darstellte. Umgekehrt sollte die Verkaufsorganisation Aktien auf Basis von Sach- und Kapitalwerten, die sie selbst gar nicht zu Eigentum hatte, ausgeben. Eine Konstruktion, die, wäre sie privatrechtlicher Natur, von den Revisoren der Handelskammer nicht akzeptiert werden würde, wie Vogelstein meinte. Hilferding selbst räumte ein, daß sein Plan, nach dem herrschenden Aktienrecht, etwas ungewohnt sei und noch mit einem Juristen durchgesprochen werden müsse.[52]

Diese Konstruktion fiel deshalb so verzwickt aus, weil Hilferding mit ihr zugleich die Frage der Entschädigung lösen wollte. Offenbar hatte er sich von dem Argument überzeugen lassen, daß endgültige Entschädigung der Kaliindustrieeigner durch eine Ablösesumme angesichts der Haushaltslage des Reichs nicht zu finanzieren gewesen wäre. Als besonders problematisch erwies sich das Verhältnis der von den ehemaligen Eigentümern über die DKG einzubringenden Vermögenswerte zu dem Aktienkapital der Verorganisation, das, wie erwähnt, anteilig zu 45 % den ehemaligen Eignern und zu 55 % der DKG zufallen sollte. Aus den sehr unklaren Ausführungen Hilferdings, der offenbar am 19. Februar eine andere Ausarbeitung als in den Sitzungen zuvor vorliegen hatte, ohne es sofort zu merken, können drei Varianten dieses Verhältnisses herausgelesen werden.[53]

1. Variante

Grundlage des Kapitals der Vertriebsgesellschaften sind die via DKG eingebrachten Vermögenswerte der ehemaligen Kaliunternehmenseigner. Dieses Kapital bildet einen Anteil von 45 % des Gesamtkapitals. Die restlichen 55 % werden durch Ausgabe von Gratisaktien gebildet, stellen also nur fiktives Kapital dar. Die ehemaligen Eigentümer erhalten zur Entschädigung für die Übertragung ihrer Kalibergwerke und Kalifabrikationsbetriebe auf die DKG zunächst *Vorzugsaktien* ohne Stimmrecht, von Hilferding auch als „Genußscheine" bezeichnet, im Verhältnis zu den von ihnen eingebrachten Vermögenswerten. Sodann erhalten die ehemaligen Eigentümer 45 % der *Stammaktien*; die restlichen 55 % fallen an die DKG, die Hilferding als Repräsentant der Allgemeinheit betrachtet. Die Vorzugsaktien oder Genußscheine berechtigen zu einer Vorzugsdividende von 4 % aus dem Ertrag der Vertriebsgesellschaft. Ist dieser Anspruch befriedigt, so werden aus dem restlichen Ertrag 4 % Dividende auf die Stammaktien gezahlt. Gestattet der Ertrag eine höhere Dividende, so entfallen vom Überschuß 2/3 auf die Aktien der DKG als Vertreter der „Allgemeinheit", 1/3 auf die von den ehemaligen Eigentümern behaltenen Stammaktien. Diese Konstruktion kommt den Entschädigungsansprüchen der ehemaligen Eigentümer entgegen. Sie erhalten im günstigsten Falle drei Ausschöpfungen auf ihre Vorzugs- und Stammaktien.[54]

Dieser Entschädigungseffekt wurde von Unternehmerseite erheblich in Zweifel gezogen. Hilferdings Konstruktion impliziere trotz Vorzugsdividende eine entschädigungslose Enteignung. Denn obwohl die ehemaligen Eigentümer 100 % der Vermögenswerte eingebracht hätten, bezögen sie nur von 45 % der darauf ausgegebenen Stammaktien Dividenden, die nicht einmal garantiert seien. Zudem handele es sich bei den Vorzugsaktien um keine Obligationen, die gesicherte Verzinsung garantierten und bei Nichtbefriedigung zur Liquidation des ausgebenden Unternehmens berechtigten. Hilferding räumte ein, daß in der Tat „wir (...) die Verzinsung nur garantieren, wenn die Verhältnisse in der Kaliindustrie überhaupt so sind, daß sie mit einem Ertrag arbeiten kann". Nicht sehr konsequent meint er, Obligationen, die zu den Vermögenswerten der Kalieigentümer gehörten, könne man stehen lassen; sie hätten dann besondere Anrechte auf den Ertrag.[55]

Das Kommissionsmitglied Friedrich Carl von Siemens berührte schließlich die grundsätzliche gesellschaftliche Bedeutung des Versuchs, die Kaliindustrie zu sozialisieren. Er habe zur Folge, daß dem ehemaligen Eigentümer verwehrt sei, die Betriebsführung zu beeinflussen. Diese müsse ihm aber eigentlich zustehen, damit er selbst darauf hinwirken könnte, daß die ihm zustehende Verzinsung von 4 % auch tatsächlich erwirtschaftet werde. Das Recht der Besitzer, ihren Besitz zu verwalten, sei nunmehr „übertragen auf eine Körperschaft, die nach beliebigen, vollkommen unklaren Methoden arbeiten soll“. Unter solchen Bedingungen wäre es logisch gewesen, den Vorbesitzern eine Verzinsungsgarantie zu geben. Die vorgeschlagene Konstruktion widerspreche dem Prinzip des „jetzigen Wirtschaftsgebrauchs“.

„Sie versuchen, einen Übergang zu finden, aus den jetzigen Verhältnissen in die sozialistischen, die Ihnen aber noch nicht klar sind. Da dürfen Sie den Boden der Wirtschaft, wie sie bisher aufgebaut ist, nicht verlassen, sonst schweben Sie in der Luft.“[56]

2. Variante
Sie verzichtet auf die Unterscheidung von Vorzugs- und Stammaktien, ferner auf die Aufstockung des realen, von den ehemaligen Eigentümern der Kaliindustrie eingebrachten Kapitals um fiktives Kapital. Vielmehr sollte dieses reale Kapital in einen Anteil von 45 % für die bisherigen Eigentümer und einen Anteil von 55 % für die DKG aufgeteilt werden. So wurde Hilferdings Vorschlag bisweilen von Wissell und Werner, aber auch von Vogelstein und Prentzel aufgefaßt. Diese Konstruktion hätte den in der Unternehmerargumentation betonten Enteignungseffekt noch verstärkt und wurde deshalb von von Siemens scharf zurückgewiesen.[57]

Hilferding selbst legte, offenbar nach juristischer Konsultation, schließlich eine *dritte Variante* vor, die aus den beiden ersten zusammengesetzt ist und Kritiken der Unternehmerseite berücksichtigt. Diese Variante ist in das Sondervotum II der Sozialisierungskommission eingegangen.

3. Variante
Die *Verkaufsorganisation (Vertriebsgesellschaft)* A. G. besitzt das alleinige Vertriebsrecht für Kalierzeugnisse. Dieses Recht ist dinglich sicherzustellen, beispielsweise durch Eintragung einer Sicherungshypothek auf die Liegenschaften der DKG oder Verpfändung der der DKG gehörenden Aktien.

9/20 der Aktien der Vertriebsgesellschaft erhalten die bisher an den Kalibergwerken, Fabrikationsstätten und unverritzten Feldern Berechtigten entsprechend der von ihnen eingebrachten Vermögensstücke (über deren Höhe gegebenenfalls eine Sachverständigenkommission entscheidet) als Ersatz für den Übergang ihrer Rechte auf die Kaligemeinschaft. 11/20 der Aktien erhält die DKG im Hinblick auf die durch die Schaffung eines Kaliförderungs- und Absatzmonopols herbeigeführte Steigerung des Ertragswertes. (Mit der letztgenannten Bestimmung und der oben verlangten dinglichen Sicherstellung wollte Hilferding dem Einwand begegnen, die Vertriebsgesellschaft gebe Aktien aus, obwohl sie selbst keine Aktiva besitze.)

Die Aktien der bisher Berechtigten erhalten aus dem Jahresgewinn der Vertriebsgesellschaft eine Vorzugsdividende von 4 %. Der überschießende Gewinn wird auf alle Aktien zu gleichen Teilen ausgeschüttet.

Der Kalivertriebsgesellschaft sollte die Aufgabe zufallen, Art und Umfang der herzustellenden und zu übernehmenden Erzeugnisse zu bestimmen. Mit dieser Regelung wurde die Abgrenzung zwischen den Kompetenzen der Leitung der Vertriebsgesellschaft zu denen des RKD zum Problem. Vogelstein kritisierte die Aufspaltung der Aufgaben von Kalidirektorium und Vertriebsgesellschaft. Sinnvoll wäre eine holding company, die Finanzierungen lenken und nur ganz allgemeine Anordnungen gebe. Wenn Herr Hilferding glaube, daß dem Kalidirektorium nur technische Kompetenzen, zum Beispiel Entscheidungen, wie abgebaut werden solle sowie die Festsetzung der

Selbstkosten zufallen, so verkenne er, daß Produktions- und Finanzfragen nicht zu trennen seien. Die von Hilferding dem Direktorium zugewiesenen technischen Aufgaben, insbesondere, wenn sie den Eingriff in die konkrete Betriebsführung implizieren, könne es gar nicht lösen. Der Zentralismus der Hilferdingschen Konstruktion verhindere rasches und flexibles Reagieren der Einzelunternehmen, etwa durch Austausch der Aufträge oder Quotenhandel unterhalb der Syndikatsschwelle.[58]

Ferner sei nicht zu erkennen, wer im Direktorium „die letzte Macht" habe. Obwohl Hilferding von gemischtwirtschaftlicher Verfassung rede, sei die privatwirtschaftliche Grundlage beseitigt, denn die Privatindustrie halte nur 45 % der Aktien. Hilferding entgegnete, daß sein Plan keineswegs strikt zentralistisch sei. An der Vertriebsorganisation seien schließlich die Leute beteiligt, „die wirklich bisher den Verkauf geleitet haben". Es werde sich, wie andere Beispiele für gemischtwirtschaftliche Betriebe zeigten, eine „industrielle Führung" herausbilden. „Die Herren werden ihr Privatinteresse aufrechterhalten, durch die Art, wie sie den Absatz organisieren, daran zweifle ich keinen Augenblick." Vermutlich drückt sich in Hilferdings Entgegnung die Überzeugung aus, daß in der gegenwärtigen Situation in bestimmten Branchen auf die Mitarbeit von Privatunternehmern in gemeinwirtschaftlichen Unternehmen nicht verzichtet werden könne.[59]

5. *Das Unternehmerlager geht in die Offensive*

Nachdem Hilferding seinen Plan vorgelegt hatte, steigerte sich die Kritik der Unternehmerseite zur offen antisozialistischen Polemik. Nicht ohne Arroganz spielte sie das Herrschaftswissen ihrer Klasse aus. In der Sitzung des Kaliunterausschusses vom 12. November 1920 führte der Gewerkschafter Hermann Sachse, stellvertretender Vorsitzender des Reichskalirats und nach § 43 der Durchführungsvorschriften zum Kaliwirtschaftsgesetzt Mitglied des Direktoriums des Kalisyndikats, darüber Klage, daß ihn nach Amtsantritt niemand in die Geschäftsbereiche des Syndikats eingeführt habe. Man habe ihn mit der Kohlebeschaffung betraut, im übrigen aber von der Beteiligung an in- und ausländischen Verkaufsgeschäften ferngehalten. Vor einer Aufsichtsratssitzung habe er gedrängt, doch eine Vorstandssitzung abzuhalten, um die Verhandlungsgegenstände zu diskutieren. Man habe ihm gesagt: Er sei nicht dazu da, um Syndikatsdirektoren anzulernen. Erst nach dem Kapp-Putsch habe sich seine Position verbessert.[60]

Kempner konterte hart:

„Ich muß sagen, daß, wenn man zur Begründung der Sozialisierung über die ganze bisherige Gemeinwirtschaft keine weiteren Beschwerden als die des Herrn Sachse hat, man lieber die Finger davon lassen sollte. (...) Er sagt: Ich bin nicht zum *Verkaufsgeschäft* zugezogen worden. Das beweist, daß er heute auch noch nicht die Verkaufstätigkeit des Kalisyndikats kennt und nicht die geringste Einsicht darin hat. Der Verkauf in Deutschland geschieht in weit verzweigterer Weise aufgrund der gesetzlichen Preisbestimmung und ferner aufgrund eines großen Mantelvertrages, der im November oder Dezember jährlich verhandelt wird mit der deutschen Landwirtschaftsgesellschaft, der Bezugsvereinigung, dem Düngerhandel, dem Kalikontor und sonstigen Abnehmern, um Grundbedingungen zu vereinbaren, um durch Reisende und so weiter den Verkauf im Inland direkt tätigen zu lassen. Kein Direktor verkauft auch nur ein Lot Kali im Inland!"

Was die Auslandspreise betreffe, so bedeute ihre offene Diskussion eine Schädigung der Kaliindustrie. Unter diesen Bedingungen werde man keine Verkäufer für das Auslandsgeschäft finden. „Was wird erfolgen, wenn Sie noch mehr Arbeitervertreter hineinsetzen, die das Geschäft nicht kennen?" In dieselbe Kerbe schlug Vogelstein einige Sitzungen später. „Die Beschäftigung aber mit Hacke und Spaten bildet keine besondere Vorbildung, den amerikanischen Markt und die Eigentümlichkeiten des ostpreußischen oder posenschen Marktes zu erfassen." Kempner und Kain übten unverhohlen Kritik an der mangelnden Einsichts- und Durchsetzungsfähigkeit Sachses. In der Wirtschaft komme es auf Geist und Energie einer Persönlichkeit an, nicht aber auf Paragraphen, wie die Sozialisten meinten.[61]

Zusätzlichen Anlaß zu Sarkasmen der Unternehmerseite gab der Umstand, daß das sozialistische Lager weit davon entfernt war, einheitlich und damit schlagkräftig zu argumentieren. Der Gewerkschafter Bahlke platzte, verärgert über die Angriffe Kempners auf Sachse, mit undurchdachten Vorschlägen heraus, die kühles Kontern provozierten. Ferner unterbreitete der Gewerkschaftsvertreter Werner ohne Absprache mit Hilferding auf der Sitzung vom 4. Februar 1921 einen Entwurf, der eine drittelparitätische Zusammensetzung des RKR mit Arbeitnehmern, Verbrauchern und Vertretern von Städten und Ländern vorsah, auf eine Beteiligung von Unternehmern beziehungsweise Fabrikdirektoren der Kaliindustrie also verzichtete. Dazu Vogelstein: „Das heißt also, daß kein einziger Mann, der überhaupt eine Ahnung hat, wie die Kaliindustrie zu leiten ist, mitwirkt. So etwas Groteskes als Vorschlag ist mir in der Welt noch nicht vorgekommen!" Das sozialdemokratische Kommissionsmitglied Professor Hugo Lindemann stellte sich auf den Boden des Sondervotums I, das hauptsächlich von Unternehmern unterstützt wurde, und legte dazu ein Ergänzungsvotum vor, in welchem Lindemann vorschlug, daß die Quote der stillgelegten Werke gegen Entschädigung auf Staatswerke zu übertragen sei, um den Staatsanteil an der Kaliindustrie zu erweitern. Auch Lederer, der in der Diskussion Hilferding häufig beisprang, verfaßte ein Ergänzungsvotum zum Sondervotum II. Darin regte er die Gründung eines Kalitrusts als gemischtwirtschaftliches Unternehmen, in welchem die Allgemeinheit mit 49 % der Aktien zu beteiligen sei, an.[62] Der prominente Gewerkschafter Paul Umbreit gab schließlich in der bereits fortgeschrittenen Diskussion zu bedenken, man müsse bei Stillegungen darauf bedacht sein, daß man nicht zusätzliche Arbeitslosigkeit schaffe. Er trug sodann eine eigene Sozialisierungsvariante vor, von der er annahm, mit ihr werde sich die Freisetzung von Arbeitskräften vermeiden lassen. Vogelstein hakte sofort nach. Es sei ein „sehr eigenartiger Gegensatz zwischen den Herren der gleichen Parteistellung hervorgetreten. Die einen sagen, wir brauchen die Sozialisierung, um zu verhindern, daß zu ökonomisch gearbeitet wird und weil darunter die sozialen Gesichtspunkte leiden (...)." Andere Sozialisten wiederum befürworteten die Sozialisierung, „um die möglichst ökonomische Wirtschaft in der Kaliindustrie durchzuführen, die beim bestehenden System noch keinesfalls bis zum höchsten Maße durchgeführt ist (...)." Aber diese Erwartung gehe fehl. Sozialisierung der Kaliindustrie bedeute ihre Bürokratisierung.[63]

Zur Taktik der Unternehmerseite gehörte die Unterstellung, die Sozialisierungsforderung sei in Wirklichkeit nicht ökonomisch, sondern vielmehr ideologisch-doktrinär und politisch begründet. Warum wolle man eigentlich unbedingt die Kaliindustrie sozialisieren, fragte Vogelstein. „Nur weil das am 20. März (nach dem Kapp-Putsch, W. E.) versprochen worden ist (...)?" Frage man Arbeitervertreter nach Begründungen, so werde „im Grunde genommen nichts als das allgemein prinzipielle Bekenntnis zum Sozialismus als ein weiterer Grund für eine Sozialisierung" angeführt.[64] Den Höhepunkt dieser ironischen Kommentierung der sozialistischen Absichten brachte die Einlassung des Kommissionsmitgliedes Adolf von Batocki. Batocki war zwar preußischer Beamter, vertrat aber klar den Unternehmerstandpunkt.

„Die Kommission hat gewissermaßen ja die Aufgabe, Jagd auf alle 'sozialisierungsreifen' Betriebszweige zu machen. Ich betrachte meine persönliche Aufgabe wie die eines waidgerechten Jägers (...). Das Kali erscheint mir als Abschußobjekt ganz besonders ungeeignet. Ich verstehe, daß sich die Herren in ihrer sozialistischen Weltanschauung auch darauf stürzen, denn das Ergebnis der Sozialisierungsjagd war bisher nur dürftig. *Die Elektrizität* im allgemeinen ist sozialisiert, indem man eine Art Planwirtschaft eingeführt hat, von der man aber heute noch nichts merkt. Dann sind einige private Elektrizitätsgesellschaften, die sonst kaputt gegangen wären, wie die Berliner Straßenbahn, saniert worden; sie sind den Aktionären durch die Stadt abgekauft worden, und die Pleite tritt jetzt für die Stadt ein (...). Die Kommunalisierung, die wir beschlossen haben, habe ich mitgemacht, weil ich glaube, daß die ersten Experimente zu einem lehrreichen Resultat für die Kommunen führen werden und so für die Zukunft, wenn sie auch im Einzelfall schaden, nützliche Lehren abgeben werden (...). Bei der Kohle, fürchte ich, sind durch den Sozialisierungsgedanken große Schäden eingetreten. *Das Zement* will ich Ihnen eher preis geben, damit an ihm ein Sozialisierungsversuch gemacht werden kann. Zement hat für unsere Volkswirtschaft nicht die große Bedeutung der Kohle und des Kali, und die Arbeiterschaft ist weniger zahlreich. Seine Sozialisierung (...) ist also relativ ungefährlich."

Im übrigen aber bestehe die Gefahr, daß das Vorgehen des sozialistischen Flügels der Kommission „wie bei der Kohle neue Schwierigkeiten zwischen Arbeitern und Betrieben" bewirken werde.[65]

Angriffe dieser Art bewogen Hilferding, seinerseits die ökonomische Argumentationsebene zu verlassen und seine Zuflucht bei ethischen Erwägungen und Zielbegründungen zu suchen.

„Ich nehme an, daß trotz aller Schärfe der Polemik, die Herr v. Batocki diesmal gewählt hat, er uns, die wir den Vorschlag von der Kohlenkommission gemacht haben (...), zugeben wird, daß wir in unserem Verantwortungsgefühl und unserer sozialökonomischen sachlichen Beurteilung der Probleme nicht zurückstehen (v. Batocki: Sie haben in bester Absicht furchtbares Unglück angerichtet!) - (...). Ich glaube, daß der Vorschlag I (...) nur der Ausdruck des bestehenden Zustandes ist, daß die Arbeitgeber Gegner einer Sozialisierung sind, während die Arbeiter sie verlangen (...). Da wir die Überzeugung haben, daß die sozialistische Organisation auch die volkswirtschaftlich erstrebenswerte ist, können wir nichts anderes als einen sozialistischen Vorschlag machen."

Und an die Adresse Rathenaus, der Sozialisierung als Selbstzweck ausdrücklich abgelehnt hatte:

„Wenn wir sozialistische Ansichten vertreten, so hat das nicht nur eine wirtschaftliche Seite, sondern wir vertreten diese Ansichten auch aus Gründen, die man ethisch oder wie anders nennen kann, aus der Grundüberzeugung heraus, daß es wesentlich ist, den Arbeiter aus einem Objekt der Wirtschaft zu einem freien, verantwortlichen Mitregler der Wirtschaft zu machen."[66]

Ein anderes sozialistisches Mitglied der Sozialisierungskommission, der Architekt Heinrich Kaufmann, Geschäftsführer der Arbeitsgemeinschaft freier Angestelltenverbände (AfA), argumentierte unter dem Eindruck der Angriffe der Unternehmerseite offen politisch. Die Ausführungen Vogelsteins hätten gezeigt,

„wie sich das Spiegelbild der ganzen politischen Lage entwickelt hat. Je weiter wir von dem ominösen März 1920 uns entfernen, umso mehr erlahmt der soziale Wille. Ich will dahingestellt sein lassen, ob nicht ein großer Teil der Schuld die Arbeiterschaft selbst trifft, die manches nicht genug mit Nachdruck verficht und vertritt, was sie am 20. März aufgestellt hat."

Doch die Zeiten könnten sich schnell wieder ändern und der erlahmte Druck der Arbeiter sich wieder einstellen.[67]

Unvermeidliches Resultat dieser Kontroversen unter den Mitgliedern der Sozialisierungskommission war, daß ihr Gutachten in mehrere Voten - ein gemeinsames Votum, zwei Sondervoten und zwei Ergänzungsvoten, zu denen noch zusätzliche Erklärungen von v. Batocki und Rathenau kamen - zerfiel. Das Korrespondenzblatt des ADGB drückte nach Erstattung des Gutachtens und seiner Veröffentlichung im April 1921 die Hoffnung aus, die Reichsregierung möge die Reorganisation der Kaliwirtschaft nicht ebenso auf die lange Bank schieben wie die Sozialisierung der Kohlenwirtschaft. Doch diese Hoffnung trog. Der Reichswirtschaftsminister überwies am 11. April 1921 dem Reichswirtschaftsrat den Novellierungsentwurf des RKR zusammen mit dem Kaligutachten der Sozialisierungskommission. Der wirtschaftspolitische Ausschuß des Reichswirtschaftsrates befürwortete diesen Entwurf und akzeptierte die Empfehlung der Sozialisierungskommission, dem RKR das Recht zur Erzwingung von Stillegungen zuzuerkennen. In Form der sogenannten Stillegungsverordnung vom 22. Oktober 1921 wurde dieser Entwurf geltendes Recht. Die Kalisozialisierungsentwürfe wurden weder vom Reichswirtschaftsrat noch von der Reichsregierung weiter verfolgt.[68]

Es ist dem sozialistischen Flügel der Sozialisierungskommission nicht gelungen, die wirtschaftliche Überlegenheit einer sozialisierten Kaliindustrie glaubhaft zu machen. Eine solche Erwartung wäre unrealistisch gewesen. In Wirklichkeit handelte es sich in dieser Situation auch nicht um die Frage der Vor- oder Nachteile des privatwirtschaftlichen oder sozialistischen Ordnungsprinzips, sondern um eine politische Frage: die der Entmachtung eines Teils der Unternehmerschaft, deren Loyalität zu der Republik zu bezweifeln und Neigung zur Rückkehr zum „Herr-im-Hause-Standpunkt" zu befürchten waren. Zur Zeit der Kaliverhandlungen war die deutsche Arbeiterbewegung bereits zu schwach, die Machtfrage zu stellen.

Die Kalibranche ist im übrigen mit dem von der Republik geschaffenen Ordnungsrahmen, der nach Wissellschen Vorstellungen „gemeinwirtschaftlich" sein sollte, nicht schlecht gefahren. Die Stillegungsverordnung des Jahres 1921 erwies sich als taugliches Mittel, die Kaliförderung auf weniger Schachtanlagen und weniger Unternehmen zu konzentrieren und deren Wirtschaftlichkeit zu verbessern.[69] Paxmann, ein scharfsichtiger Vertreter jener Kaliunternehmer, die in diesem Konzentrationsprozeß Federn lassen mußten, bezeichnete die Stillegungsverordnung als „Kabinettstück geschickter Maskierung weit ausladender kapitalistischer Zwecke". In der Kalienquete des Jahres 1929 werden Stimmen der Arbeitnehmer im Reichskalirat zitiert, die fehlende Information und Einflußlosigkeit im RKR und Kalisyndikat beklagen. Das nationalsozialistische Regime schließlich beseitigte durch Gesetz vom 24. April 1933 den Reichskalirat und entfernte unter Berufung auf das Führerprinzip die dem Vorstand und dem Aufsichtsrat des Reichskalisyndikats angehörenden Arbeitnehmer aus ihrem Amte.[70]

Anmerkungen

1 Vgl. Gutachten der Sozialisierungskommission über die Organisation der Kali-Industrie, Berlin 1921, S. 8; Verhandlungen der Sozialisierungs-Kommission über die Kaliwirtschaft, Berlin 1921, S. 44 f. und passim; W. L. Benner, Entwicklung, finanzieller Aufbau und Finanzierungsmethoden der deutschen Kali-Industrie, Phil. Diss. Gießen 1930, S. 8 ff.; D. Hoffmann, Elf Jahrzehnte deutscher Kalisalzbergbau, Essen 1972, S. 46 ff.

2 Kali fand und findet in der Produktion von Salpeter (Schwarzpulver), Pottasche, Glauber- und Bittersalzen, Brom sowie bei der Herstellung von Papier, Glas, Seife, Anilinfarben, pharmazeutischen Artikeln sowie in der Färberei und Photographie Verwendung. Dazu K. von Delhaes-Guenther, Kali in Deutschland. Vorindustrien, Produktionstechniken und Marktprozesse der Deutschen Kaliwirtschaft im 19. Jahrhundert, Köln, Wien 1974.

3 Vgl. dazu F. Beyschlag, Präsident der Geologischen Landesanstalt, Berlin, in: Verhandlungen (s. Anmerkung 1), S. 7 ff.

4 Vgl. dazu W. L. Benner (s. Anmerkung 1), S. 22 f.; D. Hoffmann (s. Anmerkung 1), S. 38; Geheimer Oberbergrat Graeßner vom Reichswirtschaftsministerium in Verhandlungen, a.a.O., S. 44; P. Krische, Das Kali. Die Gewinnung, Verarbeitung und Verwertung der Kalisalze; ihre Geschichte und wirtschaftliche Bedeutung, I. Teil, Stuttgart 1923, S. 221, 224 ff.

5 Beispiel bei W. L. Benner, a.a.O., S. 8 ff.

6 Ebd., S. 22

7 Die lex Gamp, in: Handbuch der Kali-Bergwerke, Salinen und Tiefbohrunternehmen 1921, Berlin 1921, S. 24 ff. Dazu ferner P. Krische (s. Anmerkung 4) S. 255 ff sowie H. L. Benner, a.a.O., S. 27 ff. - Über die entsprechenden Vorgänge und Regelungen im Kohlebergbau vgl. E. Ledermann, Die Organisation des Ruhrbergbaus unter Berücksichtigung der Beziehung zur Eisenindustrie, Berlin und Leipzig

1927, S. 124 ff.

8 H. L. Benner, a.a.O., S. 30

9 Ebd., S. 29 f.

10 R. Liefmann, Artikel „Kaliindustrie“ in: Handwörterbuch der Staatswissenschaften, V. Band, Jena 1923[4], S. 566. Diese Angaben sowie die bei H. L. Benner, a.a.O., S. 31 und Gutachten (s. Anmerkung 1), S. 6, differieren leicht.

11 Vgl. dazu A. Müller, Sozialisierung oder Sozialismus. Eine kritische Betrachtung über Revolutionsideale, Berlin 1919. Der Autor weist darauf hin, daß der Begriff „Sozialisierung“ erst nach der Revolution gebräuchlich geworden sei (S. 54 ff.).

12 Vgl. K. Novy, Strategien der Sozialisierung. Die Diskussion der Wirtschaftsreform in der Weimarer Republik, Frankfurt/New York 1978.

13 Zur „Sozialisierungsreife“ vgl. K. Novy, a.a.O., S. 35 ff. - Die Errichtungsproklamation ist abgedruckt in Verhandlungen der Sozialisierungs-Kommission über den Bergbau im Winter 1918/1919, Berlin 1921, S. VII. Dr. Theodor Vogelstein war 1910 Privatdozent in München, während des Krieges Vorstand der Kriegsmetall A. G. sowie Mitinhaber des Bankhauses C. Kretschmar in Berlin.

14 Dazu H. Schieck, Der Kampf um die deutsche Wirtschaftspolitik nach dem Novemberumsturz 1918, Phil. Diss. Heidelberg 1958 sowie K. Trüschler, Die Sozialisierungspolitik in der Weimarer Republik (1918 - 1920), Phil. Diss. Marburg/Lahn 1968.

15 Vgl. E. Biechele, Der Kampf um die Gemeinwirtschaftskonzeption des Reichswirtschaftsministeriums im Jahre 1919. Eine Studie zur Wirtschaftspolitik unter Reichswirtschaftsminister Rudolf Wissell in der Frühphase der Weimarer Republik, Phil. Diss. FU Berlin 1972.

16 Vgl. unter den vielen Belegen Protokoll über die Verhandlungen des Parteitages der Sozialdemokratischen Partei Deutschlands, abgehalten in Weimar vom 10. bis 15. Juni 1919, S. 64 f.; Hilferding auf dem 10. Kongreß der Gewerkschaften Deutschlands, in: Protokoll der Verhandlungen des Zehnten Kongresses der Gewerkschaften Deutschlands. Abgehalten zu Nürnberg vom 30. Juni bis 5. Juli 1919, Berlin 1919, S. 556; sowie die Neun-Punkte-Forderung des ADGB, des AfA-Bundes und des Deutschen Beamtenbundes an die Reichsregierung nach dem Kapp-Putsch vom 20. März: „6. Sofortige Inangriffnahme der Sozialisierung der dazu reifen Wirtschaftszweige unter Zugrundelegung der Beschlüsse der Sozialisierungskommission (...). Die Einberufung der Sozialisierungskommission erfolgt sofort. Übernahme des Kohlen- und Kalisyndikats durch das Reich.“ In: Korrespondenzblatt des Allgemeinen Deutschen Gewerkschaftsbundes. XXX (1920), S. 153.

17 So der Bergarbeiterführer O. Hue, in: Verhandlungen, a.a.O., S. 159. Hue kann nur den Verkaufswert pro Gewichtseinheit gemeint haben, der bei Kali 1913 im Durchschnitt bei 185,40 Mark, bei Steinkohle im rheinisch-westfälischen Steinkohlengebiet bei 11,83 Mark pro Tonne lag. Vgl. Verhandlungen, a.a.O., S. 466 f. sowie Verhandlungen der Sozialisierungs-Kommission über den Kohlenbergbau im Winter 1918/1919 (s. Anmerkung 12), S. 14. Die Rentabilitätsziffer der Reichsstatistik (Vergleich Jahresertrag mit Unternehmenskapital) ergibt für den Kalibergbau für das Jahr 1911/12 7,64 %, für den Steinkohlenbergbau 8,26 %. Vgl. Kali, Zeitschrift für Gewinnung, Verarbeitung und Verwertung der Kalisalze, VII (1913), S. 609.

18 So der Gewerkschaftssekretär Gärtner, in: Verhandlungen, a.a.O., S. 268 ff. sowie das Mitglied der Sozialisierungskommission G. Werner, Geschäftsführer des Bundes der technischen Angestellten und Beamten, ebd., S. 359.

19 R. Liefmann, in: Handwörterbuch der Staatswissenschaften (s. Anmerkung 10), S. 572. Der Autor weist darauf hin, daß die Mißstände in der Kaliindustrie bereits in den Jahren 1900 und 1904 zu Verstaatlichungsvorschlägen im Reichstag geführt hätten, ebd., S. 564.

20 Vgl. Korrespondenzblatt der Generalkommission der Gewerkschaften Deutschlands, XXIX (1919), S. 157 f. sowie das Zitat über die Wiedereinsetzung der Sozialisie-

rungskommission und Verstaatlichung des Kalisyndikats, in: Korrespondenzblatt (oben Anmerkung 16.)

21 Die in dieser Zusammenfassung zitierten rechtlichen Bestimmungen sind abgedruckt in Handbuch der Kali-Bergwerke (s. Anmerkung 7), der Gesellschaftsvertrag des Syndikats ebd., S. 83 ff.

22 Vgl. P. Krische, a.a.O., S. 216.

23 Vgl. P. Liefmann, in: Handwörterbuch der Staatswissenschaften, a.a.O., S. 568; H. L. Benner, a.a.O., S. 37; D. Hoffmann, a.a.O., S. 49; „Die genannten Kalistellen wurden in ihrem früheren Zustande übernommen und erfuhren nur eine Ergänzung in der persönlichen Zusammensetzung." Geschichte des Burbachkonzerns, Magdeburg 1928, S. 42; Verhandlungen, a.a.O., S. 48.

24 Verhandlungen, a.a.O., S. 219

25 Gutachten, a.a.O., S. 36

26 Verhandlungen, a.a.O., S. 50, 195, 471, 473, 495. Die genannten Zahlen weichen bisweilen voneinander ab.

27 Vgl. die entsprechenden Vorstöße von Hilferding und des sozialistisch eingestellten Heidelberger Professors E. Lederer, in: Verhandlungen, a.a.O., S. 71, 104, 170 f., 306 f., 323 ff. Lederer war einer der bedeutendsten Sachkenner für Sozialisierungsfragen und hatte kurz zuvor in der österreichischen Sozialisierungskommission entscheidend mitgearbeitet.

28 Vgl. Verhandlungen, a.a.O., S. 71 ff., 78, 81, 252. Angaben über die Kaliindustriellen und ihre Unternehmensbeteiligungen finden sich im Adressenteil des Handbuches der Kali-Berwerke, a.a.O. Speziell zu Kempner vgl. den Nachruf in Kali, XXI (1927), S. 157 f. Daß die Industriearbeiterlöhne in den Jahren 1919/20 nominell stark gestiegen sind, ist in der Literatur unbestritten. Vgl. G. Bry, Wages in Germany 1871 - 1945, Princeton 1960, S. 55.

29 Vgl. Anhang zu den Verhandlungen, a.a.O., S. 476 - 481.

30 Ebd., S. 51, 76, 108, 309

31 Ebd., S. 78, 409

32 Ebd., S. 87 f.

33 Ebd., S. 270, 360, 409

34 Ebd., S. 402, 93 f., 409

35 Ebd., S. 110 f., 115

36 Ebd., S. 95, 173 ff., 304

37 Ebd., S. 51, 263 ff. Der Gewerkschafter Gärtner wies darauf hin, daß trotz erkennbarer Überproduktion auf manchen Gruben die Arbeiter zur Produktionssteigerung ermuntert würden, ebd., S. 268.

38 Ebd., S. 124 f., 73, 134, 248

39 Ebd., S. 108, 145, 269. In der „Propaganda" wurde die Bedeutung der Kalidüngung für Sand- und Moorböden hervorgehoben, ebd., S. 202 f.

40 Ebd., S. 269. Zu Wilhelm Kain vgl. den Nachruf in Kali, XVI (1922), S. 245 ff.

41 Ebd., S. 163, 284 ff.

42 Ebd., S. 299. Auch Herold äußerte dieses Argument, ebd., S. 286.

43 Ebd., S. 287

44 Vgl. Begründung des Novellierungsentwurfs, ein Gutachten (s. Anmerkung 1), S. 36, 42; ferner das Unternehmervotum I, ebd, S. 11 sowie Verhandlungen, a.a.O., S.117.

45 Verhandlungen, a.a.O., S. 186 ff., 118

46 Ebd., S. 118, 327, 358, 386, 408, 219 ff., 321

47 Ebd., S. 288 ff.

48 Ebd., S. 104, 195, 323 f., 401, 404 - 407

49 Ebd., S. 325 f., 404 ff.

50 Das dem Gutachten Hilferdings entsprechende Votum II ist abgedruckt in Gutachten, a.a.O., S. 15 ff. Zur Selbstkostenregelung vgl. Verhandlungen, a.a.O., S. 339, 368. Bei einer Praktizierung der Prämierung einer Selbstkostensenkung hätte sich

herausgestellt, daß hier der Teufel im Detail steckt. Es sind mehrere Varianten denkbar. Ein Betrieb hat zum Zeitpunkt t_1 x Selbstkosten, zum späteren Zeitpunkt t_2 y Selbstkosten ($y<x$). Der Betrieb ist alsdann interessiert, die Selbstkosten t_1 (x) hochzuhalten, um eine möglichst hohe Prämie für t_2 (y) zu erhalten. Variante 2: Selbstkosten sind die durchschnittlichen Selbstkosten aller Kalibetriebe. In diesem Falle sind die geologisch und so weiter begünstigten Betriebe im Vorteil, was wieder kompensiert werden muß, und so weiter. - Zu Rathenaus Vorschlag zur Selbstkostenfrage vgl. Bericht der Sozialisierungskommission über die Frage der Sozialisierung des Kohlenbergbaus vom 31. Juli 1920. Berlin 1921, S. 19, sowie Verhandlungen der Sozialisierungskommission über den Kohlenbergbau im Jahre 1920, I. Band, Berlin 1920, S. 215, 288, 302. Rathenaus Grundidee war, daß die Selbstkosten eines Unternehmens im Sinne einer wertmäßigen Erfassung aller eingesetzten Produktionsmittel und Kapitalien nicht berechnet werden könnten. Deshalb sollten als Selbstkosten die Passiva einer Jahresbilanz gelten.

51 Vgl. Verhandlungen, a.a.O., S. 382 f., 405, 444.

52 Ebd., S. 439 ff.

53 Ebd., S. 436.

54 Ebd., S. 339, 383, 436

55 Ebd., S. 442 f., 447

56 Ebd., S. 446, 443

57 Ebd., S. 435 f., 440, 444 ff.

58 Ebd., S. 188, 194, 347, 349 ff., 352 f.

59 Ebd., S. 365, 369

60 Hermann Sachse, ursprünglich Stellmacher, war Vorsitzender des Verbandes der Bergarbeiter Deutschlands, Sitz Bochum, Abgeordneter der Nationalversammlung, ferner seit 1911 Mitglied der Generalkommission der Gewerkschaften Deutschlands. Über die Rechtsgrundlage seiner Direktoriumsmitgliedschaft vgl. Handbuch der Kali-Bergwerke, a.a.O, S. 83; Verhandlungen, a.a.O., S. 275, 279.

61 Verhandlungen, a.a.O., S. 276, 278, 280 f., 283

62 Ebd., S. 282, 284, 344, 366, 371; Gutachten, a.a.O., S. 13 f.

63 Verhandlungen, a.a.O., S. 311 f., 316 ff., 319

64 Ebd., S. 320, 349

65 Ebd., S. 353 ff. Vgl. auch die Kampagne gegen Sozialisierung in der Zeitschrift der Kaliindustrie „Kali", XIII (1919), S. 51 - 57; 197 - 199; XIV (1920), S. 1 - 10.

66 Verhandlungen, a.a.O., S. 367 f., 403 f.

67 Ebd., S. 372, 374

68 Korrespondenzblatt des Allgemeinen Deutschen Gewerkschaftsbundes, XXXI (1921), S. 227; Der vorläufige Reichswirtschaftsrat 1920 - 1926, Denkschrift, verfaßt von Dr. Hauschild, Berlin 1926, S. 26 ff.; R. Hoffmann, a.a.O., S. 50 ff.

69 Vgl. die Angaben in: Die Deutsche Kali-Industrie, Verhandlungen und Berichte des Unterausschusses für Gewerbe, Industrie, Handel und Handwerk. (III. Unterausschuß), 1929, S. 14 ff.

70 P. Hoffmann, a.a.O, S. 50; H. L. Benner, a.a.O., S. 41; H. Paxmann, Die Deutsche Kaliwirtschaft in kritischer Beleuchtung, Berlin 1929, S. 78; vgl. auch Geschichte des Burbachkonzerns (s. Anmerkung 22), S. 42; Die Deutsche Kali-Industrie. (s. Anmerkung 69), S. 171; Bericht über die Geschäftsjahre 1932/33. Deutscher Kaliverein e. V. zu Berlin, o.O., o. J. (1933), S. 89 f.

Bilder von Arbeiterklasse und Arbeiterbewegung in der Zeit der »sozialen Frage«: Chile 1890–1920

Nestor D'Alessio

1. Das Aufkommen der „sozialen Frage"

Die Zeit, mit der wir uns hier beschäftigen, ist die der sogenannten Parlamentarischen Republik.

Ökonomisch und sozialstrukturell ist diese Zeit dadurch gekennzeichnet, daß nach dem Ende des Pazifikkrieges im Jahre 1883 - ein Krieg, in dem Chile Bolivien und Peru besiegte und seinem Territorium die Provinzen einverleibte, in denen sich reiche Salpetervorkommen befinden - in Chile eine auf den Salpeterexport gegründete Periode der wirtschaftlichen Expansion begann, die mit Schwankungen bis zum Ende des Ersten Weltkrieges dauerte. Durch die staatliche Umverteilung der Exporterlöse erfuhren sowohl die öffentliche Verwaltung als auch das Bildungswesen eine starke Ausweitung, die dem Aufkommen einer abhängigen Mittelklasse Raum gab, die zum Konsumenten eines bescheidenen Binnenmarktes für die nationale Industrie wurde. Indirektes Ergebnis dieser Umverteilung der Bergwerksrente war eine gewisse industrielle Entwicklung im Rahmen der Exportwirtschaft.[1] Politisch kann man diese Zeit als Honoratiorendemokratie charakterisieren, das heißt: als eine Demokratie, die auf ein eingeschränktes und korruptes Wahlsystem gestützt war, das durch das Wahlgesetz von 1874 geregelt wurde, nach dem diejenigen Männer wählen durften, die über 21 Jahre alt und des Lesens und Schreibens kundig waren und die sich in die entsprechenden Wahlregister eingetragen hatten. Im Rahmen eines politischen Systems, in dem den untergeordneten ländlichen Klassen eine autonome Interessenvertretung fehlte - das Land wurde von den Konservativen kontrolliert - und die Arbeiterklasse sich nur teilweise von der Demokratischen Partei repräsentiert sah, bedeuteten die Wahlen für die wahlberechtigten Mitglieder dieser Klassen ein zusätzliches Einkommen, da sie häufig ihre Stimmen verkauften.[2]

Die Wahl war nicht die einzige Form, in der die untergeordneten Klassen auf der nationalen politischen Bühne der Periode präsent waren. In der Tat war die Periode der Parlamentarischen Republik Schauplatz der Bildung erster Arbeiterorganisationen und einer Verschärfung der sozialen Kämpfe, die sich in dringlichen Gesuchen an die Autoritäten, öffentlichen Demonstrationen, Streiks, Aufmärschen und Unruhen niederschlug, die von Polizei und Heer gewaltsam unterdrückt wurden. Mit der wirtschaftlichen Expansion, der beginnenden Industrialisierung und der Verstädterung brach die „soziale Frage" oder die „Arbeiterfrage" die Ruhe der bürgerlichen Sozialordnung. Beide Ausdrücke - „soziale Frage" und „Arbeiterfrage" - beziehen sich nicht nur auf die sozialen Spannungen, die die ersten Stufen der kapitalistischen Entwicklung kennzeichneten, sondern sie bezeichnen auch die besondere Art und Weise, in der diese Spannungen seitens der aufgeklärteren Kreise der Mittelschichten behandelt wurden, die ihr Vorhandensein erkannten und eine Reihe von rechtlichen und sozialen Reformen zu ihrer Lösung vorschlugen. In dieser Hinsicht sind diese Ausdrücke zeit- und sozialbezogen. Sie fügen sich in eine Welt von Ideen, Erwartungen, Hoffnungen, Enttäuschungen, Ressentiments und Ängsten ein, die die ersten Stufen der Industrialisierung und Verstädterung begleiteten. In dieser Etappe der kapitalistischen Entwicklung kommt zum offenen Sozialkonflikt noch die durch die Schnelligkeit der vertikalen und horizontalen Mobilität verursachte Statusunsicherheit hinzu, die den Rahmen der alten, traditionellen Gesellschaft sprengte und eine besondere sozialpsychologische Konstellation schuf, durch die ein großer Teil der Bilder der Arbeiterklasse und der Arbeiterbewegung geprägt wurde. Auf einige dieser Bilder werde ich in den nächsten Abschnitten eingehen.

2. Von der Negation der „Arbeiterfrage" zur „Epidemie, die aus dem Ausland kommt" und die „Arbeiter ansteckt, die unzufrieden, aber ruhig leben"

Eine erste Reaktion auf die sozialen Kämpfe war die Verleugnung ihres Vorhandenseins. In der Folge der blutigen Unterdrückung des Hafenarbeiterstreiks von Valparaiso im April 1903 sagte der konservative Abgeordnete Diaz Sagredo vor der Kammer:

> „Wir stehen hier einer einzigartigen Erscheinung gegenüber: Wir erschrecken vor der Arbeiterfrage, vor einer Frage , die in der Realität Chiles nicht existiert, denn in Wahrheit kann man nicht sagen, daß das Problem der Arbeiterfrage in Chile entstanden sei, das in Europa Grund zur Besorgnis gibt."[3]

Der zitierte Auszug aus der Rede des konservativen Abgeordneten gibt einen bekannten Blockierungsmechanismus der Wahrnehmung seitens der Mitglieder einer sozialen Klasse wieder, die Wandlungen der von ihr beherrschten Sozialordnung zwar erkennt, aber sich weigert, die neue Realität anzuerkennen. So setzt sich erst in einem langen und für die Mitglieder schmerzhaften Prozeß die Einsicht in die Notwendigkeit von Reformen der Rechtsordnung und des politischen Systems durch, die zwar nicht die grundlegenden Interessen der Besitzenden berühren, gewiß aber eine neue Form der Machtausübung bedeuten.

Auf diese erste Reaktion der defensiven Leugnung des Problems folgte der Versuch, das Unerklärliche zu erklären. Im Februar des Jahres 1904 entschied die Exekutive, einen Untersuchungsausschuß zu bilden - die Comision Consultiva de Tarapaca y Antofagasta -, der die herrschenden Arbeits- und Wohnbedingungen, die Gesundheit und Erziehung in den Salpeterprovinzen im Norden des Landes untersuchen sollte. Drei Monate nach seiner Bildung legt der Ausschuß einen ersten Bericht vor, der ein Zeugnis für die Ambivalenz gegenüber der untersuchten Realität ist, wie aus dem folgenden Auszug hervorgeht:

„Auf den ersten Blick fehlen wirksame Gründe für eine ruhestörende soziale Frage bei den Arbeitern in den Salpeterpampas. Der Ausschuß hat aber deutlich beobachten können, daß ein mehr oder weniger ernstes Unbehagen und eine beginnende Unruhe bestehen, die, mit oder ohne Grund, dazu neigen, sich weiterzuentwickeln. Viele Arbeiter beschweren sich anhaltend darüber, daß ihre materiellen Bedingungen wenig zufriedenstellend sind, und klagen über das von den Ladenbesitzern ausgeübte Handelsmonopol; über die Ausgabe von fichas; über die Anfeindungen, denen sie ausgesetzt sind, wenn sie bei freien Händlern kaufen; über die ungesunden Unterkünfte und schließlich über einige andere Mißbräuche. Die moralische Verfassung der Arbeiter der Pampa ist in jeder Hinsicht unzureichend. Die Dienstherren ihrerseits beklagen sich über eine tatsächliche soziale Unruhe, die die schwersten Folgen für das ganze Land mit sich zu bringen droht. Sie werden nicht müde zu wiederholen, daß die Arbeiter ruhig leben und daß es keine Schwierigkeiten gäbe, wenn sie nicht durch die ständigen und hartnäckigen Aufwiegelungen einer Gruppe von Individuen entstünden, die von außerhalb kommen und die ihr Interesse, ihren Gewinn und sogar ihre Existenz selbst aus der Unzufriedenheit der Arbeiterklasse in den Häfen und der Pampa beziehen."[4]

Aus diesem Zitat wird die Vorsicht deutlich, mit der die Mitglieder des Ausschusses sich dem Problem der Arbeitsbedingungen in den Salpeterminen nähern. Sie beginnen - in einer seltsamen aristotelischen Sprache - damit, das Vorhandensein wichtiger Ursachen für die soziale Frage zu negieren, indem sie nicht das Elend selbst, sondern die Beschwerden der Arbeiter über dasselbe feststellen. In dieser ideellen Welt, in die die „Sache an sich" nicht eindringt, wird das reale Elend zum „moralischen Elend" stilisiert. Das Elend war keine neue Erscheinung. Es hatte schon immer existiert, und die Lage der Salpeterarbeiter war relativ noch besser als die des ländlichen Proletariats im Süden, einer der Herrschaft der Oligarchie auf dem Lande extrem unterworfenen Gruppe. Das Neue war also nicht das Elend im Salpeterbergbau, das Neue waren die sozialen Kämpfe in einem Arbeitermilieu, das sich noch 10 oder 15 Jahre vorher durch seine soziale Ruhe auszeichnete, nur durch punktuelle Aufsässigkeiten gestört, die von der Polizei schnell unter Kontrolle gebracht wurden. Wie also den Ursprung dieser neuen Art von Aufruhr erklären, wenn nicht durch Rückgriff auf ein drittes, von außen kommendes Element, der von den Patronen behaupteten Aufwiegelung der von Natur aus ruhigen Arbeiter durch auswärtige Agitatoren.

Wenn auch die Infiltrationstheorie als Erklärung für die sozialen Kämpfe nicht von den Autoren des Berichts aufgegriffen wurde, nahm diese

Theorie doch im Laufe der Zeit Gestalt an. 14 Jahre später ging sie in ein Aufenthaltsgesetz ein, mit dem die Ausweisung jedes Ausländers autorisiert wurde, der in die Verteilung subversiver Propaganda oder in aufrührerische Aktionen verwickelt war. In diesem Gesetz, das von allen in der Kammer vertretenen politischen Parteien angenommen wurde, nimmt die Figur des Agitators die Gestalt des an der Zerstörung des nationalen Geistes interessierten Ausländers an, wie aus der nostalgischen Rede eines konservativen Senators hervorgeht:

„(...) dieser Geist befindet sich durch die ungesunde Propaganda, die aus dem Ausland zu uns kommt, so wie durch die Seuchen in Aufregung. Ich bedauere nun, daß ich mir selber diese Überlegung machen muß, das Chile von heute ist nicht das alte Chile. Leider sind die Prinzipien der Ordnung zerrüttet."[5]

Auf diese Art und Weise wird die soziale Repression mit dem Nationalismus in der Form einer mythischen nationalen Tradition verbunden, die gegenüber den aus dem Ausland kommenden zersetzenden Ideen verteidigt werden muß. Mit diesem „alten Chile" macht die konservative Nostalgie nichts anderes, als die Ruhe einer traditionellen Sozialordnung heraufzubeschwören, in der die Grundbesitzer ihre uneingeschränkte Herrschaft über das niedere Volk ausübten.

3. *Schwache, Hilflose, Kranke, Tiere: die Arbeiter der aufgeklärten Reformer*

Trotz der ideologischen Blockade der mehr konservativen Strömungen brach sich die Vorstellung von der Notwendigkeit, die juristische und politische Ordnung zu reformieren, langsam Bahn. Die reformistischen Bestrebungen gingen von politischen Organisationen, sozialen Gruppen oder Individuen aus, die in bezug auf den oligarchischen Machtkern relativ marginal waren. Marginal in bezug auf die Oligarchie, verstanden diese Gruppen und/oder Individuen ihre Ansiedlung zwischen ihr und den untergeordneten Klassen als eine hervorragende Stellung für ihre Aufklärungsarbeit über die Lebens- und Arbeitsbedingungen der Armen. Valentin Letelier, Rektor der Universität von Chile und wichtigster Theoretiker der reformistischen Strömung innerhalb der Radikalpartei - die Partei der Mittelschichten par excellence -, drückte dies deutlich in einem in der Parteizeitschrift von Januar 1896 unter der suggestiven Überschrift „Los Pobres" („Die Armen") erschienenen Artikel aus:

„In Chile ist es die Radikalpartei, die am meisten zu dieser interessanten Untersuchung beitragen kann (er bezieht sich auf die Bedingungen, die das Aufkommen der chilenschen Arbeiterparteien erklären, die seiner Ansicht nach gegen die bestehende Sozialordnung opponieren, N.D.), weil (...) sie weder vom Volk so fern ist, als daß sie seine Unzufriedenheit nicht verstehen könnte, noch von den konservativen Klassen, als daß sie die Gründe für deren Unruhe nicht verstehen könnte."[6]

Eines der klassischen sozialkritischen Bücher der Zeit, ,,Sinceridad: Chile intimo en 1910", reproduziert ebenfalls das Schema des um die Aufklärung der Oligarchie über die soziale Realität des Landes bemühten Intellektuellen. Geschrieben von dem Gymnasiallehrer Alejandro Villegas aus einer Provinzstadt hat es die Form von Briefen, die ein reisender Intellektueller, der fiktive Dr. J. Valdes Cange, an den Präsidenten der Republik richtet, in der Absicht, diesen mit dem unbekannten Schicksal der Proletarier seines Landes bekannt zu machen:

„Ich beginne, mein Herr, damit, Euch zu sagen, daß es vielleicht kein Land auf der Welt gibt, in dem die Unterschiede zwischen der oberen Klasse und dem Proletariat so groß sind wie in Chile. Und ebensowenig hat der Despotismus der Magnaten und die Ausbeutung der Schwachen solch einen Charakter wie hier. Diese Erläuterungen sind sicherlich für Euch und alle jene, die im Überfluß geboren wurden, ein wenig schwierig zu akzeptieren, denn Ihr lebt in einer Welt, in der nichts von alldem zu sehen ist, und sicher werdet Ihr nicht ausgegangen sein, das zu suchen, dessen Existenz Ihr ignoriert."[7]

Während in Leteliers Aufsatz die untergeordneten Klassen allgemein als „die Armen" erscheinen, nehmen sie in Villegas Buch die Form von Produzenten an, deren Arbeits- und Lebensbedingungen im Falle der Salpeterarbeiter detailliert beschrieben werden. Diese Arbeiter wurden aus den landwirtschaftlichen Zonen der Mitte und des Südens des Landes rekrutiert; es entstanden große Bergarbeiterballungen im Norden des Landes, die durch extreme Armut gekennzeichnet waren. Zwar wurden höhere Löhne als im restlichen Land gezahlt, ihre Kaufkraft war jedoch geringer, weil die Lebensmittelkosten wegen der großen Entfernungen zwischen den Agrarzonen des Südens und der Salpeterregion sehr hoch waren. Als Folge des Fehlens von Scheidemünzen, das noch bis Anfang des 20. Jahrhunderts andauerte, wurde im Norden des Landes die ,,ficha" als Zahlungsmittel eingeführt. Die ficha war nichts anderes als ein privates Zahlungsmittel, das von den Salpetergesellschaften ausgegeben wurde und nur innerhalb des Gebietes der jeweiligen Gesellschaft Gültigkeit besaß. Die Gesellschaften hatten das Handelsmonopol in ihren Gebieten, und die fichas funktionierten in diesem Raum als Zahlungsmittel. Dadurch wurde über die Verschuldung in der ,,pulperia" (dem Laden der Gesellschaft) eine Art Fesselung der Arbeiter an die Salpetergesellschaft bewirkt. Auf der anderen Seite verloren die fichas innerhalb eines durch die Gesellschaft festgesetzten Zeitraums im Falle der Arbeitseinstellung ihren Wert. Mehr noch, die von den Arbeitern zu zahlenden Preise für die Lebensmittel waren höher als die Preise der entsprechenden Lebensmittel in der nächstgelegenen Stadt plus Transportkosten. In diesem Sinne bedeutete das ficha-System in Verbindung mit dem Handelsmonopol, das die Gesellschaft über ihren eigenen Laden ausübte, eine zusätzliche Ausbeutung der Arbeiter als Konsumenten. Harten Ausbeutungsbedingungen unterworfen, nach vier oder fünf Wochen ununterbrochener Arbeit, pflegten die Arbeiter den ihnen verbliebenen Lohn in den Spielhöllen und Bordellen auszugeben, die mit Erlaubnis der Gesellschaft auf dem Gebiet der Mine eingerichtet wurden. Der unfreie Charakter des kapitalistisch ausgebeuteten Arbeiters, das heißt des Arbeiters, der den Übergang von „persönlicher Abhängigkeit" zu „persönlicher Unabhängigkeit auf sachliche Abhängigkeit gegründet" noch nicht vollzogen hat, erscheint deutlich in der Beschreibung Alejandro Villegas. Trotz des enthüllenden Charakters seines Werkes, teilt es mit den Schriften von Letelier die Neigung, die Arbeiter als „die Schwachen" oder „die Hilflosen" zu bezeichnen; eine ideologische Operation, die die „soziale Frage" entpolitisiert und sie in die moralische Sphäre verlegt, wodurch sich das Reformwerk in eine Art von „Erlösung" der Arbeiter verwandelt.

Im Rahmen dieser konfliktlosen Sprache hebt sich die Arbeiterklasse von der gleichförmigen Masse des „Pöbels" oder des „Gesindels" ab und wird zu einem der wissenschaftlichen Behandlung würdigen Gegenstand. Die Funktionalität dieser Sprache wird deutlich in bezug auf eine Sozialkritik, die in der Enthüllung der Lebens- und Arbeitsbedingungen der Arbeiterklasse zugleich die Ressentiments jener breiten Sektoren der Mittelklasse, die als Folge der Ausweitung des Bildungswesens und der öffentlichen Verwaltung aufgekommen waren, gegen eine traditionelle oligarchische Ordnung preisgibt, die sie ausschließt. Wenn auch die bittere Klage bei Letelier - einem Mann mit einer glänzenden intellektuellen Laufbahn, die ihn bis zum Rektorat der bedeutendsten Universität des Landes führte - fehlt, hallt diese deutlich im Buch des bescheidenen Gymnasiallehrers Alejandro Villegas aus der Provinz wider:

„Man schätzt die Begabung und anerkennt die wissenschaftliche und literarische Kultur, die Universitätstitel, solange sie den Weg zu Besitz und Reichtum ebnen. Aber, die reine Wissenschaft, die Liebe zur Kunst um der Kunst willen, sind Münzen, die auf dieser geheiligten chilenischen Erde nicht im Umlauf sind und sie bringen den in Verruf, der das Unglück hat, sie mit sich zu führen."[8]

Hier ist anzumerken: Wenn auch die „soziale Frage" in den Arbeiterkämpfen entstand, war sie auch eine Erscheinung, die mit der Enttäuschung breiter Sektoren der Mittelklasse über eine oligarchische Ordnung zusammenhing, die sich nicht nur nicht um das Schicksal der Arbeiter kümmerte, sondern auch eine aristokratische Abneigung gegen diese plebejischen Schichten hegte, die die traditionelle Ordnung bedrohten; nicht so sehr, weil sie vorhatten, sie zu stürzen, sondern weil sie sich einen Platz in ihr erstreiten wollten. Es ist eben der plebejische Inhalt dieses Konfliktes, der die Entpolitisierung des reformistischen Diskurses bedingt: ein Diskurs, in dem die Enthüllung der Ausbeutung der Arbeiterklasse eine solche Form annahm, daß sie das in ihr enthaltene antagonistische Potential blockierte. Schwach oder hilflos, die Arbeiter verlieren offensichtlich dennoch nicht die Fähigkeit, zu einer realen „Epidemie" zu werden. Auf dem Kongreß der Radikalpartei im Dezember 1905 standen sich zwei Strömungen bei der Diskussion über die soziale Frage gegenüber. Es setzt sich die Auffassung der reformistischen Strömung durch, die von Valentin Letelier angeführt wurde. Dieser überzeugt mit seinen Argumenten den Kongreß von der Notwendigkeit, daß die Partei in ihrem Programm die sogenannte Arbeiterfrage berücksichtigen müsse. Die begrenzte Reichweite der vorgeschlagenen Reformen wird aus der Entschließung deutlich, die die Debatte zusammenfaßt:

„ Der Kongreß erklärt, daß es moralische Pflicht, juristische Verpflichtung und politische Voraussicht ist, die Hilfsbedürftigen im Lebenskampf nicht zu verlassen, besonders nicht die Armen, die von der Tagelöhnerarbeit leben, und daß infolgedessen dazu so weit wie möglich Gesetze erlassen und Einrichtungen geschaffen werden müssen, ohne das Recht zu verletzen und die Gleichheit mit den anderen Klassen zu bewahren. Er erklärt, daß es die Pflicht der Gemeinden und des Staates ist, unhygienische Unterkünfte zu verbieten, vor allem in den Städten, und den Bau gesunder Häuser für die Arbeiter zu unterstützen. Er erklärt, da die Gesundheit eine Sache der Solidarität aller Bewohner des Landes ist, daß es die Zuständigkeit des Staates ist, im Falle von epidemischen oder ansteckenden Krankheiten, bei denen es nicht in den Händen des Individuums liegt, sie zu vermeiden, wenn sie ausgebrochen sind, um sie zu verhindern, die Gesundheitspolitik zu schaffen und, um sie zu bekämpfen, diejenigen allgemeinen Maßnahmen der Vorsorge und Prophylaxe zwangsweise durchzusetzen, die die Hygienewissenschaft empfiehlt.“[9]

Die Armen, die Schwachen und die Hilflosen verwandelten sich also nun in gefährliche Klassen, nicht so sehr für die Sozialordnung, sondern vielmehr für die öffentliche Gesundheit der Bourgeoisie. Selbst Villegas beschwört am Schluß seiner an den Präsidenten der Republik gerichteten Briefe noch andere Befürchtungen herauf:

„Gott steh uns bei, an dem Tag, an dem sich diese Hammelherden, die wir so hart für unseren eigenen Nutzen arbeiten lassen, in Löwen verwandeln (...). Gott steh uns bei, wenn sie merken, daß sie nun die Mehrheit sind und mit Eisen und Feuer zurückfordern, was ihnen mit Eisen und Feuer genommen wurde.“[10]

Ob reale Befürchtung oder fingierte Rhetorik, fest stand, daß die Bedrohung aus dem Tierreich kam.

4. *Die gefesselte Klasse: Die Erzählungen des Baldomero Lillo*

Im Jahre 1904 erschien die erste Auflage von „Sub-Terra“, einem Buch, das dreizehn Erzählungen des Schriftstellers Baldomero Lillo enthält, von denen neun die Arbeits- und Lebensbedingungen der Kohlebergleute aus der Region Lota und Coronel im Süden Chiles beschreiben. Hier wurde die Arbeiterklasse zum ersten Mal nicht nur zum Gegenstand literarischer Behandlung, sondern das Buch fand auch, da es die literarische Empfindsamkeit der chilenischen Leser nicht verletzte, eine positive Aufnahme in der Kritik. Wie die Ausdehnung der Arbeiterklasse und der sozialen Kämpfe einerseits ihre literarische Aneignung erklären, weist deren positive Aufnahme andererseits auf das Vorhandensein eines neuen Publikums hin, das nicht nur empfänglich für diese Thematik als solche war, sondern auch für den Naturalismus, das heißt für die Stilform, die sich in der Behandlung des Themas durchsetzte.

Die persönliche Biographie Lillos kann helfen, beide Erscheinungen besser zu verstehen: Sein Vater war Angestellter einer Mine im Süden Chiles. Baldomero wurde dort 1867 geboren. Er besuchte das neugegründete Gymnasium in der Kleinstandt Lebu, das er schon nach zwei Jahren wegen seiner angegriffenen Gesundheit verließ. Kurz darauf begann er, als Angestellter der „pulperia", der Kohlemine von Lota Alto zu arbeiten. Danach zog er nach Coronel um, wo er die Verwaltung der dortigen „pulperia" in der Mine „Buen Retiro" übernahm. Im Jahre 1898 gab er gegen den Willen seines Arbeitgebers diesen Posten auf und zog nach Santiago, wo er - ohne großen Erfolg - in einer Versicherungsgesellschaft arbeitete. Schließlich fand er mit Hilfe seines Bruders Samuel, der sein Rechtsanwaltsstudium beendet hatte und schon als Dichter bekannt war, eine bescheidene Anstellung in den Archiven der Universität von Chile, die es ihm erlaubte, seine Familie in die Hauptstadt nachzuholen. Durch den Kontakt mit den literarischen Kreisen, in denen sein Bruder verkehrte, begann er zu schreiben, ohne jedoch eine Veröffentlichung zu wagen. Eine seiner ersten Erzählungen, „La Compuerta No 12", wurde von seinem Bruder in einer der literarischen Versammlungen des „Ateneo" in Santiago gelesen.[11]

Im Jahre 1899 gegründet, war das „Ateneo" nicht nur ein literarischer Zirkel, in dem die naturalistischen Werke von Zola, Perez Galdos und Tolstoi gelesen und diskutiert wurden, sondern auch ein wissenschaftliches Diskussionszentrum, in dessen Rahmen die „soziale Frage" häufig behandelt wurde. So hielt der Schriftsteller Armando Quezada Acharan in der Zeit des Erscheinens von „Sub-Terra" einen Vortrag über die Notwendigkeit, die Grundschulpflicht mit dem Ziel einzuführen, die moralische Verfassung der Arbeiter zu verbessern. Der Dichter Jose Domingo Silva seinerseits veröffentlichte eine Artikelserie, in der er die Arbeitsbedingungen in den Salpeterminen anprangerte. Die Mehrzahl der Mitglieder des „Ateneo" gehörte zu den armen Intellektuellen, Kinder von Landbesitzern, Händlern und kleinen Angestellten; Leute aus der Provinz, von der hauptstädtischen Oberschicht geringschätzig behandelt. In eben diesem plebejischen Umfeld setzte der „schlechte Geschmack (...), über die Zerlumpten und die Bauern zu schreiben"[12] seine eigenen ästhetischen Kriterien. So kommt es nicht von ungefähr, daß eine der positivsten Rezensionen von „Sub-Terra" gerade in der Zeitung „La Ley" der Radikalpartei erschien:

> „(...) dieses Buch hat, abgesehen von seinem literarischen Wert, den Ruhm, das erste unter uns zu sein, das, inspiriert von den neuen Idealen menschlicher Erlösung, einen der wichtigsten Aspekte der Sozialen Frage, den wirtschaftlichen, berührt."[13]

Wie man sich erinnern wird, war einige Jahre zuvor in derselben Zeitung der Aufsatz „Los Pobres" von Valentin Letelier erschienen. So wie uns die Biographie eines Autors sein Werk zu verstehen hilft, so sicher deckt uns dieses die soziale Wirklichkeit auf; wenn sich auch unmittelbar die Frage nach dem Wie aufdrängt.

„Der Naturalismus ist die künstlerische Ausdrucksform des Plebejers, des Menschen der Unterklasse oder einer primitiveren Kultur, der sich selbst noch nicht stark empfindet um die Außenwelt abzusondern, sondern sie widerspiegelt, wie das Wasser ein hineinfallendes Bild."[14] Ein Satz, der - obwohl weit entfernt von Chile geprägt - auf den Naturalismus von Lillo als der stilistischen Ausdrucksform einer aufstrebenden Mittelklasse zutrifft. Weniger trifft das Abbildpostulat zu, da auch die Schriftsteller des Naturalismus bestimmte Aspekte der Außenwelt aussondern. Und es ist eben diese Aussonderung, durch die der Schriftsteller die soziale Wirklichkeit mittels seiner literarischen Vorstellung beleuchtet, die es erlaubt, bestimmte Einsichten über diese Wirklichkeit zu gewinnen.

Die Bergleute erscheinen in den Erzählungen von Lillo als in die Arbeitsteilung der Mine eingegliedert, die sie verwandelt in Schürfer, Kohlenträger, Zimmerleute, Mechaniker und so weiter auf der einen Seite und Meister, Gesellen und Lehrlinge auf der anderen Seite, die in ihrer Arbeit der Aufsicht der Vorarbeiter und Ingenieure unterworfen sind. Freie Arbeiter, die nicht gezwungen sind, ihre Arbeitskraft zu verkaufen, da, wie dèr Vorarbeiter von „El Chiflon del Diablo" zwei Arbeiter belehrt, die sich weigerten, in einen Stollen zu gehen, wo die Einsturzgefahr wegen der mangelhaften technischen Vorsorge des Unternehmens groß war,

„(...) hier niemand gezwungen wird. So wie ihr frei seid, die Arbeit, die euch nicht gefällt, zu verweigern, hat das Unternehmen seinerseits das Recht, die Maßnahmen zu ergreifen, die für seine Interessen am zuträglichsten sind."[15]

Vertragsfreiheit also, deren reale Alternative für die Arbeiter hieß, „Hungers zu sterben oder von einem Einsturz begraben zu werden"[16], denn die Rückkehr aufs Land war unmöglich geworden, „wo der Hunger in den Hütten der Bauern sein bleiches Gesicht im ausgemergelten Antlitz der Leute widerspiegelt, die sich gezwungen sahen, an die Tore der Werkstätten und Fabriken zu pochen auf der Suche nach einem Stück Brot, das ihnen der ausgelaugte Boden vorenthielt."[17] Von den Produktions- und Reproduktionsmitteln des materiellen Lebens getrennt, bedroht von der Konkurrenz der industriellen Reservearmee, war für die freien Arbeiter „der Hunger ein wirksamerer Ansporn als Peitsche und Sporen".[18] Wie im Falle der Salpeterarbeiter war der freie Arbeiter wichtigen Einschränkungen in der Reproduktionssphäre und seinen Lebensbedingungen unterworfen. Die Kohlegesellschaften hatten das Handelsmonopol auf dem Gebiet der Mine, wo sie die „pulperia" einrichteten, in der „alle mit Bons oder 'fichas' kaufen mußten".[19] Der Lohn war eine kleine Geldsumme, gerade soviel, „wie übrig blieb, wenn Öl, Kohle und Strafen und alles, was im Laden verzehrt wurde, abgezogen worden war."[20] Die Arbeiter hatten weder über die Löhne noch die Strafen oder die Preise irgendeine Kontrolle, so daß Pedro Maria - eine Gestalt aus der Erzählung „El Pago" - darauf wartete, um aufgerufen zu werden und seinen Wochenlohn zu empfangen, „so wie viele andere, die sich in der gleichen Lage befanden und die die Rechnung 'ohne den Besuch' machten, das heißt, ohne die unerwartete Strafe, ohne die Lohnsenkung oder die willkürliche Preiserhöhung im Laden".[21] Die Arbeiter lebten in

Unterkünften der Gesellschaft, die sie verlassen mußten, wenn sie arbeitslos wurden; das gleiche Schicksal ereilte die Familien der tödlich verunglückten Arbeiter. In „El Grisu" entläßt der Chefingenieur des Bergwerks einen jungen Arbeiter und gibt dem Vorarbeiter Anweisung, daß seine Mutter und seine Geschwister „sofort die Unterkunft zu verlassen" hätten.[22] In „El Chiflon del Diablo" erscheint eine Frau, deren Mann einen Arbeitsunfall hatte und die auf ihre Bitte um Hilfe von der Verwaltung die Antwort erhält, daß sie kein Recht auf gar nichts habe, höchstens auf vier Kerzen und ein Leichenhemd im Todesfalle, wobei es schon eine Ausnahme sei, daß sie nicht sofort die Behausung räumen müsse.[23]

Die pathetische Beschreibung der Ausbeutung einer der Willkürlichkeit eines primitiven Kapitalismus unterworfenen Arbeiterklasse wird durch die Darstellung der Arbeitsbedingungen in den Bergwerken noch unterstrichen. In den Erzählungen Lillos erscheinen die Bergleute als Schürfer, die sich wie „Reptilien" durch die engen und dunklen Schächte winden, oder wie Kohleträger, die die Karren wie „Pferde" schleppten. Man beachte, daß er - im Unterschied zu Villegas - die Arbeiter nicht mit den Tieren gleichsetzt, sondern daß die Metapher die Erniedrigung der Bergleute hervorhebt, und dennoch den Unterschied zwischen Mensch und Tier aufrechterhält.[24] Aus der Sicht des Chefingenieurs ist dies nicht so, denn die Arbeiter sind für ihn einfach „Vieh".[25] Unter härtesten Arbeitsbedingungen, mit einer Arbeitszeit von „vierzehn tödlichen Stunden"[26] war der Verschleiß der Arbeitskraft hoch. Man begann mit acht oder neun Jahren zu arbeiten; Initiationsritus, der in „La Compuerta No 12" bewundernswert beschrieben wird. Thema der Erzählung ist der erste Arbeitstag eines Kindes in der Mine. Der Vater, der den Sohn dem Vorarbeiter vorstellt, begleitet ihn bis zum Tor Nr. 12 in der Tiefe des Stollens und zeigt ihm seine Arbeit. Er sollte ein schweres Tor in dem Moment öffnen, wenn sich die kohlenbeladenen Wagen näherten und es hinter ihnen wieder schließen. Eine scheinbar einfache Tätigkeit, die aber nicht ohne Gefahren war, denn wenn das Kind nicht schnell genug reagierte, lief es Gefahr, von den Pferden überrannt zu werden, so wie es seinem Vorgänger an diesem Platz ergangen war. Nachdem er das Tor einmal mit der notwendigen Geschicklichkeit bedient hatte, beugte sich der Vater zufrieden zu ihm hinunter, um ihm zu sagen, daß er „nun nicht mehr irgendein Kind sei, wie die da oben, die immer wegen nichts weinen und den Frauen an den Röcken hängen, sondern ein Mann, nichts weniger als ein Arbeiter, ein Kamerad".[27] Bewegende Worte, die aber die traumatische Brutalität dieser proletarischen Initiation nicht verhinderten. Von der Angst gepackt, allein zu bleiben, griff das Kind nach den Beinen seines Vaters und flehte ihn an, es dort herauszuholen. Aber sein Bitten fruchtete nichts, das Kind wurde mit einem Strick an einen Ring in der Wand des Schachtes angebunden, der von dem Schicksal der anderen Kinder zeugte, die vor ihm Toröffner am Tor Nr. 12 gewesen waren. So wie die Kinder plötzlich zu Männern wurden, wenn sie mit der Arbeit begannen, begann der dritte Zyklus im Leben eines Bergmannes, wenn seine Kräfte nachließen, wenn er die Dreißig überschritten hatte. So war Pedro Maria 35 Jahre alt und „für ihn hatte diese traurige und furchtbare Zeit begonnen, in der der Bergmann mit seiner physischen Kraft zugleich auch die Stärke und die Energien seiner kurzlebigen Jugend schwinden sieht".[28]

Die Leiden der Bergleute entstehen nicht nur durch die Methoden der kapitalistischen Ausbeutung, sondern auch durch die Bergwerksarbeit selbst, eine Tatsache, die Lillo durch eine Sprache hervorhebt, die die Mine der Hölle gleichsetzt: tiefe Schächte, Dunkelheit, Schwärze; während die Bergleute selbst als Verdammte, Parias oder Galeerensklaven erscheinen. Dieser Verlust der Menschlichkeit wird noch durch jene Bilder verstärkt, in denen die Arbeiter sich feindselig gegenüberstehen. In „El Grisu" werfen die älteren Arbeiter den jüngeren vor, für den Anstieg der Fördermenge aufgrund ihres Arbeitsrhythmus verantwortlich zu sein, den die Alten nicht mehr mithalten können:

„Ihr, und sonst keiner als ihr habt die Schuld, weil ihr euch bei der Arbeit kaputt macht und uns alle mit. Wenn ihr eure Kräfte sparen würdet, würde der Lohn nicht sinken und dieses Hundeleben wäre nicht so hart."[29]

In der gleichen Erzählung tritt ein Meister auf, der seinen Gesellen beim Chefingenieur anschwärzt. In „La Barrena", einer Erzählung, die hinter ihrem humoristischen Schein eine Handlung voller Brutalität verbirgt, handelt es sich darum, zu verhindern, daß das Konkurrenzunternehmen der Zeche, in der der Erzähler arbeitet, den Zugang zu einer Ader abschneidet. Von den Ingenieuren zusammengerufen, werden die Bergleute aufgefordert, so schnell wie möglich einen Tunnel zu graben, damit „sie" so die ersten seien, die die fragliche Ader erreichen. Die aufreibende Arbeit, bei der die Arbeiter ohnmächtig umfallen, wird als ein sportlicher Wettkampf dargestellt, bei dem sich die Bergleute mit ihren Vorgesetzten identifizieren und sich stolz darüber zeigen, daß sie die „Gegner" besiegt haben; Arbeiter ebenso wie sie, die, außer ihre Arbeit verloren zu haben, auch noch Zielscheibe des grausamen Spotts seitens der „Sieger" werden.

Als ausgebeutete Arbeiterklasse fehlt den Arbeitern von Lillo nicht nur ein Klassenbewußtsein im revolutionären Sinne, sondern sie entbehren auch der elementarsten Arbeitersolidarität. Unfähig, sich das „Warum jener hassenswerten menschlichen Ungleichheiten zu erklären, die die Armen in ihrer Mehrheit zwangen, Blut zu schwitzen, um den unnützen Prunk einiger weniger zu erhalten",[30] verfielen sie nur darauf, ihre Wut gegen die Mine zu wenden. In „El Grisu" und „Juan Farina" lassen zwei Bergleute die Mine in die Luft fliegen, eine phantasmagorische Aktion, die ihren Urhebern das Leben kostet, aber diejenigen „für immer von diesem Gefängnis, worin so viele Generationen inmitten von Folter und ungekanntem Elend dahingesiecht waren, befreite", die die Katastrophe überlebten.[31] Die Zerstörung der Mine, die gleichzeitig die eigene ist, dieser Akt der Verzweiflung - in seinem Symbolismus an „Germinal" von Emile Zola erinnernd - unterstreicht den Fatalismus einer Situation, in der jede „Regung der Rebellion (...) unnütz (...) (ist) (...) (da) (...) die Mine niemals wieder jemanden losließ, den sie einmal ergriffen hatte."[32]

In der literarischen Welt Lillos gibt es keine Alternative für die Arbeiterklasse; es gibt keine neue Welt, die zu gewinnen wäre. Dies nicht so sehr deshalb, weil die Rückständigkeit der Arbeiterklasse nur pessimistische Gefühle weckte, sondern eher ob der Unfähigkeit Lillos selbst, sich die Widerstandsmomente literarisch anzueignen, die schon zu seiner Zeit den Arbeiterwillen ankündigten, mit dem Fatalismus der kapitalistischen Ausbeutung zu brechen. Es ist offensichtlich, daß „Sub-Terra“ die literarische Verarbeitung der persönlichen Erfahrungen des Autors im Kohlerevier ist, wo er sich in engem Kontakt mit den Bergleuten befand und wo er bis 1898 lebte. In eben diesem Jahr wurde in Lota die sogenannte „Widerstandsgesellschaft der Kohlebergleute“ gegründet, deren Führer anarchistischer Orientierung waren, und in dieser Zeit waren bereits die ersten Streiks ausgebrochen: in Coronel im September des Jahres 1888, in Lota ein Jahr später.[33] Dennoch ist der Streik kein Objekt der literarischen Behandlung in den Erzählungen Lillos. Mehr noch, zwei Jahre später, bewegt von dem Massaker an Arbeitern in der Schule von Santa Maria de Iquique, beschloß er, einen Roman über dieses Thema zu schreiben, dessen Titel „Der Streik“ sein sollte. Die Jahre vergingen, und der Roman blieb nur ein Vorhaben. Eine bezeichnende Tatsache, die nicht nur seine Sympathie für die Arbeiter beweist, sondern auch seine Unfähigkeit, das literarische Bild einer kämpfenden Arbeiterklasse zu schaffen. Die Arbeiter Lillos erwecken vor allem Mitleid. Eine gefesselte Arbeiterklasse in Erwartung eines Erlösers aus der Mittelklasse.

5. *Die Arbeiterklasse des Luis Emilio Recabarren: eine moralisch gehobene Schicht*

Gewöhnt an die im Rahmen moderner theoretischer Konstruktionen formulierten Definitionen von Arbeiterbewegungen, pflegt man die in den Ursprüngen der Arbeiterbewegung von den Arbeitern selbst formulierten Definitionen zu übergehen. Auf der Grundlage der Schriften von Luis Emilio Recabarren soll dieses Thema für den chilenischen Fall zu Beginn dieses Jahrhunderts untersucht werden.

Luis Emilio Recabarren wurde am 6. Juli 1875 in Valparaiso geboren.[34] Seine erste Erziehung erhielt er in der Schule der Salesianer-Pater von Santo Tomas de Aquino, wo er auch den Beruf des Druckers erlernte. Er war Autodidakt, und die, die ihn kannten, versicherten, daß er ein unermüdlicher Leser gewesen sei, mit einem literarischen Wissensdurst, der durch seine Tätigkeit als Drucker noch gefördert wurde. Er trat 1894 der Demokratischen Partei bei und war im Jahre 1899 als Redakteur der Wochenschrift tätig, die die Partei in Santiago unter dem Namen „La Democracia“ herausbrachte. Es ist nicht sicher, wann er in den Norden ging: In der von Julio C. Jobet geschriebenen Biographie taucht er als Gründer der Mancomunal de Tocopilla im Jahre 1902 auf und leitet deren Zeitung ab 1903, während nach der Darstellung des Historikers Alejandro Witcker Recabarren erst 1903 von dem Arbeiter A. Trincado eingeladen wird, in den Norden zu gehen, um die Leitung der Zeitung der Mancomunal de Tocopilla zu übernehmen. Von diesem Zeitpunkt jedenfalls datiert der Kontakt Recabarrens mit den Salpeterarbeitern im Norden. Vorher war er aktives Mitglied der mutualistischen Bewegung in Valparaiso gewesen, die sich aus Anlaß der 2. Convencion del Consejo Social Obrero im Jahre 1903 - der Consejo Social Obrero war eine seit 1902 bestehende Föderation mutualistischer Gesellschaften - unter Recabarren als Präsident zu einer Federacion General de Obreros vereinigte, die sich später der mancomunalen Bewegung unter Führung der Confederacion General de Trabajadores de Chile anschloß.

Als Folge der von ihm angeführten antimilitaristischen Kampagne in der Zeitung „El Trabajo" der Mancomunal de Tocopilla, wurde Recabarren 1904 festgenommen und konnte nicht an der 1. Convencion Mancomunal de Chile im Mai 1904 in Santiago teilnehmen. Ein interessantes Datum für die intellektuelle Biographie Recabarrens ist die Broschüre, die er nach seiner Verhaftung veröffentlicht und in der er eine kleine Geschichte der Mancomunal de Tocopilla schreibt und außerdem seine Verteidigung wiedergibt; in dieser Broschüre tauchen Zitate von Autoren wie Eliso Reclus, Pjotr Kropotkin und Enrique Malatesta auf.

Im März 1906 wurde er als Abgeordneter für Antofagasta, Tocopilla und Taltal gewählt, Bezirke des Bergbaunordens mit bedeutenden Arbeiterkonzentrationen. Sein Einzug in die Abgeordnetenkammer wurde von einem aufsehenerregenden Zwischenfall begleitet: Recabarren leistete gemeinsam mit einem anderen Arbeiterabgeordneten der Demokratischen Partei den Eid nach der offiziellen Formen „im Namen Gottes", wobei sie gleichzeitig den Vorbehalt machten, daß sie weder an Gott noch an die Evangelien glaubten. Der Kammerpräsident erklärte den Eid für nichtig, jedoch wurde in einer von einigen Abgeordneten durchgesetzten Abstimmung die Eidesleistung mit 44 Ja-Stimmen, 32 Nein-Stimmen und 9 Enthaltungen dann doch für gültig erklärt. Dennoch wurde ihm schließlich durch eine Reihe von Machenschaften der Kammer selbst sein Wahlsieg aberkannt, ebenso wie zwei weiteren Abgeordneten der Demokratischen Partei. Währenddessen war ein Prozeß gegen ihn eröffnet worden, in dem er der Anstiftung der Eisenbahn- und Hafenarbeiterstreiks von Antofagasta angeklagt wurde, die im Februar desselben Jahres ausgebrochen waren. Er wurde zu 541 Tagen Haft verurteilt, der er sich durch seine Abreise nach Argentinien entzog. Er blieb bis zum März 1908 in diesem Land, wurde aktives Mitglied der Sozialistischen Partei Argentiniens und nahm am Vereinigungskongreß der Arbeiterorganisationen teil, organisiert von der Federacion Obrera Regional Argentina (FORA), anarchistischer Tendenz, und der Union General de Trabajadores (UGT), sozialistischer Tendenz, auf dem er in einer kurzen Rede die von den Anarchisten vertretenen Positionen angriff. Im März 1908 reiste er nach Europa, sicherlich mit der Absicht, sich über die europäische Arbeiterbewegung zu informieren und bei seiner Rückkehr zur Überwindung der intellektuellen Schranken beizutragen, die nach seiner Meinung die chilenische Arbeiterbewegung kennzeichneten. Während seines Europaaufenthaltes besuchte er Spanien, Frankreich und Belgien, wo er in Kontakt mit Führern der sozialistischen Internationale trat. Ende 1908 kehrte er nach Chile zurück, wo er nach einer Rede in der Sociedad de Artesanos (Handwerker-sellschaft) verhaftet wurde. Nach Verbüßung der Strafe wurde er 1910 freigelassen und ließ sich 1911 endgültig in Iquique nieder, nachdem er eine kurze propagandistische Reise durch den Süden und das Zentrum des Landes unternommen hatte. In Iquique gründete er die Zeitschrift „El Grito", die als demokratisch-sozialistische Zeitschrift erschien und in der er die Demokratische Partei wegen ihrer Allianzen mit den bürgerlichen Parteien kritisierte. Im Dezember 1911 brach Recabarren endgültig mit der Demokratischen Partei, wobei der Bruch dadurch ausgelöst wurde, daß einer der Abgeordneten sich weigerte, auf seine Wiederwahl zu verzichten und so die Kandidatur Recabarrens zu ermöglichen. Unmittelbar nach diesem Vorfall, im Januar 1912, gründete er die neue Zeitung „El Despertar de Los Trabajadores" und meldete seine Kandidatur zu den Abgeordnetenwahlen an, wobei er von einer Gruppe demokratischer Arbeiter unterstützt wurde, die die Partei mit ihm zusammen verlassen hatten. Nach der Wahlniederlage am 4. Juli 1912 organisierte er mit einer kleinen Gruppe von Arbeitern die Sozialistische Arbeiterpartei, die sich unter seiner Führung später in die chilenische Sektion der III. Kommunistischen Internationale umwandeln sollte.

Dies ist - in gedrängter Form - die politische Biographie Recabarrens bis zu seinem Bruch mit der Demokratischen Partei. Im Unterschied zu anderen Gestalten des lateinamerikanischen Sozialismus und Kommunismus kam Recabarren nicht aus Kreisen radikalisierter Intellektueller oder aus der Studentenbewegung. Er war Arbeiter und Autodidakt, der sich in den Reihen der Demokratischen Partei bildete und enge Verbindungen mit den Arbeiterorganisationen seiner Zeit unterhielt; seine Schriften spiegeln nicht nur seine soziale Herkunft und seinen politischen Werdegang wider, sondern auch die Ambivalenz, Sozialist in einem rückständigen Land mit einer relativ entwickelten parlamentarischen Demokratie zu sein.

Im Unterschied zu Lenin oder auch zu dem Gründer der Kommunistischen Partei Perus, Jose Carlos Mariategui, hat Recabarren die Legitimität sozialistischer Politik in einem solchen Land nicht thematisiert. Lenin versuchte, die sozialistische Politik in dem rückständigen Rußland durch seine Untersuchungen über den russischen Kapitalismus zu legitimieren. Dabei ging er davon aus, daß die Auflösung vorkapitalistischer Produktionsverhältnisse und Freisetzung von Arbeitskraft gleichzusetzen ist mit kapitalistischer Entwicklung und Herausbildung eines modernen Proletariats, ohne auf die Frage nach Blockierungen bei der Entstehung des Proletariats einzugehen. Gerade in einem rückständigen Land wie Chile aber ist die Entwicklung von einer solchen Blockierung gekennzeichnet. Mariategui bezweifelte daher die Legitimität sozialistischer Politik unter derartigen Bedingungen und schlug die Bildung einer Volkspartei vor. In dieser Partei sollten die Kommunisten als organisierte ideologische Gruppe handeln, bis die aus der kapitalistischen Entwicklung entstehenden Klassengegensätze es ihnen erlauben würden, sich als Klassenpartei zu organisieren. Für Recabarren stellte sich dieses Problem nie. Dies ließe sich auf den ersten Blick teilweise aus seiner Idee vom Sozialismus erklären. Sie besaß zwar auch eine wissenschaftliche Grundlage, aber vor allem war sie eine Doktrin mit tief moralischem Inhalt, in ihrer Verwirklichung unabhängig von der Entwicklung der Produktivkräfte. Dennoch, wenn man seine Schriften aufmerksamer liest, kommt man zu dem Schluß, daß der übertriebene Moralismus die Brücke war, über die er versuchte, die Entfernung zwischen Doktrin und Wirklichkeit, zwischen Sozialismus und Rückständigkeit zu überwinden.

In der Tat schuf die Ausweitung des chilenischen Kapitalismus, die als Folge seiner Einbeziehung in den Weltmarkt in der zweiten Hälfte des 19. Jahrhunderts stattfand, eine Situation wachsenden Elends mit allen Folgeerscheinungen wie Prostitution, Alkoholismus, Glücksspiele und Zerrüttung der Familien. Wenn auch der Kapitalismus teilweise die Bergleute und die Industriearbeiter disziplinierte - daß dies nur teilweise gelang, geht aus den ständigen Klagen der Bergbauunternehmer hervor -, so zivilisierte er sie sicherlich nicht. So ging es für die Arbeiterführer jener Zeit nicht nur und vielleicht weniger darum, den Sozialismus in einer vom Kapitalismus schon disziplinierten und zivilisierten Arbeiterklasse „einzuführen", als vielmehr auch darum, diese als notwendige Voraussetzung für den Kampf um den Sozialismus zu disziplinieren und zu zivilisieren.

In diesem sozialen Umfeld, in dem die ersten Arbeiterführer sich aus einem kulturell einerseits durch traditionelle Werte, andererseits vom Pauperismus und Auflösungserscheinungen geprägten Rahmen lösen, erlangt der Moralismus von Recabarren - und anderer Arbeiterführer dieser Epoche - eine historisch-konkrete Bedeutung von doppelter Funktionalität: für eine Abgrenzung der Arbeiterbewegung nicht nur gegenüber einer korrupten Bourgeoisie, sondern auch gegenüber der „amorphen Masse der der Verderbtheit und dem Laster verfallenden Elenden", die die Basis der Machenschaften bürgerlicher Politiker im Rahmen der „verkauften Demokratie" waren. Das Arbeiterbewußtsein, von dem hier die Rede ist, war somit nicht nur Merkmal einer kleinen Minderheit, sondern auch Resultat einer doppelten Vermittlung, die sie einerseits von der Bourgeoisie abgrenzte, aber andererseits auch von der proletarischen Masse, die der Pauperismus ständig reproduzierte. Hinsichtlich dessen ist es unleugbar, daß die Zwischenposition, die die Arbeiterbewegung in der in diesem Modell enthaltenen sozialen Idealstruktur einnimmt, dem asketischen Moralismus Recabarrens starke kleinbürgerliche Töne verleiht. Auf der praktischen Ebene wurde dies durch seinen ouvrierisme gemildert, der ihn unter anderem dazu brachte, sich nicht allzuweit von den Arbeitern zu entfernen, die sich zu Beginn der 20er Jahre dem bürgerlichen Populismus zuwendeten.

In der Absicht, die Ideenwelt besser zu verstehen, in der sich die Sozialistische Arbeiterpartei und die von ihr beeinflußten Gruppen von Arbeitern bewegten, will ich versuchen, das Denken von Recabarren in den ersten Jahren des Jahrhunderts, in der Endphase der Parlamentarischen Republik, zu rekonstruieren.

Nach „Proceso Oficial contra la Mancomunal de Tocopilla", geschrieben im Jahre 1905 aus Anlaß seiner Festnahme, ist „Ricos y pobres" (Reiche und Arme) - eine Rede, die er in Renge am Abend des 3. September 1910 zum 100. Jahrestag der chilenischen Unabhängigkeit hielt - die erste Schrift von Interesse, um seine Ideen in der Periode, die der Gründung der Sozialistischen Arbeiterpartei unmittelbar vorangeht, zu rekonstruieren. Inhalt der Rede ist die Anwendung der Idee vom Fortschritt auf die Geschichte Chiles zwischen 1810 und 1910. Die Auswahl dieses Themas erlangt ihre Bedeutung im Rahmen der Feierlichkeiten zum 100-jährigen Jubiläum der Unabhängigkeit, in der sich die herrschende chilenische Klasse mit Befriedigung im Fortschritt des Landes widergespiegelt sieht. Wie aus dem Text der Rede hervorgeht, unterschied Recabarren zwischen materiellem und ideellem Fortschritt, der moralischen Vervollkommnung. Diese differenzierende Idee vom Fortschritt setzt er in Beziehung zu dem von ihm erarbeiteten Klassensystem, um zu untersuchen, was mit dem Fortschritt geschehen ist. Recabarren ist also der Auffassung, daß eine Untersuchung über den Fortschritt nicht unabhängig von den sozialen Klassen, die die Nation bilden, durchgeführt werden kann.

Er beginnt seine Analyse mit der „kapitalistischen oder bürgerlichen Klasse", wobei er feststellt, daß die Tatsache, vom materiellen Fortschritt begünstigt worden zu sein, nicht verhinderte, daß diese Klasse sich von der „wirklichen moralischen Vollkommenheit" entfernte. Anschließend bezieht er sich auf die - von ihm so genannte - „unterste Klasse", gebildet von „Flegeln, Tagelöhnern, Knechten, Fuhrknechten und so weiter", deren materielle Lage sich seit der Unabhängigkeit nicht verbessert und deren „moralische Lage" sich verschlechtert habe, insbesondere in dem Sektor dieser Klasse, der in den Städten lebt. In bezug auf diese Klasse verneint Recabarren die zivilisatorische Funktion von Schule und Militär: Seiner Meinung nach erhöht die Alphabetisierung von Mitgliedern der „untersten Klasse" die Zahl der Stimmen, die von bürgerlichen Politikern gekauft werden, und die Kaserenen sind statt zivilisatorischer Einrichtungen eher Schulen des Lasters, die die „einfachen Leute" endgültig korrumpieren. Die „Mittelklasse", bestehend aus den „am besten gebildeten Arbeitern und Angestellten", hat zwar einen materiellen Fortschritt erlebt, aber der Kampf darum, den sozialen Status zu erreichen und zu erhalten, zwingt sie häufig zu „strafbaren Handlungen" und häufiger noch zu „wenig geschmackvollen Handlungen", die sie ständig erniedrigen. In jedem Falle:

„Es ist in dieser Klasse, der Mittelklasse, wo sich die größte Zahl von mit der herrschenden Ordnung der Dinge Unzufriedenen findet und aus der diejenigen kommen, die für eine bessere Gesellschaft als die gegenwärtige kämpfen."[35]

In dem von Recabarren formulierten Klassensystem werden die Klassen nicht durch ihre Stellung im Produktionsprozeß bestimmt, sondern zuallererst durch das, was er Bildung nennt. Bildung wird von ihm ersichtlich in umfassendem Sinn verstanden und ihr Erwerb nicht mit dem Besuch einer Schule gleichgesetzt, der er, wie wir gesehen haben, die Fähigkeit abspricht, eine so verstandene Bildung zu vermitteln. Da Bildung das Zugehörigkeitskriterium der Mittelklasse ist, gehören ihr auch Arbeiter an: eben die „gebildeten", „fähigsten".

Und in dieser Klasse entwickelt sich nach Meinung Recabarrens der soziale Sektor, der den einzigen sichtbaren Fortschritt in der Geschichte der Nation verkörpert:

„Ein Teil des Volkes, gebildet von Arbeitern, den fähigsten, von Angestellten, kleinen Unternehmern, die aus der Arbeiterklasse hervorgegangen sind, und einigen Fachleuten, aber alle zur Mittelklasse gehörig, hat einen Fortschritt erreichen können. Sie haben neue Einrichtungen geschaffen: Gesellschaften für gegenseitige Hilfe, zum Widerstand gegen Ausbeutung, für Freizeitgestaltung, und eine Volkspartei, genannt Demokratische Partei. Die Manifestation der Handlung ist der einzige offenkundige Fortschritt in der Moral und der sozialen Intelligenz des Proletariats."[36]

Der Nachdruck, mit dem Recabarren das organisierte Proletariat in der Mittelklasse ansiedelt, läßt es schließlich eher dem „Troisieme Etat" der bürgerlichen Revolutionen ähnlich sehen als einer modernen, der Bourgeoisie gegenüberstehenden Arbeiterbewegung. In dieser Hinsicht könnte man behaupten, daß diese Lokalisierung innerhalb der Sozialstruktur auf eine unreflektierte Art die doppelte Aufgabe wiedergibt, die die Rückständigkeit in einem Land der kapitalistischen Peripherie der Arbeiterbewegung auferlegt; als „zivilisatorische" Aufgabe auf der einen Seite und die Aufgabe, den Sozialismus zu propagieren und die Arbeiterklasse in ihrem Kampf gegen das Kapital zu organisieren auf der anderen Seite.

Aus einer anderen Perspektive verstärkte diese Zwischenstellung der organisierten Arbeiterbewegung - eine Stellung, die subjektiv als dazwischenliegend erlebt wird - gewisse Überlegenheitshaltungen, „etwas Besseres" zu sein. Hieraus bezog die Bewegung gewiß ihre Kraft, die sich in einem herausfordernden Stolz gegenüber der Bourgeoisie und ihren politischen Vertretern ausdrückte und in einer gewissen zurückhaltenden Herablassung gegenüber den ungebildeten Fraktionen der Klasse. Jedenfalls verhinderten die Rassenhomogenität der chilenischen Arbeiterklasse und der deutliche ouvrierisme, durch den sie von Anfang an gekennzeichnet war, das Aufkommen einer Segregation, wie es in anderen lateinamerikanischen Ländern zu beobachten war.

Wenn sich auch bei Recabarren eine einfache Darstellung der Mehrwerttheorie und der Lohntheorie marxistischen Ursprungs findet, ist doch offensichtlich, daß seiner Kapitalismuskritik ein Begriff des Kapitalismus als System fehlte. Daher rührt seine Neigung, die sozialen Beziehungen der Produktion zu personalisieren und die Ausbeutung anhand von Nebenfiguren wie dem Händler mit alkoholischen Getränken, dem Spielhöllen- oder Bordellbesitzer beispielhaft darzustellen, was seiner Kritik einen stark populistischen Beigeschmack gibt. Dieser wird noch verstärkt durch den Titel der Rede - Reiche und Arme -, was allerdings durch den Nachdruck, den der Autor auf die Aufklärung und die Moral als zentrale Momente der politischen Aktion legt, wieder relativiert wird. Ohne Zweifel erleichterte die Personalisierung der sozialen Beziehungen die Wirksamkeit seiner propagandistischen Arbeit unter den nicht an das Denken in abstrakten Kategorien gewöhnten Arbeitern. Gleichzeitig kann man bei Recabarren die Neigung feststellen, die soziale Lage als ein persönliches Schicksal zu beschreiben, dem mit Erziehung zu begegnen ist. Ein solches Denken ist nicht überraschend bei einem Mann, der, wenngleich er den sozialen Ursprung der Armut kennt, aus der Politik eine moralische Frage macht:

„Zwei unselige Umstände bestimmen den hohen Grad ständigen, fortschreitenden und erblichen Elends der Massen: die Sorglosigkeit und die Laster. Die Zivilisation, die wahrhaftige Zivilisation, gibt es nicht unter Völkern, wo die Sorglosigkeit und die Laster überragen. Ein Volk, das sich nicht zivilisiert nennen kann, ist ein halbwildes Volk. Wir glauben, daß in Chile leider die Sorglosigkeit und das Laster vorherrschen. Die Unterrichtung auf allen Ebenen und in allen Formen zu fördern ist Pflicht jeder zivilisierten Person. Die Unterrichtung zu fördern heißt, die Grundlagen der Sorglosigkeit und der Laster zu schwächen; heißt, ihr Verschwinden anzufangen."[37]

Es ist unmöglich, im vorangegangenen Zitat nicht das aufklärerische Moment im Denken Recabarrens zu erkennen, ausgedrückt in dieser klaren Gegenüberstellung von Zivilisation und Barbarei, die der lateinamerikanischen Aufklärung so wichtig ist, ebenso in der Betonung, die er auf die individuelle Verantwortlichkeit und die Erziehung - nicht auf den Klassenkampf - als Voraussetzung für das Verschwinden der Barbarei legt. Dennoch war Recabarren als Arbeiterführer kein reiner Aufklärer, der blind an die Fortschrittskräfte glaubte. Er versäumte es nicht, den materiellen Fortschritt anzuerkennen, ja er hielt ihn für die Grundlage einer besseren Gesellschaft; dennoch beobachtet er scharf, daß „der Fortschritt aus Teilen des Elends gebildet wird."[38] Daher weigert sich Recabarren, sich mit jenen sozialen Klassen zu identifizieren, die die Träger dieses auf dem Elend der Mehrheit basierenden Programms waren. Mehr noch: Er sieht sich nicht als Erbe der fortschrittlichen bürgerlichen Schichten, die unter anderem den Befreiungskrieg gegen Spanien geführt und die Nation gegründet hatten; eine für spätere chilenische Kommunisten und Sozialisten gewiß unbequeme Haltung, die, schon auf dem Wege, sich in eine „nationale Kraft" zu verwandeln, gern eine ideelle Kontinuität zwischen diesen bürgerlichen Kräften und der nachfolgenden Arbeiterbewegung herstellten. In jedem Fall eine kühne Auffassung, die noch dazu in einer Rede anläßlich der Feierlichkeiten zum hundertjährigen Jahrestag der Unabhängigkeit vertreten wurde, bei denen im übrigen die Vergötterung der „Gründungsväter" einen ihrer Höhepunkte erreichte.

Zusammengefaßt: Inmitten einer halb-analphabetischen Arbeitermasse, die im Rahmen der herrschenden Kultur als auf einer Stufe mit den Tieren stehend betrachtet wurde, sahen die ersten Arbeiterführer in der Bildung das bevorzugte Instrument, um das Reich der Menschen zu erreichen; ein Reich, in dem der Besitz der Bildung allerdings nicht die Anerkennung des aristokratischen Olymp garantierte.

1 Während im Jahre 1875 der Anteil der ländlichen Bevölkerung an der Gesamtbevölkerung noch 73 % betrug, sank er bis 1907 auf 57 %. Zwischen 1895 und 1918 erhöhte sich die Zahl der Industriebetriebe von 2.617 auf 7.471, während die Beschäftigung von 42.000 auf 80.000 stieg. In den Salpeterbergwerken stieg die Beschäftigung von 2.800 im Jahre 1880 auf 57.000 im Jahre 1918. Wenn man zu den für 1918 erwähnten Beschäftigungszahlen noch die 33.000 Eisenbahner und 10.000 Kohlebergleute hinzuzählt, ergibt sich eine Beschäftigung von ungefähr 180.000 in den drei Bereichen Industrie, Bergbau und Eisenbahn; dies sind 14 % der Erwerbsbevölkerung dieser Zeit, wobei nur eine wichtige Gruppe ausgeschlossen bleibt, über die keine verläßlichen Statistiken existieren: die Hafenarbeiter und Seeleute. Indem die Beschäftigung im Dienstleistungssektor auf 40 % geschätzt wurde, zeigen die Statistiken, daß das Land, wenn es seinen agrarischen Charakter auch noch beibehielt, starke Urbanisationstendenzen und ein bedeutendes Wachstum in Industrie und Bergbau aufwies.

2 Vgl. E. Laferrte, Vida de un Comunista (Paginas Autobiograficas), Santiago de Chile, 2. Aufl. 1971, S. 111.

3 Zitiert nacht: R. Donoso, Alessandri Agitator y De moledor, Cincuenta Anos de Historia de Chile, Mexico Buenos Aires 1952, Bd. 1, S. 151.

4 Informe Preliminar de la Comision Consultiva de Tara paca y Antofagasta, zitiert nach: R. Donoso, a.a.O., Bd. 1, S. 152.

5 Es handelt sich um die Rede des konservativen Senators Gonzalo Bulnes, zitiert nach: R. Donoso, a.a.O., S. 218.

6 V. Letelier, „Los Pobres" in: „La ley" No 433, Santiago Januar 1896, wiedergegeben in: A. Witker, Chile: Sociedad y Politica, Mexico 1978, S. 135 - 147. Zitat: S. 137

7 J. Valdez Cange, Sinceridad Chile Intimo en 1910, Santiago 1910, S. 219

8 J. Valdez Cange, a.a.O., S. 205

9 Zitiert nach: G. Feliu Cruz, La Evolucion Politica, Economica y Social de Chile, Ensayo historico sobre los rasgos fundamentales hasta 1924, in: Anales de la Universidad de Chile, No. 119, 3. Trimester, Santiago 1960.

10 J. Valdez Cange, a.a.O., S. 240 ff

11 Vgl. V. Valenzuela, Cuatro Escritores chilenos, Nueva York 1961, S. 69 ff, F. Alegria, Introduccion a los cuentos de Baldomero Lillo in Revista Iberoamericana, Vol. XXIV, Juli - Dezember 1959 No. 48, Iowa, S. 249 ff.

12 Vgl. V. Valenzuela, a.a.O., S. 21.

13 H. Vargas, in: La Ley, Santiago 1904, zitiert nach: M. Frayse, Sub terra et le „socialisme" de Baldomero Lillo, in: Cahiers du Monde Hispanique et Luso-Breselien, No. 27, 1976.

14 L. Marhom, zitiert nach: S. Lublinski, Der Ausgang der Moderne, herausgegeben von G. Wunberg, Tübingen 1976, S. 24

15 B. Lillo, „El Chiflon del Diablo", in: Sub Terra, Santiago 1963, S. 61

16 Ebd.

17 Ebd. S. 62

18 Ders., La Compuerta No. 12, in: Sub Terra, Santiago 1963, S. 16

19 Ders., El Pago, in: Sub Terra, Santiago 1963, S. 16

20 Ebd., S. 53

21 Ebd., S. 55

22 Ders., El Grisu, in: Sub Terra, Santiago 1963, S. 28

23 Ders., El Chiflon del Diablo, a.a.O., S. 28

24 Vgl. H.-O. Dill, Baldomero Lillo und die Anfänge der lateinamerikanischen Arbeiterliteratur, in: Beiträge zur Romanischen Philologie XI, Jahrgang 1972, Heft 1, Berlin, S. 217 ff.

25 Vgl. B. Lillo, El Grisu, a.a.O., S. 24.

26 Ders., El Chiflon del Diablo, a.a.O., S. 16
27 Ebd., S. 19
28 Ders., El Pago, a.a.O., S. 52
29 Ders., El Grisu, a.a.O., S. 35
30 Ders., El Chiflon del Diablo, a.a.O., S. 64
31 Ders., Juan Farina, in: Sub Terra, Santiago 1963, S. 107
32 Ders., El Chiflon del Diablo, a.a.O., S. 20
33 M. Barrera, Perspectiva Historica de la Huelga Obrera en Chile, in: Cuadernos de la Realidad Nacional No. 9, Santiago 1971, Pag. 124 ff
34 Vgl. zu den folgenden biographischen Abschnitten: J. Jobet, E. Recabarren, Los Origines del Movimiento obrero y del Socialismo chileno, Santiago de Chile 1955, H. Ramirez Necochea, Origen y Formacion del Partido Comunista de Chile (Ensayo de Historica del Partido), Santiago de Chile 1965, A. Witker Velazquez, Los Trabajos y los Dias de Recabarren, La Habana 1977.
35 L. E. Recabarren, Ricos y Pobres, in: L. E. Recabarren, Obras, La Habana 1976, S. 68
36 Ebd., S. 69
37 Ebd., S. 91 f
38 Ebd., S. 93

Zur geschichtlichen Entwicklung der deutschen Betriebsverfassung und Belegschafts-mitbestimmung

Siegfried Braun

Nach dem großen Brockhaus hat man unter Betriebsverfassung „die Gesamtheit der Regeln" zu verstehen, „die die Rechte und Pflichten des Arbeitgebers gegenüber Betriebsrat und Belegschaft einerseits, des Betriebsrats und der Betriebsversammlung als Organ der Belegschaft andererseits zum Gegenstand haben. Auch die Stellung der Gewerkschaften und Arbeitgebervereinigungen im Betrieb kann durch die Betriebsverfassung geregelt werden. Die Betriebsverfassung wird bestimmt durch Gesetz, Tarifvertrag und Betriebsvereinbarung."[1]

Der Verfasser dieser zunächst sprachlich und sachlich einleuchtenden Definition fühlte sich dann aber doch, offenbar im Bewußtsein des allzu abstrakten Formalismus seiner Definition, dazu veranlaßt, auf die Geschichte der Betriebsverfassung hinzuweisen, deren Beschreibung freilich ebenso abstrakt und lapidar ausfällt: „Als Arbeits- und Lebensgemeinschaft noch nicht geschieden waren, war die Betriebsverfassung patriarchalisch. In der liberalen Zeit tritt der Einzelarbeitsvertrag, auf der Grundlage von Lohn und Leistung, in den Mittelpunkt; sozialpolitische Neuerungen entsprangen der Initiative einzelner Unternehmer (Abbe, Freese). Den Forderungen nach einer demokratischen Betriebsverfassung trägt die neuere Entwicklung Rechnung."[2]

Dieser nicht schlechthin falsche, aber gesellschaftlich abstrakte und gegenüber sozialen Mythen (wie dem vom ursprünglichen Patriarchalismus der Betriebsverfassung) keineswegs immune, insbesondere aber in charakteristischer Weise einseitige Umriß der Geschichte der Betriebsverfassung, läßt weder etwas erkennen von der Widersprüchlichkeit, die mit der Etablierung der bürgerlichen Gesellschaft und der Entwicklung der „großen Industrie" speziell in Deutschland verbunden waren, deren eines Teilergebnis die heutige Betriebsverfassung darstellt, noch läßt er etwas erkennen von der Funktion, die die wichtigste Sozialbewegung der bürgerlichen Gesellschaft, nämlich die Arbeiterbewegung, dabei gespielt hat. Dieser Einseitigkeit ist es wohl auch zuzuschreiben, daß die Existenz von „Betrieben" und von so etwas wie „Arbeitgebern" und „Belegschaften" als Gegebenheiten geschichtlich naiv einfach vorausgesetzt werden.[3]

Begreift man demgegenüber jedoch den Betrieb soziologisch und versteht man darunter einen für die Arbeitsdimension heutiger Gesellschaften typischen, räumlich und zeitlich ausgegrenzten, infolge der Industrialisierung der Arbeit technisch notwendigen und innerhalb einer kapitalistischen Wirtschaft in der Form marktabhängiger Lohnarbeit organisierten, insofern herrschaftlich verfaßten Handlungs- und Interaktionszusammenhang einer Mehrzahl rechtlich selbständiger und politisch freier, wenn auch beruflich und vertraglich aufeinander bezogener Individuen, die als solche ihre Interessen selbst wahrnehmen und politisch vermitteln müssen, so kann man unter Betriebsverfassung die jeweilige Form solcher politisch-sozialen Vermittlung des spezifisch kapitalistisch bedingten Herrschaftsverhältnisses zwischen denen, die die Betriebe leiten und denen, die als Belegschaften in ihnen arbeiten, verstehen.

Betrieb und Betriebsverfassung in diesem Sinne impliziert bereits die institutionellen Grundtatsachen und Rahmenbedingungen entwickelter bürgerlicher Gesellschaften, insbesondere die industriell-kapitalistische Arbeits- und Wirtschaftsweise, innerhalb derer erst Vokabeln wie „Betrieb" oder „Belegschaft" sinnvoll sind, und die individualistisch-liberale Handlungs- und Integrationsweise, die erst Interessenwahrnehmung und Verfassungsbedarf mit sich bringen. Auch wenn diese bürgerliche Gesellschaft heute nach einem treffenden, hier in einem erweiterten Sinne angewendeten Ausdruck von Bahrdt „merkmallos bürgerlich"[4] geworden ist, gibt sie doch mit ihrer Verbindung von marktbedingtem Kapitalismus und demokratischem Republikanismus die Grundlage ab für das Auftreten offener Klassenauseinandersetzungen und damit auch für soziale Entwicklungen, wie sie der deutschen Betriebsverfassung zugrundeliegen.[5]

Von dieser noch näher zu explizierenden Auffassung aus erscheint dann die gegenwärtige deutsche Betriebsverfassung, innerhalb derer, allgemein gesprochen, den Leitenden, bei Wahrung ihrer systemfunktionalen Autonomie, ein bestimmtes Maß an Selbst- und Mitbestimmungsrechten der Arbeitenden gegenübersteht, als eine von mehreren Einrichtungen zur thematisch begrenzten Formierung und Vermittlung von klassenbedingten Interessen und als Mitergebnis der vollen Entfaltung der bürgerlichen Gesellschaft in Deutschland, die so lange und auf eine komplexe Weise durch die Traditionen der agrarisch-feudalen Standesgesellschaft verzerrt und bedingt war.

Faßt man die aktuelle Betriebsverfassung als eine den Grundtatsachen der bürgerlichen Gesellschaft entsprechende Einrichtung auf, dann läßt sich die These vertreten,[6] daß die aktuelle, deutsche Betriebsverfassung nach Form und Inhalt das spezifische Ergebnis eines nicht bloß widersprüchlichen, sondern mehrfach gebrochenen, aber doch eine elementare Kontinuität wahrenden, politischen Liberalisierungsprozesses der deutschen Gesellschaft darstellt, der sich unter dem doppelten Druck der Entfaltung des industriellen Kapitalismus und der antikapitalistischen Arbeiterbewegung durchgesetzt hat.

Dieser Liberalisierungsprozeß, der nicht nur der Betriebsverfassung, sondern auch anderen zentralen Erscheinungen der modernen deutschen Gesellschaft zugrundeliegt, kann im Hinblick auf den Betrieb jedoch nur insofern oder nur negativ als Demokratisierungsprozeß verstanden werden als die Herrschaft der jeweiligen Unternehmensleitungen funktional eingeschränkt worden ist, nicht aber, weil, wie dies der Begriff der Demokratie impliziert, ein Souveränitätswechsel im Betrieb oder in der Ökonomie stattgefunden hätte und eine der Volkssouveränität analoge Einrichtung geschaffen worden wäre. Vielmehr bedeutet Liberalismus, im Rahmen der, der bürgerlich-aufgeklärten Gesellschaft zugehörigen „Verweltanschaulichung" des politischen Denkens und damit der Geltung nur privat verbindlicher Sozialnormen, die Herstellung eines willkür- und vormundschaftsfreien Handlungs- und Interaktionszusammenhangs im Betrieb, die unter Diskussions- und Legitimationszwang stehende, funktionale Versachlichung der Herrschaftsausübung und die Instrumentalisierung des staatlichen Gemeinwesens zum permanenten Ausgleich systematisch divergierender Interessen und Interessenlagen.

Dementsprechend läßt sich die anhand eines wachsenden historisch-empirischen Materials zunehmend besser verfolgbare,[7] geschichtliche Entwicklung der deutschen Betriebsverfassung als ein durch den Klassengegensatz objektiv bedingter, sozialer Rationalisierungsprozeß beschreiben, innerhalb dessen sich die verschiedenartigen Betriebsverfassungsversuche der Untenehmer und die verschiedenen Formen des Selbst- und Mitbestimmungsstrebens der Belegschaften einander konfrontieren, aber auch aufgrund komplexer und einschneidender Lernprozesse verändert und schließlich kompromißhaft identifiziert haben. Die aktuelle Betriebsverfassung repräsentiert also sowohl eine funktional begrenzte, soziale Kontrolle der Leitenden durch die Arbeitenden, deren zentraler Ausdruck und politisches Symbol die betriebliche Interessenvertretung, der 'Betriebsrat' ist,[8] als auch das innerhalb einer bürgerlichen Gesellschaft überhaupt erreichbare Maß der Integration der Belegschaften in den Betrieb, die sowohl mit ökonomischen Effizienz- als auch politischen Repräsentanzansprüchen übereinstimmt.

Diese These soll in den folgenden Ausführungen näher dargelegt und in ihren wesentlichen Momenten erläutert werden, wobei zwischen geschichtlichen Ausgangspunkten, sachlichen Bezugspunkten und theoretischen Gesichtspunkten unterschieden werden soll, die bei der Analyse der geschichtlichen Entwicklung der Betriebsverfassung in Deutschland zu berücksichtigen sind.

1. Geschichtliche Ausgangspunkte der Entwicklung

Die geschichtliche Entwicklung der deutschen Betriebsverfassung setzt offensichtlich zunächst sowohl etwas, was man als „Verbetrieblichung" der Arbeit, als auch etwas, was man als „Politisierung" der Betriebe bezeichnen kann, voraus. Denn nur wenn das Arbeiten in Betrieben, also unter technisch-bedingt, bewußt organisierten Bedingungen, zur allgemeinen und dauerhaften Praxis wird (was zum Beispiel den Zeitgenossen in der ersten Hälfte des 19. Jahrhunderts keineswegs sicher schien) und wenn zugleich die überlieferten Regelungen des Arbeitslebens, trotz möglicherweise extensivster Interpretation, sich als brüchig erweisen, drängt sich die Notwendigkeit einer politischen „Neuregelung" (wenn auch zunächst gewöhnlich nur aktiven Minderheiten) auf und ergibt sich unter bestimmten Umständen ein „Verfassungsbedarf", wie dies ja auch in den später zu behandelnden verschiedenartigen Betriebsverfassungsversuchen der Unternehmer aufgrund des Selbst- und Mitbestimmungsstrebens der Belegschaften zum Ausdruck gekommen ist.[9] Demgemäß muß man sich in einem weiteren Schritt der gesellschaftlichen Voraussetzungen der mit „Verbetrieblichung" der Arbeit und „Politisierung" der Betriebe gemeinten Erscheinungen systematisch soweit versichern, daß man dadurch einen sachlich angemessenen Zugang zur Untersuchung der geschichtlichen Entwicklung der Betriebsverfassung gewinnt. Dies aber verlangt ein Vorgehen, das die Entwicklung der Betriebsverfassung auf die allgemeinen und besonderen sozialen Gegebenheiten und Bewältigungsbedingungen einer, durch die genannten Erscheinungen gekennzeichneten, gesellschaftlichen Situation zurückführen läßt, die ihrerseits durch die Ablösung der „alten" Gewohnheiten und Orientierungen der agrarisch-feudalen Gesellschaft mit ihren „partikularistischen" Standes- und Obrigkeitsbindungen aufgrund der „neuen" Herausforderungen durch die Entfaltung der industriell-bürgerlichen Gesellschaft mit ihren „universalistischen" Klassen- und Schichtunterschieden formiert wird.[10]

Versucht man nun zu diesem Zweck sich zunächst einen Begriff von bürgerlicher Gesellschaft zu machen, der sich nicht nur auf die ökonomische Sphäre im Sinne der marxschen Kapitalismusanalyse bezieht, sondern der auch die im weitesten Sinne politische Sphäre, eingedenk der klassischen Zweiteilung der Gesellschaft in Ökonomie und Politik, berücksichtigt und so ein soziologisch brauchbares und kritisches Untersuchungsinstrument zu liefern verspricht, so bietet es sich an, die bürgerliche Gesellschaft als durch die Ansprüche und Folgen von vier grundlegenden Einrichtungen bestimmt und „vermittelt" anzusehen, nämlich die industrielle Arbeitsweise, die privatkapitalistische Wirtschaftsweise, die individualistische Handlungsweise und die liberale (politische) Integrationsweise.

Diese vier unterscheidbaren, wenn auch komplexen und einen wechselseitigen Zusammenhang bildenden Einrichtungen bestimmen in einer anschließend weiter zu erörternden Weise die Verhältnisse der bürgerlichen Gesellschaft. Man kann weiterhin sagen, daß die „Verbetrieblichung" der Arbeit eine zentrale Folgeerscheinung der industriell-kapitalistischen Arbeits- und Wirtschaftsweise darstellt, wie dies für die „Politisierung" der Betriebe aufgrund der der individualistisch-liberalen Handlungs- und Integrationsweise innewohnenden „Dialektik" zutrifft.

Von da aus lassen sich, insbesondere im Hinblick auf die arbeitende Bevölkerung, einige Thesen über die objektiven Gegebenheiten wie die subjektiven Bewältigungsbedingungen einer gesellschaftlichen Situation formulieren, die durch die fortschreitende Entfaltung der bürgerlichen Gesellschaft im angegebenen Sinne bestimmt ist und vor die sich unternehmerisches Bürgertum und industrielles Proletariat, wenn auch aufgrund entgegengesetzter Positionen, gestellt sahen.

1. Industriearbeit als solche, unterscheidet man sie in einer Art von phänomenologischer Reduktion von der mit ihr historisch verbundenen Lohnarbeit, bedeutet zunächst Tätigkeit im Zusammenhang mit einer maschinellen Produktionstechnik, in der Kraftmaschinen mit Arbeits- und Werkzeugmaschinen mittels eines Transmissionsmechanismus verbunden sind. Dies macht nach Marx den „kooperativen Charakter" der Produktion zu einer technischen Notwendigkeit und konstituiert „Belegschaften". Die industrielle Technik verlangt darüber hinaus einen aus den sonstigen Lebensverhältnissen herausdifferenzierten „Betrieb", der auf die räumlichen und zeitlichen Bedingungen der Technik zugeschnitten ist und dessen Mitglieder sich den Regeln des Technikeinsatzes anpassen können. Zugleich verlangt ein solcher Betrieb eine technisch bedingte und daher auch technisch bedingt fortschreitende, funktionale Arbeitsteilung und Kooperation zwischen den Betriebsangehörigen, die daher auch nicht mehr in unmittelbaren sozialen Beziehungen, außer den durch die Arbeit gestifteten, stehen können. Schließlich verlangt der technisch-bedingt arbeitsteilige Betrieb eine zentrale, fachlich-sachliche Leitungsinstanz zur aktuellen und strategischen Koordination des betrieblichen Arbeitszusammenhangs und die Entwicklung und Anerkennung kritisch-funktionaler Autoritätsverhältnisse.

Die industrielle Arbeitsweise verlangt also eine komplexe und spezifische Betriebsdisziplin. Dazu gehört historisch (und systematisch) die Anpassung an den mechanisch-kontinuierlichen Ablauf der Maschine. Zwar konnte schon, wie wir wissen, in der Hausindustrie, etwa unter dem Leistungsdruck eines Verlegers, fast die Lebenszeit in Arbeitszeit verwandelt werden, dennoch gab es hier stets die Möglichkeit, die Arbeit zu rhythmisieren, schneller und langsamer zu arbeiten, die Arbeit zu unterbrechen, Ermüdung durch eigene Techniken zu bekämpfen und so weiter. Diese wurde in der Fabrik unmöglich, die darüber hinaus eine bestimmte zeitliche und leistungsmäßige Organisation erforderte, mit ihren Anforderungen an pünktlichen Arbeitsbeginn, Zweckmäßigkeit des Verhaltens gegenüber einem nicht mehr „natürlichen" Arbeitsablauf und seinen Bedingungen, um Unfälle zu vermeiden oder Schaden zu verhindern. Industriearbeit verlangte aber auch die Fähigkeit, statt der traditionellen, verwandtschaftlich-gemeinschaftlichen Kooperationsverhältnisse (zum Beispiel der ländlichen Bevölkerung), die kulturell eingelebt waren, mit abstrakt-gesellschaftlichen, gänzlich fremde Menschen einbeziehenden Kooperationsverhältnissen fertig zu werden und die sich daraus ergebenden sozialen Beziehungen im Hinblick auf die Arbeitszwecke selbst zu disziplinieren, beispielsweise Streit zu vermeiden, eine bestimmte Distanz aufrechtzuerhalten. Schließlich bedeutet Industriearbeit auch die Bereitschaft, eine fachlich-sachliche Leitungsinstanz zu akzeptieren und zu respektieren, also auch entsprechende Kritik anzunehmen.

Wo Autorität bisher „ganzheitlich" legitimiert war oder sein mußte, ist die Ausbildung von funktional-spezifischen und insofern rationalen Autoritätseinstellungen keine Kleinigkeit.

2. Diese industrielle Betriebsdisziplin aber mußte von den Industriearbeitern ausgebildet und von den industriellen Unternehmern durchgesetzt werden, unter der weiteren wesentlichen Bedingung, daß Industriearbeit in der ökonomischen Form der Lohnarbeit zu erbringen war. Rechtlich freie und insofern politisch nicht vorgeschriebene Lohnarbeit aber bedeutete zunächst markt- und vertragsbedingte Arbeit. Solches „Salariat" hat positive, emanzipatorische Seiten, wenn es historisch betrachtet wird, negative Seiten, wenn man es systematisch betrachtet, weil es, wie Marx klar gesehen hat, im kapitalistischen Wirtschaftszusammenhang einerseits die objektive Grundlage der versachlichten Ausbeutung der arbeitenden Bevölkerung darstellt, andererseits in seinen ökonomischen wie arbeitsinhaltlichen Folgen abhängig ist von den Akkumulations- und Verwertungsbedingungen des Kapitals, die auch dem Unternehmer weitgehend vorgegeben sind. Der Unternehmer kann darüber hinaus die technische und arbeitsorganisatorische Entwicklung und damit die Anforderungen der Betriebsdisziplin zwar nicht schlechthin „machen", jedoch aber steuern: in ihrem Tempo forcieren, ihre Elemente unterschiedlich kombinieren, alternative Schlußfolgerungen aus der Anwendung technischer und organisatorischer Prinzipien ziehen und so weiter. Weiter ist der Lohnarbeiter in die aus der Unternehmerkonkurrenz und dem Gesamtprozeß einer kapitalistischen Marktwirtschaft fließende Zyklik von Prosperität und Krise unmittelbar einbezogen, die jedoch in ihrer Objektivität und Entferntheit von der Arbeit nicht wie die alten Hungerund Agrarkrisen moralisch-religiös, sondern nur rational verarbeitet werden können.

Schließlich wird es für den Lohnarbeiter typisch, daß er sich in die Position eines Moments des disponiblen Faktors Arbeitskraft gedrängt sieht, das jederzeit mit zeitlichen, sachlichen und sozialen Veränderungen rechnen muß und sozusagen nur zufällig und privat (etwa als Mitglied einer Stammbelegschaft), aber nicht systematisch und objektiv mit einer ständigen und stetigen Beschäftigung rechnen kann. Der Lohnarbeiter ist also sozusagen ökonomisch gezwungen, intelligent und womöglich „politisch" zu handeln, um seine Arbeitskraft, sofern es die Konkurrenzbedingungen zulassen, richtig zu plazieren, den Wert seiner Arbeitskraft sowohl zu erhalten als auch zu realisieren und sich weder auf dem Markt noch im Betrieb Chancen und Gelegenheiten zur Verbesserung seiner Situation entgehen zu lassen, will er nicht vor sich und anderen als dumm erscheinen. Er muß sozusagen als Lohnarbeiter einen Komplex von handlungsorientierenden Interessen ausbilden und einerseits seine Lohnchancen, wie das bereits Adam Smith als Strukturtatsache gesehen hat, maximieren und den Verbrauch seiner Arbeitskraft minimieren, andererseits nach Sicherung des Arbeitsplatzes und Erhaltung seines Arbeitswertes streben, um die ökonomische Zufälligkeit seiner gesellschaftlichen Existenz zu bekämpfen. Er sieht sich dabei mit dem unternehmerischen Kapitalinteresse konfrontiert, das seine systembedingte Autonomie sowohl auf dem Arbeitsmarkt als auch im Betrieb strategisch aufrechtzuerhalten sucht.[11]

3. Die Lohnarbeitssituation verlangt vom Arbeiter angesichts solcher Gegebenheiten erhebliche Abstraktionsleistungen und Lernprozesse, die man unter dem Begriff der „individualistischen Handlungsweise" zusammenfassen kann. Ihre Ausbildung verlangt die Rationalisierung der mitgebrachten „moral economy" (Thompson) der ständischen Gesellschaft in Richtung auf eine aktivistisch-utilitaristische Moral und ein interessenorientiertes politisches Denken, das dem Gegeninteressenten nicht vertraut, sondern ihm strategisch gegenübertritt. Es verlangt schließlich die Ausbildung einer rationalen Solidarität aller in gleicher Situation Befindlichen, die nicht mehr über wortlos gegebene, gemeinsame Interessen, wie in der Dorfgemeinschaft, sondern durch Reflexion erfordernde Interessenkenntnis vermittelt ist.

Der Arbeiter ist innerhalb der industriell-kapitalistischen Arbeits- und Wirtschaftsweise bereits objektiv als sich selbst organisierendes Individuum, das heißt als „vereinzelter Einzelner" (Marx) definiert. Indem er aber Industriearbeit in der Form der Lohnarbeit verrichtet und in dem Maße, in dem er dies tut, wird er also in einen unmittelbar arbeitsbedingten, mittelbar aber durch das städtisch-industrielle Milieu bedingten Reflexionsprozeß einbezogen, der die Entwicklung seiner Individualität in dem Sinne erzwingt, als sein sozialer Lebensvollzug eine abstraktere Form sozialer und personaler Identitätsbildung und einen der Komplexität der Arbeits- und Lebensverhältnisse entsprechenden spezifischen Rationalismus des Denkens und Handelns verlangt. In dem Minimum, als dies ein der bürgerlichen Gesellschaft auch für den Arbeiter innewohnendes Gebot ist, soll dies als individualistische Handlungsweise bezeichnet werden. Diese ist daher nicht nur notwendig zur Bewältigung der Industrie- und Lohnarbeitssituation, die ja die bereits genannten Disziplinierungs- und Rationalisierungsleistungen schon implizieren, sondern darüber hinaus, um im städtischen Milieu, insbesondere unter den chaotischen Bedingungen der frühen Industrialisierungsphase, aber auch später sich einrichten und die neuen Erfahrungen, Notwendigkeiten und Ansprüche erfüllen zu können.[12] Verstädterung in diesem Sinne bedeutet früher oder später den endgültigen Verlust der produktiven Funktionen der Familie, Auflösung der patriarchalischen Ansprüche des Mannes, Neuordnung der ehelichen Beziehungen, in denen grundsätzlich die individuellen Beziehungen in den Vordergrund treten, insbesondere wenn auch die Frau einer beruflichen Erwerbstätigkeit nachgeht. Die Verstädterung aber liefert auch die sozialen Voraussetzungen, daß die rationalistisch-politischen Implikationen der Industrie- und Lohnarbeitssituation sich einstellungsprägend entwickeln können. Die Anfänge und Fortschritte gewerkschaftlicher und parteilicher Verbandsbildung sind nicht zufällig, von Ausnahmen abgesehen, an das städtische, insbesondere haupt- und zentralstädtische Milieu gebunden.

4. Impliziert bereits die arbeits- und umweltbedingte individualistisch-rationalistische Verhaltensprogrammatik unter dem zusätzlichen Einfluß von familiären Differenzierungsprozessen eine Orientierung an interessengeleitetem Handeln, so macht die der bürgerlichen Gesellschaft eigentümliche liberale Integrationsweise mit der rechtsstaatlichen Garantie bestimmter Bürger- und Menschenrechte und der Etablierung eines demokratischen Prozesses zur Aushandlung praktischer Interessendivergenzen die politische Austragung der, in der industriell-kapitalistischen Arbeits- und Wirtschaftsweise objektiv angelegten, offenen Klassenkonflikte möglich und stiftet eine „politische" Vermittlung für solches Handeln. Insofern bringt es die liberale Integrationsweise, die die Privatisierung und infolgedessen „Verweltanschaulichung" des politischen Denkens impliziert, mit sich, daß sich die Gemeinwohlimplikation, die politischem Denken dennoch innewohnt, im Auseinandersetzungs- und Diskussionsprozeß der bürgerlichen Gesellschaft erst durchsetzen und „zeigen" muß. So sehr in der deutschen Geschichte die liberale Integrationsweise entweder unterdrückt oder durch Umleitung auf nationalistisch-abstrakte Gemeinwohldefinitionen verzerrt wurde, entwikkelte sie sich dennoch unvermeidlich auch hier und bildete den Resonanzboden für die Entwicklung der deutschen Arbeiterbewegung, auch wenn sie erst heute sich hinreichend uneingeschränkt entfaltet hat. Die von den preußischen Reformern ins Leben gerufene Landwehr und das von Bismarck gegen den Länderpartikularismus vorgeschlagene und eingeführte allgemeine und gleiche Wahlrecht, wenigstens für die Männer, waren zum Beispiel nicht unwichtige Schritte in diese Richtung, fürchtete doch beispielsweise der Kriegsminister von Roon um 1850 bereits die Komplizierung der Regierungstätigkeit, wenn jeder Landwehrmann zugleich Wähler wird und „nicht bloß den Arm, sondern auch die Zunge zu brauchen berufen und berechtigt ist".[13]

Industriell-kapitalistische Arbeits- und Wirtschaftsweise und individualistisch-liberale Handlungs- und Integrationsweise sind also die zwei Seiten der „bürgerlichen Gesellschaft", die historisch und systematisch, für sich und in ihren Wechselwirkungen, den sozialen Raum erkennen lassen, in dem sich einerseits das der industriellen Lohnarbeitssituation unter individualistisch-liberalen Handlungs- und Integrationsbedingungen immanente Mitbestimmungsstreben der Belegschaften und andererseits die ebenso bedingten Betriebsverfassungsversuche der Unternehmer entwickeln konnten und mußten.

2. *Sachliche Bezugspunkte der Entwicklung*

Es ist selbstverständlich niemals so gewesen, daß der von der Industrialisierung der Arbeit und der Kapitalisierung der Wirtschaft ergriffene frühere Bauer oder Handwerker ein widerstandsloses Objekt unternehmerischer Willkür gewesen ist. Ständische Unterschiede, informelle Mitwirkungsmöglichkeiten und verborgen-aggressive Widerstandsformen gab es immer,[14] ebenso wie es früh schon massive Streiks und angesichts der ungeheuren Mobilisierung der deutschen Bevölkerung in der zweiten Hälfte des 19. Jahrhunderts auch massive Abstimmungen „mit den Füßen“ gab, und zwar nicht nur durch diejenigen, die nach Amerika auswanderten.[15]

Dennoch mußte die „Verbetrieblichung“ der Arbeit eine gewisse Stabilität erreicht haben, bevor sich eine bestimmte „Politisierung“ der Betriebe entwickeln konnte und als Folge davon das Thema der Betriebsverfassung virulent wurde. Eine der ersten hier zu nennenden Bedingungen war die Herausbildung integrierter Belegschaften, das heißt von Belegschaften, bei denen sich die traditionellen ständischen Unterscheidungen infolge der technisch-organisatorischen, aber auch der ökonomisch-politischen Entwicklung der Unternehmen und Betriebe soweit abgeschliffen hatten, daß die Gemeinsamkeit der Situation anschaulich werden konnte.

Nun war es keineswegs so, jedenfalls nicht vor 1850 (und auch später kaum anders), daß die frühen industriellen Unternehmer in Deutschland, ganz abgesehen von ihren unterschiedlichen Bedingungen in der Textil-, Bergbau-, Maschinenbau- oder Papierindustrie, besondere und harte Methoden der Mobilisierung und Disziplinierung der Arbeitskräfte angewandt hätten. Vielmehr kann man sagen, daß sie eher pragmatisch und politisch „naiv“, weil in der Annahme, sie könnten als gewinnorientierte, interessengeleitete Unternehmer auf die Dauer die Legitimitätsstellung der patrimonialen Obrigkeit einnehmen, die schon in der ständischen Gesellschaft ausgebildeten Methoden übernahmen und entsprechend den produktionstechnischen Bedingungen einsetzten. Es scheint daher charakteristisch, daß in den frühen Phasen der Industrialisierung weitgehend vertikal und horizontal „segmentierte“ und pseudoständisch differenzierte Belegschaftsstrukturen festzustellen sind.[16] Abgesehen davon, daß die Bergarbeiter bis 1850 ohnehin unter der Regie der preußischen Bergämter über ein vollentwickeltes Standeswesen verfügten, wurde in der Textilindustrie (aber auch in anderen Bereichen) der Arbeitsprozeß entweder so organisiert, daß patriarchalisch geführte Familien, ergänzt durch Verwandte, zusammenarbeiteten, der „Familienpatriarch“ als Zwischenmeister im Stücklohn bezahlt wurde, aus dem also die übrigen Beteiligten zu entlohnen waren, oder die mit irgendwelchen ständischen Ansprüchen ausgestatteten Belegschaftsteile von den unständischen und oft weiblichen Teilen der Belegschaft in Behandlung und Bezahlung streng getrennt wurden. Charakteristisch sind daher für die frühen Phasen der Industrialisierung die großen Lohnunterschiede innerhalb der Belegschaften (wobei die Unterschiede zwischen Stadt und Land hier außer Betracht bleiben müssen).[17] Die oft berichteten brutalen und rücksichtslosen Disziplinierungsmethoden wurden einfach aus der alten Gesellschaft übernommen und aufgrund einer, soziologisch betrachtet: verständnislosen und interessengeleiteten, rationalistischen Arbeitsmoral (für die Anderen), der auch wohlmeinende Unternehmer wie Harkort anhingen, gerechtfertigt. Die patriarchalische Bevorzugung der Männer, Frauen- und Kinderarbeit, lange Arbeitszeiten, bescheidene Entlohnung, unnachsichtiger

Leistungsdruck, brutale Disziplinierungsmethoden, kleinlichste Auseinandersetzungen waren jedenfalls keine „Erfindung" der industriellen Unternehmer, sondern vielfach überlieferte und selbstverständliche Praktiken, die gerade in den prekär existierenden Haushalten der Bauern, der Handwerksmeister und der Hausindustriellen mehr oder weniger gang und gäbe waren.

Allein die verdichtete und organisierte, insofern technisch-bedingt künstliche Disziplin war neu. Dementsprechend waren die Belegschaftsstrukturen weitgehend ständisch-segmentiert beziehungsweise wurden patriarchalische und ständische Voraussetzungen zur Disziplinierung und Gliederung der Belegschaften benutzt, um weder Diskussionen aufkommen noch Schwierigkeiten entstehen zu lassen.

Eine Solidarisierung der Belegschaften war unter diesen Umständen gar nicht oder nur von Fall zu Fall unter Bedingungen „moralischer" Empörung möglich. Es bestand also, kann man sagen, in der Frühphase der Industrie und fortwirkend zumindest bis zur Zulassung von Arbeiterausschüssen (1890), eine mehr oder weniger pragmatisch übernommene, ständisch-patriarchalisch formierte, vor allem an der Durchsetzung der Betriebsdisziplin orientierte Betriebspolitik, wie sie in den zahlreichen, freilich keineswegs generell eingeführten, Arbeitsordnungen mit ihren drakonischen Geldstrafen für subtil registrierte Unregelmäßigkeiten anschaulich entgegentritt.[18] Erst mit der Aufklärung dieser Betriebspolitik durch den Fortschritt der Mechanisierung, der Ausbildung einer Arbeitsorganisation, die sich mehr an Funktions- als an Ehrgesichtspunkten orientierte, die Ausbildung eines autoritäts-kritischen Lohnarbeitsbewußtseins, die individualistische Steigerung der Erwartungen und Ansprüche gegenüber dem Unternehmen und Ansätze möglicher Politisierung der Belegschaften, wie sie bereits im Jahre 1848/49 aufgetreten waren, ergaben sich schrittweise integrierte Belegschaftsstrukturen und konstituierte sich die Belegschaft sozusagen potentiell als politische Größe, zumal im Zusammenhang damit auch die Legitimation der unternehmerischen Autoritätsausübung, durch bloße Tradition, problematisch wurde. In dem Maße, in dem sich die Belegschaften im beschriebenen Sinne ökonomisch und politisch integrierten und, betrieblich und lokal, individueller und kollektiver Widerstand und sozialer Protest spürbar wurden, differenzierte sich die unternehmerische Betriebspolitik und erreichte in Abwehr der sich zunächst erst ankündigenden Arbeiterbewegung (wofür die Tätigkeit Lassalles repräsentativ ist) ein entwickeltes, nunmehr ideologisches Niveau.

Man kann dabei eine Minderheit aufrichtig liberaler Unternehmer unterscheiden, die sich schon in der Paulskirche zu Wort gemeldet hatten, die zumindest bereit waren, die Arbeitsordnungen mit Belegschaftsvertretern oder -ältesten auszuhandeln; und man kann eine Minderheit von tyrannischen Unternehmern unterscheiden, die zu keiner Diskussion bereit waren und dafür auch keine Rechtfertigung suchten. Die große Mehrheit, sozusagen zwischen beiden Extremen stehend, versuchte ihre eigene Stellung und das Verhältnis zu den sich formierenden Belegschaften durch ideologische Integrationsversuche zunächst im Sinne eines „landesherrlichen" Patriarchalismus, dann im Sinne einer nationalgetönten, militaristisch unterfütterten „Werksgemeinschaft“ und schließlich im Sinne eines sozialreformerisch-aufgeklärten Idealismus, auch durch Behauptung des Bestehens einer „Betriebsfamilie“, zu lösen.[19] Diese unternehmerische Betriebspolitik muß deshalb als ideologisch bezeichnet werden, weil der industriell-kapitalistische Unternehmer seiner Stellung nach weder „Patriarch“ noch „Herr“ noch „Führer“ der Belegschaft sein kann oder jedenfalls nur „zufällig“ und vorübergehend, sondern prinzipiell privater Interessent, ein „Organisator“, „Wirt“ oder „Planer“ ist, der notwendig ein kalkulatives Verhältnis zu den Belegschaften haben muß. Weiterhin: die patriarchalischen (qualifizierteste Beispiele: Stumm und Krupp), werksgemeinschaftlichen und betriebsidealistischen Verfassungsversuche verstießen ökonomisch gegen die Marktrationalität, die die Interessenauseinandersetzung voraussetzt. Sie versuchten, diese Auseinandersetzung zu unterdrücken, und richteten sich politisch gegen die sich entfaltende Arbeiterbewegung, die ihnen gegenüber eigentlich die individualistisch-rationalistische Verhaltensprogrammatik der bürgerlichen Gesellschaft repräsentierte.

Es gelang der Unternehmerseite zwar, mit nicht unerheblichen Abwandlungen, insbesondere im Bereich der Schwerindustrie, durch eine entwickelte Sozialpolitik diese Bewegung bis zum Ersten Weltkrieg vor den Werkstoren zu halten, aber nur um den Preis der Unterdrückung der unbequemen Aspekte der bürgerlichen Gesellschaft durch eine obrigkeitsstaatlich-nationalchristliche Refeudalisierung des Verhältnisses zwischen Belegschaften und Unternehmern.

Abgesehen davon, daß diese funktionsabstrakte „Ideologisierung“ des unternehmerischen Selbstverständnisses zusammen mit der monarchisch-autoritären „Weltanschauung“ erheblicher Teile des deutschen Besitz- und Bildungsbürgertums katastrophale politische Folgen gehabt hat, wie sie sowohl der Verein für Sozialpolitik als auch Max Weber so klar befürchtet haben, und wie sie dann in der hitlerschen Volks- und Betriebsgemeinschaft noch einmal eine parterre, direkt verlogene Auferstehung erfuhr, war sie ein entscheidendes Hemmnis für die Herausbildung einer politisch angemessenen Betriebsverfassung, die den Ansprüchen bürgerlicher Gesellschaften genügt hätte.

Die „Entideologisierung“ und „Rationalisierung“ der Betriebspolitik der Unternehmer und damit die Anerkennung einer betrieblichen und überbetrieblichen Interessenvertretung und politischen Verbandsbildung durch die Gewerkschaften war daher eine Voraussetzung für die Durchsetzung einer auf Verhandlung und Interessenanerkennung und -ausgleich hin orientierten Betriebsverfassung. Das in einer revolutionären Situation durchgesetzte Betriebsrätegesetz von 1920 war ein nicht besonders starkes, aber immerhin ein liberales Angebot, das die inzwischen in Verbänden kollektivierte Unternehmerschaft, abgesehen von liberalen Minderheiten, die in der Tradition von E. Abbe standen, geblendet teils von einem imperialistisch-nationalistischen Strategiedenken, teils von einem monarchisch-autoritären Selbstverständnis, das dem kapitalistischen Gewinnstreben eine höhere und in Deutschland damit „politische“ Weihe zu geben hatte, nicht zu erkennen vermochten.[20]

Diese - als Voraussetzung für die innere Anerkennung des Arbeitsverhältnisses als eines subjektiv-beruflichen, objektiv vertraglichen Verhältnisses zwischen politisch freien, ökonomischen Interessenten anzusehende - „Entideologisierung“ des Selbstverständnisses der Unternehmerseite bedurfte offenbar katastrophischer Erfahrungen, um sich schrittweise entwickeln zu können, wie dies heute im großen und ganzen der Fall ist.

Im Verhältnis zu diesen industrie-feudalistischen, auf die politische Entmündigung der Belegschaften und den Kampf gegen die nach 1890 und dem Sturz Bismarcks machtvoll sich entwickelnde Arbeiterbewegung gerichteten Betriebsverfassungsversuchen der Unternehmer, entwickelte sich insbesondere die sozialistische Arbeiterbewegung mit ihrer, durch eine rationale Solidarität vermittelten, individualistisch-rationalistischen Verhaltensprogrammatik, zwangsläufig in politischer Opposition. Das sich aus der Notwendigkeit der Vertretung der klassenbedingten Arbeits- und Betriebsinteressen der Arbeiter ergebende Streben, darüber hinaus auch die Bedingungen einer möglichen Interessenbeschädigung und -verletzung unter Kontrolle zu bringen, die eigene Ohnmacht aufzuheben und damit etwas wie Mitbestimmung zu erreichen, gab zwar der nach tarifvertraglichen Regelungen strebenden Gewerkschaftsbewegung Auftrieb, wurde aber von den klassenbewußten Arbeitern im Betrieb zunächst nur auf der unmittelbar-moralischen Handlungsebene in Form des „Bremsens“, der proletarischen „Leistungspolitik“ oder des Streiks und so weiter zur Geltung gebracht. Insgesamt aber transformiert sich dieses elementare, die unmittelbare Interessenwahrnehmung überschreitende Mitbestimmungsstreben in eine utopisch-revolutionäre oder utopisch-harmonistische „weltanschauliche“ Erwartung, die alles entweder auf den großen „Kladderadatsch“ oder den „Staat“ schob. Nur auf dem rechten, kleinbürgerlich-christlichen Flügel und auf dem linken, rätekommunistisch-syndikalistischen Flügel wurde der Betrieb als Feld praktischer politischer Betätigung und Auseinandersetzung ins Auge gefaßt.[21]

Die sozialdemokratische Partei hat die politische Betätigung im Betrieb, teils wegen der „Geschlossenheit“ und Feindlichkeit der Unternehmerfront, teils wegen der Gefahr der Korrumpierung der sozialistischen Bewegung, verurteilt und zum Beispiel erst nach dem Erfolg der christlichen Gewerkschaften bei den Wahlen zu den Arbeiterausschüssen im Bergbau sich aus pragmatisch-politischen Gründen an solchen Wahlen beteiligt. Diese bemerkenswerte politische Abstinenz kam zwar der Gewerkschaftsbewegung zugute, die in ihren beruflich orientierten Verbänden eine quasi-ständische, halb praktische, halb utopische, programmatisch aber unklare Politik entfaltete. Da die gewerkschaftliche Praxis aber vom Arbeitsplatz ebenso entfernt sich entfaltete wie von den revolutionären oder harmonistischen Utopien der politischen Arbeiterbewegung, und da nach dem Auslaufen der Unterdrückungsgesetze gegen die Sozialdemokratie und dem machtvollen Anwachsen ihrer Wahlstimmen sofort der sogenannte Reformismus die praktisch herrschende Orientierung der deutschen Arbeiterbewegung[22] wurde, war es unvermeidlich, daß einerseits die revolutionäre Erwartung politisch zu einer sozial-religiösen Utopie und andererseits die gewerkschaftliche Aktion zu einer deren Realisierung hemmenden bürokratischen Angelegenheit wurde. Dieser Widerspruch der wirklichen Arbeiterbewegung kann als einer der Hauptgründe für das Scheitern und Versagen der deutschen Arbeiterbewegung von 1918 bis 1933 angesehen werden. Die deutsche kommunistische Partei, die in der Weimarer Republik verzweifelt versuchte, dieser Utopie zum Leben zu verhelfen, fällt nicht aus dem Bild, denn für die „Erlösung" der Arbeiterklasse von der Klassenherrschaft hatte sie bestenfalls ein abstrakt-politisches Machtkonzept, dessen überrealistische, pseudo-religiöse Intention ja an der, von den Bolschewiki versuchten, Abschaffung des Geldes extrem deutlich wird.

Alles in allem kann man aufgrund der heutigen Erfahrung nur das tiefe historische Verständnis des Zeitgenossen Max Weber bewundern, der in diesem Zusammenhang unter anderem geschrieben hat:

„Der plebejische und Paraintellektualismus Deutschlands dagegen nahm ebenso wie der der romanischen Länder, aber im Gegensatz zu demjenigen der angelsächsischen Gebiete, in welchen seit der Puritanerzeit die ernsteste Religiosität nicht anstaltsmäßig-autoritären, sondern sektiererischen Charakters war, zunehmend und seit dem Entstehen des sozialistischen, ökonomisch eschatologischen Glaubens definitiv eine radikal-antireligiöse Wendung. Nur diese antireligiösen Sekten verfügen über eine deklassierte Intellektuellenschicht, welche einen religionsartigen Glauben an die sozialistische Eschatologie wenigstens zeitweise zu tragen vermochte. Je mehr die ökonomischen Interessenten selbst ihre Interessenvertretung in die Hand nehmen, desto mehr tritt gerade dieses „akademische" Element zurück; die unvermeidliche Enttäuschung der fast superstitiösen Verklärung der 'Wissenschaft' als möglicher Produzent oder doch als Prophetin der sozialen gewaltsamen oder friedlichen Revolution im Sinn der Erlösung von der Klassenherrschaft tut das übrige, und die einzige, in Westeuropa als wirklich einem religiösen Glauben äquivalent anzusprechende Spielart des Sozialismus: der Syndikalismus, gerät infolgedessen leicht in die Lage, in jenem Punkte zu einem romantischen Sport von Nichtinteressenten zu werden."[23]

Die relative „Entutopisierung" sowohl der revolutionär-reformistischen als auch der harmonisch-christkatholischen Arbeiterbewegung und damit die freiere, weniger autoritär gegängelte Entfaltung der der industriell-kapitalistischen Arbeits- und Wirtschaftsweise innewohnenden invidualistisch-rationalistischen Verhaltensprogrammatik in der arbeitenden Bevölkerung unter demokratisch-republikanischen Bedingungen muß gleichfalls als eine Strukturbedingung zur Herausbildung einer angemessenen Betriebsverfassung angesehen werden. Auch hier bedurfte es offenbar des traurigen Scheiterns der trotz aller Verformungen und Verzerrungen für die Demokratie in Deutschland stehenden Arbeiterbewegung, um diese Bedingung hervorzubringen.[24]

3. Theoretische Gesichtspunkte der Entwicklung

Überblickt man die hier freilich nur allgemein und grob umrissenen Strukturtatsachen der geschichtlichen Entwicklung der deutschen Betriebsverfassung und Belegschaftsmitbestimmung, so ergeben sich soziologisch einige zentrale theoretische Fragen, die abschließend zu erörtern sind.

Zuerst stellt sich die Frage, wie die deutsche Betriebsverfassung soziologisch zu qualifizieren ist. Dabei wurde gleich eingangs angedeutet, und es sollte aus den bisherigen Ausführungen und angesichts der Realität von mehr als 2 Millionen Arbeitslosen klar sein, daß die industriell-kapitalistische Arbeits- und Wirtschaftsweise nach wie vor besteht und ihre Wirkungen zeitigt, also von einer „Demokratisierung" der Betriebsverfassung in einem strengeren Sinne nicht die Rede sein kann, da kein Souveränitätswechsel stattgefunden hat, und Rechte und Gesetze die systematisch notwendige Autonomie der Betriebs- und Unternehmensleitungen und darüber hinaus die Souveränität des Kapitals über die Arbeit nicht antasten. Man kann daher nur von einer „Liberalisierung" der Betriebsverfassung in dem Sinne sprechen, daß es betriebliche Interessenvertretungen mit differenzierten Informations-, Mitwirkungs- und Mitbestimmungsrechten gibt, die innerhalb der Grenzen des industriellen Kapitalismus, die sich als gestaltbarer erwiesen, als anzunehmen war, eine durchaus noch aktiv ausbaubare Basis zur Wahrnehmung der Arbeits- und Betriebsinteressen der industriellen Arbeiter und Angestellten abgeben. Der einzelne Arbeiter kann typisch durchaus Arbeitsprobleme zur Diskussion stellen, ist vor willkürlicher Autoritätsausübung geschützt, hat die Berücksichtigung sozialer Gesichtspunkte in der Managementpraxis durchgesetzt und so weiter. Innerhalb des Umstands, daß er auf Lohnarbeit angewiesen ist und dem betrieblichen Anpassungs- und Leistungsdruck ausgesetzt ist, ist er durchaus nicht nur als Staatsbürger, sondern auch im Wirtschaftsprozeß, wenn auch unter restriktiven Bedingungen, ein freier Mann, der „politisch" werden kann, wenn er will. Wenn er es nicht will, kann ihm ohnehin niemand helfen.

Die betriebliche Wirklichkeit ist zu einem „System" unpersönlich-versachlichter Status- und Machtverhältnisse geworden, und im modernen Management gibt es keinen grundsätzlichen Widerstand gegen Verhandlung und gegenseitige Vereinbarungen. Es mag noch einige „Kränzchen" von Unternehmern geben, die gegen Gewerkschaften und Betriebsräte am liebsten wie Bismarck mit Gewalt vorgehen möchten, aber dabei handelt es sich eher um den satirischen Schlußpunkt einer gescheiterten deutschen Tradition als um eine Gefahr.

Eine zweite Frage richtet sich darauf, ob die deutsche Arbeiterbewegung die sozialistische „Eroberung" der Betriebe und die entsprechende Umgestaltung der Gesellschaft damals wirklich gewollt hat. Daß sie nicht aus „Vaterlandsverrätern" bestand, wie dies bornierte Kleinbürger annahmen, hat die Geschichte gezeigt. Viel entscheidender scheint der Umstand, daß es in der Geschichte der deutschen Arbeiterbewegung keinen Hinweis darauf gibt, und zwar weder auf der Rechten noch auf der Linken, daß man jemals ernsthaft über die Praxis oder auch nur über die institutionellen und organisatorischen Prinzipien einer solchen Umgestaltung nachgedacht hat, so daß Lenin 1922 angesichts des von ihm initiierten „Staatskapitalismus" gestehen mußte, daß über die Lösungsmöglichkeiten in einer solchen Situation „in den alten Büchern" nichts steht.[25] Sozialismus war eine Utopie, aber keine praktische Aufgabe, so daß man 1920 sogar Sozialisierungsvorschläge von Bergassessoren zurückgewiesen hat, um weiter auf das erwartete „politische Wunder" der Totalveränderung der Welt zu warten. In Wahrheit muß man sagen, daß die deutschen Arbeiter und ihre Vertreter zu keiner Zeit in praktischer Form, über Ansätze technisch-organisatorischer Selbstorganisation hinaus, die Grundsatz- und Führungsfrage im Betrieb oder in der Wirtschaft gestellt haben.

Insofern ist die deutsche Arbeiterbewegung und die geschichtliche Entwicklung der Betriebsverfassung und Belegschaftsmitbestimmung in Deutschland geradezu ein zentraler Beleg für eine These, die jüngst Anthony Giddens vertreten hat. Giddens geht davon aus, daß es zwei potentielle Ursprünge gewerkschaftlicher Organisierung geben kann: „1. Gewerkschaften können Versuche sein, die ungleichgewichtige Marktmacht im Verhandlungsprozeß zwischen Arbeitern und Unternehmern so weit wie möglich auszugleichen; 2. Gewerkschaften können Versuche sein, die untergeordnete Kontrollposition der Arbeiter in dem Unternehmen im Verhältnis zur Ausführung seiner Arbeitsaufgabe in der Arbeitsteilung so weit wie möglich auszugleichen."[26] Er vertritt dann in diesem Zusammenhang zwei allgemeine Thesen: „Daß die Arbeiterbewegung eher 'sozialistisch' orientiert ist, wenn sie in einer Gesellschaft entsteht, in der 'post-feudale' Elemente noch eine wichtige Rolle spielen, und wenn sie eng mit einer politischen Bewegung verbunden ist, die der aktiven Eingliederung der Arbeiterklasse in den 'Bürgerstaat' Widerstand entgegensetzt. Zweitens, daß die Arbeiterbewegung eher 'revolutionär-sozialistisch' orientiert ist, wenn diese beiden Bedingungen zutreffen, aber so, daß die 'post-feudalen' Elemente dem entstehenden Industrialismus 'widersprechen'."[27]

Nach seinen Überlegungen ergibt sich, daß „revolutionäres Bewußtsein" (im Unterschied zu bloßem Klassenkonfliktbewußtsein) vor allem „den Moment des Zusammenstoßes von Post-Feudalismus und kapitalistischem Industrialismus" charakterisiert, jedoch nicht zum „Wesen der kapitalistischen Gesellschaft" gehört. „Die 'Institutionalisierung von Klassenkonflikt' ist kein Prozeß, der das Auftreten oder die Wirkungen des Klassenkonflikts minimiert und seine mögliche revolutionäre Bedeutung negiert, sondern sie ist die charakteristische Form, in der sich der Klassenkonflikt in der entwikkelten kapitalistischen Gesellschaft ausdrückt".[28]

Diese Überlegungen sind mit den hier entwickelten verwandt und weisen darauf hin, daß eher, auch angesichts der in der individualistisch-rationalistischen Verhaltensprogrammatik angelegten Skepsis gegenüber „politischen Wundern", revolutionäres Bewußtsein soziologischer Erklärung bedarf als ökonomisches Bewußtsein.

Auf der Ebene einer systematischen Gesellschaftsbetrachtung aber gewinnt die geschichtliche Entwicklung der deutschen Betriebsverfassung die Bedeutung nicht nur eines Ausdrucks einer entwickelten bürgerlichen Gesellschaft, sondern auch eines wesentlichen Elements der thematisch differenzierten und stufenweisen Regelung von klassenbedingten Konfliktpotentialen. Diesen Gedanken verfolgt Lepsius, wenn er formuliert:

„Für eine Gesellschaft, in der die ganz überwiegende Mehrzahl der Erwerbstätigen als Arbeiter, Angestellte und Beamte unselbständig beschäftigt ist, hat die Regelung der Arbeitsbedingungen eine strukturdominante Bedeutung. Dazu gehört die Regelung der Arbeitszeit, der Inhalte der Arbeitsvollzüge, die Form und der Inhalt der Anweisungsunterworfenheit im Arbeitsverhältnis, die Regelung von Einstellung und Ausstellung, die Prinzipien der Entlohnung und dergleichen mehr. In der heutigen Situation werden diese Elemente der Arbeitsordnung weitgehend und prinzipiell gleichartig durch das Arbeits- und Sozialrecht, die Tarifverträge und die Betriebsverfassung bestimmt, wobei sowohl gerichtliche wie von den Tarifparteien paktierte Sanktionsmittel zur Sicherung dieser Regelung bereitstehen. Damit ist eine institutionell weitgehend normierte Arbeitsordnung entstanden, die eine materiell unterschiedliche, aber formell gleichartige Grundstruktur der Lebenssituation darstellt. Das ist zugleich eine gemeinsame Basis für die auf der Erfahrung der Arbeit aufbauende sozial-moralische Einheit der Gesellschaft."[29]

Dadurch, daß innerhalb der Betriebsverfassung nur solche Probleme behandelt werden, die im Betrieb auch gelöst werden können, andere aber auf anderen Ebenen behandelt werden, ist nach der Auffassung von Lepsius eine Arbeitsteilung zwischen Betriebsverfassung beziehungsweise Betriebsrat, Gewerkschaften und Parteien entstanden, die „eine relativ pragmatische Konfliktlösung" zuläßt. An diesem Punkt sollte deutlich geworden sein, daß die deutsche Betriebsverfassung eine zentrale und unentbehrliche Institution der bestehenden, ökonomisch auf der industriell-kapitalistischen Arbeits- und Wirtschaftsweise, politisch aber durch die individualistisch-liberale Handlungs- und Integrationsweise geleiteten, bürgerlichen Gesellschaft darstellt.

In diesem Licht erscheint diese Betriebsverfassung und die ihr zugrundeliegenden Tätigkeiten der Einbezogenen, Beteiligten und Betroffenen ohne falschen utopischen Glanz und ohne besonderen moralischen Anspruch. Man sollte aber nicht übersehen, daß die dahinter stehende geschichtliche Entwicklung und aktuelle Vergesellschaftung der Belegschaften und Unternehmer zwar nicht das Kapitalismusproblem gelöst hat, aber doch unentbehrliche, demokratische Voraussetzungen geschaffen hat, um dieses Problem nunmehr ohne Ideologie und Utopie, also vernünftig-praktisch zu lösen.

Anmerkungen

1 Der große Brockhaus, 16. Aufl., Bd. 2, Wiesbaden 1953, S. 69
2 Ebd.
3 Zur sozialgeschichtlichen Analyse der deutschen Betriebsverfassung immer noch aufschlußreich O. Neuloh, Die deutsche Betriebsverfassung und ihre Sozialformen

bis zur Mitbestimmung, Tübingen 1956 sowie ders., Der neue Betriebsstil, Tübingen 1961, wo formale Verfassung und Verfassungswirklichkeit als 'Stil' gedeutet werden. Kritisch dazu R. Dahrendorf, Gesellschaft und Demokratie in Deutschland, München 1968, insbesondere Kapitel 12, Wege der industriellen Utopie. Aus der immensen Betriebsverfassungs- und Mitbestimmungsliteratur scharfsinnig und informativ D. Brinkmann-Herz, Die Unternehmensmitbestimmung in der BRD - Der lange Weg einer Reformidee, Köln 1975.

4 Bahrdt spricht von der „merkmallosen Bürgerlichkeit" der Angestellten. H. P. Bahrdt, Industriebürokratie, Stuttgart 1958.

5 Vgl. die einleuchtende Analyse der Betriebsverfassung bei M. R. Lepsius, Soziale Ungleichheit und Klassenstrukturen in der Bundesrepublik, in: H.U. Wehler (Hrsg.), Klassen in der europäischen Sozialgeschichte, Göttingen 1979, insbesondere S. 197 ff. Ferner zum Klassenkonzept insgesamt herausragend A. Giddens, Die Klassenstruktur fortgeschrittener Gesellschaften, Frankfurt/M. 1979, insbesondere Kapitel 9 (englisch, zuerst London 1973).

6 Diese These enthält die zentralen Gesichtspunkte eines Forschungsprojekts zur geschichtlichen Entwicklung der gegenwärtigen, deutschen Betriebsverfassung, das in den letzten Jahren an der Universität Bremen durchgeführt wurde und das die 'Dialektik' dieser Entwicklung auf ihren verschiedenen Stufen und Ebenen zu rekonstruieren versucht. An diesem Projekt waren Adolf Brock, Wilhelm Eberwein und Jochen Tholen beteiligt, denen der Verfasser Hinweise und Anregungen zu verdanken hat. Der empirische Bericht dieser Forschungsarbeit, der bisher intern in vier Bänden unter dem Titel: „Unternehmer und Belegschaften" vorliegt, bildet den Hintergrund der Konzeption, die hier erörtert wird. Daher wird in den folgenden Ausführungen nur gelegentlich und zusätzlich darauf Bezug genommen.

7 Repräsentativ für diese wichtige sozialgeschichtliche Forschung ist die von H. U. Wehler u.a. herausgegebene Zeitschrift „Geschichte und Gesellschaft", die seit 1975 erscheint.

8 Dazu neuerdings informativ H. Kotthof, Betriebsräte in der Bundesrepublik. Eine Typologie der Partizipationsstrukturen im Industriebetrieb, Frankfurt/M. 1979.

9 Siehe Abschnitt 2.: Sachliche Bezugspunkte der Entwicklung.

10 Wenn man sozial-mythische Züge nicht scheut, kann man als historischen Dreh- und Angelpunkt dieser Umbruchssituation mit Parsons die industrielle und demokratische „Doppelrevolution" am Ende des 18. Jahrhunderts ansehen. Siehe T. Parsons, Das System moderner Gesellschaften, München 1972, S. 96 - 109. Vgl. auch die Bemerkungen zur deutschen Entwicklung auf S. 93 - 96 sowie S. 165 - 167.

11 Vgl. dazu G. Bechtle, Betrieb als Strategie, Frankfurt/M. 1980.

12 In dem hier gemeinten Sinne spricht Marx zum Beispiel auch von den Wirkungen des Stücklohns: „Aber der größere Spielraum, den der Stücklohn der Individualität bietet, strebt einerseits dahin, die Individualität und damit Freiheitsgefühl, Selbständigkeit und Selbstkontrolle der Arbeiter zu entwickeln, andererseits ihre Konkurrenz unter- und gegeneinander." Kapital I, 19. Kapitel: Der Stücklohn.

13 Zitiert in: Belegschaften und Unternehmer, 2. Bd., a.a.O., S. 314.

14 Vgl. dazu R. W. Hoffmann, Arbeitsqual und industrielle Aggression, in: M. Osterland (Hrsg.), Arbeitssituation, Lebenslage und Konfliktpotential, Frankfurt/M. und Köln 1975, S. 107 - 123.

15 Zur Mobilität in der deutschen Bevölkerung zusammenfassend D. Langewische, Wanderungsbewegungen in der Hochindustrialisierungsperiode. Regionale, interstädtische und innerstädtische Mobilität in Deutschland, in: VWSG, 64. Bd., 1977. Ferner: Belegschaften und Unternehmer, 2. Bd., a.a.O., S. 433 ff.

16 Vgl. dazu den Abschnitt 4.1.: Die Beibehaltung ständischer Differenzierung im Zeitalter der Frühindustrialisierung, in: U. Beck/M. Brater/H. J. Daheim, Soziologie der Arbeit und der Berufe, Hamburg 1980, S. 56 ff.

17 Siehe dazu: Belegschaften und Unternehmer, Abschnitt 2., 3.1: Rekrutierung der

Textilarbeiter, Belegschaftsstruktur und Fluktuation, 3. Bd., S. 867 ff. Vgl. auch R. Schmiede, E. Schudlich, Die Entwicklung der Leistungsentlohnung in Deutschland. Eine historisch-theoretische Untersuchung zum Verhältnis von Lohn und Leistung unter kapitalistischen Produktionsbedingungen, 3. Aufl., Frankfurt/M. und New York 1978. Auch: A. Bohnsack, Spinnen und Weben. Entwicklung von Technik und Arbeit im Textilgewerbe, Deutsches Museum: Kulturgeschichte der Naturwissenschaften und der Technik, Reinbek 1981.

18 Siehe: Belegschaften und Unternehmer, 3. Bd., a.a.O., die Abschnitte zu den Arbeits- und Fabrikordnungen, S. 1024 ff.

19 Siehe dazu: Belegschaften und Unternehmer, 4. Bd., a.a.O., Abschnitt 3.3.

20 Siehe dazu: Belegschaften und Unternehmer, 4. Bd., a.a.O., Abschnitt 3.3.; ferner: H. J. Rupieper, Arbeiter und Angestellte im Zeitalter der Industrialisierung. Eine sozialgeschichtliche Studie am Beispiel der Maschinenfabriken Augsburg und Nürnberg (MAN), 1837 - 1914, Frankfurt/M. und New York 1982, auch: K. Tenfelde, Sozialgeschichte der Bergarbeiterschaft an der Ruhr im 19. Jahrhundert, Bonn-Bad Godesberg 1977.

21 Siehe dazu: Belegschaften und Unternehmer, 5. Bd., a.a.O., Abschnitt 4.

22 Dazu C. E. Schorske, Die große Spaltung. Die deutsche Sozialdemokratie von 1905 bis 1917, Berlin 1981.

23 Max Weber, Wirtschaft und Gesellschaft, Tübingen 1956, S. 403

24 Siehe dazu: Belegschaften und Unternehmer, 4. Bd., a.a.O., Abschnitte 3.2.2. und 3.2.3. sowie D. Groh, Negative Integration und revolutionärer Attentismus. Die deutsche Sozialdemokratie am Vorabend des ersten Weltkrieges, Frankfurt/M., Berlin, Wien 1974 sowie H. J. Teuteberg, Geschichte der industriellen Mitbestimmung in Deutschland, Tübingen 1961.

25 Siehe dazu die Erörterung bei K. R. Popper, Die offene Gesellschaft und ihre Feinde, Bd. 2, Bern 1958, S. 408.

26 A. Giddens, Die Klassenstruktur fortgeschrittener Gesellschaften, Frankfurt/M. 1979, S. 255 ff.

27 Ebd., S. 258

28 Ebd., S. 356

29 M. R. Lepsius, Soziale Ungleichheit und Klassenstrukturen in der Bundesrepublik Deutschland, a.a.O., S. 196

Der Arbeitslose in der Periode der Hochindustrialisierung

Ilse Costas

Eines der schwerwiegendsten Probleme ökonomischer Krisen stellt in unserer Gesellschaft die Arbeitslosigkeit dar. Sie hat sich zu einem Krisenbarometer sozioökonomischer Verhältnisse entwickelt und spiegelt die soziale Betroffenheit durch wirtschaftliche Wechsellagen wider. Demgegenüber fällt auf, daß in Darstellungen der Konjunkturen und Krisen in der zweiten Hälfte des 19. Jahrhunderts Ungleichgewichte auf dem Arbeitsmarkt und damit verbundene soziale Probleme kaum thematisiert wurden. Arbeitslosigkeit als ein Indikator sozioökonomischer Entwicklungen und sozialer Betroffenheit sucht man vergeblich. Auch in jüngsten Analysen und Rekonstruktionen der Konjunkturen jener Zeit bleibt die Arbeitsmarktentwicklung unbeachtet.[1] War es die geringe Anzahl der Arbeitslosen, die das Problem der Unterbeschäftigung nicht akut werden ließ?[2] Oder sorgten heute nicht mehr praktizierte Anpassungsmechanismen auf dem Arbeitsmarkt sowie bestimmte theoretische Auffassungen dafür, daß die Arbeitslosen nicht in den Mittelpunkt des wirtschafts- und sozialpolitischen Interesses rückten, daß also kein Legitimationsdruck auf den politischen Instanzen lastete? Wurde und wird den damaligen Beschäftigungslosen so wenig Aufmerksamkeit zuteil, weil sie nicht registriert und systematisch unterstützt wurden, also keine sichtbaren gesellschaftlichen Kosten verursachten? Im folgenden wird zunächst erörtert, was überhaupt an gesicherten Daten über das Ausmaß von Arbeitslosigkeit in der Phase der Hochindustrialisierung vorliegt. Im Anschluß daran werden Muster des gesellschaftlichen Umgangs mit dem Problem dargestellt, die in vielen Punkten eine bemerkenswerte Aktualität haben.

1. *Konjunkturen und Arbeitslosigkeit. Tendenzen auf dem Arbeitsmarkt anhand aggregierter Größen.*

Versuchen wir zunächst, die Arbeitsmarktentwicklung im Zusammenhang mit dem konjunkturellen Auf und Ab nachzuzeichnen. Es stehen uns keine aggregierten Arbeitslosenzahlen zur Verfügung, deswegen sind wir gezwungen, einen Überblick anhand lückenhafter Angaben in den Quellen zu vermitteln. Die Datierung krisenhafter Entwicklungen der Wirtschaft in der Zeit vor dem Ersten Weltkrieg bereitet dabei Schwierigkeiten. Längere Zeit in der Forschung scheinbar belegte und feststehende Erkenntnisse über die damaligen Konjunkturzyklen sind infolge verschiedener methodischer Vorgehensweisen und der Einbeziehung unterschiedlicher statistischer Kennziffern in Frage gestellt worden.[3] Weil damals noch keine die gesamten ökonomischen Aktivitäten zusammenfassenden und widerspiegelnden Kennziffern, wie die Wertschöpfung oder die Investitionen ermittelt wurden,[4] ist der Konjunkturhistoriker auf einzelne Datenreihen unterschiedlicher Aussagekraft aus den verschiedenen Wirtschaftszweigen und auf Börsenkurs- sowie Zinsentwicklungen angewiesen. Je nachdem, welche Daten - zum Beispiel Preisstatistiken, bewertete Größen oder Mengenindikatoren - in welcher Form ausgewertet werden, können sich unterschiedliche Muster des konjunkturellen Zyklus ergeben. Nach neueren Forschungsergebnissen erscheint es jetzt beispielsweise problematisch, die Jahre 1873 bis 1895 als Periode allgemeiner Wachstumsschwäche und Stagnation unter dem Namen „Große Depression" zusammenzufassen.[5] Übereinstimmung in der Forschung herrscht allerdings darüber, daß es mit dem „Gründerkrach" im Jahre 1873 zu einer schweren Krise kam, die bis 1880 andauerte und von der die einzelnen Wirtschaftszweige zu unterschiedlichen Zeitpunkten erfaßt wurden. Krisenhafte Entwicklungen in der Wirtschaft zeichneten sich auch in den Jahren 1885/1888 sowie 1891 bis 1894/95 ab.[6]

Nur für wenige schwerindustrielle Sektoren verfügen wir über Beschäftigungsstatistiken aus dieser Periode, aus denen wir auf die Anzahl der Entlassungen schließen können. Die Schwerindustrie begann 1874 mit Arbeiterentlassungen, die ihren Höhepunkt in den Jahren 1876 bis 1878 erreichten. Im stark von den Konjunkturen der Eisenindustrie abhängigen deutschen Steinkohlenbergbau wurde die Belegschaft zwischen 1875 und 1878 um knapp 14 % vermindert, über 25.000 Bergarbeiter wurden entlassen. Allein im preußischen Steinkohlenbergbau ging die Beschäftigung um über 15.000 zurück.[7] Im Ruhrbergbau hatte sich die Anzahl der Bergarbeiter 1877 gegenüber 1873 um mehr als 10.000 Mann vermindert, nachdem die Belegschaften gerade erst in den Jahren 1870 bis 1873 vor allem auch durch Zuwanderer aus den preußischen Ostprovinzen vermehrt worden waren. 1873 war die Zahl der Beschäftigten um fast 14.000 gestiegen.[8] Die preußische Eisenhüttenindustrie reduzierte ihre Belegschaft bis 1878 sogar um über 27.000 Personen, gegenüber 1873 bedeutet dies eine Verminderung um mehr als 35 %.[9] Die Anzahl der Beschäftigten in den deutschen Eisengießereien wurde zwischen 1875 und 1878 um knapp 25 % (mehr als 10.000) reduziert.[10] Insgesamt nahm die Anzahl der mittleren Belegschaft in den statistisch relativ gut dokumentierten Industriebereichen Steinkohlenbergbau, Eisenerzbergbau, den Eisenhochofenwerken und den Eisengießereien in den Jahren 1874/75 bis 1877/78 um über 60.000, also um mehr als 20 % ab. Nach wenigen Jahren zunehmender Beschäftigung trat 1884/85 bis 1887/

1888 wiederum ein allerdings nicht so gravierender Rückgang in der Anzahl der Beschäftigten ein.[11]

Die Zeitungen jener Zeit berichten in ihrem Wirtschaftsteil fortlaufend über den schlechten Geschäftsgang, über Betriebsstillegungen und Arbeiterentlassungen: „Daß es in der westfälischen Industrie, speziell in der Eisenbranche noch immer sehr traurig aussieht, dürfte am ehesten daraus zu ersehen sein, daß die Arbeiterentlassungen immer weitere Dimensionen annehmen."[12] Das Ausmaß der Krise auf dem Arbeitsmarkt wird auch auf der Unternehmens- und Regionenebene deutlich. Die Gutehoffnungshütte, ein schwerindustrielles Unternehmen mit Kohlenzechen, Eisenhütten-, Stahl- und Walzwerken, verminderte in sämtlichen Werken die Anzahl ihrer Belegschaft von 8.455 im Geschäftsjahr 1872/73 auf 5.720 im Jahre 1877/78, also um knapp ein Drittel.[13] Andere schwerindustrielle Unternehmen entließen sogar die Hälfte ihrer Belegschaft, so zum Beispiel die „Dortmunder Union"; zwischen 1873 und 1877 verloren 5.780 Beschäftigte ihren Arbeitsplatz.[14]

Nicht nur die Schwerindustrie und das Ruhrrevier, sondern auch andere Industrien und industrielle Zentren wie etwa Berlin wurden von der Krise erfaßt. „Nach den Listen der Berliner Invalidenkasse waren 1875 von 30.000 registrierten Metallarbeitern nur 18.300 beschäftigt, (...)".[15] Nach Schätzungen waren am Ende der 1870er Jahre 25 bis 28 % der Berliner Arbeiter in der Industrie und im produzierenden Handwerk ohne Beschäftigung.[16] Auch weite Bereiche der Textilindustrie sowie die Kleineisenindustrie und das Baugewerbe waren von der Krise betroffen. In den von den Regierungspräsidenten seit 1876 verfaßten Berichten über die „Lage der Industrie" an die Regierungen werden Kurzarbeit und umfangreiche Entlassungen in der Textilindustrie zum Beispiel in Wuppertal, im Bergischen Land, im Handelskammerbezirk Solingen, in Aachen und Köln, in den Regierungsbezirken Koblenz und Trier, kurz in der gesamten Rheinprovinz, besonders in den Jahren 1877/78 konstatiert.[17] Nach dem Bericht der zuständigen Handelskammer reduzierten die Betriebe in Düsseldorf zwischen dem 1. Januar und dem 1. Oktober 1876 die Arbeiteranzahl beziehungsweise die Arbeitszeit um folgende Prozentsätze: „Eisenindustrie 27 2/3 %, Seidenindustrie 54 9/10 %, Kammgarnspinnereien 3 2/3 %, Baumwollindustrie 27 1/2 %, Bleiweißindustrie 17 2/10 %, Industrie feuerfester Produkte 20 %, Brauereien 15 %."[18] Massenentlassungen hat es auch in Schlesien und Sachsen gegeben.[19] Arbeitslosigkeit war also offensichtlich eine nicht wegzudiskutierende Erscheinung gesellschaftlicher Entwicklung auch in der zweiten Hälfte des 19. Jahrhunderts. Untersuchen wir nun, ob sich diese Entwicklung anhand aggregierter Größen, wie sie von der modernen Arbeitsmarktforschung verwendet werden, belegen läßt.

Eine direkte Erhebung der Arbeitslosen fand nur im Jahre 1895 im Zusammenhang mit der Volks- und Berufszählung statt.[20] Daraus kann nicht auf Tendenzen auf dem Arbeitsmarkt geschlossen werden. Wir wollen daher versuchen, indirekt die Entwicklung der Arbeitslosigkeit zu ermitteln. Aus den Bevölkerungszählungen[21] (Tabelle 1) entnehmen wir dazu die Anzahl

Tabelle 1

Entwicklung der Erwerbsfähigen und der Bevölkerung im Deutschen Reich 1871 - 1910

Jahr	Anzahl der Erwerbsfähigen[1] (= Anzahl der 15- bis unter 70jährigen)	Wachstum der Erwerbsfähigen		Bevölkerung[2]	Wachstum der Bevölkerung	
		absolut in Mio.	1871 = 100		absolut in Mio.	1871 = 100
1871	25.928.933		100	41.058.792		100
1875	26.777.602	1,8	103	42.727.360	1,2	104
1880	28.010.936	1,3	108	45.234.061	2,5	110
1885	29.152.530	1,1	112	46.855.704	1,6	114
1890	30.750.321	1,6	119	49.428.470	2,5	120
1895				52.279.901	2,8	127
1900	35.277.097	4,5	136	56.367.178	4,1	137
1905				60.641.278	4,3	148
1910	40.985.694	5,7	158	64.925.993	4,3	158

Quellen: 1) Berechnet nach SDR, 240 (1915), S. 79^{+}. Die Zahlen beziehen sich auf den Bestand der Bevölkerung am Stichtag der jeweiligen Volkszählung am Ende des Jahres.

2) Siehe Anmerkung 21 und zusammengefaßte Ergebnisse der Volkszählungen in VJH zur SDR, 20 (1911), H. I, S. 273; SDR, 240 (1915), S. 80^{+}.

Tabelle 2

Entwicklung der Erwerbstätigkeit 1871 - 1907

1	2	3	4	5	6
Jahr	Anzahl der Erwerbstätigen insgesamt (Summe aus Sp. 5 bis 13)	Wachstum der Anzahl Erwerbstätiger absolut in Mio.	1871 = 100	Anzahl der Erwerbstätigen in der Landwirtschaft Selbständige	Arbeiter u. Gehilfen, auch mithelfende Familienangehörige
1871[1]	17.118.427		100	1.844.202	2.101.005
1875					
1882	18.956.932	1,8	111	2.288.033	5.948.463
1895	22.110.191	3,1	129	2.568.725	5.723.967
1907	28.092.117	6	164	2.500.974	7.382.283

	11	12	13	14
	Anzahl der Erwerbstätigen im Bereich persön. Dienste/Dienstleistungshandwerk sowie Handarbeiter, Tagelöhner wechselnder Art[3]	Anzahl der Erwerbstätigen b.Staat, b.Militär, in freien Berufen	Dienende aller Art im Hause ihrer Herrschaft	Anzahl abhängig Beschäftigter in Industrie, Bergbau, Hüttenwesen, Baugewerbe, Handel u. Verkehr = Sp. 8+Sp. 10
1871	2.714.019	1.036.508	2.612.982	4.331.396
1875				3.525.546
1882	397.582	1.031.147	1.324.924	5.064.129
1895	432.491	1.425.961	1.339.316	7.714.410
1907	471.695	1.738.530	1.264.755	11.744.566

Tabelle 2 (Fortsetzung)

	7	8	9	10
	Anzahl der Erwerbstätigen im Bergbau, Hüttenwesen, i.d. Industrie, im Baugewerbe		Anzahl der Erwerbstätigen in Handel und Verkehr	
	Selbständige	Arbeiter u. Gehilfen, mithelfende Familienangehörige	Selbständige	Arbeiter u. Gehilfen, mithelfende Familienangehörige
1871	1.857.335	3.727.475	620.980	603.921
1875[2]	2.280.759	3.189.348	664.325	336.198
1882	2.201.146	4.195.319	701.508	868.810
1895	2.061.764	6.219.456	843.557	1.494.954
1907	1.977.122	9.279.132	1.012.192	2.465.434

Quellen: 1871: Definitionen der Kategorien, SDR, 2 (1874), S. 119; Zahlen, SDR, 14.2 (1875), S. VI. 140 ff.
1875: SDR, 34 (1879), Gewerbezählung 1875, Teil 1.2, A. 562 f.
1882: SDR, NF 2(1884), Berufsstatistik 1882, Teil 1. Hier ist ausdrücklich erwähnt, daß die mithelfenden Familienangehörigen unter die Kategorie der Arbeiter und Gehilfen subsumiert wurden. Ebd., S. 63$^+$. SDR, 59.1 (1883).
1895: SDR, NF 102 (1897); es wird darauf hingewiesen, daß gegenüber der Berufszählung von 1882 die mithelfenden Familienangehörigen in verstärktem Maße erfaßt worden sind. Auch hat man versucht, eine schärfere Trennung zwischen Arbeitern und „Dienstboten im Hause der Herrschaft" durchzuführen. SDR, NF 111 (1899), S. 15.
1907: SDR, 203 (1910), Berufsstatistik 1907, II und Statistisches Jahrbuch für das Deutsche Reich, 35 (1914), passim.

1 Die Angaben für 1871 stammen aus der Volkszählung von 1871.
2 Die gewerbestatistischen Erhebungen von 1875 bezogen weder die Landwirtschaft noch die persönlichen Dienstleistungen noch den Staat mit ein.
3 Die hohe Anzahl im Jahre 1871 kommt dadurch zustande, daß zahlreiche Zweifelsfälle hier eingeordnet worden sind. Das Kaiserliche Statistische Amt vermutet, daß auch viele Arbeiter aus der Landwirtschaft und viele Selbständige fälschlicherweise hier subsumiert worden sind. SDR, NF 2 (1884), Berufsstatistik 1882, Teil 1, S. 65$^+$.

der Erwerbsfähigen, das sind die 15- bis unter 70jährigen.[22] Von diesen geht nur ein Teil einem Erwerb nach, das sind die Erwerbstätigen, die wir den Berufs- und Gewerbezählungen entnehmen[23] (Tabelle 2). Unter besonderen Annahmen können wir aus dem Vergleich der Entwicklung der Erwerbstätigen mit derjenigen der Erwerbsfähigen indirekt auf Tendenzen der Arbeitslosigkeit schließen.

Gehen wir einmal davon aus, daß das Erwerbsverhalten in den 40 Jahren vor dem Ersten Weltkrieg annähernd unverändert blieb, daß also von den Erwerbsfähigen ungefähr eine gleich hohe Quote tatsächlich einem Erwerb nachgehen wollte.[24] Unter dieser Annahme müßte die Erwerbstätigenanzahl in gleichem Maße wachsen wie die Erwerbsfähigenanzahl, wenn keine Arbeitslosigkeit auftritt beziehungsweise diese auf dem anfänglichen Niveau (hier von 1871) verharrt. Wir schätzen damit die untere Grenze der Arbeitslosigkeit ab. Vergrößert sich hingegen der Anteil derjenigen, die einer Beschäftigung nachgehen wollen, dann bedeutet eine gleiche Entwicklung von Erwerbstätigen und Erwerbsfähigen eine Zunahme der Anzahl der Arbeitslosen.

Zwischen 1855 und 1910 wuchs die Bevölkerung um fast 100 % aufgrund des Überschusses der Geborenen- über die Gestorbenenanzahl.[25] Das Bevölkerungswachstum fand statt, obwohl seit den 1880er Jahren ein Geburtenrückgang eintrat, und zwar von 38,8 % pro 1.000 Einwohner in den Jahren 1871 - 1875 auf 28,1 % in der Periode 1911 - 1913. Das ist eine Abnahme um fast 28 %.[26] (Der Geburtenrückgang beruhte auf einer Verminderung der allgemeinen Fruchtbarkeitsziffer, also der Anzahl der Lebendgeborenen pro 1.000 Frauen im Alter zwischen 15 bis unter 45 Jahren, um 30 %.)[27]

Wie erwähnt, ist die Betrachtung der Bevölkerungsbewegung - in diesem Fall eine Zunahme - der erste Schritt, um Entwicklungstendenzen in der Anzahl der Erwerbsfähigen - also der 15- bis unter 45jährigen - zu analysieren. Von 1871 bis 1910 hat sich deren Anzahl um mehr als 50 % erhöht (Tabelle 1) und ist damit in gleichem Maße wie die Bevölkerung insgesamt gewachsen. Dies ist jedoch nicht selbstverständlich. Aufgrund der Entwicklung der hohen Geburtenrate vor 1880 und sinkender Sterblichkeit[28] würde man eine höhere Zunahme der Erwerbsfähigen bis 1885 erwarten, als dies tatsächlich eingetreten ist. Hier deutet sich an, daß die Auswanderungen von Erwerbsfähigen eine erhebliche Rolle in den 80er und 90er Jahren spielten.

Betrachten wir nun die Entwicklung der Erwerbstätigkeit (Tabelle 2). Das Datenmaterial ist noch lückenhafter als bei den Erwerbsfähigen. Daher lassen sich daraus kaum Schlüsse auf die konjunkturell bedingte Arbeitsmarktsituation ziehen. Besonders problematisch ist die Interpretation der Anzahl der abhängig Beschäftigten (Tabelle 2, Spalte 6 und 14) gerade im ersten Erhebungsjahr, weil zu viele Personen, nämlich 2,7 Millionen, in die Kategorie der persönlichen Dienste beziehungsweise der Lohnarbeit wechselnder Art eingeordnet wurden[29] (Tabelle 2, Spalte 11). Auffällig ist der Rückgang der Anzahl der abhängig Beschäftigten zwischen 1871 und 1875 um 800.000 (Spalte 14). Hierin spiegelt sich die Arbeitslosigkeit infolge der Krise ab 1873 wider. Allerdings sind die Daten auch aufgrund unterschiedlicher Erhebungskategorien nicht voll vergleichbar.[30]

Tabelle 3

Ausschöpfungsgrad der Erwerbsfähigen 1871 bis 1907

Jahr	Anzahl der Erwerbstätigen in v. H. der Erwerbsfähigen
1871	66,02
1882	67,68 (Erwerbsfähige von 1880)
1895	fehlt
1907	68,54 (Erwerbsfähige von 1910)

Quelle: Eigene Berechnungen aufgrund der Daten in Tabelle 1 und 2. Für 1895 fehlen Daten über die Erwerbsfähigen.

Aus dem langfristigen Trend des Anteils der Erwerbstätigen an den Erwerbsfähigen (Tabelle 3) könnte man im Zusammenhang mit unserer oben gemachten Annahme folgern, daß ein Abbau von Unterbeschäftigung stattgefunden hat. Die Qualität der erhobenen Daten läßt allerdings auch diese Folgerung nicht zu, da die Erhebungsmethoden von Zählung zu Zählung verfeinert und vervollständigt wurden. Das bedeutet: In den ersten Erhebungen wurden zum Beispiel zahlreiche mithelfende Familienangehörige gar nicht als Erwerbstätige erfaßt, in späteren war dies aber der Fall (dies gilt besonders für die Frauen als mithelfende Familienangehörige), so daß die relative Erhöhung der Erwerbsbeteiligung höchstwahrscheinlich in den nicht vergleichbaren Zählmethoden begründet ist.[31] Was nun die Arbeitslosigkeit anbelangt, wäre gerade ausschlaggebend, wie sich die Erwerbstätigenzahlen im Vergleich zur Erwerbsfähigenzahl zwischen 1871 (einem Aufschwungjahr), 1875 (ausgesprochenes Krisenjahr) und 1882 (leichter Aufschwung)[32] entwickelten. Die oben erwähnten methodischen Defizienzen der Erhebungen verbieten es jedoch, entsprechende Schlüsse in bezug auf die Arbeitslosigkeit zu ziehen. Zu vermuten ist, daß bis weit in die 1880er Jahre die Beschäftigung zumindest kaum zugenommen hat, obwohl die Daten bis 1882 schon einen Anstieg der Erwerbstätigen um 1,8 Millionen suggerieren. Wie umfangreich entgegen dem ausgewiesenen statistischen Trend der Abbau von Arbeitsplätzen vor allem in der zweiten Hälfte der 1870er und in den 80er Jahren ausfiel, geht demgemäß aus den Daten nicht hervor. Für den Zeitraum von 1895 bis 1907 weisen die Zählungen eine Zunahme der Erwerbstätigen um ca. 6 Millionen aus, das wären pro Jahr durchschnittlich 500.000 Arbeitsplätze mehr. Auch bei diesen Zahlen ist Vorsicht geboten. Wie der Bremer Statistiker Böhmert gezeigt hat, dürfte ein nicht unbeträchtlicher Anteil an dieser Entwicklung wiederum der genaueren Erfassung der mithelfenden Familienangehörigen - vor allem der Frauen - geschuldet sein. Diese Kategorie der mithelfenden Familienangehörigen verzeichnete von 1895 bis 1907 eine Zunahme von über 2 Millionen Personen.[33] Gehen wir vom ungünstigsten Fall aus und beschränken wir das „echte" Wachstum der Erwerbstätigen in diesem Zeitraum mit weniger tiefgreifenden Krisen als die 20 Jahre vorher auf ca. 4 Millionen Personen, so resultiert daraus immerhin noch eine durchschnittliche jährliche Zunahme von ca. 330.000 Erwerbstätigen. Fassen wir zusammen: Wie die Erwerbstätigkeit sich im letzten Drittel des 19. Jahrhunderts tatsächlich entwickelte, ist den aggregierten Daten nicht zu entnehmen, so daß auch indirekte Schlüsse auf die Arbeitslosigkeit kaum gezogen werden können. Dennoch existierte, wie aus den Zeitungsberichten entnehmbar ist, zyklisch hervorgerufene Massenarbeitslosigkeit, die allmählich von der Gesellschaft rezipiert wurde.

2. Reaktionen der Gesellschaft auf die Arbeitslosigkeit

Was geschah mit den Arbeitslosen beziehungsweise Entlassenen? Wie reagierten sie selbst und die Gesellschaft, vor allem die staatlichen Institutionen und die Unternehmen, auf die Krise und die Arbeitsmarktsituation?

Beginnen wir mit der Anpassungspolitik der Unternehmen an die krisenhafte wirtschaftliche Entwicklung. Hierbei werden wir zumindest eine Ursache dafür aufdecken, warum in der Krise der 70er Jahre nicht noch mehr Arbeitslose vorhanden waren. Neben der „Nichtverwertung" von Arbeitskräften spielte zu jener Zeit ihre „Unterverwertung" eine wichtige Rolle,[34] das heißt die Löhne wurden erheblich gesenkt und/oder die Arbeitszeit verkürzt (Kurzarbeit).

Vor allem im Steinkohlenbergbau suchten die Unternehmen die sinkenden Preise pro Tonne Kohle dadurch zu kompensieren, daß eine größere Menge zu geringeren Kosten gefördert und auf dem Markt angeboten wurde.[35] Daß dadurch letztlich kaum eine Verbesserung der Rentabilität erreicht, sondern der Preiskonkurrenzkampf aufgrund des vermehrten Angebots nur noch verschärft wurde, zeigt die Entwicklung der Preise pro Tonne Steinkohle. Der durchschnittliche Preis sank von 1873 bis 1879 um die Hälfte.[36] Diese Kostensenkungspolitik drückte sich in generellen Lohnsenkungen sowie in Kurz- und Feierschichten aus, die dazu führten, daß die Arbeiter den Verdienstausfall durch Mehrleistung auszugleichen suchten,[37] um sich und ihre Familien überhaupt noch ernähren zu können. Lohnsenkungen und eine erhöhte Verfügbarkeit über im Augenblick freie Arbeitskräfte setzten die Unternehmen durch, indem sie Arbeiter entließen, ihnen jedoch gleichzeitig in Aussicht stellten, sie wieder zu beschäftigen, wenn sie niedrigere Löhne und vom Unternehmen diktierte Konditionen akzeptierten.[38]

Die Arbeiter blieben so in der Hoffnung auf baldige Wiedereinstellung an ihren Betrieb gebunden. Aufgrund der schlechten wirtschaftlichen Lage, die einen Arbeitsplatzwechsel mit der Möglichkeit höheren Verdienstes aussichtslos erscheinen ließ, und ohne gewerkschaftliche Organisationen, die

die gemeinsamen Interessen der Arbeiter hätten vertreten können, waren die Lohnabhängigen solchem ökonomischen Verhalten der Unternehmer ausgesetzt. Wie die Studie von Balkenhol über die Düsseldorfer Industrie zeigt, stellte die Unterverwertung in Form von Kurzarbeit und Lohnsenkung nicht nur ein Spezifikum des Bergbaus dar, sondern wurde auch in der Eisenindustrie sowie in der Textilindustrie praktiziert.[39] Sie bringt das doppelte Interesse der Unternehmen zum Ausdruck, in Krisen die Kosten zu senken, gleichzeitig aber einen „Arbeiterstamm" zu binden.

Die Politik von Kostenreduzierung durch erhebliche Lohnsenkung, die sich bis auf 25 % und im Einzelfall noch mehr beliefen,[40] und teilweise auch von Produktionsausweitung, führte dazu, daß sich der Arbeitskräfteüberschuß nicht vollständig in Arbeitslosigkeit umsetzte.

Diese besonders für die Zeit der Frühindustrialisierung praktizierte Art der Anpassung des Arbeitskräfteangebots an die Nachfrage machte es auch schon vor 1850 problematisch, die Nutzung des Arbeitskräftepotentials mit unseren „modernen" Maßstäben zu bestimmen. In jener Periode beschränkte sich diese Politik nicht nur auf akute Krisen, sondern wurde über Jahrzehnte angewandt und führte dazu, daß ein Arbeitsplatz immer weniger „wert" wurde, so daß sich zur Erhaltung der Existenz schließlich die ganze Familie verdingen mußte. Die Tendenz zur Verelendung, der Pauperismus, war das Resultat.[41]

Wie regionale Arbeitsmärkte von Arbeitslosen durch Abwanderung entlastet wurden.

Was geschah mit denjenigen Entlassenen, die über einen längeren Zeitraum nicht wieder eingestellt wurden? Da es weder eine staatliche noch eine kommunale oder gewerkschaftliche Arbeitslosenunterstützung in den 70er und zum Teil in den 80er Jahren gab, könnte man vermuten, daß die Arbeitslosen, nachdem sie ihre eventuell vorhandenen Ersparnisse aufgezehrt hatten, von der kommunalen Armenkasse finanzielle Hilfe erhielten. Ein Zusammenhang zwischen der konjunkturellen Arbeitslosigkeit und der Anzahl der Armenpflegefälle hat sich bisher aber nicht nachweisen lassen: „(...) die nachweisbar hohe Beschäftigungslosigkeit in der großen Depression hat zu *keiner* nennenswerten Veränderung in der Armenstatistik geführt",[42] und zwar weder bei den genehmigten Unterstützungsfällen noch bei den Zahlungsanträgen. Um herauszufinden, was mit den Arbeitslosen geschah, muß man sich vor Augen halten, für welche Kategorien von Arbeitern die Wahrscheinlichkeit am höchsten war, zu den endgültig Entlassenen zu gehören. Abgesehen davon, daß „politisch unliebsame und aufmüpfige Elemente" als erste arbeitslos wurden, wenn sie vom Arbeitsprozeß her entbehrlich waren,[42] verloren nach den Angaben der Verwaltungsbehörden jüngere, unverheiratete, vor kurzem erst zugereiste oder beschäftigte sowie ungelernte Arbeiter vorrangig ihren Arbeitsplatz. Es galten also die Kriterien Alter, Familienstand, Betriebs- und Ortszugehörigkeit sowie Qualifikation. Hier zeichnet sich auch schon eine Segmentation des Arbeitsmarktes ab.[44]

Die Berichte und Beobachtungen der Behörden über die wirtschaftliche Lage und die Anzahl der Entlassenen waren der Sorge geschuldet, daß diese Personen die kommunale Armenpflege belasten würden oder die öffentliche Ordnung stören könnten.[45] Um hier Abhilfe zu schaffen, wurden die Einwanderer aus anderen Gebieten, vor allem die Migranten aus den Ostprovinzen, dazu angehalten, in ihre Heimat zurückzukehren, bevor sie einen Anspruch auf Armenunterstützung erworben hatten. Erst nach einer bestimmten Dauer der Wohnsitznahme, in Düsseldorf zum Beispiel nach zwei Jahren, erlangten die Zuziehenden das Recht auf Unterstützung.[46] Die Behörden erleichterten die Abwanderung, indem den Arbeitslosen und gegebenenfalls ihren Familien von den preußischen Staatseisenbahnen zum Militärtarif verbilligte Fahrkarten angeboten wurden.[47]

Die Tendenz zur Abwanderung in den krisenhaften 70er und 80er Jahren schlägt sich auch in den Migrationsstatistiken für die preußischen Provinzen Rheinland und Westfalen nieder.[48] Wanderten in die Rheinprovinz 1871 - 1873 noch 8.692 Personen mehr zu als ab, so kehrte sich dieses Verhältnis in den folgenden Perioden um. Zwischen 1874 und 1879 verließen vier von 10.000 Einwohnern der mittleren Bevölkerungszahl jährlich die Provinz, der Abwanderungssaldo belief sich auf 8.324 Personen. 1880 bis 1885 betrug der Wanderungsverlust 20.399 Menschen. Für die Provinz Westfalen ist die Veränderung der Wanderströme noch deutlicher. In der Hochkonjunktur von 1871 - 1873 wanderten 18.503 Personen mehr zu als ab, das sind jährlich 35 pro 10.000 Einwohner der mittleren Bevölkerungszahl. 1874 bis 1879 waren es nur noch 2.674 Personen. Und 1880 bis 1885 war der Wanderungssaldo mit 4.806 negativ.[49]

Zogen diese Menschen von der Stadt in die Dörfer zurück, so verstärkte sich dadurch die Unterbeschäftigung in der Landwirtschaft.[50]

Es wäre allerdings ein methodischer Fehler, diese Wanderungstendenzen in der Krise von der Ebene der Regionen auf einzelne Städte innerhalb einer Industrieregion zu übertragen. So hat Crew für Bochum herausgefunden, daß die Abwanderungsrate in Zeiten der Vollbeschäftigung höher als in Krisen war. Er führt dies vor allem auf die hohe Fluktuation qualifizierter Arbeiter zurück, die bei angespannter Arbeitsmarktlage nach den für sie besten Beschäftigungsmöglichkeiten suchten und in Krisenzeiten auf ihrem Arbeitsplatz verharrten.[51]

Staatliche Arbeitsbeschaffungspolitik

Die Behörden sorgten nicht nur für eine vermehrte Entlastung des Arbeitsmarktes durch Abwanderung. Sie betrieben auch Arbeitsbeschaffungspolitik. Zum einen wurden die Eisenbahngesellschaften vom preußischen Handelsministerium dazu angehalten, den Eisenbahnstreckenbau zu forcieren und dabei bevorzugt entlassene Bergarbeiter einzustellen. Zum anderen wurden die Kommunen aufgefordert, Arbeitslose im Wegebau zu beschäftigen.[52] Der quantitative Entlastungseffekt auf dem Arbeitsmarkt scheint dabei jedoch nicht übermäßig groß gewesen zu sein. Die Städte und Gemeinden verfügten in wirtschaftlichen Notzeiten nicht über die erforderlichen Mittel, öffentliche Notstandsarbeiten in großem Umfang durchzuführen. Es handelte sich eben noch nicht um eine Beschäftigungspolitik mit dificit spending im Sinne von Keynes. Der Eisenbahnstreckenbau benötigte eine längere Zeitspanne, um die vorgeschriebenen Genehmigungen zu erhalten. Obwohl keine Daten über sämtliche im Rahmen staatlicher Arbeitsbeschaffungsmaßnahmen beschäftigten Personen existieren, kann aus den vorliegenden Informationen geschlossen werden, daß die hohe Zahl der Entlassenen die Stellenangebote bei weitem überstieg. Darüber hinaus war es offensichtlich schwierig, beispielsweise Bergarbeiter mit ehedem relativ hohem Lohnniveau zu körperlich schweren Erd- und Streckenarbeiten mit relativ geringem Entgelt heranzuziehen. Zudem wollten die eingesessenen Bergarbeiter das Ruhrgebiet nicht verlassen. Bindungen an die Familie, den Wohnort, die Wohnung und Hoffnung auf bessere Verdienstmöglichkeiten im Bergbau mit wiederkehrender Konjunktur schränkten die Mobilität ein.[53] Tagelöhner und ungelernte Arbeiter scheinen eher zur Annahme von Notstandsarbeiten bereit gewesen zu sein.[54]

Von der individuellen Betroffenheit von Arbeitslosigkeit zu ihrer gesellschaftlichen Rezeption

Aus welchen Quellen bestritten die Erwerbslosen ihre Existenz, wenn sie nicht anderweitig Beschäftigung fanden? Es wird vermutet, daß neben dem Aufzehren von Ersparnissen dem Einkommen der Familienmitglieder die größte Bedeutung zukam. Einige Städte sahen sich auch genötigt, Volksküchen einzurichten, die das Essen zum Teil unentgeltlich ausgaben. Doch auch diese wurden ähnlich wie die Armenhilfe nur in geringem Maß von den Arbeitslosen in Anspruch genommen, weil die Annahme von Armenunterstützung in der damaligen herrschenden bürgerlichen Wertvorstellung sozial geächtet war. Von Armenhilfe zu leben, wurde mit Arbeitsscheu, Bettlertum, ja sogar mit Kriminalität gleichgesetzt und diskriminiert. Es gab „gewissermaßen eine Barriere negativer sozialer Geltung, die das Abgleiten eines Teils der tatsächlich bedürftigen Lohnabhängigen in die 'Kaste' der vollständig Abhängigen mindestens verzögert und die Behebung des Notstandes aus anderen Quellen angeraten sein läßt."[55]

Diese Wertvorstellungen wurden von der Gesellschaftstheorie der klassischen bürgerlichen Nationalökonomie gestützt. In ihr gibt es keine unfreiwillige Arbeitslosigkeit. Jeder Arbeiter muß und kann arbeiten oder Hungers sterben. Die Löhne sind nach unten flexibel. Ein Überangebot an Arbeitskräften wird dadurch beseitigt, daß der Marktpreis für die Arbeit sinkt, bis sich der Markt wieder im Gleichgewicht befindet. Eine Armenunterstützung ohne Gegenleistung führt nur zur Arbeitsscheu, zur Störung der ökonomischen Gesetzmäßigkeiten und würde die Gesellschaft letztlich in universelle Armut stürzen.[56] Arbeitslosigkeit, die nicht selbst verschuldet war, konnte also gar nicht auftreten und wurde demzufolge auch nicht als gesellschaftliches Problem identifiziert und, von Ausnahmen abgesehen,[57] in der Öffentlichkeit und Wissenschaft diskutiert, obwohl Behörden, Unternehmen und deren Organisationen Arbeitslosigkeit durchaus als ein vom ökonomischen System abhängiges Phänomen begriffen (siehe oben).[58]

Erst nach den sich wiederholenden und häufenden Erfahrungen mit Krisen und Konjunkturabschwüngen in den 1870er, 1880er und 1890er Jahren gewann die Erkenntnis - übrigens auch in den USA, England und Frankreich - an Verbreitung, daß die Arbeitslosigkeit ein spezifisches soziales Problem des kapitalistischen Gesellschaftssystems ist. In den nun während der 1890er Jahre sich häufenden Büchern und Artikeln zu diesem Thema wurde die Erwerbslosigkeit nicht mehr mit individueller Schuld erklärt und von dem sozialen Phänomen der Armut unterschieden.[59] Notstandsarbeiten wurden besonders in den Wintermonaten der jeweiligen Krisenjahre - dies waren nach der Jahrhundertwende die Jahre 1901/1902/1903 sowie 1908/1909 - in zahlreichen Städten verstärkt angeregt und durchgeführt.[60] Städte ebenso wie die sich in den 90er Jahren konsolidierenden Gewerkschaften begannen, Arbeitslosenzählungen durchzuführen und Arbeitsnachweise, also Büros für Arbeitsvermittlung, einzurichten.[61] Die Gewerkschaften griffen auch auf andere Weise zur Selbsthilfe, sie richteten ein Arbeitslosenunterstützungssystem für ihre jeweiligen Mitglieder ein.[62] 1892 zahlten 11 freie Gewerkschaftsverbände Arbeitslosenunterstützung, 1909 waren es 43 von 60 freien Gewerkschaften. Darunter waren allerdings nicht die am stärksten von konjunktureller und saisonaler Arbeitslosigkeit betroffenen Verbände, also vor allem die Gewerkschaften der Bauhilfsarbeiter, der Dachdecker, der Hafenarbeiter, der Maler, der Maurer, der Steinarbeiter, Steinsetzer und Stukkateure mit insgesamt über 350.000 Mitgliedern Ende 1906.[63] Die gewerkschaftliche Arbeitslosenstatistik ist daher von einem begrenzten Aussagewert. Sie kann allenfalls Tendenzen des Arbeitsmarktes für die darin einbezogenen Industrien und Gewerbe widerspiegeln, die jedoch nicht auf die Arbeitsmarktlage insgesamt übertragen werden dürfen. Denn neben dem Baugewerbe waren auch die Landwirtschaft, der Bergbau, die Chemie, die Textilindustrie, das Gaststätten- und Hotelgewerbe sowie das Versicherungsgewerbe nicht repräsentiert.[64]

Auswanderung

Kehren wir noch einmal zur Frage zurück, wie im letzten Drittel des 19. Jahrhunderts das Überangebot an Arbeitskräften von der Gesellschaft verarbeitet wurde und welche sozialen Prozesse dadurch ausgelöst oder verstärkt wurden. An dieser Stelle soll untersucht werden, ob und in welchem Ausmaß die Auswanderung ein soziales Ventil für die infolge ökonomischer Krisen eingetretene Unterbeschäftigung darstellte.[65] Zunächst scheint es nicht sehr einleuchtend zu sein, die Auswanderung aus dem Deutschen Reich in der genannten Periode im Zusammenhang mit der von der kapitalistischen industriellen Wirtschaft zyklisch hervorgerufenen Arbeitslosigkeit zu analysieren. Vielmehr waren langfristig wirkende gesellschaftliche Strukturveränderungen wie die Bauernbefreiung, die Gewerbefreiheit, die Veränderung der Agrarverfassung und die dadurch bewirkte Veränderung der Bevölkerungsweise (vor allem durch die Aufhebung der Ehebeschränkungen) dafür verantwortlich, daß die Beschäftigungs- und Ernährungsmöglichkeiten nicht mehr ausreichten und zahlreiche Menschen in Länder mit günstigeren Erwerbsmöglichkeiten auswanderten.[66] Nun verlief die Auswanderung mittel- und langfristig nicht in gleicher Höhe, sondern in Wellen. In der zweiten Hälfte des 19. Jahrhunderts gab es drei Auswanderungswellen, die von tiefen Einschnitten getrennt waren.[67] Ein Auswanderungshoch trat ein zwischen 1846 und 1857, zwischen 1864 und 1973 sowie zwischen 1880 und 1893.[68] Dabei ragen die Jahre 1854 mit fast 240.000 Auswanderern, 1881 mit über 220.000 (das sind 4,9 Personen pro 1.000 Einwohner)[69] und 1882 mit über 203.000 Auswanderern als Spitzenjahre hervor.[70] Von 1880 bis 1885 wanderten mehr als 860.000 Menschen aus, von 1880 bis 1893 waren es fast 1,8 Millionen. Das sind bezogen auf die Erwerbstätigen von 1882 immerhin 9,5 %. Damit fiel in diese Periode die „stärkste und längste Auswanderungswelle".[71] Die Überseewanderung hatte mit einem Anteil von fast 90 % vor allem die Vereinigten Staaten zum Ziel.[72]

Das erste Auswanderungstief in den Jahren 1861 bis 1863/64 hatte seine Ursache im amerikanischen Bürgerkrieg. Der jähe Abbruch der zweiten Welle im Jahre 1874, am Beginn der schweren Krise der 1870er Jahre, erstaunt zunächst. Jedoch wurden wie Deutschland auch die USA von einer tiefen Rezession getroffen, von der sie sich allerdings schneller erholten. Während sich in den 1880er Jahren im Deutschen Reich nur kurze wirtschaftliche Aufschwünge einstellten, kam es in den USA zu einer längeren Phase „glänzender wirtschaftlicher" Entwicklung,[73] die einen Auswanderungsboom auslöste. In der zweiten Hälfte der 1880er Jahre sank die Anzahl der Auswanderer mit allmählicher ökonomischer Besserung auf ungefähr durchschnittlich 100.000 pro Jahr. 1893 brach die Auswanderungswelle infolge einer tiefen wirtschaftlichen Krise - nunmehr in den USA - ab.[74] Dabei spielt sicher auch das faktische Ende der freien Landnahme eine Rolle.

Günstigere ökonomische Verhältnisse in Deutschland sorgten nun dafür, daß sich der Wanderungsverlust drastisch verminderte beziehungsweise sogar in den Jahren 1895 bis 1905 ein Wanderungsgewinn entstand. Das Wanderungsgeschehen wurde jetzt von der Ost-West-Binnenwanderung dominiert, die auf dem hohen Arbeitskräftebedarf der sich stark industrialisierenden westlichen Teile des Deutschen Reiches beruhte.

Die dritte Auswanderungswelle wird wie die ersten beiden noch als frühindustrielle Siedlungswanderung im Gegensatz zur später einsetzenden industriellen Arbeitswanderung charakterisiert, das heißt Ziel der Wanderung, vor allem unterbäuerlicher und unterbürgerlicher Schichten, die zwischen 1880 und 1893 zu einem großen Teil aus den Nordostgebieten kamen, war die Landnahme. Das bedeutet für den zur Diskussion stehenden Zusammenhang der Auswanderung mit den industriellen Konjunkturzyklen, daß nur eine mittelbare Verbindung bestände. Denn nicht die infolge der zyklisch auftretenden ökonomischen Krisen arbeitslosen Massen aus Industrie und Handwerk, sondern vor allem die von der Umstrukturierung der Agrarwirtschaft in Nordostdeutschland betroffenen Unterbeschäftigten prägten diese dritte Auswanderungswelle, da eine krisengeschüttelte industrielle Wirtschaft noch keine Beschäftigungsmöglichkeiten bot. Neuere Forschungen lassen jedoch diese Charakteristika der Auswanderung von 1880 bis 1893 in einem modifizierten Licht erscheinen. Erstens ist für die USA und die dort vorhandene „German born population" festgestellt worden, daß schon während und kurz nach der dritten Auswanderungswelle „ein Großteil auch der ländlichen Auswanderergruppen seinen Platz im 'urban employment' suchte oder fand, (...)",[75] also im sekundären oder tertiären Sektor erwerbstätig wurde. Zweitens prägten zwar die nordöstlichen ländlichen Auswanderungsgebiete mit einem Anteil von knapp 39 % einseitig die dritte Auswanderungswelle, dennoch war auch schon in dieser Phase die langfristige Trendbewegung von der Siedlungs- zur Arbeitswanderung wirksam.[76] Aus sämtlichen deutschen Gebieten stieg die Anzahl der Auswanderer stark an, so auch aus den Industrieregionen Westfalen, Rheinland, Sachsen, Brandenburg mit Berlin und den Küstenstädten Hamburg und Bremen.[77] Absolut gesehen, waren die Auswanderungszahlen aus diesen Regionen jedoch im Vergleich zu den Nordostgebieten relativ gering. So kamen zwischen 1880 und 1884 von den knapp 865.000 Auswanderern ca. 30.000 aus der Rheinprovinz, 22.000 aus Westfalen, etwas über 30.000 aus dem Königreich Sachsen und aus Hamburg über 11.000 Personen.[78] Genaueren Aufschluß über die soziale Struktur der Auswanderer gibt eine auf die Auswanderung über Hamburg bezogene Statistik, aus der die Verteilung der Auswanderer auf die wirtschaftlichen Sektoren beziehungsweise die soziale Stellung zu entnehmen ist.[79] Zwischen 1871/1874 und 1893/94 nahm der Anteil der aus der Landwirtschaft stammenden Personen, die sich nicht als Arbeiter bezeichneten, kontinuierlich von 34,3 % auf 11,8 % ab. Der Anteil aus der Industrie und dem Gewerbe steigerte sich besonders zwischen 1871/1874 und 1880/1884. Auffällig ist die Zunahme des Arbeiteranteils in den Jahren 1880/ 1884, er steigt von 18,2 % (1871/1874) auf über 30 %, fällt dann jedoch wieder bis auf 20,8 % in den Jahren 1893/94. Hieraus könnte man auf einen Zusammenhang mit der konjunkturell verursachten Arbeitslosigkeit schließen. Allerdings ist Vorsicht geboten, weil nicht entnommen werden kann, wieviel Prozent der auswandernden Arbeiter aus der Landwirtschaft kamen.[80] Sicher ist, daß der auf die Industrie und das Gewerbe bezogene Arbeitsmarkt durch die Auswanderung entlastet wurde. In welchem quantitativen Ausmaß das geschah, läßt sich hier nicht feststellen.

Als eindeutig hat sich bei dem letzten Teil unserer Analyse der mittelbare Zusammenhang zwischen Wirtschaftskonjunkturen und den Auswanderungsprozessen insgesamt erwiesen: Ökonomische Krisenzeiten beschleunigten und verstärkten die Auswanderungen - wenn in den Zielländern genügend Erwerbsmöglichkeiten offenstanden - und verminderten die Binnenwanderung in Industriegebiete. Der Arbeitsmarkt wurde insgesamt entlastet, die Anzahl der Erwerbslosen und der offen oder verdeckt Unterbeschäftigten reduziert.[81] Insofern erfüllte die Auswanderung die Funktion eines sozialen Ventils.

Anmerkungen

1 Stellvertretend sei hier auf die Studien von Spree verwiesen, der auch die ältere Literatur verarbeitet: R. Spree, Die Wachstumszyklen der deutschen Wirtschaft von 1840 bis 1880, Berlin 1977; ders., Wachstumstrends und Konjunkturzyklen in der deutschen Wirtschaft von 1820 bis 1913, Göttingen 1978. Hinweise auf das Problem der Arbeitslosigkeit als Forschungslücke befinden sich bei H. Rosenberg, Große Depression und Bismarckzeit, Frankfurt/Berlin/Wien 1976, 2. Aufl., S. 48; R. H. Tilly, Renaissance der Konjunkturgeschichte?, in: Geschichte und Gesellschaft, 6, 1980, S. 261. Hingegen wurde die Arbeitslosigkeit thematisiert bei J. Kuczynski, Die Geschichte der Lage der Arbeiter unter dem Kapitalismus, Band 3, Berlin 1962, S. 252 ff.; H. Mottek, Die Gründerkrise. Produktionsbewegung, Wirkungen, Theoretische Problematik, in: Jahrbuch für Wirtschaftsgeschichte, 1966, Teil I, S. 96 - 106; F. Niess, Geschichte der Arbeitslosigkeit, Köln 1979; kurze Hinweise auch bei K. Borchardt, Wandlungen des Konjunkturphänomens in den letzten hundert Jahren, in: ders., Wachstum, Krisen, Handlungsspielräume der Wirtschaftspolitik, Göttingen 1982, S. 95 f., zuerst publiziert als Bayrische Akademie der Wissenschaften, Sitzungsberichte der Philosophisch-historischen Klassen, Jg. 1976, H. 1, München 1976.

2 Dies vermutet Marschalk, kommt dann jedoch in seiner Schätzung der Arbeitslosenziffern für einzelne Perioden auf über 10 %. P. Marschalk, Deutsche Überseewanderung im 19. Jahrhundert, Stuttgart 1973, S. 110 ff.

3 Vgl. S. B. Saul, The Myth of the Great Depression, 1873 - 1896, London 1969; K. Eklund, Long Waves in the Development of Capitalism?, in: Kyklos, 33, 1980, S. 383 - 419; Spree, Wachstumstrends, a.a.O.; ders., Wachstumszyklen, a.a.O.; Borchardt, Wandlungen, a.a.O.; vgl. zur neueren Diskussion D. Petzina und Ger van Roon (Hrsg.), Konjunktur; Krise, Gesellschaft, Stuttgart 1981.

4 Die Berechnungen von Walter G. Hoffmann tragen einen sehr hypothetischen Charakter.

5 Vgl. unter anderem A. Spiethoff, Die wirtschaftlichen Wechsellagen, 2 Bde, Tübingen/Zürich 1955; H. U. Wehler, Bismarck und der Imperialismus, Köln 1969, S. 43 ff.: kristisch unter anderem R. Spree, S. B. Saul, A. S. Mliward, Cyclical Development and Economic Growth in Developed Europe, 1870 - 1913, in: Petzina/van Roon, a.a.O., S. 42 - 53.

6 Siehe unter anderem R. Spree, Wachstumstrends, a.a.O.

7 Ders., Wachstumszyklen, a.a.O., Tabelle A 150, S. 444

8 O. Hue, Die Bergarbeiter, Bd. 2, Stuttgart 1913, S. 239

9 R. Spree, Wachstumszyklen, a.a.O., Tabelle A 202, S. 470

10 Statistisches Handbuch für das Deutsche Reich, Bd. 1, Berlin 1907, S. 263.

11 Ebd., S. 252 ff.

12 Vossische Zeitung, 2. Beilage, Nr. 20 vom 25.1.1876. Siehe auch Berichte in der Vossischen Zeitung über Entlassungen bei einzelnen Firmen, zum Beispiel in Nr. 15 vom 19.1.1876, 2. Beilage; Nr. 163 vom 15.7.1876.

13 A. Woltmann und Fr. Frölich, Die Gutehoffnungshütte Oberhausen, Rheinland zur Erinnerung an das 100jährige Bestehen 1810 - 1910, Oberhausen 1910, S. 31

14 H. U. Wehler, a.a.O., S. 79

15 Ebd.

16 J. Rößler, Zur Lage der Berliner Arbeiter und ihrer sozialistischen Bewegung vom Gründerkrach bis zu den Reichstagswahlen im Jahre 1881, wirtschaftswissenschaftliche Diss., Berlin o.J., S. 156, zitiert nach K. Mottek.

17 Vgl. H. Lademacher, Wirtschaft, Arbeiterschaft, Arbeiterorganisationen in der Rheinprovinz 1877/78, in: Archiv für Sozialgeschichte, 15, 1975, S. 112 ff. Über umfangreiche Arbeiterentlassungen berichten auch Bürgermeister einzelner Städte beziehungsweise Landräte. Vgl. K. Hartmann, Der Weg zur gewerkschaftlichen Organisation. Bergarbeiterbewegung und kapitalistischer Bergbau im Ruhrgebiet, 1851 bis 1889, München 1977, Teil C, passim; B. Balkenhol, Armut und Arbeitslosigkeit in der Industrialisierung - dargestellt am Beispiel Düsseldorfs 1850 - 1900 (Studien zur Düsseldorfer Wirtschaftsgeschichte, H. 3), Düsseldorf 1976, S. 122 ff. K. Mottek, a.a.O., S. 103 ff.

18 B. Balkenhol, a.a.O., S. 121, Anmerkung 377

19 K. Mottek, a.a.O., S. 103 f.

20 Statistik des Deutschen Reiches (= SDR), 111 (1899), S. 245 ff.

21 Siehe SDR, 2 (1874), 14.2 (1875), 25 (1877), 30.1 (1878); 37.2 (1879), 48.2 (1881), 52 (1882), 57 (1883), NF 32 (1888), NF 68 (1894), 150 (1903), Vierteljahreshefte zur Statistik des Deutschen Reiches (VJH zur SDR), 15 (1906), H. IV, VJH zur SDR, 17 (1908), H. I, VJH zur SDR, 20 (1911), H. I VJH zur SDR, 21 (1912), H. III, SDR, 240 (1915).

22 SDR, 14.2 (1875), S. VIII.162 ff. Die Personen in diesen Altersklassen wurden als produktive Jahrgänge bezeichnet. Die obere Altersgrenze entsprach dem gesetzlich festgelegten Rentenalter.

23 SDR, 34 (1879), 48.1 (1881), 59.1 (1883), 59.2 (1883), NF 2 (1884), NF 102 (1897), 111, (1899), 112, (1898), VJH zur SDR, 16 (1907), H. IV, SDR, 203 (1910), 211 (1913).

24 Das bedeutet also insbesondere gleichbleibendes Erwerbsverhalten bei den Frauen, konstante Schul- und Ausbildungszeiten sowie gleichbleibende Erwerbsfähigkeitsquoten.

25 W. Köllmann, Bevölkerung und Raum in Neurer und Neuester Zeit, Würzburg 1965 (= Raum und Bevölkerung in der Weltgeschichte, Bevölkerungsplötz, Bd. 4), S. 22 und 84.

26 Ebd., S. 85. Siehe auch J. E. Knodel, The Decline of Fertility in Germany, 1871 - 1939, Princeton 1974; zur zeitgenössischen Diskussion über den Geburtenrückgang vgl. P. Mombert, Über den Rückgang der Geburten- und Sterbeziffer in Deutschland, in: Archiv für Sozialwissenschaft und Sozialpolitik, 34, 1912, S. 796 - 862, 874 - 878; K. Oldenberg, Über den Rückgang der Geburten- und Sterbeziffer, in: ebd., 32, 1910; J. Müller, Der Streit um die Ursachen des Geburtenrückganges, in: Jahrbücher für Nationalökonomie und Statistik, 119, 1922, S. 396 - 424. Die Besorgnis über den Geburtenrückgang erinnert zum Teil stark an die heutige Diskussion über den gleichen Gegenstand. Siehe auch neuerdings R. Spree, The German Petite Bourgeoisie and the Decline in Fertility: Some Statistical Evidence from the Late 19th and Early 20th Centuries, in: Historische Sozialforschung, No. 22, April 1982, S. 15 - 49.

27 Bevölkerung und Wirtschaft 1872 - 1972, herausgegeben vom Statistischen Bundesamt Wiesbaden, Stuttgart 1972, Tabelle II.6, S. 109.

28 B. R. Mitchell, European Historical Statistics, 1750 - 1970, London 1975, S. 106 - 109; W. Köllmann, a.a.O., S. 25 und 85.

29 SDR, NF 2 (1884), Berufsstatistik 1882, Teil 1, S. 65⁺

30 Vgl. G. Hohorst/J. Kocha/G. A. Ritter, Sozialgeschichtliches Arbeitsbuch. Materialien zur Statistik des Kaiserreiches 1870 - 1914, München 1975, S. 72, Anmerkung 3 und S. 73, Anmerkung 3.

31 SDR, NF 2 (1884), S. 65⁺, NF 111 (1899), S. 15; W. Böhmert, Wandlungen der deutschen Volkswirtschaft, 1882-1907, in: Der Arbeiterfreund, 48, 1910, S. 135 ff.

32 Vgl. R. Spree, a.a.O., S. 103 ff. und Borchardt, Wandlungen, a.a.O., passim.

33 W. Böhmert, a.a.O., S. 136 f. Die Angabe von v. Zwiedeneck Südenhorst, daß die Zunahme der Erwerbstätigen ca. 500.000 jährlich im Kaiserreich betragen habe, sitzt diesem Irrtum auf. O. v. Zwiedeneck Südenhorst, Beiträge zur Erklärung der strukturellen Arbeitslosigkeit, in: Vierteljahreshefte zur Konjunkturforschung, 2, 1927, Ergänzungsheft 1, S. 32; vgl. dagegen H. J. Platzer, Die Steigerung der Erwerbsziffer in Deutschland, in: Jahrbücher für Nationalökonomie und Statistik, 135, 1931, S. 321 - 368.

34 B. Balkenhol, a.a.O., S. 118 ff.

35 Vgl. vor allem K. Hartmann, a.a.O., S. 70 ff.

36 Statistisches Handbuch für das Deutsche Reich, Bd. 1, 1907, S. 252

37 Siehe H. Lademacher, a.a.O., S. 112, auch K. Hartmann, a.a.O., S. 87 ff.

38 „Durch Entlassung und neue Annahme von Leuten können die Löhne am besten ermäßigt werden." Eine Äußerung A. Krupps aus dem Jahre 1874, zitiert nach K. Hartmann, a.a.O., S. 93. Das Ausmaß der Entlassungen mit in Aussicht gestellter oder erfolgter Wiederanstellung geht aus den von uns angeführten Zahlen über die Belegschaftsverminderungen nicht hervor, weil die Berechnungen von der durchschnittlichen Belegschaftsstärke eines Jahres ausgehen.

39 B. Balkenhol, a.a.O., S. 119 ff.

40 Ebd., S. 120

41 Vgl. dazu den sehr informativen Beitrag von W. Köllmann, Bevölkerung und Arbeitskräftepotential in Deutschland 1815 - 1865. Ein Beitrag zur Analyse der Problematik des Pauperismus, in: ders., Bevölkerung in der industriellen Revolution. Studien zur Bevölkerungsgeschichte Deutschlands, Göttingen 1974, besonders S. 76 - 80. Erstdruck des Aufsatzes in Jahrbuch 1968, herausgegeben vom Ministerpräsidenten des Landes Nordrhein-Westfalen - Landesamt für Forschung, Köln 1968, S. 209 - 254.

42 Das ist das Resultat der Studie von B. Balkenhol, die sich speziell mit Düsseldorf beschäftigt, aber auch andere Städte und Regionen miteinbezieht. B. Balkenhol,a.a.O., S. 118 und S. 99 ff.

43 O. Hue, a.a.O., Bd. 2, S. 247; B. Balkenhol, a.a.O., S. 122

44 Wie auch andere historische Untersuchungen zeigen, kommt der Ware Arbeitskraft bei Einstellungen und Kündigungen nicht erst in jüngster Zeit unter den gesellschaftlichen Verhältnissen der Bundesrepublik eine Nicht-Homogenität zu. Siehe unter anderem T. Pierenkemper, Interne Arbeitsmärkte in frühen Industrieunternehmen. Das Beispiel Krupp, in: Soziale Welt, 32, 1981, H. 1, S. 3 - 18. Siehe demgegenüber den Versuch von B. Lutz, in der Entwicklung der einzelnen Sektoren der Wirtschaft und ihrer wechselseitigen Dynamik Ursachen dafür zu finden, daß die Segmentation ein spezifisches Merkmal jüngster ökonomischer Prozesse darstellt. B. Lutz, Kapitalismus ohne Reservearmee? Zum Zusammenhang von Wirtschaftsentwicklung und Arbeitsmarktsegmentation in der europäischen Nachkriegszeit, in: Kölner Zeitschrift für Soziologie und Sozialpsychologie, Sonderheft, 24, 1982, S. 329 - 347.

45 Diese Befürchtungen erwiesen sich als unberechtigt. Vgl. K. Hartmann, a.a.O., S. 95.

46 B. Balkenhol, a.a.O., S. 131

47 Ebd., S. 128, Anmerkung 419; K. Hartmann, a.a.O., S. 94 f.

48 Aus den Migrationsstatistiken geht nicht hervor, wohin die Menschen wanderten.

Vgl. auch D. Langewiesche, Wanderungsbewegungen in der Hochindustrialisierungsperiode, in: Vierteljahresschrift für Sozial- und Wirtschaftsgeschichte, 64, 1977, S. 6. Neben Konjunkturphänomenen sind eine Reihe von weiteren sozialen und personenbezogenen Faktoren für die Wanderungsbewegungen verantwortlich. Siehe ebd.

49 A. Markow, Das Wachstum der Bevölkerung und die Entwicklung der Aus- und Einwanderungen, Ab- und Zuzüge in Preußen und Preußens einzelnen Provinzen, Bezirken, Kreisgruppen von 1824 bis 1885, Tübingen 1889, S. 207. Siehe auch die Wanderungsbilanzen für die Regierungsbezirke Arnsberg und Düsseldorf, ebd., S. 216 f. Hier treten ähnliche Tendenzen auf wie für die Provinzen. Auch für Berlin ist der positive Wanderungssaldo merklich zurückgegangen. Siehe ebd. Tenfelde spricht in diesem Zusammenhang von einer „hochbedeutsame(n) Zäsur“ der Wanderungswellen in den Krisenjahren 1874-1879. K. Tenfelde, Sozialgeschichte der Bergarbeiterschaft an der Ruhr im 19. Jahrhundert, Bonn - Bad Godesberg 1977, S. 244. Siehe auch S. 240.

50 K. Mottek, a.a.O., S. 102

51 Crew, Regionale Mobilität und Arbeiterklasse, in: Geschichte und Gesellschaft, 1, 1975, Heft 1, S. 106 f. Zu dem Wanderungsvolumen insgesamt in der Hochindustrialisierungsperiode vgl. D. Langewiesche, passim.

52 K. Hartmann, a.a.O., S. 94 ff; H. Lademacher, a.a.O., S. 116

53 Siehe K. Hartmann, a.a.O., S. 96 ff.

54 B. Balkenhol, a.a.O., S. 127 und ebd., Anmerkung 414

55 Ebd., S. 140

56 Dies kann hier nur eine grobe und vereinfachende Skizze der klassischen Theorie sein, es muß an dieser Stelle darauf verzichtet werden, die Verknüpfung der Variablen Arbeitsmarkt mit der Variablen Bevölkerungsentwicklung darzustellen. Vgl. zur Auffassung über Armenunterstützung und Arbeitslosigkeit D. Ricardo, Principles of Political Economy and Taxation, deutsch: Grundsätze der politischen Ökonomie und Besteuerung, herausgegeben von F. Neumark, Frankfurt 1972, S. 90 ff.

57 So zum Beispiel L. Brentano, Die Arbeiter und die Produktionskrisen, in: Schmollers Jahrbuch, 2, 1878, S. 565 - 632.

58 Die Kaltblütigkeit dieser Gesellschaftstheorie und die Gleichgültigkeit gegenüber dem Schicksal der betroffenen Menschen werden unter anderem von Garraty dargestellt. J. A. Garraty, Unemployment in History. Economic Thought and Public Policy, New York 1978.

59 Ebd., S. 74 f., 121 f. Vgl. die frühen Versuche theoretischer Durchdringung von Arbeitslosigkeit bei W. H. Beveridge, Unemployment. A Problem of Industry, New York 1930, Erstauflage 1909. Siehe neuerdings auch A. Faust, Konjunktur, Arbeitsmarkt- und Arbeitslosenpolitik im Deutschen Kaiserreich, in: Petzina/van Roon, a.a.O., S. 245 ff.

60 J. G. Brooks, The Unemployed in German Cities, in: The Quarterly Journal of Economics, 7, 1893, S. 353 - 358. Einen umfassenderen Überblick gibt die Arbeit aus dem Kaiserlichen Statistischen Amt: Die Regelung der Notstandsarbeiten in deutschen Städten, Berlin 1905 (= Beiträge zur Arbeiterstatistik, Nr. 2). Siehe auch den Erlaß der preußischen Minister für Handel und Gewerbe sowie des Innern vom 12. November 1908: „Betr. Maßnahmen gegen Arbeitslosigkeit“, in: Reichs-Arbeitsblatt, 6, 1908, Nr. 12, S. 1073.

61 Einen ausgezeichneten umfassenden Überblick gibt wiederum eine Publikation des Kaiserlichen Statistischen Amtes: Die bestehenden Einrichtungen zur Versicherung gegen die Folgen der Arbeitslosigkeit im Ausland und im Deutschen Reich, Teil 1, Berlin 1906. Manche Städte ließen es nicht bei Zählungen und verstärkten Arbeitsvermittlungen bewenden, sondern richteten selbst Arbeitslosenversicherungen ein. Siehe H. J. Henning, Arbeitslosenversicherung vor 1914: Das Genter System und seine Übernahme in Deutschland, in: H. Kellenbenz, Wirtschaftspolitik und Arbeitsmarkt, München 1974, S. 271 - 287.

62 Eines ihrer damit verfolgten Ziele war es, die Fluktuation ihrer Mitglieder einzudämmen.

63 R. Michels und G. Michels-Lindner, Das Problem der Arbeitslosigkeit und ihre Bekämpfung durch die deutschen freien Gewerkschaften, in: Archiv für Sozialwissenschaft und Sozialpolitik, 31, 1910, S. 421 - 497, S. 426

64 Ebd., S. 426 f.; Die bestehenden Einrichtungen, S. 385

65 Vgl. die Diskussion über Auswanderung als Sicherheitsventil bei G. Moltmann, Nordamerikanische „Frontier" und deutsche Auswanderung - soziale „Sicherungsventile" im 19. Jahrhundert?, in: D. Stegmann/B.-J. Wendt/P.-Chr. Witt (Hrsg.), Industrielle Gesellschaft und politisches System, Bonn 1978, S. 279 - 296.

66 Zur Theorie der Wanderungen und zur konkreten historischen Analyse der deutschen Auswanderung im 19. Jahrhundert vgl. unter anderem P. Marschalck; K. J. Bade, Massenwanderung und Arbeitsmarkt im deutschen Nordosten von 1880 bis zum Ersten Weltkrieg. Überseeische Auswanderung, interne Abwanderung und kontinentale Zuwanderung, in: Archiv für Sozialgeschichte, 20, 1980, S. 265 - 323; ders., Transnationale Migration und Arbeitsmarkt im Kaiserreich, in: T. Pierenkemper/R. Tilly (Hrsg.), Historische Arbeitsmarktforschung, Göttingen 1982, S. 182 - 211; F. Burgdörfer, Die Wanderungen über die deutschen Reichsgrenzen im letzten Jahrhundert, in: W. Köllmann/P. Marschalck (Hrsg.), Bevölkerungsgeschichte, Köln 1972, S. 281 - 322, Erstabdruck in: Allgemeines Statistisches Archiv, 20, 1930, S. 161 - 196, 383 - 419, 537 - 551. Hervorragend werden bei Marschalck und mit etwas anderen Akzenten bei Bade die sozioökonomischen und soziodemographischen Prozesse und ihre Verschränkungen analysiert, die zum Bevölkerungsdruck und damit zur Auswanderung beitrugen.

67 Die Analysen beziehen sich auf die dokumentierte deutsche Auswanderung nach Übersee. Vgl. die Zahlen bei F. Burgdörfer, a.a.O., S. 282, 290, 294 und bei P. Marschalck, a.a.O., Tabelle 4, S. 35 ff.

68 K. Bade, a.a.O., S. 270 f.

69 P. Marschalck, a.a.O., Tabelle 4, S. 36

70 F. Burgdörfer, a.a.O., S. 290, S. 294

71 K. Bade, a.a.O., S. 270

72 F. Burgdörfer, a.a.O., S. 308

73 Ebd., S. 283

74 Ebd., S. 303; vgl. hierzu und zum folgenden auch K. Bade, a.a.O., S. 286 ff.

75 Ebd., S. 285

76 K. Bade, a.a.O., S. 281 f.

77 F. Burgdörfer, a.a.O., S. 307; K. Bade, a.a.O., Schaubild 3, S. 373

78 Berechnet nach F. Burgdörfer, a.a.O., S. 307.

79 Ebd., S. 313

80 Ebd., S. 313. Siehe auch die Einwände von P. Marschalck in bezug auf diese Daten im Zusammenhang mit der Umstrukturierung von der Familien- zur Einzelauswanderung, P. Marschalck, a.a.O., S. 81.

81 F. Burgdörfer, a.a.O., S. 94

VII
Wissenschaft: Forschung und Lehre unter der Schwerkraft der Institutionen

Ein Hochschulexperiment der frühen Nachkriegsjahre: Sozialwissenschaften in Wilhelmshaven-Rüstersiel 1949–1962

Max Ernst Graf zu Solms-Roedelheim

Vorwort

Die außerordentlichen Veränderungen der Hochschullandschaft, die sich seit dem Krieg und besonders seit den 1960er Jahren in unserem Land vollzogen haben (Neugründungen und Ausbau von Hochschulen und im ganzen Hochschulsystem), drohen die in den Anfängen dieser Reformzeit mit bescheidenen Mitteln verwirklichten Ansätze in Vergessenheit geraten zu lassen, auch wenn die in ihnen realisierten Vorstellungen für das Verständnis der in ihnen entwickelten Konzeptionen bedeutsam waren. Einer dieser Ansätze, nämlich die niedersächsische „Hochschule für Arbeit, Politik und Wirtschaft/Hochschule für Sozialwissenschaften (APOWI/HfS)“ in Wilhelmshaven-Rüstersiel, soll im folgenden in Erinnerung gerufen werden, ehe er in Vergessenheit gerät. Vor allem sollen dabei die eigenständigen und nachwirkenden Beiträge zur Hochschul- beziehungsweise Bildungsreform der frühen Nachkriegszeit in ihren Zusammenhängen mit dem Wandel der örtlichen und gesamtgesellschaftlichen Bedingungen jener Zeit greifbar gemacht werden.

Zur Geschichte der Hochschule liegt uns in der Dissertation von Gerd Diers[1] eine verläßliche Zusammenstellung der die Hochschulgründung und -entwicklung betreffenden Daten und Materialien vor, deren Auswirkung freilich der Ergänzung bedarf, weil Diers selbst weniger direkten Zugang zu der frühesten Entwicklung der APOWI hatte[2] und diese Frühzeit eher als „Vorgeschichte“ zu sehen neigt. Deshalb ist es angebracht, aus eigenen Erinnerungen stammende Materialergänzungen und -interpretationen[3] mit heranzuziehen.

Die Erinnerung an die Gründungszeit der APOWI ist vor allem dadurch bedeutsam, daß mit ihrer Hilfe die Gegenüberstellung der Gründungsinitiativen des Landes und regionaler Instanzen (mit ihren auf die Lösung aktueller Probleme der Zeit und besonders bildungsreformerischer Aufgaben zielenden Aktivitäten)[4] und der Operationalisierungen seitens der APOWI selbst faßbar wird, vor allem auch das im weiteren Verlauf stärkere Auseinanderrücken der Gründungsintentionen und der faktischen Rüstersieler Entwicklungen, zu dem es kam, weil die vielfältigen Bildungsdefizite der frühen Nachkriegszeit nicht mittels schlichter Fortschreibung der überkommenen Bildungsaktivitäten bewältigt werden konnten, sondern nur mittels (eventuell riskanter) bildungspolitischer Experimente. Daß trotz aller Risiken und trotz der Knappheit der für Bildungspolitik verfügbaren Mittel ein Experiment wie das der Gründung der APOWI gewagt wurde, entsprang der Einsicht, daß die Revitalisierung des Bildungswesens als wesentlichen Teils der Wiederaufbaubemühungen des Landes den Vorrang vor jenen Bedenken haben müsse.

Von der Einsicht in die Gründungssituation und dem von ihr wegführenden Wandel her müssen auch die strukturellen Eigenarten der APOWI/HfS durchleuchtet werden: So erstens das Zustandekommen und die Erhaltung offener Kommunikationsstrukturen zwischen den Gruppen der Lehrenden und Studierenden, als Grundlage der Hochschulorganisation wie einer sinnvollen Studiengestaltung. Zweitens die heftig umstrittenen Bemühungen um Bereitstellung erweiterter Zugänge zum Studium, vor allem auf dem Weg einer Reaktivierung und Reorganisation der Hochschulreifebegabtenprüfungen. Obwohl dieser Weg als Einengung gegenüber den Gründungsintentionen kritisiert worden ist, sind seine Beiträge zum Ausbau des zweiten Bildungswegs und zur Konzeption einer sozialwissenschaftlichen Propädeutik über die Zeit des Bestehens der APOWI hinaus bedeutsam geblieben (zum Teil über die Nachfolgeinstitutionen Propädeutikum und Oldenburg-Kolleg). Drittens schließlich die Beiträge zur Definition eines geschlossenen sozialwissenschaftlichen Lehrbereichs sowie zum schrittweisen Aufbau eines der Fächerisolierung entgegenwirkenden sozialwissenschaftlichen Studienganges: Die Arbeit an dieser Definition, die, im Einklang mit den Gründungsintentionen der Hochschule wie mit der gerade nach 1945 starken Kritik am bloßen „Fachmann", die einseitige Spezialisierung auf sozialwissenschaftliche Einzelfächer zu korrigieren suchte, war geeignet, über den Rahmen der APOWI/HfS hinaus wirkkräftig zu bleiben.

Entwicklung der Hochschule und der sozialwissenschaftlichen Studien in Rüstersiel

Vergegenwärtigen wir uns zunächst die Ausgangssituation:[5] Im Dezember 1947 stimmte der Niedersächsische Landtag der Einrichtung einer „*Akademie* für Arbeit, Politik und Wirtschaft" in Wilhelmshaven zu; mit ihr wollte man - im Hinblick auf die anstehenden Neuordnungsaufgaben in Staat und Wirtschaft - eine Stätte politischer und sachlich-fachlicher Aus- und Weiterbildung errichten;[6] man rechnete mit dem Interesse von Gewerkschaften, Genossenschaften, Kommunen, sozialen Einrichtungen oder auch Unternehmen, ihre Funktionäre, Mitglieder oder Angehörigen zu den Kursen der geplanten Akademie zu delegieren: Die den Delegierten vermittelten Erkenntnisse sollten diese zu verantwortlicher Mitarbeit in oder für die genannten Verbände oder Institutionen befähigen. Nicht vorgesehen waren zunächst akademische Abschlußprüfungen und irgendwelche Berechtigungen verleihende Abschlußzeugnisse für die Kursteilnehmer.[7] Die Wahl des Standortes Wilhelmshaven ergab sich einerseits aus der Verfügbarkeit geeigneter Räumlichkeiten aus der Hinterlassenschaft der Marine, andererseits aus der Notwendigkeit, der durch den Verlust ihrer Existenzgrundlage betroffenen Stadt neue Impulse zu geben, beziehungsweise die wirtschaftliche und politische Randlage und die Minderversorgung Nordwest-Niedersachsens mit Bildungseinrichtungen zu beheben;[8] dieser Gedanke wurde von den lokalen Instanzen des nordwest-niedersächsischen Raumes von Anfang an ins Feld geführt, aber vor allem in den späteren Auseinandersetzungen um Ausbau und Standort der APOWI betont.[9]

Die dann Ostern 1949 eröffnete „*Hochschule* für Arbeit, Politik und Wirtschaft" war mit sechs Lehrstühlen[10] ausgestattet, um durch Lehre und Forschung ihren Auftrag erfüllen zu können, „Angehörigen aller Bevölkerungsschichten (...) die wissenschaftlichen Erkenntnisse (zu) vermitteln, die zum Verständnis des sozialen, wirtschaftlichen und politischen Geschehens und zur verantwortlichen Mitarbeit im öffentlichen Leben erforderlich sind".[11] Der Lehrbetrieb wurde mit zunächst nur vier Professoren (Lehrstuhlvertretern), sechs Assistenten, etlichen Gastprofessoren und Lehrbeauftragten sowie 81 Studierenden nebst einer rudimentären Bibliothek in dem zweckdienlichen, aber ausbaubedürftigen und eher spartanisch ausgestatteten Komplex des „Hochschuldorfes"[12] aufgenommen; dem Kollegium oblag, das Lehrprogramm zu entwerfen und den Lehrbetrieb und die Führung der Hochschulgeschäfte in Gang zu bringen.

Um diese Aufgabe lösen zu können, bedurfte es vielfältiger Improvisationen, die dank des Rückhalts bei der Regierung und der Kooperation der beteiligten Gruppen bewältigt wurden: Sehr früh nahmen die Assistenten an den Diskussionen um Studium und Hochschule teil, bald auch die Studierenden und die sonstigen Lehrpersonen (auch interessierte Kollegen der anderen Wilhelmshavener Hochschulen). Die so hergestellte Offenheit der Strukturen und die dadurch beförderte Kommunikation über Gruppengrenzen hinweg bewährte sich schon in der Verarbeitung der Erfahrungen aus dem ersten Semester.

Die zunächst ganz pragmatischen ersten Überlegungen über das Veranstaltungsangebot und eine sinnvolle Studiengestaltung in den vorgesehenen Zweisemesterkursen gingen (Im Einklang mit der in jenen Jahren geführten Diskussion)[13] in eine grundsätzliche Auseinandersetzung mit fachisolierenden Tendenzen in den Sozialwissenschaften über.[14] Die APOWI suchte jenen Tendenzen mittels ihres Veranstaltungsangebots entgegenzuwirken, vor allem auch von dem Gedanken einer sozialwissenschaftlichen Durchdringung der juristischen, volkswirtschaftlichen und politologischen Studien ausgehend.[15]

Daß es zu diesen Erweiterungen der Diskussion kam, ist vor allem darauf zurückzuführen, daß die Zusammensetzung der Studentenschaft von

1949 und später nur noch wenig den Erwartungen von 1947 entsprach: Einerseits spielten nach der Währungsreform Delegationen durch Verbände oder ähnliches keine große Rolle mehr (sei es aus vorsichtiger Finanzgebahrung oder aus stärkerer Hinwendung zu verbandseigenen oder -spezifischen, direkter kontrollierbaren Schulungseinrichtungen);[16] auf der anderen Seite gewannen in den ersten Kursteilnehmerschaften alle möglichen Kategorien von nicht oder mangelhaft beruflich Eingegliederten (besonders auch Kriegs- oder Nachkriegsgeschädigte) an Gewicht, deren Interessen auf Abschlußzeugnisse gerichtet waren, oder die die Zeit in Rüstersiel als Anfang eines Studiums oder als Zugang zu einem solchen nutzen zu können hofften;[17] die Hochschule konnte nicht umhin, diesem Trend Rechnung zu tragen.

Schon im Sommersemester 1949 wurde daher begonnen, die Möglichkeiten eines Übertritts Rüstersieler Studenten auf die Landesuniversität vorzuklären[18] und sich um den Übertritt erleichternde Verbesserungen der Rüstersieler Studienbedingungen zu bemühen. Immerhin gelang es dann auch, den Kultusausschuß des Landtages bei dessen mehrtägigem Besuch in Wilhelmshaven (zum Abschluß des Sommersemesters 1949) soweit von der Auffassung der Hochschule zu überzeugen, daß er, trotz weiterbestehender Bedenken, der anvisierten Entwicklung nichts in den Weg legte; da andererseits das Kultusministerium und Minister Richard Voigt den Argumenten der APOWI mit Verständnis begegneten, konnte die gebotene Weiterentwicklung ihren Fortgang nehmen. Zunächst wurde durch Erlaß des Ministers (12.9.49) und Beschluß der Göttinger Fakultät die Anrechnung von APOWI-Semestern auf das juristische und volkswirtschaftliche Studium gewährleistet,[19] dann für Nichtabiturienten unter den Studierenden das aus der Weimarer Zeit bekannte Institut der Hochschulreifebegabtenprüfung reaktiviert.[20] Das letztere Zugeständnis verschaffte der APOWI immerhin ihre erste (bis 1952 einzige) Abschlußprüfung, die als vorbereitender Schritt zur Entwicklung der Prüfungsordnungen für Diplom-Sozialwirte gelten kann. Von höherem Interesse sind aber die Auswirkungen der Anrechnungsregelung: Die Gleichsetzung der Rüstersieler Studiensemester mit den Anfangssemestern des juristischen und nationalökonomischen (später auch politologischen und soziologischen) Studiums war für die APOWI lebensnotwendig, wenn sie Studenten anziehen wollte, ohne ihnen einen eigenen Studienabschluß anbieten zu können. Man muß sich außerdem klarmachen, daß die Möglichkeit, angehende Juristen und Ökonomen auszubilden, der APOWI auch die Chance gab, zur Reform der juristischen und ökonomischen Studien beizutragen (Bewußtmachen der sozialwissenschaftlichen Gehalte dieser Studien; Vorschaltung einer fächerverbindenden Grundlegung am Anfang der fachlichen Spezialisierung);[21] die Überlegungen zu der Aufgabe, ein Modell sozialwissenschaftlicher Durchsäuerung dieser Studien zu entwerfen, wurden an der APOWI mindestens noch bis 1951 gepflogen.[22]

Der Durchbruch des Strebens zum eigenen Studiengang ist wesentlich auch Folge der fortschreitenden Konsolidierung der Hochschule gewesen: Abgesehen davon, daß man in der Lehrtätigkeit nicht auf die Dauer auf Anfangssemester und Anfängerveranstaltungen beschränkt bleiben mochte, wollte man den Studenten einen Anreiz bieten, ihren sozialwissenschaftlichen Interessen auch über den Studienanfang hinaus nachzugehen; man hoffte auch nicht ohne Grund, interessierte Juristen und Volkswirte höherer Semester nach Rüstersiel ziehen zu können. Man glaubte auch annehmen zu dürfen, daß nach der Satzungsverleihung, dem Erlaß der Diplomprüfungsordnung und der Verselbständigung des Propädeutikums[23] die Anfeindungen der APOWI beendet würden: Die zuversichtlich erwartete Konsolidierung stellte sich aber noch nicht ein, indem die APOWI sich in einen jahrelangen Kampf um ihre Anerkennung als „wissenschaftliche Hochschule" verstrickte,[24] an dessen Ende die Westdeutsche Rektorenkonferenz (WRK) den Aufnahmeantrag der Hochschule ablehnte (Januar 1954).

Nach der Verweigerung der Anerkennung seitens der WRK[25] gewannen im Hochschulkollegium Tendenzen zur Anpassung an die traditionellen Formen des Hochschulwesens und, dementsprechend, zur Distanzierung gegenüber den eigenartigen Zielvorstellungen, Aufgaben und Formen der APOWI an Raum oder gar die Oberhand.[26] So hat sich ein Bild der APOWI/HfS ausgeformt, das die früheren Entwicklungsphasen samt ihren Zielen und Aufgaben in die „Vorgeschichte" verwies.[27]

All dies wird durch die übrigen Äußerungen (besonders in den verschiedenen Denkschriften der HfS) noch einsichtiger, in denen es um die für unbefriedigend und ungesichert gehaltene Lage der Hochschule[28] und um Ausbauprojekte an neuen Standorten ging: Ihnen zufolge war das Studium selbst aus dem Experimentierstadium heraus und lief gleichsam normal ab, durch neue Lehrstühle und Fächer bereichert, freilich noch von der Existenzsicherung der HfS, das heißt der „Anerkennung" seitens der WRK abhängig; da diese wiederum nicht ohne den Abbau der Eigenarten der APOWI und ihrer Satzung zu erlangen war,[29] ergab sich fast zwangsläufig, daß im späteren Selbstbild die Beziehungen zwischen Studium und APOWI-Traditionen nicht mehr sonderlich betont wurden.

Diskontinuitäten zwischen Früh- und Spätphase der Entwicklung der Hochschule

Im folgenden soll es nun gerade darum gehen, einige der im späten Selbstbild der APOWI/HfS nicht betonten Zusammenhänge zwischen der Früh- und Spätzeit der Hochschulentwicklung zu verdeutlichen, um die faktische wie potentielle Bedeutung der ersteren für die letztere (ihr Nachwirken oder auch nicht genutzte Möglichkeiten zu einem solchen) greifbar zu machen. Die Betrachtung müßte sowohl der Entwicklung des Studienganges als auch der des institutionellen Rahmens gelten, in dem dieser sich entfaltete.

Wir haben ja bisher schon darauf hingewiesen, daß es die besondere Art des bei der Gründung erteilten Lehrauftrags (Erkenntnisvermittlung in Zweisemesterkursen an Studierende unterschiedlicher Vorbildung und Zielsetzung) war, die von Anfang an zu systematischer Besinnung auf den Zusammenhang der vorhandenen Lehrgebiete, das heißt zur Erarbeitung eines diese Lehrgebiete integrierenden Konzepts sozialwissenschaftlichen Studiums beitrug. Die so erreichte Konzeption der Sozialwissenschaften als Inbegriff der in ihrer Interdependenz gesehenen und zu lehrenden Wissenschaften vom Recht, der Wirtschaft und den sozialen Beziehungen und Gebilden hat den Aufbau aller in Rüstersiel entwickelten Studiengänge - von den Zweisemesterkursen (bis zur Hinführung zur Hochschulreife-Begabtenprüfung) über die juristischen und volkswirtschaftlichen Anfängerstudien bis zum sozialwissenschaftlichen Vollstudium hin - bestimmt.

Bei allen Unterschieden zwischen den Anforderungen und Ausrichtungen einer erwachsenenbildnerischen (dem zweiten Bildungsweg entsprechenden) Kurzausbildung, eines Anfänger- und eines Vollstudiums sind die Gemeinsamkeiten des Studienaufbaus schon in der Frühzeit herausgearbeitet worden; man könnte sogar sagen, daß die Zeit der Entwicklung und Weiterentwicklung der Begabtenprüfung sowie der Ausrichtung auf juristische und volkswirtschaftliche Anfängerstudien besonders dazu angetan war, den Blick zum Beispiel auf das Postulat grundsätzlicher Gleichgewichtigkeit der zusammengefaßten Wissenschaften zu lenken,[30] die dennoch zugleich der Bildung von interessenbestimmten Schwerpunkten Raum zu lassen hatte: Daß die Bemühungen um dieses Problem früh zu Ergebnissen führten, die später nur noch weiterentwickelt werden mußten, wird aus der Abfolge der Prüfungsordnungen ersichtlich.[31]

Insoweit haben wir es offenbar mit einer ungebrochenen Weiterentwicklung, einer gradlinigen Fortführung des in den Anfangszeiten Erarbeiteten zu tun; bezüglich der Bemühungen um eine integrationsfördernde Gestaltung der Lehre entstand dagegen ein Bruch: Schon in den Vorlesungsverzeichnissen fällt auf, daß von 1950 bis 1952 viele Versuche zum Zweck der Integrationsförderung unternommen wurden,[32] während ab 1952/53 nur noch gemeinsame Kolloquien mehrerer Lehrpersonen (auch sie, besonders ab 1956/57, geringer an Zahl je Semester und nur zum Teil zwischenfachlich) regelmäßig stattfanden. Daß die Phase der Lehrexperimente hier so unvermittelt abbricht, fällt umso mehr auf, als sich das Vorlesungsverzeichnis Sommer 1952 sowie ein zum Sommer 1953 verfaßtes Merkblatt für Studierende noch besonders deutlich für eine Ergänzung der integrationsfördernden, das heißt fächerverknüpfenden Veranstaltungen ausgesprochen hatten. Zur Erklärung müßte man an die außerordentliche Anspannung erinnern, in der alle Beteiligten in diesem Jahr zwischen Satzungsverleihung und Erlaß der Diplomprüfungsordnung standen (vor allem auch Belastung durch Ausarbeitung der Prüfungsordnung wie der Studienpläne und durch Umstellung der Nichtabiturientenausbildung). Neben all dem ein so anspruchsvolles Programm, wie das von Sommer 1952, durchzuziehen, läßt das Einlegen einer Atempause verständlich erscheinen.[33]

Immerhin muß aber auch auf eine erstmals Sommer 1952 abgehaltene zweiteilige Vorlesung von G. Paulus hingewiesen werden, mit der er (noch stark an der Konzeption sozialwissenschaftlicher Durchdringung der juristischen und wirtschaftswissenschaftlichen Studien mittels Rüstersieler Anfangssemester orientiert) eine Alternative zu der üblichen Darbietung des Bürgerlichen Rechts zu entwickeln unternahm.[34] Dieser Ansatz, dem dann programmatische Neuformulierungen der Vorlesungsverzeichnisse ab Sommer 1953 beipflichteten (zur Frage, wie die Aufgabe der Hochschule zu erfüllen sei),[35] legte den Akzent viel entschiedener als in bisherigen Diskussionen auf die Reform innerhalb des einzelnen Faches beziehungsweise auf Überlegungen über die Orientierung der einzelfachlichen Fragestellungen.

Freilich schlug nun das gut begründbare zeitweilige Zurücktreten der integrationsfördernden (fächerverknüpfenden) Veranstaltungen oder Prozesse in eine dauernde Minderbeachtung um, und der Anstoß zur Diskussion der innerfachlichen Voraussetzungen wurde nicht mehr systematisch über die programmatischen Formulierungen hinausgetrieben. Der Grund dafür lag wesentlich in der Ablenkung aller Aktivitäten und Diskussionen auf die Kämpfe um die Anerkennung der Hochschule, um die Durchsetzung des Rüstersieler Studienganges und - im weiteren Verlauf - um die hochfliegenden Ausbauvorstellungen und Standortveränderungswünsche des Hochschulkollegiums.[36] Anders gesagt, die Bemühungen wandten sich - unter Vernachlässigung oder Abwertung der in den Rüstersieler Gegebenheiten liegenden Chancen - mittels vielfältiger (zum Teil hektischer) Aktivitäten, wie Denkschriften, Verbündetenwerbung und so weiter, dem Erheben von Ansprüchen auf bessere Ausstattung, geeignetere Lokalisierung oder ähnlichem zu.[37]

Die Auswirkungen dieser Absorption von Kräften und Gedanken trafen auch die theoretischen Überlegungen zur Problematik der „Zusammenführung" der sozialwissenschaftlichen Disziplinen, indem die Experimente mit integrationsfördernden Lehrveranstaltungen nicht nur aus Mangel an Zeit und Kraft zurücktraten, sondern auch als nicht mehr so notwendig angesehen wurden. Die *„Wendung nach außen"* konnte insofern bedeuten, daß man überzeugt war, es mit einem „normalen" Lehrangebot der einzelnen Fächer bewenden lassen zu können und mit einem normalen auf-die-Prüfung-hin-Studieren je Fach rechnen zu können. In der Tat deuten Äußerungen, daß man das Experimentierstadium hinter sich habe, oder die zitierten Formulierungen über die Aufgabe des Zusammenführens der sozialwissenschaftlichen Disziplinen, ebenso wie die abnehmende Zahl fächerverbindender Lehrveranstaltungen oder die Serie einzelfachlich etikettierter Instituts- oder Seminargründungen[38] auf derartige Vorstellungen hin, die zwar den Lehrkörper entlasten, aber den spezifischen Schwierigkeiten des Studiums und der theoretisch-methodischen Diskussion nicht voll Rechnung tragen konnten.

Der Ausbau der Lehr- und Forschungstätigkeit vollzog sich so weitgehend in den Bahnen einzelfachlicher Routine; Erfahrungen zur Korrespondenz von Fächern wurden zwar selbstverständlich noch diskutiert, aber eher auf die Lösung konkreter Fälle hin, als systematisch auf die allgemeine Integrationsproblematik ausgerichtet.

Zwar konnte seit dem Erlaß der Prüfungsordnungen (besonders der von

1952) von einem durchstrukturierten Studiengang mit guten Einmündungen in berufliche Tätigkeiten gesprochen werden;[39] aber die für ein sinnvolles Studieren unerläßliche, immer wieder herzustellende Bezogenheit der rechts- und wirtschaftswissenschaftlichen sowie soziologisch-politologischen Fächer aufeinander wurde doch zu weitgehend den Studierenden aufgelastet: Zusammenhänge zwischen den Fachaspekten herzustellen mochte diesen unter den günstigen Bedingungen der APOWI/HfS und des kommunikationsfreundlichen Hochschuldorfes auch ohne jene Hilfen gelingen;[40] viel weniger gewiß aber dort, wo eine solche begünstigende Umgebung fehlte: wir werden darauf zurückkommen müssen.

Nach dem zuletzt Gesagten ist es angebracht, nun auch den Zusammenhängen zwischen der „Wendung nach außen" und dem sich allmählich vollziehenden Wandel im Strukturgefüge der Hochschule nachzugehen. Einige dafür wichtige Daten wurden schon genannt, besonders die Aussonderung der Propädeutiker und das Nachrücken von Hochschullehrern, denen die Anfänge der APOWI samt ihren strukturellen Eigenarten fremd blieben, andere, wie die sich mit der Zeit verändernde Zusammensetzung der Studentenschaft[41] oder die Bedeutung der studentischen (besonders der politischen) Gruppen seien hier nur erwähnt.

Der für die Frühzeit hervorgehobene - bei offiziellen Gelegenheiten wie bei informellen Kontakten auffallende[42] - kontinuierliche Austausch von Fragen, Hinweisen, Anregungen kennzeichnete die Verhältnisse in und zwischen den Gruppen und hatte eigentlich bis 1952 immer einen Anteil am Handeln und den Entscheidungen der Hochschule.[43] Diskursive Meinungsbildung zu Fragen des Lehrbetriebs und Studiums spielte auch noch bei den Bemühungen um das Diplomstudium und die Anerkennung der APOWI (sie wurden ja auch im Interesse der Studenten unternommen)[44] wie bei den ersten Standortverlegungsdebatten oder der Frage der Trennung vom Propädeutikum eine Rolle: Die überkommenen Formen des Zusammenwirkens bewährten sich auch in der Existenzkrise um 1952/53. Freilich wurde das Funktionieren des gruppenüberschreitenden Zusammenwirkens gerade in der Konsequenz solcher Entscheidungen gefährdet, da es sich mit dem seit 1952/53 entwickelten Selbstverständnis der Mehrheit des Kollegiums (die sich zunehmend als die für die Geschicke der Hochschule kompetente Gruppe auffaßte)[45] immer weniger vertrug, so wichtige Fragen oder Definitionen zum Gegenstand einer allgemeinen und offenen Diskussion zu machen.

Hochschule und Propädeutikum

Deutlichstes Beispiel der in dieser Zeit (um 1952/53) entstehenden oder greifbar werdenden Dissense ist wohl das Verhältnis zwischen Hochschule und Propädeutikum oder - etwas anders akzentuiert - die Entwicklung des Verhältnisses der Hochschule zu den Nichtabiturienten-Studierenden gewesen. Wie oben schon gesagt, hatte sich das Ministerium nach der Satzungsverleihung an die APOWI entschlossen, die Hochschulreife-Begabtenprüfung der Rüstersieler Hochschule durch eine Nichtschüler-Reifeprüfung an dem 1952 neu errichteten, der Schulbehörde unterstellten Propädeutikum zu ersetzen, welches zwar „mit der Hochschule verbunden" blieb, aber doch die Ausgliederung der Propädeuten aus der Studentenschaft der Hochschule bewirkte.[46] Der Schritt des Ministeriums erfolgte teils aus schulpolitischen Gründen, teils (dies war wohl der stärkere Grund), um einen Hauptangriffspunkt gegen die APOWI und ihre Anerkennung als wissenschaftliche Hochschule aus dem Weg zu räumen; er wurde in Rüstersiel von nicht wenigen (nicht nur den unmittelbar betroffenen Nichtabiturienten) als Fehlentwicklung bedauert. Von nun ab gab es die Angelegenheiten des Propädeutikums neben denen der Hochschule, an denen dann jeweils nur einer der Teile unmittelbar interessiert war. Dies zog mit der Zeit eine gewisse Auseinanderentwicklung nach sich, wenn auch die Erhaltung der Gemeinsamkeit und Zusammengehörigkeit zunächst für die Studenten (der Asta war ja - dies neben vielfältiger Kommunikation in anderen Formen - Vertreter auch der Propädeuten) wie für Teile des Lehrkörpers (Mitarbeit am Sozialkundeunterricht und so weiter) außer Frage stand. Erst ab Frühjahr 1953[47] bildete und verfestigte sich im Hochschulkollegium jene Mehrheit, die auf immer striktere Trennung hinwirkte.

Die dennoch bestehen bleibenden Beziehungen der Studentenschaft[48] und einzelner Lehrender oder Assistenten zu Propädeutikern und Propädeutikum verkörpern demgegenüber die weiterwirkende Bindung an Eigenart und besondere Aufgabe der alten APOWI,[49] die man nicht ohne Not für eine Angleichung an „akademische Normalität" dreingeben wollte: Die Konsequenzen, die die Mehrheit des Kollegiums aus der angefochtenen Lage zogen, wurden von den Studenten und der Minderheit des Lehrkörpers nach wie vor angefochten; mindestens sollte eine institutionelle Beziehung zwischen Hochschule und Propädeutikum für die Wahrung des Erbes der APOWI sorgen.[50] Nach dieser Auffassung sollte die Abspaltung des Propädeutikums nicht bedeuten dürfen, daß die Hochschule sich ihrer Aufgabe entledigte; sie sollte ihre Verantwortung für das Propädeutikum beziehungsweise die Nichtschülerreifeprüfung nach wie vor wahrnehmen und besonders ihren Beitrag zu Aufbau und Durchführung des Sozialkundeunterrichts weiter leisten, schon weil diese Aufgabe ohne das Mitwirken der Hochschule nicht geleistet werden konnte.[51]

Die geforderten (und erforderlichen) Hilfen *aus* der Hochschule sind geleistet worden, freilich in ihrer Reichweite durch die distanzierte Haltung der APOWI als Institution eingeschränkt. Wenn man zum Beispiel an die Mitarbeit von Lehrenden (auch Assistenten) an Ausarbeitung und Erprobung der Lehrprogramme und -methoden für das Propädeutikum denkt, ist ziemlich offenkundig, daß der Ertrag weitergereicht hätte, wenn diese Tätigkeiten statt als „Privatvergnügen" einzelner, als Erfüllung einer Aufgabe der Hochschule und als diese interessierender Diskussionsgegenstand erkannt und behandelt worden wären: Dies auch zu Gunsten der Hochschule und des sozialwissenschaftlichen Studiums. Daß nämlich mit der Diskussion der sozialwissenschaftlichen Propädeutik auch die der Grundfragen des sozialwissenschaftlichen Studiums vertieft worden wäre, scheint angesichts der Verwandtschaft der Probleme ziemlich sicher. Nach allem, was über die zu geringe Intensität der „Integrations"-überlegungen damals an der Hochschule gesagt worden ist,[52] hätte die Intensivierung der Diskussion Nutzen bringen müssen. Vor allem hätte ein unbefangenes Wahrnehmen und Verarbeiten der Erfahrungen aus dem Propädeutikum die Chancen koordinierter Forschung zur „politischen Bildung" auf den verschiedenen Bildungswegen verbessern können, unter anderem um dem Interesse der in die Erwachsenenbildung strebenden Studenten entgegenzukommen.

Die APOWI hat sich damals nicht dazu entschließen können, diese Beziehung wechselseitiger Befruchtung und Stützung zwischen den beiden Institutionen gemeinsamer Herkunft ernsthaft anzugehen. Daß sie sich stattdessen für eine unauffällige, ganz auf „akademische" Normalität und auf die Pflege des Studienganges konzentrierte, Existenz entschied, hat gewiß die Chancen verbessert, ihr realisierbares Modell sozialwissenschaftlichen Studiums zu praktizieren und es so als normalen Studiengang neben den benachbarten zu etablieren. Insgesamt muß man sich aber klar sein, daß die Distanzierung von der frühen APOWI nicht nur das Aufgabenfeld der Hochschule einengte und Chancen, wie die einer funktionierenden institutionellen Beziehung zum Propädeutikum und damit auch zur sozialwissenschaftlichen Propädeutik, zurückstieß, sondern auch die Gefahr des Verzichts auf Lehrexperimente wie auf theoretische Weiterarbeit an den Problemen des eigenständigen sozialwissenschaftlichen Studiums in sich barg.

Diese Risiken bei der routinemäßigen Etablierung des Studienmodells waren gewiß nicht unerheblich, kamen aber, dank der in Rüstersiel und in den ersten Göttinger Jahren noch guten Kommunikation zwischen den beteiligten Gruppen, wenigstens zunächst nicht allzu nachteilig zur Wirkung.

Die Strukturierung des sozialwissenschaftlichen Studiums in den Prüfungsordnungen der APOWI/HfS

Wenn unsere Annahme akzeptiert wird, daß die Absicherung eines sinngemäß strukturierten Studierens auch noch in der späten Rüstersieler und frühen Göttinger Zeit vor allem auf Grund der noch intakten Kommunikation in und zwischen den Gruppen der Studenten und der Lehrpersonen erreicht werden konnte, wird man gewiß auch an die orientierende Kraft der Prüfungsordnungen (in ihrer zuverlässigen Interpretation durch ältere Mitstudenten, Lehrende oder eigens dafür bestellte Berater) für Studienplanung und -ablauf denken müssen.

Der Vergleich der verschiedenen Prüfungsordnungen soll nun zeigen, wie sie den oben herausgestellten Leitgesichtspunkten der Studienkonzeption der APOWI/HfS Rechnung tragen, nämlich erstens dem Grundgedanken eines in sich geschlossenen Kernbereichs der Sozialwissenschaften (aus den soziologisch-politischen, juristischen und ökonomischen Disziplinen), zweitens der Gleichgewichtigkeit der drei Säulen des Kernbereichs und drittens der dennoch zu ermöglichenden (den Studenten nach Studieninteresse und Berufseinmündungsvorstellungen anheim zu gebenden) Schwerpunktbildung. Es ist mit anderen Worten zu zeigen, wie und wieweit die zu vergleichenden Ordnungen den Anforderungen und Zielsetzungen eines nicht einzelfachbestimmten sozialwissenschaftlichen Studiums Ausdruck geben, das heißt ihrer diesbezüglichen Orientierungsfunktion zu genügen streben.

Unsere Betrachtung wird sich im wesentlichen nur auf die „Diplomprüfungsordnung für Sozialwirte an der Hochschule für Arbeit, Politik und Wirtschaft in Wilhelmshaven-Rüstersiel" vom 30.12.52 (im folgenden: Diplom PO 52), die „Prüfungsordnung für Sozialwirte an der Hochschule für Sozialwissenschaften in Wilhelmshaven-Rüstersiel" vom 1.4.56 (im folgenden: Diplom PO 56) (die, weitgehend unverändert, als Göttinger Prüfungsordnung für Diplomsozialwirte vom 28.5.62 - im folgenden: Göttingen 62 - bis 1970 in Kraft blieb), sowie auf die „Übergangsordnung der Universität Göttingen für die Diplomprüfung der Sozialwirte" vom 21.4.70 (im folgenden: Göttingen 70) beschränken.

Zunächst zu Diplom PO 52: Sie steht bezüglich der Prüfungsfächer und der Begünstigung von Schwerpunktbildungen der Begabten-Prüfungsordnung nahe. Charakteristisch für ihren Aufbau ist allerdings, daß den Kandidaten fünf „Fachgruppen" aus jeweils einem „Hauptfach" nebst dazugehörigen „Beifächern"[53] zur Auswahl angeboten werden. Den der Hochschule bei ihrer Gründung zugestandenen Lehrgebieten - als den Hauptfächern der Fachgruppen - sollten ebensoviele Akzentuierungen des sozialwissenschaftlichen Studiums entsprechen können, und dem Kandidaten sollte die Wahl seines Hauptfaches (als des Zentrums seiner Studien) überlassen sein, damit so seiner Neigung oder künftigen Berufswahl Rechnung getragen werden könne;[54] dagegen wurden die „Beifächer" (mit deren Hilfe ja in jeder Fachgruppe das Gleichgewicht zwischen den drei Säulen des Studiums hergestellt wurde) dem Kandidaten ohne Wahlmöglichkeit aufgenötigt.[55] Über dieses Aufnötigen kann man geteilter Meinung sein, zumal die Komposition der Fachgruppen und die Zusammenstellung der Bei- oder mündlichen Fächer manche Unvollkommenheiten enthielt, so zum Beispiel Verletzungen der Gleichgewichtsforderung[56] oder Ausschlüsse wichtiger Beifächer, die Bedenken gegen die perfektionistische Festlegung und Oktroyierung der Fächerarrangements wecken sollten;[57] weiter wurde auch die Gefahr allzu weitgespannter Fachumschreibungen[58] greifbar, besonders bei den Beifächern;[59] eine Gefahr deshalb, weil zu breite Ansprüche der Fächer einer Fachgruppe zur Vernachlässigung der zwischenfachlichen Bezüge (besonders der zwischenfachlichen Korrespondenz in Lehrveranstaltungen) zu führen drohten.

Immerhin aber konnte das System von nur fünf zugelassenen Akzentuierungen samt aufoktroyierten Beifächergruppierungen eine kontrollierte Realisierung des Studienmodells gewährleisten (indem jeder ursprüngliche Lehrbereich der Hochschule in jedem der Fächerarrangements entweder als

Hauptfach (Bezugspunkt für die anderen Fächer) oder als einem solchen Bezugspunkt zugeordnetes Beifach auftritt), das heißt - freilich unter den damals relativ günstigen Bedingungen[60] - auf ein sinnentsprechend strukturiertes Studieren hinwirken. Dies wird besonders durch die Gegenüberstellung der Fachgruppe V (Arbeits- und Sozialrecht) und der Fachgruppen I - IV einsichtig: Fachgruppe V unterscheidet sich (aufgrund des Charakters ihres Hauptfaches und ihrer unmittelbaren Berufsbezogenheit) durch stärker konkretisierte und spezieller auf das Hauptfach bezogene Beifächer[61] von den anderen Fachgruppen; damit zeigt der Fächerkatalog zu V die allgemeiner relevante Möglichkeit auf, das Aufeinanderbezogensein der Fächer einer Gruppe durch stoffliche Entlastung und auf das Hauptfach abstellende Konkretisierung der Beifächer abzusichern.

Kommen wir nun zu Diplom PO 56, die in der Spätphase der APOWI ausgearbeitet und von ihr geprägt war: Dem Bild der Diplomprüfungsordnungen benachbarter Studiengänge angenähert und der wachsenden Tendenz zu einzelfachlicher Routine entsprechend, widmete sie den spezifischen Problemen der Zuordnung der Fächer zueinander keine besonders starke Aufmerksamkeit. Wie Begabten PO führt zwar auch Diplom PO 56 die drei Säulen des sozialwissenschaftlichen Studiums mit den in ihnen zusammengefaßten Fächern[62] auf, um aus jeder Säule eine gleiche Zahl von Prüfungsfächern obligatorisch zu machen, dann aber räumt Begabten PO (dem Charakter der Begabtenprüfung entsprechend) der individuellen Schwerpunktbildung den Vorrang[63] vor der Gleichgewichtung der drei Säulen ein, während Diplom PO 56 sich fast uneingeschränkt auf eine mechanische Gleichgewichtung der sechs Prüfungsfächer beziehungsweise drei Säulen verläßt. Diese Einseitigkeit wurde durch die Ausführungsbestimmungen nicht wirklich behoben: Zwar diente sowohl die Abgrenzung von Prüfungsschwerpunkten *in* den Prüfungsfächern (Konkretisierung und Einengung der Prüfungsanforderungen) als auch die Unterscheidung von je drei Haupt- und Nebenfächern der Praktikabilität der Prüfungsordnung (gegen die im Text angelegte Überforderungsgefahr), aber Diplom PO 56 bot keine Handhabe, allgemeinverbindlich auf eine sinnvolle Abstimmung der Einzelfachstudien aufeinander oder auf das Interessenzentrum (Hauptfach) hinzuwirken. Mangels Aussagen gegen die Gefahr eines unabgestimmten oder unverbundenen Nebeneinanders der Einzelfachstudien (die nun einmal mit der Konstruktion einer wesentlich mechanischen Gleichgewichtung einhergeht)[64] blieb es Sache der Studierenden oder eventuell einzelner Lehrender, die Verknüpfung der einzelfachlichen Fragestellungen zu realisieren.

Diese Zurücknahme des theoretisch-methodischen Anspruchs gegenüber Diplom PO 52[65] kann nach allem nicht zu sehr überraschen und sollte überdies in ihren praktischen Auswirkungen nicht überschätzt werden. Denn einerseits wäre die Einlösung der Ansprüche von Diplom PO 52 unter den Bedingungen der Spätphase nicht ohne weiteres gesichert gewesen, andererseits konnten die erwähnten Bemühungen in Lehrveranstaltungen,[66] Beratungsgesprächen und der Prüfungspraxis[67] auch nach dem Erlaß von Diplom PO 56 wirksam bleiben. Auch unter den ungünstigeren Göttinger Bedingungen[68] ergaben sich dann ernsthafte Schwierigkeiten, als mit Ausscheiden der Rüstersieler Studenten[69] und personellen Veränderungen im Lehrkörper[70] die Traditionen der APOWI/HfS nicht mehr in gleicher Dichte weitergegeben wurden.

Nach Wegfall dieser vermittelnden Einflüsse und mit den Erschwerungen der Studienbedingungen in den 1960er und 1970er Jahren[71] wurde es schwieriger, den Studierenden den Sinn der gleichgewichteten, aber zu schwach verbundenen Leistungsanforderungen sowie der Konzentration auf den sozialwissenschaftlichen „Kernbereich" nahezubringen.[72] So mußte es dann dazu kommen, daß die „Übergangsordnung der Universität Göttingen für die Diplomprüfung der Sozialwirte" vom 21.4.1970[73] den Gleichgewichtsmechanismus von Diplom PO 56/Göttingen 62 entschieden zurückdrängte,[74] um nun wieder die Bildung von Interessenschwerpunkten zu begünstigen;[75] daß sie dabei durch die gewährten Gestaltungsspielräume wie durch die Zulassung von Prüfungsfächern jenseits des „Kernbereichs" Risiken für die Weiterentwicklung des Studiengangs in Kauf nahm, zeigte sich bald.[76] [77]

Die robuste und gegenüber Diplom PO 52 undifferenzierte Konstruktion von Diplom PO 56/Göttingen 62 hat gewiß zur Behauptung des Studienganges auch noch in Göttingen beigetragen, ebenso auch zu den relativ guten Berufschancen der Absolventen. Aber ihre Bewährung ist stark vom Kommunikationsgefüge der noch homogenen Studentenschaft abhängig gewesen, das die in der Prüfungsordnung fehlenden Handhaben zur Strukturierung des Studiums ersetzen und den Trend zu einzelfachlicher Routine einigermaßen ausgleichen konnte. Bei wachsenden Studentenzahlen und heterogener werdender Zusammensetzung von Studentenschaft und Lehrkörper sowie verstärktem Übergewicht einzelfachlicher Interessen[78] konnte nicht mit anhaltender Tragfähigkeit des Kommunikationsgefüges gerechnet werden. Jedenfalls mußten die Bemühungen der Lehrenden um das Verhältnis zwischen einzelfachlicher Vertiefung und zwischenfachlichen Verknüpfungen aktiviert werden, um die Leitgedanken der Studienkonzeption (besonders die verstärkte Förderung der Schwerpunktbildung, etwa nach dem Muster von Diplom PO 52[79] sowie die stärkere Bindung an den nach Fächergruppen gegliederten Katalog wählbarer Prüfungsfächer)[80] wieder anschaulich zu machen.

Ergebnisse und Erfahrungen

In unserer Rückerinnerung sollte von der APOWI/HfS als bildungspolitischem Experiment des Landes Niedersachsen und der frühen Nachkriegszeit sowie von den Bemühungen der mit der Planung und Durchführung dieses Unternehmens Betrauten, das heißt dem Kultusministerium und dem Hochschulkollegium beziehungsweise der Hochschule als ganzer, die Rede sein. In Anpassung an die sich seit 1947 wandelnden Situationen hat ja die

APOWI neue Formen und Konzeptionen sozialwissenschaftlicher Studien entwickeln müssen, die in dem ihr ursprünglich erteilten Auftrag zum mindesten nicht ausdrücklich genannt waren. Obwohl aufgrund dieser Entwicklungen Spannungen zwischen den Gründungsintentionen beziehungsweise der aus diesen abgeleiteten „besonderen Aufgabe" der Hochschulsatzung und andererseits den sich verselbständigenden Aufbau- und Konsolidierungsinteressen der Hochschule und des Studiengangs eintraten, die sich in der Folge noch verschärften (Spannungen zwischen routiniert-„normalem" Studienbetrieb und theoretisch- methodischer Weiterarbeit an der Problematik des sozialwissenschaftlichen Studiums), hatte die APOWI zunächst genügenden Spielraum für die Gestaltung ihrer inneren Ordnung und für die Verwirklichung ihrer Konzeptionen zum Aufbau des Studiums, zumal die Landesbehörden diesen Bemühungen freie Hand ließen beziehungsweise sie durch jeweils geeignete Maßnahmen (zum Beispiel Zulassung der Begabtenprüfung, Regelung der Anrechnung von Semestern, Satzung, Diplomprüfungsordnungen, auch die Ausgliederung des Propädeutikums) stützten.

Mit der Wieder- oder Neuverfestigung der politischen und kulturellen Strukturierung der Gesellschaft, vor allem aber der akademischen (vgl. die WRK und die erneuerten Restitutionsneigungen in der ganzen akademischen Welt) wie der Kulturverwaltungsstrukturen (vgl. besonders die Kultusministerkonferenzen und so weiter), verengten sich dann jene Spielräume und verminderten sich die Möglichkeiten eigenständiger Gestaltung, und zwar gleichermaßen die des Landes wie die der Hochschule selbst: Auf seiten der APOWI war da wohl am schwerwiegendsten, daß sich die Hochschule den allgemeinakademischen Restitutionstendenzen der Zeit anpassen zu wollen schien; eine Anpassungsbereitschaft übrigens, die nicht nur Mißbehagen an der durch die Eigenarten der APOWI bedingten Außenseiterstellung in der akademischen Welt ausdrückte, sondern auch ein solches an der begrenzten Aufgabe der Hochschule (besonders seit dem Abstandnehmen vom umfassenden ursprünglichen Auftrag) und an ihrer - besonders im Vergleich mit andernorts eröffneten oder erweiterten Hochschulen - zunehmend als ärmlich empfundenen Ausstattung.

Rüstersiel hat manche Hoffnungen enttäuscht, indem die APOWI unter dem Einfluß der sich wandelnden Verhältnisse ihre „besondere Aufgabe" einengte und sich dann ganz von jener Aufgabe abwandte, das heißt die Spannung zwischen Gründungsintentionen und Konsolidierungsinteressen einseitig zugunsten der letzteren auflösen zu wollen schien. Obwohl so aber manche Entwicklung vorzeitig abgebrochen oder beiseitegeschoben wurde (man denke besonders an das Abstandnehmen der Hochschule vom Propädeutikum, dessen Studenten und Prüfungen und an die Ersetzung von Diplom PO 52 durch Diplom PO 56), sollte man nicht die ganze Anlage des Experiments Rüstersiel für verfehlt und die an es gewandten Mittel und Mühen für verschwendet halten: Das hieße doch die eingesetzten Mittel über- und den Ertrag unterschätzen; immerhin wurden Ergebnisse und Erfahrungen erzielt, die nicht einfach weggeredet werden können: So neben den praktischen Beiträgen zur Erweiterung der Zugänge zum Studium (Konzipierung von Begabtenstudium und -prüfungen, Aufbau des Propädeutikums samt Mitwirkung an demselben, und besonders die Zusammenfassung von Studierenden mit und ohne Abitur) vor allem die Konzeption des schulischen Unterrichtsfaches Sozialkunde wie des Modells des sozialwissenschaftlichen Studiengangs samt den bei der Realisierung gesammelten Erfahrungen.

Die Beschäftigung mit diesem Modell muß uns in mehrfacher Hinsicht interessieren: Erstens weil der einzelfachüberschreitende sozialwissenschaftliche Studiengang sich neben den wirtschafts- und rechtswissenschaftlichen sowie den soziologischen und politologischen Studien als alternativer Zugang zu qualifizierten beruflichen Tätigkeiten voll bewähren konnte; für die durch ihn vermittelte, nicht enger, sondern anders (minder spezialistisch) begrenzte Qualifikation besteht offenbar ein, wenn auch eventuell nicht allzu breiter Bedarf. Zweitens weil, trotz aller Anstände gegen Lehrroutine und Prüfungsordnungen, mit seiner Hilfe brauchbare Ansätze zur Lösung des Spannungsverhältnisses zwischen Routinestudium und theoretischer Durchdringung der studiengangsspezifischen Problematik erarbeitet werden konnten (Erkenntnisse über das „Zusammenführen" der beteiligten Fächer beziehungsweise Inbeziehungsetzen ihrer Fragestellungen zwecks Integration des Lehrbereichs). Drittens um der Bedeutung des bis in die Göttinger Zeit hinein funktionierenden Kommunikationsgefüges aus Lehrenden und Studenten willen, das in seiner Bedingtheit durch das Zusammenarbeiten und -leben in dem nach Häusern und Gruppen gegliederten Komplex aus Hochschule und Hochschuldorf („campus Effekt")[81] wesentlich zur Realisierung eines sinnvoll strukturierten Studierens beitrug.

Die hier gewonnenen Ergebnisse und Erfahrungen entziehen sich gutenteils direkter Übertragung auf größere und besser ausgestattete Hochschulprojekte unserer Zeit,[82] doch ergaben sich aus ihnen allgemein beachtenswerte Hinweise auf die vielschichtigen Zusammenhänge zwischen Kommunikationsstrukturen und Studienabläufen in jener Zeit einschneidender gesellschaftlicher wie bildungspolitischer Umorientierungen; außerdem fanden die in Rüstersiel (Hochschule und Propädeutikum) entwickelten, den Nachkriegsproblemen angepaßten Reformgedanken in den damals entworfenen sozialwissenschaftlich akzentuierten Hochschul- und Schulgründungen[83] ihre Entsprechungen, und zwar einerseits in der Zuwendung zu interdisziplinärem Arbeiten und projektbezogenem Lernen,[84] andererseits freilich auch (unter dem Einfluß der nun verfestigten ökonomischen und politischen Verhältnisse sowie auch eigenen Ungenügens oder Überdrusses)[85] im immer wieder drohenden Ermatten der Reformimpulse.[86]

Unsere Hochschule wie die anderen, eben zitierten reformerischen Gründungen wurden damals immer wieder vor Aufgaben gestellt, die „ohne Vorbilder und Richtlinien" anzugehen und zu lösen waren, und die APOWI erwies sich als fähig, in der Auseinandersetzung zwischen und in ihren Gruppen praktikable Lösungsmöglichkeiten für solche Aufgaben zu erarbeiten. Allerdings drohten diese in personalisiertem, spannungsreichem Zusammenwirken erzielten Ergebnisse instabil zu bleiben, etwa wenn sich Teile des Kollegiums oder der Studentenschaft von der reformerischen Experimentierbereitschaft der Frühzeit distanzierten, während anderen die mit der Hochschultradition unvereinbaren Reformdefizite inakzeptabel erschienen. Das sich aus solchen inneren Spannungen ergebende Auf und Ab von Reform- und Restitutionstendenzen hat wesentlich zur Aufhebung der APOWI als eigenständiger Institution, das heißt zu ihrer Eingliederung in die wirtschafts- und sozialwissenschaftliche Fakultät der Göttingen Universität beigetragen, jedoch wurde noch während des Ablaufs der Reformbewegung von 1968 ff. die Bedeutung der eigenartigen, in Rüstersiel entwickelten Kommunikationsstruktur deutlich, in der sich die Vertreter von Lehrkörper und Studentenschaft zur Konsolidierung und Weiterentwicklung der Fachschaftsarbeit zusammenfanden.

Insgesamt ging die Sorge um die Identität der APOWI und die Arbeit an und mit dem sozialwissenschaftlichen Studiengang auch noch im Rahmen der Göttinger Fakultät weiter, obwohl erschwert durch das große Übergewicht des wirtschafts- über den sozialwissenschaftlichen Fachbereich; zumal seitdem die Distanzierung des ersteren vom Modell des sozialwissenschaftlichen Studiums auf die Trennung der beiden Fachbereiche hinzuwirken begann.[87] Das Auseinanderreißen der WISO-Fakultät, das ja dem Grundgedanken eines einzelfachübergreifenden sozialwissenschaftlichen Studiums strikt entgegenläuft, vermindert gewiß die in Göttingen erreichbaren Möglichkeiten eines solchen Studiums, nicht dagegen die in der Rüstersieler und Göttinger Praxis gewonnenen Einsichten und Erfahrungen zu den Vorbedingungen reformierter sozialwissenschaftlicher Studien. Sich dieser Einsichten zu erinnern und zu bedienen ist wohl besonders in einer Zeit überhandnehmender Reformmüdigkeit von größter Bedeutung.[88]

Anmerkungen

1 G. Diers: „Die Hochschule für Arbeit, Politik und Wirtschaft (Hochschule für Sozialwissenschaften) in Wilhelmshaven-Rüstersiel. Darstellung und Deutung der Bemühungen um die Durchsetzung des Studiengangs Sozialwissenschaften und um die Anerkennung als wissenschaftliche Hochschule", Diss. Göttingen 1972

2 Diers kam erst 1959 nach Rüstersiel. Auch das Gros seiner Gewährsleute kannte die frühen Jahre der APOWI nicht aus eigener Anschauung.

3 Der Verfasser war Angehöriger des Lehrkörpers von 1949 bis 1962. Ergänzende Auskünfte: besonders die Vorlesungsverzeichnisse; außerdem meine Aufsätze und Stellungnahmen zum Propädeutikum und zum Verhältnis Sozialwissenschaften - Sozialkunde, besonders in „Gesellschaft, Staat, Erziehung" (1958/59/63) sowie Referat: „Probleme nicht einzelfachbestimmter sozialwissenschaftlicher Lehrveranstaltungen ..." auf der Jahrestagung 1967 der Deutschen Vereinigung für politische Bildung e.V., Göttingen 1967.

4 Vgl. zum Beispiel die Gründung der Nordwestdeutschen Universitätsgesellschaft am 9.6.47; dazu W. Ritzel, in: „5 Jahre NWDUG, ein Bericht über Gründung, Aufgaben und Ziele der Gesellschaft", Wilhelmshaven o. J. (1952); der Bericht gibt Auskunft über die Vorgeschichte der Hochschulgründung, besonders auch über die Vorstellungen der verschiedenen Initiatoren von der zu errichtenden APOWI.

5 G. Diers, a.a.O., besonders Kapitel II

6 Zunächst war nicht an die Gründung einer wissenschaftlichen Hochschule gedacht; die Akademiekonzeption von 1947 ist der Erwachsenenbildung entlehnt (politische Bildung); Vorbilder waren besonders die „Akademie der Arbeit" in Frankfurt/Main und die „Hochschule für Politik" in Berlin; vgl. Diers, a.a.O., S. 33, S. 276.

7 In der frühen Nachkriegszeit war der Erwerb von Einsichten und Arbeitsfähigkeiten auch ohne Berechtigungsscheine von höchstem Wert.

8 Im Zeitpunkt der Gründung der APOWI war die Demontage der Marineeinrichtungen noch im Gang und die Bemühungen um Ersatz der Arbeitsplätze und Produktionsanlagen erst im Anlaufen.

9 „5 Jahre NWDUG", a.a.O.: Erwähnt sei der Ansatz zu einer Wilhelmshavener Hochschulgemeinschaft aus APOWI und den zwei Pädagogischen Hochschulen, dieser Ansatz war freilich nur kurzlebig.

10 Zwei wirtschaftswissenschaftliche und je einer für Öffentliches Recht und Politik, Allgemeine Rechtswissenschaft, Arbeits- und Sozialrecht sowie Soziologie (Besetzung mit Habilitierten).

11 So der satzungsgemäße Auftrag der Hochschule; vgl. dazu Vorlesungsverzeichnis ab 1949/50 und Diers, a.a.O., S. 36.

12 Eines nahe am Nordseedeich - am Rand des alten Sielortes, aber weit von den zentralen Teilen der Stadt - gelegenen Komplexes von Steinbaracken nebst größeren Gebäuden für Hochschule und Mensa; zuvor für die Unterbringung von Werftarbeitern und Soldaten genutzt.

13 In Aufarbeitung der Erfahrungen aus dem 3. Reich entzündet und neu entfacht an Nachkriegs-Studienerfahrungen, der Rezeption amerikanischer Pädagogik und Versuchen deutscher Universitäten mit dem „studium generale".

14 Vorlesungsverzeichnis ab 1950, 1951: Auseinandersetzung mit ausdrücklicher Wendung gegen die „getrennte Betrachtung der einzelnen Disziplinen" und unter Betonung der Einheit des Lehrbereichs der Hochschule.

15 W. Abendroth, „Ein Leben in der Arbeiterbewegung", Frankfurt/Main 1976, S. 206 erinnert an Verhandlungen im Kultusministerium 1948, nach denen auch Juristen in der APOWI ausgebildet werden sollten.

16 Zum Beispiel die Genossenschaftsschule des Zentralverbands der Konsumgenossenschaften im Hochschuldorf Rüstersiel.

17 APOWI und Hochschuldorf konnten den Kriegs- und Nachkriegsbetroffenen sonst schwer erreichbare Orientierungshilfen für den Übergang in Universität oder Beruf bieten.

18 Unter anderem anläßlich eines Besuchs von Ludwig Raiser in der APOWI.

19 Seit 1949/50 weisen die Vorlesungsverzeichnisse auf Möglichkeiten des Weiterstudiums an Universitäten (zunächst nur Göttingen und FU) hin.

20 Reaktivierung entgegen der damals vorherrschenden Tendenz von Universitäten und Kultusverwaltungen; Hochschulreifebegabtenprüfungen an der APOWI von 1949/50 bis Ostern 1953; die Prüfung bestanden bis 1952 = 98 Nichtabiturienten, insgesamt bestanden ca. 120. Die Prüfung erfolgte aufgrund des Lehrstoffes der normalen Lehrveranstaltungen der APOWI.

21 Programmatisch dazu Vorlesungsverzeichnis 1950/51 und 1951 (Konzeption eines sozialwissenschaftlichen Grundstudiums).

22 So zum Beispiel noch in den Verhandlungen um die Berufung von Gotthard Paulus (Gespräch über alternative Studiengangsplanungen: Sozialwissenschaftliche Grundlegung in Anfangssemestern oder Ergänzungsstudium in höheren Semestern beziehungsweise nach Studienabschluß).

23 Seit Ostern 1952 verselbständigt und der Schulbehörde unterstellt (damit trat übrigens an die Stelle der Hochschulreifebegabtenprüfung der APOWI eine Nichtschülerreifeprüfung des Propädeutikums); vgl. dazu Vorlesungsverzeichnis 1952/53: Aufgaben des „mit der Hochschule verbundenen" Propädeutikums; 1956/57 formuliert sogar: „mit der Hochschule *räumlich* verbundenes Propädeutikum".

24 Die Bemühungen um die Anerkennung kamen vor allem auch in Gang, um den Absolventen des Sozialwirtestudiums Berufszugänge zu eröffnen (vgl. besonders § 19 Bundesbeamtengesetz); vgl. Diers, a.a.O., S. 93/94.

25 Vgl. die bei Diers, a.a.O., S. 187 referierten panikartigen Reaktionen auf den Ablehnungsbeschluß der WRK bei Lehrkörper und Studenten.

26 G. Diers, a.a.O., besonders sein Kapitel V.

27 Die „besondere Aufgabe" des § 1 der Satzung (vgl. oben Anmerkung 11) wurde 1953 und 1953/54 nur noch unter der Rubrik „Studierende ohne Reifezeugnis" angeführt; seit 1956/57 gar nur der Frühzeit zugeordnet („ihr - sc. der APOWI - ursprüngliches Ziel war es ...").

28 G. Diers, a.a.O., S. 214/15 weist mit Recht darauf hin, daß die pessimistische Einschätzung der Lage der Hochschule starke spekulative Elemente enthielt.

29 Ders., ebd., S. 212 ff zitiert eine Denkschrift: „Lage und Zukunft der HfS", 1957: „in ... Bedingungen und Gepflogenheiten hat die Hochschule ... sich dem Status der Universitäten angeglichen. Abweichungen vom allgemeinen akademischen Status ... sind Schritt für Schritt beseitigt worden".

30 der rechts-, wirtschafts- und soziologisch/politischen Wissenschaften als der *drei tragenden Säulen* des in Rüstersiel entwickelten sozialwissenschaftlichen Studiums.

31 Die Ordnung für die Hochschulreife-Begabtenprüfung (Begabten PO) wurde von 1949/50 an kontinuierlich weiterentwickelt. - Letzte Fassung Vorlesungsverzeichnis 1952: „diese betont mit ihren drei „Fachgruppen", aus deren jeder eins der drei Prüfungsfächer gewählt werden *mußte*, den Grundsatz der Gleichgewichtigkeit; zugleich erlaubte sie - mittels der freien Wahl des Hauptfaches - eine interessenbestimmte Schwerpunktbildung. Diese beiden Grundsätze und die Form ihrer Realisierung wurden in abgewandelter Form in die Prüfungsordnungen für Diplom-Sozialwirte übernommen (vgl. dazu unten, Kapitel V).

32 1950 Bildung mehrerer Vorlesungsgruppen; 1950/51 und 1951 gemeinschaftliche Vorlesungen der Ordinarien mit Diskussion (zu aktuellen Problemen); 1951/52 Vortragsreihen mit Diskussionen (Beteiligung eines großen Teils des Lehrkörpers); 1952 wieder Vorlesungsgruppen mit gemeinsamen Kolloquien.

33 Zu bedenken ist, wie klein die Zahl der Lehrenden war, auf die ja die Hauptlast der äußeren Auseinandersetzungen fiel; Diers, a.a.O. unterschätzt dies und die Spannungen bei der Verwirklichung gemeinsam angestrebter Ziele in kleinen, in räumlicher Nähe arbeitenden Gruppen.

34 Privatrechtliche Grundlagen des Leistungsaustausches und der Güterordnung I und II; vgl. Vorlesungsverzeichnis 1952 bis 1954/55; ab 1955 hat G. Paulus den Versuch aufgegeben.

35 Nach Vorlesungsverzeichnis 1953 sucht die APOWI „von den einzelnen Disziplinen her ein Gesamtbild der politischen und sozialen Probleme zu vermitteln". Chancen eines Zusammendenkens ihrer (der Disziplinen) Resultate ergeben sich dadurch, daß jede einzelne Disziplin ihre besondere Fragestellung an der ihnen allen zugrundeliegenden einheitlichen, unteilbaren Wirklichkeit orientiert.

36 G. Diers, a.a.O., passim: Erst mit immer ungeduldigerer Abwendung von den APOWI-Traditionen wird die Standortfrage zum Dauerthema und die Folge wechselnder Vorschläge zur Obsession.

37 Ders., ebd., S. 240/41 vermutet nicht unbegründet einen Zusammenhang zwischen diesen Aktivitäten und der Abkühlung des Verhältnisses zur Landesregierung.

38 1955: Institut für Arbeits-, Sozial- und Wirtschaftsrecht; 1956: Seminar für die Wissenschaft von der Politik; 1957: Seminar für Betriebswirtschaftslehre; 1958: Institut für Psychologie und Institut für Publizistik. - Hingegen bis 1962 keine vergleichbare zwischenfachliche Arbeitsstätte.

39 Zur eigenartigen beruflichen Einsetzbarkeit der Absolventen vgl. den Katalog geeigneter Berufseinmündungen in den Vorlesungsverzeichnissen seit 1953 sowie außerdem Solms 1963, a.a.O., S. 290.

40 Immerhin war selbst in Rüstersiel die Quote der nicht bis zum Diplomabschluß Durchhaltenden nicht unbeträchtlich.

41 Unter den Studierenden der ersten Semester waren relativ viele ältere mit leichter ansprechbaren Lebenserfahrungen; nach Erlaß der Diplomprüfungsordnung kam hingegen ein starker Anteil an einem sozialwissenschaftlichen Studium interessierter Abiturienten aus der ganzen Bundesrepublik (vielfach aufgrund der Berufsberatungsmaterialien).

42 Die Diskussionsbereitschaft fiel vor allem auch auswärtigen Besuchern (Kollegen, Vortragenden, früheren Rüstersieler Studenten) auf.

43 Das relativiert die Aussage der Vorlesungsverzeichnisse von 1956/57 bis 1961/62, in denen nur die wissenschaftlichen Bemühungen der Ordinarien genannt werden.

44 Vgl. oben, Anmerkung 24.

45 Während in den früheren Jahren (zum Teil gewiß nach harten Auseinandersetzungen über manche Probleme) die Kompetenz aller Gruppen für die Geschicke der APOWI nie ernsthaft angefochten worden war.

46 Die Propädeuten wurden damals allerdings noch mit kleiner Matrikel von der Hochschule immatrikuliert.

47 Auslöser war die im Frühjahr 1953 abgehaltene erste Nichtschüler-Reifeprüfung, deren sozialkundlicher Teil durch Umstellungsschwierigkeiten und Ungeschicklichkeiten zu Verärgerungen führte und belastend ausgeschlachtet wurde (Bericht von Wenke/Weischädel, vgl. G. Diers, a.a.O., S. 100/101 und S. 255; der Bericht hätte angesichts der Umstände fairerweise nicht verfaßt und obendrein als Argument gegen die APOWI verwandt werden dürfen.

48 In der Studentenschaft wurde die Abgrenzung gegenüber dem Propädeutikum als Abwertung einer wichtigen Funktion der Hochschule angesehen; immerhin war bis 1962 der Anteil von Propädeuten und Absolventen der Begabtenprüfung an der studentischen Selbstverwaltung und den Gruppen hoch.

49 Demgegenüber weist Diers (a.a.O., S. 200/201) auf einen späten Satzungsänderungsvorschlag der Hochschule (der Mehrheit des Kollegiums) hin, der die „besondere Aufgabe“ fallen lassen wollte.

50 Das Propädeutikum sollte sozialkundlich akzentuiertes Gegenstück des 1948 gegründeten „Braunschweig-Kollegs“ werden; dabei hatte die Schulabteilung des Ministeriums offenbar eine Zusammenarbeit zwischen Hochschule und experimenteller schulischer Einrichtung, ähnlich dem Verhältnis von Universität und Laborschule in Bielefeld im Sinn. - Zum Propädeutikum insgesamt: H. Bollnow: „Das Propädeutikum in Rüstersiel, ein niedersächsisches Institut des 2. Bildungsweges“, in: Oldenburg. Schulblatt, 63. Jg. H. 2, Oldenburg 1959.

51 Die Verwirklichung des Konzepts des Propädeutikums hing davon ab, daß den Anforderungen an ein Haupt- und Reifeprüfungsfach entsprechende Vorstellungen über Unterrichtsgestaltung und -ziel entwickelt und erprobt wurden; sie wurden durch eine Mischung aus Vorlesungs- und Übungsbesuch in der Hochschule und speziellen Unterrichtsveranstaltungen je Propädeutikumskurs realisiert. - Zu meinen Erfahrungen in Unterricht und Reifeprüfungen (Propädeutikum und Oldenburgkolleg) 1953 - 1965, vgl. Solms 58, 59 und 63, a.a.O.

52 Für die Wiederbelebung der Grundlagendiskussion ist auch an die Reintensivierung des alltäglichen Gesprächs zwischen Lehrenden und Studierenden zu erinnern, in dem die Interdependenz einzelfachlicher Fragestellungen (etwa in Beratungen über sinnvolle Fächerkombinationen) bewußt zu machen war.

53 Diplom PO 52: Fachgruppen I = Politik und Geschichte, II = Soziologie, III = Öffentliches Recht, IV = Wirtschaftswissenschaften, V = Arbeits- und Sozialrecht.

54 So im Merkblatt von 1953 und in den Vorlesungsverzeichnissen 1953 und 1953/54.

55 Außer den Entscheidungen bei Alternativvorschlägen.

56 In den Fachgruppen I und III konnten zum Beispiel die Wirtschaftswissenschaften in der schriftlichen Prüfung abgewählt werden.

57 In der Fachgruppe II mußte der familiensoziologisch Interessierte auf die familienrechtliche Ergänzung oder auf das Öffentliche Recht verzichten. In IV schlossen sich Arbeits- und Öffentliches Recht gegenseitig aus.

58 Herausragendes Beispiel: der Hauptfachtitel „Wirtschaftswissenschaften einschließlich Betriebswirtschaftslehre"!

59 Nebenfachtitel wie „Soziologie", „Politik", „Öffentliches Recht" oder gar „Wirtschaftstheorie und -politik" und so weiter bedürften in aller Regel einer spezifizierenden Angabe zu den Prüfungsanforderungen (in den juristischen Nebenfächern finden sich eingrenzende Bezeichnungen, zum Beispiel „Arbeitsrecht ohne Sozialrecht" in I und IV).

60 In der Geltungszeit von Diplom PO 52 gestatteten die kleinen Studentenzahlen und die durchgängige Einfachbesetzung der Lehrfächer genügenden Überblick, um individuelle Fehlabläufe meist rechtzeitig zu korrigieren.

61 Der Anteil von Beifachtiteln, die mindestens vier der insgesamt fünf Fachgruppen gemein sind, ist in I bis IV sehr hoch, sinkt dagegen in V stark ab (Prüfungsordnung 1952, § 9, 2); - bei V gibt es also mehr nur dieser Fachgruppe eigene Beifächer.

62 Begabten PO Fachgruppen: I = Soziologie und Politik; II = Wirtschaftswissenschaften; III = Rechtswissenschaften. - Diplom PO 56: Von den sechs Prüfungsfächern entsprechen 1 und 2 der Fachgruppe I; 3 und 4 der Fachgruppe II; 5 und 6 Fachgruppe III.

63 Nach Begabten PO, § 7 fielen auf das Hauptfach: Hausarbeit, Klausur, mündliche Prüfung; auf die Nebenfächer dagegen nur eine mündliche Prüfung.

64 Die abstrakt-vagen Formulierungen in § 1 (2) (zum Beispiel: „Verständnis und selbständiges Urteilsvermögen für sozialwissenschaftliche Fragen". - Arbeiten „über ein sozialwissenschaftliches Thema") genügen dem nicht.

65 Die Fachgruppenkonstruktion von Diplom PO 52 hatte ja implizit die Verpflichtung der Hochschule enthalten, die Verknüpfung der einzelfachlichen Fragestellungen zu erforschen und zu vermitteln (Köttgen), da nur so der Sinn der Zusammenfassung von Haupt- und Nebenfächern greifbar sei.

66 Vgl. in Göttingen gesteigerte Bedeutung des „sozialwissenschaftlichen Kolloquiums" (Diskussionen mehrerer Fächer über fachüberschreitend interessierende Probleme) und dessen Attraktivität besonders bei höheren Semestern.

67 Zum Beispiel im Fach Soziologie: Klausuren aus der Thematik turnusmäßig gelesener Bindestrich-Soziologien; im Mündlichen Versuche, an die Prüfungsgespräche in anderen Fächern anzuknüpfen und so weiter.

68 Aufteilung der Rüstersieler Lehrstühle auf zwei Fakultäten, infolgedessen Abstimmungsprobleme und Schwierigkeiten bezüglich der Einrichtung geeigneter Übungsveranstaltungen.

69 In den ersten Göttinger Jahren bestimmte der Zusammenhalt der „Rüstersieler" (der mit der Hochschule nach Göttingen Gekommenen) das gesellige Leben wie die Kooperationsformen in der sozialwissenschaftlichen Fachschaft. Die neu hinzugekommenen Sozialwirte wurden in diesen Kreis einbezogen oder doch mit ihm und dem Studium vertraut gemacht.

70 H. Bollnow starb 1962, S. Wendt 1966, B. Seidel 1970; - H. Raupach kam gar nicht nach Göttingen; E. R. Huber wurde 1968 emeritiert; J. Esenwein-Rothe ging 1962/63 nach Nürnberg, W. Hofmann 1966 nach Marburg.

71 Neben spezifischen Gründen des Versickerns der APOWI-Tradition wäre folgendes anzuführen: Wandel der Hochschulstrukturen und -interessen um 1968; Belastungen des Lehrbetriebs durch gerade in Sozialwissenschaften wachsende Studentenzahlen; Vergrößerung des Lehrkörpers nebst verschobener Einstellung zu Studenten und gesteigerter Betonung des Einzelfachlichen.

72 Ansprüche der Philosophischen Fakultät, für ihre soziologisch-politologisch interessierten Studenten einen Studienabschluß erhalten oder mitnutzen zu können, drängten auf Abänderungen von Göttingen PO 62.

73 Rahmenordnungen gemäß Beschluß der WRK (25.4.1968) und der ständigen Konferenz der Kultusminister; dazu Erlaß des Niedersächsischen Kultusministers, Entwürfe neuer Prüfungsordnungen aufzustellen.

74 Das Schema von Diplom PO 56/Göttingen 62, das den drei Säulen des Studiums je zwei Prüfungsfächer zuordnete, wurde durch die Reduzierung von sechs auf fünf Fächer (Rahmenordnung) hinfällig.

75 Von den fünf Prüfungsfächern fiel je eins auf die drei Säulen, die restlichen zwei waren frei zu wählen (Göttingen 70, § 11).

76 Im extremen Fall mit beiden frei wählbaren Fächern.

77 a) Die einheitliche Präsentation des sozialwissenschaftlichen Studiums nach außen konnte so fraglich werden (dies Bedenken wurde von früheren Absolventen der Prüfung nachdrücklich geäußert: Göhrde, 13./14.5.72); b) durch die Relation des Schwerpunktes zu den übrigen Prüfungsfächern (potentiell 3 : 2): Gefahr, daß die nicht zum Schwerpunkt zählenden Fächer unverbunden nebenher studiert werden; c) soweit ein oder zwei Studien- und Prüfungsfächer außerhalb des Kernbereichs gewählt werden, fraglich, ob die Durchdringung des Zusammenhangs des Kernbereichs genügend beachtet würde.

78 Diese Entwicklung wurde in der Göttinger Zeit gewichtiger (Lehrveranstaltungen nicht mehr durchweg speziell für Sozialwirte, Lehrkräfte, denen die Probleme des sozialwissenschaftlichen Studiums, wenigstens zunächst, fremd waren); aber auch sonst, tendierten Einzelfächer zum Ausbau ihrer Anforderungen.

79 Übergangsordnung der Universität Göttingen für die Diplomprüfung der Sozialwirte, § 11.

80 Im Interesse des Realitätsbezuges des Studiums und seiner beruflichen Verwertbarkeit empfahl es eine differenzierte Förderung interessen- oder berufswunschbestimmter Schwerpunktbildung. Freilich sollten bei dieser Wiederannäherung an die Konzeption von Diplom PO 52 deren perfektionistisch aufoktroyierte Fächerarrangements vermieden werden.

81 Um die Intensität der Kontakte im Lehrbetrieb wie im persönlichen Aufeinanderangewiesensein zwischen und in den Gruppen zu ermessen, mache man sich klar, mit wie kleinen Studentenzahlen (wenig über 200) wir es in Rüstersiel zu tun hatten und wie groß, im Verhältnis dazu, die Zahl der Lehrpersonen gewesen ist. Im Wintersemester 1961/62 hatte die APOWI = 8 ordentliche Professoren, 4 Honorarprofessoren, 2 außerordentliche Professoren, 2 Privatdozenten, 16 Lehrbeauftragte, 8 wissenschaftliche Assistenten.

82 An die um 1960 angebahnte Entwicklung zu größer angelegten nordwestdeutschen Hochschulplanungen fand Rüstersiel nicht mehr Anschluß (Versuche trugen den spezifischen Bedingungen der Hochschule nicht genug Rechnung; Diers, a.a.O., S. 241/242).

83 Von den anderen Neugründungen wiesen Bielefeld, Kaiserslautern, Kassel sowie Bremen und Oldenburg mit ihrer sozialwissenschaftlichen Akzentuierung samt Entwicklungschancen und -gefährdungen die deutlichsten Parallelen beziehungsweise direkte Beziehungen zu Rüstersiel/Göttingen aus. Als direkte Fortschreibung des Propädeutikums wäre in diesem Zusammenhang auch das Oldenburg-Kolleg zu nennen.

84 H. U. von Weizsäcker: „Gesamthochschule in der Krise“, 1975; vgl. auch die Arbeiten von R. Schmiederer zum Thema (Schmiederer hat übrigens das Propädeutikum und das sozialwissenschaftliche Studium der APOWI/HfS durchlaufen und hat von da aus seine wissenschaftliche Laufbahn betreten).

85 H. von Hentig: „Die Reform muß weitergehen“, Kaiserslautern 1978, weist darauf hin, daß das Überleben bildungsreformerischer Einrichtungen in Frage gestellt sei, wenn die reformerischen Aktivitäten nicht im Sinn eines Gründlicherwerdens weitergetrieben würden. - Die Versäumnisse der APOWI bezüglich ihrer systematisch theoretischen Weiterarbeit können als Beispiel für diese Gefahr dienen.

86 Zur allgemeinen - nicht nur bildungspolitischen - Distanzierung vom Experimentieren in einer Zeit sich wieder verfestigender Verhältnisse vgl. nur Adenauers erfolgreichen Wahlslogan: „keine Experimente"; dementsprechend auch die Einwände gegen ein Projektstudium an der Bremer Universität oder hessische und andere Einwände gegen Gesamtschulen.

87 Konstitution gesonderter Fachbereichsräte nach Auflösung der Wiso-Fakultät Göttingen am 8.4.1981.

88 Zur Entgegenstellung von Reformwillen und -müdigkeit, besonders am Beispiel der Gesamthochschule Kassel: Hessischer Rundfunk, Hochschulreport, 27.10.1981. Zur entsprechenden Problematik bezüglich der Schulen: B. Michael: „Die Schule am Ende der Reformära", Vortrag 28.10.1981.

Die Stammeskultur der Ordinarienuniversität

Jürgen Wilhelm

Roll back Alma mater

Als in den 70er Jahren die Hochschulgesetze der Länder novelliert und in wesentlichen Partien - so in der Organisationsstruktur und in den Mitbestimmungsregelungen - dem Hochschulrahmengesetz angepaßt werden mußten, machte die Rede vom „roll back" in der Universitätsreform die Runde. Es wurde hierin ein Wiedererstarken des Konservatismus der gerade erst reformverjüngten „alma mater" gesehen. Darunter verstand man in erster Linie die Rückkehr zur Universität der Ordinarien: zu ihrer uneingeschränkten Herrschaft in den Instituten, zu ihrem maßgeblichen Einfluß in allen akademischen Angelegenheiten und zur Gefügigkeit und Folgsamkeit lernbereiter und arbeitswilliger Schüler und Helfer.

Wenn auch zunehmend „C 4-Professoren", offensichtlich ihrer der nüchternen Renumerationsstaffel entnommenen Amtsbezeichnung überdrüssig, in der fachlichen Öffentlichkeit sich als „ordentliche, öffentliche Professoren" in Erscheinung setzen, so kann man daraus noch nicht auf die völlige Wiederherstellung traditioneller Sozialverhältnisse schließen. Es kann allerdings auch nicht bestritten werden, daß nach kurzer Reformblüte das Umspringen des hochschulpolitischen Windes die Stellung der Professoren sowohl in der akademischen Selbst- wie auch in der unmittelbaren Anstaltsverwaltung wieder weitgehend gestärkt hat.

Die sie störende „Versäulung" durch die „Gruppenuniversität" konnte damit zwar nicht ganz beseitigt werden. In dem Maße jedoch, wie Reformelan und Mitsprachechancen angesichts aufgetürmter Hürden und mit steigendem Professoreneinfluß sanken, vollzog sich die konservative Umkehr auch im Raum der Universität: hierin der gesellschaftspolitischen Tendenzwende in Ursprung, Form, Verlauf und in ihrer endgültigen Besiegelung durch den Regierungswechsel aufs engste verwandt. So rief Kanzler Kohl im Mai den westdeutschen Hochschulrektoren auf ihrer Jahresversammlung zu, daß die Professoren in der Hochschulpolitik der neuen Bundesregierung wieder den „besonderen Rang" einnnehmen werden, „der ihnen nach ihrer

Aufgabe in der Hochschule zukommt."[1]

Angesichts dieser Tendenzwende ist zu fragen, wie die Universität als uralte Institution und Körperschaft von den Wechselfällen und Kräften staats- und gesellschaftspolitischer Veränderung erfaßt wird, wie tief sie in ihrem Wirkungsfeld und Gefüge beeinflußbar ist. Wie wird sich die Universität verhalten, wenn mit der Tendenzwende erneut eine Welle der Restauration einkehrt? Könnte sie noch, wie etwa zur Zeit der Karlsbader Beschlüsse, Träger der geistigen und freiheitlichen Tradition sein[2] und jene auch gesellschaftspolitische Modernität zeigen, die sie im Spannungsverhältnis von institutioneller Erstarrung und Erneuerung und im Widerstreit zum Staat erworben hat?

Das Rückgleiten in traditionelle soziale Lagerungen und Denkbahnen und die nicht auf ideelle Neuerungen beschränkte Modernität haben in der Universität immer in einem eigentümlichen Verhältnis zueinander gestanden. Modernität kann keinesfalls als Ausdruck der Eigenfähigkeit der Universität gelten. Diese war eigentlich aus sich heraus nie neuerungswillig, es sei denn, daß sie als landesfürstliche Gründung im aufgeklärten Absolutismus vorübergehend moderne Züge annahm. Dies läßt sich an der Entwicklung der Georgia Augusta in Göttingen gut studieren. In ihrer fast siebenhundertjährigen Geschichte galt die Universität immer schon als „wenig aktionsfähige, aber von einem bewußten Ewigkeitsgefühl beseelte Korporation", die einem „durch Tradition und Wesen (...) aufgezwungenen Trägheitsgesetz" verhaftet, brennende Organisationsfragen entweder als unerheblich bezeichnete oder sie zur Angelegenheit des Geistes erklärte - so zuletzt der Wissenschaftsrat in den 60er Jahren. Vielumstritten wurde die Universität in ihrer akademischen Organisation zu einer Festung, die ihr „feines, auf persönliche Wirkung abgestimmtes inneres Gefüge" gegen bürokratische Bevormundung zu schützen suchte.[3]

Die Modernisierung der Universität wurde im aufgeklärten Absolutismus oft vergeblich, in vormärzlicher und konstitutioneller Monarchie dann mit mehr Erfolg versucht, und zwar häufig gegen die später auch politisch motivierte Beharrungskraft, Reformresistenz und Eigenwilligkeit der akademischen Korporation. Daraus erklärt sich die tiefsitzende Ambivalenz der Universität gegenüber staatlichem Einfluß, bürokratischem Regime und gesellschaftlichen Veränderungen.

Nun läßt sich das hier angesprochene Spannungsverhältnis von Modernität und Traditionalismus keinesfalls nur auf der Ebene der Beziehung zur Ministerialbürokratie behandeln oder auf institutionelle Reformen, rationale Nachwuchspflege oder Personalpolitik beziehen, sondern es hat explizit den Konservatismus der wiedererstarkten „Professorenuniversität" im Visier. In diesem Kernthema zeigt sich gewissermaßen eine modernem Empfinden und sachlichen Erfordernissen scheinbar abträgliche verstärkte Hierarchiebildung. Sie ist teilweise älteren Wurzeln „zünftigen Aufrückens" und traditioneller Bevorrechtigung (im Stelleneinrücken, Prüfungswesen, Sporteln, Prärogativen und so weiter) verhaftet, zum Teil aber auch unentwirrbar mit neueren Entwicklungen verknüpft. Hier wäre die immer stärkere

Stufenbildung innerhalb des Lehrkörpers in der Massen-, Arbeits- und Institutsuniversität des ausgehenden 19. Jahrhunderts ebenso zu nennen wie die Ausbildung der „Assistenz" in den auf persönliche Berührung und individualisiertem Unterricht abstellenden naturwissenschaftlichen und klinischen Fächern als auch die zunehmende Abhängigkeit der Doktoranden, Habilitanden und Habilitierten von persönlicher Gunst, Arbeitsvorgabe und Leitung unter einem Kommando. Das nach den Kriterien von Erfolg und Leistung, Arbeitsmühe und Ergebnis, Ressourcenzugang und -nutzung, Beförderungschancen und materieller Lage sich verstärkende Ungleichgewicht von „offizieller" (die Fakultätsordinarien) und „unoffizieller" Universität spitzt sich krisenhaft in Strukturverfassung und Arbeitsorganisation der Universität immer mehr zu. Diese Hierarchiefixierung des Konservatismus bildet einen weiteren Schwerpunkt meiner Betrachtung. In den Überlegungen wird dem traditionellen Tribalismus, wie ich die besondere privilegierte Kultur und energische Strategie der Abgrenzung gegen außen, Bureaukratie und das Eindringen Nicht-Bevorrechtigter seitens der Ordinarienuniversität nennen möchte, in seiner historisch verschachtelten Genese (etwa aus der Honorenfakultät) die meiste Aufmerksamkeit zugewandt, während die „Stammeskultur" der „unoffiziellen Universität" mit ihren zum Teil proletaroiden Zügen, Sitten, Normen und Gebräuchen (beispielsweise des reziproken Tauschs von Arbeitsleistungen) im Schatten bleibt - ähnlich wie in der Arbeitswirklichkeit der Universität und in ihrer offiziösen Außendarstellung.

Autonomie und Administration

Staat und Universitätsverwaltung wurde im letzten Jahrzehnt häufiger vorgeworfen, sie setzten den verwaltungstechnisch unpraktischen „Schutzkörper akademischen Lebens" (Bernhard) kapitalistischer Verwertung aus und suchten die Universität einer organisationstechnischen Reform und umfassenden Rationalisierung zu unterziehen. Während eine „kapitalistische Hochschulreform" nach repräsentativer Meinung gar nicht beabsichtigt war und demzufolge auch nicht gelingen konnte, gilt die verwaltungstechnische Rationalisierung als in vollem Umfang geglückt. Durch bürokratische Reglementierung, enge finanzpolitische Auflagen, zeitaufwendige Universitätsselbstverwaltung sei der Freiraum akademischen Lebens und wissenschaftlichen Treibens dramatisch verringert worden. Der Studentenbewegung wird, auch nachdem die heftigen Reaktionen auf sie abgeklungen sind, noch nachträglich vorgeworfen, sie habe reformpolitische Regulierungsversuche in Gang gesetzt, unter denen die Universität in ihrer traditionellen Autonomie und Handlungsfähigkeit ernsthaft gelitten habe. Dieser Vorwurf ist nicht abwegig, wie die Geschichte der Universität verrät. Sieht man von der Ineffektivität der zwar „vernünftigen", aber doch polizeistaatlich bevormundenden und kontrollierenden kameralistischen Administration des 18.

Jahrhunderts einmal ab, so hat jede Intensivierung staatlicher Universitätspolitik auch die korporative Verfassung beziehungsweise deren Reste weiter zurückgedrängt. Idee und Ausbau von formalem Rechtsstaat sind an der Universität weitgehend vorbeigegangen (dies behauptet und belegt zuerst Bornhak 1910), aber die effektive Kontrolle der Universitäten durch die Ministerialbürokratie hat sich verstärkt und in der Berufungspolitik ein schlagkräftiges Instrument entwickelt, das sich gegen den „intellektuellen und sozialen Lokalismus" der Fakultäten wendete.[4]

Abgesehen von kurzfristigen Ausnahmen und vorübergehenden Reformversuchen kam es erst nach dem Zweiten Weltkrieg zu einer ersten wirklichen (wenn auch bescheidenen) Stärkung der akademischen Selbstverwaltung und zu einer partiellen Überwindung des der Ideenwelt des Absolutismus verpflichteten, zum Teil noch unter dem des Polizeistaats stehenden Rechtszustandes. Von dieser war natürlich die Wirtschaftsverwaltung, Domäne staatlicher Anstaltsverwaltung, ausgenommen. Für Göttingen hat Gundelach festgestellt, daß in einem jahrhundertelangen Prozeß die früher unbestrittene Autorität der Universität als autonomer Körperschaft beseitigt und die Georgia Augusta in eine Staatsanstalt verwandelt wurde. Auch Bernhard sieht das Prinzip der Staatseinmischung die Oberhand gewinnen über die Selbstregierung der Universität. Nach seiner Ansicht wird der korporative Charakter mit der Selbstergänzung, Vermögensverwaltung und dem Statutarrecht als Grundpfeilern zwar nahezu eliminiert, aber mit der vornehmlich im protestantischen Deutschland geübten kameralistischen Verwaltungsmethode sei das Mittelalterliche, ohne es zu zerstören, vorsichtig eingekapselt und darüber die Verbindungen einer „vernünftigen" Verwaltung gelegt worden.[5]

Es wäre interessant, zu erfahren, ob die doppelte Stellung als Staatsanstalt und freie Gelehrtenkorporation (Paulsen), die der Universität hochschulrechtlich bis heute einen schwer deutbaren Status „im juristischen Halbdunkel"[6] zwischen Anstalt (im modernen Rechtsverständnis) und Körperschaft verlieh, im universitären Wirkungsfeld als durchgängig geltendes Prinzip sich zu entfalten vermochte. Denn machte sich solcher Dualismus mit entsprechender Schlagseite bemerkbar, so dürfte dies seinen Eindruck auf Denken, Handeln und Auftreten der Universität nicht verfehlen. Ständiger Eingriff in die Belange der Universität und Kontrolle der Universität könnten die traditionellen Handlungsweisen der Professoren verändert haben. Seit dem ausgehenden 18. Jahrhundert wurde die Universität doch mehr an kurzen Zügeln als „an der Longe" geführt: Zuerst durch die Verwaltungspraxis des absolutistischen Beamtenstaates und der im frühen 19. Jahrhundert anfänglich reformgeneigten, später restaurativ orientierten und zentralisierenden Ministerialbürokratie. Im späten 19. und 20. Jahrhundert setzte sich diese Tendenz fort, mittels Zensur und Gesetz, grober und feiner Auslesemechanismen und Willkürmaßnahmen, wie sie vom System Puttkammer und Althoff entwickelt wurden, die Universität zu gängeln und den Konservatismus der Professorenschaft zu stärken, nur wenig gehindert von bürgerlicher und Novemberrevolution und den kurzen Intermezzi des politischen Liberalismus. Die größte Steigerung etatistischer Einflußtendenzen bei gleichzeitiger Einengung des universitären Eigenbezirks ergab sich mit der wachsenden Bedeutung der „materiellen Oberleitung", wie sie sich in der ständig expandierenden Verwaltung der Universitätsinstitute, -seminare und -kliniken zeigte, die aus den der Berliner Akademie fortgenommenen „leblosen Hülfsinstituten" Humboldts, den Jenaer Anstalten für Wissenschaft und Kunst, bei denen Goethe die Oberaufsicht führte, und den Seminarübungen Wolfs, Boecks, Lachmanns, Rankes und anderen entstanden waren. Der Empfindlichkeiten, kleinlichen Leidenschaften, Untugenden, Miß- und Familienwirtschaft der Professoren leid und von ihrer Unfähigkeit in der Universitätsverwaltung überzeugt, wurden die vorhandenen Einrichtungen von Goethe, „auch hierin ganz kameralistischer Verwaltungsdiplomat" (Bernhard), abgesondert und unmittelbar unter Aufsicht des Staates gestellt. Dies hat Humboldt, ein gelehriger Schüler Goethes, in Berlin nachgeahmt und die kameralistische Auffassung noch fester verankert. In den Instituten verbreiterte sich die staatliche Einflußsphäre gewaltig, zumal Zahl, Größe und Finanzaufwand dieser Einrichtungen ständig zunahm und die „nach wie vor ausgeübte Ermessensaufsicht ohne Rechtsschutz der Hochschule (...) einen wesentlichen Teil hochschulmäßigen Handelns und zugleich den anstaltsmäßigen Part in der Rechtsstellung der Hochschulen" ausmachen.[7] Mit der Schaffung neuer Lehrstühle und dem Ausbau der Institutsuniversität, für die staatliche Zuwendungen nach dem Boom der Gründerzeit reichlicher als sonst flossen - so wurden zwei Drittel der 1910 bestehenden Institute und Kliniken erst nach 1870 geschaffen -, konturierte sich der Doppelcharakter der Universität schärfer, aber um den Preis, daß die anstaltliche Natur der Universitätsverfassung auf Kosten der akademischen Selbstverwaltung zu dominieren beginnt. In dem Maße, in dem die Institute zu bevorzugten Instrumenten wissenschaftlicher Arbeit ihrer Direktoren wurden und sich zu den relativ autonomen Machtbezirken auszugestalten begannen, die Max Weber in seinem berühmten Münchener Vortrag beschrieb, schien das „akademische Regiment" (Gundelach) nur noch im Hinblick auf die ohnehin von der Kultusbehörde stark beschnittene Selbstergänzung interessant. Die materielle Begehrlichkeit der Ordinarien wuchs und ihr Interesse „wurde notwendig auf das unmittelbare Verhältnis zur Staatsverwaltung hingelenkt."[8]

Die Art, wie die Universität von der Verwaltung in den Phasen wachsender und weicher Staatseinmischung an ihren Zügeln geführt wird, deren Lockerung nach dem Zweiten Weltkrieg und die erneute Straffung heute, wäre demnach entscheidend dafür, ob die Wissenschaft als soziales Gebilde seine kulturelle Eigenart bewahren durfte, wie sie sich in Normen, Sitten, Gebräuchen, Handlungs- und Denkweisen verfestigt hat, oder aber ob sie von der Ausgestaltung der Instituts- und Arbeitsuniversität derart geschwächt wurde, daß sie davon nicht mehr einheitlich bestimmt in ihrem Betrieb beeinträchtigt wäre und auch nach außen sichtbar in ihrer kulturellen Überlieferung bedroht erschiene.

Nun kann eingewandt werden, daß die politische Bedrohung durch Restauration und Reaktion und die „Kraft des akademischen Ideals eine Anspannung und Stärkung der eigenen Kräfte“ bewirkte und „zur äußersten Ausnutzung aller Möglichkeiten der akademischen Selbstbehauptung“ zwang (Bernhard). Dagegen steht auch das Trägheitsgesetz der Korporation und ihre Vogelstraußpolitik, den Geist schützend gegen jede neue Organisationsform zu stellen und deren Effekte diesem gegenüber als unbedeutend oder zweitrangig herunterzuspielen: Man sollte lieber am „guten Alten“ treu festhalten, war 1848 die Devise der Georgia Augusta.[9] In einer Eingabe an die Regierung in Hannover sprach sie sich gegen das auf dem Jenaer Dozentenkongraß stark auftretende „ultra-demokratische“ Element aus, das „in den Köpfen ergrauter Männer noch seinen Spuk getrieben“ habe[10] - genau hundert Jahre vor dem in Hamburg erscheinenden „Blauen Gutachten“, das die Universität für „im Kern gesund“ hält.

Wurzeln und Wirkungen des Konservatismus

Bei dem historisch verschachtelten Entstehen der konservativen Ordinarienuniversität sind drei Seiten zu betrachten.

Erstens: Der Konservatismus der Ordinarienuniversität ist früh erstarkt, und zwar im Kampf gegen die polizeistaatliche Universitätsverwaltung und ihre ständigen Versuche, die Eigenwilligkeit der Professoren wie die verwaltungstechnische Ineffektivität ihrer Gremien zu brechen. Daß man die in der „Korporation“ recht wenig geschätzten Professoren aus ihrem Schlendrian aufscheuchen und zu einem vernünftigen Arbeitsverhalten bringen wollte und ihre vielfältigen Untugenden zu unterbinden trachtete, war *eine Seite* des Konfliktes. So setzten Frankfurter Studenten 1742 - äußerst unzufrieden mit dem schlampigen, schläfrigen und unerträglichen Unterricht - der zeitlichen und inhaltlichen Willkür im Vortrag und der schlechten Arbeitsmoral zur Beaufsichtigung der Professoren einen „tugendhaften und gelehrten Direktor“ durch.[11] Die Anprangerung professoraler Untugenden bildet den Kern der alten Wissenschaftsfolklore. Die frühe barbarische Modernität der Universität gehörte nach E. R. Curtius zum altbewährten Motivgut der Professoren- und Pedantensatire. Solche anrüchigen Bilder eines akademischen piccolo mondo antico e nuovo sind in ausreichender Zahl gemalt. Seit dem 18. Jahrhundert übt man diese Sittenschau.[12] Gescholten wurden die Professoren meist von ihresgleichen: Universitätsreformern, die oft aus dem gleichen Milieu wie die Hochschullehrer entstammend, Kritik und Besserungsvorschläge häufig aus eigener Erfahrung und Anschauung bezogen - erinnert sei an die Erfurter Universitätsreformpläne von Christoph Martin Wieland,[13] einem Freund des häufig vertriebenen „berüchtigten Freigeistes Dr. Bahrdt“ (Bornhak) oder von Kollegen, seltener von Studenten oder rangniederen Wissenschaftlern aus der eigenen Zunft. Hierin stellen lediglich die bürgerliche Revolution von 1848, die Nichtordinarienbewegung nach der Jahrhundertwende und die Studenten- und Assistentenbewegung der 60er und 70er Jahre eine Ausnahme dar. Daß die in Verteidigung gedrängte gelehrte Korporation einer vernünftigen Administration wenig abzugewinnen wußte, ist in der Geschichte des langanhaltenden Streits um die Reste mittelalterlicher Privilegien nachzulesen. Trotz der Entschlossenheit des absolutistischen Staates, „die Universitätsorganisation 'gehörig' in die Hand zu nehmen" (Bernhard) und einer verwaltungstechnisch durchgefeilten kameralistischen Administration, kommt es im 18. Jahrhundert doch häufiger vor, daß die auf Beseitigung professoraler Untugenden und eine bessere Kontrolle ihrer Präsenz und Arbeitsleistung gerichteten Reskripte, Edikte, Missive, Visitationsbescheide - „papierne Vorschriften"[14] - unbeachtet und wirkungslos bleiben. In diesem Kampf ist aber auch der Konservatismus der Universität gewachsen, einst Ziel der Universitätsaufhebungsbewegung vor 1800 und ständiges Thema der Hochschulreform.

Die um 1800 begründete Modernität entsprang einer einzigartigen Konfiguration geistesgeschichtlicher Strömungen (Aufklärung, Rationalismus, Positivismus), politischer Kräfte, Kriege, sozialer Bewegungen und Umschichtungen und verdankte der preußischen Reformbürokratie vor und nach dieser Zeit sehr viel. Einiges deutet darauf hin, daß diese Modernität angesichts politischer Umstände und gravierender Widerstände an Schwung und Überzeugung verliert, auch im Raum der Universität.

Die *zweite Seite* des Konservatismus ist durchaus auch in der tribalistischen Traditionalität der Gelehrtenkorporation zu sehen, wie sie sich in der Ordinarienuniversität und Honorenfakultät des 18. Jahrhunderts ausbildete, und in ihren teils mittelalterlichen Wurzeln verhaftet, sich einen festen Stand zu sichern wußte: zuerst gegen die moderne, weitläufige rationalistische Verwaltung, später aber auch gegen den Anti-Rationalismus und die Wiederkehr absolutistischer Prinzipien. Diese tribalistische Traditionalität wurde von der Gruppe der Ordinarien trotz aller Veränderungen innerhalb wie außerhalb der Wissenschaft und begünstigt durch die Umwandlung der Vorlesungs- in eine Arbeitsuniversität (Bücher) ins 19. und 20. Jahrhundert gerettet, freilich um den Preis anti-demokratischer Haltung und konservativer Erstarrung. In Göttingen setzte dieser Prozeß schon bald nach der „Protestation der Göttinger Sieben" ein und wirkte sich insbesondere in frühem Besitzstandsdenken gegenüber Privatdozenten und Extra-Ordinarien aus. Deutlich wird diese Haltung in der heftigen Abfuhr, die die Honorenfakultät den in der 48er Revolution erhobenen Forderungen der Nichtordinarien nach einer Mitbeteiligung an der Lehrplangestaltung oder an sonstiger Beschlußfassung erteilten. Bis in die Weimarer Republik waren die Privatdozenten gezwungen, für ihre Vorlesungsankündigung einen Sichtvermerk des Dekans zu erhalten. Schon damals versuchten die Ordinarien, ein Eindringen der nicht völlig Gleichberechtigten in die eigenen Reihen zu unterbinden. Diese Seite ist in dem jahrzehntelangen Kampf der Nichtordinarienbewegung um eine Anerkennung der „unoffiziellen Universität" in Gestalt materieller Sicherstellung und Mitsprache in akademischen und Institutsangelegenheiten deutlich zu erkennen und wirkte bis in die ersten Jahrzehnte der Bundesrepublik nach, wie aus den unveröffentlichten Interviews der Plessner-Studie und einer 1970 veröffentlichten Schrift über „die berufliche Lage der Nichtordinarien" hervorgeht.[15]

Das sichernde, abwehrende und bewahrende Interessendenken und Schutzverhalten der Ordinarienuniversität, in konservativer Beharrung auf Althergebrachtes und ausgeprägten Reformwiderständen sichtbar, hat noch eine *dritte Seite*. Einerseits wurde der beschriebene schon für Göttingen vom Aufklärer Gedike hervorgehobene „Esprit de Corps" auch politisch bewußt gezüchtet.[16] Andererseits schimmert in der tribalistischen Traditionalität, wie sie sich in Bürokratiefurcht und -abwehr, Autonomiestreben und auch im Gefolge bemühter Anpassung im Kaiserreich äußert, die Denk- und Handlungsambivalenz einer gesellschaftlich wie gesellschaftswissenschaftlich schwer zu verortenden Gruppierung bürgerlicher, im Staatsdienst beschäftigter Intelligenz durch.

Diese Fraktion des gebildeten Bürgertums blieb ideologisch immer produktiv und anfällig für Gesellschaftsvorstellungen, die bestehende Verhältnisse in Wirtschaft, Gesellschaft und Militär verklärten, rechtfertigten oder mit dem Schein des Natürlichen, Unentbehrlichen oder Notwendigen umgaben. Hierfür dürfte seine besondere Entstehung bedeutungsvoll sein, die das gebildete Bürgertum in eine labile Zwischenstellung geraten ließ: von seiner anfänglichen Lage zwischen Adel und kleinem Bürgertum und seiner beruflichen Fixierung auf die im Schatten des Hofes und adeliger Lebensführung, in Staatsdienst und Kriche angesiedelten Stellungen geriet es später in der hauchdünnen Schicht des „Neben-Oben"[17] - die Alfred Weber mit dem Blick auf ihre Existenzgrundlage barsch „Rentenintellektuellentum" nannte -[18] in das Spannungsfeld von Besitz und Bildung, zwischen denen es ebenso schwankte wie zwischen den Polen Macht und Freiheit. Die „Mengenverachtung", die Zilsel als ein Element des Geniebegriffs herausarbeitet,[19] findet in der Begabung, Macht und Geistesaristokratie umfassenden Vorstellung von der „Führerdemokratie" (A. Weber), also der Herrschaft von Eliten und Oligarchien seinen politischen Ausdruck und wird, wie E. R. Curtius kurz vor der faschistischen Machtergreifung beispielhaft darlegte, auch auf die Universität übertragen: heute wie vor fünfzig Jahren, insoweit als Universitätsreform in erster Linie darin begriffen wird, durch Massenausschluß der „Unbegabten" eine intensive Elitenbildung zu fördern, zumal die „staatliche Betriebsdirektion" (A. Weber) solcher Eliten bedürfe.[20]

In diesen Zusammenhang gehört auch, daß das konservative Interessedenken und Abgrenzungsbemühen der Ordinarien mit dem Kulturpessimismus des 20. Jahrhunderts aufs engste verbunden ist. Wie im Titel des Buches von Ringer sich andeutet, wird eine Wandlung in der elitären Stellung der Professorenschaft erkennbar.[21] Der Niedergang im Ruf des Professors wird konstatiert und sein schwindender politischer Einfluß bedauert.[22] Angesichts einer mehr und mehr sich materialisierenden Umwelt gelten politische, wirtschaftliche und militärische Erfolge mehr als wissenschaftliche.

Diese um die Jahrhundertwende machtvoll einsetzende Strömung wurde durch tiefgreifende politische Geschehnisse, kriegerische Verwicklungen, umfassende gesellschaftliche Umgestaltungen ebenso genährt, wie sie durch die geistige und politische Ohnmacht bestärkt wurde, die das gebildete Bürgertum noch vor der weitgehenden Zerstörung seiner ökonomischen Existenzgrundlage nach dem Ersten Weltkrieg sich einbildete erfahren zu haben. Hier mögen die Geisteswissenschaftler mehr berührt worden sein als die Naturwissenschaftler und Mediziner.

Seine Kraft bezieht die tribalistische Traditionalität der Ordinarienuniversität allerdings auch aus dem Kulturoptimismus des 19. Jahrhunderts, aus der Epoche des ungenierten Positivismus, der „scientia et medicina triumphans",[23] die sich für die naturwissenschaftlichen Disziplinen das ganze 20. Jahrhundert hindurch erhielt, wie Dyroff bei der Betrachtung der neuen kulturkritischen Ideen - in denen „große Linien", das „Ganze" und das „Innere", der „Aktivismus" und „Irrationalismus" nach der geistesverkrüppelnden Phase des „Szientifischen" und „gelehrten Apparates" wieder gelten sollen - für die Geisteswissenschaften herausgestellt hat. Denn die Anwendungen von Mathematik und Naturwissenschaften „sichern ihnen immer wieder neue Erfolge und die laute Dankbarkeit der Technik, Industrie und der Patienten".[24]

Die Hierarchie in der dualistischen Universitätsverfassung

Berücksichtigt man diese drei Seiten, so kommt in der „dualistischen Universitätsverfassung" keinesfalls nur eine horizontale Gliederung, Überlappung oder Konfliktträchtigkeit von Funktionen, Aufgabenbereichen oder Anforderungen zum Ausdruck. Der Dualismus enthält vielmehr auch eine tiefreichende, verhaltensprägende vertikale Dimension. Das wird häufig übersehen, wenn etwa von der Doppelfunktion der Universität, Forschung und Lehre zu dienen, und der damit eng verbundenen Doppelaufgabe und -loyalität der Professoren gesprochen wird: der Universität lokal in Lehre, der Disziplin aber in der Forschung verpflichtet zu sein. Denn in der seit der Mitte des 19. Jahrhunderts sich langsam ausbildenden Bevorzugung der Forschung gegenüber der lokalen Lehre steckt insofern schon ein hierarchischer Kern, als diese so organisiert wird, daß bevorrechtigte Personengruppen keine große Last mit ihr haben.

Die kulturelle Eigenart und tribalistische Traditionalität der Ordinarienuniversität selbst ist dualistischer Natur und baut sich aus zwei in ihrer geschichtlichen Entstehung verschobenen Elementen auf: Einerseits bleibt sie dem vorbetrieblichen Zustand der Vorlesungs- und Ordinarienuniversität des 18. Jahrhunderts verhaftet, andererseits gewinnen unter dem Einfluß der von der Reformbürokratie und in ihrer Berufungspolitik geförderten neuen Wissenschaftsideale und -kriterien disziplinäre Gemeinschaften für die Orientierung wissenschaftlicher Arbeit zunehmend an Bedeutung. Der

Forschungsimperativ und die moderne dualistische Natur der Professur setzen sich gegen ältere Schichten tribalistischer Traditionalität durch, eliminieren sie aber nicht ganz. Die Ordinarienuniversität des 18. Jahrhunderts war noch einem institutionell geprägten und auf den Universitätsort selbst beschränkten intellektuellen und sozialen Lokalismus verbunden, in dem merkantilistische Praktiken die Mobilität einschränken und weder Berufungspolitik noch Konzeption der Professur von übergeordneten Gesichtspunkten wissenschaftlicher Art getragen sind. Es dominieren ganz die lokalen akademischen Werte, Kriterien und Belange der Fakultäten, die oft in Professorenmonopolen und Familienwirtschaft betrieben oder in Fehden zerrissen sind.

Der Lokalismus der Fakultäten und die Familienwirtschaft in der Selbstergänzung beginnen sich in dem Maße aufzulösen, wie wissenschaftliche Schulen mit ihren spezifischen Forschungstechniken sich verbreiten, eine neue Phase der „peregrinatio academica" den Immobilismus überwinden hilft und die modernen Charakteristika fachspezialistischer Forschung das traditionell lokale Wissenschaftsverständnis überlagern. Mit dem Entstehen scharf umrissener Disziplinen intensiviert sich auch der wissenschaftliche Austausch in Gestalt von Kongressen, Treffen, Brief- und Reiseverkehr und bildet sich auch die wissenschaftliche Kritik in Form von Journalen und Rezensionsorganen heraus. Da diese Entwicklung mit der Ausgestaltung der Arbeits- und Institutsuniversität eng verbunden ist, wird die auf „Applausum" und Lokalismus bezogene tribalistische Traditionalität mit der Durchsetzung des Forschungsimperativs (Turner) nicht nur um Momente neuer „Reisigkeit" und translokaler Geschäftigkeit im disziplinären Verkehr ergänzt, sondern auch erweitert in ihrer schon lange bestehenden, bis auf den heutigen Tag gestärkten unangenehmen und in den Folgen schädlichen hierarchisch-autoritären Fixierung. Unter dem Kommando tagungsgeselliger Institutsleiter werden in den Instituten, Kliniken und Seminaren von den selbst noch immobilen Mitgliedern wissenschaftliche Ergebnisse erarbeitet, die der Ordinarius in der Öffentlichkeit als sein Arbeitsprodukt vertritt. Aus der Einsamkeit wissenschaftlicher Arbeit geht die hierarchisch verfaßte Arbeitsgeselligkeit der Institutsuniversität hervor, in der die Reisigen über die ortsansässigen Geisteigenen nach Gutdünken verfügen.

Hiermit ist die Frage von Hierarchie, Verfügungsmacht und Privileg aufgeworfen, die seit dem Absolutismus in der Universität immer schon virulent war, sich aber nicht auf die heute gegebenen Probleme geistigen Eigentums bezog. Die lagen damals woanders. Schon früh gab es innerhalb der Fakultäten Gehaltsstaffeln, Aufrück- und Anciennitätsordnungen, Pfründe, unterschiedliche Verfügung über Sporteln, und auch über Zugang wie Benutzung der „leblosen Hülfsinstitute" wurde genau so heftig gestritten wie gegen die Einsetzung eines zweiten Direktors am Institut. Mit dem Ausbau der Institutsuniversität wurde die Hierarchiefrage erst wirklich prekär und in ihren Folgen bedrückend.

Es ist ein offenes Geheimnis, daß die Triebkräfte in der Universität solche „allgemeinmenschlichen Schwächen" sind, von denen Curtius als den universitätsspezifischen Verwandlungen in professorale Unarten spricht, die auch in anderen gesellschaftlichen Bereichen dominieren: Verlangen nach Ruhm, Raum, Macht und Ressourcen.

Die hierarchische Ausprägung der tribalistischen Tradition richtet sich nicht nur gegen das Eindringen der nicht völlig Gleichberechtigten in die Reihen der Ordinarien. Gegen die Mitbestimmungswünsche der Nichtordinarien in akademischen Angelegenheiten wird der Kampf aus dem konservativen, illiberalen „Esprit de Corps" der Ordinarienuniversität national und lokal geführt. Zugleich wird die schon früh entwickelte Hierarchie im Lehrpersonal weiter vertieft und um eine neue territoriale Dimension erweitert. Von besseren Einkünften, Sporteln, Privilegien, Pfründen profitierten nur Ordinarien. Jüngere Dozenten suchte man davon auszuschließen. Indem man sie in der Lehre benachteiligte und ihnen häufiger Lehrmittel für Demonstrationsvorlesungen und -übungen vorenthielt, versuchte man sie abhängig zu machen und später für die Arbeit der Ordinarien zu gewinnen. Schon Goethe möchte in seinem „Oberaufsichts-Geschäft" den Eigennutz der Professoren nach Möglichkeit unterbinden. So wird berichtet, daß die mit der Direktion einzelner Anstalten betrauten Professoren jüngeren Dozenten in der Nutzung der Museen und Sammlungen Schwierigkeiten bereiteten. Er mußte häufiger eingreifen und die Grenzen der Direktorialgewalt im einzelnen festlegen. Dabei forciert er bereits das „ad hominem Prinzip" in der Institutsdirektion, weil er sieht, daß sich aus der Rivalität der verschiedenen Lehrer und jener „fratzenhaften Anmaßung" in der Benutzung von Sammlungen und Kabinetten für Lehrzwecke eine „Anarchie im Lehren" ergibt, und die unangenehmsten Reibungen erzeugt werden.[25] Sein Departement und die Direktoren führt er gern am kurzen Zügel und sucht seinen Einfluß überall hin zu erstrecken, wodurch die Direktoren mehr gebunden sind, „da sie sich hingegen die einzelnen Assistenten eher unterwürfig machen und sie zu eigenen Zwecken brauchen und benutzen".[26] Dabei ist Goethe voller Verständnis für die Arbeitskonflikte der Professoren, die sich aus ihren unterschiedlichen Funktionen ergeben, wie sie durch das „Verwahren" der Gegenstände einerseits und ihr „Benutzen" für wissenschaftliche Zwecke andererseits entstanden, und hat die Absicht „nach und nach Amanuensen, Gehülfen, Custoden, Conservatoren zu bilden, von denen das Materielle der Sammlung streng gefordert werden kann. Die Lehrer mögen alsdann für den geistreichen Gebrauch sorgen und sind für weiter nichts verantwortlich".[27] Dem von ihm geschätzten Chemiker Döbereiner, der bedauert, „daß jedem academischen Chemiker nicht ein paar untersuchende Chemiker zu Befehl stehen, um alles Neue, was sich demselben zu seinem vielen Experimentiren darbietet, gleich ergreifen und untersuchend bis ans letzte Ziel verfolgen zu können",[28] verschafft er nicht nur einen Amanuensis, sondern richtet ihm auch ein Forschungslaboratorium zu Hause ein.

Wissenschaftlicher Nachwuchs: Zwischen freiem Beruf, bureaukratisierter Laufbahn und Hilfsstellung

Die vertikale Dimension in der dualistischen Universitätsverfassung wird an der Doppelstellung des wissenschaftlichen Personals deutlich, die sehr gegensätzliche Elemente in eine konfliktträchtige Beziehung zueinander bringt. Dieses wird nämlich seit seinem zaghaften Entstehen im ausgehenden 18. Jahrhundert lange Zeit nicht nur als unter Weisungen arbeitendes, aushelfendes „Hilfspersonal" genutzt, dessen Zuarbeit und Unterstützung den Institutsvorstand entlastet, sondern es wird immer auch zugleich im emphatischen Sinne als wissenschaftlicher Nachwuchs begriffen, der einmal in die Stellen seiner Lehrer einrücken soll. In diesem dualistischen Verständnis liegt die ganze Problematik der nachwachsenden Wissenschaftler begründet. Man braucht nicht die Fabel vom Hasen und Igel zu bemühen, um zu sehen, von wessen Gunst der Privatdozent als wissenschaftlicher Hilfsarbeiter gleich doppelt abhängig ist.

Das wissenschaftliche Hilfspersonal findet zuerst in Bibliotheken und „unmittelbaren Anstalten" seine Anstellung, und zwar in vielfältiger Gestalt als Prosektoren, Custoden, Präparanden, Amanuensen, Seminarmitgliedern, die Preise und Stipendien erhalten, Observatoren, Bücherwarte und anderes mehr.

Goethe konnte noch nicht sehen, wie ältere Verbindungen von Talent und Arbeitskraft, wie sie in der „Schulbildung" und bei der Qualifikationsprozedur entstehen - hier finden wir die historisch älteste Form kontinuierlicher Forschung -, in die von einem neuen Wissenschaftsverständnis durchdrungene Betrieblichkeit eingearbeitet wurden. Dies wird aber an der Privatdozentur deutlich. Seit ihrer endgültigen Ausformung gilt sie ideologisch als freier Beruf, und Max Weber wendet sich wie andere entschieden dagegen, daß der akademische Nachwuchs besoldet oder abgesichert wird. Rücksicht auf den Wagnischarakter der Wissenschaft und die Leistungsbereitschaft der heranwachsenden Wissenschaftler verlange „die brutalste Auslese". Langjährig beschäftigte „Kleber" und „inamovible Assistenten", „Avantageure" nach bureaukratischer und militärischer Auffassung, dürften ebenso wenig entstehen, wie Privatdozenten „ein irgendwie ersitzbares Recht auf irgendwelche Versorgung" erhalten sollten. Unter großem Beifall fordert Weber: „Hinaus mit all den Gesichtspunkten, die an Bureaukratie und an das Schema des aufsteigenden Unteroffiziers, Sergeanten und so weiter, oder auch an das gleiche Recht und so weiter, kurz an irgendwelche bureaukratischen Gesichtspunkte erinnern".[29]

Diese Vorstellung vom liberalen Beruf der Privatdozentur gerät allmählich in Widerspruch zu ihrer tatsächlichen Funktion: Angesichts des Frequenzanstieges, der Überfüllung der Seminarübungen und anderer Auswüchse der um die Jahrhundertwende in den Großstädten entstehenden Massenuniversität sucht man der allgemein beklagten Überlastung der Ordinarien dadurch Herr zu werden, daß man Privatdozenten und Extra-Ordinarien zu geregelter, systematischer Mitarbeit zu dem in Abteilungen gegliederten und in Seminarübungen gestaffelten Unterrichtsbetrieb heranzieht. Von gelegentlicher Direktion oder Mitdirektion abgesehen, räumt man ihnen in Ergänzung der Lehre des Fachordinarius eine Hilfs-Nebenstellung ein, in der sie als Prosektoren, Abteilungsvorsteher, Custoden, Assistenten zu Hilfsbeamten mit halbjähriger Kündigung werden und nach den Anweisungen des Institutsdirektors zu handeln haben.

Der Historiker Lamprecht sieht mit Sorge hier Prinzipien der Lehrfreiheit und der Unterrichtsorganisation in einen logisch unauflösbaren Widerspruch geraten. Mit seinem gegen „absolutistische" Regelungen und „institutsmonarchische" Vorstellungen gerichteten Vorschlag, mit Dozentenkonferenzen auch an Instituten „konstitutionelle Verhältnisse" einzurichten, steht er als Außenseiter allein. Er möchte vermeiden, daß die Nichtordinarien zu Kulis herabgewürdigt werden, weil er in ihnen die später ebenbürtigen Kollegen sieht: das „wertvollste Erziehungsmaterial für die Zukunft".[30]

Die Furcht vor einer „Bureaukratisierung" der akademischen Laufbahn wird meistens von Geisteswissenschaftlern geäußert, denen sich als Seminardirektoren andere Probleme stellen als die, mit denen Naturwissenschaften oder Medizin zu kämpfen haben. Es sind Situation und Verfassung kleiner geisteswissenschaftlicher Seminare, die hochschulpolitische Äußerungen prägen und das Bild der Universität in der Öffentlichkeit bestimmen. Von den Direktoren dieser Seminare wird nicht nur die Idee eines „konversatorischen Lehrbetriebs" abgelehnt - die in großen Abständen sowohl im 19. als auch im 20. Jahrhundert wiederkehrt -; auch gegen die neuentstandenen Forschungsinstitute wird häufiger polemisiert.

Für die Geisteswissenschaften spielt das „Hilfspersonal" auch im 20. Jahrhundert noch kaum eine Rolle. Nur an wenigen Instituten sind Assistenten als besoldete Bibliothekare mit der Verwaltung der Seminarbibliotheken beauftragt. Getreu dem Erfahrungssatz von Goethe, daß ein „thätiger Gelehrter (...) kein guter Bibliothekar und ein fleißiger Maler kein guter Gallerie-Inspector" ist,[31] wechseln die Inhaber solcher Stellen häufig.

Meistens sind „Bücherwarte", studentische Senioren oder Amanuensen dafür eingesetzt. Arbeitsform und Präsenzpflicht der naturwissenschaftlichen Institute kennen sie nicht, die um die Jahrhundertwende auf eine Verselbständigung der Forschungsfunktion gegenüber dem Unterrichtsbetrieb drängen. Das ist umso erstaunlicher, als Ethos und Organisation der humanistischen Studien - wie zum Beispiel im Seminar von F. A. Wolf in Halle oder im Berliner Seminar von Boeckh - das Modell für die ersten naturwissenschaftlichen Einrichtungen bildeten, die sich von Naturphilosophie und Formgestalt der „leblosen Hülfsinstitute" zu lösen verstanden. Diese Seminare waren Vorbild für das mathematisch-physikalische Seminar in Königsberg, das als Zentrum der mathematischen Physik bald andere Gründungen ähnlicher Art anregte.[32]

Die Geisteswissenschaften blieben unreglementiert. Sie folgten der modernen Entwicklung der Institutsuniversität, der sie den Weg einst wiesen, selbst nur zögernd, sie blieben lange Zeit einem vorbetrieblichen oder lehrbetrieblichen Zustand verhaftet. Hier bildet sich ein entscheidender Fixpunkt heraus, der Vorstellungswelt und Selbstdarstellung der Universität seitdem beherrscht. Das öffentliche Nachdenken wird auch heute noch häufig von Geisteswissenschaftlern besorgt. Nicht nur in der Abwehr behördlicher Versuche, den Geisteswissenschaften Präsenzpflicht und eine strengere Arbeitsordnung zu implantieren, wie sie kürzlich vom niedersächsischen Landesrechnungshof unternommen wurden, wird die Differenz zu den Naturwissenschaftlern deutlich. Auch in der Weise, wie wissenschaftliche Arbeit verstanden wird, läßt sich unschwer deren Einfluß erkennen. Man weiß, daß auch sie, nachdem ein anderes Wissenschaftsverständnis verbindlich und traditionelle Textbuchschreiberei und publikumswirksame literarische Tätigkeit durch systematische, angestrengte spezialistische Forschung abgelöst wurde, strenge Arbeitsdisziplin und mühevolle „Kärrnerarbeit" dem einzelnen abverlangt, und daß das Eingespanntsein in den auch von Material- und Problemfülle bestimmten unendlichen Prozeß der Forschung die Arbeitsfreude auch in der vollendeten Hingabe an die wissenschaftliche Aufgabe durch mancherlei Mühe und Verdruß zu schmälern vermag. Mommsen und andere in Quellenforschung, -edition und -kritik verstrickte Historiker haben nach eigenem Bekennen an diesem inneren Zwang der Arbeitshingabe und dem Zeitdruck zu leiden gehabt, unter den sie sich stellten. Viele Gelehrtenkrankheiten rühren von Überarbeitung und Erschöpfung her. Auch Max Weber war ein Opfer dieser Arbeitshingabe.

Die besonders in den Geistes- und Sozialwissenschaften verbreitete Projektforschung ist von anderer Art als die eben geschilderte solitäre Leistung. Sie gleicht, obwohl bei keiner anderen Form der Forschung die Einengung wissenschaftlichen Handelns bei der Zurichtung in ihre Klischees derart extrem ist, wieder mehr der experimentellen Arbeit. Hier wird die Gesamtheit materieller Gegebenheiten und kooperativ verzahnter Arbeitsakte erforderlich und ihre gesellige Natur sticht hervor. Sowohl von Zielbestimmung als auch von angenommenem Verlauf ist sie streng zeitlich terminiert. Die elementare Vollzugs-, Ergebnis- und Routineunsicherheit - wie sich die wissenschaftliche Arbeit, geheimnisumwittert, gerne gibt - scheint verschwunden, schöpferische Begabung und kreativer Einfall fehlen. Ausgerechnet in Fächern, in denen die Schöpfungsauffassung der Forschung im wissenschaftlichen Tun dominiert, wird der wissenschaftliche Prozeß zu einem planvollen, vollzugs- und ergebnissicheren Verlauf gebracht, wobei solche Sicherheit eigentlich als verfrüht gelten müßte. Von einer präzisen Charakterisierung wissenschaftlicher Arbeit kommt man bald ab und landet bei der Diskussion des Image, das wissenschaftliche Arbeit in der zwischen Fiktion und Realität vermittelnden Vorstellungswelt einnimmt. Darin wird wissenschaftliches Handeln irgendwo zwischen den Polen einsamer Erkenntnissuche und kollektiver Zusammenarbeit, zwischen rationalistischer Arbeitsauffassung und Genielegende fixiert.

Der in der Universitätsessayistik dargestellte Dualismus der Universität ist so unproblematisch nicht, wie seine nahezu rituelle Nennung es verheißt. Er ist streng hierarchischer Natur. Das wird an dem vielbeklagten Rollenkonflikt der Professoren - an ihrem Lavieren zwischen Lehre, Forschung, Prüfung, Amtsgeschäften - ebenso deutlich wie daran, daß sie seit hundert Jahren nach Möglichkeiten suchen, sich mittels Überwälzung von Aufgaben der Rollenüberlastung zu entziehen. Die „unoffizielle Universität" (das heißt die weder an Fakultätsgeschäften, lukrativem Prüfungs- und Vorlesungswesen noch an der Leitung der Institute beteiligten Extraordinarien und Privatdozenten) entstand im Takte der Umformung der Vorlesungs- in eine Arbeitsuniversität und war Folge und Voraussetzung von Rollenüberlastung und Entlastungsbegehren. Mit dem Ende der 50er Jahre einsetzenden Ausbau und der allmählichen, mitunter schubweisen Beförderung und Überführung habilitierten, aber auch nicht-habilitierten „Nachwuchses" in zum Teil leitende Professorenstellungen ist die „unoffizielle Universität" zwar rangmäßig abgesunken und umfaßt nur den zeitweise oder auf Dauer beschäftigten Mittelbau, ist damit aber nicht abgeschafft worden. Mit ihrer Verbreiterung hat sich die Problematik entsprechend verlagert.

Das Wort Mommsens von der „Großwissenschaft", „die nicht von Einem geleistet, aber von Einem geleitet wird", worin er ein notwendiges Element der Kulturentwicklung erblickte, hat bis auf den heutigen Tag seine Geltung behalten ebenso wie die Kritik des Heidelberger Agrikulturchemikers Adolf Mayer an der „Primadonnenwirtschaft" der Ordinarien seinen aktuellen Bezug nicht ganz verloren hat. Mayer, ein Kenner der naturwissenschaftlichen Institute, sieht lange vor Merton den „Matthew-Effect", der seinen Grund in der Bereicherung durch fremde Arbeit findet, ebenso am Werke wie die von Ichheiser in seiner „Kritik des Erfolges" untersuchten Genie- und Erfolgslegenden in der Wissenschaft. Analog dem ökonomischen Kapitalismus,

> „so usurpirt der einmal gemachte *Name* in ganz ähnlicher Weise fremde Leistungen, um noch mit größerem Glanze zu leuchten. Wer hat, dem wird gegeben, und wer wenig hat, dem wird auch das Wenige, was er hat, genommen (...)".

> „Dem Manne von großer Stellung verleiht schon dieselbe in den Augen der Masse ein gewisses Prestige, welches häufig eine mittelmäßige Arbeit als eine ausgezeichnete erscheinen läßt. Dazu kommen zahlreiche Hülfsarbeiter, namentlich für die naturwissenschaftlichen Fächer, in welchen die Mißstände selbstredend den flagrantesten Charakter annehmen, Schaaren von aus öffentlichen Mitteln bezahlten Assistenten, ferner Volontäre, die sich der guten Institute zu bedienen wünschen, deren aller Arbeitsertrag zu einem guten Theile dem Institutsdirector zufällt (...)."[33]

Zwei Kulturen im Arbeitsalltag der Universität

Mit der auch heute noch geübten Praxis heimlicher oder kruder Appropriation „fremder" durch Institutsangehörigkeit zu geisteigenen Formen umgewandelter Leistungen, ist eine historisch jüngere Linie der tribalistischen Traditionalität der Ordinarienuniversität bezeichnet. An der sehr konflikt-trächtigen, in der wissenschaftlichen Folklore reich belegten Geschichte des

Streits um geistiges Eigentum wird deutlich, daß mit dem Fortwirken der Übung, das Genie oder den Institutsleiter vor der Arbeitsmühe der „unsichtbar" tätigen Nachwuchswissenschaftler herauszuheben, zwar die Kultur der „Stammesältesten" ihre ständige Bestätigung und Stärkung erfährt, sie aber zugleich in Widerstreit zur zweiten verborgenen, historisch älteren, nämlich der genossenschaftlichen Kultur der Gelehrtenrepublik gerät. Denn mit der Konstituierung der „unoffiziellen Universität" ist zugleich auch die gravierendste Normverletzung der Wissenschaft benannt, die auf Gleichrangigkeit und ständige Aufhebung der passageren Autoritätsdifferenzen im sich selbst eliminierenden Lehrer-Schüler-Verhältnis abstellt.

Das wichtigste Prinzip in der Organisation individueller Arbeitsmühen zum arbeitsteilig verknüpften Wissenschaftsprozeß ist der freie Austausch von Gedanken und Hilfen nach dem ehernen Reziprozitätsprinzip. Hierarchie und Aneignung setzt dieses genossenschaftlich-brüderliche Prinzip tendenziell außer Kraft.

Für Adolf Mayer drückt sich in der Unersättlichkeit und Begehrlichkeit der Ordinarien ein Triebgesetz des Kapitalismus aus, das auch in der Wissenschaft gilt. Die Unersättlichkeit widerspricht den durch Hierarchie gebrochenen Prinzipien genossenschaftlicher Gleichrangigkeit und brüderlichen Helfens und Teilens.

In der Würdigung menschlichen Leistungsstrebens und Arbeitens und deren jeweiligen Versinnbildlichungen tritt in den letzten Jahrzehnten eine eigentümliche Entwicklung zutage, die auch in der Betrachtung der Wissenschaft zum Ausdruck kommt, und zwar als Ambivalenz in der Beurteilung von Einzel- und Kollektivleistung. In vielen Bereichen wird die Leistung des Individuums vor der Arbeitsmühe eines räumlich konzentrierten und betrieblich verfaßten Kollektivs relativiert, während in Ehrungen, zu weihevollen Anlässen und in Leistungwürdigungen durchaus der „schöpferischen" Einzelleistung gedacht und die erfolgreiche Direktion menschlicher Arbeitsbemühungen schon als kreative Leistung gepriesen wird. Gerade in der Wissenschaft, aber auch in Betrieben, Parteien, Ministerien mit differenzierten Arbeitsstäben wird gemeinsam Erarbeitetes beziehungsweise die schriftliche Zusammenfügung fremder Ergebnisse meistens den Leitern als genuine Leistung zugeschrieben. Darüber wird der arbeitende Untergrund - die Scharen der „ghost-writer", Zuarbeiter, Wissenschaftsexperten und so weiter - meist vergessen, zumindest taucht er in der Repräsentation nur selten, bestenfalls am Rande auf.

In der Realentwicklung der Universität, die immer der ideologischen Selbstdarstellung gegenüberzustellen ist, sind bestimmte soziale Konfigurationen von großer weichenstellender Bedeutung. Aus dem engen Zusammenhang, der zwischen moderner wissenschaftlicher Arbeit, seinem personalen Vollzug, seiner Direktion und sozial-räumlichen Verankerung im 19. Jahrhundert sich auszuformen und im Laufe des 20. Jahrhunderts sich immer stärker zu verdichten begann, hat sich ein gravierendes Strukturproblem größter Reichweite ergeben, das den „Alltag der Wissenschaft" prägt und seine Exotik ausmacht. Mit dem Entstehen eines neuen Typus von

Professor, der sich der Direktion der aus „leblosen Hülfsinstituten" und „Seminarübungen" entstehenden modernen Institute zunehmend bemächtigt, sind neue Verhältnisse in der Wissenschaft eingekehrt. Dem Ordinarius zur Seite beziehungsweise unter ihm hat sich eine Gruppe von Wissenschaftlern entwickelt, die maßgeblich die wissenschaftliche Arbeit der Institute zu tragen beginnt.

Diese wird in sozial und machtmäßig umgrenzten Räumen, nach zeitlichem Takt und inhaltlicher Vorstellung seiner Dirigenten geteilt, und die Produkte der personell differenzierten wissenschaftlichen Bemühungen werden in verschiedenen Formen wieder zusammengefügt. Das Entstehen der Direktion über ihre alte für Goethe noch maßgebliche Wortbedeutung hinaus - nämlich Richtung geben und weisen - ist an die Ausbildung eines von der Sache her gerechtfertigten, territorial umschriebenen relativ autonomen Wirkungs- und Machtraums in der Wissenschaft, an die Entstehung, Unterstellung und positionelle wie funktionelle Differenzierung von zuarbeitendem Hilfspersonal und an die spezifischen Formen staatlicher Verwaltung gebunden.

Eine Direktion ohne Lokal ist ebenso undenkbar wie ein Direktorat ohne Untergebene. Ein Unikum ist jener von Köpke beschriebene Direktor einer Berliner Universitätsanstalt, die sich nur in der Person ihres Leiters verkörpert.[34] Die neue Territorialität, die sich in der Institutsuniversität auswirkt, ist jüngste Schicht in der tribalistischen Traditionalität der Ordinarienuniversität. Sie ist Folge der Vermachtung sozialer Beziehungen der Wissenschaft und ihrer partiellen Verbetrieblichung und hat für das wissenschaftliche Hilfspersonal zunächst einmal eine soziale und räumliche Einengung ihres wissenschaftlichen Treibens durch „oben" und „außen" zur Folge.

Der vertikale Dualismus bedeutet nach wie vor die Scheidung in eine wesentlich erweiterte „offizielle" und ebenfalls gewachsene, aber rangmäßig gesunkene „unoffizielle' Universität, in zwei von Denken, Handeln, Autonomie und Hazard streng unterschiedene soziale Gruppierungen. Im Schatten der repräsentativen Kultur der „Stammesältesten", die infolge diverser „pairs-Schübe" (so der etwas hämische Ausdruck für die Erweiterung der unter anderem auch direktorial tätigen Professorenschaft) ihres „aristokratischen" und „monarchischen" Gebarens verlustig ging, hat sich eine zweite Kultur gebildet, die abgesunkene und nicht mehr handlungsrelevante Elemente der traditionellen Ordinarienuniversität mit neuen Maximen und modernen beruflichen Praktiken verknüpft.

Man kann allerdings nicht behaupten, daß der reziproke Tausch nur im Schatten der „offiziellen Universität" blüht und die Veränderung von Arbeitsethos und Wissenschaftsgeist oben schneller vonstatten geht als unten. Auch ist die Segregation beider Kulturen immer nur partikulär. Aspiration, Beförderung und Berufung sind mächtige Instanzen antizipatorischer und durch die soziale Dynamik der Machtwechselvorgänge (E. Sperling) geprägter „amtlicher" Sozialisation, die durch die tribalistische Traditionalität ebenso gefördert wird wie sie ihr auch neue Dauer verleiht. Über die strukturelle Problematik der geschilderten Entwicklung sieht man auch deswegen in der Öffentlichkeit hinweg, weil sich in der Diskussion um Eigentümlichkeit, Eigenbezirk und Eigengesetzlichkeit der Wissenschaft und in den Bemühungen um Abwehr von „Bureaukratismus" und Verrechtlichung die Perspektive „reisiger" Chefs durchsetzt. Nur diese gilt in der gesellschaftlich bedingten „Hierarchie der Glaubwürdigkeit" (Howard S. Becker). Die repräsentative an den traditionellen Leitbildern der Ordinarienuniversität fixierte Sicht und kulturelle Tradition ist durch die jüngste Hochschulreform nur wenig erschüttert worden, trotz einer Abschwächung typischer Alleinherrschaft durch eine Ausweitung des direktorial tätigen Professorenkreises. Der Institutsraum selbst ist, wie ein Blick auf die Rechtsprechung zeigt, nicht berührt.[35] Hier werden kaum Fragen aufgeworfen und Konflikte behandelt, die nicht unterhalb der öffentlichen Wahrnehmung auf traditionelle Weise gelöst werden: nämlich durch Machtspruch und Fügung, Anpassung und Ausstoßung.

Anmerkungen

1 Frankfurter Rundschau vom 10. Mai 1983, S. 1
2 Vgl. A. Kluge, Die Universitäts-Selbstverwaltung, Frankfurt/M. 1958, S. 82.
3 L. Bernhard, Akademische Selbstverwaltung in Frankreich und Deutschland. Ein Beitrag zur Universitätsreform, Berlin 1930, S. 123
4 Diesen Ausdruck verwendet R. Steven Turner in den aus seiner Dissertation hervorgegangenen Publikationen.
5 Vgl. L. Bernhard, a.a.O., S. 100.
6 A. Köttgen, Deutsches Hochschulrecht, Tübingen 1933, S. 47
7 E. Gundelach, Die Verfassung der Göttinger Universität in drei Jahrhunderten, Göttingen 1955, S. 172
8 L. Bernhard, a.a.O., S. 121
9 Dies schreibt der Göttinger Mediziner Marx an das Göttinger Kuratorium, zitiert bei Gundelach, a.a.O., S. 112.
10 Zitiert bei Gundelach, ebd.
11 C. Bornhak, Geschichte der preußischen Universitätsverwaltung bis 1810, Berlin 1900, S. 86 f.
12 Vgl. E. R. Curtius, Deutscher Geist in Gefahr, Stuttgart und Berlin 1932, S. 57 ff.
13 Vgl. W. Stieda, Erfurter Universitätsreformpläne im 18. Jahrhundert, Erfurt 1934.
14 C. Bornhak, a.a.O., S. 62 und S. 78
15 Untersuchungen zur Lage der deutschen Hochschullehrer, hrsg. von H. Plessner, 3 Bände, Göttingen 1956; W. Bauermeister, Die Nichtordinarien. Untersuchung über Arbeitsbedingungen und Rechtsstellung der habilitierten Hochschullehrer ohne Lehrstuhl, Göttingen 1970.
16 Vgl. R. Fester, „Der Universitäts-Bereiser Friedrich Gedike und sein Bericht an Friedrich Wilhelm II., I. Ergänzungsheft des Archivs für Kulturgeschichte, Berlin 1905; Über Göttingen berichtet der Oberkonsistorialrat und Gymnasialdirektor, einer der führenden Berliner Aufklärer, recht viel. S. 13 - 36.
17 Vgl. H. Weil, Die Entstehung des deutschen Bildungsprinzips, 2. Auflage, Bonn 1967.
18 Vgl. A. Weber, Die Not der geistigen Arbeiter, München und Leipzig 1923.
19 Vgl. E. Zilsel, Die Entstehung des Geniebegriffes. Ein Beitrag zur Ideengeschichte

der Antike und des Frühkapitalismus, Tübingen 1926.

20 Vgl. A. Weber, Die Bedeutung der geistigen Führer in Deutschland, in: Ideen zur Staats- und Kultursoziologie, Karlsruhe 1927.

21 Vgl. F. K. Ringer, The Decline of the German Mandarins. The German academic community 1890 - 1933, Cambridge, Mass., 1969.

22 Vgl. R. vom Bruch, Wissenschaft, Politik und öffentliche Meinung. Gelehrtenpolitik im Wilhelminischen Deutschland (1890 - 1914), Husum 1980. Hier findet sich der Vorgang sehr akribisch belegt.

23 Vgl. Ch. Lichtenthaeler, Geschichte der Medizin, Band II, 2. Auflage, Köln-Lövenich 1977.

24 A. Dyroff, Wege und Abwege der Universitätsreform, Karlsruhe 1928, S. 3

25 Vgl. Vogel, Goethe in amtlichen Verhältnissen, Weimar 1834.

26 Ebd., S. 327

27 Ebd., S. 155

28 Ebd., S. 343, zitiert hier nach einem Brief.

29 Max Webers Diskussionsbeitrag erfolgte auf dem III. Deutschen Hochschullehrertag zu Leipzig und ist nachzulesen in den Verhandlungen des III. Deutschen Hochschullehrertages zu Leipzig am 12. und 13. Oktober 1909, Leipzig 1910, S. 47.

30 Ebd., S. 40 ff.

31 Vogel, a.a.O., S. 156

32 Das ist die Ansicht Turners, die er insbesondere in seinem Aufsatz: „ The Growth of Professorial Research in Prussia 1818 to 1848 - Causes and Context“, in: Historical Studies in the Physical Sciences, 3, 1971, S. 137 - 182 vertritt.

33 A. Mayer, Der Kapitalismus in der Gelehrtenwelt, Heidelberg 1881, S. 177 und S. 192

34 Vgl. R. Köpke, Die Grundung der Königlichen Friedrich-Wilhelms-Universität zu Berlin, Berlin 1860. Es handelt sich hierbei um die praktische Unterrichts-Anstalt für Staatsarzneikunde.

35 Dies ergab eine kleine Enquete bei Experten des Hochschulrechts.

Urteile und Vorurteile über Erziehung

Martin Schwonke

Vorstellungen, die menschliches Verhalten bestimmen oder doch beeinflussen, sind immer auch geprägt von Wertungen über das, was als erstrebenswert und gut bzw. als schlecht, nachteilig zu gelten hat. Zu solchen Vorstellungen, die der eigenen Handlungsorientierung dienen und damit unvermeidlich Wertungen enthalten, gehören Welt- und Gesellschaftsbilder, das Bild vom Menschen und - damit eng verbunden - die Auffassung von Erziehung, Erziehungsmöglichkeiten, Erziehungsbedürftigkeit, Wirksamkeit und Zulässigkeit von Erziehungsmethoden. Besonders eng mit Wertentscheidungen verbunden ist die Formulierung von Erziehungszielen.

Unter dieser Perspektive sind Gesellschaftsbilder, Menschenbilder und Erziehungsziele auch häufig wissenschaftlich behandelt worden. Man hat versucht, sie aus den jeweiligen gesellschaftlich-historischen Situationen abzuleiten bzw. zu erklären. Man hat auch versucht, wissenschaftliche Theorien zu entwickeln, die es ermöglichen, die „richtige“ Erziehungsauffassung und damit die „richtigen“ Erziehungsziele zu begründen. Die Erziehungswissenschaften werden, wenn sie so verfahren, zu normativen, d. h. hier wertsetzenden Wissenschaften. Aber auch dann, wenn sie es nicht für möglich halten, Erziehungsziele und die ihnen zugrundeliegenden Werturteile wissenschaftlich zu begründen, entgehen sie der Werturteilsproblematik nicht. Erziehung ist zielgerichtetes Handeln, und Erzieher werden, wenn sie sich an die Wissenschaft wenden, auch nach den Erziehungszielen und deren Begründung und Bewertung fragen.

Es liegt unter anderem an dem eben skizzierten Zusammenhang, daß Aussagen über Erziehung häufig nicht so differenziert, „neutral“ und mit Hinweis auf die Grenzen ihrer Zuverlässigkeit formuliert werden, daß sie nicht so sehr Erkenntnis- sondern Bekenntnischarakter haben. Sie werden - direkt oder indirekt - als Zeugnis einer „Gesinnung“ verstanden. Deshalb hat jemand, der ihnen widerspricht, nicht nur einfach Unrecht, sondern gilt oft auch als moralisch diskriminiert. Damit hängt im übrigen zusammen, daß alle Gruppen, Organisationen, „Bewegungen“, die eine bestimmte Wertorientierung und damit eine „Gesinnung“ vertreten, sich auch vehement für Erziehung (in ihrem Sinne natürlich) engagieren.

Es ist also nicht verwunderlich, daß Diskussionen über Erziehungsfragen häufig durch „Gesinnungsaussagen" geprägt werden, sachliche Argumente nur akzeptiert werden, wenn sie zur jeweiligen „Gesinnung" passen und nüchterne und distanzierte Analysen geradezu verdächtig wirken, weil das geforderte „Engagement" fehle. In öffentlich geführten Diskussionen pflegen sich solche Tendenzen noch zu verstärken, zumal wenn die Diskutierenden Gruppeninteressen vertreten oder um den „Show-Wert" der öffentlichen Veranstaltung besorgt sind. Was dann gesagt wird, dient dann weniger der genauen Darstellung des Problems und der nüchternen Abwägung der vorgebrachten Argumente, sondern der Propagierung des eigenen Standpunktes, der Begründung eigener Forderungen, der Schuldzuweisung oder auch der Erzeugung von Spannung, um das zuhörende oder -sehende Publikum bei der Stange zu halten.

Für die Erziehungswirklichkeit und für die Wissenschaften, die sich mit ihr beschäftigen, sind solche öffentlich verbreiteten Erziehungsvorstellungen nicht bedeutungslos, weil sie das Erziehungsverhalten vieler Menschen und die Bildungspolitik beeinflussen können. Außerdem sind sie ein wichtiger Indikator dafür, in welcher Form Aussagen der Erziehungswissenschaften - dazu gehören nicht nur die Pädagogik, sondern auch die Psychologie, die Soziologie und andere Disziplinen - in das Bewußtsein und die Handlungsorientierung einer breiten Öffentlichkeit eingehen.

Die folgenden Ausführungen werden sich mit solchen Erziehungsvorstellungen beschäftigen und zum Teil auch mit den Aussagen einzelner Wissenschaftler, soweit sie sich in ähnlichem Sinne geäußert haben. Es wird sich dabei vorwiegend um Vorstellungen handeln, die auch unter den Erziehenden verbreitet sind und von der konkreten Situation, in der sich Erzieher befinden, in gewisser Weise gefördert werden. Außerdem wird der Verfasser die Erfahrungen mit einbringen, die er in der Diskussion mit Lehrerstudenten gemacht hat.

Zunächst wird man feststellen können, daß Erziehung sich heute in der Regel ausdrücklich in den Dienst von Emanzipation stellt. So wenig präzise der Emanzipationsbegriff auch zuweilen gebraucht wird, immer ist er mit einer negativen Bewertung von Zwang und Machtausübung verbunden. Erziehung steht damit im Zusammenhang einer politischen Bewegung, die in der Aufklärung ihren Ausgang nahm, die Demokratisierung vorangetrieben und die Erziehungssysteme aller demokratischen Staaten bis in die Gegenwart hinein beeinflußt hat und noch beeinflußt. Insofern sieht Erziehung sich in Übereinstimmung mit der den demokratischen Staaten zugrunde liegenden Wertorientierungen, deren Kern die Sicherung von Freiheitsrechten und die Kontrolle politischer Macht bilden.

Die speziell auf Erziehung gerichteten Vorstellungen gehen häufig sehr viel weiter. Sie machen glauben oder behaupten es ausdrücklich, daß Erziehung mit Machtausübung nichts zu tun haben dürfte, daß sie ohne Macht möglich sei. In seinem Buch „Soziologische Theorie der Erziehung" hat Jan-Peter

Kob 1976 das Verhältnis von Erziehung und Macht zu einem seiner Hauptthemen gemacht. Es scheint mir kennzeichnend zu sein, daß diese Schrift in der Bundesrepublik in keiner der wichtigen pädagogischen Zeitschriften zur Kenntnis genommen wird. In dem dickleibigen von K. Hurrelmann u. a. 1981 herausgegebenen „Handbuch der Sozialisationsforschung" wird sie nicht erwähnt. Das fällt auf, denn andere Beiträge der Soziologie zu Erziehungs- und Sozialisationsproblemen - z. B. das Konzept der schichtspezifischen Sozialisationsforschung - sind von Pädagogen sehr bereitwillig aufgenommen worden.

Kob definiert Erziehung als ein zielgerichtetes Handeln, das beim Zögling bestimmte stabile Verhaltensdispositionen erreichen will. Das Kind soll Fähigkeiten, Kenntnisse, Einstellungen erwerben, zu denen es von selber nicht gelangen würde. Würden Kinder alles, was für sie wichtig ist, „von selber" lernen, brauchte man keine Erzieher. Gelingt es dem Erzieher nicht, seine Ziele zu erreichen, ist Erziehung mißglückt. Erziehung findet nur statt, wo Ziele erreicht werden sollen. Solche Ziele lassen sich auf verschiedene Weise anstreben: mit nackten Mitteln der Gewalt, dem Rohrstock oder mit differenzierten Mitteln der Beeinflussung, der Motivierung, indem man „Lernprozesse" so „organisiert", daß das gewünschte Ziel erreicht wird. Vom professionellen Erzieher erwartet man, daß er die notwendige Kompetenz für erfolgreiches Erziehungshandeln besitzt, man schreibt ihm das Recht zu, erzieherisch auf Kinder einzuwirken. Wer aber befähigt und berechtigt ist zu erziehen, ist damit auch befähigt und berechtigt, in einer spezifischen Form Macht auszuüben.

Gegen diese Schlußfolgerung Kobs werden sich viele Erzieher wohl zur Wehr setzen. Es scheint so, als wenn gerade die Pädagogikstudenten und Junglehrer, die sehr empfindlich gegenüber jeder Form „von außen" kommender Lenkung und Regelung reagieren, ihr eigenes Erzieherverhalten zu allerletzt als Machtausübung verstehen. Sie glauben, als „Anwalt des Kindes", der sich an deren Bedürfnissen orientiert, Kinder gar nicht „von außen" lenken zu müssen, damit sie zu dem werden, was sie werden sollen. Sie versuchen, wenn sie ihre Lehrertätigkeit beginnen, mit den indirekteren Methoden erzieherischer Beeinflussung zu arbeiten, die Arbeits- und Lernbereitschaft durch Motivierung, durch ein „Angebot" als „interessant" oder „lustig" dargestellter Aufgaben zu erreichen. Sie versuchen - wohl auch vor sich selbst - die Fiktion aufrecht zu erhalten, daß die Kinder selbst es sind, die sich die Aufgaben wählen und sie auch ganz aus eigenem Antrieb bewältigen wollen.

Diese Fiktion läßt sich in der Praxis nicht sehr lange aufrecht erhalten. Zum einen erzwingen die konkrete Schulsituation und die unvermeidlichen Folgen eines organisierten Lernbetriebes die Einhaltung von Regeln bei der „Organisation von Lernprozessen". Daraus wird dann oft etwas kurzschlüssig gefolgert, die „Schuld" an der Verhinderung einer regelfreien „Erziehung" läge allein bei der „Kultusbürokratie". Es unterliegt keinem Zweifel, daß es überflüssige und hinderliche Regelungen in unseren Schulen gibt und daß sich eine bessere Organisation des öffentlichen Schulwesens denken ließe. Ein Zusammenleben von Menschen oder gar ein gemeinsames Lernen ohne Organisation und verbindliche Regeln ist jedoch undenkbar.

Die Fiktion einer machtfreien Erziehung, d. h. hier einer Erziehung ohne den lenkenden und regulierenden Einfluß des Erziehers muß in der Praxis aber auch deshalb zerbrechen, weil Kinder ohne solche erzieherische Einwirkung gar nicht immer ihre Aktivität und ihr Interesse auf die für sie wichtigen Dinge lenken, weil man ihnen häufig sagen muß, wie man Ziele erreicht, weil ihre „Bedürfnisse" auf gemeinsame Lernprozesse oft auch destruktiv wirken. Hier muß jeder Lehrer regulierend, einschränkend und zielsetzend eingreifen. Er wird dies um so eher mit Resignation oder gar Verbitterung tun, je mehr er von der Möglichkeit einer „gewaltfreien" Erziehung ohne Ausübung von Macht überzeugt war. Der sogenannte „Praxisschock" - (die Schlagzeilensprache der populären Medien hat leider spätestens seit der „Bildungskatastrophe" einen festen Platz in der Diskussion von Erziehungsfragen) - bei jungen Lehrern entsteht mindestens zum Teil dadurch, daß in den Erziehungsvorstellungen von Junglehrern die in der Praxis unvermeidliche Machtkomponente nicht vorkommt. Dafür kennzeichnend ist die nicht nur bei Anfängern verbreitete Verteufelung des Begriffs „Disziplin". Disziplin wird häufig ausschließlich als Mittel der Unterwerfung verstanden, wozu Disziplin ja in der Tat auch benutzt werden kann.[1] „Disziplin", das heißt ein an Regeln sich orientierendes Verhalten, ist aber auch eine Voraussetzung für zielgerichtetes Gruppenhandeln, etwa für das Durchführen eines Projektes, das bestimmte Lerneffekte haben soll. Lernen im Klassenverband ist nur möglich, wenn sich alle Beteiligten zuverlässig an bestimmte Regeln halten. Will man Studenten diesen Zusammenhang klarmachen und nicht gleich im ersten Satz ihre Aufmerksamkeit und Lernbereitschaft verspielen, sollte man allerdings besser das Wort „Disziplin" vermeiden und von „kooperativen Verhaltensmustern" sprechen, die es einzuüben gilt.

Lehrer neigen dazu, so sagt Kob, den Machtcharakter von Erziehung zu verschleiern. Man könnte der Auffassung, Erziehungsarbeit bedeute „Hilfe zum Erwachsenwerden", eine solche Verschleierungsabsicht unterschieben, weil kaum jemand bei „Hilfe" an Machtausübung denken wird. Man übersieht leicht, daß beim Helfen ein Ungleichheitsverhältnis besteht zwischen dem Hilfsbedürftigen, Hilflosen, Machtlosen auf der einen Seite und dem Helfenden, der Hilfe Mächtigen auf der anderen Seite. Im Vordergrund steht in der Regel jedoch die positive moralische Bewertung des Helfen-Wollens, nicht die Macht des Helfen-Könnens. Andererseits weist eine solche Erziehungsinterpretation doch auf das eigentliche Problem hin: auf die Frage nämlich, auf welche Weise und für welche Ziele der Erzieher seine Macht gebrauchen soll und darf. Die in diesem Erziehungskonzept enthaltene Antwort - Erziehung muß dem Erwachsenwerden des Kindes dienen - ist noch sehr formal und läßt sehr verschiedene Interpretationen zu. Immerhin richtet sie sich gegen alle Versuche, die Kinder mit Hilfe der Erziehung als Mittel zu fremden Zwecken zu gebrauchen.

Die Abwehr des Mißbrauchs von Erziehung einschließlich der selten eindeutig zu beantwortenden Frage, wann denn ein Mißbrauch der Erziehung vorliegt, stellt ein Dauerproblem dar, denn im Unterschied zu manchen Erziehern sind sich außerschulische Instanzen meistens sehr wohl über den Machtcharakter von Erziehung und über das Machtpotential, das Erzieher in Händen halten, im klaren. Deshalb bemühen sie sich um Erziehung, versuchen die Erzieher zu kontrollieren, wenn sie befürchten, diese könnten nicht in ihrem Sinne tätig sein. In der Erziehungswissenschaft ist dieser Zusammenhang oft diskutiert worden, und der Kampf um die Autonomie des Erziehungswesens wird von Pädagogen gern als ein Kampf gegen den Mißbrauch von Erziehung durch die „gesellschaftlichen Mächte" interpretiert. Gelänge es aber, den Einfluß der „gesellschaftlichen Mächte" (also der Parteien, Kirchen, anderer ideologischer Bewegungen und anderer politischer Gruppierungen) auf die Erziehung ganz auszuschalten, dann läge die ganze Erziehungsmacht in den Händen der Pädagogen. Sie würden allein über Ziel, zulässige Methoden, Organisation und Dauer von Erziehung entscheiden.

Allen denen, die eine solche Vorstellung bedrohlich finden könnten, ließe sich eine Theorie entgegenhalten, die es mindestens seit Jean-Jacques Rousseau gibt und bis in die Gegenwart hinein wirkt. Diese Theorie basiert auf der These, daß in jedem Menschen das, was aus ihm werden soll, schon fertig wie in einem Samenkorn drinsteckt. Es würde sich in voller Schönheit entfalten, wenn man nur die schädlichen, von außen, von „der Gesellschaft" kommenden Einflüsse vom heranwachsenden Kind fernhalten würde. „Alles ist gut, wie es aus den Händen des Schöpfers hervorgeht, alles verdirbt unter den Händen des Menschen." Mit diesem Satz beginnt Rousseau den Erziehungsroman „Emile" (1762). Es ist das ehrwürdige und sympathische Bild des Erziehers als Gärtner. Er hält vom Zögling die schädlichen Einflüsse fern, ihm gegenüber gebraucht er seine Macht nicht, denn der Zögling wird ja gewissermaßen von selbst das, was er werden soll. Macht braucht der Erzieher nach diesem Konzept nur, um die deformierenden Einflüsse der anderen Mächte abzuwehren.

Die Erziehungswissenschaften (außer der Pädagogik u. a. die Anthropologie, Soziologie, Psychologie) haben die Unhaltbarkeit einer solchen Auffassung nachgewiesen. Kein Mensch kann ohne Gesellschaft leben, niemand wird zum handlungsfähigen Erwachsenen, zu einer mündigen Person, ohne gelernt zu haben, sich in der Gesellschaft zu bewegen, ihre Ressourcen zu nutzen, sich mit den Gefährdungen auseinanderzusetzen.

Trotzdem lebt diese Auffassung weiter. Sie zeigt sich, wenn jede Orientierung an gesellschaftlich verbindlichen Wertorientierungen und Normen als „Anpassung" diffamiert wird, wenn „Erziehung" positiv abgegrenzt wird gegen „Sozialisation", in der immer ein Stück Eingliederung in gesellschaftliche Zusammenhänge enthalten ist. Sie zeigt sich, wenn der in seiner genauen Bedeutung völlig richtige erzieherische Grundsatz, man müsse von den Bedürfnissen der Kinder ausgehen, mißverstanden wird. Nach diesem Mißverständnis haben die Bedürfnisse von Kindern immer Recht, d. h. sie haben immer einen Anspruch auf Befriedigung. Verbunden damit tritt dann häufig eine Hilfskonstruktion auf, die es erlaubt, die Befriedigung von Bedürfnissen, die sich beim besten Willen nicht rechtfertigen lassen, abzuwehren: es handelt sich dann eben um keine „echten" Bedürfnisse, sondern um schlechte, von der Gesellschaft anerzogene.[2]

Kob führt als Zeugen für einen „neuen Rousseauismus" Neill, den Gründer von Summerhill an. Es gibt aktuellere Belege. In dem Schulversuch Glockseestraße in Hannover wird auf der Basis ähnlicher Vorstellungen gearbeitet. Oskar Negt, Inhaber eines Lehrstuhls für Soziologie, der diesen Schulversuch wissenschaftlich begleitet, hat dies in einem Vortrag an einem anschaulichen Beispiel deutlich gemacht. Er schildert eine nicht eben seltene Schulhofsituation, in der ein Schüler einen schwächeren verprügelt. Nach der in der Glockseeschule maßgeblichen Pädagogik dürfen Lehrer in diese Auseinandersetzung nicht eingreifen, weil sie sonst „die Produktivität des Konflikts" stören würden. Man tut, so glaube ich, Negt kein Unrecht, wenn man seine Aussage so interpretiert: Die Kinder werden aus diesem Vorgang von selbst das Richtige lernen, das Eingreifen von außen würde diesen Lernprozeß nur stören oder ganz verhindern. Man kann sich vorstellen, was Kinder aus gewalttätigen Auseinandersetzungen, in die Erwachsene nie eingreifen, lernen könnten. Der Schwächere wird lernen, daß man Stärkeren tunlich folgen, sie nicht ärgern soll, wenn man keine Prügel beziehen will. Der Stärkere wird lernen, daß seine Fäuste offenbar die wirksamsten Argumente sind, wenn er seinen Willen durchsetzen will. Alle werden lernen: Sieh zu, daß du der Stärkere bist. Ist das nicht der Fall, verbünde dich mit dem Stärksten und zahle notfalls den Preis, den er dafür fordert.

Wenn man mit Studenten dieses Beispiel diskutiert, findet das geschilderte Verfahren einschließlich der sich ergebenden Konsequenzen neben entschiedener Ablehnung auch Zustimmung mit der Begründung, so ginge es ja tatsächlich in der Welt zu, insofern wäre der skizzierte Lernprozeß durchaus fruchtbar und nützlich. Die Frage wäre allerdings, wie dann die bessere, menschlichere Welt entstehen soll, auf die eine solche Pädagogik doch abzielt, und die als utopische Vision z. B. Christiane Rochefort in ihrem Roman „Zum Glück geht's dem Sommer entgegen" (1978) vorstellt. In ihrer Schilderung verlassen Kinder und Halbwüchsige die verdorbene Gesellschaft der Erwachsenen und ziehen „ans Meer", wo die Kinder zu einem Leben finden sollen, das frei von der Deformationen der Welt ihrer Eltern sein soll, aus der sie ausgezogen sind. Das ist sicher mehr Wunschtraum als realisierbare Möglichkeit. Auffällig ist, daß eine solche Darstellung für manche Erzieher so außerordentlich attraktiv wirkt, wie z. B. die positive Darstellung durch W. Wangerin belegt. Er schreibt: „Kinder (sind) bei Christiane Rochefort die potentiellen Veränderer der Gesellschaft, weil sie ihre eigenen Traumstimmen noch verstehen und deren Sprache noch kennen. (...) Sie spüren, daß sie in einem System gefangen sind, dessen Spielregeln den eigenen Bedürfnissen widersprechen. Die Kinder, die sich dieser subversiven Massenbewegung anschließen, sind frei, selbstbewußt, klug, genießend, voller Phantasie und sinnlichem Reichtum, sie sind unabhängig und selbständig."[3]

Es handelt sich bei solchen Vorstellungen nicht um eine gesellschaftskritische Position, von der aus Mängel und auch Strukturdefizite des bestehenden sozialen Systems attakiert werden und auf Abhilfe oder Veränderung gedrängt wird. Es handelt sich hier vielmehr um eine Tendenz zur Abwendung von Gesellschaft überhaupt. Die illusionäre Erwartung, Kinder könnten, wenn man sie nur vor den Einflüssen der Gesellschaft bewahrte, eine paradiesische Welt bauen, negiert die Einsicht, die schon in der christlichen Lehre von der Erbsünde enthalten ist,[4] daß in Kindern die Möglichkeit für alles liegt, was Menschen zustandebringen können, Gutes und Böses. Was davon reale Wirklichkeit wird, hängt - unter anderem - von Erziehung ab.

Zu den eben skizzierten Vorstellungen paßt, obgleich es auf dem ersten Blick nicht so scheint, die vielfach zu beobachtende Tendenz, in der Anlage-Umwelt-Diskussion so gut wie ausschließlich die Umwelt für das verantwortlich zu machen, was aus Menschen wird, und die biogenen Faktoren wo nicht zu unterschlagen, so doch als unerheblich beiseite zu schieben. Ein gutes Beispiel dafür bieten die wenigen Seiten, die in dem von Gottschalch u. a. verfaßten Bändchen „Sozialisationsforschung" (1971) dem Anlage-Umwelt-Problem gewidmet sind.[5] Die Einschränkungen und Vorbehalte gegenüber der These einer vollständigen Umweltbestimmtheit, die noch gemacht werden, fallen bei vielen Adressaten dieser Schrift, etwa bei Lehrerstudenten, häufig ganz weg. In Seminardiskussionen und auch in Examensarbeiten werden Hinweise auf die Wirksamkeit von Anlagefaktoren nicht mehr argumentativ beantwortet, sondern kategorisch mit der Bemerkung „Das lehne ich ab" beiseite geschoben.

Es gibt Gründe, die es verständlich machen, daß man zumindest in Deutschland so verfährt, wenn man an die verhängnisvolle Rolle denkt, welche die sogenannte „Erblehre" für den Rassismus der Naziherrschaft gespielt hat. Eine ausreichende Erklärung ist dies jedoch nicht, denn die Tendenz, mögliche biogene Einflüsse gar nicht erst zu diskutieren, ist auch in anderen Ländern nachzuweisen. Die Auffassung von der Allmacht der Umwelteinflüsse erlaubt nämlich, - ebenso wie die vorhin beschriebene Vorstellung, daß erst „die Gesellschaft" die Kinder verdürbe - für alle Übel in der Welt den gleichen Schuldigen zu identifizieren: die Gesellschaft nämlich.[6]

Man muß bei dieser Problematik mit Mißverständnissen rechnen. Deshalb sei hier ausdrücklich an sich Selbstverständliches betont: Die kritische Einstellung gegenüber gesellschaftlichen Zuständen gehört zu jedem verantwortlichen Erzieher. Er hat den Auftrag, für die ihm anvertrauten Kinder das bestmögliche zu erreichen, und es ist ganz selbstverständlich, daß er aufmerksam und kritisch auf alle anderen Einflußfaktoren achtet, die seinen Auftrag stören können. Insofern nimmt der Erzieher zwangsläufig eine ähnliche Position ein, wie sie die Intellektuellen für sich in Anspruch nehmen: die Gesellschaft am Maßstab anerkannter Werte zu messen und zu kritisieren.[7]

Eine solche Position hat jedoch ihre spezifischen Gefährdungen und Verführungen. Die kritisierte Gesellschaft kann, wie schon angedeutet, zum

Sündenbock gemacht werden für Fehler anderer, etwa des Kritikers selber. Sie kann gemessen werden an einem unrealisierbaren Idealbild, einem erträumten „gesellschaftsfreien“ Zustand. Die Kritik an der Gesellschaft kann schließlich zum Instrument des Kampfes um die Ausdehnung des eigenen Einflusses, der eigenen Macht gemacht werden. Niemand wird leugnen können, daß dies zuweilen auch geschieht, ohne daß allerdings die Akteure sich darüber im klaren sind. So kann man beobachten, daß der Kritik an bestimmten sozialen Erscheinungen häufig die Forderung nach Abhilfe durch Erziehung folgt: für Sexualprobleme soll Sexualpädagogik helfen, für Freizeitprobleme Freizeitpädagogik, für die Bewahrung des Friedens Friedenspädagogik. Die Beispiele ließen sich fortsetzen. Für alle diese Forderungen gibt es auch ganz vernünftige Gründe, aber ihre Erfüllung bedeutet immer auch eine Ausweitung des Einflusses der Pädagogen. Im Extremfall kann dies zu der Auffassung führen, daß Menschen nur mit Hilfe eines erzieherischen Beistandes recht zu leben verstünden: Der Mensch würde zum pädagogischen Betreuungsfall von der Wiege bis zur Bahre.[8]

Kritik an einzelnen Mißständen kann zur Kritik am gesamten sozialen System führen. Sie kann, wie schon gezeigt, von der Kritik an einer bestimmten Gesellschaft übergehen in Kritik an Gesellschaft überhaupt. Normen und Institutionen, die soziales Leben erst ermöglichen, ohne die Gesellschaft nicht existierte, werden als reine Repressionsinstrumente angesehen, ihre Verbindlichkeit abgelehnt. Kennzeichnend dafür ist der - an der zitierten Stelle auf Einspruch der Politiker geänderte - Entwurf der Richtlinien in Nordrhein-Westfalen für Sozialkunde 1974: Das Ziel sei, so hieß es ursprünglich dort, (...) „die jungen Menschen in die Lage zu versetzen, die vorgegebenen gesellschaftlichen Normen entweder frei und selbstverantwortlich anzuerkennen oder abzulehnen.“ Dahinter steht, wenn man es konsequent zu Ende denkt, der Mensch, der nur sich selbst verantwortlich ist, der sich selbst die Maßstäbe setzt und Anforderungen von außen nach eigenem Gutdünken annimmt oder ablehnt.

Die Tendenz zur „Emanzipation“ von allen gesellschaftlichen Verpflichtungen, von jeder „Fremdbestimmtheit“, wie es in dem heute üblichen Rechtfertigungsjargon zuweilen heißt, wird verstärkt durch eine Mißdeutung eines sehr vernünftigen pädagogischen Grundsatzes: daß nämlich der Erzieher in seinem Handeln von den Bedürfnissen des Zöglings auszugehen hat. Die Mißdeutung beginnt damit, daß manche meinen, erzieherisches Handeln sei allein von den Bedürfnissen her zu rechtfertigen, und führt zu der Auffassung, daß jedes Bedürfnis einen Anspruch auf Befriedigung hat, und das möglichst sofort. Damit nähert man sich der Grundthese „einer hedonistischen Moral“, die zusammengefaßt werden kann in dem Satz: Tue nur das, was dir Spaß macht und solange es dir Spaß macht. Die Diskussion über den „Wertwandel“ in der Gegenwartsgesellschaft und über die Ausbreitung hedonistischer Vorstellungen kann hier nicht erschöpfend dargestellt werden. Mit Sicherheit handelt es sich hier um eine Folge gesamtgesellschaftlicher Veränderungen. Hedonismus ist nicht nur, wie der Bericht „Jugend 81“ feststellt, ein Bestandteil der jugendlichen Alterskultur, sondern bestimmt als „Freizeitmoral" in zunehmendem Maße auch das Verhalten von Erwachsenen aller Altersgruppen. Der Erziehungsbereich hat bei dieser Entwicklung bisher wahrscheinlich keine wichtige, jedenfalls nicht die entscheidende Rolle gespielt. Es lohnt sich jedoch zu fragen, was das denn für eine Auffassung vom Menschen und seiner Stellung in oder besser gegenüber der Gesellschaft ist, die die Verbindlichkeit sozialer Normen als „Fremdbestimmung" ablehnt und sich daran orientiert, was der eigenen Bedürfnisbefriedigung dient, was Spaß macht, was gefällt. Die Antwort darauf mag vielleicht überraschen: Es ist die Auffassung des absoluten Fürsten: er fühlt sich keinen Normen, keinen Gesetzen unterworfen, er ist „lege absolutus". Was er tut, tut er nach Gefallen. Seine Entscheidungen werden mit der Formel eingeleitet: „Es hat uns gefallen ... ." Wäre das Sozialisationsziel das „autonome Individuum" und würde man das „autonome Individuum" so verstehen wie eben dargestellt, dann hätten wir im Endergebnis eine Gesellschaft von lauter absoluten Fürsten. Man braucht nicht im Einzelnen zu beweisen, daß es eine solche Gesellschaft nicht geben kann. In einer Gesellschaft kann nur einer oder eine zahlenmäßig kleine „Elite" so leben wie ein absoluter Fürst, wenn dafür alle anderen um so härtere Verpflichtungen auf sich nehmen und für die Bedürfnisbefriedigung dieser Elite arbeiten.

Es gibt eine ganze Reihe von plausiblen Gründen, die erklären können, warum die Vorstellung von absoluter Freiheit und Macht hinsichtlich der Befriedigung aller Bedürfnisse so attraktiv ist. Sie ist sicher der Bestandteil von Tagträumen vieler Menschen. Wer möchte nicht gern so leben wie der König in Frankreich. Solche Tagträume können den Anschein von realisierbaren und legitimen Forderungen erhalten, wenn man sie als die Verwirklichung von „Emanzipation" versteht. Es handelt sich dabei freilich um einen verkürzten, einseitigen, heruntergekommenen Emanzipationsbegriff, der auf die Befreiung von Zwängen und Verpflichtungen reduziert ist. Ihm fehlt die Dimension der Kompetenz, die die Voraussetzung für selbständiges erfolgreiches Handeln ist. Ihm fehlt die Dimension der Verantwortung, ohne die Emanzipation zum Tarn- und Rechtfertigungsbegriff für Egoismus, Egozentrizität wird.

Prüft man die erziehungswissenschaftlichen Arbeiten zum Thema Emanzipation bzw. Selbständigkeit, dann findet man leider oft genug die Neigung, sich mit einem so verkürzten Begriff zu begnügen. H. Fend z. B. charakterisiert in seinen umfangreichen Untersuchungen der verschiedenen Schultypen die „emanzipations-orientierte Schule" allein durch die drei Merkmale „niedriger Leistungsdruck", „niedriger disziplinärer Druck", „hoher Grad an Mitbestimmung". Kompetenz und Verantwortlichkeit werden nicht angesprochen.[9] Wolfgang W. Weiß unterscheidet in Anlehnung an die Fachdiskussion zum Selbständigkeitsbegriff „äußere Selbständigkeit" („Selber-machen-können") von „innerer Selbständigkeit" (gekennzeichnet durch Entscheidungsfreiheit und Selbstbehauptung). Die „äußere Selbständigkeit" setzt per definitionem Kompetenz voraus, sie wird aber indirekt abgewertet, als „erwachsenenzentriert" bezeichnet. Weiß selbst benutzt dann für seine im übrigen außerordentlich sorgfältige und ergebnisreiche Untersuchung den Begriff der „inneren Selbständigkeit". Er macht sich dann selbst den Einwand, „daß Selbständigkeitserziehung einer Erziehung zu Kooperation und Solidarität entgegensteht". Er begegnet diesem Einwand mit der Bemerkung: „Erst die Auseinandersetzung mit der sozialen Umwelt, die Fähigkeit, sich von sich selbst zu distanzieren und in den anderen hineinzuversetzen, kurz auch den 'Standpunkt des Anderen' einnehmen zu können, befähigt das Individuum, den Anderen den eigenen Standpunkt ent*gegen*zusetzen"[10] (Hervorhebung Weiß). Das ist wohl war, es widerlegt jedoch den Einwand nicht; denn es unterstreicht nur, daß man die Fähigkeit, sich in andere hineinzuversetzen, zu ganz egoistischen Zwecken gebrauchen kann.

Der Emanzipationsbegriff ist, wenn dieser Ausdruck hier einmal erlaubt ist, ein Balance-Begriff, in der keine Komponente ein dominierendes Gewicht haben darf, weder Entscheidungsfreiheit und Selbstbehauptung noch Verantwortung und Verpflichtung gegenüber anderen. Die Abgrenzung gegenüber Egoismus würde im einen, gegenüber kritikloser Anpassung würde im anderen Fall verwischt. Eine Denaturierung des Emanzipationsbegriffs wäre es auch, wenn Verpflichtung und Verantwortung dem Ganzen gegenüber nur beim Erzieher und nicht auch beim zu Erziehenden gesehen wird. Daraus entsteht u. a. die Neigung, bei allen Problemen die Zuständigkeit der Pädagogen und indirekt damit die ständige Erziehungsbedürftigkeit des Menschen zu postulieren, von der wir oben sprachen.

Die geschilderten Vorstellungen über Erziehung werden zwar von den Besonderheiten der Position des Erziehers in gewisser Weise begünstigt, aber auch von vielen Erziehungswissenschaftlern kritisiert und durch die Erziehungspraxis selbst korrigiert. Sie sind deshalb häufiger bei Anfängern in den Lehramtsstudiengängen zu finden als bei erfahrenen Lehrern. Sie werden auch von Leuten geäußert, die nicht im Erziehungsbereich tätig sind, wie z. B. von Moderatoren von Fernsehsendungen, die sich mit Erziehungs- und Jugendproblemen beschäftigen. Sie zeigen eine auffallende Ähnlichkeit mit den wichtigen Komponenten der „Alterskultur" der Jugendlichen, welche die Studien „Jugend 81"[11] nennt: Hedonismus, Anarchismus (entspräche dem Widerstand gegen jede verbindliche Regelung) und Zivilisationskritik (entspräche der Tendenz zur Ablehnung „der Gesellschaft"). Sie müssen also im Zusammenhang mit gesamtgesellschaftlichen Strukturveränderungen und deren Auswirkungen auf Bewußtsein und Wertorientierungen gesehen und interpretiert werden. Das kann in dieser kurzen Darstellung nicht geschehen. Hingewiesen sei aber abschließend auf einige Konsequenzen, die sich daraus für die Lehrerbildung ergeben.

Es handelt sich bei den hier charakterisierten Vorstellungen über Erziehung um, wie wir eingangs sagten, „Gesinnungsaussagen", die den Charakter von Vorurteilen besitzen: sie werden beibehalten, auch wenn eine rationale Korrektur oder Widerlegung angeboten wird, eine argumentative Behandlung wird zuweilen ausdrücklich abgelehnt.[12] Wissenschaftliche

Denkweisen werden häufig indirekt, zuweilen aber auch ganz offen diffamiert. Man fühlt sich unwillkürlich an vergangene Diskussionen um die Lehrerbildung erinnert, in denen vom Erzieher nicht Wissenschaft, sondern „Weisheit" verlangt wurde, in der „Erleben" wichtiger war als Erkenntnis. Diese Diskussionen, die heute - unter Verwendung anderer Vokabeln - wieder aufzuleben scheinen, gingen von einer richtigen Einsicht aus: daß nämlich die Beherrschung rational-wissenschaftlicher Denkweisen noch keinen guten Lehrer ausmacht. Unsere Überlegungen sollten jedoch deutlich machen, daß man ohne kritisch-rationale Analyse weder die Möglichkeit noch die Grenzen, weder den Charakter noch die Folgen und Nebenfolgen erzieherischen Handelns erkennen kann. Wissenschaftliches Denken kann vor illusionären Hoffnungen und vor schockartigen Enttäuschungen bewahren. Es macht mißtrauisch gegenüber der Subjektivität persönlicher Maßstäbe, skeptisch gegenüber Sinn und Realisierbarkeit von Wunschvorstellungen. Es ist nicht auszuschließen, daß manche, wenn sie sich der Wissenschaft ganz verschreiben, so sehr „von des Gedankens Blässe ausgekränkelt" werden, daß sie zum praktischen Handeln untauglich werden. Wer aber für den Erzieherberuf motiviert ist, für den wird wissenschaftliches Denken zum notwendigen Korrektiv, das für den ständigen Realitätsbezug des erzieherischen Handelns sorgt, den Aufbau eines Horizontes unerfüllbarer Erwartungen verhindert und damit indirekt vor mutloser Resignation bewahrt.

Es ist freilich keineswegs sicher, daß eine wissenschaftliche Ausbildung die hier skizzierte Wirkung hat. In der Bundesrepublik werden Lehrer ja an „wissenschaftlichen Hochschulen" ausgebildet. Trotzdem besteht, wie M. v. Engelhardt ausgeführt hat,[13] vielleicht ein „gebrochenes Verhältnis zwischen wissenschaftlichem Wissen und pädagogischer Praxis". Auch wenn man nicht allen seinen Aussagen zustimmt, läßt sich doch nicht leugnen, daß es starke Tendenzen von „Wissenschaftsfeindlichkeit der Praxis" und „Praxisfeindlichkeit der Wissenschaft" gibt. Die Neigung, sich aus den wissenschaftlichen Theorien und Forschungsergebnissen das herauszusuchen, was in die eigene „Alltagstheorie" paßt, wie v. Engelhardt sie bei vielen Lehrern festgestellt hat, gibt es auch schon bei Studenten. Andererseits werden Formen des wissenschaftlichen Denkens und wissenschaftliche Theorien verbreitet, die faktisch die unmittelbaren Erfahrungen im erzieherischen Alltag abwerten oder ganz abwehren und die hier skizzierten und kritisierten Vorstellungen über Erziehung eher fördern als bekämpfen. Die „realistische Wendung in der pädagogischen Forschung", von der Heinrich Roth[14] vor zwanzig Jahren glaubte berichten zu können, hat sich in den Erziehungswissenschaften der Lehrerausbildung noch keineswegs überall durchgesetzt.

Anmerkungen

1 Diese Disziplin-Interpretation hat in Deutschland freilich eine lange Geschichte. Max Weber definiert: „Disziplin soll heißen die Chance, kraft eingeübter Einstellung

für einen Befehl prompten, automatischen und schematischen Gehorsam bei einer angebbaren Vielheit von Menschen zu finden." (Soziolog. Grundbegriffe § 16, in: Wirtschaft und Gesellschaft, 4. Aufl. Tübingen 1956, 1. Halbband, S. 28)

2 Es gibt viele erziehungswissenschaftliche Arbeiten, die diesem Mißverständnis eigentlich entgegenwirken müßten. Im sogenannten „interaktionistischen Rollenkonzept", das Lothar Krappmann mit großem Erfolg in die pädagogische Diskussion eingeführt hat, wird überzeugend nachgewiesen, daß „erfolgreiches Rollenhandeln", also jede fruchtbare Interaktion mit anderen, voraussetzt, daß Bedürfnisbefriedigungen der Interagierenden einander angepaßt, d. h. aber auch eingeschränkt werden. (Siehe L. Krappmann, Soziologische Dimensionen der Identität, Strukturelle Bedingungen für die Teilnahme an Interaktionsprozessen, Stuttgart 1973)

3 W. Wangerin, Kinderbücher, in: K. Neumann (Hrsg.), Kindsein, Zur Lebenssituation von Kindern in modernen Gesellschaften, Göttingen 1981, S. 95 f

4 Vor allem aus den hier angeführten Gründen hat Artur Schopenhauer die Lehre von der Erbsünde als eine der wichtigsten Einsichten für die Menschheit genannt, worauf in neuerer Zeit Max Horkheimer und Leszek Kolakowski verwiesen haben.

5 Es heißt dort: „Zusammenfassend läßt sich sagen, daß sowohl motivationale als auch kognitive Aspekte der Persönlichkeitsstruktur nicht als Folge von Erbanlagen noch als Folge von Reifestadien betrachtet werden können. Physische, soziale und kulturelle Einflüsse bringen Verhaltensänderungen hervor, die durch die Anlagen und den Reifestand des einzelnen nur erleichtert bzw. erschwert werden können. Diese Aussagen können jedem Erzieher die Gewißheit geben, daß seine Arbeit nicht dadurch gehemmt ist, daß die ihm anvertrauten Kinder nicht über die vererbten engen Begabungsgrenzen hinweg kommen." W. Gottschalch, M. Neumann-Schönwetter, G. Soukup, Sozialisationsforschung, Frankfurt 1971, S. 44

6 In gleicher Weise stützt eine solche Auffassung auch die Vorstellung, daß alle Übel in der Welt durch „richtige" Erziehung zu beheben seien. Siehe dazu weiter unten.

7 Der Verfasser hat schon früher darzulegen versucht, daß die Position des Lehrers zu einem gesellschaftsfeindlichen Gesellschaftsbild verführt bzw. zur Attitude eines quasi außerhalb der Gesellschaft stehenden Richters über gesellschaftliche Zustände. In: „Das Gesellschaftsbild des Lehrers", zuerst in: „Die Deutsche Schule" 1966, wieder abgedruckt u. a. in Hartfiel/Hohn (Hrsg.) „Bildung u. Erziehung in der Industriegesellschaft", Opladen 1973

8 Auf diese Tendenz ist schon von verschiedener Seite hingewiesen worden, am schärfsten vielleicht von Ivan Illich (u. a. in: „Schulen helfen nicht" 1971, und „Entschulung der Gesellschaft" 1972). Der Wirksamkeit dieser Warnungen hat es wohl eher geschadet, daß Helmuth Schelsky (in: „Die Arbeit tun die anderen", Opladen 1975, insbesondere S. 370 ff.) die entsprechenden Passagen bei Illich in polemischer Absicht zitiert hat.

9 H. Fend u. a., Sozialisationseffekte unterschiedlicher Schulformen, in: Zeitschr. f. Pädagogik 1973

10 Wolfg. W. Weiß, Familienstruktur und Selbständigkeitserziehung, Göttingen 1982, S. 21

11 Jugend '81, Lebensentwürfe, Alltagskulturen, Zukunftsbilder; Studie im Auftrag der Deutschen Shell, Hamburg 1981, Bd. 1, S. 466 ff.

12 Siehe dazu W. Strzelewicz, Das Vorurteil als Bildungsbarriere in der industriellen Gesellschaft, in: W. Strzelewicz (Hrsg.), Das Vorurteil als Bildungsbarriere, 3. Aufl., Göttingen 1972, insbesondere S. 9 f und S. 21 ff.

13 M. v. Engelhardt, Das gebrochene Verhältnis zwischen wissenschaftlichem Wissen und pädagogischer Praxis, in: G. Böhme/M. v. Engelhardt (Hrsg.), Entfremdete Wissenschaft, Frankfurt/Main 1979

14 H. Roth, Die realistische Wendung in der pädagogischen Forschung, in: Die Deutsche Schule 1963, S. 109 ff.